家族法研究 V

김 상 용 저

法 文 社

머리말

2014년에 「가족법연구 Ⅳ」가 출간된 이후 5년의 세월이 흘렀다. 이 기간 동안 가족법 분야에서는 새로운 쟁점들이 제기되어 논쟁의 대상이 되었고, 그와 관련하여 몇 차례의 개정도 이루어졌다. 「가족법연구 Ⅴ」에서는 지난 5년간 가족법 분야에서 제기된 쟁점들을 분석하고, 필자 나름의 대안을 제시하였다.

제1장 「친생추정에 관한 문제」에서는 최근에 가족법 분야에서 중요한 현안으로 등장한 친생추정에 관한 문제를 다루었다. 민법 제844조 제2항에 관한 헌법재판소의 헌법불합치결정(헌재결 2015. 4. 30, 2013헌마623) 이후 2017년에 친생추정에 관한 민법규정이 개정되었으나, 가족관계등록법의 출생신고 규정과 충돌할 뿐만 아니라 현행 민법체계와 조화되지 않는다는 비판을 받고 있다. 다른 한편 실무에서는 민법상 친생추정에 관한 규정을 해석함에 있어서 대법원 판례와 다른 독자적인 법리("친생추정을 받는 자녀와 모의 남편 사이에 혈연(유전자형)이 배치되는 경우에 친생추정이 미치지 않는 것으로 보아서 친생자관계부존재확인의 소를 제기할 수 있다"는 법리)를 취하는 하급심 판결이 증가하는 경향이 나타났다. 그런데 이러한 법리에 대해서는 친생추정제도의 근간을 흔들고, 가정의 평화와 자녀의 복리를 침해하는 결과를 초래할 수 있다는 비판이 제기되고 있다.

본서의 제1장에서는 위와 같은 쟁점들을 중심으로 최근에 우리 사회에서 문제가 되고 있는 친생추정에 관한 문제들을 다루었다.

다음으로 제2장 「친권과 후견에 관한 문제」에서는 친권에 관한 개정민법 규정과 위탁아동의 후견 문제를 다루었다. 우리 사회에서 아동학대방지가 중요한 이슈로 등장하면서 2014년에 친권상실 등에 관한 민법규정이 개정되었다(법률 제12777호. 2014. 10. 15. 개정. 2015. 10. 16. 시행). 그런데 개정된 민법 규정에는 해석론만으로는 극복하기 어려운 흠결이 있을 뿐만 아니라, 개념이 불확실한 용어들이 있어서 이로 인한 해석상의 혼란이 발생하고 있다. 특히 합리적인 이유 없이 친권상실의 사유를 축소시킴으로써 자녀의 복리가 침해되는 다양한 상황에 대응하는 것이 더 어렵게 되었다는 비판을 받고 있다. 다른 한편 실무에서는 가정위탁으로 보호받고 있는 위탁아동의 후견인 선임과 관련하여 친권자의 존재 여부가 문제가 되는 상황이 발생하고 있다. 법원은 부모에게 소재불명 등 친권을 행사할 수 없는 중대한 사유가 있는 경우에도 친권은 계속 존속한다는 전제하에 친권상실선고를 거쳐야만 후견이 개시될 수 있다는 태도를 고수하고 있다. 그러나 법원이 취하는 이러한 해석론은 종래의 판례, 가족관계등록예규 및 학설과 배치되는 것일 뿐만 아니라 현행법체계와도 조화되지 않는 것이라는 점에서 문제가 있다.

제2장에서는 친권에 관한 개정민법 규정의 문제점을 분석하고 대안을 제시하였으며, 위탁아동의 친권과 후견에 대한 법원의 해석론을 비판적으로 검토하였다.

제3장 「상속에 관한 문제」에서는 최근에 우리 사회에서 논쟁이 되고 있는 상속법에 관한 쟁점을 다루었다. 우리 사회는 현재 고령화 사회를 거쳐 고령사회로 진입하려는 단계에 와 있는데, 이러한 사회의 변화는 상속법에도 적지 않은 영향을 미치고 있다. 이러한 배경에서 배우자 상속분 및 자녀의 유류분에 관한 민법 규정이 개정되어야 한다는 의견이 꾸준히 제시되고 있으나, 아직까지 결실을 맺지 못하고 있는 실정이다. 「사망으로 혼인이 해소된 경우 생존 배우자의 재산권 보호 – 선취분과 사망 시 재산분할청구권을 중심으로 –」 에서는 배우자 상속분에 관한 개정안을 중심으로 하여 배우자 상속분 증가의 필요성에 대해서 서술하였으며, 「변화하는 사회와 상속법 – 자녀의 유류분을 중심으로 –」에서는 유류분 제도의 존재이유에 대한 문제의식을 바탕으로 자녀의 유류분에 관한 개정 방향을 모색하였다. 한편 2014년 세월호 참사를 계기로 우리 사회에서도 디지털 유산의 상속성 문제가 현안으로 등장하였는데, 「디지털 유산의 상속성 – 상속법의 관점에서 –」에서는 상속법의 관점에서 접근하여 디지털 유산의 상속성에 관한 해석론을 제시하였다.

제4장 「가족관계등록법에 관한 문제」에서는 사생활 보호의 관점에서 가족관계등록법의 문제점을 분석하고 대안을 제시하였다. 기존의 호적법을 대체하여 2008년부터 시행된 가족관계등록법은 여러 가지 장점에도 불구하고 개인의 사생활 보호라는 관점에서 보면 적지 않은 문제점을 드러냈다. 가족관계등록법에 따라 발급되는 5가지 종류의 증명서가 구체적인 증명의 목적과 무관한 과도한 신분정보를 일괄적으로 공시하고 있었기 때문이다. 이러한 이유에서 2008년부터 시행된 가족관계등록법은 신분등록제도 본연의 기능 – 증명의 목적에 따라 필요한 최소한의 신분정보를 공시함으로써 증명의 필요를 충족시키면서도 개인의 사생활 침해는 최소화 한다 – 을 제대로 수행하지 못한다는 비판을 받았다. 2016년에 개정된 가족관계등록법(법률 제14169호. 2016년 5월 29일 개정. 2016년 11월 30일 시행)은 이러한 문제점을 해결하기 위하여 5가지 종류의 증명서를 일반증명서와 상세증명서로 이원화하였고, 일반증명서에는 기본적인 신분정보만이 현출되도록 하였다. 또한 특정증명서의 발급에 관한 근거 규정을 마련하여 불필요한 신분정

보의 노출을 방지하고자 하였다. 그러나 현재까지도 특정증명서는 매우 제한적으로만 발급되고 있어서(기본증명서에 대해서만 현재의 친권·후견을 증명하는 특정증명서의 발급이 가능하다) 특정증명서 제도의 도입취지는 여전히 실현되지 못하고 있다.

제4장에서는 2016년 가족관계등록법 개정의 배경과 취지에 대해서 설명하고, 개정된 가족관계등록법 규정의 내용과 의미 및 그 한계에 대해서 서술하였다.

이번에도 역시 이 책이 출판되기까지 많은 분들의 수고와 협조가 있었다. 법문사 편집부의 예상현 과장, 영업부의 유진걸 대리에게 감사의 인사를 드린다. 그리고 변호사로서 바쁜 업무 중에도 성실하게 교정작업을 도와준 양종찬 변호사(법무법인 청신)에게도 감사의 인사를 전한다. 또한 조판소와 인쇄소에서 이 책의 출판을 위하여 수고하신 모든 분들께도 고개 숙여 인사드린다.

2019년 11월
김 상 용

차 례

제 1 장 친생추정에 관한 문제

제2장 친권과 후견에 관한 문제

제 3 장 상속에 관한 문제

제 4 장 가족관계등록법에 관한 문제

제 1 장

친생추정에 관한 문제

1. 법무부 친생추정조항 개정안에 대한 비판적 고찰
2. 친생추정에 관한 2017년 개정민법 규정의 문제점
3. 친생추정에 관한 법리의 검토 – 하급심판결에 나타난 법리를 중심으로 –
4. 가족법과 혈연진실주의

1. 법무부 친생추정조항 개정안에 대한 비판적 고찰

I 들어가는 말

2015년 헌법재판소는 혼인관계종료 후 300일 내에 출생한 자는 원칙적으로 전남편의 친생자로 추정되지만, 유전자검사를 통하여 전남편이 아닌 제3자가 생부로 확인되고 생부가 그 자를 인지할 의사가 있는 예외적인 경우에도, 일률적으로 전남편의 친생자로 추정하는 것은 헌법과 합치되지 않는다고 판단하였다.[1] 이 결정에서 헌법재판소가 개선되어야 할 문제로 지적한 점은 다음과 같이 정리될 수 있다. 첫째, "혼인 종료 후 300일 내에 출생한 자가 전남편의 친생자가 아님이 명백하고 전남편이 친생추정을 원하지도 않으며 생부가 그 자를 인지하려는 경우에도, 가족관계등록부에는 일단 전남편인 부(夫)의 친생자로 등록될 수밖에 없다"는 점이다. 즉 이와 같은 요건이 충족되는 경우에도 그 자를 일단 전남편의 자로 출생신고한 후, 친생부인의 소를 제기할 수밖에 없다는 점을 지적하고 있다. 둘째, "이미 혼인관계가 해소된 이후 출생하였고 이 사건과 같이 생부가 그 자를 인지하려는 경우마저도 아무런 예외 없이 혼인 종료 후 300일 이내에 출생한 자를 부(夫)의 친생자로 추정하도록 하는 심판대상조항[2]은, 친생추정의 주된 목적인 자의 복리에 비추어 보아도 지나치게 불합리한 제한"이라는 점이다. 즉 이러한 경우에는 그 자에게 전남편의 친생자라는 추정이 미치지 않도록 함으로써 친생부인의 소를 거치지 않아도 생부가 그 자를 인지할 수 있도록 해야 한다는 것이다.[3] 셋째, "친생추정에 일정한 예외를 인정하거나, 친생부인의 소보다 절차

---

1) 헌재결 2015. 4. 30, 2013헌마623.

2) 민법 제844조 제2항. 헌법재판소는 이 결정에서 민법 제844조 제2항 중 "혼인관계종료의 날로부터 300일 내에 출생한 자"에 관한 부분이 모가 가정생활과 신분관계에서 누려야 할 인격권 및 행복추구권, 개인의 존엄과 양성의 평등에 기초한 혼인과 가족생활에 관한 기본권을 침해한다고 보고, 심판대상조항에 대해서 헌법불합치결정을 선고하였다.

3) 위의 헌법재판소 결정의 이유에 포함되어 있는 또 다른 설시도 이러한 점을 뒷받침하고 있다. "유전자검사를 통해 생부로 확인된 사람이 자신의 친자를 인지할 적극적 의사가 있는 경우에는 자의 법적 지위에 공백이 발생할 여지도 없다. 이러한 경우 심판대상조항은 본래의 입법취지에는 아무런 기여를 못하고 친자관계를 신속히 진실에 맞게 합치시키고 새로운 가정을 이루려고 하는 당사자의 의사를 도외시하는 결과만 초래한다."

가 간단하고 비용도 적게 드는 비송사건절차를 통하여 친생추정을 번복할 수 있는 길을 열어 주는 등 친생추정의 예외를 인정하지 아니함으로 인한 위헌성을 해소함과 동시에 자의 신분관계 안정을 도모할 수 있는 길"을 열어주어야 한다고 한다. 즉 혼인관계종료 후 300일 이내에 태어난 자는 원칙적으로 전남편의 친생자로 추정되지만, 일정한 예외적인 경우에는 친생추정이 미치지 않는 것으로 하거나, 또는 친생부인의 소보다 간단한 비송사건절차를 통하여 친생추정을 번복할 수 있도록 해야 한다는 것이다.

위의 헌법재판소 결정에 따라 법무부가 개정안을 마련하였는데(2017년 1월 17일 입법예고), 아래에서는 위에서 본 세 가지 점에 비추어 법무부의 개정안을 검토해 본다.

Ⅱ 기존의 법리에 따른 해결방안

위 헌법재판소 결정의 취지는 "혼인관계종료 후 300일 내에 출생한 자는 원칙적으로 전남편의 친생자로 추정되지만, 유전자검사를 통하여 전남편이 아닌 제3자가 생부로 확인되고 생부가 그 자를 인지할 의사가 있는 경우에도, 예외 없이 전남편의 친생자로 추정하는 것은 헌법과 합치되지 않는다"는 것으로 요약될 수 있다. 그리고 이러한 경우에는 모가 그 자를 전남편의 자로 출생신고하지 않고도 가족관계등록부에 직접 생부의 자로 등록될 수 있는 길이 열려야 한다고 한다. 또한 이러한 자에 대해서는 모나 모의 전남편이 친생부인의 소를 제기하지 않더라도 생부가 독자적으로 인지할 수 있어야 한다고 한다.

법무부 개정안은 위 헌법재판소 결정의 취지를 반영하여 이러한 방향으로 개선을 도모할 목적으로 마련된 것으로 이해된다.

그런데 위 헌법재판소 결정이 선고되기 전에도 위에서 지적한 점은 사실상 실무에서 이미 해결되어 있었다고 볼 수 있다.[4] 즉 모가 혼인 중 또는 혼인해소 후에 자를 출산한 경우에도 그 자의 출생신고를 하지 않은 상태에서 모의 남편(또는 전남편. 이하에서는 편의상 남편이라고 칭한다)과 자를 피고로 하여 친생자관계부존재확인의 소를 제기하고,[5] 판결이 확정되면 이를 근거로 하여 모가 출생신

4) 호적선례 1-58(혼인 중 타남과의 사이에 자를 출산하였으나 그 출생신고를 하기 전에 남편과 이혼하고 남편과 위 자 사이에 친자관계부존재확인심판이 확정된 경우에는 그 자는 모의 출생신고로 모의 호적에 입적시켜야 할 것이다), 호적선례 5-51(갑남과 혼인중에 있는 을녀가 갑남과 이혼한 후 1개월만에 병남과의 사이에서 자 정을 출산하였고, 그 후 출생신고를 하지 않은 상태에서 병남과 혼인한 경우, 정을 병남의 호적에 입적시키는 방법).

5) 이 경우 자를 특정하는 방법이 문제가 될 수 있는데, '고O주 (2015. 12. 20.생, 여)' 또는 '하영

고를 할 수 있었다(이 경우 모의 혼인외의 자로 출생신고를 하게 되므로, 이후에 생부가 인지를 할 수 있다). 또한 이러한 경우에는 생부가 원고로서 자의 출생신고 전에 모의 남편과 자를 상대로 친생자관계부존재확인의 소를 제기하고(이와 동시에 원고와 자 사이에 친생자관계가 존재한다는 취지의 친생자관계존재확인의 소를 제기할 수 있다), 판결이 확정되면 생부가 직접 자신의 친생자로 출생신고를 하는 것도 가능하다. 결과적으로 위 헌법재판소 결정에서 해결되어야 할 문제로 지적한 점들이 이미 모두 해결되어 있었던 것이다.

물론 모가 혼인 중이나 혼인해소 후에 출산한 자에 대해서 이러한 법리가 언제나 제한 없이 적용될 수 있는 것은 아니다. 기존에 확립된 법리에 따르면 "모가 친생추정을 받는 기간 중이라도 동서의 결여 등으로 모가 남편의 자를 포태할 수 없음이 외관상 명백한 사정이 있는 경우에는, 그 자에 대한 출생신고를 함이 없이도 이해관계인이 그러한 사정을 들어 남편과 그 자 사이의 친생자관계부존재확인의 소를 제기할 수 있다"[6]고 한다. 따라서 혼인성립의 날로부터 200일 후, 혼인관계종료의 날로부터 300일 내에 모가 출산한 자는 원칙적으로 모의 남편의 친생자라는 추정을 받게 되지만, 모가 그 자를 포태할 수 있는 기간에 남편과 동거하지 않아서 남편의 자를 포태할 수 없는 객관적인 사정이 있는 때에는 친생추정이 미치지 않는다.[7] 그러므로 이러한 경우 모나 모의 남편은 물론 생부와 같은 이해관계인도 친생자관계부존재확인의 소를 제기할 수 있다. 이러한 법리는 이미 1980년대에 확립되었는데, 그 후 과학기술의 발달로 유전자검사에 대한 신뢰가 확고해지면서 친생추정 여부를 판단할 때 동서의 결여라는 외관과 더불어 유전자검사 결과가 비중 있게 고려되는 경향이 나타나고 있다. 즉 포태기간 중의 동서의 결여를 명백히 증명하는 것이 여의치 않은 경우에도 혼인관계가 이미 파탄되었거나 해소되었고 유전자검사 결과에 따라 자와 모의 남편 사이에 친자관계가 없음이 명백한 때에는 친생추정이 미치지 않는 것으로 판단하는 경향을 읽을 수 있다. 최근에 선고된 대전가정법원 판결[8]은 이러한 경향을 잘 보여주고 있다. 이 판결의 사실관계를 간단히 정리하면 다음과 같다.

「원고(자의 생부) A는 다른 남자 D와 혼인관계에 있는 B(자의 모)와 동거를

○ (2014. 4. 10. 15:07 목포시 옥암동 977-2에 있는 미즈아이병원에서 출생, 남자)', '김철○ (2007. 5. 1. 09:07경 성남시 수정구 태평동 6450 곽생로 산부인과에서 체중 3.8kg으로 출생한 남아)' 등으로 표시한다.

6) 호적선례 5-51.

7) 대판 1983. 7. 12, 82므59 전원합의체.

8) 대전가정법원 2017. 2. 16, 2016드단55628 판결; 서울가정법원 2015. 7. 21, 2014드단310144 판결에서는 이러한 경향이 더 강하게 나타난다. "부부 사이의 동서의 결여뿐만 아니라 유전자형 배치의 경우에도 친생추정의 효력은 미치지 않는다고 봄이 타당하다."

하게 되었고, 2012. 11. 9. 그 사이에서 C가 태어났다. B는 C의 출생 직후 가출하여 계속 연락이 되지 않는 상태이며, A가 그 동안 홀로 C를 양육하여 왔으나, 출생신고를 하지 못하여 어려움을 겪고 있었다.[9] A는 C가 태어난 후 출생신고를 하지 못하고 있던 중 C와 D(모 B의 남편)를 피고로 친생자관계부존재확인의 소를 제기하는 동시에 원고 A와 피고 C 사이에 친생자관계의 존재확인을 구하는 소를 제기하였다.」

이에 대하여 대전가정법원은 원고의 청구를 모두 인용하면서 다음과 같이 이유를 설시하였다. 「피고 C의 출생증명서상 부(父)가 원고, 모가 B로 기재되어 있는 사실, B는 피고 D와 1996. 9. 5. 혼인신고를 하였으나, 원고와는 혼인신고를 하지 아니한 사실, 유전자검사 결과 원고와 피고 C 사이에 친생자관계가 존재하는 사실을 인정할 수 있으므로, 이를 종합하면, 원고와 피고 C 사이에 친생자관계가 존재함이 명백하고, 피고들 사이에 친생자관계가 존재하지 아니함이 명백하여, 원고로서는 이를 확인할 이익이 있다.」

이 판결이 확정됨에 따라 생부 A는 C를 직접 자신의 친생자(혼인외의 자)로 출생신고할 수 있었다.

위 헌법재판소 결정의 사실관계에도 이러한 법리가 적용될 수 있을 것인지 검토해 본다. 위 헌법불합치 결정의 사실관계를 보면 청구인(모)은 전남편과 2011. 12. 19. 서울가정법원에서 협의이혼의사 확인을 받았으며, 2012. 2. 28. 이혼신고를 하였음을 알 수 있다. 청구인은 그 후 자의 생부와 동거하면서 2012. 10. 22. 자를 출산하였는데, 이러한 사실관계에 비추어 볼 때 청구인과 전남편의 혼인관계는 가정법원에서 협의이혼의사 확인을 받을 무렵인 2011. 12. 19. 전부터 이미 파탄되어 있었다고 추정할 수 있다. 따라서 청구인과 전남편간에는 이혼

9) 생부가 혼인외의 자에 대해서 출생신고를 하려는 경우에는 다음과 같은 어려움에 봉착하게 된다. 우선 모의 신원이 불상인 경우에는 생부가 출생신고를 하는 것이 가능하지 않다(가족관계등록선례 201106-2: 부가 혼인외의 자에 대하여 모를 불상으로 출생신고하는 것은 「가족관계의 등록 등에 관한 법률」 제29조 단서의 '법률상 기재하여야 할 사항으로서 특히 중요하다고 인정되는 사항을 기재하지 아니한 경우'에 해당하므로 수리하여서는 아니된다). 이러한 문제를 해결하기 위하여 2015년에 가족관계등록법이 일부 개정되었다(2015. 11. 19. 시행). 이에 따라 생부가 모의 성명ㆍ등록기준지 및 주민등록번호를 알 수 없는 경우에는 생부의 등록기준지 또는 주소지를 관할하는 가정법원의 확인을 받아 출생신고를 할 수 있게 되었다(가족관계등록법 제57조 제2항). 반면에 혼인외의 자라도 생부가 모의 인적 사항에 대해서 알고 있으면 출생신고가 가능하다. 그러나 위 대전가정법원 판결에서와 같이 생부가 모의 인적 사항을 알고 있으나 모가 다른 남자와 혼인관계에 있는 경우에는 출생신고를 할 수 없다. 생부가 출생신고서에 모의 성명ㆍ등록기준지 및 주민등록번호 등을 기재하여 출생신고를 하는 경우에는 담당 공무원이 모의 가족관계등록부를 조회하여 모가 현재 다른 남자와 혼인관계에 있다는 사실을 확인할 수 있으므로(가족관계등록예규 제89호: 부가 혼인외 출생자에 대한 출생신고를 할 때에는 모의 혼인관계증명서를 제출하게 하여야 한다. 다만, 시(구)ㆍ읍ㆍ면ㆍ동ㆍ재외공관의 장이 전산정보처리조직에 의하여 그 내용을 확인할 수 있는 경우에는 그러하지 아니하다), 생부의 출생신고를 수리하지 않기 때문이다(민법 제844조에 의해서 모의 남편의 친생자로 추정되기 때문이다).

신고 전부터 동서가 결여되어 있을 가능성이 높을 뿐 아니라,[10] 유전자검사 결과 청구인이 혼인해소 후에 낳은 자와 전남편 사이에는 친자관계가 없는 것이 명백하므로, 친생추정이 미치지 않는 것으로 해석하는 데 문제가 없을 것으로 보인다. 따라서 자의 출생신고를 하지 않은 상태에서 모는 친생자관계부존재확인의 소를 제기할 수 있으며, 판결이 확정되면 혼인외의 자로 출생신고를 할 수 있을 것이다(출생신고가 되면 생부가 인지할 수 있다).[11]

위 헌법재판소 결정의 청구인이 이러한 해결방법을 알지 못하여 헌법소원심판청구를 하였는지,[12] 헌법재판소 역시 이러한 방법으로 청구인의 기본권 침해를 회피할 수 있다는 사실을 모르는 상태에서 위의 결정을 하였는지는 알 수 없다. 혹은 헌법재판소가 이러한 실무상 해결방법을 알고 있었으면서도 개선입법을 통하여 이 문제를 근본적으로 해결하겠다는 의지를 가지고 헌법불합치결정을 선고하였을 수도 있을 것이다.[13] 그렇다면 위 헌법재판소 결정에 따라 마련된 법무부의 개정안은 위에서 본 문제를 어느 정도 해결하고 있는지 살펴 볼 필요가 있다고 생각된다.

Ⅲ 법무부 개정안에 대한 검토

1. 출생신고와 관련된 문제

위 헌법재판소 결정은 혼인관계 종료 후 300일 내에 출생한 자가 전남편의 친생자가 아님이 명백하고 생부가 그 자를 인지하려는 경우에도, 모가 그 자를 일단 전남편의 자로 출생신고한 후 친생부인의 소를 제기해야만 하는 방식의 문제점을 지적하고, 이에 대한 개선을 요구하고 있다. 이 문제와 관련하여 법무부 개정안은 다음과 같은 해결방식을 제시하였다.

---

10) 청구인이 자를 포태한 시점으로 추정되는 2012. 1.경은 이미 법원에서 협의이혼의사 확인을 받은 후이므로, 청구인이 전남편과 동거를 하고 있었을 가능성은 희박하다.

11) 또한 생부가 원고로서 모의 전남편과 자를 상대로 친생자관계부존재확인의 소를 제기하면서, 원고와 자 사이에 친생자관계가 존재한다는 취지의 친생자관계존재확인의 소를 제기하여 판결이 확정되면 생부의 혼인외의 자로 출생신고를 하는 것도 가능하다.

12) 더구나 헌법재판소는 심판대상조항에 대하여 헌법불합치결정을 선고하면서 입법자의 개선입법이 있을 때까지 계속적용을 명하였으므로, 청구인은 출생신고와 인지의 문제를 해결하지 못한 상태에서 관련법이 개정될 때까지 기다릴 수밖에 없게 되었다. 관련법이 개정되기 전에 청구인이 원하는 방식으로 문제를 해결하고자 한다면 결국 위에서 본 바와 같이 친생자관계부존재확인의 소를 제기하여 판결이 확정된 후, 출생신고와 인지신고를 하여야 할 것이다.

13) 현재 실무상 가능한 해결방법에 따라 친생자관계부존재확인의 소를 거쳐 출생신고를 하는 경우에는 가족관계등록법이 정한 출생신고 기간인 1개월(제44조 제1항) 내에 출생신고가 불가능하다는 한계가 있기 때문이다.

개정안 제844조(남편의 친생자 추정) ③ 혼인관계종료의 날부터 300일 내에 출생한 자녀는 혼인 중에 포태한 것으로 추정한다. 다만 혈액형검사, 유전자검사 등 과학적 방법에 의한 검사결과나 장기간의 별거 등 그 밖의 사정에 비추어 전(前)남편의 자녀가 아님이 명백한 경우에는 제854조의2 또는 제855조의2에 따른 법원의 허가를 받아 추정을 배제할 수 있다.

개정안 제854조의2(친생부인의 허가청구) 제844조 제3항 단서에 따라 친생추정을 배제하려는 어머니 또는 어머니의 전(前)남편은 법원에 친생부인의 허가를 청구할 수 있다. 다만, 혼인 중의 자녀로 출생신고가 된 경우에는 그러하지 아니하다.

개정안 제855조의2(허가에 따른 인지) ① 제844조 제3항 단서에 따라 친생추정을 배제하려는 생부(生父)는 법원에 인지의 허가를 청구할 수 있다. 다만 혼인 중의 자녀로 출생신고가 된 경우에는 그러하지 아니하다.

② 생부(生父)는 제1항에 따른 허가를 받아 자녀를 인지할 수 있다.

법무부 개정안은 위 헌법재판소 결정의 취지에 따라 "친생부인의 소보다 절차가 간단하고 비용도 적게 드는 비송사건절차를 통하여 친생추정을 번복할 수 있는 길을 열어주는" 방법을 선택하여 가사비송사건으로 친생부인의 허가(개정안 제854조의2)와 인지의 허가(개정안 제855조의2)라는 새로운 제도의 도입을 시도하고 있다. 이에 따라 모는 개정안 제844조 제3항 단서에 해당하는 경우 그 자(子)를 전남편의 자로 출생신고를 하지 않은 상태에서 법원으로부터 친생부인의 허가를 받은 후 직접 모의 혼인외의 자로 출생신고를 할 수 있게 될 것이다. 또한 위와 같은 경우에 그 자가 출생신고가 되기 전까지는 생부도 법원에서 인지의 허가를 받아 인지를 할 수 있다.[14] 모가 친생부인의 허가를 받아 출생신고를 하는 경우나 생부가 인지의 허가를 받아 인지를 하는 경우나 일단 전남편의 자로 출생신고를 하지 않아도 된다는 점에서 법무부 개정안은 헌법재판소 결정의 취지를 충실히 반영한 것으로 보인다. 그러나 이와 같이 법원의 허가를 받아 출생신고를 하는 방식은 출생신고에 관한 가족관계등록법의 규정과 조화가 되지 않는다는 문제가 있다. 법원에서 친생부인의 허가를 받아 출생신고를 하는 경우 가족관계등록법이 정한 1개월의 기간[15] 내에 출생신고를 하는 것은 사실상 불가능할 것으

14) 출생신고가 되지 않아서 자의 가족관계등록부가 작성되어 있지 않은 상태에서 인지를 하는 것이 우리 법체계상 가능한가에 대해서는 의문이 있다. 개정안 제855조의2에 따르면 인지에 의해서 그 자의 가족관계등록부가 작성된다는 것인데, 이러한 방식이 현행 법체계에 부합하는가에 대해서는 검토가 필요한 것으로 보인다(자세한 내용은 후술한다).

로 보이기 때문이다. 친생부인의 허가나 인지의 허가가 가사비송사건으로서 가사소송사건에 비하여 절차가 간단하다고 하더라도, 친생추정의 배제나 부자관계의 창설이라는 엄중한 문제를 다루는 재판이라는 점을 고려해 볼 때 자의 출생일로부터 1개월 내에 심판이 확정될 것으로 기대하기는 어렵다.[16) 결국 법무부 개정안과 같이 법원에서 친생부인의 허가를 받아 모의 혼인외의 자로 출생신고를 하는 방식을 채택할 경우, 전남편의 자로 출생신고를 하지 않고 모의 혼인외의 자로 직접 출생신고를 하는 것은 가능하겠지만, 가족관계등록법이 정한 출생신고기간 내에 출생신고를 하는 것은 사실상 불가능하게 될 것이다. 그런데 이러한 개정안의 내용은 "아동은 출생 후 즉시 등록되어야 한다(The child shall be registered immediately after birth)"는 유엔아동권리협약의 규정(제7조 제1항)과도 정면으로 배치된다는 점에서 그 심각성이 더욱 크다고 할 수 있다. 출생일로부터 1개월 내에 출생신고를 하게 되어 있는 현행 가족관계등록법 규정도 엄격하게 말하면 유엔아동권리협약의 정신을 충실히 이행하고 있다고 보기는 어렵다. 외국의 입법례와 비교해 보아도 1개월이라는 출생신고기간은 상당히 이례적임을 알 수 있다. 다른 나라의 출생신고기간을 보면 독일 7일,[17) 프랑스 3일,[18) 일본 14일[19) 등으로 우리와 비교해 볼 때 훨씬 단기로 되어 있다. 법무부 개정안이 국내법(가족관계등록법)은 물론 국제협약(유엔아동권리협약)과의 관계를 충분히 고려하지 않았다는 점은 비판을 받아 마땅하다. 이와 같이 법무부 개정안에 의하면 모가 법원으로부터 친생부인의 허가를 받아 출생신고를 하는 경우에는 출생일로부터 상당한 기간이 경과한 후에야 출생신고가 가능하게 되는데, 출생신고가 되기 전까지 상당한 기간 동안 자녀의 보호에 공백이 발생하는 상태를 피할 수 없을 것으로 예

15) 가족관계등록법 제44조 제1항: 출생의 신고는 출생 후 1개월 이내에 하여야 한다.

16) 법무부 개정안은 친생부인의 허가를 라류 가사비송사건으로 규정하고 있으나, 친생부인의 소와의 균형상 친생부인의 허가도 상대방이 있는 마류 가사비송사건으로 규정하는 것이 가사소송법 체계에 부합할 것이다. 그런데 마류 가사비송사건의 경우에는 심판에 대해서 청구인과 상대방이 즉시항고를 할 수 있으며(가사소송규칙 제94조 제1항), 즉시항고는 특별한 규정이 있는 경우를 제외하고는 즉시항고를 할 수 있는 자가 심판을 고지 받는 경우에는 그 고지를 받은 날부터, 심판을 고지받지 아니하는 경우에는 당사자에게 심판이 최후로 고지된 날로부터 14일 내에 하여야 한다(가사소송법 제43조 제5항, 가사소송규칙 제94조 제3항). 그리고 즉시항고할 수 있는 심판은 확정되어야 효력이 있다(가사소송법 제40조). 이러한 규정체계를 고려한다면 출생일로부터 1개월 내에 법원으로부터 친생부인의 허가 심판을 받아 출생신고를 마친다는 것은 현실적으로 불가능하다고 생각된다. 법무부 개정안과 같이 친생부인의 허가를 라류 가사비송사건으로 규정하고 즉시항고를 할 수 있는 심판에서 제외한다면, 심판이 고지됨으로써 효력이 발생하고(보통항고도 허용되지 않기 때문이다. 법원실무제요, 가사 II, 209면), 이로써 출생신고까지의 기간이 다소 단축될 것으로 보이지만, 그렇다고 해도 이러한 절차가 1개월 내에 마무리되어 출생신고까지 이루어질 수 있다고 보는 것은 현실적으로 무리이다.

17) 독일신분등록법 제18조.

18) 프랑스민법 제55조, 제56조.

19) 일본호적법 제49조.

상된다. 현재 우리 사회에서는 출생등록제(아기가 태어난 병원 등 의료기관에 출생신고의무를 부과하는 제도)의 도입에 대한 논의가 진행되고 있는데,[20] 출생등록제는 아기의 출생 후 보통 1주일 이내에 출생신고가 이루어지는 것을 전제로 한다. 법무부 개정안은 이러한 의미의 출생등록제와도 조화될 수 없다는 문제가 있다. 법무부 개정안은 자의 출생 후 친생부인의 허가 또는 인지의 허가와 같은 재판을 거쳐 비로소 출생신고 또는 인지신고를 할 수 있게 되어 있는데, 1주일 내에 이러한 절차를 거쳐 출생신고를 한다는 것은 불가능하기 때문이다.[21]

한편 법무부 개정안은 혼인관계종료의 날부터 300일 내에 출생한 자가 유전자검사 등을 통하여 전남편의 자가 아님이 명백한 경우에도 일단 전남편의 친생자로 추정된다는 전제하에 모 또는 모의 전남편이 혼인중의 자로 출생신고를 할 수 있다고 규정하고 있다(개정안 제854조의2 단서). 따라서 이러한 자를 전남편의 혼인중의 자로 출생신고를 하는 경우에는 출생일로부터 1개월 내에 출생신고를 하는 것은 가능하지만, 이러한 경우에는 헌법재판소 결정의 취지를 전혀 살리지 못한다는 문제가 생긴다. 왜냐하면 전남편의 친생자가 아님을 알면서 일단 전남편의 자로 출생신고를 한 후 친생부인의 소를 제기해야 하고, 판결이 확정되면 자의 신분을 모의 혼인외의 자로 정정한 다음 생부가 인지하는 절차를 거쳐야 하기 때문이다(위에서 본 바와 같이 이러한 점은 위 헌법재판소 결정에서 위헌성이 있

20) 김상용, 베이비박스와 익명의 출산 - 가족관계등록법의 개정과 관련하여 -, 가족법연구 Ⅳ (2014), 164면 이하(처음 게재: 법학연구 제54권 제4호, 2013); 소라미, 아동인권의 관점에서 본 현행 출생신고제도의 문제점 및 제도개선 방안, 가족법연구 제30권 3호(2016), 481면 이하; 송효진 · 박복순, 가족관계의 등록 등에 관한 법률 시행 5년: 평가 및 개선방안(여성정책연구원 연구보고서, 2013), 60면에 의하면 설문에 응답한 가족관계등록 담당 공무원과 법률전문가의 약 80%가 출생등록제의 도입에 찬성하고 있다고 한다; 경향신문 2017. 7. 16. 보도 "앞으로 출생신고는 병원이 책임져라? … 의료계 반발" 참조.

21) 정구태, 2015년 親子法 관련 주요 판례 회고, 법학논총 제23집 제1호(2016), 21면에 제시되어 있는 개정안에도 동일한 문제가 있다. 이 개정안은 다음과 같다. 「민법 제847조의2(가정법원의 확인에 의한 친생부인) 제844조에 따라 夫의 子로 추정되는 경우에도 부부 간에 동거의 결여로 처가 夫의 子를 포태할 수 없음이 외관상 명백한 사유가 있거나, 그러한 사유가 없더라도 혈액형이나 유전자검사 결과 夫가 子의 父가 아님이 명백하고 夫와 子 사이에 사회적 친자관계도 존재하지 않는 경우에는 夫나 처는 가정법원의 확인을 받아 친생자의 추정을 배제할 수 있다.」 가정법원의 확인을 받아 친생추정을 배제할 수 있다고 하면 절차가 간단하게 될 것으로 예상할 수도 있으나, 친생추정의 배제를 다루는 사건의 성격상 1개월 내에 절차가 종료될 것으로 기대하기는 어렵다. 더구나 이른바 '사회적 친자관계'의 존재여부를 판단하려면 실질적인 부자관계가 형성되어 있는지를 조사해야 하는데, 이러한 절차가 1개월 내에 종료되는 것은 가능하지 않을 것으로 보인다. 따라서 이러한 확인절차를 거쳐 자의 출생일로부터 1개월 내에 출생신고를 하는 것은 현실성이 없다고 생각된다. 이외에도 가정법원 확인절차의 성격에 대해서도 검토해 볼 필요가 있다. 현행법체계에 비추어 보면 가족관계등록비송사건으로 분류될 가능성이 높아 보이는데, 이 개정안에서의 확인절차는 그 본질에 있어서 친생부인소송절차와 다르지 않을 것이므로, 상대방이 있는 소송사건이라고 보아야 할 것이다. 따라서 이러한 성격의 사건을 비송사건, 특히 가족관계등록비송사건으로 분류하여 처리하는 것이 적절한가에 대해서는 의문이 있다. 현소혜, 친생자 추정: 헌법불합치 결정에 따른 개정방안, 성균관법학 제27권 제4호(2016), 85면 이하에 제시되어 있는 민법 제844조 제3항의 개정안에도 이와 유사한 문제가 있다.

다고 지적된 것이다).

2. 생부의 인지와 관련된 문제

법무부 개정안에 따르면 혼인관계종료의 날로부터 300일 내에 출생한 자가 유전자검사 등을 통하여 전남편의 자가 아님이 명백한 경우에는 생부가 법원에서 인지의 허가를 받아 자를 인지할 수 있다(개정안 제855조의2 제1항). 이 규정과 관련하여 몇 가지 문제점을 검토해 본다.

(1) 위에서 본 바와 같이 법무부 개정안은 혼인관계종료의 날로부터 300일 내에 출생한 자가 유전자검사 등을 통하여 전남편의 자가 아님이 명백한 경우에도 일단 전남편의 친생자로 추정된다는 것을 전제로 한다.[22] 따라서 이러한 자는 출생과 동시에 친생자의 추정을 받는 혼인중의 출생자의 신분을 갖는다(법무부 개정안이 이러한 자를 혼인중의 자로 출생신고를 할 수 있다고 규정하고 있는 것도 이러한 점을 전제로 한다). 우리 민법상 친생자의 추정을 받는 혼인중의 출생자를 생부가 임의인지하는 것은 허용되지 않으며, 친생자의 추정을 받는 혼인중의 출생자가 생부에 대해서 재판상 인지청구를 하는 것도 가능하지 않다.[23] 그런데 법무부 개정안은 혼인관계종료의 날부터 300일 내에 출생한 자가 유전자검사 등을 통하여 전남편의 자가 아님이 명백한 경우에도 일단 친생자의 추정을 받는 혼인중의 출생자의 신분을 가진다고 전제하면서도 생부가 법원에서 인지의 허가를 받아 인지할 수 있다고 한다(이와 균형을 맞추려면 이러한 자에게도 인지청구권이 인정되어야 할 것이다). 이러한 규정은 혼인외의 자에 대한 우리 민법의 체계와 조화를 이루기 어려운 것으로 보인다.[24]

---

22) 윤진수, 친생추정에 관한 민법개정안, 가족법연구 제31권 1호(2017), 17면.

23) 친생자의 추정을 받는 혼인중의 출생자뿐만 아니라, 친생자의 추정을 받지 않는 혼인중의 출생자, 친생자의 추정이 미치지 않는 자도 생부가 임의로 인지할 수 없다. 다만 친생자의 추정을 받지 않는 혼인중의 출생자, 친생자의 추정이 미치지 않는 자의 경우에는 생부도 이해관계인으로서 친생자관계부존재확인의 소를 제기할 수 있으므로, 일단 소를 제기하여 판결이 확정되면 인지가 가능하다.

24) 2015년 법무부 용역보고서(용역수행자: 전경근, 최성경, 홍윤선), 친생자추정조항의 문제점 및 개정방향, 119면에 제안되어 있는 개정안에도 동일한 문제가 있다(이 개정안은 법무부 개정안 제855조의2의 기초가 된 것으로 보인다). 이 개정안은 다음과 같다.

「민법 제847조의2(생부에 의한 인지허가청구) ① 민법 제844조 제2항의 경우, 생부는 가정법원에 인지의 허가를 청구할 수 있다. 다만, 부(夫)가 혼외자의 출생신고를 한 때에는 그러하지 아니하다. ② 제1항의 허가는 자가 출생한 때로부터 1년 내에 청구하여야 한다.」

이 개정안은 현행 민법 제844조를 그대로 유지하는 것을 전제로 하고 있다. 따라서 제844조 제2항의 기간(혼인성립의 날부터 200일 후 혼인관계종료의 날부터 300일 이내)에 출생한 자는 혼인중에 포태된 것으로 추정되어 남편의 친생자로 추정되는 혼인중의 출생자의 신분을 가진다. 그런데 이러한 자에 대해서 생부가 인지를 할 수 있다는 것이 제1항 본문의 내용이다. 위에서 본 바와 같이 이러한 규정은 우리 민법체계에 부합하지 않는다. 한편 제1항 단서는 부(夫)가 혼외자의 출생신고를 한 때에

이 규정은 독일민법을 참고하여 만든 것이라고 하므로,[25] 관련된 독일민법 규정을 살펴본다(아래에서 독일민법 규정은 직역하지 않고 우리 민법체계를 고려하여 이해하기 쉽게 번역한다). 독일민법 제1592조 제1호에 따르면 자의 출생 시 모와 혼인관계에 있는 남자는 자의 부(父)로 추정된다. 그리고 독일민법 제1594조 제2항은 다른 남자의 친생자로 추정되는 자(子)는 인지할 수 없다(자가 다른 남자의 친생자로 추정되는 한, 그 자에 대한 인지는 효력이 없다)고 규정하고 있다. 이 두 규정에 따르면 모가 혼인중에 출산한 자는 일단 그 남편의 친생자로 추정되므로, 생부가 인지할 수 없다. 이런 경우에는 우선 친생부인의 소를 제기하여 그 판결이 확정된 후에야 인지가 가능하다. 그런데 독일민법 제1599조 제2항 제1문은 이에 대한 예외로서, 자가 이혼청구 계속 후에 출생하였고[26] 이혼청구를 인용하는 판결의 확정 후 1년 내에 제3자(생부)가 자를 인지하면[27] 제1592조 제1호가 적용되지 않는다고 규정하고 있다(즉 인지에 의해서 친생부인의 효력이 생긴다). 이 경우 인지의 효력은 이혼청구를 인용하는 판결이 확정된 때에 발생하며,[28] 친생추정의 효력도 역시 그 때 비로소 소멸한다. 따라서 이혼소송이 계속 중인 때에 출생한 자도 일단 남편의 친생자로 추정되므로,[29] 제3자가 이러한 자를 인지하는 경우에는 남편의 친생자로 추정되는 자를 인지하는 결과가 된다(제3자가 이혼소송 계속 중에 자를 인지하는 경우도 있고, 이혼판결 확정 후에 인지하는 경우도 있다. 어떤 경우이든 제3자가 인지를 하는 시점에는 그 자는 모의 남편(또는 전남편)의 친생자로 추정된다). 그런데 위에서 본 바와 같이 독일민법 제1594조 제2항은 다른 남

는 생부가 가정법원에 인지의 허가를 청구할 수 없다고 규정한다. 제844조 제2항의 기간 중에 출생한 자는 친생자의 추정을 받는 혼인중의 출생자의 신분을 가지는데, 제1항 단서에서는 이러한 자를 '혼외자'라고 칭하는 오류를 범하고 있다.

25) 윤진수, 친생추정에 관한 민법개정안, 가족법연구 제31권 1호(2017), 19면.

26) 이혼청구가 계속된 후 이혼판결 확정 전에 출생하여야 한다. BT-Drucks. 13/4899, S. 86.

27) 제3자가 자를 인지할 때에는 사전에 모의 남편으로부터 동의를 받아야 한다(또한 통상적인 인지의 경우와 마찬가지로 모의 동의도 필요하다). 따라서 제3자가 자의 생부가 아닌 경우에도 모의 남편 및 모와 통모하여 허위의 인지를 할 가능성을 배제할 수 없다. 이와 같이 법원의 개입 없이 모, 모의 남편, 생부가 사적인 합의에 의해서 자의 신분을 결정할 수 있다는 점에 대해서는 독일학계에서 강한 비판이 제기되고 있다. Gaul, Die Neuregelung des Abstammungsrechts durch das Kindschaftsrechtsreformgesetz, FamRZ 1997, 1441/1448, 1454ff; Rauscher, Vaterschaft auf Grund Anerkennung, FPR 2002, 359/368; MüKoBGB/Wellenhofer BGB § 1599 Rn. 69.

28) 따라서 이혼청구가 기각된 경우에는 친생부인의 소를 제기할 수밖에 없다.

29) 따라서 출생신고를 할 때는 모의 남편이 자의 부(父)로 기록된다. Gaaz/Bornhofen, Personenstandsgesetz, S. 144. 한편 위 헌법재판소 결정은 "혼인 종료 후 300일 내에 출생한 자가 전남편의 친생자가 아님이 명백하고 전남편이 친생추정을 원하지도 않으며 생부가 그 자를 인지하려는 경우에도, 가족관계등록부에는 일단 전남편인 부(夫)의 친생자로 등록될 수밖에 없다"는 점을 지적하면서 일단 전남편의 자로 출생신고를 하도록 하는 규정에 문제가 있다고 본다. 그러면서 다른 한편으로는 우리 법상태의 문제점을 해결할 수 있는 하나의 모델로서 독일민법 제1599조를 제시하고 있다. 독일민법 제1599조와 같은 규정을 도입한다고 해도 위 헌법재판소 결정에서 지적한 출생신고의 문제가 해결되는 것은 아니다.

자의 친생자로 추정되는 자(子)는 인지할 수 없다고 규정하고 있으므로, 위의 두 규정은 서로 모순되는 것이 아닌가라는 의문이 들 수 있다. 이러한 모순을 해소하기 위하여 독일민법 제1599조 제2항 제2문은 위와 같은 경우에는 제1594조 제2항의 적용을 배제한다. 즉 이혼소송이 계속 중인 때에 모가 출산한 자도 남편의 친생자로 추정되므로 독일민법 제1592조 제1호와 제1594조 제2항에 따르면 인지를 할 수 없을 것으로 보이지만, 제1599조 제2항 제1문에 따라 제3자가 그 자를 인지하는 경우에는 제1594조 제2항이 적용되지 않으므로, 예외적으로 친생추정을 받는 혼인중의 자를 인지할 수 있게 되는 것이다.

한편 우리 민법에서 생부가 임의로 인지할 수 있는 자는 혼인외의 자로 엄격히 제한되어 있다(민법 제855조 제1항). 친생자의 추정을 받는 혼인중의 출생자는 물론, 친생자의 추정을 받지 않는 혼인중의 출생자나 친생자의 추정이 미치지 않는 자라고 해도 생부가 임의로 인지하는 것은 허용되지 않는다.[30] 법무부 개정안은 혼인관계종료의 날부터 300일 내에 태어난 자가 유전자검사 등을 통하여 전남편의 자가 아님이 명백한 경우에도 친생자의 추정을 받는 혼인중의 출생자의 신분을 갖는다고 전제하면서, 이러한 경우에 생부는 법원으로부터 인지의 허가를 받아 그 자를 인지할 수 있다고 한다. 위에서 이미 언급한 바와 같이, 친생자의 추정을 받는 혼인중의 자를 생부가 인지할 수 있다는 규정은 우리 민법체계와 맞지 않는다.[31] 독일민법에서 이혼소송 계속 중에 출생한 자가 모의 남편의 친생자로 추정됨에도 불구하고 일정한 요건하에 제3자(생부)에 의한 인지가 허용되는 이유는, "다른 남자의 친생자로 추정되는 자는 인지할 수 없다"는 독일민법 제1594조 제2항이 이러한 경우에는 적용되지 않는다는 규정(독일민법 제1599조 제2항 제2문)이 존재하기 때문이다.[32] 법무부 개정안과 같이 친생자의 추정을 받는 혼인중의 출생자를 생부가 인지할 수 있다는 규정을 두려면, 우리 민법체계 내에

30) 다만 친생자의 추정을 받지 않는 혼인중의 출생자나 친생자의 추정이 미치지 않는 자의 경우에는 생부가 친생자관계부존재확인의 소를 제기하여 판결이 확정되면, 자의 신분이 혼인외의 자로 변경되므로, 그 때 인지할 수 있다.

31) 승이도, 혼인종료 후 300일 이내에 출생한 子의 친생추정에 관한 연구, 가족법연구 제29권 제1호(2015), 288면에 제시되어 있는 개정안에도 동일한 문제가 있다. 이 개정안에 따르면 혼인성립의 날로부터 2백일 후 또는 혼인관계종료의 날로부터 3백일 내에 출생한 子는 夫의 자로 추정되는데, (유전자검사 결과 등에 의하여) 夫의 친생자가 아님이 명백하고, 生父가 그 子를 인지한 경우에는 그러하지 아니하다고 한다. 이 개정안은 전남편의 친생자의 추정을 받는 혼인중의 출생자를 생부가 바로 인지할 수 있게 되어 있을 뿐 아니라, 사전에 출생신고를 마치지 않은 상태에서 인지를 하는 것을 전제로 하고 있다.

32) BT-Drucks. 13/4899, S. 86; Gaul, Die Neuregelung des Abstammungsrechts durch das Kindschaftsrechtsreformgesetz, FamRZ 1997, 1441/1448: Für diesen Fall suspendiert § 1599 II S. 1 Hs. 2 BGB n. F. zugleich von § 1594 II BGB, nach welchem eine Vaterschaftsanerkennung nicht wirksam ist, „solange die Vaterschaft eines anderen Mannes besteht", insbesondere also gemäß § 1592 Nr. 1 BGB n. F. dem Ehemann der Mutter zugerechtnet wird.

서 모순이 발생하지 않도록 그에 대한 근거 규정을 함께 마련해야 할 것이다. 이러한 모순은 해석론으로 해결 가능하다는 주장도 있을 수 있겠으나, 입법기술에 있어서 정교함이 떨어진다는 비판을 피하기는 어려울 것으로 보인다.

(2) 법무부 개정안은 혼인관계종료의 날로부터 300일 내에 출생한 자가 유전자검사 등을 통하여 전남편의 자가 아님이 명백한 경우에도 일단 전남편의 친생자로 추정되지만, 생부가 법원의 허가를 받아 인지할 수 있다고 규정한다. 이 규정은 위와 같은 자에 대하여 출생신고가 되지 않은 상태에서 생부가 인지를 하는 방식을 취하고 있는데, 출생신고가 되지 않아서 그 자에 대한 가족관계등록부가 작성되지 않은 상태에서 인지를 하는 것이 우리 법체계상 가능한지에 대해서는 의문이 있다. 예를 들어 포태중인 자도 인지가 가능하지만(민법 제858조), 가족관계등록이 되어 있지 않으므로, 일단 시·읍·면의 장이 특종신고서류편철장에 편철하여 보존하였다가(가족관계등록규칙 제69조), 가족관계등록부의 기록은 출생신고 후에 이루어진다. 이와 같이 자가 출생하면 먼저 출생신고를 통하여 가족관계등록부가 작성되고,[33] 이에 기초하여 인지의 기록이 이루어지는 것이 원칙이다.[34] 그런데 법무부 개정안은 이와 같은 법체계를 고려하지 않고 출생신고를 거치지 않은 상태에서 바로 인지신고를 할 수 있도록 규정하고 있다.[35] 이렇게 되면 결국 인지신고에 의하여 그 자의 가족관계등록부를 작성하게 될 것인데, 이러한 방식은 현행법체계에 비추어 볼 때 매우 이례적인 것이다.

현행법체계상 혼인외의 자에 대해서 생부가 출생신고를 하는 것도 가능하므로(이 경우 출생신고에 의해서 인지의 효력이 발생하므로, 별도로 인지신고를 할 필요도 없다. 가족관계등록법 제57조 제1항),[36] 위와 같은 경우 출생신고가 되지 않은

33) 가족관계등록부는 출생신고, 가족관계등록창설, 국적회복, 귀화, 국적취득 등의 사유로 작성된다. 법원행정처, 가족관계등록실무(Ⅰ), 357면.

34) 인지신고서에는 자의 주민등록번호와 등록기준지를 기재하도록 되어있다. 이는 출생신고가 되어 가족관계등록부가 작성되어 있는 것을 전제로 하는 것이다. 법원행정처, 가족관계등록실무(Ⅰ), 570면은 인지신고서의 기재방법에 관하여 "피인지자는 가족관계등록부가 존재하는 사람이므로 그의 가족관계등록부에 기록된 그의 성명과 본, 성별, 주민등록번호, 출생연월일과 동일하게 기재할 것이다"라고 기술하고 있다; 가족관계등록선례 201106-2: 혼인 외의 자에 대한 출생신고는 모가 하고 부는 인지신고를 하는 것이 원칙이다.

35) 법무부 가족관계등록법 개정안 제55조 제3항은 "민법 제855조의2에 따른 인지의 신고서에는 가정법원의 인지 허가서의 등본을 첨부하여야 하고, 자녀의 주민등록번호 및 등록기준지(자녀가 외국인인 때에는 그 외국인등록번호)는 기재하지 아니할 수 있다"고 규정하고 있다. 이러한 규정을 둔 이유는 "출생신고가 되지 않은 자녀를 인지하는 경우에는 주민등록번호나 등록기준지가 부여될 수 없"기 때문이라고 한다. 윤진수, 앞의 논문 22면.

36) 가족관계등록법 제46조 제2항은 "혼인 외 출생자의 신고는 모가 하여야 한다"고 규정하고 있으나, 이에 대해서는 폭 넓은 예외가 인정되고 있다. 예를 들어 생부가 모의 성명·등록기준지·주민등록번호 등의 인적 사항을 아는 경우에는 직접 출생신고를 하는 것이 가능하다(가족관계등록선례 201106-2). 또한 모의 성명·등록기준지 및 주민등록번호를 알 수 없는 경우에는 부(父)가 부의 등록

자에 대해서 무리하게 인지신고를 할 것이 아니라 출생신고를 하도록 규정하는 것이 오히려 바람직하다고 생각된다(출생신고에 의해서 자의 가족관계등록부가 작성되기 때문이다). 위에서 제기한 법체계상의 문제점을 해소하기 위한 방편으로 생부도 친생부인의 허가를 받아 출생신고를 하도록 하는 방법을 생각해 볼 수 있을 것이다.[37] 어차피 생부의 입장에서는 인지허가의 심판을 받으나 친생부인허가의 심판을 받으나 사실상 다를 것이 없고, 사건의 성격도 본질적으로 차이가 없을 것으로 보인다. 위에서 본 독일민법 제1599조 제2항은 생부가 소송을 거치지 않고 자를 인지할 수 있다는 점에 특징이 있으나, 법무부 개정안에 의하면 생부가 인지를 하려는 경우 어차피 법원의 심판을 받아야 하므로, 친생부인의 허가를 받아 출생신고를 하든, 인지의 허가를 받아 인지신고를 하든 생부의 입장에서는 차이가 없다. 그러나 현행법체계를 고려해 볼 때 출생신고가 되지 않은 자를 바로 인지하는 것은 문제가 있으므로, 생부가 친생부인의 허가를 받아 출생신고를 하는 것이 보다 적절한 대안이라고 본다.

(3) 법무부 개정안 제855조의2에 따르면 혼인관계종료의 날부터 300일 내에 출생한 자가 유전자검사 등을 통하여 전남편의 자가 아님이 명백한 경우에도 일단 전남편의 친생자로 추정되지만, 생부는 법원의 허가를 받아 인지를 할 수 있다. 그러나 모나 모의 전남편이 이미 혼인중의 자로 출생신고를 한 경우에는[38] 생부는 위 규정에 따른 인지를 할 수 없다.[39] 생부가 법원의 허가를 받아 인지를 하는 데에는 상당한 시일이 걸리지만, 모나 모의 전남편은 의사만 있으면 언제라도 자의 출생신고를 할 수 있다. 결국 생부에게 인지의 의사가 있고, 모나 모의 전남편에게 출생신고의 의사가 있는 경우에는 모나 모의 전남편의 의사가 우선할 수밖에 없다. 즉 모나 모의 전남편에게 자의 신분을 결정할 수 있는 우선권이 주

기준지 또는 주소지를 관할하는 가정법원의 확인을 받아 출생신고를 할 수도 있다(가족관계등록법 제57조 제2항). 또한 가족관계등록예규 제91호(혼인중의 여자가 다른 남자와의 사이에서 출생한 자녀에 대한 출생신고방법)는 "혼인중의 여자가 다른 남자와의 사이에서 출생한 자녀는 친자관계에 관한 재판을 거치지 않고 다른 남자의 자녀로 출생신고를 할 수 없다"고 규정하고 있는데, 이 역시 혼인외의 자의 경우에도 친자관계에 관한 재판을 거쳐 생부의 자로 출생신고가 가능함을 전제로 하는 것이다.

37) 법무부 개정안을 전제로 하여 이러한 대안을 생각해 볼 수 있다는 의미이다. 필자는 혼인관계종료의 날부터 300일 이내에 출생한 자가 유전자검사를 통하여 전남편의 친생자가 아님이 명백하고 생부가 인지하려는 경우에도 일단 전남편의 친생자로 추정하는 법무부 개정안에 대해서 비판적인 입장이다. 따라서 이러한 자가 전남편의 친생자로 추정되는 것을 전제로 하여 친생부인의 허가를 받도록 하는 규정에 대해서도 찬성하지 않는다. 위 헌법재판소 결정의 취지를 고려해 볼 때 이러한 자는 친생자의 추정이 미치지 않는 자로 규정하는 것이 타당하다고 본다. 이렇게 본다면 생부가 친생자관계부존재확인의 소를 거쳐 자를 인지를 할 수 있을 것이다(자세한 내용은 후술한다).

38) 가족관계등록법 제46조 제1항: 혼인 중 출생자의 출생의 신고는 부 또는 모가 하여야 한다.

39) 자가 태어나면 우선 출생신고를 하고 그 후에 인지신고를 하는 것이 순리인데, 일단 출생신고가 되면 인지신고를 할 수 없게 된다는 것은 아이러니가 아닐 수 없다.

어져 있는 것이다.[40] 특히 모의 전남편에게 생부보다 우선하여 자의 신분을 결정할 수 있는 권한이 주어져 있다는 점은 문제가 있다. 일반적으로 혼인관계가 존속하는 동안 태어난 자에 대해서 친생자의 추정을 받는 혼인중의 출생자의 신분을 인정하고,[41] 모나 모의 남편이 친생부인의 소를 제기하여 판결이 확정되지 아니하는 한, 생부가 인지할 수 없도록 한 이유는 가정의 평화와 자의 복리를 지키려는 데 있다. 아내가 간통하여 자를 출산하였다는 사실을 알면서도 남편이 가정을 유지하고 그 자를 양육하겠다는 결정을 한 경우에는 친생부인의 소를 제기하지 않을 것이므로, 생부는 자기의 자를 인지할 수 없다.[42] 즉 이러한 경우에는 자의 신분과 양육을 결정하는 문제에 있어서 모의 남편이 생부보다 우선권을 가진다. 그러나 이미 혼인이 해소된 후에 자가 출생하였고, 생부에게 자를 인지하고 양육하려는 적극적인 의사가 있는 경우에도 이러한 법리를 그대로 관철시키는 것이 타당한가에 대해서는 의문이 있다. 이미 혼인이 해소된 경우에는 가정의 평화는 더 이상 고려의 대상이 아니고, 오로지 자의 복리만이 문제가 된다. 이러한 경우에 생부에게 자를 인지하고 양육할 적극적인 의사가 있다면, 생부로 하여금 자를 인지할 수 있게 하여 안정적인 가족관계를 형성할 수 있도록 도와주는 것이 궁극적으로 자의 복리실현에 부합하는 길이 될 것이다. 법무부 개정안에 의하면 이러한 경우에도 모의 전남편이 혼인중의 자로 출생신고를 하면 생부가 법원의 허가를 받아 인지를 하는 길은 차단되는데, 이는 결국 모의 전남편에게 자의 신분 결정에 대한 우선권을 준다는 의미이다. 이런 경우에조차도 모의 전남편에게 자의 신분 결정에 대한 우선권을 인정하는 것은 쉽게 납득이 가지 않는다. 이 규정은 결국 자의 복리를 해칠 수 있다는 점에서 결정적인 문제가 있다(이미 혼인이 해소된 후에 자가 태어났고 생부가 그 자를 양육하려는 의사가 있는 경우에는 생부의 인지를 허용함으로써 안정적인 가정을 이룰 수 있도록 도와주는 것이 자의 복리실현에 부합한다. 이런 경우에 실제로 양육의 의사가 없는 모의 전남편이 출생신고를 하면 생부는 법원의 허가를 받아 인지를 하는 길이 막히게 되므로, 자와 안정적인 가족

---

40) 예를 들어 생부가 법원에 인지의 허가를 청구하여 심판이 계속 중인 상태에서 모나 모의 전남편이 출생신고를 할 수도 있을 것이다(이런 경우에는 법원에서 인지허가의 심판을 할 이유가 없어지므로, 청구를 각하해야 할 것으로 생각된다). 나아가 인지 허가의 심판이 확정된 후 아직 생부가 인지신고를 하기 전에 모나 모의 전남편이 출생신고를 할 가능성도 배제할 수 없다(이 경우 법원의 인지허가 심판은 무의미한 것이 되고 만다). 법무부 개정안 제855의2에 따른 인지는 임의 인지이므로, 인지신고에 의해서 효력이 발생하기 때문이다. 윤진수, 앞의 논문, 19면 참조.

41) 다만 여기에는 약간의 예외가 있다. 혼인성립의 날로부터 200일이 되기 전에 태어난 자는 친생자의 추정을 받지 않는 혼인중의 출생자의 신분을 가지며, 혼인성립의 날로부터 200일 후 혼인관계종료의 날로부터 300일 내에 태어난 자 중에서도 동서의 결여로 인하여 모가 남편의 자를 포태할 가능성이 없는 상태에서 포태하여 출산한 자는 친생자의 추정이 미치지 않는 자의 지위를 갖는다.

42) 모가 남편의 결정에 동의한 경우를 전제로 한다. 이와 달리 모가 친생부인의 소를 제기하여 판결이 확정되면 생부가 인지할 수 있다.

관계를 형성하지 못하게 된다. 이러한 결과가 자의 복리를 해친다는 점에 대해서는 긴 설명을 요하지 않을 것이다. 이런 경우 모가 친생부인의 소를 제기하여 판결이 확정되면 생부의 입장에서는 자를 인지할 수 있는 기회를 한 번 더 가지게 되겠지만, 모에게 소재불명 등 친생부인의 소를 제기할 수 없는 사정이 있다면, 인지의 기회는 다시 주어지지 않는다).

한편 법무부 개정안 제855조의2에 의해서 초래될 수 있는 위와 같은 결과는 위 헌법재판소 결정의 취지와도 맞지 않는다. 위 헌법재판소 결정은 혼인 종료 후 300일 내에 출생한 자가 전남편의 친생자가 아님이 명백하고 생부가 그 자를 인지하려는 경우에도, "만약 모 또는 부(夫)가 친생부인의 소를 제기하지 아니하거나 2년의 제척기간이 지나 친생부인의 기회를 상실하면, 자는 생부에게 인지를 청구할 수 없고, 생부도 자를 인지할 수 없어, 진실한 혈연관계를 회복할 길이 막혀 버린다"고 하면서 이러한 법상태를 불합리한 것으로 판단하고, 입법을 통하여 개선되어야 한다고 본다. 그런데 법무부 개정안에 의하면 모나 모의 전남편이 출생신고를 하는 경우 생부는 더 이상 인지의 허가를 청구할 수 없게 되므로, 결국 자를 인지할 수 있는 길이 막히게 된다(자의 입장에서도 생부를 상대로 인지청구를 할 수 없게 된다).[43] 위 헌법재판소 결정은 이러한 결과를 불합리한 것으로 판단하고 개선을 촉구한 것인데, 법무부 개정안은 이러한 문제점을 해결하지 못하고 그대로 존속시키고 있다.

3. 친생추정과 관련된 문제

(1) 법무부 개정안 제844조 제3항에 의하면 혼인관계가 종료한 날부터 300일 내에 출생한 자는 원칙적으로 전남편의 친생자로 추정되지만, 혈액형검사, 유전자검사 등 과학적 방법에 의한 검사결과나 장기간의 별거 등 그 밖의 사정에 비추어 전남편의 자가 아님이 명백한 경우에는 친생부인의 허가 또는 인지의 허가를 받아 친생추정을 배제할 수 있다고 한다. 여기서는 "장기간의 별거 등 그 밖의 사정에 비추어 전남편의 자녀가 아님이 명백한 경우"와 관련하여 살펴본다. 법무부 개정안에 따르면 부부가 장기간 별거하여 모가 전남편의 자를 포태하는 것이 불가능한 상황에서 자를 포태하여 출산한 경우에도(혼인종료 후 300일 이내에 출산한 경우) 일단 전남편의 자로 추정되지만(전남편의 친생자로 추정되는 혼인 중의 자의 신분을 갖는다), 친생부인의 허가(모나 모의 전남편) 또는 인지의 허가(생

---

43) 물론 모나 모의 전남편이 친생부인의 소를 제기하여 판결이 확정되면 생부가 인지할 수 있다. 그러나 모나 모의 전남편이 출생신고를 하고 2년의 제척기간 동안 소를 제기하지 않으면, 생부가 인지할 수 있는 기회는 영구히 상실된다.

부)를 받아 친생추정을 배제할 수 있다. 그러나 이러한 규정은 기존에 확립된 법리와 조화되지 않는다는 문제가 있다. 기존의 법리에 따르면 사실상 이혼 등 부부가 별거하여 모가 남편의 자를 포태하는 것이 불가능한 상황에서 자를 포태하여 출산한 경우 친생추정이 미치지 않는 것으로 보고, 생부와 같은 이해관계인도 친생자관계부존재확인의 소를 제기할 수 있다.[44] 즉 친생자의 추정이 미치지 않는 자에 대해서는 생부가 자와 모의 전남편을 상대로 친생자관계부존재확인의 소를 제기할 수 있으며, 판결이 확정되면 인지(이미 자의 출생신고가 이루어진 경우) 또는 출생신고를 할 수 있다. 그런데 법무부 개정안에 의하면 이와 같이 친생자의 추정이 미치지 않는 자도 일단 친생자의 추정을 받는 혼인중의 출생자로 인정될 뿐 아니라, 모나 모의 전남편이 혼인중의 자로 출생신고를 한 경우에는 친생부인의 소를 통하지 않으면 친생추정을 배제할 수 없게 된다. 이런 경우 생부는 친생자관계부존재확인의 소를 제기할 수 없으므로, 결국 자력으로(모나 모의 전남편이 친생부인의 소를 제기해 주지 않으면) 인지나 출생신고를 하는 길이 봉쇄된다. 친생자의 추정이 미치지 않는 자에 대해서 생부가 인지할 수 있는 기회를 현재보다 오히려 더 제한하는 입법은 그 필요성을 인정하기도 어렵고, 어떤 합리적인 근거도 찾을 수 없다.

한편 장기간의 별거 등으로 모가 남편의 자를 포태하는 것이 불가능한 상황에서 자를 포태하여 출산한 시점이 혼인 중이라면, 위의 개정안이 적용될 수 없을 것이다. 위의 개정안은 혼인종료 후 300일 이내에 출생한 자에 대해서만 적용되기 때문이다. 그런데 여기서 또 하나의 모순이 발생한다. 장기간의 별거 등으로 모가 남편의 자를 포태하는 것이 불가능한 상황에서 자를 포태하여 출산한 시점이 혼인 중인 경우에는 그 자는 기존의 법리에 따라 친생자의 추정이 미치지 않는 자가 되는 반면, 동일한 상황에서 포태된 자라도 혼인종료 후 300일 내에 출생한 때에는 전남편의 친생자의 추정을 받는 혼인중의 출생자의 신분을 갖는다. 따라서 전자의 경우에는 이미 모나 모의 남편이 출생신고를 마친 경우에도 생부가 친생자관계부존재확인의 소를 거쳐 인지를 할 수 있는 반면, 후자의 경우에는 모나 전남편이 출생신고를 하면 생부는 인지를 할 수 없게 된다. 장기간의 별거로 모가 낳은 자가 남편의 자가 아님이 명백한 상황에서 출산의 시점이 혼인 중이냐 혼인종료 후 300일 내이냐에 따라 자의 신분이 달라지고, 이에 따라 생부가 인지할 수 있는 기회에도 영향을 미친다는 것은 수긍이 가지 않는다.

나아가 "장기간의 별거 등 그 밖의 사정에 비추어 전남편의 자녀가 아님이

---

44) 대판 1983. 7. 12, 82므59 전원합의체. 모나 부(夫)는 친생부인의 소를 제기할 수 있을 뿐 아니라, 출소기간이 경과한 경우 친생자관계부존재확인의 소도 제기할 수 있다.

명백한 경우"라면 어차피 유전자검사를 통해서도 모의 전남편과 자 사이에 부자관계가 없다는 사실이 명백하게 밝혀질 것이므로, 굳이 이러한 규정을 두어야 할 이유도 없다.

(2) 법무부 개정안에 의하면 혼인종료의 날로부터 300일 내에 출생한 자는 혈액형검사, 유전자검사 등 과학적 방법에 의한 검사결과에 비추어 전남편의 자가 아님이 명백하고 생부가 인지하려는 의사가 있는 경우에도 일단 전남편의 친생자로 추정된다. 즉 전남편의 친생자로 추정되는 혼인중의 출생자의 신분을 가진다. 그런데 이러한 규정이 위 헌법불합치 결정의 취지와 맞는 것인지는 의문이다. 위 헌법재판소 결정에 의하면 "이미 혼인관계가 해소된 이후 자가 출생하였고 이 사건과 같이 생부가 그 자를 인지하려는 경우마저도 아무런 예외 없이 혼인 종료 후 300일 이내에 출생한 자를 부(夫)의 친생자로 추정하도록 하는 심판대상조항은, 친생추정의 주된 목적인 자의 복리에 비추어 보아도 지나치게 불합리한 제한이라고 보아야 한다." 즉 위 헌법재판소 결정은 이러한 경우에 그 자를 전남편의 친생자로 추정하는 것은 불합리하다고 판단하고 있다. 다른 말로 표현하면, 이러한 경우 그 자는 전남편의 친생자로 추정하여서는 아니된다는 의미이다. 이렇게 볼 때 이러한 자를 출생시부터 전남편의 친생자로 추정되는 혼인중의 출생자로 규정하는 것은 일단 위의 헌법재판소 결정의 취지와는 맞지 않는다. 그렇다면 이러한 자는 친생추정과 관련하여 어떠한 신분을 가진다고 볼 수 있을 것인가? 현행법상 혼인중의 출생자는 세 종류로 나누어진다. 친생자의 추정을 받는 혼인중의 출생자, 친생자의 추정을 받지 않는 혼인중의 출생자, 그리고 친생자의 추정이 미치지 않는 자가 그것이다.[45] 법무부 개정안은 이러한 자(혼인해소 후 300일 내에 출생하였고 유전자검사 등을 통하여 전남편의 친생자가 아님이 명백하며, 생부가 인지하려는 자)를 친생자의 추정을 받는 혼인중의 출생자로 규정하였으며, 그 결과 모나 전남편이 혼인중의 자로 출생신고를 할 수 있게 되어있다. 그러나 이러한 자가 혼인중의 자로 출생신고가 되면 친생자의 추정을 받는 혼인중의 출생자의 신분을 그대로 유지하게 되는 결과, 생부는 그 자를 인지할 수 있는 길이 막히게 된다. 이는 위 헌법재판소 결정의 취지와도 맞지 않는다. 위 헌법재판소 결정은 "생부가 그 자를 인지하려는 경우마저도 혼인종료 후 300일 이내에 출생한 자를 부(夫)의 친생자로 추정하는 것은 불합리한 제한"이라고 판단하고 있으며, 이러한 자가 "가족관계등록부에 전남편인 부(夫)의 친생자로 등록되는 경우 만약 모 또는 부(夫)가 친생부인의 소를 제기하지 않거나 2년의 제척기간이 지나 친생

45) 자세한 내용은 김주수 · 김상용, 친족 · 상속법(2017), 296면 이하.

부인의 기회를 상실하면, 자는 생부에게 인지를 청구할 수 없고 생부도 자를 인지할 수 없어, 진실한 혈연관계를 회복할 길이 막혀 버린다"고 하면서, 이러한 불합리한 결과를 초래하는 심판대상조항에 문제점이 있다고 본다. 그런데 법무부 개정안에 의하면 위와 같은 경우에 모나 모의 전남편이 출생신고를 하게 되면, 바로 위의 헌법재판소 결정에서 불합리하다고 판단한 결과가 재현될 수밖에 없다. 이러한 법무부 개정안이 위 헌법재판소 결정의 취지를 적절하게 반영한 개선입법이라고 평가하기는 어려울 것이다. 특히 모가 소재불명으로 연락이 되지 않는 상태에서 생부가 자를 양육하고 있는데 전남편이 출생신고를 한다면, 법무부 개정안에 의할 경우 생부가 자를 인지할 수 있는 기회는 영구히 박탈될 수 있다(전남편이 친생부인의 소를 제기하지 않으면 생부는 자력으로 인지를 할 수 없기 때문이다). 위와 같은 관계에서 출생한 자에 대해서는 처음부터 친생자의 추정이 미치지 않는 것으로 규정한다면, 설령 모의 전남편이 출생신고를 하였다고 해도 생부는 친생자관계부존재확인의 소를 제기하고, 판결이 확정되면 인지를 할 수 있게 될 것이다.

Ⅳ 맺음말

2015년 헌법재판소는 혼인관계종료 후 300일 이내에 출생한 자가 유전자검사를 통하여 전남편의 친생자가 아님이 명백하고 생부가 그 자를 인지하려는 경우에도 예외 없이 전남편의 친생자로 추정하는 것은 헌법에 합치되지 않는다고 판단하였다. 헌법재판소가 이 결정에서 개선되어야 할 문제점으로 지적한 것은 다음과 같이 정리될 수 있다. 첫째, 혼인관계종료 후 300일 내에 출생한 자가 전남편의 자가 아님이 명백하고 생부에게 인지의 의사가 있는 경우에도 모는 일단 전남편의 자로 출생신고를 하고 친생부인의 소를 제기할 수밖에 없는데, 이는 모와 생부가 새로운 가정을 형성하는데 부담으로 작용한다. 둘째, 혼인관계종료 후 300일 내에 출생한 자가 전남편의 자가 아님이 명백하고 생부에게 인지의 의사가 있는 경우에도 모나 모의 전남편이 친생부인의 소를 제기하지 않으면, 생부는 그 자를 인지할 수 없게 되고 자도 생부를 상대로 인지청구를 할 수 없게 되어 진실한 혈연관계에 기초한 가족관계를 형성할 수 있는 길이 봉쇄된다. 셋째, 혼인관계종료 후 300일 내에 출생한 자가 전남편의 자가 아님이 명백하고 생부에게 인지의 의사가 있는 경우에도 예외 없이 전남편의 친생자로 추정하는 현행 친생추정조항은 헌법에 합치되지 않으므로, 이러한 경우에는 친생추정에 예외를 인정하거나 친생부인의 소보다 간이한 비송절차사건으로 친생추정을 번복할 수 있게 하여야 한다.

위 헌법재판소 결정에서 문제로 지적된 점들을 개선할 목적으로 법무부가 개정안을 마련하였는데, 이 개정안은 다음과 같은 점에서 신중한 검토를 요한다. 첫째, 현행법체계와 조화되지 않는다는 문제가 있다. 법무부 개정안 제854조의2는 혼인관계종료 후 300일 이내에 출생한 자가 전남편의 친생자가 아님이 명백한 경우에도 일단 전남편의 친생자로 추정된다는 전제하에 모나 전남편은 법원에서 친생부인의 허가를 받아 친생추정을 배제할 수 있다고 규정한다(친생부인의 허가 청구는 출생신고가 되지 않은 상태에서만 할 수 있다. 따라서 친생부인의 허가를 청구한 경우에는 심판이 확정된 후 모가 출생신고를 하여야 한다). 현행 가족관계등록법은 출생일부터 1개월 내에 출생신고를 하도록 의무화하고 있는데, 개정안과 같이 재판을 거쳐 출생신고를 하게 된다면 이 기간 내에 출생신고를 하는 것은 현실적으로 불가능할 것으로 보인다. 따라서 개정안에 의하면 혼인관계종료 후 300일 이내에 출생한 자가 전남편의 친생자가 아님이 명백한 경우 모는 그 자를 전남편의 자로 출생신고를 하지 않아도 되지만, 법원으로부터 친생부인의 허가를 받을 때까지는 출생신고를 할 수 없게 되어 자의 보호에 공백이 발생한다. 또한 법무부 개정안 제855조의2는 혼인관계종료 후 300일 이내에 출생한 자가 전남편의 친생자가 아님이 명백한 경우에도 일단 전남편의 친생자로 추정된다는 전제하에 이러한 경우 생부는 법원에서 인지의 허가를 받아 자를 인지할 수 있다고 규정한다. 우리 민법에서 생부가 인지할 수 있는 자는 혼인외의 자로 엄격하게 국한되어 있으므로, 개정안과 같이 전남편의 친생자로 추정되는 혼인중의 출생자를 생부가 인지한다는 것은 현행법체계에 반한다. 나아가 개정안에 따르면 생부는 출생신고가 되지 않은 자에 대해서만 법원으로부터 인지의 허가를 받아 인지를 할 수 있는데, 이 역시 현행법체계와 맞지 않는다는 문제가 있다. 자가 출생하면 우선 출생신고를 하고, 그 후에 인지를 하는 것이 순리인데, 개정안에 의하면 출생신고가 되면 생부가 인지를 할 수 없게 된다. 또한 출생신고에 의해서 자의 가족관계등록부가 작성되고 여기에 인지의 기록을 하는 것이 정상인데, 출생신고가 되지 않아서 가족관계등록부가 작성되지 않는 자의 경우에 어떻게 인지의 기록을 할 것인지도 의문이다. 나아가 인지의 허가 심판이 확정되어 생부가 인지를 할 때까지 자의 출생신고가 이루어지지 않아야 하므로, 가족관계등록법이 정한 1개월의 출생신고 기간 내에 출생신고가 될 수 없다는 문제도 있다. 둘째, 현행법의 문제점을 해결하지 못하고 그대로 존속시킨다는 문제가 있다. 법무부 개정안 제855조의2에 의하면 혼인관계종료 후 300일 이내에 출생한 자가 전남편의 친생자가 아님이 명백한 경우에도 일단 전남편의 친생자로 추정되지만 생부는 법원에서 인지의 허가를 받아 자를 인지할 수 있다. 그러나 이러한 자는 전남편의 친생자의 추정을 받는 혼인중의 출생자의 신분을 가지므로, 모나 전남편이 혼인중의 자로 출생신고를 할 수 있으며, 이러한 경우에는 생부는 인지를 할 수 없게 된다. 위 헌법재판소 결정은 혼인관계종료 후 300일 이내에 출생한 자가 전남편의 친생자가 아님이 명백하고 생부에게 인지의 의사가 있는 경우에조차도 전남편의 친생자로 추정함으로써 발생하는 폐해를 지적하고 있다. 즉 이러한 경우에도 모나 모의 전남편이 친생부인의 소를 제기하지 않고 2년의 제척기간이 경과하면 생부는 자를 인지할 수 없게 되고, 자도 생부를 상대로 인지청구를 할 수 없게 되어 혈연의 진실에 기초한 가족관계를 형성할 기회를 영구히 상실하게 된다는 것이다. 그런데 법무부 개정안에 의하면 혼인관계종료 후 300일 이내에 출생한 자가 전남편의 친생자가 아님이 명백하고 생부에게 인지의 의사가 있는 경우에도 일단 전남편의 친생자로 추정되고, 모나 모의 전남편이 혼인중의 자로 출생신고를 하면, 생부는 인지를 할 수 없게 되어 위 헌법재판소 결정에서 지적한 문제가 그대로 재현된다. 셋째, 기존의 법리와 모순된다는 문제가 있다. 법무부 개정안 제844조 제3항에 의하면 혼인관계종료의 날부터 300일 내에 출생한 자는 장기간의 별거 등으로 인하여 전남편의 자가 아님이 명백한 경우에도 일단 전남편의 친생자로 추정된다. 기존에 확립된 법리에 따르면 이러한 자에 대해서는 처음부터 친생추정이 미치지 않으므로, 모나 남편은 물론 생부와 같은 이해관계인도 친생자관계부존재확인의 소를 제기할 수 있다. 그런데 개정안에 의하면 이러한 자도 일단 전남편의 친생자로 추정되고, 모와 모의 전남편만이 친생부인의 허가를 받아 친생추정을 배제할 수 있게 되어 있어서 생부는 친생자관계부존재확인의 소를 제기할 수 없다. 이 경우 생부는 개정안 제855조의2에 따라 법원에서 인지의 허가를 받아 인지를 할 수 있으나, 모나 모의 전남편이 이미 혼인중의 자로 출생신고를 한 경우에는 생부는 더 이상 인지를 할 수 없게 된다. 결국 기존의 법리에 따르면 부부가 장기간 별거하여 모가 남편의 자를 포태할 가능성이 없는 상태에서 자를 출산한 경우 친생추정이 미치지 않는 것으로 되어 생부도 친생자관계부존재확인의 소를 제기하고 자를 인지하는 것이 가능하지만, 개정안에 의할 경우 이러한 자도 일단 전남편의 친생자로 추정되고 모나 전남편이 혼인중의 자로 출생신고를 하면 생부는 더 이상 인지를 할 수 없게 된다는 모순에 빠진다. 또한 개정안은 혼인관계종료의 날부터 300일 이내에 출생한 자에 대해서만 적용되므로, 부부가 장기간 별거하여 모가 남편의 자를 포태할 가능성이 없는 상태에서 자를 출산한 경우에도 출생시점이 혼인관계종료의 날부터 300일 내이면 개정안의 규정이 적용되고(그 결과 전남편의 친생자로 추정되고, 모나 전남편이 혼인중의 자로 출생신고를 하면 생부는 인지를 할 수 없게 된다. 자 역시 생부를 상대로 인지청구를 할 수 없다), 출생시점이 혼인중이면 기존의 법리가 적용되는 모순이 생긴다(따라서 이 경우에는 친생자의 추정이 미치지 않는 자가 되어 생부도 친생자관계부존재확인의 소를 거쳐 인지를 할 수 있고, 자도 인지청구를 할 수 있다). 장기간의 별거라는 동일한 사정에서 포태되어 출생한 자가 출생시점에 따라서 다른 신분을 가지게 되고, 이에 따라 인지의 기회도 영향을 받는다는 것은 모순이 아닐 수 없다. 넷째, 혼인관계종료 후 300일 이내에 출생한 자가 전남편의 친생자가 아님이 명백하고 생부에게 인지의 의사가 있는 경우에도 전남편의 친생자로 추정하는 것은 헌법재판소 결정의 취지와 맞지 않는다. 위 헌법재판소 결정은 이와 같은 사정이 있는 경우에도 모가 혼인관계종료 후 300일 이내에 출산한 자를 예외 없이 전남편의 친생자로 추정하는 규정의 불합리성과 위헌성을 지적하고 있다. 혼인중에 포태하여 출생한 자를 친생자의 추정을 받는 혼인중의 출생자로 규정하고 친생부인의 요건을 엄격하게 하는 이유는 가정의 평화와 자의 복리를 지키려는 데 있다. 그러나 이미 혼인이 해소된 상황에서는 가정의 평화는 더 이상 고려의 대상이 되지 않으며, 유전자검사를 통하여 확인된 생부가 자를 인지하려는 경우에는 자의 복리의 관점에서 보아도 문제가 없다. 따라서 혼인관계종료 후 300일 이내에 출생한 자가 전남편의 친생자가 아님이 명백하고 생부에게 인지의 의사가 있는 경우라면 전남편의 친생자로 추정해야 할 이유가 하등 존재하지 않는다(오히려 이러한 자를 전남편의 친생자로 추정하는 규정은 생부가 자를 인지하는 데 장애요소로 작용하여 자의 복리에 반하는 결과를 초래할 수 있다).

위에서 법무부 개정안의 문제점을 검토하면서 필자의 독자적인 대안을 제시하는 것은 자제하였다. 이 논문에서 제시한 개정안의 문제점에 대해서 법무부가 공감한다면, 법무부가 스스로 수정안을 마련하는 것이 순리라고 보았기 때문이다. 여기서 제기한 문제의식과 비판을 계기로 친생추정조항 개정안에 대한 논의가 확산·심화되기를 기대한다.

〈중앙법학 제19권 제3호(2017년 9월) 수록〉

2. 친생추정에 관한 2017년 개정민법 규정의 문제점

I 들어가는 말

2015년 헌법재판소는 민법 제844조 제2항 중 "혼인관계종료의 날로부터 300일 내에 출생한 자"에 관한 부분이 모가 가정생활과 신분관계에서 누려야 할 인격권 및 행복추구권, 개인의 존엄과 양성의 평등에 기초한 혼인과 가족생활에 관한 기본권을 침해한다고 보고, 심판대상조항에 대해서 헌법불합치결정을 선고하였다.[1)] 이 헌법재판소 결정에 따라 법무부가 개정안을 마련하여 국회에 제출하였고,[2)] 국회 법제사법위원회는 이를 기초로[3)] 대안을 제안하였다. 이 대안이 2017년 9월 28일 국회를 통과하여 2017년 10월 31일 공포되었다.[4)]

이 개정법률에 따라 제844조(남편의 친생자의 추정)가 개정되었고, 제854조의2(친생부인의 허가 청구)와 제855조의2(인지의 허가 청구)가 신설되었다. 이외에 관련된 가사소송법과 가사소송규칙도 일부 개정되었다.

친생추정에 관한 개정민법 규정은 국회에 제출되었던 법무부안을 기초로 한 것이기 때문에 법무부안의 문제점을 거의 그대로 안고 있다. 필자는 2017년에 법무부안의 문제점을 지적하고 비판하는 논문을 발표한 적이 있는데,[5)] 그 당시에 제기한 문제의식과 비판은 개정민법 규정에 대해서도 대체로 그대로 적용될 수 있다.[6)] 따라서 이 논문에서는 개정된 민법규정과 가사소송법 및 가사소송규칙(이

---

1) 헌재결 2015. 4. 30. 2013헌마623.

2) 2017년 4월 5일 국회에 상정되었다. 법무부안에 대한 해설은 윤진수, 친생추정에 관한 민법개정안, 가족법연구 제31권 1호(2017. 3), 1면 이하 참조.

3) 법무부안 이외에 2016년 8월 19일 김도읍 의원이 대표발의한 「민법 일부개정법률안」과 2016년 5월 30일 이찬열 의원이 대표발의한 「민법 일부개정법률안」이 국회에 상정되어 있었다.

4) 법률 제14965호. 2018년 2월 1일 시행.

5) 김상용, 법무부 친생추정조항 개정안에 대한 비판적 고찰, 중앙법학 제19집 제3호(2017. 9), 95면 이하.

6) 필자는 법무부안의 문제점 중 하나로 출생신고가 되어 있지 않은 자녀에 대해서 생부가 인지의 허가를 받아 인지신고를 하게 되어 있는 규정을 비판하였는데(김상용, 법무부 친생추정 조항에 대한 비판적 고찰, 중앙법학 제19집 제3호(2017. 9), 109면 이하), 이 부분은 국회에서 대안을 마련하는 과정에서 수정되었다. 이에 따라 개정민법에는 생부가 인지의 허가를 받아 인지신고를 하는 대신 출생신고를 하는 것으로 규정되어 있다(제855조의2 제3항. 이 경우 출생신고에 의해서 인지의 효력이 발생한다). 필자가 법무부안의 문제점으로 지적한 부분 가운데 개정민법에 반영된 것은 이 규정이 유일하다.

하에서 '개정법'이라고 통칭한다)에 의해서 새롭게 부각된 문제점을 중심으로 검토하고, 이전의 논문에서 이미 다룬 내용은 필요한 최소한의 범위 내에서만 서술한다.

Ⅱ 개정법 규정과 출생신고에 관한 가족관계등록법 규정의 부조화

1. 개정민법 규정

개정법과 관련하여 첫 번째로 제기할 수 있는 문제점은 가족관계등록법에 따른 출생신고 규정과의 조화를 전혀 고려하지 않았다는 점이다. 이와 관련하여 우선 개정민법의 규정을 보면 다음과 같다.

제844조(남편의 친생자의 추정) ① 아내가 혼인 중에 임신한 자녀는 남편의 자녀로 추정한다.

② 혼인이 성립한 날부터 200일 후에 출생한 자녀는 혼인 중에 임신한 것으로 추정한다.

③ 혼인관계가 종료된 날부터 300일 이내에 출생한 자녀는 혼인 중에 임신한 것으로 추정한다.

제854조의2(친생부인의 허가 청구) ① 어머니 또는 어머니의 전 남편은 제844조 제3항의 경우에 가정법원에 친생부인의 허가를 청구할 수 있다. 다만, 혼인중의 자녀로 출생신고가 된 경우에는 그러하지 아니하다.

② 제1항의 청구가 있는 경우에 가정법원은 혈액채취에 의한 혈액형 검사, 유전인자의 검사 등 과학적 방법에 따른 검사결과 또는 장기간의 별거 등 그 밖의 사정을 고려하여 허가 여부를 정한다.

③ 제1항 및 제2항에 따른 허가를 받은 경우에는 제844조 제1항 및 제3항의 추정이 미치지 아니한다.

제855조의2(인지의 허가 청구) ① 생부(生父)는 제844조 제3항의 경우에 가정법원에 인지의 허가를 청구할 수 있다. 다만, 혼인 중의 자녀로 출생신고가 된 경우에는 그러하지 아니하다.

② 제1항의 청구가 있는 경우에 가정법원은 혈액채취에 의한 혈액형 검사, 유전인자의 검사 등 과학적 방법에 따른 검사결과 또는 장기간의 별거 등 그 밖의 사정을 고려하여 허가 여부를 정한다.

③ 제1항 및 제2항에 따라 허가를 받은 생부가 「가족관계의 등록 등에 관한

법률」 제57조 제1항에 따른 신고를 하는 경우에는 제844조 제1항 및 제3항의 추정이 미치지 아니한다.

2. 친생부인의 허가 심판이 확정될 때까지 출생신고를 미루어야 하는 개정법의 문제점

(1) 위 헌법재판소 결정은 혼인관계 종료 후 300일 내에 출생한 자녀가 전 남편의 친생자가 아님이 명백하고 생부가 그 자녀를 인지하려는 경우에도, 모가 그 자녀를 일단 전 남편의 자녀로 출생신고한 후 친생부인의 소를 제기해야만 하는 방식의 문제점을 지적하고, 이에 대한 개선을 요구하였다. 개정법은 이 문제를 해결하기 위하여 다음과 같은 방식을 채택하였다. i) 우선 혼인관계 종료의 날부터 300일 내에 출생한 자녀는 모가 혼인 중에 임신한 것으로 추정하여 전 남편의 친생자로 추정한다(이 점에 있어서 개정법은 개정 전과 달라진 것이 없다). ii) 혼인관계 종료의 날부터 300일 내에 출생한 자녀는 전 남편의 친생자로 추정되지만, 혼인 중에 출생한 자녀[7]와는 달리 친생부인의 소가 아니라 친생부인의 허가를 받아 친생자관계를 부인할 수 있다.[8] 친생부인의 허가 심판은 친생부인의 소와는 달리 가사소송절차가 아니라 가사비송절차이므로 절차가 간이한 것이 장점이라고 설명되고 있다. iii) 혼인관계 종료의 날부터 300일 내에 출생한 자녀에 대해서 출생신고가 된 경우에는 친생부인의 허가를 청구할 수 없다. 즉 모(母)나 모의 전 남편이 친생부인의 허가 심판을 청구하려는 경우에는 자녀의 출생신고를 미루어야 하며, 법원에서 친생부인의 허가 심판이 확정된 후에야 비로소 출생신고를 할 수 있다.[9]

그런데 이와 같은 개정법 규정은 가족관계등록법의 출생신고 규정과 조화될 수 없다는 점에서 문제가 있다.[10] 가족관계등록법에 따르면 출생신고는 자녀의 출생 후 1개월 이내에 하도록 되어 있는데,[11] 개정법 규정과 같이 친생부인의 허가 심판이 확정된 후에 비로소 출생신고를 하여야 한다면 이 기간 내에 출생신고가 이루어질 것을 기대하기는 어렵기 때문이다(물론 친생부인의 허가 청구를 하

---

7) 다만 혼인 중에 출생한 자녀의 경우에도 혼인성립의 날부터 200일이 되기 전에 출생한 자는 친생자의 추정을 받지 않으므로, 친생자관계부존재확인의 소를 제기할 수 있다.

8) 개정법은 친생부인의 허가를 받은 경우 그 효과로서 '친생추정이 미치지 아니한다'는 표현을 사용하고 있다. 이 표현에 내재되어 있는 문제점에 대해서는 아래의 Ⅲ. 부분에서 서술한다.

9) 친생부인의 허가 심판이 확정되면 자는 모의 혼인외의 자가 되므로, 자의 가족관계등록부에 모의 전 남편은 부(父)로 기록되지 않는다.

10) 같은 취지, 정현수, 개정 친생추정제도에 대한 평가, 법학연구 제28권 제2호(2017. 12), 50면 이하.

11) 가족관계등록법 제44조 제1항: 출생의 신고는 출생 후 1개월 이내에 하여야 한다.

기 전에도 출생신고를 할 수는 있다. 그러나 이 경우에는 모의 전 남편을 자녀의 아버지로 하여 출생신고를 하여야 하므로, 자녀의 가족관계등록부에 모의 전 남편이 아버지로 등록되며, 모나 모의 전 남편은 친생부인의 허가 청구를 할 수 없게 되고, 친생부인의 소를 제기하여야 한다. 이렇게 되면 결과적으로 개정 전과 아무런 차이가 없게 되므로, 결국 개정의 의의가 상실된다).

(2) 친생부인의 허가 심판이 가사비송사건으로서 가사소송사건에 비하여 절차가 간이하다고 설명되고 있지만,[12] 친생자관계의 부인이라는 중요한 문제를 다루는 재판이라는 점을 고려해 볼 때 자녀의 출생일로부터 1개월 내에 심판이 확정될 것으로 기대하기는 어렵다. 더구나 신설된 가사소송규칙 제61조의2는 친생부인을 허가하는 심판에 대하여 어머니 또는 어머니의 전 남편이 즉시항고를 할 수 있다고 규정하였으므로,[13] 자녀의 출생 후 1개월 내에 친생부인의 허가 심판이 확정되어 출생신고를 마친다는 것은 구조적으로 불가능하게 되었다.[14]

그런데 개정법의 이와 같은 구조는 결국 아동의 권리를 침해한다는 점에서 심각한 문제가 있다. 유엔아동권리협약에도 규정되어 있듯이,[15] 이 세상에 태어

---

12) 윤진수, 친생추정에 관한 민법개정안, 가족법연구 제31권 1호(2017. 3), 18면; 법제처 해설(관보 19121호). 개정법은 법무부 개정안에 따라 친생부인의 허가 심판을 라류 가사비송사건으로 규정하였다. 그러나 친생부인의 허가 심판은 그 성질에 있어서 친생부인의 소와 본질적으로 차이가 없는 것으로 보이므로(자와 모의 전 남편 사이에 친생자관계가 있는가의 여부를 판단한다는 점에서 차이가 없기 때문이다), 친생부인의 소와의 균형상 친생부인의 허가도 상대방이 있는 마류 가사비송사건으로 규정하는 것이 가사소송법 체계에 부합할 것이다. 마류 가사비송사건과 라류 가사비송사건의 차이점 중 하나는 전자의 경우, 심판에 대해서 청구인과 상대방이 즉시항고를 할 수 있는 반면(가사소송규칙 제94조 제1항), 후자의 경우에는 즉시항고를 할 수 있는 심판에서 제외할 수 있다는 것이다(법원실무제요, 가사 Ⅱ, 222면). 개정법은 친생부인의 허가 심판을 라류 가사비송사건으로 규정하였으나, 모와 모의 전 남편에 대하여 즉시항고권을 부여함으로써(가사소송규칙 제61조의2) 결과에 있어서 마류 가사비송사건과 별 차이가 없게 된 것으로 보인다. 마류 가사비송사건이 실무상 가사소송사건과 큰 차이 없이 다루어진다는 점에 비추어 보면, 친생부인의 허가 심판을 가사비송사건으로 규정한 취지는 실질적으로 크지 않다고 생각된다.

13) 즉시항고의 기간은, 특별한 규정이 있는 경우를 제외하고는, 즉시항고를 할 수 있는 자가 심판을 고지 받는 경우에는 그 고지를 받은 날부터, 심판을 고지 받지 아니하는 경우에는 청구인(청구인이 수인일 때에는 최후로 심판을 고지받은 청구인)이 심판을 고지받은 날부터 14일이다(가사소송법 제43조 제5항, 가사소송규칙 제31조). 즉시항고할 수 있는 심판은 확정되어야 효력이 있다(가사소송법 제40조).

14) 또한 가사소송법은 제45조의8을 신설하여 친생부인의 허가 심판을 하는 경우에는 가정법원이 어머니의 전 배우자와 그 성년후견인(성년후견인이 있는 경우에 한정한다)의 진술을 들을 수 있도록 규정하였는데, 이러한 절차의 필요성이 인정된다는 점은 별론으로 하고, 심판 기간만을 놓고 보다면, 결국 자녀의 출생 후 1개월 내에 친생부인의 허가 심판이 확정되어 출생신고까지 마친다는 것은 불가능하다고 생각된다.

15) 유엔아동권리협약 제7조 제1항. "아동은 출생 후 즉시 등록되어야 한다(The child shall be registered immediately after birth)." 유엔아동권리협약은 '즉시'가 어느 정도의 기간을 의미하는지에 대해서는 규정하지 않고 있다. 그러나 출생신고 기간이 날이나 주 단위로 정하여져야 하고, 월이나 연(年) 단위로 정하여져서는 안 된다는 점은 명확하다(Schmahl, Kinderrechtskonvention, 2017, S. 131). 이렇게 볼 때 출생신고 기간을 1개월로 정하고 있는 우리 가족관계등록법 규정은 출생등록에

난 아동은 누구나 출생 후 신속하게 등록될 권리를 갖는다. 이러한 아동의 기본적 권리를 보호하기 위하여 각국의 법률은 출생 후 일정한 기간 내에 출생신고가 이루어질 수 있도록 일정한 범위의 사람이나 기관에 대하여 출생신고 의무를 부과하고 있다. 우리나라는 출생신고 기간을 1개월로 정하고 있는데, 이는 외국과 비교해 볼 때 이례적으로 긴 기간이라고 할 수 있다.[16] 그러나 개정법에 따르면, 출생신고 기간으로서는 이례적으로 긴 1개월이라는 기간 내에도, 친생부인의 허가 심판을 거쳐 출생신고를 하는 것은 사실상 불가능하다. 개정법의 입법자들은, 혼인관계 종료의 날부터 300일 내에 출생한 자녀가 전 남편의 친생자가 아님이 명백한 경우에도, 모가 그 자녀를 일단 전 남편의 자녀로 출생신고한 후 친생부인의 소를 제기해야만 하는 법구조가 "모가 가정생활과 신분관계에서 누려야 할 인격권 및 행복추구권, 개인의 존엄과 양성의 평등에 기초한 혼인과 가족생활에 관한 기본권"을 침해한다고 판단하여, 개선입법을 마련하였다. 이에 따라 혼인관계 종료의 날부터 300일 내에 자녀가 태어난 경우, 이제 모는 그 자녀를 전 남편의 친생자로 출생신고 하지 않은 상태에서 친생부인의 허가를 받아 모의 혼인외의 자로 출생신고를 할 수 있게 되었다. 이러한 개정을 통하여 모의 기본권 침해의 문제는 해결되었는지 모르겠으나, 아동의 기본권 침해라는 새로운 문제가 발생하였음을 간과하여서는 안 될 것이다. 법무부와 국회에서 이 문제를 인식하지 못하고 제854조의2 규정을 신설하였다면, 법체계 전반에 대한 이해가 부족한 상태에서 새로운 제도를 설계하였다는 비판을 피할 수 없을 것이다. 한편 법무부와 국회가 제854조의2 규정과 가족관계등록법의 출생신고 기간이 조화될 수 없다는 사실을 알면서도 이와 같은 개정을 강행하였다면, 아동의 복리에 대한 기본인식이 결여되어 있다는 비판을 피해갈 수 없을 것이다.

3. 인지의 허가 심판이 확정될 때까지 출생신고를 미루어야 하는 개정법의 문제점

개정민법 제855조의2 제1항에 따르면, 혼인관계 종료의 날부터 300일 내에 태어난 자녀에 대해서는 생부가 법원에 인지의 허가를 청구하여 심판이 확정되면 인지에 갈음하는 출생신고를 할 수 있다. 그러나 그 자녀에 대해서 이미 출생신고가 된 경우에는 생부는 이러한 절차를 거쳐 출생신고를 할 수 없다.[17] 혼인관

관한 유엔아동권리협약의 규정을 충족시키지 못한다고 생각된다.

16) 외국은 우리에 비하여 출생신고 기간이 훨씬 짧다. 예: 독일 7일(독일신분등록법 제18조), 프랑스 3일(프랑스민법 제55조, 제56조), 일본 14일(일본호적법 제49조), 오스트리아 7일(오스트리아신분등록법 제9조) 등.

17) 이런 경우에는 모나 모의 전 남편이 친생부인의 소를 제기하여 판결이 확정된 후에만 생부는

계 종료의 날부터 300일 내에 태어난 자녀는 전 남편의 혼인중의 출생자의 지위를 가지므로, 모나 모의 전 남편(가족관계등록법 제46조 제1항은 "혼인 중 출생자의 출생의 신고는 부(父) 또는 모가 하여야 한다"고 규정하고 있는데, 모의 전 남편은 이 규정의 부에 해당한다)이 출생 후 1개월 내에 출생신고를 하여야 한다(가족관계등록법 제44조). 그런데 가족관계등록법 규정에 따라 모나 모의 전 남편이 자녀의 출생 후 1개월 내에 출생신고를 하는 경우에는 생부가 인지의 허가를 받아 출생신고를 할 수 있는 기회는 사실상 봉쇄된다. 생부가 인지의 허가를 청구하여 심판이 확정될 때까지는 통상 1개월 이상의 기간이 걸릴 것으로 예상되기 때문이다(따라서 모나 모의 전 남편이 가족관계등록법 규정에 따라 출생 후 1개월 내에 출생신고를 하는 경우에는 생부가 그보다 빨리 출생신고를 하는 것은 불가능하다. 그리고 일단 모나 모의 전 남편이 출생신고를 한 이상 생부는 인지의 허가를 받아 출생신고를 할 수 없다). 더구나 위의 2.에서 본 바와 같이 가사소송규칙 제61조의2는 인지를 허가하는 심판에 대하여도 어머니 또는 어머니의 전 남편이 즉시항고를 할 수 있다고 규정하였으므로, 자녀의 출생 후 1개월 내에 인지의 허가 심판이 확정되어 출생신고를 마친다는 것은 구조적으로 불가능하게 되었다. 생부가 인지의 허가를 받아 출생신고를 하는 것이 실제로 가능하기 위해서는, 그 전제로서 가족관계등록법이 정한 1개월의 출생신고 기간 내에 모나 모의 전 남편이 출생신고를 하지 않아야 한다. 모나 모의 전 남편이 자녀의 복리에 관심이 없어서 출생신고를 해태하거나 혹은 생부에게 인지의 기회를 주기 위해서 의도적으로 출생신고를 하지 않은 경우에 한하여 비로소 생부는 제855조의2 규정에 따라 자녀의 출생신고를 할 수 있는 기회를 가지게 된다. 결국 제855조의2 규정은 가족관계등록법에 따른 출생신고 기간 내에 정상적으로 출생신고가 이루어진 경우에는 적용될 수 없는 규정이다. 다른 말로 표현하면, 출생신고에 관한 규정의 위반을 전제로 해서만 실제로 활용될 수 있는 규정이다.

가족관계등록법의 출생신고에 관한 규정은 자녀의 기본적인 권리인 출생등록권을 보호하기 위하여 마련된 것으로서 강행규정이다. 그런데 개정법의 입법자는 이 점을 무시한 채 가족관계등록법에 정해진 기간 내에 출생신고가 되지 않는 것을 전제로 하여 새로운 제도를 설계하였다. 이는 출생신고에 관한 현행법 규정의 위반을 조장하는 것이며, 결과적으로 아동의 기본권을 침해한다는 점에서 위헌의 소지가 있다고 생각된다.

그 자녀를 인지할 수 있다. 즉 생부가 자력으로 인지할 수 있는 방법은 없다.

Ⅲ 친생부인의 허가 심판과 인지허가 심판의 효력

1. 친생부인 허가 심판의 효력

(1) 제854조의2 제3항은 "제1항과 제2항에 따른 허가를 받은 경우에는 제844조 제1항 및 제3항의 추정이 미치지 아니한다"고 규정한다. 이 조항은 친생부인 허가 심판의 효력에 관하여 규정한 것으로 보이는데, 이에 따르면 혼인관계 종료의 날부터 300일 내에 출생한 자녀는 전 남편의 자녀로 추정되지만(제844조 제1항, 제3항), 친생부인의 허가 심판이 확정되는 경우에는 친생추정이 미치지 아니한다고 한다(제854조의2 제3항). 즉 혼인관계 종료의 날부터 300일 내에 출생한 자녀는 일단 모의 전 남편의 '친생자의 추정을 받는 혼인중의 출생자'의 신분을 갖지만, 친생부인의 허가 심판이 확정되면 '친생자의 추정이 미치지 않는 자'의 신분으로 전환된다는 것이다. 그런데 친생부인 허가 심판의 효력을 규정한 제854조의2 제3항은 기존의 판례, 학설과 모순될 뿐 아니라, 우리 법체계와도 조화될 수 없다는 점에서 문제가 있다.

(2) 제854조의2 제3항의 문제점을 분석하기에 앞서 우선 친생부인의 허가 심판이 확정되는 경우에 어떠한 효력이 발생하는지(또는 발생하여야 하는지)에 대해서 살펴본다.

제854조의2 제1항에 따르면 혼인관계 종료의 날부터 300일 내에 자녀가 태어난 경우, 모나 모의 전 남편은 가정법원에 친생부인의 허가를 청구할 수 있다. 이 규정에 따라 혼인관계 종료의 날부터 300일 내에 태어난 자녀가 전 남편의 친생자가 아님이 명백한 경우에는 모는 전 남편의 친생자로 출생신고를 하지 않아도 되고, 친생부인의 허가 심판이 확정된 후에 출생신고를 할 수 있게 되었다. 이 경우 모는 그 자녀를 혼인외의 자로 출생신고를 하게 될 것이다.[18] 친생부인 허가 심판의 효력은 친생부인 판결의 효력과 다르지 않으므로, 심판의 확정에 의해서 친생부인의 효력이 발생하고, 자녀는 모의 혼인외의 자가 되기 때문이다. 모의 출생신고에 의해서 자녀의 가족관계등록부가 작성되면 생부가 인지를 할 수 있다.

위에서 본 바와 같이 친생부인의 허가 심판이 확정되면 친생부인의 효력(모의 전 남편과 자녀 사이의 친생자관계를 부인하는 효력)이 발생한다는 것은 의심의 여지없이 분명하다. 그렇지 않으면 모가 그 자녀를 모의 혼인외의 자로 출생신고를

18) 혼인외의 자의 출생신고 의무는 1차적으로 모에게 있다. 가족관계등록법 제46조 제2항.

할 수 없기 때문이다(친생부인의 허가를 받은 후에도 모가 그 자녀를 자신의 혼인외의 자로 출생신고를 할 수 없고, 전 남편과의 사이에서 출생한 혼인중의 자로 출생신고를 해야만 한다면 개정의 의미 자체가 완전히 상실될 것이다).

(3) 그런데 제854조의2 제3항은 친생부인의 허가를 받은 경우 그 효력으로서 "제844조 제1항 및 제3항의 추정이 미치지 아니한다"고 규정하고 있다. 여기서 "추정이 미치지 아니한다"는 말은 모의 전 남편의 친생자로 추정이 미치지 않는다는 의미이고, 이를 다른 말로 표현하면 그 자녀가 '친생자의 추정이 미치지 않는 자(子)'가 된다는 것이다. 즉 제854조의2 제3항은 친생부인의 허가 심판이 확정되는 경우 그 효력으로서 자녀는 '친생자의 추정이 미치지 않는 자'가 된다고 규정하고 있다. 그런데 친생부인 허가 심판의 효력으로 그 자녀가 '친생자의 추정이 미치지 않는 자'가 된다는 제854조의2 제3항 규정은, 위에서 이미 언급한 바와 같이, 기존의 판례, 학설과 모순되는 것은 물론이고, 개정법의 법체계 내에서도 조화로운 해석의 가능성을 원천적으로 차단하고 있다. 아래에서 이 점에 대하여 보다 자세히 살펴본다.

(4) 우리민법상 친생자는 혼인중의 출생자와 혼인외의 출생자로 나누어지며, 혼인중의 출생자는 다시 ⅰ) 친생자의 추정을 받는 혼인중의 출생자, ⅱ) 친생자의 추정을 받지 않는 혼인중의 출생자, ⅲ) 친생자의 추정이 미치지 않는 자로 나누어진다.[19] 이 세 가지 개념을 좀 더 자세히 설명하면 다음과 같다.

1) **친생자의 추정을 받는 혼인중의 출생자**: 아내가 혼인 중에 임신한 자녀는 남편의 자녀로 추정되므로, 친생자의 추정을 받는 혼인중의 출생자의 신분을 갖는다. 민법은 혼인이 성립한 날부터 200일 후에 출생한 자녀와 혼인관계 종료의 날부터 300일 내에 출생한 자녀는 혼인 중에 포태된 것으로 추정하므로, 이 기간 중에 출생한 자녀는 모의 남편(혼인관계 종료의 날부터 300일 내에 출생한 경우에는 전 남편)의 친생자로 추정되어 '친생자의 추정을 받는 혼인중의 출생자의 신분을 가진다.[20]

---

19) 김주수 · 김상용, 친족 · 상속법(2017), 295면 이하; 법원행정처, 가족관계등록실무 〔Ⅰ〕, 497면 이하.

20) 여기서 주의할 점은 혼인관계 종료 후 300일 내에 출생한 자녀도 혼인중의 자의 신분을 가진다는 것이다. 즉 혼인관계 종료 후에 태어났다고 해서 혼인외의 자의 신분을 가지는 것은 아니다. 따라서 출생신고를 할 때도 혼인중의 자로 분류되고(출생신고서에 혼인중의 자와 혼인외의 자를 구분하는 난이 있는데, 혼인관계 종료 후 300일 내에 출생한 자녀는 혼인중의 자로 분류된다), 가족관계등록부에도 모와 모의 전 남편(자녀의 아버지로 추정되어 친생부인 허가 심판이 확정될 때까지 법률상 아버지의 신분을 갖는다) 사이에서 출생한 혼인중의 자로 기록된다. 또 하나 주의할 점은 자녀가 모의 남편의 친생자로 추정되는가의 여부는 임신한 때를 기준으로 한다는 것이다. 제844조 제1항은 "아내

2) 친생자의 추정을 받지 않는 혼인중의 출생자: 혼인이 성립한 날부터 200일이 되기 전에 출생한 자녀는 친생자의 추정을 받지 않는 혼인중의 출생자가 된다. 모의 남편의 친생자의 추정을 받지는 않지만, 혼인중의 자의 신분을 가지며, 부부(모와 모의 남편) 사이에서 출생한 혼인중의 자로 출생신고를 하게 된다. 친생자의 추정을 받는 혼인중의 출생자와는 달리 요건이 완화된 친생자관계부존재확인의 소에 의해서 가족관계등록부상의 부자관계를 말소시킬 수 있다.

3) 친생자의 추정이 미치지 않는 자(子): 부부가 장기간 별거하여 아내가 남편의 자녀를 임신할 수 없는 것이 객관적으로 명백한 상황(예를 들어 사실상의 이혼상태가 장기간 지속되고 있는 경우 등)에서 출산한 자녀에 대해서는 남편의 친생자로서 추정이 미치지 않는다.[21] 이런 경우에도 제844조에 의하면 그 자녀는 친생자의 추정을 받는 혼인중의 출생자의 신분을 가지게 된다(혼인성립의 날부터 200일 후에 출생하기 때문이다). 그러나 위와 같은 사정에서 아내가 자녀를 출산하였다면, 그 자녀는 남편의 친생자가 아님이 객관적으로 명백하므로, 친생추정이 미치지 않는 것으로 해석하고 있다. 친생추정이 미치지 않는 자의 신분은 친생자의 추정을 받지 않는 혼인중의 출생자와 다르지 않다. 일단 부부의 혼인중의 출생자

가 혼인 중에 임신한 자녀는 남편의 자녀로 추정한다"고 규정함으로써 출생시와 관계없이 포태시를 기준으로 하여 친생추정의 여부를 결정한다는 점을 분명히 하고 있다. 다만 제844조 제2항과 제3항은 포태시를 분명하게 판단하는 데 어려움이 있을 수 있다는 전제하에 혼인성립의 날부터 200일(최단임신기간) 후에 출생한 자녀와 혼인관계 종료의 날부터 300일(최장임신기간) 내에 출생한 자녀는 혼인중에 임신한 것으로 추정하고 있을 뿐이다. 즉 제844조 제2항과 제3항은 혼인중의 임신여부를 판단함에 있어서 일응의 기준이 되는 기간을 제시하고 있을 뿐이며, 이 기간 내에 자녀가 출생하지 않았다고 해서 당연히 친생추정이 배제되는 것은 아니다. 즉 제844조 제2항과 제3항이 제시하는 기간은 혼인중의 임신여부를 간이하게 판단할 수 있도록 도와주는 하나의 보조적인 기준일 뿐이며, 절대적인 기준이라고 할 수 없다. 따라서 이 기간 내에 자녀가 출생하지 않았다고 해도, 모가 혼인 중에 임신하였다는 사실을 증명할 수 있다면 제844조 제1항에 의해서 당연히 남편의 친생자로 추정된다고 보아야 한다. 예를 들어 아내가 혼인성립의 날부터 190일만에 자녀를 출산한 경우, 이 자녀는 제844조 제2항에 따르면 남편의 친생자로 추정을 받지 않지만, 포태의 시점이 혼인중이라는 사실을 증명하면 제844조 제1항에 의해서 남편의 친생자로 추정을 받게 되는 것이다. 요컨대, 친생추정의 대원칙은 '혼인 중에 아내가 임신한 자녀는 남편의 친생자로 추정한다'(제844조 제1항)는 것이며, 제844조 제2항과 제3항이 제시하는 기간은 혼인중의 임신여부를 판단함에 있어서 하나의 보조적인 기준에 지나지 않는다. 과학기술의 발달로 인하여 임신의 시점을 정확하게 판단하는 것이 가능하게 된 현대사회에 있어서 제844조 제2항과 제3항이 제시하는 '통상의' 임신기간에 절대적인 의미를 부여하는 해석론은 지양되어야 할 것이다. 따라서 이와 달리 친생추정 여부는 자녀의 출생시를 기준으로 하여야 한다는 견해에는 동의할 수 없다(윤진수, 친생추정에 관한 민법개정안, 가족법연구 제31권 1호(2017), 11면. "친생추정이 되는가 아닌가는 자녀의 출생시를 기준으로 하여야 한다. 민법 제844조에 의하면 처가 혼인중에 포태한 자는 부의 자로 추정하고, 혼인성립의 날로부터 200일 후 또는 혼인관계종료의 날로부터 300일 내에 출생한 자는 혼인중에 포태한 것으로 추정되기 때문이다").

21) 대법원 1983. 7. 12. 82므59 전원합의체판결. "부부의 한쪽이 장기간에 걸쳐 해외에 나가 있거나 사실상의 이혼으로 부부가 별거하고 있는 경우 등 동서의 결여로 처가 부의 자를 포태할 수 없는 것이 객관적으로 명백한 사정이 있는 경우에는 그 추정이 미치지 않는다"; 김주수·김상용, 친족·상속법(2017), 298면.

로 출생신고를 하게 되지만(따라서 출생신고서와 가족관계등록부의 부(父)란에는 모의 남편을 기록한다),[22] 친생자의 추정을 받는 혼인중의 출생자와는 달리 요건이 완화된 친생자관계부존재확인의 소에 의해서 가족관계등록부상의 부자관계를 말소시킬 수 있다.

(5) 위에서 본 바와 같이, 제854조의2 제3항은 친생부인의 허가를 받은 경우 그 자녀에 대해서는 전 남편의 친생추정이 미치지 아니한다고 규정하고 있다. 즉 친생부인 허가 심판이 확정되면 그 효력으로서 자녀는 '친생자의 추정이 미치지 않는 자'가 된다는 것이다. 그런데 개정민법의 입법자는 여기서 기본적인 개념을 혼동하고 있는 것으로 보인다. '친생추정을 받는다, 받지 않는다 혹은 친생추정이 미치지 않는다' 등의 친생추정과 관련된 개념은 모두 그 자녀가 혼인중의 자의 신분을 가지고 있음을 전제로 하는 것이다. 바꾸어 말하면 자녀가 혼인중의 자의 신분을 가지고 있을 때에만 그 자녀가 모의 남편의 친생자로 추정되는가, 추정이 미치는가의 여부를 논할 수 있는 것이다. 혼인외의 자의 경우에는 누구(설령 생부라고 해도)의 친생자로 추정된다, 추정되지 않는다, 혹은 추정이 미치지 않는다는 식의 친생추정에 관한 논의는 성립할 여지가 없다.

위에서 본 바와 같이 제854조의2 제1항 및 제2항에 따라 친생부인의 허가를 받은 경우에는 친생부인의 효력이 발생하므로, 그 자녀는 모의 혼인외의 출생자가 된다. 개정민법의 전반적인 취지를 고려한다면 이외에 다른 해석의 여지가 있을 수 없다. 그런데 제854조의2 제3항은 친생부인의 허가 심판이 확정되는 경우 그 효력으로서 그 자녀는 친생자의 추정이 미치지 않는 자가 된다고 한다. 이 규정에 따르면 모가 친생부인의 허가 심판을 받은 경우에도 혼인외의 자로 출생신고를 할 수 없게 된다. 왜냐하면 그 자녀는 혼인외의 자가 아니라 친생자의 추정이 미치지 않는 자이기 때문이다(위에서 본 바와 같이, 친생자의 추정이 미치지 않는 자의 경우에는 일단 모와 남편의 혼인중의 출생자로 출생신고를 하게 되고, 출생신고서와 가족관계등록부의 부(父)란에는 모의 남편을 기록한다). 그러나 이러한 결과는 개정법의 취지와 완전히 배치되므로, 받아들일 수 없을 것이다. 개정법의 취지를 살리려면 제854조의2 제3항의 "친생추정이 미치지 아니한다"는 문언으로부터 그 효력으로서 자녀가 혼인외의 자의 신분을 가지게 된다는 해석을 이끌어내야 할 것이다. 그러나 이러한 무리한 해석이 친생자의 추정이 미치지 않는 자에 관한 기존의 판례 및 학설과 도저히 조화될 수 없으며, 우리 법체계상 큰 혼란을 야기할 수 있다는 점은 부인할 수 없을 것이다. 결국 친생부인 허가 심판의 효력에

22) 법원행정처, 가족관계등록실무〔Ⅰ〕, 500면. 예외적인 사례에 관하여는 김상용, 법무부 친생추정조항 개정안에 대한 비판적 고찰, 중앙법학 제19집 제3호(2017. 9), 98면 이하 참조.

관한 제854조의2 제3항 규정은 입법상의 중대한 오류라는 점을 지적하지 않을 수 없다. 개정법의 취지를 고려한다면 제854조의2 제3항은 다음과 같은 내용으로 규정되었어야 했을 것이다. “제1항 및 제2항에 따른 허가를 받은 경우에는 친생부인의 효력이 발생하여 그 자녀는 혼인외의 출생자가 된다.”

2. 인지허가 심판의 효력

(1) 제855조의2 제3항은 “제1항 및 제2항에 따른 허가를 받은 생부가 「가족관계의 등록 등에 관한 법률」 제57조 제1항에 따른 신고를 하는 경우에는 제844조 제1항 및 제3항의 추정이 미치지 아니한다”고 규정한다. 이 규정에 따르면 생부가 인지의 허가를 받아 출생신고를 하면 그 자녀에 대해서는 친생추정이 미치지 않는다고 한다. 즉 인지허가 심판의 확정 후 생부가 출생신고를 하면 그 효력으로서 그 자녀는 ‘친생자의 추정이 미치지 않는 자’가 된다는 것이다. 제855조의2 제3항 규정은 위에서 본 제854조의2 제3항 규정보다 더욱 심각한 문제가 있다. 아래에서 제855조의2 제3항의 문제점에 대하여 자세히 살펴본다.

(2) 혼인관계 종료의 날부터 300일 내에 자녀가 출생한 경우 그 자녀는 일단 모의 전 남편의 친생자로 추정되지만, 생부는 인지의 허가를 받아 자신의 혼인외의 자로 출생신고를 할 수 있다(제855조의2 제1항). 이 경우 생부의 출생신고에 의해서 인지의 효력이 발생한다(인지에 갈음하는 출생신고. 가족관계등록법 제57조 제1항). 혼인관계 종료의 날부터 300일 내에 출생한 자녀는 일단 친생자의 추정을 받는 혼인중의 출생자의 신분을 가지므로, 그 상태에서는 생부가 임의로 인지를 할 수 없다. 민법상 인지는 혼인외의 자에 대해서만 할 수 있기 때문이다(제855조의2조 제3항도 이 점을 전제로 하고 있다. 이 규정에 따르면 생부는 인지의 허가를 받아 가족관계등록법 제57조 제1항에 따른 출생신고를 하여야 하는데, 가족관계등록법 제57조 제1항은 “부가 <u>혼인외의 자녀</u>에 대하여 친생자출생의 신고를 한 때에는 그 신고는 인지의 효력이 있다”고 규정함으로써 가족관계등록법 제57조 제1항에 따른 출생신고를 하려면 그 전제로서 자녀가 혼인외의 자이어야 함을 분명히 하고 있다). 따라서 혼인관계 종료의 날부터 300일 내에 태어난 자녀가 모의 전 남편의 친생자가 아닌 경우에 생부가 그 자녀를 인지하려면, 우선 그 자녀의 신분이 혼인외의 자로 변경되어야 한다. 그런데 제855조의2는 이와 같은 경우에 생부가 인지에 갈음하는 출생신고를 하려면 사전에 인지의 허가를 받아야 한다고 규정한다. 이는 결국 인지 허가 심판의 확정에 의하여 자녀의 신분이 혼인외의 자로 변경된다는 뜻으로 풀이된다. 인지허가 심판의 확정에 의해서 친생자의 추정을 받는 혼인중

의 자가 혼인외의 자로 신분이 바뀐다는 것은 결국 인지허가 심판에 의해서 친생부인의 효력이 발생한다는 의미이다. 친생자의 추정을 받는 혼인중의 출생자가 혼인외의 자로 신분이 변경되려면 친생부인의 효력이 발생하여야 하기 때문이다. 즉 개정법에 따르면 인지허가의 심판이 확정되는 경우 친생부인의 효력이 발생하여 혼인관계 종료의 날부터 300일 내에 출생한 자녀는 모의 혼인외의 자가 된다. 이렇게 해석하지 않으면 '친생자의 추정을 받는 혼인중의 출생자'에 대하여 생부가 인지의 허가를 받아 인지에 갈음하는 출생신고를 할 수 있다는 제855조의2 제3항 규정은 논리적으로 성립할 수가 없다. 인지의 허가를 받은 생부가 가족관계등록법 제57조 제1항에 따라 출생신고를 하면[23] 인지의 효력이 발생한다. 가족관계등록법은 이 점을 명문으로 규정하고 있다. "부(父)가 혼인 외의 자녀에 대하여 친생자출생의 신고를 한 때에는 그 신고는 인지의 효력이 있다"(가족관계등록법 제57조 제1항). 이와 같이 생부의 출생신고에 의하여 인지의 효력이 발생하게 되고, 이로써 생부와 혼인외의 자 사이에 법률상 부자관계가 창설된다.

(3) 그런데 제855조의2 제3항은 생부가 인지의 허가를 받아 가족관계등록법 제57조 제1항에 따른 출생신고를 하는 경우에는 모의 전 남편의 친생추정이 미치지 아니한다고 규정한다. 즉 인지의 허가를 받은 생부가 출생신고를 하는 경우 그 자녀는 '친생자의 추정이 미치지 않는 자'가 된다는 것이다. 위에서 본 바와 같이 '친생자의 추정이 미치지 않는 자'라는 개념은 그 자녀가 혼인중의 자의 신분을 가지고 있을 때에만 사용할 수 있다. 혼인중의 자로 태어났지만 모의 남편(혹은 전 남편)의 친생추정을 받는 경우, 받지 않는 경우, 친생추정이 미치지 않는 경우가 있을 수 있다. 어떤 경우이든 그 자녀가 혼인중의 자의 신분을 가지고 있음을 전제로 한다. 제855조의2 제3항은 인지의 허가를 받은 생부가 가족관계등록법 제57조 제1항에 따른 출생신고를 하도록 규정하고 있고, 이 경우 인지의 효력이 발생한다는 것은 가족관계등록법에 명문으로 규정되어 있다. 제855조의2 제3항은 이런 경우에 친생추정이 미치지 아니한다고 규정하고 있는데, 이는 그 자

23) 인지허가의 심판이 확정되면, 혼인관계 종료의 날부터 300일 내에 출생한 자녀는 모의 혼인외의 자의 신분을 가지게 되므로, 생부가 출생신고가 아니라 인지신고를 하는 것이 우리 법체계에 더 부합하는 것으로 생각될 수 있다. 그러나 인지허가의 심판은 자녀의 출생신고가 되어있지 않은 상태에서만 할 수 있는 것이므로(제855조 제1항), 생부가 인지의 허가를 받아 인지신고를 하려고 해도 자녀의 가족관계등록부가 작성되어 있지 않아서 인지의 기록 자체가 불가능하다. 이런 이유에서 제855조의2 제3항은 인지의 허가를 받은 생부가 인지신고가 아니라, 출생신고를 하는 것으로 규정하였다. 법무부 개정안은 자녀의 출생신고가 되어 있지 않은 상태에서 생부가 인지의 허가를 받아 인지신고를 하도록 규정하고 있었는데, 자녀의 가족관계등록부가 작성되어 있지도 않은 상태에서 인지신고를 한다고 해도 인지의 기록 자체가 가능하지 않다는 점에서 중대한 오류가 있다는 비판을 받았다. 김상용, 법무부 친생추정조항 개정안에 대한 비판적 고찰, 중앙법학 제19집 제3호(2017. 9), 109면 이하.

녀가 '친생자의 추정이 미치지 않는 자'가 된다는 의미이고, 결국 그 자녀가 전 남편의 혼인중의 자의 신분을 가지고 있음을 전제로 하는 것이다.

생부가 인지의 허가를 받아 출생신고를 하는 경우에, ⅰ) 인지의 효력이 발생하여 생부와 혼인외의 자녀 사이에 법률상 부자관계가 형성된다는 것과 ⅱ) 친생추정이 미치지 않는 자가 된다는 것 사이에는 극복할 수 없는 모순과 괴리가 존재한다. 제855조의2 제3항은 ⅰ) 인지허가 심판의 효력과 ⅱ) 인지에 갈음하는 생부의 출생신고의 효력, 그리고 ⅲ) '친생추정이 미치지 아니한다'는 개념의 혼돈 상태에서 탄생하여, 논리적으로 모순될 뿐만 아니라 민법체계와 전혀 조화되지 않는다는 비판을 피할 수 없을 것이다.

(4) 위에서 본 바와 같이 인지허가의 심판이 확정되면 친생부인의 효력이 발생하여 그 자녀는 '친생자의 추정을 받는 혼인중의 출생자'에서 '혼인외의 자'로 신분이 변경된다고 해석된다. 민법상 친생부인의 효력이 발생하기 위해서는 친생부인의 소를 제기하여 판결을 받는 것이 원칙이다. 다만 개정민법은 이에 대한 예외로서 혼인관계 종료의 날부터 300일 내에 자녀가 출생한 경우에는 모와 모의 전 남편이 친생부인의 허가를 청구할 수 있도록 하였으며(제854조의2), 심판이 확정되면 역시 친생부인의 효력이 발생한다. 그런데 제855조의2 규정은 이와 별도로 인지허가의 심판에 의해서 친생부인의 효력이 발생하는 또 하나의 예외를 인정하고 있다. 효력면에서 볼 때 인지허가의 심판은 친생부인의 허가 심판과 다르지 않다. 친생부인의 허가 심판에 의해서 친생부인의 효력이 발생하는 것과 마찬가지로 인지허가의 심판에 의해서도 친생부인의 효력이 발생한다. 그런데 인지허가의 심판에 의하여 친생부인의 효력이 발생하는 것은 법체계상으로 매우 어색할 뿐만 아니라, 굳이 이렇게 무리한 입법을 시도해야 할 이유도 찾기 어렵다.

그렇다면 개정법이 효력면에서 차이가 없음에도 불구하고, 친생부인의 허가 심판 이외에 인지허가의 심판이라는 또 다른 새로운 제도를 도입한 이유는 어디에 있을까? 어차피 생부의 입장에서는 인지허가의 심판을 받으나 친생부인 허가의 심판을 받으나 사실상 다를 것이 없고, 사건의 성격도 본질적으로 차이가 없을 것으로 보인다. 이 규정은 독일민법을 참고하여 만든 것이라고 하는데,[24] 독일민법 제1599조 제2항은 생부가 소송을 거치지 않고 자를 인지할 수 있다는 점에 특징이 있으나,[25] 제855조의2 규정에 의하면 생부가 인지(인지에 갈음하는 출

24) 윤진수, 친생추정에 관한 민법개정안, 가족법연구 제31권 1호(2017. 3), 19면.

25) 생부가 자를 인지할 때에는 사전에 모의 남편으로부터 동의를 받아야 한다(또한 통상적인 인지의 경우와 마찬가지로 모의 동의도 필요하다). 따라서 제3자가 자의 생부가 아닌 경우에도 모의 남편 및 모와 통모하여 허위의 인지를 할 가능성을 배제할 수 없다. 이와 같이 법원의 개입 없이 모, 모의 남편, 생부가 사적인 합의에 의해서 자의 신분을 결정할 수 있다는 점에 대해서는 독일학계에서 강한

생신고)를 하려는 경우 어차피 법원의 심판을 받아야 하므로, 친생부인의 허가를 받아 출생신고를 하든, 인지의 허가를 받아 출생신고를 하든 생부의 입장에서는 차이가 없다. 그렇다면 굳이 친생부인의 허가와 인지의 허가라는 두 제도를 둘 필요 없이 친생부인의 허가 심판으로 일원화하는 것이 합리적이라고 생각된다.[26)] 즉 혼인관계 종료의 날부터 300일 내에 출생한 자녀의 경우에 모, 모의 전 남편 또는 생부가 친생부인의 허가를 청구할 수 있다고 규정한다면, 심판의 확정에 따라 친생부인의 효력이 발생함으로써 모의 경우에는 혼인외의 자로 출생신고를 할 수 있고(출생신고에 의해서 자녀의 가족관계등록부가 작성되면 생부가 인지할 수 있다), 생부의 경우에는 인지에 갈음하는 출생신고를 할 수 있게 될 것이다(생부가 출생신고를 할 때에는 모의 인적 사항을 기재하고 모의 혼인관계증명서를 제출해야 하므로, 자녀의 가족관계등록부에 모가 기록되는 데 문제가 없다[27)]).

Ⅳ 혼인관계 종료 후 출생한 자녀의 신분 – 외국의 입법례와 비교하여

1. 문제의 제기

개정민법은 혼인관계 종료 후 300일 내에 출생한 자녀를 모의 전 남편의 친생자로 추정한다(제844조 제1항, 제3항). 즉 그 자녀는 모와 모의 전 남편 사이에서 출생한 혼인중의 자의 신분을 가지게 되며, 모의 전 남편은 친생부인의 허가 심판이 확정되어 친생부인의 효력이 발생할 때까지 자녀의 법률상의 부(父)의 신분을 유지한다. 그러나 이러한 추정이 오늘날 우리 사회의 현실에 어느 정도 부합하는지에 대해서는 의문이 제기될 수 있다.[28)] 혼인관계의 파탄과 그로 인한 이혼의 성립은 어느 날 갑자기 이루어지는 사건이 아니다. 혼인관계의 파탄은 장기

비판이 제기되고 있다. Gaul, Die Neuregelung des Abstammungsrechts durch das Kindschaftsrechtsreformgesetz, FamRZ 1997, 1441/1448, 1454ff; Rauscher, Vaterschaft auf Grund Anerkennung, FPR 2002, 359/368; MüKoBGB/Wellenhofer BGB § 1599 Rn. 69.

26) 필자는 개인적으로 자녀의 출생신고를 미루는 것을 전제로 하는 친생부인의 허가 제도나 인지 허가 제도에 찬성하지 않는다. 다만 개정민법 체계 내에서는 이와 같이 일원화하는 것이 보다 합리적인 대안이 될 수 있다는 의미이다.

27) 가족관계등록예규 제412호(출생신고에 관한 사무처리지침) 제8조.

28) 민법 제844조 제2항 중 "혼인관계종료의 날로부터 300일 내에 출생한 자"에 관한 부분이 헌법에 합치되지 않는다고 판단한 헌법재판소 결정(헌재결 2015. 4. 30. 2013헌마623)도 이러한 문제의식을 제기하고 있다. "사회적으로 이혼 및 재혼이 크게 증가하고 법률적으로 여성의 재혼금지기간도 폐지되었으며 협의상 및 재판상 이혼에 필요한 시간이 상당히 늘어난 이상, 혼인 종료 후 300일 이내에 출생한 자가 부(夫)의 친자일 개연성은 과거에 비하여 크게 줄어들었다."

간 진행되는 과정이며, 이혼으로 형식적인 혼인관계가 종료하기에 앞서 실질적인 부부관계는 이미 더 이상 존재하지 않는 경우가 대부분이다. 더구나 근래에 들어 성적 자유가 확산되고 있는 우리 사회의 분위기에 비추어 볼 때[29] 모가 이혼 후 300일 내에 자녀를 출산한 경우, 그 자녀가 전 남편과의 혼인관계에서 포태되었을 것이라는 추정이 일반적인 경험칙에 부합하는지에 대해서는 본격적으로 논의를 해 볼 시점이 되었다고 본다. 아래에서 이 문제와 관련하여 참고가 될 수 있는 외국의 입법례를 소개한다.

2. 외국의 입법례

(1) 독 일

독일민법은 모가 혼인 중에 자녀를 출산한 경우 그 남편이 자녀의 부(父)라고 규정한다.[30] 혼인 중에 출생하면 충분하며, 포태의 시기는 문제가 되지 않는다(출생시 기준의 원칙).[31]

모가 혼인 중에 자녀를 출산한 경우에만 그 남편이 자녀의 부가 되므로, 이혼 또는 혼인 취소 후에 자녀를 출산한 경우에는, 설령 혼인 중에 포태되었다고 해도, 전 남편은 자녀의 부가 되지 않는다. 이혼의 성립에 앞서 일정한 기간 동안 포태된 자녀는 전 남편의 자녀일 가능성이 낮다고 보기 때문이다.[32] 따라서 이혼 성립 후 출생한 자녀는 일단 부가 없는 상태가 되며, 출생신고를 할 때에도 부는 기록되지 않는다. 부자관계는 임의인지나 부를 정하는 재판을 통하여 창설된다(전 남편이 생부인 경우에도 이러한 절차를 통하여 부자관계를 창설할 수 있다).[33] 독일민법도 예전에는 모가 혼인 중에 임신한 경우에는 이혼 후에 자녀를 출산하더라도 혼인중의 자로 추정하는 규정을 두고 있었으나,[34] 1997년 친자법 개정[35]에

29) 헌법재판소의 형법 제241조(간통) 위헌 결정(헌재결 2015. 2. 26. 2009헌바17 등), 부부관계가 이미 파탄되어 회복될 수 없는 상태에 있었다면 제3자가 배우자의 일방과 부정한 행위를 하더라도 불법행위를 구성하지 않는다는 대법원 2014. 11. 20. 2011므2997 전원합의체 판결 등은 우리 사회에서 성적 자유가 확대되고 있는 현실을 반영하고 있다.

30) 독일민법 제1592조 제1호. “Vater eines Kindes ist der Mann, der zum Zeitpunkt der Geburt mit der Mutter des Kindes verheiratet ist.”: 자녀의 아버지는 출생시에 그 모와 혼인관계에 있는 남자이다. 독일민법은 우리와 달리 모의 남편이 부(父)로 ‘추정된다’는 표현을 쓰지 않고, ‘자녀의 부이다’라고 표현한다. 그러나 일단 부의 지위를 갖는다고 해도 생부가 따로 있는 경우에 재판을 통하여 친자관계를 부인할 수 있다는 점은 우리와 다르지 않다.

31) Schwab, Familienrecht, 2015, S. 256; 모가 혼인 전에 임신한 경우에도 혼인성립 후에 출산하면 그 남편이 자녀의 부(父)가 된다. BT-Drucks. 13/4899, S. 83.

32) BT-Drucks. 13/8511, S. 70.

33) 독일민법 제1592조 제2호, 제3호.

34) 구 독일민법 제1591조, 제1592조. 모가 이혼, 혼인취소 등으로 인한 혼인관계 종료의 날부터 302일 내에 자녀를 출산한 경우 그 자녀는 혼인중의 자가 되었다.

의하여 현재와 같이 개정되었다.

다만 남편의 사망으로 혼인이 해소된 경우에는 이와 다른 원칙이 적용된다. 독일민법은 이런 경우에는 엄격한 출생시 기준의 원칙에서 탈피하여, 모의 남편의 사망으로 인한 혼인해소 후 300일 내에 출생한 자녀에 대해서는 제1592조 제1호가 준용된다고 규정한다(독일민법 제1593조). 300일을 통상의 최장 임신기간으로 보고, 그 기간 내에 출생한 자녀는 혼인 중에 포태된 것으로 추정하는 것이다. 이 규정에 따라 사망한 남편이 그 자녀의 법률상의 부가 된다. 이와 같이 독일민법은 남편의 사망으로 혼인이 해소된 후 출생한 자녀에 대해서는 예외적으로 포태시를 기준으로 하여 부자관계를 정한다. 따라서 남편의 사망으로 인한 혼인해소의 날부터 300일 후에 모가 자녀를 출산한 경우에도 남편의 사망 전에 임신했다는 사실이 증명되면 그 남편이 자녀의 부가 된다(예를 들어 남편의 사망으로 혼인이 해소된 후 306일 만에 모가 자녀를 출산하였는데, 남편의 사망 전에 임신하였다는 사실이 증명되면 사망한 남편이 그 자녀의 부가 된다). 만약 모가 자녀를 출산할 때 이미 재혼한 상태라면, 일단 현재의 남편이 자녀의 부가 된다(제1593조 제3문). 그러나 재혼한 남편이 친생부인의 소를 제기하여 인용 판결이 확정되면, 사망한 전 남편이 자녀의 부가 된다(제1593조 제4문).

(2) 스위스

스위스민법도 부자관계의 발생에 관하여 독일민법과 유사한 태도를 취하고 있다. 즉 자녀의 출생시 그 모와 혼인관계에 있는 남자는 자녀의 부로 추정된다.[36] 혼인 중에 출생한 것만으로 충분하며, 혼인이 존속한 기간이나 포태의 시기는 문제가 되지 않는다.

따라서 이혼으로 혼인이 해소된 후 출생한 자녀는 모의 전 남편의 자녀로 추정되지 않는다. 일반적인 경험칙에 비추어 모가 이혼 후에 자녀를 출산한 경우 전 남편이 자녀의 아버지일 가능성은 매우 낮다고 보기 때문이다.[37] 원래 스위스민법은 혼인관계 종료(이혼, 사망 등을 포함한다) 후 300일 내에 출생한 자녀를 전 남편의 자녀로 추정하는 규정을 두고 있었으나(구 스위스민법 제252조),[38] 사회 환

---

35) Gesetz zur Reform des Kindschaftsrechts vom 16. 12. 1997(1998. 7. 1. 시행).

36) 스위스민법 제255조. “Ist ein Kind während der Ehe geboren, so gilt der Ehemann als Vater.”: 자녀가 혼인중에 출생한 경우에는 모의 남편이 자녀의 아버지로 추정된다.

37) Hegnauer, Grundriss des Kindesrechts und des übrigen Verwandtenschaftsrechts, 1999, S. 45.

38) Ist ein Kind während der Ehe oder innerhalb einer Frist vondreihundert Tagen nach Auflösung der Ehe geboren, so gilt es für ehelich. Bei späterer Geburt wird die Ehelichkeit nicht vermutet.

경의 변화에 따라 1998년에 현재와 같이 개정되었다(2000. 1. 1. 시행).[39] 따라서 모가 이혼 후 출산한 자녀는 일단 법률상 부가 없는 상태가 되며, 부자관계는 임의인지나 재판을 통하여 창설된다.[40]

그러나 남편의 사망으로 혼인이 해소된 경우에는 예외가 인정된다. 즉 남편의 사망으로 혼인이 종료된 후 300일 내에 자녀가 출생한 경우에는 사망한 남편이 자녀의 아버지로 추정된다. 사망으로 혼인이 종료한 날부터 300일이 경과한 후에 자녀가 출생한 경우에는 남편이 사망하기 전에 포태되었다는 사실을 증명하여야 한다(스위스민법 제255조 제2항).

남편의 사망으로 혼인이 해소된 후 모가 재혼하여 전 남편이 사망한 날부터 300일 내에 자녀를 출산한 경우에는 현재의 남편이 자녀의 아버지로 추정된다(스위스민법 제257조 제1항). 친생부인 판결을 통하여[41] 친생추정이 번복되면(스위스민법 제256조 이하) 사망한 남편이 자녀의 아버지로 추정된다(스위스민법 제257조 제2항).

(3) 오스트리아

오스트리아민법도 자녀의 출생 시 그 모와 혼인관계에 있는 남자를 자녀의 부로 규정한다. 또한 모가 남편의 사망 후 300일 내에 자녀를 출산한 경우에는 그 남편을 자녀의 부로 규정한다(오스트리아민법 제144조 제1항).[42]

그러나 이혼이나 혼인의 취소, 무효를 원인으로 하여 혼인이 종료된 후 자녀

---

39) Scheidungsrechtsrevision von 26. 6. 1998. Amtliche Sammlung des Bundesrechts 1999, S. 1136.

40) H. Hausherr/T. Geiser/R. E. Aebi-Müller, Das Familienrecht des Schweizerischen Zivilgesetzbuches, 2007, S. 259.

41) 스위스민법상 친생부인의 소는 자녀의 아버지로 추정되는 모의 남편과 자녀가 제기할 수 있다(스위스민법 제256조).

42) 오스트리아민법 제144조 제1항. "Vater des Kindes ist der Mann, der mit der Mutter im Zeitpunkt der Geburt des Kindes verheiratet ist oder als Ehemann der Mutter nicht früher als 300 Tage vor der Geburt des Kindes verstorben is.": 자녀의 부는 자녀의 출생 시 모와 혼인관계에 있는 남자 또는 자녀의 출생 전 300일 이내에 사망한 모의 남편이다; 예전에 오스트리아민법은 "혼인성립 이후 이혼, 혼인취소, 무효 전에 출생한 자녀는 혼인중의 자로 추정한다"(2004년 개정 전 오스트리아민법 제138조 제1항)고 규정하여 '혼인 중에 출생한 자녀는 남편의 자녀로 추정한다'는 표현을 사용하고 있었으나, 2004년 개정에 의하여 '추정한다'는 표현을 버리고 현재와 같이 '모의 남편은 자녀의 부이다'라는 형식으로 바꾸었다. 그 후 2013년 오스트리아민법 개정(Kindschafts-und Namensrechts-Änderungsgesetz 2013)에 의해서 138조는 현재와 같이 144조로 바뀌었으나 내용면에서는 달라지지 않았다. 이로써 모의 남편은 단지 자녀의 부로 추정되는 것이 아니라, 법률상 부가 된다는 점을 명확히 하였다는 의미는 있으나, 내용면에서 실질적으로 달라진 것은 없다. 개정 전에 모의 남편이 자녀의 부로 '추정'된다는 표현을 사용할 때에도 모의 남편은 자녀의 출생과 동시에 법률상 부의 신분을 가지는 것으로 해석되었기 때문이다. 471 der Beilagen XXⅡ. GP-Regierungsvorlage-Materialien, S. 14.

가 출생한 경우에는 모의 전 남편은 자녀의 부가 아니다. 이런 경우 자녀는 일단 법률상 아버지가 없는 상태가 된다. 2001년 친자법개정[43] 전에는 이혼 등으로 인한 혼인해소의 날부터 302일 내에 출생한 자녀는 전 남편의 자녀로 추정되었으나(구 오스트리아민법 제138조 제1항), 이 규정은 더 이상 사회현실과 맞지 않는다는 이유로 개정되었다(당시 오스트리아 신분등록관청의 조사에 따르면 이혼, 혼인취소, 무효 등으로 혼인관계가 종료한 후에 모가 출산한 자녀가 전 남편의 자녀인 경우는 매우 드물었다고 한다. 약 95%의 자녀는 전 남편이 아닌 제3자의 자녀로 밝혀졌다).[44]

남편의 사망으로 혼인이 해소된 날부터 300일이 경과하기 전에 모가 재혼하여 자녀를 출산한 경우에는 현재 혼인관계에 있는 남편이 자녀의 부가 된다(오스트리아민법 제144조 제4항). 재혼한 남편(또는 자녀)이 친생부인의 소를 제기하여 판결이 확정되면, 전 남편이 자녀의 법률상 부가 된다(오스트리아민법 제151조).

(4) 네덜란드

모가 혼인 중에 자녀를 출산한 경우에는 그 남편이 자녀의 부가 된다(네덜란드민법 제199조 a호).[45] 포태의 시기가 혼인전이라도 상관없다. 임신한 여성과 혼인하는 남자는 자녀의 아버지일 가능성이 높다는 것이 그 이유이다.[46]

남편의 사망으로 혼인관계가 해소된 날부터 306일 내에 자녀가 출생한 경우에는 사망한 전 남편이 자녀의 부가 된다(네덜란드민법은 최장 임신기간을 306일로 설정한다). 그 사이에 모가 재혼한 경우에도 전 남편이 자녀의 부가 된다는 점에는 영향이 없다(네덜란드민법 제199조 b호 1문. 이 점에서 위에서 본 세 나라의 입법례와 구별된다).

이혼으로 혼인이 해소된 날부터 306일 내에 자녀가 출생한 경우에는 모의 전 남편은 자녀의 부가 되지 않는다. 네덜란드 구민법에는 이혼으로 인한 혼인해소의 경우에도 전 남편이 자녀의 부로 추정된다는 규정이 있었으나, 1997년 민법개정(1998. 4. 1. 시행)에 의하여 삭제되었다. 이혼 후에 자녀가 태어난 경우에는 전 남편의 자녀일 가능성이 낮다는 것이 그 이유였다.

---

43) Kindschaftsrecht-Änderungsgesetz 2001(2001. 7. 1. 시행).

44) 296 der Beilagen zu den Stenographischen Protokollen des Nationalrates XXI.GP(Nachdruck vom 14, 12. 2000). S. 50.

45) Weber, Niederlande, in: Bergmann/Ferid/Henrich(Hrsg.), Internationales Ehe-und Kindschaftsrecht. Teil Ⅲ B 11 v. 1.9.2008.

46) Breemhaar, Streit um die Abstammung im Niederländischen Recht, in: Spickhoff/Schwab/Henrich/Gottwald, Streit um die Abstammung-ein europäischer Vergleich-, 2007, S. 153.

(5) 정리 및 시사점

1) 위에서 본 외국의 입법례에 나타난 공통점은 다음과 같이 정리될 수 있다. ⅰ) 모가 혼인 중에 자녀를 출산한 경우에는 그 남편을 자녀의 부로 규정하며, 포태의 시기가 혼인 전이라도 관계없다(출생시 기준의 원칙). ⅱ) 따라서 모가 이혼(혼인 취소, 무효)으로 인한 혼인관계의 종료 후에 자녀를 출산한 경우에는, 비록 혼인 중에 임신하였다고 해도, 전 남편은 그 자녀의 부가 아니다. ⅲ) 다만 남편의 사망으로 혼인관계가 종료한 경우에는 예외가 인정되어, 모가 남편의 사망 후 300일(독일, 스위스, 오스트리아) 또는 306일(네덜란드) 내에 자녀를 출산한 때에는 사망한 전 남편이 자녀의 부가 된다. ⅳ) 위의 나라들도 예전에는 이혼 후 일정한 기간(스위스: 300일, 독일, 오스트리아: 302일, 네덜란드: 306일) 내에 모가 자녀를 출산한 경우 전 남편의 자녀로 추정하는 규정을 두고 있었으나, 1990년대 후반부터 2000년대 초반 사이에 이루어진 개정에 의해서 전부 삭제되었다. 그 이유로는 ⅰ) 일반적인 경험칙에 비추어 모가 이혼 후 출산한 자녀는 전 남편의 자녀일 가능성이 낮다는 점, ⅱ) 그럼에도 불구하고 모가 이혼 후 일정한 기간 내에 출산한 자녀를 전 남편의 자녀로 추정할 경우, 일단 전 남편의 자녀로 출생신고를 한 후 친생부인 판결을 받아 자녀의 신분등록부를 정정하는 절차를 밟아야 하는데, 이는 사회적으로 불필요한 비용을 발생시킨다는 점 등을 들 수 있다.

2) 2017년에 개정된 우리민법 제844조 제3항은, 개정 전과 다름없이, 혼인관계 종료의 날부터 300일 내에 출생한 자녀를 전 남편의 자녀로 추정한다. 여기서 혼인관계 종료란 이혼, 혼인취소 등으로 인한 생전의 종료와 사망으로 인한 혼인해소를 포함한다. 그런데 우리의 변화한 사회현실에 비추어 볼 때 모가 이혼 후 300일 내에 자녀를 출산하였다면 전 남편의 자녀가 아닌 경우가 적지 않을 것이다. 그러나 개정민법이 혼인관계 종료의 날부터 300일 내에 출생한 자녀를 전 남편의 자녀로 추정하는 규정을 그대로 존속시킨 결과(이에 따라 그 자녀는 출생과 동시에 전 남편의 혼인중의 자의 신분을 가지게 된다), 출생신고 의무자인 모(또는 모의 전 남편)가 출생신고를 할 때 그 자녀는 전 남편의 자녀로 출생신고가 될 수밖에 없다. 개정민법의 입법자는 이러한 문제를 해결하기 위하여, 전 남편의 혼인중의 자로 출생신고를 하는 것을 미루고 친생부인의 허가를 받아 모의 혼인 외의 자로 직접 출생신고를 할 수 있도록 규정하였다(이와 같이 재판절차를 거쳐 출생신고를 하는 경우 가족관계등록법이 정한 출생신고 기간을 준수하기 어렵다는 점은 앞에서 이미 지적한 바와 같다).

위에서 본 바와 같이 외국에서도 모가 이혼 후 출산한 자녀를 전 남편의 자녀로 추정하는 경우에 발생하는 문제점(일단 전 남편의 자녀로 출생신고를 한 후 친생부인 판결을 받아 자녀의 신분등록부를 정정하는 절차를 밟아야 한다)을 인식하고, 이를 해결하기 위하여 친생추정에 관한 규정을 개정하였으나, 그 방향은 우리와 크게 달랐다. 출생시 기준의 원칙을 채택한 결과 혼인 중에 출생한 자녀만이 모의 남편의 자녀로 추정되고, 이혼 후 출생한 자녀는 더 이상 전 남편의 자녀로 추정되지 않았다. 이혼 후 출생한 자녀는 일단 법률상 부가 없는 상태가 되므로(모의 혼인외의 자[47]의 신분을 갖는다), 출생신고를 할 때도 부는 기록되지 않는다. 법률상 부자관계는 자녀의 출생신고 이후 생부(전 남편 또는 제3자)의 임의인지 또는 부자관계를 창설하는 재판절차를 통하여 발생한다.

외국의 입법례에서 알 수 있듯이, 이혼 후 출생한 자녀를 전 남편의 자녀로 출생신고를 하지 않도록 하려면, 그 전제로서 그 자녀를 전 남편의 자녀로 추정하는 원칙을 폐기하여야 한다. 우리 민법체계상 친생자는 크게 혼인중의 자와 혼인외의 자로 나누어지는데, 이혼 후 300일 내에 출생한 자녀를 전 남편의 자녀로 추정한다면, 그 자녀는 모와 전 남편 사이에서 출생한 혼인중의 자의 신분을 가지게 되므로, 그에 상응하여 모와 전 남편의 혼인중의 자로 출생신고가 되는 것이 원칙이다. 따라서 모가 이혼 후에 출산한 자녀를 전 남편의 자녀로 출생신고를 하지 않도록 하려면, 그 자녀의 신분을 모의 혼인외의 자로 규정하는 것이 선행되어야 한다. 개정민법의 문제점은 이혼 후 출생한 자녀를 전 남편의 자녀로 추정하는 원칙을 유지하면서도, 다른 한편으로는 전 남편의 자녀로 출생신고를 하지 않을 수 있는 가능성을 동시에 규정하였다는 데 있다. 이와 같이 모순된 규정을 하나의 법체계 내에서 무리하게 짜 맞추다 보니, 결국 출생신고를 미룬 상태에서 재판을 통하여 자녀의 신분을 혼인중의 자에서 혼인외의 자로 변경시킨 후 출생신고를 하는 방안에까지 이르게 된 것이다. 그런데 이와 같이 출생신고를 미루는 것을 전제로 하는 해결방식은 자녀의 기본권인 출생등록권을 심각하게 침해한다는 점에서 도저히 받아들일 수 없는 것이다. 우리와 같은 문제를 먼저 경험한 외국에서 개정민법과 유사한 입법례를 찾아볼 수 없는 것은 결코 우연이 아니다. 이른바 선진국에서 이와 같이 아동의 기본적인 인권을 희생시키는 방식의 입법이 허용될 수 없다는 점은 명확하다.[48]

---

47) 외국의 입법례에서는 '혼인외의 자'라는 용어를 더 이상 사용하지 않는 경우가 많지만(예를 들어 독일은 1997년 친자법개정을 통하여 '혼인외의 자'라는 용어를 폐기하였다), 여기서는 이해의 편의를 돕기 위하여 우리민법체계에 맞추어 혼인외의 자라고 표현하였다.

48) 개정민법과 같이 출생신고 의무자의 선택에 따라 혼인중의 자로 출생신고를 할 수도 있고, 재판을 거쳐 모의 혼인외의 자로 출생신고를 할 수도 있는 법체계는 혼인중의 자로 출생신고 하는 것을

V 맺음말

친생추정에 관한 2017년 개정민법 규정은 몇 가지 중대한 문제점을 안고 있다.

첫째, 출생신고에 관한 가족관계등록법 규정과 조화될 수 없다는 문제점이 있다. 개정민법은 혼인관계 종료의 날부터 300일 내에 출생한 자녀를 모의 전 남편의 친생자로 추정하는 원칙을 유지하면서도(제844조 제1항, 제3항) 전 남편의 자녀로 출생신고 하는 것을 미룬 상태에서 친생부인의 허가 심판을 받아 모의 혼인외의 자로 출생신고를 할 수 있도록 하였다(제854조의2). 그러나 이와 같이 재판을 거쳐 출생신고를 하는 경우에는 가족관계등록법이 정한 1개월의 출생신고 기간을 준수할 수 없다는 문제가 발생한다. 결국 개정민법 제854조의2 규정은 출생신고에 관한 가족관계등록법 규정뿐만 아니라 "아동은 출생 직후 등록되어야 한다"는 유엔아동권리협약과도 충돌한다는 점에서 심각한 문제가 있다. 한편 개정민법은 제854조의2 규정과는 별도로 혼인관계 종료의 날부터 300일 내에 출생한 자녀에 대해서는 생부가 인지허가의 심판을 받아 혼인외의 자로 출생신고를 할 수 있는 규정을 두었는데(제855조의2), 이 규정에도 동일한 문제가 있다. 이 규정에 따라 생부가 인지의 허가를 받아 출생신고를 하려면 그 전제로서 출생신고 의무자인 자녀의 모나 모의 전 남편이 출생신고를 하지 않아야 한다(모나 모의 전 남편이 자녀의 출생신고를 하면 생부는 더 이상 인지의 허가를 받아 출생신고를 할 수 없다). 생부가 인지허가의 심판을 받아 혼인외의 자로 출생신고를 하는 데까지는 통상 1개월 이상의 기간이 소요될 것으로 예상되는바, 그 때까지 출생신고 의무자인 모와 모의 전 남편이 출생신고를 하지 않고 있어야만 생부가 위와 같은 절차를 거쳐 출생신고를 할 수 있게 된다(만약 그 사이에 모나 모의 전 남편이 출생신고 기간을 준수하기 위하여 출생신고를 하게 되면, 설령 생부가 법원에서 인지허가의 심판을 받았다고 해도 출생신고를 할 수 없다). 결국 개정민법 제855조의2는 가족관계등록법이 정한 출생신고 기간의 위반을 전제로 하여 설계된 규정인데, 그 배경에는 출생신고 기간은 굳이 준수하지 않아도 무방하다는 안이한 사고방식이 깔려 있다. 아동의 기본적 권리인 출생등록권을 무시하는 규정이 법무부에 의해서 마련되어 아무런 논란 없이 국회를 통과하였다는 사실을 어떻게 이해할 수 있을 것인가? 2017년 개정민법 규정은 아동의 인권에 대한 국가기관의 인식 수준을 여실히 드러내고 있다.

미루어도 무방하다는 것을 당연한 전제로 한다. 그런데 선진국에서는 자녀의 출생신고를 미룬 채 재판을 통하여 자녀의 신분을 결정하고 나서 비로소 출생신고를 한다는 것은 상상하기 어렵고, 더구나 이러한 방식을 법제화한다는 것은 불가능한 것으로 보이기 때문이다.

둘째, 개정민법은 친생부인의 허가 심판과 인지허가의 심판이 확정되는 경우에 발생하는 효력에 관하여 각각 규정하고 있는데(제854조의2 제3항, 제855조의2 제3항), 이는 기존의 판례, 학설과 조화되지 않을 뿐만 아니라 개정민법의 취지와도 모순된다는 점에서 문제가 있다.

먼저 친생부인 허가 심판의 효력에 대해서 본다. 개정민법에 따르면 혼인관계 종료의 날부터 300일 내에 출생한 자녀는 전 남편의 자녀로 추정되지만(제844조 제1항, 제3항), 친생부인의 허가 심판이 확정되는 경우에는 친생추정이 미치지 아니한다고 한다(제854조의2 제3항). 이를 달리 표현하면, 혼인관계 종료의 날부터 300일 내에 출생한 자녀는 일단 전 남편의 혼인중의 자가 되지만, 친생부인의 허가 심판이 확정되는 경우에는 친생자의 추정이 미치지 않는 자의 신분으로 변경된다는 것이다. 그런데 이 규정은 기존의 판례, 학설과 배치될 뿐만 아니라 개정민법의 체계 내에서도 조화로운 해석이 불가능하다는 점에서 심각한 문제가 있다. 개정민법의 전반적인 취지와 체계를 고려하여 보면, 혼인관계 종료의 날부터 300일 내에 출생한 자녀는 일단 전 남편의 혼인중의 자의 신분을 갖지만 친생부인의 허가 심판이 확정되면, 친생부인의 효력이 발생하여 모의 혼인외의 자가 된다고 해석된다. 그런데 제854조의2 제3항은 친생부인의 허가 심판이 확정되는 경우, 그 자녀는 '친생자의 추정이 미치지 않는 자'가 된다고 규정한다. '친생자의 추정이 미치지 않는 자'란 부모의 혼인 중에 출생한 자녀이지만, 동거의 결여로 인하여 모가 남편의 자녀를 임신할 수 없는 객관적 상황에서 출산한 자녀를 말한다. 이와 같이 '친생자의 추정이 미치지 않는 자'는 일단 혼인중의 자의 신분을 갖는 자녀로서 혼인외의 자와는 개념상 명확히 구별된다. 따라서 혼인관계 종료의 날부터 300일 내에 출생한 자녀가 친생부인의 허가 심판이 확정되면 '친생자의 추정이 미치지 않는 자'가 된다는 제854조의2 제3항 규정은 입법상의 중대한 오류라고 하지 않을 수 없다.

개정민법은 인지허가 심판의 효력에 있어서도 이와 동일한 입법상의 오류를 범하고 있다. 개정민법에 따르면 혼인관계 종료의 날부터 300일 내에 출생한 자녀는 전 남편의 자녀로 추정되지만, 생부가 인지허가의 심판을 받아 출생신고를 하는 경우에는 친생추정이 미치지 아니한다고 한다(제855조의2 제3항). 생부가 인지의 허가를 받아 가족관계등록법에 따른 출생신고를 하는 경우에 인지의 효력이 발생한다는 것은 가족관계등록법에 명문으로 규정되어 있으며, 이로써 생부와 자녀 사이에 부자관계가 창설된다는 점은 의심의 여지없이 명확하다. 인지허가 심판의 확정에 의하여 자녀는 혼인외의 자가 되고, 가족관계등록법에 따른 생부의 출생신고에 의해서 혼인외의 자를 인지하는 효력이 발생하는 것임에도, 개정민법은 인지허가 심판에 따른 생부의 출생신고에 의해서 그 자녀가 '친생자의 추정이 미치지 않는 자'가 된다고 규정한다. 이 규정 자체에 내재해 있는 모순이 입법과정에서 전혀 걸러지지 않았다는 점도 쉽게 이해가 되지 않는다.

위에서 본 바와 같이 2017년 개정민법은 해석론으로 해결될 수 없는 중대한 문제점을 안고 있다. 결국 이러한 문제점을 해결하기 위해서는 관련 규정의 재개정이 불가피할 것으로 보인다. 본문에서 소개한 외국의 경험과 입법례도 새로운 논의의 시사점을 제공할 수 있을 것이다.

〈법학논문집 제42권 제1호(2018년 4월) 수록〉

3. 친생추정에 관한 법리의 검토

- 하급심 판결에 나타난 법리를 중심으로 -

I 들어가는 말

하급심 판결을 중심으로 친생추정에 관한 다양한 법리가 전개되고 있다. 하급심 법원이 친생추정과 관련된 사건에서 다양한 법리를 전개하는 이유는 개별 사건에서 구체적 타당성을 실현하기 위한 것이라고 선해할 수 있다. 그러나 그러한 법리가 과연 우리 법체계에 부합하는 것인가, 또 논리적으로 일관성이 유지될 수 있는 것인가에 대해서는 별도의 검토가 필요하다고 생각된다.

그동안 친생추정과 관련된 하급심 판결에 적용된 법리 중에서 특히 검토가 필요하다고 생각되는 것을 간추려 보면 다음과 같다.

첫째, 아내가 혼인 중에 임신하여 출산한 자녀는 그 남편의 친생자로 추정되며(민법[1] 제844조), 이를 번복하기 위하여는 자녀의 모 또는 남편이 친생부인의 소를 제기하여(제846조, 제847조) 확정판결을 받는 것이 원칙이다. 판례는 친생추정을 받는 자녀에 대하여 친생부인의 소가 아니라 친생자관계부존재확인의 소를 제기하는 것은 부적법하다고 본다.[2] 그러나 이와 달리 하급심 판결 중에는 "친생추정을 받는 자녀와 모의 남편 사이에 혈연(유전자형)이 배치되는 경우에 친생추정이 미치지 않는 것으로 보아서 친생자관계부존재확인의 소를 제기할 수 있다"는 법리를 적용한 사례가 적지 않다. 그런데 이러한 법리에 따르면 친생자의 추정을 받는 혼인중의 자와 모의 남편 사이에 혈연(유전자형)이 배치되는 경우에는 이해관계인은 누구나 제소기간의 제한 없이 친생자관계부존재확인의 소를 제기할 수 있게 된다. 이러한 법리는 친생추정제도의 근간을 흔들고, 가정의 평화와 자녀의 복리를 침해하는 결과를 초래할 수 있다는 점에서 문제가 있다.

둘째, 위와 같이 불합리한 결론을 피하기 위하여 하급심 판결 중에는, 모가 혼인 중에 임신하여 자녀를 출산한 경우에도 그 남편과 자녀 사이에 혈연(유전자형)이 배치되면 친생자관계는 존재하지 않지만 구체적인 사실관계에 따라 양친자

1) 이하 민법 조문의 경우에는 별도로 법명을 표시하지 않는다.
2) 대법원 1992. 7. 24. 91므566 판결.

관계의 성립을 인정하는 것은 가능하다고 해석하고, 그러한 사안에서는 파양의 사유가 없는 한 친생자관계부존재확인청구는 각하되어야 한다는 법리를 취한 것이 있다. 그런데 모가 혼인 중에 임신, 출산한 자녀는 그 남편의 친생자로 추정되어 출생과 동시에 그 부부의 혼인중의 자의 신분을 가지게 된다는 점에 비추어 보면, 과연 이와 같은 해석론이 성립할 수 있는 것인가에 대해서 의문이 든다. 이 해석론은 결국 자신의 친생자로 추정되는 혼인중의 자를 입양하는 것이 가능하다는 전제에 서 있는데, 우리 법체계상 자신의 혼인중의 자를 입양하는 것은 가능하지도 않고 필요하지도 않기 때문이다.

셋째, 우리 법체계에서 모자관계는 출산에 의해서 당연히 발생하는 것으로 해석하지만, 부자관계는 모의 혼인상태에 따라 결정된다. 즉 모가 혼인 중에 임신하여 출산한 자녀의 경우에는 그 남편의 친생자로 추정되어 출생과 더불어 그 사이에 당연히 부자관계가 발생하지만, 모가 혼인하지 않은 상태에서 임신, 출산한 자녀는 생부와의 관계에서 당연히 부자관계가 발생하는 것은 아니며, 인지를 거쳐야만 법률상의 부자관계가 발생한다. 따라서 인지 전에는 혼인외의 자와 생부 사이에는 비록 생물학적인 부자관계는 존재하지만, 법률상의 부자관계는 존재하지 않는다. 따라서 자녀가 생부와의 관계에서 부자관계를 발생시키고자 하는 경우에는 확인의 소인 친생자관계존재확인의 소가 아니라 형성의 소인 인지청구의 소를 제기하여야 한다. 친생자관계존재확인의 소는 법률상 이미 존재하는 친생자관계의 존재를 확인해 달라는 소이며, 생물학적으로 존재하는 친생자관계의 확인을 구하는 소가 아니기 때문이다. 그러므로 인지를 거치지 않아서 법률상의 친자관계가 발생하지 않은 혼인외의 자와 생부를 상대로 하여 친생자관계존재확인의 소를 제기하는 것은 논리적으로 타당하지 않다. 하급심 판결 중에는 생모가 혼인외의 자와 생부를 상대로 제기한 친생자관계존재확인청구를 인용한 것이 있는데, 이는 친생자관계존재확인의 소의 성질에 대한 오해에서 비롯된 것으로 보인다.

본론에서는 위에서 제기한 쟁점들을 중심으로 하급심 판결에 나타난 친생추정에 관한 법리들을 보다 상세하게 검토해 본다. 그리고 구체적으로 이러한 검토작업을 하기에 앞서 그 전제가 되는 선결문제로서 친생추정의 의미와 효과에 대해서 정리하고 넘어가기로 한다.

Ⅱ 친생추정의 의미와 효과

1. 모가 혼인 중에 임신하여 출산한 경우 자녀의 아버지를 정하는 원칙

제844조(남편의 친생자의 추정) 제1항은 "아내가 혼인 중에 임신한 자녀는 남편의 자녀로 추정한다"고 규정하고 있다. 이 규정에 따라 아내가 혼인 중에 임신하여 출산한 자녀[3]는 남편의 자녀(친생자)로 추정되고, 그 부부의 혼인중의 자의 신분을 가지게 된다. 이 규정은 혼인제도의 본질과 밀접한 관련이 있다. 즉 혼인에 의해서 부부에게는 정조의무가 발생하므로, 아내와 성관계를 갖는 유일한 남자는 그 남편이라는(혹은 그 남편일 가능성이 높다는) 전제에서, 아내가 혼인 중에 임신하여 자녀를 출산한 경우에는 그 남편을 자녀의 아버지로 추정하는 것이다. "혼인 중에 아내가 출산한 경우에는 그 남편이 자녀의 아버지이다"라는 명제는 로마법[4]에서 확립된 이래 오늘날까지 각국의 입법례에서 자녀의 아버지를 정하는 일반원칙으로 확고하게 자리 잡고 있다.

2. 친생추정의 효과

(1) 제844조에 따라 아내가 혼인 중에 임신하여 자녀를 출산한 경우에는 친생추정의 효과가 발생하여 출생과 더불어 – 아무런 별도의 의사표시나 절차를 거치지 않고 – 자녀와 모의 남편 사이에 법률상의 부자관계가 발생한다.[5] 이러한 결과는 모가 남편 아닌 제3자(자녀의 생부)와의 혼외관계에서 자녀를 임신하여 출산한 경우에도 다르지 않다. 즉 자녀와 모의 남편 사이에 혈연(유전자형)이 배치되어 생물학적인 부자관계가 없는 것이 명백한 경우에도 그와 관계없이 일단 친생추정의 효과는 발생하며, 그에 따라 자녀와 모의 남편 사이에 법률상 부자관계

3) 혼인관계가 종료한 날부터 300일 내에 출생한 자녀는 혼인 중에 임신한 것으로 추정되어 모의 남편의 친생자로 추정된다(제844조 제1항, 제3항). 따라서 혼인 중에 임신하였다면 출산의 시기는 혼인종료 후라도 상관없다.

4) pater vero is est, quem nuptiae demonstrant. Dig. 2, 4, 5(Paulus); der Vater aber wird durch die Ehe bestimmt(자녀의 아버지는 혼인에 의해서 정해진다); Als Vater des Kindes einer verheirateten Frau gilt der Ehemann(모의 남편은 자녀의 아버지로 간주된다). Behrends/Knütel/Kupische/Seiler(Hrsg.), Corpus Iuris Civilis · Text und Übersetzung Ⅱ(1995), S. 182; Liebs, Lateinische Rechtsregeln und Rechtssprichwörter(1991), S. 151. "pater vero is est, quem nuptiae demonstrant"에 대해서는 조금 다른 번역도 있다. 예를 들면, Liebwirth, Latein im Recht(1993), S. 221에서는 Vater ist, wen die Eheschließung ausweist(아버지는 혼인이 명시하는 사람이다)라고 되어 있다. 그러나 결국 혼인 중에 아내가 자녀를 출산한 경우 모의 남편이 그 자녀의 아버지가 된다는 의미에서는 다르지 않다.

5) 법원실무제요 가사 〔Ⅱ〕, 58면.

가 발생한다(이런 경우에는 생물학적인 부자관계와 법률상의 부자관계가 일치하지 않는 현상이 발생한다). 만약 자녀와 모의 남편 사이에 생물학적인 부자관계가 없다면 모 또는 모의 남편은 혈연관계와 일치하지 않는 부자관계를 소멸시키기 위하여 친생부인의 소를 제기할 수 있으며, 판결이 확정되면 자녀의 출생 시로 소급하여 부자관계가 소멸한다.[6] 다만 친생추정의 효과와 관련하여 제844조 제1항이 "아내가 혼인 중에 임신한 자녀는 남편의 자녀이다"라는 단정적인 표현을 쓰지 않고[7] "남편의 자녀로 추정한다"고 규정한 이유는, 친생추정을 받는 혼인중의 자와 모의 남편 사이에 혈연관계가 없는 경우에는 그 사실을 증명하여 추정을 번복할 수 있는 여지가 있다는 점을 고려한 것이다. 그러나 이와 같이 '추정'이라는 용어를 사용했다고 해서 친생추정의 효과에 차이가 생기는 것은 아니다. 즉 아내가 혼인 중에 임신하여 자녀를 출산하였다는 사실에 의해서 그 자녀와 모의 남편 사이에는 일단 법률상의 친자관계가 발생하며, 그 후에 그 추정이 번복될 수 있다는 점은 친생추정의 효과에 아무런 영향도 미치지 않는다.

(2) 친생추정의 효과에 따라 자녀와 모의 남편 사이에 법률상의 부자관계가 발생한 경우에 그 부자관계를 소멸시키기 위해서는 원칙적으로 친생부인의 소를 제기하여야 하며, 친생자관계부존재확인의 소를 제기하는 것은 부적법하다.[8] 이 점은 우리 민법체계상 명확하다.

1) 제846조는, 모 또는 모의 남편은 제844조의 경우, 즉 아내가 혼인 중에 임신하여 자녀를 출산한 경우에(자녀와 모의 남편 사이에 발생한 법률상의 친자관계를 부인하기 위하여) 친생부인의 소를 제기할 수 있다고 규정하고 있다. 제844조에 따라 아내가 혼인 중에 임신하여 출산한 자녀는 그 남편의 친생자로 추정되고, 그 사이에 법률상의 친자관계가 발생하는데, 만약 자녀와 모의 남편 사이에 혈연관계가 없다면 모 또는 모의 남편은 친생부인의 소를 제기하여 부자관계를 소멸

---

6) 법원실무제요 가사 〔Ⅱ〕, 61면, 66면.

7) 이와 같이 단정적인 표현을 쓰는 입법례도 있다. 예를 들어 독일민법 제1592조 제1호. "Vater eines Kindes ist der Mann, der zum Zeitpunkt der Geburt mit der Mutter des Kindes verheiratet ist.": 자녀의 아버지는 출생 시에 그 모와 혼인관계에 있는 남자이다. 독일민법은 우리와 달리 모의 남편이 부(父)로 '추정된다'는 표현을 쓰지 않고, '자녀의 부이다'라고 표현한다(이 규정은 1997년 독일친자법개정 시에 개정되었는데, 개정 이전의 제1591조, 제1592조 보다도 더 명확하게 자녀의 아버지를 정하는 로마법의 원칙(각주 4)을 구현하였다는 평가를 받는다. Gaul, Die Neuregelung des Abstammungsrechts, in: Schwab(Hrsg.), Das neue Familienrecht(1998), S. 63f. 그러나 일단 법률상 부의 지위를 갖는다고 해도 자녀와 혈연이 배치되는 경우에 재판을 통하여 친자관계를 부인할 수 있다는 점은 우리와 다르지 않다. 오스트리아민법도 같은 태도를 취하고 있다(제144조 제1항). 스위스민법은 "혼인 중에 자녀가 출생한 경우에는 남편이 아버지로 간주된다"고 규정하여 '추정' 대신 '간주'라는 용어를 사용하고 있다(제255조 제1항).

8) 대법원 2012. 10. 11. 2012므1892 판결.

시킬 수 있다는 것이 제846조의 취지이다. 한편 제865조(다른 사유를 원인으로 하는 친생자관계존부확인의 소) 제1항은 "제845조, 제846조, 제848조, 제850조, 제851조, 제862조와 제863조의 규정에 의하여 소를 제기할 수 있는 자는 다른 사유를 원인으로 하여 친생자관계존부의 확인의 소를 제기할 수 있다"고 규정하고 있는데, 이를 제846조와의 관계에서 본다면, 제846조에 의해서 친생부인의 소를 제기할 수 있는 자, 즉 모와 모의 남편은 친생부인의 소를 제기하는 사유(모가 혼인 중에 임신하여 출산한 자녀, 즉 친생추정을 받는 자녀와 모의 남편 사이에 혈연이 배치되는 사정)와는 다른 사유를 원인으로 하여 친생자관계부존재확인의 소를 제기할 수 있다는 의미로 해석된다. 따라서 모나 모의 남편이 친생추정을 받는 자녀와 모의 남편 사이에 혈연관계가 배치되는 것을 이유로 법률상의 부자관계를 소멸시키려면 친생부인의 소를 제기하여야 하지만, 그와 다른 사유를 원인으로 하는 경우(예를 들어 ① 혼인 성립일로부터 200일이 되기 전에 출생하여 친생추정을 받지 않는 자녀,[9] ② 남편이 다른 여자와의 혼외관계에서 낳은 자를 아내와의 관계에서 출생한 자녀인 것처럼 허위의 출생신고를 한 경우)에는 친생자관계부존재확인의 소를 제기할 수 있다. 위에서 든 예 ①의 경우에는 모 또는 모의 남편은 친생부인의 소가 아니라 친생자관계부존재확인의 소를 제기할 수 있고, ②의 경우 아내는 남편의 혼인외의 자와 자신 사이에 친생자관계가 존재하지 않음을 확인하는 소를 제기할 수 있다. 이러한 민법의 규정체계에 비추어 볼 때 제844조에 따라 친생추정을 받는 자녀의 경우에는 제846조에 의하여 친생부인의 소를 제기하여야 하며, 이와 별도로 친생자관계부존재확인의 소를 선택적으로 제기할 수 없다고 해석하여야 할 것이다.

2) 친생추정제도의 입법취지 역시 위와 같은 해석론을 뒷받침한다. 친생추정제도에 의해서 모가 혼인 중에 임신하여 출산한 자녀는 출생과 동시에 그 남편의 혼인중의 자의 신분을 가지게 된다. 그리고 이와 같이 친생자로 추정되는 자녀의 복리(법적 지위 안정)와 그 자녀가 속한 가정의 평화를 보호하기 위하여 민법은 친생추정에 의해서 성립한 법률상의 부자관계를 다투는 데 엄격한 제한을 두고 있다. 자녀가 친생추정을 받는 경우에는 원칙적으로 모 또는 그 남편만이 친생부인의 소를 제기할 수 있으며(제846조),[10] 소를 제기할 수 있는 기간도 그 사유가 있음을 안 날(친생추정을 받는 자녀와 모의 남편 사이에 혈연관계가 없다는

9) 제844조 제1항, 제2항.

10) 다만 이에 대해서는 제848조 이하에 몇 가지 예외가 규정되어 있다. 예를 들어 모나 모의 남편이 피성년후견인인 경우에는 성년후견인이 성년후견감독인의 동의를 받아 친생부인의 소를 제기할 수 있다(제848조 제1항).

사실을 안 날)부터 2년 내로 제한된다(제847조). 이에 따라 모나 그 남편 이외의 제3자(예를 들어 자녀의 생부)가 친생추정을 받는 자녀와 모의 남편(법률상의 아버지) 사이에 혈연관계가 없다는 사실을 알게 된 경우에도 이미 그 사이에 성립하여 존재하고 있는 법률상의 친자관계를 다툴 수는 없다. 또한 모나 모의 남편은 자녀와 모의 남편 사이에 혈연(유전자형)이 배치된다는 사실을 알게 되면 친생부인의 소를 제기하여 법률상의 부자관계를 소멸시킬 수 있으나,[11] 이 경우에도 소를 제기할 수 있는 기간은 그 사실을 안 날부터 2년 내로 제한된다. 만약 친생추정을 받는 자녀에 대해서 친생부인의 소나 친생자관계부존재확인의 소를 선택적으로 제기할 수 있다고 해석한다면, 위에서 본 친생추정제도 및 이와 불가분의 관계에 있는 친생부인제도의 기본적인 입법취지는 완전히 몰각될 것이다. 친생자관계부존재확인의 소는 이해관계인이면 누구나 제기할 수 있고, 소를 제기할 수 있는 기간에도 원칙적으로 제한이 없다.[12] 따라서 자녀의 생부는 물론이고, 상속의 이해관계가 있는 사람(법률상의 아버지와 재혼한 처, 친생추정을 받는 자녀의 형제자매 등) 등은 자녀의 출생 후 수십 년의 세월이 흐른 후에도(심지어 법률상의 아버지가 사망한 후에도) 구체적인 사정에 대한 고려 없이(친생추정을 받는 자녀와 그 법률상의 아버지 사이에 양육과 가정공동생활을 통해 성립, 유지된 실질적인 친자관계의 존재여부와 관계없이) 친생자관계부존재확인의 소를 제기할 수 있게 된다. 이러한 결과가 자녀의 복리와 가정의 평화를 해칠 수 있다는 점에 대해서는 굳이 길게 부연할 필요가 없을 것이다. 위에서 이미 언급한 바와 같이 이러한 해석론은 친생추정제도와 친생부인제도의 입법취지를 완전히 잠탈하는 것으로서 현행 민법체계와는 조화가 불가능하다. 또한 이러한 해석론에 의하면 친생추정을 받는 자녀에 대해서도 얼마든지 친생자관계부존재확인의 소를 제기할 수 있게 되므로, 굳이 이와 별도로 원고적격과 제소기간에 있어서 엄격한 제한을 받는 친생부인의 소에 관한 규정을 둘 이유도 없다. 친생추정을 받는 자녀에 대해서도 친생자관계부존재확인의 소를 제기하는 것이 허용된다는 해석론[13]은 결국 친생부인의 소에 있어서 원고적격자의 범위, 제소기간의 제한을 사실상 완전히 폐지하겠다는 것과 다름이 없는데, 이는 입법론으로는 가능할지 몰라도[14] 해석론의 범위는 크게 벗

---

11) 모나 모의 남편이 친생부인의 소를 제기하는 경우에는 자녀의 복리와 같은 다른 법익은 고려되지 않으며, 오로지 혈연관계가 있는가의 여부만이 문제된다.

12) 다만 당사자의 어느 한쪽이 사망하여 검사를 상대로 하여 소를 제기할 때에는 사망 사실을 안 날부터 2년 내에 소를 제기하여야 한다는 제한이 있을 뿐이다(제865조 제2항).

13) 서울가정법원 2016. 9. 21. 2015르1490 판결; 창원지방법원 2015. 4. 10. 2014드단21841 판결 등; 현소혜, 부자관계의 결정기준: 혼인과 혈연, 가족법연구 제33권 2호(2019), 66면 이하. "부부의 일방은 민법 제846조에 따른 친생부인의 소에 의해, 그 외의 자(특히 생부와 자녀)는 민법 제865조에 따른 친생자관계존부확인의 소에 의해 그 친생추정을 번복할 수 있다고 보아야 할 것이다."

14) 예를 들면, 노르웨이에서는 2002년 개정을 통하여 기간의 제한 없는 친생부인권을 인정하였으

어나는 것이다.

3) 위에서 언급한 바와 같이 친생추정의 효과에 따라 모가 혼인 중에 임신하여 출산한 자녀와 모의 남편 사이에는 출생과 더불어 법률상의 부자관계가 발생한다. 설령 자녀와 모의 남편 사이에 혈연이 배치된다고 해도 이러한 친생추정의 효과에는 영향이 없다(다만 이런 경우에는 모 또는 모의 남편이 친생부인의 소를 제기할 수 있고, 친생부인판결이 확정되면 법률상의 부자관계가 자녀의 출생 시로 소급하여 소멸할 뿐이다.[15]).

친생추정을 받는 자녀와 모의 남편 사이에 – 혈연의 배치 여부와 관계없이 – 출생 시에 당연히 법률상의 부자관계가 발생한다는 점에 비추어 보면, 이들을 상대로 친생자관계부존재확인의 소를 제기할 수 있다는 논리는 그 자체로서 모순이 아닐 수 없다. 친생자관계존부확인의 소는 친생자관계의 존재 또는 부존재의 확인을 구하는 소인데, 여기서의 친생자관계란 생물학적인 의미의 친생자관계가 아니라 법률상의 친생자관계를 의미한다. 이 점은 오해가 없도록 명확하게 정리하고 넘어가야 할 것이다. 따라서 ① 법률상의 친생자관계가 이미 성립하여 존재하는 경우에 이에 대하여 친생자관계부존재확인의 소를 제기하는 것이나 ② 법률상의 친생자관계가 성립하지 않은 경우에 친생자관계존재확인의 소를 제기하는 것은 모두 논리적으로 모순된다. ①에 해당하는 예로서 친생추정을 받는 자녀와 모의 남편의 관계를 들 수 있다. 친생추정의 효과에 따라 모가 혼인 중에 임신하여 출산한 자녀와 그 남편 사이에는 자녀의 출생과 동시에 법률상의 친자관계가 발생하여 존재하게 되므로, 이들을 상대로 하여 법률상의 친자관계가 처음부터 존재하지 않음을 전제로 하는 친생자관계부존재확인의 소를 제기하는 것은 논리적으로 타당하지 않다.[16] 친생추정을 받는 자녀와 모의 남편 사이에는 출생과 동시에 부자관계가 발생하므로, 이와 같이 이미 성립하여 존속하고 있는 기존의 법률관계를 소멸시키려면 확인의 소가 아니라 형성의 소인 친생부인의 소를 제기하여야 한다.[17] 한편 ②에 해당하는 예로는 혼인외의 자와 생부의 관계를 들 수 있

나 청구인은 자녀와 부, 모, 생부로 한정된다(노르웨이친자법 제6조). 그러나 같은 북유럽 국가라고 해도 스웨덴과 덴마크는 이와 매우 다른 입법 태도를 취하고 있다. 스웨덴에서는 모와 생부에게 친생부인권이 인정되지 않으며(Giesen, Schweden, in: Bergmann/Ferid/Henrich(Hrsg.), Internationales Ehe- und Kindschaftsrecht. Teil Ⅲ A 32 v. 1.7.2013.), 덴마크에서는 원칙적으로 모와 모의 남편(자녀의 아버지) 또는 자녀의 후견인에 대해서만 친생부인권이 인정되며(2001년 덴마크친자법 제5조), 생부에게는 매우 예외적인 사안에 한정하여 친생부인권을 인정한다(2001년 덴마크친자법 제6조 제2항 2문). Frank, Rechtsvergleichende Betrachtungen zur Vaterschaftsanfechtung durch den leiblichen Vater des Kindes, in: Perspektiven des Familienrechts, FS für Dieter Schwab(2005), S. 1136.

15) 이시윤, 신민사소송법(2019), 209면. 친생부인청구는 소급적 형성의 소로서 소급적으로 권리를 변동시키는 것이다.

16) 대법원 2015. 6. 11. 2014므8217 판결 참조.

다. 친생추정이란 모의 혼인(법률혼)을 전제로 하여 모가 혼인 중에 임신하여 출산한 자녀에 대해서만 적용되는 개념이므로, 혼인외의 자와 생부의 관계에서는 적용될 여지가 없다. 설령 모가 사실혼 상태에서 자녀를 임신하여 출산하였다고 해도, 그 자녀는 사실혼 관계에 있는 남편의 자녀로 추정되지 않으므로, 그 사이에 법률상의 친생자관계가 발생하지 않는다. 이와 같이 혼인외의 자와 생부 사이에는 법률상의 친자관계가 출생과 동시에 당연히 발생하는 것이 아니므로, 혼인외의 자가 생부를 상대로 하여 친생자관계존재확인의 소를 제기하는 것은 부적법하다(친생자관계존재확인의 소는 법률상의 친자관계가 존재함을 전제로 하여 그 확인을 구하는 소이기 때문이다).[18] 혼인외의 자와 생부 사이에는 생물학적인 친자관계는 존재하지만 법률상의 친자관계는 존재하지 않으므로, 법률상 친자관계의 존재확인을 구하는 소인 친생자관계존재확인의 소를 제기하는 것은 타당하지 않으며, 부자관계를 창설하는 효과를 발생시키는 형성의 소인 인지청구의 소를 제기하여야 한다.

4) 위에서 친생추정을 받는 자녀에 대해서는 친생부인의 소를 제기하여야 하며 이와 더불어 친생자관계부존재확인의 소를 선택적으로 제기할 수 없는 이유에 대해서 논증하였는데, 이를 다시 간단히 정리해 보면 다음과 같다. 첫째, 우리 민법체계(제844조, 제846조, 제865조)에 비추어 볼 때 친생추정을 받는 자녀에 대해서는 친생부인의 소를 제기하여야 하며, 친생자관계부존재확인의 소를 제기할 수 없다는 점은 명백하다. 둘째, 친생추정을 받는 자녀에 대하여 친생자관계부존재확인의 소를 제기하는 것이 허용된다고 해석한다면, 이해관계인은 누구나 제소기간의 제한 없이 친생자관계부존재확인의 소를 제기할 수 있게 되어 친생추정제도와 친생부인제도의 입법취지 – 자녀의 복리와 가정의 평화 보호 – 는 완전히 상실될 것이다. 셋째, 친생추정을 받는 자녀와 모의 남편 사이에는 출생과 더불어 법률상의 친자관계가 발생하므로, 이미 존재하는 친자관계를 소멸시키기 위해서는 형성의 소인 친생부인의 소를 제기하여야 하며, 법률상의 친자관계가 존재하지 않음을 전제로 하여 확인의 소인 친생자관계부존재확인의 소를 제기하는 것은 논리적으로 모순이다.

---

17) 이시윤, 신민사소송법(2019), 157면, 206면.
18) 대법원 1997. 2. 14. 96므738 판결.

Ⅲ "친생추정을 받는 자녀와 모의 남편 사이에 혈연(유전자형)이 배치되는 경우에는 친생추정이 미치지 않는 것으로 보아서 친생자관계부존재확인의 소를 제기할 수 있다"는 법리에 대한 검토

1. 혈연(유전자형)의 배치와 제844조 친생추정의 관계

대법원 판례에 따르면 친생추정을 받는 자녀와 모의 남편 사이에 혈연(유전자형)이 배치되는 경우에는 친생부인의 소를 제기하여야 하며, 친생자관계부존재확인의 소를 제기하는 것은 부적법하다.[19] 그런데 하급심 판결 중에는 이와 달리 '친생추정을 받는 자녀와 모의 남편 사이에 혈연(유전자형)이 배치되는 경우에 친생추정이 미치지 않는다'는 법리를 전개하면서 친생자관계부존재확인청구를 인용한 것이 적지 않다("동서의 결여로 부의 자를 포태할 수 없는 것이 외관상 명백한 사정이 있는 경우에 그 추정이 미치지 않는다고 해석하면서도, 이와 달리 보다 더 과학성 및 객관성이 담보되는 유전자검사 등에 의하여 부의 자가 아니라는 점이 명백히 밝혀진 경우까지 그 추정이 미친다고 할 합리적인 이유가 없는 점 등을 종합하면, 부부 사이의 동서 결여뿐만 아니라 유전자형 배치의 경우에도 친생자 추정의 효력은 미치지 않는다고 봄이 타당하다.").[20]

위와 같은 법리는 민법상 친생추정에 관한 규정이 제정될 당시와는 달리 오늘날에는 과학기술의 발달로 인하여 생물학적인 친자관계의 존재 여부를 거의 100% 가릴 수 있게 되었다는 점에 근거하고 있다. 그러나 친생추정에 관한 제844조의 기본적인 입법취지가 민법제정 당시와 거의 다름없이 유지되고 있다는 점에 비추어 볼 때, 위와 같은 해석론은 실정법 해석의 한계를 벗어난 것으로 생각된다. 제844조는 모의 혼인 중의 임신이라는 사정에 기초하여 모가 낳은 자녀를 그 남편의 자녀로 추정함으로써 자녀의 출생과 동시에 그의 법률상의 아버지를 정하는 것을 목적으로 한다. 현실에서는 모가 혼인 중에 임신하여 출산한 자녀와 그 남편 사이에 혈연관계가 없는 경우가 있을 수 있지만, 이러한 사정이 있다고 해서 제844조에 따른 친생추정의 효과가 당연히 배제되는 것은 아니다. 오히려 제844조는 친생추정을 받는 자녀와 모의 남편 사이에 혈연관계가 배치되는 사례가 생길 수 있음을 예상하고, 그러한 경우까지도 포함하여 친생추정의 효력이 발생하는 것으로 규정하였다고 이해된다. 이 점은 친생추정제도와 친생부인제

19) 대법원 2012. 10. 11. 2012므1892 판결; 대판 2000. 8. 22. 2000므292; 대판 1997. 2. 25. 96므1663 등.

20) 서울가정법원 2016. 9. 21. 2015르1490 판결; 창원지방법원 2015. 4. 10. 2014드단21841 판결 등.

도의 관계를 살펴보면 보다 명확하게 이해할 수 있다: 모가 혼인 중에 임신하여 자녀를 출산한 경우에는 – 그 자녀와 모의 남편 사이에 혈연관계가 존재하는가의 여부와 관계없이 – 제844조에 따라 일단 친생추정의 효력이 발생하므로, 그 자녀는 모의 남편의 친생자로 추정되어 그 사이에 법률상의 친자관계가 발생한다. 그러나 민법은 친생추정을 받는 자녀와 모의 남편 사이에 생물학적인 친자관계가 없는 경우를 대비하여 친생부인에 관한 규정을 두어서 혈연과 일치하지 않는 법률상의 부자관계를 소멸시킬 수 있는 길을 열어 놓고 있다. 친생부인제도는 모가 혼인 중에 임신하여 출산한 자녀와 모의 남편 사이에 혈연(유전자형)이 배치되는 경우에도 제844조에 따라 일단 친생추정의 효력이 발생한다는 것을 전제로 한다. 친생추정의 효력에 따라 모가 혼인 중에 임신하여 출산한 자녀와 모의 남편 사이에 혈연이 배치되는 경우에도 일단 법률상의 친자관계가 발생하는 것을 전제로 하여 형성의 소인 친생부인의 소에 의해서 그 관계를 소멸시키도록 한 것이다(친생부인의 소가 형성의 소라는 사실은 친생추정을 받는 자녀와 모의 남편 사이에 혈연관계가 배치되는 경우에도 일단 법률상의 친자관계가 발생, 성립한다는 점을 전제로 한 것이다. 형성판결인 친생부인판결에 의해서 출생과 동시에 성립하였던 법률상의 친자관계가 출생 시로 소급하여 소멸하기 때문이다).

이러한 점들에 비추어 볼 때 하급심 판결에서 종종 볼 수 있는 "친생추정을 받는 자녀와 모의 남편 사이에 혈연(유전자형)이 배치되는 경우에는 친생추정이 미치지 않는 것으로 보아서 친생자관계부존재확인의 소를 제기할 수 있다"는 해석론은 우리 민법체계와 조화될 수 없다고 생각된다. 우리 민법상 친생추정제도와 친생부인제도의 관계에 비추어 볼 때 모가 혼인 중에 임신하여 출산한 자녀와 모의 남편 사이에 혈연이 배치되는 경우에도 일단 친생추정의 효력이 발생한다고 해석될 수밖에 없으며, 이렇게 성립된 법률상의 부자관계는 형성판결인 친생부인판결[21]에 의해서 자녀의 출생 시로 소급하여 소멸하기 때문이다.

2. '친생추정이 미치지 않는 자(子)'의 법리가 적용될 수 있는 범위

(1) 동거의 결여로 아내가 남편의 자녀를 임신할 수 없는 객관적 사정이 있는 경우

"동서의 결여로 부(夫)의 자를 포태할 수 없는 것이 외관상 명백한 사정이 있는 경우에 그 추정이 미치지 않는다고 해석하면서도, 이와 달리 보다 더 과학성

21) 다만 혼인관계종료의 날부터 300일 내에 태어난 자녀의 경우에는 친생부인의 허가 심판을 통하여 친생자관계를 부인할 수 있다(제854조의2). 이 경우에는 친생부인허가 심판의 확정에 의해서 친생부인의 효력이 발생한다. 김주수・김상용, 친족・상속법(2019), 308면 이하 참조.

및 객관성이 담보되는 유전자검사 등에 의하여 부(夫)의 자가 아니라는 점이 명백히 밝혀진 경우까지 그 추정이 미친다고 할 합리적인 이유가 없다"는 하급심 판결의 법리는 일견 논리적으로 보일 수도 있다. 그러나 '친생추정이 미치지 않는 자'의 법리를 어느 범위까지 확대하여 적용할 수 있을 것인지에 대해서는 여러 각도에서 신중한 검토가 필요하다.

주지하는 바와 같이 대법원 판례는 1983년 전원합의체판결[22] 이래, 동거의 결여로 인하여 아내가 남편의 자녀를 임신하는 것이 객관적으로 불가능한 상황에서 자녀를 출산한 경우에 한정하여 '친생추정이 미치지 않는 자'의 법리를 적용해 왔다. '친생추정이 미치지 않는 자'에 대해서는 '친생추정을 받지 않는 자'(혼인이 성립한 날부터 200일이 되기 전에 출생한 자녀. 제844조 제2항)에게 적용되는 것과 동일한 법리가 적용되므로, 친생부인의 소가 아니라[23] 친생자관계부존재확인의 소를 제기할 수 있고, 이로써 친생부인의 소를 제기하는 경우에 걸림돌이 되는 단기의 제척기간(1983년 전원합의체판결 당시에는 자녀의 출생을 안 날부터 1년으로 되어 있었다.[24])을 피해서 혈연관계에 부합하지 않는 호적(2008년 이후에는 가족관계등록부)상의 부자관계를 말소시킬 수 있었다. 그런데 이러한 법리가 친생추정에 관한 제844조의 해석과 큰 마찰을 일으키지 않고 지금까지 비교적 조화롭게 공존할 수 있었던 이유는 친생추정제도의 입법취지를 훼손하지 않으면서도 적용이 가능하였기 때문인 것으로 보인다. 위에서 이미 언급한 바와 같이 친생추정제도의 기본적인 입법취지는 자녀의 복리와 가정의 평화를 보호하고자 하는 것인데, 판례가 채용하고 있는 '친생추정이 미치지 않는 자'의 법리가 적용될 수 있는 사례는 부부가 장기간 별거하여 혼인관계가 이미 파탄된 상태에 있는 경우(그 대표적인 경우가 사실상의 이혼상태라고 할 수 있다)가 대부분일 것이므로, 지켜야 할 '가정의 평화'가 존재하리라고는 처음부터 기대하기 어렵다. 또한 그러한 상태에서 태어난 자녀를 (아내와 형식적인 혼인관계에 있는) 남편의 친생자로 추정해서 그 사이에 법률상의 친자관계를 발생시킨다고 해도 자녀의 복리 실현에 도움이 되지 않을 것이다(오히려 이런 경우에는 모와 자녀의 생부가 자녀를 양육하고 있을 가능성이 높으므로, 생부가 쉽게 인지할 수 있는 길을 열어주는 것이 바람직하다).

1983년 전원합의체판결에 의해서 '친생추정이 미치지 않는 자'에 대해서는 친생자관계부존재확인의 소를 제기할 수 있다는 판례가 확립되면서 소를 제기할 수

---

22) 대법원 1983. 7. 12. 82므59 전원합의체판결.

23) 물론 친생추정이 미치지 않는 자에 대해서도 모나 모의 남편이 제소기간 내에 친생부인의 소를 제기할 수 있으며, 이를 금지할 이유가 없다. 친생추정이 미치지 않는 자도 혼인성립의 날부터 200일 후에 태어난 경우에는 제844조에 따라 형식적으로 친생추정을 받기 때문이다.

24) 2005년 민법개정에 의하여 "그 사유가 있음을 안 날부터 2년 내"로 변경되었다.

있는 원고적격자와 제소기간의 범위가 친생부인의 소를 제기하는 경우와는 비교할 수 없을 정도로 확대되었으나, 이로 인하여 친생추정제도의 입법취지가 훼손되는 문제가 발생하지 않았던 이유는, 바로 위에서 본 바와 같이 '친생추정이 미치지 않는 자'의 법리를 부부의 동거가 결여된 상태에서 태어난 자녀에 한정하여 적용했다는 점에서 찾을 수 있을 것이다.

(2) 부자간에 혈연관계가 배치되는 경우에 '친생추정이 미치지 않는 자(子)'의 법리를 적용하면 생기는 문제점

그런데 이와 달리 일부 하급심 판결에서와 같이 부자간에 혈연(유전자형)이 배치되는 경우에까지 이 법리를 확대적용하게 되면, 친생추정제도의 입법취지와 정면으로 충돌하는 문제가 생길 수 있다. '친생추정이 미치지 않는 자'에 대해서는 이해관계인은 누구나 기간의 제한 없이 친생자관계부존재확인의 소를 제기할 수 있으므로, 모와 모의 남편이 가정을 유지하면서 자녀(아내가 혼인 중에 임신하여 출산하였으나, 그 남편과 혈연관계가 없는 자녀)를 양육하고 있는 사례에서는 자녀의 복리나 가정의 평화가 크게 위협을 받을 수 있다. 예를 들어 아내가 혼인 중에 임신하여 낳은 자녀가 남편의 친생자가 아님을 알면서도 부부가 합의하여 가정을 유지하고 자녀를 양육하기로 결정하였는데, 생부가 친생자관계부존재확인의 소를 제기하여 판결이 확정된 후 자녀를 인지한다면 가정의 평화는 물론이고 자녀의 복리도 보호될 수 없다.[25] 또한 위와 같은 사례에서 부부가 자녀를 10년 이상 공동으로 양육해오다가 이혼을 계기로 남편이 변심하여 친생자관계부존재확인의 소를 제기하는 경우도 있을 수 있는데,[26] 부자간에 혈연(유전자형)이 배치된다는 이유를 들어 청구를 인용한다면 이는 자녀의 복리를 침해하는 결과로 이어질 수 있다(부부가 이미 이혼한 상태이므로, '가정의 평화'라는 법익의 보호는 더 이상 문제가 되지 않을 것이다). 이러한 경우에 실제로 자녀의 복리 침해가 있는가에 대해서는 의견이 갈릴 수 있으나, 자녀의 가족관계와 법률상의 신분이 언제든지 이

25) 창원지방법원 2015. 4. 10. 2014드단21841 판결: 피고 1(자녀)의 모는 피고 2(남편)와 혼인 중에 원고(생부)와의 혼외관계에서 피고 1을 임신, 출산하였다. 피고 1은 모와 피고 2 사이에서 출생한 자녀로 출생신고가 이루어졌으며, 이 판결이 선고될 때까지 모와 피고 2가 양육하고 있다. 원고는 자신이 피고 1의 생부라고 주장하면서 피고들을 상대로 친생자관계부존재확인의 소를 제기하였다. 이에 대해서 피고 2는 "피고 1은 혼인 중에 포태되어 자신의 친생자로 추정되므로, 친생부인에 의하여만 부자관계가 해소될 수 있어 피고들 사이의 친생자관계부존재확인을 구하는 원고의 청구는 부적법하다"고 주장하였다. 그러나 법원은 부자간에 혈연(유전자형)이 배치되는 경우에 친생추정이 미치지 않는다는 법리를 전개하면서 친생자관계부존재확인청구를 인용하였다.

26) 서울가정법원 2016. 9. 21. 2015르1490 판결: 피고(자녀)의 모는 원고(전 남편)와 혼인 중에 피고를 임신, 출산하였다. 원고는 피고를 자신의 친생자로 출생신고를 하고 16년간 양육해왔으나, 이혼을 계기로 친생자관계부존재확인의 소를 제기하였다. 이 판결에서 법원은 혈연(유전자형)이 배치되는 경우에도 친생추정이 미치지 않는다는 법리를 전개하며 친생자관계가 존재하지 않음을 확인하였다.

해관계에 따라 부정되고 변동될 수 있다는 사실 그 자체가 이미 자녀의 권리를 침해하는 것이라고 볼 수 있다(부모의 이혼이라는 우연한 사정에 의해서 자녀의 의사와 무관하게 자녀의 신분변경이 허용되는 것은 자녀의 복리에 반한다). 부자간에 혈연(유전자형)이 배치되는 경우에는 친생추정이 미치지 않는 것으로 보아서 친생자관계부존재확인의 소를 제기할 수 있다는 해석론에 따르면 자녀의 가족관계와 법률상의 신분은 일생에 걸쳐 유동(流動)적인 상태로 머물 수밖에 없다. 심지어 양육과 공동생활을 거쳐 수십 년간 실질적인 부자관계를 유지한 경우에조차도 당사자인 부자의 의사와는 관계없이 제3자(예를 들어 법률상의 아버지와 재혼한 처)가 친생자관계부존재확인의 소를 제기할 수 있으며, 판결이 확정되면 오랜 세월 유지되어온 부자관계가 하루아침에 부정되는 운명을 피할 수 없다.[27)]

물론 하급심에서도 불합리한 결론을 피하기 위하여 '혈연(유전자형)이 배치되는 경우에 친생추정이 미치지 않는 것'으로 보는 법리를 적용함에 있어서 일정한 제한을 가하기도 하지만(예를 들면 하급심 판결 중에는 혼인의 해소 또는 파탄을 전제로 위의 법리를 적용한 사례가 적지 않다.[28)]), 위의 법리를 적용하는 모든 하급심에서 이러한 경향이 일관적으로 관철되고 있다고 볼 수는 없다(이는 부자간에 혈연이 배치되는 사안에 있어서 법관에 따라 서로 다른 결론이 나올 수 있다는 것을 의미한다. 이러한 현상은 결과적으로 법원과 법에 대한 신뢰를 저하시키는 요인으로 작용할 것이다). 결국 하급심 법원에 따라서는 부자간에 혈연(유전자형)이 배치되는 사안에서 위의 법리를 아무런 제한 없이 적용할 가능성을 배제할 수 없는데, 이와 같이 단지 유전자검사결과에 근거하여 부자관계의 존부를 판단하는 것은 과도하게 혈연진실주의에 경도된 것으로서 현행 민법체계와는 조화되지 않는다. 현행 민법상 친생추정제도는 혈연의 진실 이외에도 가정의 평화, 자녀의 복리와 같은 법익을 균형 있게 보호하여야 한다는 전제에 입각해 있기 때문이다.

나아가 부자간에 '혈연(유전자형)이 배치되는 경우에 친생추정이 미치지 않는 것'으로 보는 법리를 제한 없이 적용하는 경우에는 인공수정으로 태어난 자녀의 복리도 실현될 수 없다. 남편의 동의하에 아내가 제3자의 정자를 이용하여 자녀를 임신, 출산한 경우에도 제844조에 따르면 그 자녀는 남편의 친생자로 추정되

27) 수원지방법원 2011. 8. 12. 2010드단17939 판결: 피고(아들)의 모는 남편 A와의 혼인 중에 피고를 임신, 출산하였다. 피고의 모는 피고를 출산한 후 2년쯤 지난 시점에서 남편 A와 이혼하였다. 이혼 후 피고의 양육은 A가 맡았으며, A는 원고와 재혼한 후에도 계속해서 피고를 양육하였다. A는 원고와 약 50년간 혼인관계를 유지하다가 사망하였다. 원고는 A의 사망 후 피고를 상대로 친생자관계부존재확인의 소를 제기하였다(유전자검사 결과 피고(아들)와 A 사이에는 친생자관계가 성립할 수 없다는 결과가 나왔다). 이 판결에서 법원은 유전자검사결과를 근거로 친생자관계부존재확인청구를 인용하였다.

28) 서울가정법원 1994. 7. 15. 93드89828 판결; 서울가정법원 1995. 5. 30. 94드61789 판결 등.

어 그 사이에 법률상의 친자관계가 성립한다. 그런데 인공수정으로 태어난 자녀와 모의 남편 사이에는 혈연(유전자형)이 배치될 수밖에 없으므로, 위의 법리에 따르면 이해관계인은 누구나 기간의 제한도 받지 않고 친생자관계부존재확인의 소를 제기할 수 있게 된다. 결국 인공수정으로 태어난 자녀의 가족관계와 법률상 신분은 일생동안 안정되지 못하고 언제든지 부정, 변동될 수 있다(자녀 본인의 의사는 전혀 고려되지 않는다). 물론 이와 같이 불합리한 결과를 피하기 위하여 하급심 법원에서는 인공수정으로 태어난 자녀에 대해서 위의 법리를 적용하지 않으려는 경향을 보이고 있지만,[29] 이러한 경향 역시 모든 하급심 법원에 통일되어 있다고 보기는 어렵다.[30]

위에서 본 바와 같이 '혈연(유전자형)이 배치되는 경우에 친생추정이 미치지 않는 것'으로 보는 법리가 갖는 결정적인 약점은 자녀의 복리를 침해하는 결과를 야기할 수 있다는 것이다(가정의 평화를 위협하는 경우도 있지만 대개의 하급심 판결은 혼인의 파탄을 전제로 하여 위의 법리를 적용함으로써 그러한 위험을 피해가고 있다). 물론 사안에 따라서는 반대로 이 법리가 자녀의 복리 실현에 유리하게 작용할 수도 있다.[31] 어떠한 법리가 보편타당성을 확보하려면 어떠한 사안에서든지 그 법리를 적용했을 때 어느 정도 일관성 있는 결론이 도출될 수 있어야 한다. 그런데 '혈연(유전자형)이 배치되는 경우에 친생추정이 미치지 않는 것'으로 보는 법리는 어떤 사안에서는 자녀의 복리에 유리한 결론을 도출하는 데 도움이 되기도 하지만, 또 다른 사안에서는 자녀의 복리를 심각하게 침해하는 결과를 초래하기도 한다. 동일한 법리를 적용했을 때 사안에 따라 상반된 결론이 나올 수 있다는 것은 그 법리에 간과할 수 없는 흠결이 있음을 반증하는 것이다. 실무에서 앞으로도 '혈연(유전자형)이 배치되는 경우에 친생추정이 미치지 않는 것'으로 보는 법리를 계속해서 유지하고자 한다면 그 한계로서 자녀의 복리와 가정의 평화를 해치지 않는 한도에서만 적용할 수 있다는 점을 명확하게 할 필요가 있을 것이다.[32]

---

29) 서울고등법원 1986. 6. 9. 86르53 판결; 서울가정법원 2011. 6. 22. 2009드합13538 판결; 서울가정법원 2016. 9. 21. 2015르1490 판결 등.

30) 서울가정법원 2002. 11. 19. 2000드단53028 판결; 수원지방법원 2016. 4. 20. 2015드단509211 판결.

31) 생부가 인지의 의사를 가지고 자녀를 양육하고 있으나 자녀의 모 또는 그 남편이 친생부인의 소를 제기하지 않는 경우, 생부는 스스로 친생자관계부존재확인의 소를 제기할 수 있고 판결이 확정되면 자녀를 인지하여 부자관계를 창설할 수 있을 것이다. 대전가정법원 2017. 2. 16. 2016드단55628 판결 참조.

32) 물론 이와 같이 위 법리를 적용할 수 있는 한계를 명확히 한다고 해도 친생추정제도와의 관계에서 빚어지는 이론적 문제가 완전히 해결될 수는 없다. 그러나 친생부인의 소를 제기할 수 있는 제소권자와 제소기간의 제한으로 인하여 자녀의 복리가 침해되는 사례가 계속해서 발생하고 있는 현실을 감안해 볼 때 적어도 친생부인의 소에 관한 규정이 개정될 때까지는 이러한 해석의 가능성을 열어

(3) 외국의 입법례

1) 친생추정에 관한 외국의 입법례를 살펴보면 '친생추정이 미치지 않는 자'에 대한 해석론을 검토하는 데 시사점을 얻을 수 있을 것이다. 앞에서 본 바와 같이 친생추정에 관한 원칙은 로마법에서 확립된 이래 각국의 입법례에 공통적으로 규정되어 있다. 그 핵심적인 내용은 '모가 혼인 중에 임신하여 출산한 경우에는 그 남편이 자녀의 아버지로 추정되어 그 사이에 부자관계가 발생한다는 것'이다. 입법례에 따라서는 '추정'이라는 용어를 아예 사용하지 않고, '모의 남편이 자녀의 아버지이다'라는 단정적인 표현을 쓰기도 하지만(독일, 오스트리아), 효력 면에서는 차이가 없다: 모가 혼인 중에 자녀를 임신, 출산하였다는 사실만으로 위와 같은 친생추정의 효력은 당연히 발생하며,[33] 혈연(유전자형)이 배치되는 사정은 이러한 효력발생에 아무런 영향도 미치지 않는다. 친생추정을 받는 자녀와 모의 남편 사이에 혈연(유전자형)이 배치되는 경우에는 일정한 범위의 사람들이 일정한 기간 내에 친생부인의 소를 제기할 수 있고, 판결이 확정되면 출생 시로 소급하여 부자관계가 소멸한다.

2) 독일을 비롯하여 유럽의 몇몇 국가에서는 일정한 사정(예를 들면 임신할 무렵 부부가 별거하고 있었다는 사실)이 있는 경우 처음부터 친생추정의 효력이 발생하지 않도록 관련규정을 개정하자는 주장이 제기된 바 있다.[34] 여기서는 독일의 논의에 대해서 간략히 소개한다.[35] 독일에서 이러한 개정론이 주장된 배경에는

두는 것은 불가피한 선택이라고 생각된다. 대전가정법원 2017. 2. 16. 2016드단55628 판결 참조.

33) 친생추정의 기준으로 혼인 중의 임신을 기준으로 하는 입법례(한국, 일본, 대만)와 혼인 중의 출산을 기준으로 하는 입법례(독일, 오스트리아, 스위스, 네덜란드, 스웨덴, 노르웨이)가 있다.

34) Schwenzer, Vom Status zur Realbeziehung(1987), S. 234. 이미 독일민법 제정 당시에도 이러한 논의가 있었으나 반영되지 않았다. Gaul, Die pater-est-Regel der §§ 1591 1592 BGB, in: Festschrift für Joachim Gernhuber zum 70. Geburtstag(1993), S. 638.

35) 독일의 개정론을 소개하기에 앞서 우선 '친생추정이 미치지 않는 자'에 관한 우리 법리와의 차이점을 간단히 정리한다. ① 우리나라에서 '친생추정이 미치지 않는 자'는 일단 혼인중의 자의 신분을 갖지만, 친생부인의 소가 아니라 친생자관계부존재확인의 소에 의해서 가족관계등록부상의 부자관계를 말소시킬 수 있다는 점에 특징이 있다. 즉 일단 혼인중의 자의 신분을 갖지만(따라서 혼인중의 자로 출생신고가 된다), 재판절차를 거쳐 판결이 확정되면 출생 시로 소급하여 혼인외의 자의 신분으로 변경되는 것이다. ② 이에 반하여 독일에서의 개정론은 모가 혼인 중에 자녀를 출산한 경우에도 일정한 사정이 있으면 재판을 거치지 않고도 친생추정의 효력이 발생하지 않도록 하자는 것이다. 즉 부부의 별거와 같은 일정한 사정이 있는 경우 모가 낳은 자녀를 처음부터 남편의 자녀로 추정하지 않음으로써 그 사이에 부자관계가 발생하지 않도록 하자는 주장이다. 따라서 이 개정론에 따르면 친생추정의 효력이 배제되는 사정이 있는 경우에는, 비록 모가 혼인 중에 자녀를 출산하였다고 해도, 출생과 동시에 법률상의 아버지가 정해지지 않으며(따라서 출생신고서에 부(父)를 기록하지 않는다), 인지를 거쳐야만 비로소 부자관계가 창설된다. ①과 ②의 설명을 종합해 보면 우리 판례에서 사용되는 '친생추정이 미치지 않는 자'의 개념은, 일정한 사정이 있는 경우 출생 시부터 당연히 친생추정이 배제되어 처음부터 부자관계의 성립을 인정하지 않는 개념과는 구별되어야 함을 알 수 있다.

다음과 같은 사정이 자리 잡고 있다: 오로지 혼인 중의 출산이라는 사실에 의존하여 일률적으로 친생추정의 효력을 발생시키는 법제 하에서는 혈연관계와 일치하지 않는 법률상의 부자관계가 성립할 가능성을 배제할 수 없는데, 이러한 경향은 성적 자유가 확산되고 있는 현대사회에서 더욱 강하게 나타나고 있다. 이런 경우에는 결국 친생부인의 소를 제기하여 법률상의 부자관계를 소멸시키는 절차를 거쳐야만 하는데, 이는 시간의 낭비와 비용의 발생을 야기한다.[36] 따라서 모가 혼인 중에 출산한 자녀가 그 남편의 친생자가 아닐 개연성이 높은 사정이 있는 경우에는 처음부터 친생추정의 효력을 배제함으로써 별도의 재판절차를 거칠 필요 없이 그 자녀와 모의 남편 사이에 친자관계가 발생하지 않도록 하자는 것이 위 개정론의 핵심이다. 이 개정론은 친생추정의 효력을 배제하는 대표적인 사유로서 부부의 별거(모가 자녀를 임신할 무렵 부부가 별거하고 있었다는 사실)를 제시하였다.[37]

그러나 이러한 주장에 대해서는 다음과 같은 반론이 제기되었다: 부부의 별거 중에 아내가 출산한 경우 그 남편이 자녀의 아버지일 가능성은 높지 않으나, 자녀의 신분을 결정하는 중요한 문제를 부모의 별거라는 불확실한 기준에 따라 판단할 수는 없다. 별거 중에 모가 출산하였다는 사정이 있다고 해서 친생추정의 효력이 처음부터 배제된다면 출생신고 시 출생등록부에 자녀의 아버지를 기록할 수 없게 되는데, 이러한 사정의 존부는 출생신고를 처리하는 신분등록공무원이 판단할 수 있는 범위를 넘어서는 것이다. 신분등록공무원은 별거의 개시 시와 그

36) 이러한 논의는 혼인 중에 포태되었으나 이혼 후 출생한 자녀에 대해서 친생추정의 효력을 배제하는 법개정으로 이어졌다(독일, 오스트리아, 스위스, 네덜란드, 노르웨이(1981년 노르웨이친자법 제3조. Bergen, Norwegen, in: Bergmann/Ferid/Henrich(Hrsg.), Internationales Ehe- und Kindschaftsrecht. Teil Ⅲ A 52 v. 1.7.2011.), 스웨덴(1977년 이후 태어난 자녀에 대해서 적용됨. Giesen, Schweden, in: Bergmann/Ferid/Henrich(Hrsg.), Internationales Ehe- und Kindschaftsrecht. Teil Ⅲ A 32 v. 1.7.2013.), 덴마크(2001년 덴마크친자법 제1조. 사망으로 인한 혼인 종료 후 10개월 내에 출생한 자녀는 전 남편의 친생자로 추정된다) 등). 자세한 내용은 김상용, 친생추정에 관한 2017년 개정민법 규정의 문제점, 법학논문집 제42집 제1호(2018), 183면 이하 참조.

37) 대부분의 유럽국가에서는 임신할 무렵 부부가 별거하고 있었다는 사실만으로는 친생추정의 효력이 배제되지 않는다. 즉 부부의 별거는 친생추정의 효력 발생에 영향을 미치지 못한다. 이에 대한 예외로는 벨기에와 스페인의 입법례를 들 수 있다. 예를 들어 벨기에민법 제316bis조에 따르면 부부가 각각 다른 주소에 주민등록을 한 날부터 300일 후에 자녀가 출생한 경우에는 친생추정이 효력이 발생하지 않는다. 다만 부부가 그 후에 다시 동일한 주소로 주민등록을 한 경우에는 친생추정의 효력이 발생한다(벨기에민법 제316bis조 제1항 제2호). 이러한 사정이 있는 경우에는 신분등록공무원은 친생추정의 효력 배제 여부를 결정하고 그에 따라 출생증명서를 발급한다(친생추정의 효력이 발생하는 경우에는 출생증명서에 모의 남편을 아버지로 기록하고, 반대의 경우에는 아버지를 기록하지 않는다). 부부의 별거로 인하여 친생추정의 효력이 배제되는 경우에도 부부가 출생신고를 할 때 그 자녀가 자신들의 친생자라는 의사를 표시하면 친생추정의 효력이 발생하여 모의 남편이 자녀의 법률상 아버지가 된다. Pintens, Die Abstammung im belgischen Recht, in: Streit um die Abstammung - ein europäischer Vergleich - (2007), S. 127f.

기간, 그 기간 중에 모가 제3자와 동거하였는지의 여부, 또는 별거기간 동안 잠시라도 부부가 화해한 사실이 있는가의 여부 등을 확정할 수 있는 지위에 있지 않기 때문이다.[38)]

이러한 논쟁을 거쳐 부부의 별거를 친생추정의 배제 사유로 규정하자는 주장은 궁극적으로 개정법(1997년 독일개정친자법)[39)]에 반영되지 못하였다. 결과적으로 독일민법의 친생추정 규정에 따르면 모가 혼인 중에 자녀를 출산한 경우 그 남편이 자녀의 법률상 아버지가 되어 그 사이에 부자관계가 성립하고, 부부의 별거는 이러한 친생추정의 효력에 어떠한 영향도 미치지 않는다. 한편 친생추정에 관한 개정논의 과정에서 모가 혼인 중에 출산한 자녀와 그 남편 사이에 혈연이 배치되는 경우에 친생추정의 효력을 배제해야 한다는 주장은 제기된 적이 없었다. 따라서 개정 전후를 막론하고 모가 혼인 중에 출산한 자녀와 그 남편 사이에 혈연이 배치되는 사정은 친생추정의 효력에 아무런 영향도 미치지 않는다. 독일뿐만 아니라 다른 나라들에서도 모가 혼인 중에 출산한 자녀와 그 남편 사이에 혈연이 배치되는 사정은 친생추정의 효력에 영향을 미치지 않는다.[40)] 부자간에 혈연이 배치되는 사정으로 친생추정의 효력을 처음부터 배제하는 것은 친생추정의 기본적인 원칙과 모순되기 때문이다(친생추정의 기본적인 원칙은 모의 혼인 여부에 따라 자녀의 아버지를 결정하는 것이며, 모가 혼인 중에 자녀를 임신, 출산한 경우에는 일단 그 남편을 자녀의 아버지로 추정하여 출생과 동시에 법률상의 부자관계를 발생시키고, 예외적으로 그 사이에 혈연이 배치되는 때에는 친생부인소송을 통하여 법률상의 부자관계를 소급적으로 소멸시키는 것이다. 따라서 혈연이 배치되는 사정은 자녀의 출생 후 그 사실을 안 때부터 일정한 기간 내에 재판절차를 거쳐 바로 잡으면 족하고, 출생 시부터 친생추정의 효력을 배제하는 사유가 될 수는 없다).

3) 역사상 친생추정의 원칙을 폐기하려는 개정시도가 전혀 없었던 것은 아니지만, 결국 성공을 거두지는 못하였다. 노르웨이에서는 1977년에 친생추정의 원칙을 폐기하는 개정안을 마련하였는데, 이에 따르면 모가 혼인 중에 자녀를 출산한 경우에도 그 자녀는 남편의 친생자로 추정되지 않으며, 따라서 그 사이에 법률상의 부자관계가 발생하지 않는다. 그 결과 모든 자녀는 출생과 더불어 법률상의 어머니는 확정되지만, 아버지는 정해지지 않은 상태가 된다(이런 점에서 혼인 중의 자와 혼인외의 자 사이에 아무런 차이가 없다). 자녀의 아버지는 출생 후 임의

38) Beitzke, Reform der Ehelichkeitsanfechtung?, in: Festschrift für Wolfram Müller-Freienfels (1986), S. 41.

39) Gesetz zur Reform des Kindschaftsrechts vom 16. 12. 1997(1998. 7. 1. 시행).

40) 필자가 조사한 범위에서는 모가 혼인 중에 출산한 자녀와 모의 남편 사이에 혈연(유전자형)이 배치되는 사정으로 친생추정의 효력을 배제하는 입법례는 없었다.

인지 또는 재판상 인지를 통하여 개별적으로 정하여진다.[41] 이러한 개정안에 따르면 혈연과 일치하지 않는 법률상의 부자관계는 처음부터 발생할 여지가 없다.[42] 그러나 이 개정안에 대해서는, 모가 혼인 중에 낳은 자녀에 대해서도 아버지를 정하는 절차로서 개별적인 인지를 요구함으로써 혼인제도를 약화시키고, 모든 아내들에 대하여 근거 없는 불신을 조장한다는 비판이 제기되었다. 또한 인지를 거쳐 자녀의 아버지가 확정될 때까지는 자녀의 신분이 확정되지 않고 부자관계가 발생하지 않으므로, 자녀의 신분을 장기간 불안정하게 만든다는 비판도 있었다.[43] 이러한 이유로 친생추정의 원칙을 폐기하고자 했던 역사상 유일한 시도는 무위로 돌아가고 말았다.

4) 위에서 본 외국의 입법례가 우리에게 시사하는 바를 간단히 정리해 본다. 친생추정의 원칙은 오늘날 여전히 각국의 입법례에 확고하게 뿌리내리고 있다. 이에 따라 모가 혼인 중에 자녀를 임신, 출산한 경우에는 그 남편이 자녀의 아버지가 되고, 그 사이에 법률상의 부자관계가 발생한다. 이로써 자녀에게는 출생과 동시에 법률상의 모가 확정될 뿐만 아니라 법률상의 부(父)도 정해진다. 이와 같이 모의 혼인관계에 따라 자녀의 아버지를 정하는 원칙은 혼인제도가 존속하는 한 앞으로도 계속 유지될 것으로 전망된다.[44]

친생추정의 원칙에 따라 모가 혼인 중에 임신, 출산한 자녀와 그 남편 사이에는 출생과 동시에 당연히 법률상의 부자관계가 발생하므로, 혈연관계와 일치하지 않는 법률상의 부자관계가 발생할 가능성을 배제할 수 없다. 이러한 경우에는 결국 친생부인소송을 통하여 혈연과 배치되는 법률상의 부자관계를 소멸시켜야 하는데, 성적 자유의 폭이 확대되고 있는 현대사회에서 이러한 소송은 계속 증가하는 추세를 보이고 있다. 이와 같은 사회적 배경에서 설령 모가 혼인 중에 임신, 출산하였더라도 남편의 자녀일 가능성이 현저히 낮은 경우에는 처음부터 아예 친생추정을 배제함으로써 재판절차를 거치지 않고도 자녀와 모의 남편 사이에 부자관계가 성립하지 않도록 하자는 개정론이 제기되었다. 친생추정을 배제하는 사유로서 주장된 대표적인 사정은 부부의 별거였으나, 유럽에서도 예외적으로 극히 일부의 국가(예를 들면 벨기에, 스페인 등)에서만 개정에 반영되었을 뿐, 대부분의

41) 이 개정안의 기본 목적은 친생자관계의 발생에 있어서 혼인중의 자와 혼인외의 자 사이에 완전한 평등을 실현하려는 데 있었다. Schwenzer, Vom Status zur Realbeziehung(1987), S. 231; Kropholler, Kritische Bestandsaufnahme im Nichtehelichenrecht, A.c.P. 1985, 260.

42) 예외적으로 허위의 인지에 의하여 혈연관계와 일치하지 않는 부자관계가 발생할 가능성은 배제할 수 없다.

43) Gaul, Die pater-est-Regel der §§ 1591 1592 BGB, in: Festschrift für Joachim Gernhuber zum 70. Geburtstag(1993), S. 640.

44) Gernhuber, Neues Familienrecht(1977), S. 71.

나라에서는 임신 무렵 부부가 별거하였다는 사정만으로는 친생추정이 배제되지 않는다. 다른 한편, 모가 혼인 중에 임신, 출산한 자녀와 그 남편 사이에 혈연이 배치되는 사정은 친생추정을 배제하는 사유로서 개정논의 과정에서 아예 거론되지 않았다. 친생추정의 원칙은, 모가 혼인 중에 임신, 출산한 자녀와 그 남편 사이에 혈연이 배치되는 경우가 생길 수 있다는 것을 예정하고 있으며, 원래부터 그러한 예외적인 사안에 대해서도 동일하게 적용되는 법원리로서 기능해 왔기 때문이다.

우리나라의 일부 하급심 판결에 나타난 법리에 따르면 모가 혼인 중에 임신, 출산한 자녀와 그 남편 사이에 혈연(유전자형)이 배치되는 경우 친생추정이 미치지 않는 것으로 보아서 친생자관계부존재확인의 소를 제기할 수 있다고 한다. 친생자관계부존재확인의 소는 이해관계인이면 누구나 기간의 제한 없이 제기할 수 있으므로, 친생자관계부존재확인소송을 통해 자녀의 출생 시로 소급하여 친생추정의 효력을 배제하는 것은 이해관계인의 마음먹기에 따라서 언제든지 가능하다. 그런데 일부 하급심이 취하는 이러한 해석론은 외국의 입법례와 비교해 볼 때 유례를 찾기 힘든 것이다. 외국에서 이와 유사한 입법례를 찾기 어려운 이유는 그러한 법리구성이 친생추정의 원칙과 조화될 수 없기 때문이다.

Ⅳ 모가 혼인 중에 임신하여 자녀를 출산한 경우에도 그 남편과 자녀 사이에 혈연(유전자형)이 배치되면 친생자관계는 성립하지 않지만 양친자관계의 성립은 인정할 수 있다는 법리에 대한 검토

1. '친생추정이 미치지 않는 자'의 입양

(1) 하급심 판결 중에는 모가 혼인 중에 임신, 출산한 자녀와 모의 남편 사이에 혈연(유전자형)이 배치되는 경우에 친생추정이 미치지 않는 것으로 보아 친생자관계가 존재하지 않음을 확인하면서도, 출생신고에 의하여 입양의 효력이 발생하였다는 법리를 전개하면서 파양사유가 없다는 이유로 친생자관계부존재확인청구를 각하한 것이 있다.[45)] 이러한 법리는 모가 혼인 중에 임신, 출산한 자녀와 모의 남편 사이에 혈연관계가 없는 경우 그 자녀는 처음(출생 시)부터 당연히 모의 남편의 친생자(친생자의 추정을 받는 혼인중의 출생자)가 아니라는 것을 전제로

45) 서울가정법원 2016. 9. 21. 2015르1490 판결; 수원지방법원 2011. 8. 12. 2010드단17939 판결도 이러한 법리를 긍정하고 있으나, 입양의 실질적 요건이 갖추어져 있지 않다는 이유로 친생자관계부존재확인청구를 인용하였다.

한다(자신의 혼인중의 자를 입양하는 것은 우리 법체계에서 가능하지 않기 때문이다.[46]). 이 법리는 위와 같은 경우에 모의 남편을 그 자녀의 아버지로 하여 이루어진 출생신고를 '허위의' 친생자 출생신고로 보는데, 이는 모가 혼인 중에 임신, 출산한 자녀와 모의 남편 사이에 혈연관계가 없는 경우 그 자녀와 모의 남편 사이에 친생자관계가 성립하지 않는다고 보는 데 근거하는 것이다. 이러한 법리는 피상적으로 살펴보면 논리적으로 타당한 것처럼 보이기도 하지만, 조금만 자세히 살펴보면 민법상 친생추정의 원칙과 입양의 요건에 대한 근본적인 오해에서 비롯된 것임을 알 수 있다.

(2) 민법상 친생추정의 원칙에 따르면 아내가 혼인 중에 임신하여 출산한 자녀는 그 남편의 친생자로 추정되고, 그 사이에 법률상의 친자관계가 성립한다. 이에 따라 모가 혼인 중에 임신하여 출산한 자녀는 그 남편의 '친생자의 추정을 받는 혼인중의 출생자'의 신분을 가지게 된다. 설령 모가 혼인 중에 임신하여 낳은 자녀와 모의 남편 사이에 혈연이 배치된다고 해도 친생추정의 효력에 따라 그 자녀가 모의 남편의 혼인중의 자의 신분을 갖는다는 점에는 아무런 영향이 없다. 다만 이런 경우에는 모나 모의 남편이 친생부인의 소를 제기할 수 있으며, 판결이 확정되면 출생 시로 소급하여 부자관계가 소멸하고, 그 때 비로소 자녀의 신분이 혼인중의 자에서 혼인외의 자로 변경될 뿐이다.

일부 하급심 판결에서는 모가 혼인 중에 임신하여 낳은 자녀와 그 남편 사이에 혈연이 배치되는 사정이 있는 경우 친생추정이 미치지 않는 것으로 보기도 하지만, 설령 이러한 법리에 따라 그 자녀를 '친생추정이 미치지 않는 자'로 분류한다고 해도 그 자녀의 신분이 혼인외의 자가 되는 것은 아니다. 실무상으로도 '친생추정이 미치지 않는 자'[47]는 혼인중의 자로 다루어지고 있으므로, 혼인외의 자가 아니라 부부의 혼인중의 자로 출생신고를 하여야 하며 출생신고서와 가족관계등록부의 부(父)란에는 모의 남편이 기록된다.[48]

---

46) 이 점은 외국의 입법례도 마찬가지이다. 비교법적으로 고찰해 보아도 자신의 혼인중의 자를 입양하는 것이 가능한 입법례는 없다. 독일민법은 제정 당시부터 자신의 혼인중의 자를 입양할 수 있는가에 대해서는 아무런 규정도 두지 않았으나, 처음부터 당연히 가능하지 않은 것으로 해석되었으며, 반대 의견은 존재하지 않았다(Frank/Staudinger, § 1741 Rn. 54). 반면에 자신의 혼인외의 자를 입양하는 것은 가능하다고 해석되어 왔으며, 1969년 민법개정 시 이러한 해석론을 반영하여 자신의 혼인외의 자를 입양할 수 있다는 명문의 규정이 도입되었다(구 독일민법 제1742a조 제1문. 이 규정은 1976년 개정에 의하여 내용의 변경 없이 제1741조 제3항 제2문이 되었다). 그러나 1997년 친자법개정에 의해서 이 규정은 폐지되었는데, 그 주된 이유는 혼인중의 자와 혼인외의 자 사이에 법적인 차별이 없어진 상태에서 굳이 자신의 친생자인 혼인외의 자를 입양할 필요가 없다는 것이었다.

47) 실무상 '친생추정이 미치지 않는 자'란 부부간의 동거의 결여로 아내가 남편의 자녀를 임신하는 것이 불가능한 상황에서 임신, 출산한 자녀를 말한다.

48) 법원행정처, 가족관계등록실무〔Ⅰ〕, 500면.

그런데 일부 하급심 판결의 법리에 따르면 '친생추정이 미치지 않는 자'(여기서는 모가 혼인 중에 임신, 출산하였으나 모의 남편과 혈연이 배치되는 자녀를 말한다)와 모의 남편 사이에는 처음부터 친생자관계가 존재하지 않지만, 입양의 실질적 요건이 갖추어진 때에는 허위의 친생자 출생신고에 의하여 입양의 효력이 발생하여 양친자관계가 성립할 수 있다고 한다. 이러한 법리는, 모의 남편이 제844조에 따라 친생추정을 받지만 혈연이 배치되는 자녀(위의 하급심 법리에 따르면 '친생추정이 미치지 않는 자')를 입양하는 것이 가능하다는 전제에서만 성립할 수 있다. 위에서 본 바와 같이 모가 혼인 중에 임신하여 출산한 자녀는, 모의 남편과 혈연이 배치되는 경우에도, 출생과 동시에 모의 남편의 혼인중의 자의 신분을 갖게 된다. 그렇다면 모의 남편이 위의 하급심 법리에서 말하는 '친생추정이 미치지 않는 자'를 입양한다는 것은 자신의 혼인중의 자를 입양하는 것이 되는데, 우리 법체계상 자신의 혼인중의 자를 입양한다는 것은 가능하지 않을뿐더러 또 아무런 실익도 없다(입양에 의해서 양자는 양친의 혼인중의 자의 신분을 갖게 되는데, 자신의 혼인중의 자를 입양하는 경우에는 입양에 의해서 자녀의 신분에 아무런 변화가 생기지 않는다. 우리 실무에서 자신의 혼인외의 자를 입양할 수 있다고 보는 것은 입양에 의하여 혼인외의 자의 신분이 혼인중의 자로 변경되기 때문이다.[49]).

허위의 친생자 출생신고에 의하여 입양의 효력이 인정될 수 있다는 법리[50]는 입양의 실질적 요건이 갖추어져 있어서 입양신고만 하면 입양이 성립할 수 있는 상태에서 입양신고를 하는 대신 친생자 출생신고를 한 경우에 입양의 성립을 인정할 수 있다는 것이다. 즉, 이 법리는 원래 입양신고에 의해서 입양이 성립될 수 있는 사안에 적용될 수 있는 것이다. 그런데 모가 혼인 중에 임신하여 낳은 자녀와 모의 남편 사이에 혈연이 배치되는 경우에 모의 남편이 그 자녀에 대해서 입양신고를 하는 것이 가능한가? 출생신고[51]에 의하여 가족관계등록부에 이미 자신의 혼인중의 자로 등록되어 있는 자녀를 입양하겠다는 취지의 입양신고가 수리될 수 없다는 점은 명백하다. 그리고 입양신고에 의해서 입양할 수 없는 자를 출생신고의 방법으로 입양할 수 없다는 점도 또한 분명하다.[52] 그렇다면 출생신

49) 가족관계등록예규 제130호(친생자 입양에 관한 사무처리지침).

50) 대법원 1977. 7. 26. 77다492 전원합의체판결.

51) 모가 혼인 중에 임신하여 낳은 자녀와 모의 남편 사이에 혈연이 배치되는 사정이 있는 경우에도 모와 모의 남편에게는 출생신고를 해야 할 의무가 있다(가족관계등록법 제46조, 제47조). 출생신고를 할 때에는 모의 남편을 아버지로 하여 출생신고를 하여야 하며, 자녀는 혼인중의 자녀로 분류되고, 가족관계등록부에도 모의 남편이 자녀의 부(父)로 기록된다.

52) 양친자관계를 발생시키려는 경우 입양신고에 의하는 것이 원칙이며, 허위의 친생자 출생신고에 의하는 것은 우리 사회의 특수성을 고려하여 예외를 인정하여 준 것에 지나지 않는데, 입양신고가 가능하지 않은 경우에 친생자 출생신고의 방법에 의해서 양친자관계를 발생시킬 수 있다는 논리는 본말이 전도된 것이다.

고에 의해서 '친생추정이 미치지 않는 자'와 모의 남편 사이에 입양의 효력이 발생하였다고 보는 법리는, 처음부터 그러한 사안에서는 입양이 가능하지 않다는 점을 간과한 데서 비롯된 것이라고 할 수 있다.53)

2. 입양의 대상이 되는 자녀 – 법적인 친생자와 생물학적인 친생자의 구별

(1) 위의 하급심 법리가 간과하고 있는 또 다른 점은 생물학적인 의미에서의 '친생자'와 법적인 의미에서의 '친생자' 개념의 구별이다. 모가 혼인 중에 임신하여 출산한 자녀는 모의 남편의 친생자로 추정되어 그 사이에 법률상 친생자관계가 발생한다. 모가 혼인 중에 임신하여 출산한 자녀와 모의 남편 사이에 혈연관계가 배치되는 사정이 있다고 해도 법률상 친생자관계의 성립을 저해하지 않는다. 따라서 이런 경우에는 생물학적인 친자관계와 법률상의 친자관계가 일치하지 않는 현상이 발생한다(이런 경우에 양자를 일치시키려면 친생부인의 소를 제기하여 확정판결을 받아 생물학적인 친자관계와 일치하지 않는 법률상의 친자관계를 소멸시킨 후 임의인지나 재판상 인지를 거쳐 생물학적인 친자관계와 일치하는 법률상의 친자관계를 창설해야 한다). 위의 하급심 법리는 모가 혼인 중에 임신하여 출산한 자녀와 모의 남편 사이에 생물학적인 친자관계가 없으므로, 모의 남편이 그 자녀를 입양하는 데 아무런 문제가 없다는 입장을 취하고 있다. 그러나 생물학적인 친자관계의 존부를 기준으로 하여 입양의 가능 여부를 판단하는 것(즉 양친이 될 사람과 양자가 될 사람 사이에 생물학적인 친자관계가 없으면 입양이 가능하다고 보는 것)은 우리 민법체계와 맞지 않는다.

입양의 본질은 양친이 되고자 하는 사람이 타인의 자녀를 입양하는 것이다. 다른 나라의 입법례와 마찬가지로 우리 민법도 입양의 요건으로서 양자가 될 사람이 자신의 자녀가 아닌 타인의 자녀이어야 한다는 점을 규정하고 있지 않지만, 이는 입양의 본질에 비추어 너무나 당연한 사리이기 때문에 굳이 규정할 필요가 없었던 것으로 이해된다. 그런데 여기서 양자가 될 사람이 자신의 자녀가 아니라 타인의 자녀이어야 한다고 할 때, '자신의 자녀'와 '타인의 자녀'란 법적인 의미인가 아니면 생물학적인 의미인가? 몇 가지 예를 보면 입양의 대상이 되는 자녀의 개념은 생물학적인 의미가 아니라는 점을 분명히 알 수 있다. 예를 들어 갑(모)

53) 반대의견 현소혜, 부자관계의 결정기준: 혼인과 혈연, 가족법연구 제33권 2호(2019), 71면은 "자녀의 출생 후 사회적 친자관계를 형성해 온 모의 남편은 그 사회적 친자관계가 입양허가제 도입 전인 2013년 이전부터 계속되어 온 것이라면 허위의 친생자출생신고에 의한 입양 법리에 따라, 입양허가제 도입 후인 2013년 이후에 성립된 것이라면 별도로 입양허가심판이나 친양자입양허가심판을 받음에 따라 자신이 법률상 부로서의 지위를 확정적으로 취득하였음을 생부에게 항변할 수 있을 뿐이다"라고 주장한다.

이 을(남편)과의 혼인 중에 자녀 병을 임신하여 출산하였으나, 실제로 갑은 정(생부)과의 혼외관계에서 병을 임신하였다. 이런 경우에 병은 을의 친생자로 추정되어 을의 혼인중의 출생자의 신분을 갖는다(제844조). 갑과 을은 가족관계등록법(제46조 제1항)에 따라 병의 출생신고를 할 의무가 있으며(이 경우의 출생신고는 '허위의' 출생신고가 아니다. 병과 갑 사이는 출산에 의하여 당연히 법률상 모자관계가 발생하고, 병과 을 사이에서는 병은 을의 친생자로 추정되어 역시 출생과 동시에 법률상 부자관계가 발생하므로, 병을 갑과 을 부부의 혼인중의 출생자로 신고하는 것은 법률상의 친자관계에 부합하는 출생신고이다. 일부 하급심은 이런 경우의 출생신고를 허위의 친생자 출생신고라고 보는데, 이는 생물학적인 친자관계와 법률상의 친자관계에 대한 혼동에서 비롯된 것이다. 출생신고는 생물학적인 친자관계가 아니라 법률상의 친자관계에 따라 이루어져야 한다. 위의 예에서 병이 출생하였을 때 생부인 정을 아버지로 하여 출생신고를 할 수 없음은 분명하다), 출생신고를 마치면 병은 가족관계등록부에 을의 자녀로 기록된다. 이러한 경우에 을은 법률상 자신의 혼인중의 자의 신분을 갖는 병을 입양할 수도 없고, 또 입양을 해야 할 실익도 없다. 반면에 병의 친권자인 갑과 을[54]의 입양승낙 등 입양의 실질적 요건이 갖추어지면 생부인 정은 자신의 생물학적인 자녀인 병을 입양할 수 있다. 여기서 분명히 알 수 있는 점은 양친이 되고자 하는 사람이 자신의 법률상의 친생자(혼인중의 자)는 입양할 수 없으나, 자신의 생물학적인 친생자는 입양할 수 있다는 것이다. 또 다른 예로서 대리모계약의 경우를 들 수 있다. A(아내), B(남편) 부부와 C(대리모)가 합의하여 A의 난자와 B의 정자로 형성된 수정체를 C의 자궁에 착상시키고, C가 자녀를 출산하면 A, B 부부에게 인도하기로 하였다. 우리 법체계에서 이런 경우에 C가 자녀 D를 출산하면 D와 C 사이에 법률상의 모자관계가 발생한다. 생물학적인 부모는 A와 B이지만, 출산에 의해서 A, B와 D 사이에는 법률상 친생자관계가 발생할 여지가 없다. 이런 경우에 A, B, C가 협의하여 D와 A, B 사이에서 법률상 친자관계를 발생시키고자 하다면 A, B 부부가 공동으로 D를 입양하여야 할 것이다.[55]

여기서도 알 수 있듯이 양친될 사람과 양자될 사람 사이에 생물학적인 친자관계가 있어도 법률상의 친자관계가 없는 경우에는 입양이 가능하지만, 그 반대

54) 친생추정의 효과에 따라 을과 병 사이에는 법률상 부자관계가 발생하므로, 을도 갑과 더불어 공동친권자가 된다. 따라서 병이 입양될 때에는 갑뿐만 아니라 을도 법정대리인으로서 입양을 승낙하여야 하며, 을의 입양승낙을 결여한 때에는 그 입양은 무효가 된다. 을은 병의 친권자가 될 뿐 아니라 부양의무도 부담하게 된다. 나아가 을과 병 사이에는 상속관계도 발생한다. 요컨대 법률상 친자관계에 따른 모든 권리의무관계가 발생하게 되는 것이다. 이런 점에서 "친생추정은 '출생 당시 아버지로 기재될 자를 결정'하기 위한 제도에 불과하'다는 주장(현소혜, 부자관계의 결정기준: 혼인과 혈연, 가족법연구 제33권 2호(2019), 68면)은 친생추정의 효력을 너무 협소하게 이해한 것으로 보인다.

55) 같은 취지, 서울가정법원 2018. 5. 9. 2018브15 결정.

의 경우(법률상의 친자관계가 있으나 그에 상응하는 생물학적인 친자관계가 없는 경우)에는 입양이 가능하지 않다(예를 들어 대리모는 자신이 낳은 자녀를 입양할 수 없으며, 또 입양을 해야 할 실익도 없다. 비록 그 사이에 생물학적인 친자관계는 없지만 출산에 의해서 대리모와 대리모가 낳은 자녀 사이에는 이미 법률상의 모자관계가 성립하였기 때문이다).[56]

아내가 남편의 동의를 받아 제3자의 정자를 이용하여 임신, 출산한 경우에 남편이 인공수정으로 출생한 자녀를 입양한 것으로 볼 수 있다는 견해도 있으나(따라서 이 견해에 의하면 인공수정으로 출생한 자녀와 법률상 부(父)의 부자관계는 파양에 의해서 해소될 수도 있다고 한다),[57] 이 견해 역시 법적인 친생자와 생물학적인 친생자의 개념을 혼동하고 있는 것으로 보인다. 아내가 남편의 동의를 받아 제3자의 정자를 이용하여 임신, 출산한 자녀도 제844조에 따라 당연히 남편의 친생

---

56) 만약 C가 혼인하지 않은 상태에서 D를 임신, 출산하였다면 D는 C의 혼인외의 자가 되므로, C가 원한다면 D를 입양하는 것이 가능하다(우리 법체계상 자신의 혼인외의 자를 입양하는 것은 가능하기 때문이다. 가족관계등록예규 제130호(친생자 입양에 관한 사무처리지침) 참조).

57) 차선자, 친생추정의 법리와 혈연 진정성, 가족법연구 제33권 2호(2019), 13면; 김천수, 인공수정에 관한 법적 고찰, 민사법학 제21권(2002), 107면은 "혈연상의 부가 되는 정자제공자의 제공의 행위에는 민법 제869조의 입양승낙(代諾)의 의사표시가 포함되어 있고 수정으로 인하여 그 의사는 철회될 수 없는 것으로 해석될 수 있는 것이다"라는 이론구성을 하고 있다. 그러나 입양의 의사표시는 자녀가 출생한 후에만 할 수 있는 것이므로(우리 법체계상 태아를 입양하는 것도 가능하지 않다. 따라서 장래에 태어날 태아를 입양한다는 의사표시도 무효라고 보아야 할 것이다), 이러한 이론구성에는 무리가 있다고 생각된다; 이은정, 인공수정에 대한 입법론적 고찰, 가족법연구 제19권 2호(2005), 89면의 "夫의 동의는 입양의 의사로 볼 수 있으며 인공수정의 시술절차가 민법상 친양자의 성립절차를 대신할 수 있을 것이다"라는 서술에도 유사한 문제가 있다. 위에서 본 바와 같이 입양은 이 세상에 태어난 자녀를 대상으로 하는 것이므로, 제3자의 정자를 이용하는 인공수정에 대한 동의를 입양의 의사표시로 해석하는 것은 무리라고 생각된다. 또한 친양자 입양은 가정법원의 허가심판에 의해서 성립하는 것이므로, 법원이 관여하지 않는 인공수정의 시술절차가 친양자의 성립절차를 대신할 수 있다는 주장도 설득력이 약한 것으로 보인다; 권재문, 보조생식시술에 대한 표현부의 동의의 의미와 효과, 동아법학 제43호(2009), 353면은 인공수정으로 출생한 자녀와 모의 남편 사이에 양친자관계의 성립을 인정하는 견해에 찬성하면서, 다만 "양자관계에 준하는 관계를 인정하면 자녀 출생 당시에는 일단 아버지가 없는 상태가 된다는 문제가 야기된다"고 한다. 이 주장은, 아내가 남편의 동의를 받아 제3자의 정자를 이용하여 임신, 출산한 경우에 그 자녀는 모의 혼인외의 자가 되고(출생 당시 아버지가 없는 상태가 된다는 것은 우리 법체계상 그 자녀가 혼인외의 자가 된다는 의미이다), 남편의 출생신고에 의해서 입양의 효력이 발생한다는 것을 전제로 한다. 그러나 아내가 혼인 중에 남편의 동의를 받아 제3자의 정자를 이용하여 임신, 출산한 자녀가 모의 혼인외의 자가 된다는 것은 제844조와의 관계에서 무리한 해석이다. 나아가 이러한 주장대로 그 자녀가 모의 혼인외의 자가 된다고 하면 그 남편에게는 출생신고의 의무도 없을 뿐만 아니라(가족관계등록법 제46조 제2항), 설령 가족관계등록법 제46조를 넓게 해석하여 모의 남편에게 출생신고 의무가 인정된다고 하여도, 모의 남편이 출생신고를 거부하는 경우에는 입양의 효력이 발생할 수 없으므로, 그 자녀는 모의 남편(제3자의 정자를 이용한 인공수정에 동의한 남편)의 의사에 따라 아버지가 없는 상태, 즉 혼인외의 자의 신분으로 남을 수밖에 없게 된다. 이러한 결과가 인공수정으로 출생한 자녀의 복리에 반한다는 점은 길게 설명할 필요가 없을 것이다; 한편 아내가 남편의 동의를 받아 제3자의 정자를 이용하여 임신, 출산한 경우에 남편과 인공수정으로 출생한 자녀 사이에 양친자관계의 성립을 인정할 수 있다는 주장은 이미 1950년대 초에 일본에서 제기되었다고 한다. 고정명, 인공적 임신의 법리적 고찰, 경희대학교 대학원 박사학위논문(1988), 60면 참조.

자로 추정되어 혼인중의 자의 신분을 가지게 되며, 출생과 더불어 그 사이에 법률상의 부자관계가 발생한다.[58] 이런 사안에서 남편이 출생신고에 의하여 그 자녀를 입양한 것으로 볼 수 있다는 주장은 모의 남편과 그 자녀 사이에 생물학적인 친자관계가 없으므로, 입양이 가능한 관계라는 전제에 서 있다. 그러나 위와 같은 방식의 인공수정으로 출생한 자는 제844조 친생추정의 원칙에 따라 출생과 동시에 모의 남편의 혼인중의 자의 신분을 가지게 되므로, 모의 남편이 입양을 할 수도 없거니와 또 굳이 입양을 해야 할 실익도 없다(따라서 파양에 의해서 그 부자관계를 해소한다는 것도 처음부터 생각할 수 없다). 입양신고에 의해서 입양할 수 없는 자녀를 허위의 친생자 출생신고에 의해서 입양할 수 없음은 이미 위에서 언급하였다.

(2) 모가 혼인 중에 임신하여 출산한 자녀를 모의 남편이 입양할 수 있다고 보는 하급심 법리는 그 자녀가 부부의 혼인중의 자가 아니라는 것을 전제로 한다. 부부의 혼인중의 자를 부부의 일방인 남편이 입양한다는 것은 가능하지도 않을 뿐만 아니라, 아무런 실익도 없기 때문이다. 결국 하급심 법리는 모가 혼인 중에 임신하여 낳은 자녀라고 해도 모의 남편과 혈연이 배치되는 경우에는 법률상 모의 혼인외의 자가 된다는 것을 전제로 하고 있음을 알 수 있다. 부부의 혼인중의 자를 부부의 일방인 남편이 입양하는 것은 불가능하지만, 아내의 혼인외의 자를 그 남편이 입양하는 것은 가능하기 때문이다. 그러나 모가 혼인 중에 임신하여 출산한 자녀와 모의 남편 사이에 혈연이 배치된다고 해서 그 자녀가 당연히 모의 혼인외의 자가 된다는 해석은 민법상 친생추정의 원칙과 도저히 조화될 수 없는 것이다(모가 혼인 중에 임신하여 출산한 자녀와 모의 남편 사이에 혈연이 배치되는 경우에 그 자녀가 출생 시부터 당연히 모의 혼인외의 자가 된다고 해석한다면, 혼인외의 자의 생부가 별도의 사전절차를 거치지 않고도 바로 인지를 할 수 있게 될 것이다. 그러나 이러한 사안에서 생부의 임의인지가 가능하지 않음은 굳이 자세한 설명을 요하지 않는다).

친생추정의 원칙에 따라 모가 혼인 중에 임신하여 출산한 자녀와 모의 남편 사이에 혈연이 배치되는 경우에도 그 자녀는 출생과 더불어 남편의 친생자로 추정되는 혼인중의 출생자의 신분을 가지게 된다. 다만 이런 경우에는 모 또는 모의 남편이 친생부인의 소를 제기할 수 있으므로 판결이 확정되면 출생 시로 소

58) 인공수정자에 대한 명문의 규정을 둔 외국의 입법례도 대부분 이러한 태도를 취하고 있으며, 법적인 부(父)에 의한 친생부인권을 인정하지 않는다. 독일민법 제1600조 제4항, 오스트리아민법 제148조 제3항, 스위스민법 제256조 제3항, 벨기에민법 제318조 제4항, 프랑스민법 제311-20조 제2항, 그리스민법 제1471조 제2항 등.

급하여 법률상의 부자관계가 소멸하고, 그 자녀의 신분도 혼인중의 자에서 혼인외의 자로 변경될 뿐이다. 이러한 점에 비추어 볼 때, 모가 혼인 중에 임신하여 낳은 자녀와 모의 남편 사이에 혈연이 배치되는 경우에 그 자녀가 모의 혼인외의 자가 된다는 것을 전제로 하여, 모의 남편이 그 자녀를 입양할 수 있다고 보는 하급심 법리에는 중대한 오류가 있다고 생각된다.

V 친생자관계존재확인의 소에 의해서 혼인외의 자와 생부 사이의 법률상 친자관계를 창설할 수 있다는 법리에 대한 검토

혼인외의 자와 모 사이의 법률상 모자관계는 출산에 의하여 당연히 발생하지만, 혼인외의 자와 생부 사이의 부자관계는 인지(또는 인지에 갈음하는 출생신고[59])를 거치지 않으면 창설되지 않는다. 따라서 인지되지 않은 혼인외의 자에게는 생물학적인 부(父)는 있으나, 법률상의 부는 없다. 여기서 생물학적인 의미의 부(父)와 법적인 의미의 부의 개념은 구별되어야 한다. 예를 들어 모 A가 남편 B와 혼인 중에 C와의 혼외관계에서 임신하여 자녀 D를 낳았다면, D의 법률상의 부는 B가 되지만, 생물학적인 부는 C이다. 이런 경우에는 A 또는 B가 친생부인의 소를 제기하여 판결이 확정되면 D의 신분이 혼인중의 자에서 혼인외의 자로 변경되므로, 생부 C가 D를 인지할 수 있다. 생부 C가 임의로 인지하지 않는 경우에는 혼인외의 자 D가 형성의 소인 인지청구의 소를 제기하여야 하며, 확인의 소인 친생자관계존재확인의 소를 제기하는 것은 원칙적으로 허용되지 않는다.[60] 생부 C와 혼인외의 자 D 사이에는 법률상의 친자관계가 존재하지 않으므로, 형성판결인 인지판결을 통하여 부자관계를 창설하는 것이 원칙이기 때문이다. 친생자관계존재확인의 소는 법률상 친자관계가 존재하고 있으나 어떤 사정으로 가족관계등록부에 기록되어 있지 않은 경우에 이미 존재하는 법률상 친자관계의 확인을 구하는 소이므로,[61] 인지를 거치지 않아서 법률상의 친자관계가 존재하지 않

59) 가족관계등록법 제57조.

60) 대법원 1997. 2. 14. 96므738 판결; 대법원 1984. 9. 25. 84므73 판결.

61) 예를 들어 갑과 을 부부 사이에서 자녀 병이 출생하였는데, 병원 측의 실수로 병은 X, Y 부부에게 인도되었고, X, Y 부부의 자녀 Z가 갑과 을 부부에게 인도되었다고 가정해 본다. 이후에 사실관계가 밝혀진 경우에 자녀 병은 갑과 을 부부를 상대로 친생자관계존재확인청구를 할 수 있을 것이다. 출산이라는 사실에 의해서 갑(모)과 병 사이에는 당연히 법률상 모자관계가 발생하고, 병은 을의 친생자의 추정을 받으므로 을과의 사이에서도 법률상 부자관계가 이미 발생하였다. 다만 가족관계등록부에 법률상의 친자관계가 기록되어 있지 않을 뿐이다. 이런 경우에는 가족관계등록부의 기록과 관계없이 갑, 을 부부와 병 사이에는 출생과 더불어 이미 법률상의 친자관계가 발생하여 존재하고 있으므로, 친생자관계존재확인청구가 가능하다. 병은 혼인외의 자도 아닐 뿐 아니라, 이미 갑과 을 부부와의 관계

는 혼인외의 자와 생부를 상대로 하여 친자관계의 존재 확인을 구하는 것은 논리적으로도 모순된다.

혼인 중에 혼외관계에서 자녀를 임신하여 출산한 모가 그 자녀와 생부를 상대로 친생자관계존재확인청구의 소를 제기한 사안에서 그 청구를 인용한 하급심 판결이 있는데,[62] 구체적인 사실관계에 비추어 결론은 타당한 것으로 보이나 법리에는 문제가 있다. 사실관계를 보다 구체적으로 소개하면 다음과 같다: 모 A(원고)는 전 남편 B와 1995. 5. 16. 혼인신고를 하였으나 이후 C(생부. 피고)를 만나 2014. 9. 28. D(자녀. 피고)를 출산하였다. A는 B와 2014. 5. 7. 협의이혼신고를 하였고, 피고 C와 2014. 10. 6. 혼인신고를 하였다. 유전자검사결과 피고 D는 피고 C와 99.999%의 확률로 친자관계가 성립한다는 결과가 나왔다.

민법 제844조에 의하면 D는 B의 친생자로 추정되므로 출생과 더불어 그 사이에 법률상 부자관계가 발생한다. 이런 경우 A(또는 B)는 친생부인의 소를 제기할 수 있으며(위 사례에서는 제소기간이 경과하지 않았으므로, 친생부인의 소를 제기하는 데 문제가 없다), 판결이 확정되면 B와 D 사이의 법률상 부자관계는 출생시로 소급하여 소멸하므로, D는 A의 혼인외의 자가 된다. 그렇게 되면 C는 D를 인지할 수 있으며, 인지에 의해서 C와 D 사이에 법률상 부자관계가 창설된다. 그런데 이 사안에서 모 A는 친생부인의 소를 제기하지 않고, C와 D를 피고로 하여 친생자관계존재확인의 소를 제기하였다. 이에 대해서 법원은 "피고들 사이에 친생자관계가 존재함이 명백하며, 원고는 그 확인을 구할 이익이 있다"는 이유로 청구를 인용하였다. 이 사안에서 피고인 생부 C와 자녀 D 사이에 법률상의 친생자관계가 없음은 분명하다. 혼인외의 자와 생부 사이의 법률상 친자관계는 인지에 의해서 발생하는데, 위 판결 선고 시까지 C가 D를 임의인지하지 않았고 재판상 인지도 없었기 때문이다(D는 B의 혼인중의 자의 신분을 가지고 있으므로, C가 임의인지를 할 수 없으며 D가 C를 상대로 인지청구를 할 수도 없다). 그렇다면 위 판결에서 법원이 유전자검사결과를 근거로 "피고들 사이에 친생자관계가 존재함이 명백"하다고 할 때 여기서의 친생자관계는 생물학적인 친생자관계를 의미하는 것이 분명하다. 그런데 친생자관계존재확인의 소는 법률상 이미 존재하고 있는 친자관계의 확인을 구하는 소이며, 생물학적인 친자관계의 존재 확인을 구하는 소가 아니다. 위 판결은 유전자검사결과 혼인외의 자와 생부 사이에 생물학적인

에서 법률상 친생자관계가 존재하고 있으므로, 친생자관계의 창설을 목적으로 하는 인지청구의 소를 제기하는 것은 타당하지 않다.

62) 창원지방법원 2015. 1. 16. 2014드단21506 판결; 법제처 「찾기쉬운 생활법령정보」에서도 "혼인 외의 출생자가 아버지의 법적인 자녀로 인정받기 위해서는 인지되거나(임의인지, 인지청구소송) 친생자관계 존재 확인소송을 통해 친생자관계가 있음을 확인받아야 합니다"라고 안내하고 있다.

친생자관계가 존재함이 명백하다는 이유로 친생자관계존재확인청구를 인용하였는데, 이는 생물학적인 친자관계와 법적인 친자관계를 혼동한 데서 비롯된 것으로 보인다. 생물학적으로는 친생자관계가 있으나 법적인 친자관계가 성립하지 않은 경우에는 법률상의 친자관계를 창설하는 절차를 거쳐야 하며, 그 방법은 형성적 효력을 발생시키는 인지판결에 의하는 것이 원칙이다.[63]

Ⅵ 맺 음 말

보편적인 외국의 입법례와 마찬가지로 민법 역시 제844조에서 친생추정의 원칙에 대해서 규정하고 있다. 이에 따라 모가 혼인 중에 임신하여 출산한 자녀는 모의 남편의 친생자로 추정되어 그 사이에 법률상의 부자관계가 발생한다. 모가 혼인 중에 임신하여 출산한 자녀와 모의 남편 사이에 혈연관계가 배치되는 사정이 있다고 해도 법률상 친생자관계의 성립에는 아무런 영향이 없다. 따라서 친생추정의 원칙을 규정하고 있는 법제 하에서는 생물학적인 친자관계와 법률상의 친자관계가 일치하지 않는 경우가 생길 수 있다. 이런 경우에 혈연관계와 일치하지 않는 법률상의 친자관계를 소멸시키기 위하여 마련된 제도가 친생부인제도이다. 친생추정의 원칙을 규정하고 있는 나라들은 친생부인에 관한 규정도 함께 두고 있는데, 각국의 친생부인제도에서 공통적으로 볼 수 있는 특징은 친생부인의 소를 제기할 수 있는 원고적격자의 범위와 제소기간을 엄격하게 제한하고 있다는 점이다. 혈연과 일치하지 않는 법률상의 친자관계의 소멸을 청구할 수 있는 사람의 범위와 기간을 제한하는 것은 혈연관계와 일치하지 않는 법률상의 친자관계를 인위적으로 존속시키려는 의도로 읽힐 수도 있다. 이런 이유에서 혈연과 일치하지 않는 법률상의 친자관계를 소멸시킬 수 있는 가능성을 넓혀야 한다는 주장이 꾸준히 제기되었으며, 이는 결국 친생부인의 소를 제기할 수 있는 원고적격자의 범위와 제소기간을 확대하는 법개정으로 귀결되기도 하였다. 그러나 법개정에 의해서 원고적격자의 범위와 제소기간의 제한을 포기한 입법례는 거의 없으며, 대부분의 나라에서 친생부인의 소를 제기할 수 있는 사람의 범위와 제소기간은 여전히 제한을 받고 있다. 친생추정을 받는 자녀의 법률상의 신분(법률상의 부자관계)을 누구나 기간의 제한 없이 다툴 수 있도록 허용한다면, 자녀의 복리와 가정의 평화가 위협을 받을 수 있다는 것이 그 이유이다.

---

63) 이시윤, 신민사소송법(2019), 206면. 확인의 소는 기존의 권리관계를 대상으로 하는 것이므로, 새로운 권리관계의 창설을 구하는 형성의 소와 구별된다.

한편 우리나라의 하급심 판결 중에는 "친생추정을 받는 자녀와 모의 남편 사이에 혈연(유전자형)이 배치되는 경우에 친생추정이 미치지 않는 것으로 보아서 친생자관계부존재확인의 소를 제기할 수 있다"는 법리를 적용한 사례가 적지 않다. 이러한 법리에 따르면 모가 혼인 중에 임신하여 낳은 자녀와 모의 남편 사이에 혈연이 배치되는 경우에는 이해관계인은 누구나 기간의 제한 없이 친생자관계부존재확인의 소를 제기할 수 있게 된다. 외국의 입법례에서도 유례를 찾기 힘든 이러한 법리는, 결국 사안에 따라서는 자녀의 복리를 침해하고 가정의 평화를 위협하는 결과를 초래할 수 있다는 점에서 문제가 있다. 또한 이 법리는 모가 혼인 중에 임신하여 낳은 자녀와 모의 남편 사이에 혈연관계가 배치되는 때에는 친생추정에 관한 제844조가 적용되지 않는다는 태도를 취하고 있는데(제844조의 적용을 받으면 그 자녀는 남편의 친생자의 추정을 받는 혼인중의 자의 신분을 가지게 되고, 이러한 자녀에 대해서는 제846조에 따라 친생부인의 소를 제기해야 되기 때문이다), 이는 입법론으로 주장될 수 있을지는 몰라도 해석론으로서는 한계를 벗어난 것이다.

위와 같은 법리를 취하는 경우에 발생하는 문제점(특히 자녀의 복리 침해)을 피하기 위하여 하급심 중에는, 모가 혼인 중에 임신하여 낳은 자녀와 모의 남편 사이에 혈연관계가 배치되는 경우에 친생자관계는 존재하지 않으나 입양의 실질적 요건이 갖추어져 있었다면 출생신고에 의해서 입양의 효력이 발생한 것으로 볼 수 있다고 하면서, 파양사유가 없는 한 친생자관계부존재확인청구는 각하되어야 한다는 태도를 취한 것이 있다. 위에서 이미 언급한 바와 같이 모가 혼인 중에 임신하여 낳은 자녀와 모의 남편 사이에 혈연관계가 배치되는 사정이 있다고 해서 친생추정의 효력이 당연히 배제되는 것은 아니다. 따라서 모가 혼인 중에 임신하여 낳은 자녀는 혈연의 배치 여부와 관계없이 출생과 더불어 모의 남편의 친생자로 추정되어 부부의 혼인중의 자의 신분을 갖는다. 위의 하급심 법리는, 모가 혼인 중에 임신하여 낳은 자녀와 모의 남편 사이에 혈연이 배치되는 경우에는 모의 남편이 그 자녀를 입양할 수 있다는 것을 전제로 하는데, 모가 혼인 중에 임신하여 출산한 자녀는 – 혈연의 배치여부와 관계없이 – 출생과 더불어 모의 남편의 혼인중의 자의 신분을 갖게 되므로, 모의 남편이 그 자녀를 입양하는 것은 불가능하다. 따라서 모가 혼인 중에 임신하여 출산한 자녀와 모의 남편 사이에 혈연이 배치되는 경우에 출생신고에 의해서 입양의 효력이 발생할 수 있다는 위 하급심 법리는 민법상 친생추정의 원칙과 조화될 수 없을 뿐만 아니라 입양의 요건과도 맞지 않는다.

나아가 하급심 판결 중에는 친생자관계존재확인의 소에 의해서 혼인외의 자와 생부 사이의 부자관계를 창설할 수 있다는 태도를 취한 것이 있는데, 이는 생물학적인 의미의 친자관계와 법적인 의미의 친자관계에 대한 혼동에서 비롯된 것으로 보인다. 친생자관계존부확인소송에서 확인의 대상이 되는 관계는 법률상의 친자관계이며, 생물학적인 친자관계가 아니다. 인지되지 않은 혼인외의 자와 생부 사이에는 법률상의 친자관계가 존재하지 않으므로, 이들 사이에 '친생자관계가 존재함이 명백'하다는 이유로 친생자관계존재확인청구를 인용하는 것은 그 자체가 논리적으로 모순이다. 인지되지 않은 혼인외의 자와 생부 사이에는 생물학적인 친자관계는 존재하지만 법률상의 친자관계는 존재하지 않으므로, 법률상의 부자관계를 창설하려면 형성적 효력을 발생시키는 인지를 거쳐야 한다. 법적으로 친자관계가 존재하지 않음에도 생물학적인 친자관계가 있다는 것을 근거로 친생자관계존재확인청구를 인용하는 것은 우리 법체계와 맞지 않는다.

민법에 친생추정제도가 존재하는 한 혈연관계와 일치하지 않는 법률상의 부자관계가 성립할 가능성은 피할 수 없다. 민법은 이러한 경우에 친생부인의 소를 제기하여 혈연관계와 배치되는 법률상의 부자관계를 소멸시킬 수 있게 하였으나, 원고적격자의 범위와 제소기간이 엄격히 제한되어 있어서 혈연의 진실에 맞지 않는 부자관계의 성립과 존속을 조장한다는 비판이 제기되었다.

이러한 문제점을 해결하기 위하여 1983년에 해석론으로서 '친생추정이 미치지 않는 자'의 법리가 등장하였다. 부부가 별거하여 아내가 남편의 자녀를 임신하는 것이 객관적으로 불가능한 상황에서 자녀를 임신, 출산한 경우, 그 자녀는 형식적으로는 남편의 친생자로 추정되지만, 실질적으로는 친생추정이 미치지 않는 것으로 보아서 친생부인의 소가 아니라 친생자관계부존재확인의 소를 제기할 수 있도록 한 것이다. 이러한 해석론은 친생추정제도의 취지를 훼손하지 않으면서도 친생추정제도와 친생부인제도의 엄격성을 완화하는 기능을 하였다고 볼 수 있다. 그런데 1990년대 이후 일부 하급심에서 '친생추정이 미치지 않는 자'의 법리를, 모가 혼인 중에 임신하여 낳은 자녀와 모의 남편 사이에 혈연이 배치되는 사안에 대해서까지 확대하여 적용하는 경향이 나타났다. 그러나 '친생추정이 미치지 않는 자'의 법리를 혈연이 배치되는 사안에 적용하는 것은 친생추정제도의 입법취지 – 자녀의 복리와 가정의 평화 보호 – 와 정면으로 충돌하는 결과를 초래할 수 있다는 점에서 문제가 있다. 만약 실무에서 앞으로도 이러한 법리를 유지하고자 한다면, 그 한계로서 적어도 자녀의 복리와 가정의 평화를 해치지 않는 한도에서만 적용할 수 있다는 점을 명확히 할 필요가 있을 것이다.

보다 근본적인 해결책으로서는 친생부인에 관한 규정을 개정하는 방안에 대해서 생각해 볼 수 있다. 일부 하급심에서 부자간에 혈연이 배치되는 사안에 대해서까지 '친생추정이 미치지 않는 자'의 법리를 적용하게 된 이유 중 하나는, 민법상 친생부인에 관한 규정만으로는 혈연관계와 일치하지 않는 법률상의 부자관계를 소멸시키는 데 한계가 있다고 보았기 때문일 것이다. 자녀의 복리나 가정의 평화가 문제 되지 않는 사안에서도(또는 오히려 자녀의 복리 실현을 위하여 적극적으로 법률상의 부자관계를 소멸시킬 필요가 있는 사안에서도) 원고적격자의 범위 제한 등으로 인하여 친생부인소송에 의해서 부자관계를 소멸시킬 수 없는 경우가 있었기 때문이다. 이러한 문제를 해결하려면 친생부인의 소를 제기할 수 있는 원고적격자의 범위를 합리적인 범위에서 확대할 필요가 있을 것이다. 생부와 자녀에게 친생부인권을 인정하되 자녀의 경우에는 가정의 평화를 해치지 않는 한도에서 친생부인의 소를 제기할 수 있도록 하고, 생부의 경우에는 자녀의 복리와 자녀가 속한 가정의 평화를 해치지 않는 한도에서만 친생부인의 소를 제기할 수 있도록 제한한다면, 친생추정제도의 입법취지와 충돌하지 않으면서도 혈연진실주의를 추구할 수 있을 것이다.[64)]

우리 하급심 법원에서 부자간에 혈연이 배치되는 사안에 대해서까지 '친생추정이 미치지 않는 자'의 법리를 확대 적용하게 된 데에는 사회의 변화에 따른 법개정이 이루어지지 못했다는 것이 큰 요인이 되었다고 생각한다. 이런 점을 고려해 보면 일부 하급심에서 '친생추정이 미치지 않는 자'의 법리를 부자간에 혈연이 배치되는 사안에 적용한 것은 – 여러 가지 무리한 점에도 불구하고 – 부득이한 측면이 있었다고 선해할 수 있다. 그러나 위와 같은 하급심 법리가 민법상 친생추정제도와 조화될 수 없다는 점도 지적하지 않을 수 없다. 새로운 해석론을 전개함에 있어서는 기존 법체계와의 조화를 항상 염두에 두어야 할 것이며, 그 한계를 뛰어넘으려 한다면 해석론이 아니라 입법론으로 주장되어야 할 것이다.

〈중앙법학 제21집 제3호(2019년 9월) 수록〉

64) 자세한 내용은 김상용, 가족법과 혈연진실주의, 법철학연구 제22권 제1호(2019), 182면 이하 참조.

4. 가족법과 혈연진실주의

I 들어가는 말

사람에게는 누구나 태어날 때부터 생물학적인 의미에서 부모가 존재한다. 그리고 원칙적으로 이러한 생물학적인 부모와의 관계에서 법률상의 친자관계가 발생하고, 이를 매개로 하여 보다 넓은 범위의 친족관계가 성립한다. 이런 의미에서 혈연관계는 한 사람의 가족관계(친족관계)와 신분을 결정하는 기본적인 기능을 갖는다고 할 수 있다. 그러나 법률상의 친자관계가 혈연에 의한 친자관계와 언제나 반드시 일치하는 것은 아니다. 이런 의미에서 법률상의 친자관계와 혈연에 따른 생물학적인 친자관계는 구별되어야 한다. 가족법은 법률상의 친자관계가 혈연에 따라 결정된다는 것을 원칙으로 정하고 있지만, 현실에서 이러한 원칙이 예외없이 늘 지켜지는 것은 아니다. 예를 들어 아내가 혼인 중에 임신, 출산하여 그의 남편과 자녀 사이에 법률상의 친자관계가 발생하였으나, 실제로는 제3자(자녀의 생부)와의 관계에서 임신한 경우라면 법률상의 부자관계와 혈연의 부자관계는 일치하지 않는다. 이와 같이 혈연과 일치하지 않는 법률상의 친자관계가 발생한 경우에 민법은 친생부인제도를 통하여 진실의 혈연관계와 일치하지 않는 법률상의 친자관계를 소멸시킬 수 있도록 하고 있다. 그러나 친생부인제도를 통하여 혈연과 일치하지 않는 법률상의 친자관계를 소멸시키는 데에는 일정한 한계가 있으며, 가족법은 이러한 한계를 불가피한 것으로 보아서 혈연과 일치하지 않는 법률상의 친자관계를 일정 부분 용인하는 태도를 취하고 있다. 위에서 본 예에서와 같이 모가 혼인 중에 제3자와의 관계에서 자녀를 임신, 출산하였다면, 그 남자가 자녀의 생부라는 점은 과학적인 방법을 통하여 충분히 증명이 가능하지만, 그렇다고 해서 그 생부가 당연히 자녀의 법률상의 부(父)가 될 수 있는 것은 아니다. 현행법상 친생부인의 소는 원칙적으로 자녀를 낳은 모와 그 남편만이 제기할 수 있으므로, 이 두 사람이 가정을 유지하면서 그 자녀를 양육하기로 합의하는 경우에는 생부로서는 자신의 자녀를 인지할 길이 완전히 봉쇄된다. 결과적으로 이런 경우에는 혈연에 따른 친자관계는 성립할 수 없게 되는데, 가족법은 위와 같은 사례에서 혈연에 따른 친자관계가 성립할 수 있도록 길을 열어주기 보다는 혈연과 일치하지 않는 법률상의 친자관계가 안정적으로 유지되는 쪽을 택하고 있다. 정도의 차이는 있으나 다른 나라의 가족법에서도 일반적으로 볼 수 있는 이러한 태도는 친자관계의 성립과 유지에 있어서 혈연진실주의뿐만 아니라, 가정의 평화, 자녀의 복리와 같은 법익도 함께 고려되어야 한다는 가치판단에 근거하고 있다.

한편 위와 같은 가족법의 태도는 자녀의 '친생부모를 알 권리'에도 영향을 미친다. 위에서 본 바와 같이 모가 혼인 중에 제3자와의 관계에서 자녀를 임신하여 출산한 경우에도 모와 그 남편이 친생부인의 소를 제기하지 않고 가정을 유지하면서 자녀를 양육하기로 결정하였다면, 그 자녀와 모의 남편 사이에서 발생한 법률상의 부자관계는 그대로 존속된다. 자녀가 성년이 되어 자신을 양육한 법률상의 부(父)가 생부가 아니라는 사실을 알게 되었다고 해도 친생부인의 소를 제기하여 그 때까지 유지되었던 법률상의 부자관계를 소멸시킬 수는 없다. 현행법상 자녀에게는 친생부인의 소를 제기할 수 있는 원고적격이 인정되지 않기 때문이다. 법률상의 부자관계가 소멸하지 않은 상태에서 생부를 상대로 인지청구를 하는 것은 허용되지 않으므로, 자녀로서는 설령 생부가 누구인지를 알게 되었다고 해도, 생부와의 사이에서 법률상의 부자관계를 발생시킬 수는 없다. 또한 이러한 경우에는 생부도 친생부인의 소를 제기할 수 없으므로, 자신의 자녀를 인지하여 법률상의 부자관계를 발생시킬 수 없다. 자녀와 생부에게 친생부인권을 인정하지 않는 현행법에서 자녀의 '친생부모를 알 권리'와 생부의 '자신의 자녀를 알 권리'는 완전히 실현될 수 없으며, 일정한 한계를 가질 수밖에 없다(친생부인의 소를 제기할 수 있는 원고적격자의 범위를 넓게 인정할수록 자녀의 '친생부모를 알 권리'가 실현될 가능성이 높아지며, 반대로 친생부인의 소를 제기할 수 있는 원고적격자의 범위를 제한할수록 자녀의 '친생부모를 알 권리'도 제한된다. 일반적으로 혈연진실주의에 큰 가치를 부여하는 입법례에서는 '친생부모를 알 권리'의 실현을 위하여 친생부인의 소를 제기할 수 있는 원고적격자의 범위를 넓게 인정하는 경향을 보인다). 이것 또한 가족법에 내재한 가치판단에 따른 것이다.

한편 자녀의 '친생부모를 알 권리'가 문제가 되는 경우는 위와 같은 사안으로 한정되지 않는다. 어린 시절에 입양되어 양부모의 가정에서 성장한 양자가 성년이 된 후 자신의 친생부모를 알고자 하는 경우에도 '친생부모를 알 권리'가 어느 범위에서 인정되어야 할 것인가의 문제가 제기된다. 양자가 자신의 친생부모에 관한 정보(성명, 주민등록번호 등)를 알게 되는 경우, 친생부모를 찾아서 연락을 취하거나 방문할 가능성도 배제할 수 없는데, 이는 친생부모의 입장에서는 큰 부담이 될 수도 있다(예를 들어 미혼모가 자녀를 출산하여 입양을 시켰는데, 그 후 혼인하여 안정적인 가정을 이루고 있다면, 과거에 입양시킨 자녀의 출현은 친생모의 가정에 불화를 야기할 가능성을 배제할 수 없다). 이와 같이 양자의 '친생부모를 알 권리'가 제한 없이 인정되는 경우에는 친생부모의 사생활 보호라는 또 다른 법익이 침해될 우려가 있다. 따라서 양자의 '친생부모를 알 권리'가 어느 범위에서 인정되어야 할 것인가를 결정할 때에는 이 두 가지 법익의 조화를 고려하는 것이 바람직하지만, 양쪽을 모두 만족시키는 해결방안을 찾는다는 것은 현실적으로 불가능에 가깝다.

최근에 우리 사회에서는 베이비박스[1)]의 허용여부에 관하여 논란이 일고 있는데, 이 논의의 중심에는 '친생부모를 알 권리'를 어느 수준에서 보장해야 할 것인가의 문제가 있다. 베이비박스의 필요성을 옹호하는 측에서는 입양특례법이 출생신고를 의무화함으로써 미혼모 등 자신의 인적 사항을 밝히고 싶지 않은 친생모들이 영아를 유기하는 사례가 늘고 있다고 주장한다. 따라서 유기되는 영아의 생명을 보호하기 위해서는 베이비박스와 같이 친생모의 익명성을 보장하는 시설이 불가피하다고 한다. 이에 대해 반대하는 측에서는 베이비박스에 영아를 유기하는 것을 허용할 경우 친생부모에 대한 정보가 아무것도 남지 않아서 자녀는 '친생부모를 알 권리'를 원천적으로 박탈당한다고 주장한다. 베이비박스에 관한 논란은 여전히 평행선을 달리고 있으나, 주무부처인 보건복지부는 이 문제에 대하여 명확한 입장을 정리하지 못한 채 방관하는 자세를 취하고 있다. 아동의 생명권과 친생부모의 익명성 보호, 자녀의 '친생부모를 알 권리'와 같은 다양한 법익을 두고 어느 쪽을 선택해야 할 것인지에 대해서 결정을 내리지 못하고 계속 미루고 있는 것이다. '친생부모를 알 권리'와 관련된 논의가 결코 쉽지 않음을 보여주는 하나의 예가 될 것이다.

아래에서는 혈연과 일치하지 않는 법률상의 친자관계가 발생한 경우에 가족법이 어떠한 해결방식을 취하고 있는지에 대해서 살펴보고, 이를 통하여 친자관계의 발생 및 존속과 관련하여 가족법이 혈연의 진실에 어느 정도의 비중과 가치를 부여하고 있는가에 대해서 분석해 본다. 또한 이와 관련하여 현행법에 내재되어 있는 한계에 대해서 논의하고, 하급심 판결에 나타난 문제점을 살펴본 다음 이에 대한 해결방안을 제시한다. 이어서 '자신의 친생부모를 알 권리'가 가족법에서 어떻게 실현되고 있으며, 어느 부분에서 보완과 개선이 필요한가에 대해서 논의를 전개하고자 한다.

---

1) 베이비박스란 미혼모 등이 아무와도 접촉하지 않고 아기를 두고 갈 수 있는 시설을 말한다. 우리 사회에서는 2009년에 서울의 한 교회에서 베이비박스를 설치하여 운영하기 시작하였으며, 그 후 군포에도 베이비박스가 설치되었다.

Ⅱ 혈연진실주의와 가족법상의 친생부인제도

1. 현행 가족법의 태도

위에서 본 바와 같이 아내가 혼인 중에 자녀를 임신, 출산[2]한 경우에는 그 남편과 자녀 사이에 법률상의 친자관계가 발생하지만(민법[3] 제844조), 이렇게 발생한 법률상의 친자관계가 항상 혈연에 의한 친자관계와 일치하는 것은 아니다. 현실에서는 아내가 혼인 중에 남편이 아닌 제3자와의 관계에서 자녀를 임신, 출산하는 경우가 있기 때문이다. 민법은 이런 경우에 혈연과 일치하지 않는 부자관계를 소멸시키고 생부와 자녀의 관계에서 새로 부자관계를 발생시킬 수 있는 규정을 두고 있다. 우선 자녀의 모 또는 그 남편이 친생부인의 소를 제기하여 친생부인판결이 확정되면, 그 자녀의 신분은 혼인중의 자에서 혼인외의 자로 변경되므로, 그 후 생부가 인지를 하여 부자관계를 창설할 수 있다(생부가 임의인지를 하지 않는 경우에는 자녀가 생부를 상대로 인지청구를 하여 부자관계를 발생시키는 것도 가능하다). 그러나 친생부인판결이 확정되기 전에는 생부가 인지를 할 수 없으므로(자녀도 생부를 상대로 인지청구를 할 수 없다), 누가 친생부인의 소를 제기할 수 있는가는 혈연관계에 부합하는 부자관계의 형성에 있어서 필수적인 선결 문제가 된다. 민법은 원칙적으로 자녀의 모와 그 남편에게만 친생부인권을 인정하고 있으므로(제847조 제1항),[4] 자녀와 생부는 친생부인의 소를 제기할 수 없다. 따라서 자녀의 모와 그 남편이 친생부인의 소를 제기하지 않는 한, 자녀 또는 생부는 혈연에 따른 부자관계의 형성을 원하는 경우에도 그 목적을 이룰 수 없다. 이러한 가족법의 태도는 친생부인제도에 있어서 혈연의 진실뿐만 아니라, 가정의 평화와 자녀의 복리도 고려되어야 한다는 가치판단에 근거하고 있다. 아내가 혼인외의 관계에서 자녀를 임신하여 출산한 경우에 그 사실을 아는 남편이 이혼청구와 친생부인청구를 하지 않고 가정을 유지하면서 자녀를 양육하기로 결정하였고 아내도 이에 동의하였다면, 이 부부는 가정의 평화를 유지하기 위하여 결단을 내린 것으로 볼 수 있다. 그런데 자녀가 성년이 되어 법률상의 부(父)가 생부가 아님을 알게 되어 친생부인의 소를 제기한다면, 그때까지 유지되어 온 가정의 평화는 더 이상 지속될 수 없다. 한편 가족공동생활과 양육을 통하여 법률상의 부와 자

---

2) 혼인 중에 포태된 자녀는 혼인관계종료 후 300일 내에 출생한 경우에도 친생자의 추정을 받는다.

3) 이하에서 민법조문은 별도로 법명을 표시하지 않는다.

4) 자녀의 모와 그 남편 외의 사람이 예외적으로 친생부인의 소를 제기할 수 있는 경우는 제848조에서 제851조까지에 규정되어 있다(예를 들어 자녀의 모나 그 남편이 피성년후견인인 경우에는 성년후견인이 성년후견감독인의 동의를 받아 친생부인의 소를 제기할 수 있다).

녀 사이에 실질적인 친자관계가 성립, 발전한 경우에 생부가 친생부인의 소를 제기하여 법률상의 부자관계를 소멸시키는 것이 아무런 제한 없이 허용된다면, 이는 가정의 평화뿐만 아니라 자녀의 복리에도 반하는 결과를 초래할 것이다. 자녀와 생부에게 친생부인권을 인정하지 않는 민법의 태도는 혈연진실주의라는 관점에서 보면 개정이 필요하다는 비판을 받을 수 있으나,[5] 가정의 평화와 자녀의 복리라는 또 다른 법익을 위한 조화로운 선택이라는 점에서 정당화되어왔다.

자녀와 생부에게 원칙적으로 친생부인권을 인정하지 않는 현행법의 태도에는 나름의 정당한 근거가 있는 것으로 보이지만, 이러한 원칙에 대하여 일정한 예외를 인정하는 것이 필요한 경우도 있을 수 있다고 생각된다. 이런 이유에서 아래에서는 우선 자녀와 생부에게 친생부인권이 인정될 필요가 있는가에 대해서 검토해 보려고 한다. 이어서 혈연상의 친자관계와 법률상의 친자관계가 일치하지 않는 경우에 '친생추정이 미치지 않는 자'의 법리에 근거하여 친생자관계부존재확인청구의 소를 제기하는 것이 어느 범위에서 허용될 수 있는가에 대해서 검토한다. 그리고 혈연진실주의와 친생부인제도의 관계에서 함께 다루어야 할 쟁점으로서 인공수정으로 출생한 자녀에 대하여 친생부인권을 행사할 수 있는가에 대해서 살펴본다.

2. 혈연진실주의와 친생부인권

(1) 자녀의 친생부인권

위에서 본 바와 같이 우리 민법은 자녀에게 친생부인권을 인정하지 않는다. 자녀에게 친생부인권을 인정하지 않는 주된 이유는 가정의 평화를 보호하기 위한 것으로 보통 이해되고 있다. 예를 들어 아내가 제3자와의 관계에서 자녀를 임신, 출산하였는데, 남편과 협의하여 가정을 유지하면서 자녀를 양육하기로 결정하고 실제로 그렇게 살아온 경우를 상정해 볼 수 있다. 이런 경우에 자녀가 성장하여 자신을 양육해온 법률상의 부를 상대로 친생부인의 소를 제기한다면, 그 때까지 유지되었던 가정의 평화와 부모의 사생활은 더 이상 보호될 수 없다. 일반적인 경우라면 자녀의 입장에서는 법률상의 부가 생부가 아니라는 사실을 알게 되었다고 해도, 특별한 사정이 없는 한, 자신을 양육해준 법률상의 부와의 부자관계를 굳이 소멸시키려고 하지는 않을 것이다. 다만 예외적으로 자녀가 생부를 알게 되었는데, 생부에게 상당한 재산이 있는 경우에는 생부와의 관계에서 법률상의 부자관계를 창설하고 싶은 욕구가 생길 수도 있을 것이다. 이런 경우에 자녀가 생

5) 조미경, 혈연진실주의 - 친생부인의 소에 관한 법무부개정안과 관련하여 -, 가족법연구 제12호(1998), 372면 이하.

부를 상대로 인지청구를 하려면 우선 법률상의 부를 상대로 친생부인의 소를 제기하여 법률상의 부자관계를 소멸시켜야 한다. 그러나 현행법은 자녀에게 친생부인권을 아예 인정하지 않음으로써 위와 같은 사안에서 자녀가 생부를 상대로 인지청구를 하여 부자관계를 형성할 수 있는 가능성을 원천적으로 봉쇄하고 있다. 이는 결국 가족법이 생부와의 부자관계 창설이라는 자녀의 이익보다는 가정의 평화와 부모의 사생활 보호라는 대립하는 법익에 더 큰 가치를 부여한 결과라고 할 수 있다(결과적으로 혈연진실주의는 이러한 한도에서 후퇴하지 않을 수 없다).

이러한 원칙에 대해서 기본적으로 동의하더라도 구체적인 사안에 따라서는 예외적으로 자녀에게 친생부인권을 인정할 필요가 있다고 생각된다. 첫째, 법률상의 부가 자녀를 학대하는 경우를 들 수 있다.[6] 법률상의 부가 자녀를 학대하고 있으나, 어머니가 친생부인의 소를 제기하지 않거나 또는 사망, 소재불명 등의 사유로 친생부인의 소를 제기할 수 없는 경우에는 자녀의 복리를 위하여 예외적으로 자녀에게 친생부인권을 인정할 필요가 있을 것이다(이런 경우 미성년자녀를 위하여 선임된 특별대리인이 자녀를 대리하여 친생부인의 소를 제기할 수 있을 것이다). 둘째, 부모의 혼인관계가 파탄되거나 해소된 경우(법률상 부의 사망으로 혼인이 해소된 경우, 법률상의 부와 어머니가 이혼한 경우 등)에는 자녀에게 친생부인권을 인정해도 무방할 것이다.[7] 이런 경우에는 이미 법률상의 부와 모, 자녀로 구성된 가족공동체가 해소되었으므로, 더 이상 가정의 평화라는 법익의 보호는 문제가 되지 않기 때문이다.

비교법적으로 고찰해 보면, 자녀에게 보편적인 친생부인권을 인정하고 있는 입법례가 적지 않음을 알 수 있다(다만 친생부인의 소를 제기할 수 있는 제소기간에 제한을 두고 있을 뿐이다). 예를 들면, 독일,[8] 그리스,[9] 오스트리아,[10] 스위스[11],

---

6) 구 독일민법(1998년 독일친자법 개정 전) 제1596조 제1항 제4호 참조. 1998년 친자법 개정에 의해서 자녀의 친생부인권은 대폭 확대되었으며, 자녀는 "실질적으로 아무런 제한 없이" 친생부인권을 행사할 수 있게 되었다(독일민법 제1600조, 제1600b조 제3항). 이러한 개정에 대해서 비판하는 견해로는 Gaul, Die Neuregelung des Abstammungsrechts, in: Schwab(Hrsg.), Das neue Familienrecht, 1998, S. 101.

7) 스위스민법 제256조 제1항 제2호; 구 독일민법(1998년 독일친자법 개정 전) 제1596조 제1항 제1호, 제2호 참조.

8) 독일민법 제1600조. 자녀가 미성년자인 동안에 법정대리인이 친생부인의 소를 제기하지 않은 경우에는 자녀가 성년이 된 후 스스로 친생부인의 소를 제기할 수 있다. 이 경우에는 성년이 된 자녀가 친생부인의 사유가 있음을 안 날로부터 2년 내에 친생부인의 소를 제기할 수 있다(독일민법 제1600b조 제3항). 이외에도 부자관계의 존속이 자녀에게 참을 수 없는 고통이 되는 경우에는(예컨대 법률상의 부가 자녀에 대하여 범죄행위를 한 경우 등) 자녀의 친생부인권이 부활하여, 자녀는 그 사정을 안 때부터 2년 내에 친생부인의 소를 제기할 수 있다(독일민법 제1600b조 제6항).

9) 그리스민법 제1469조. 그러나 자녀가 성년이 된 후 1년이 경과하면 친생부인의 소를 제기할 수 없다(그리스민법 제1470조).

10) 오스트리아민법 제151조. 자녀는 친생부인의 사유가 있음을 안 날부터 2년 내에 친생부인의

프랑스[12] 벨기에[13] 등에서는 자녀에게도 친생부인권이 인정된다. 다만 모나 모의 남편 등이 친생부인권을 행사하는 경우와 마찬가지로 자녀의 친생부인권 행사도 제척기간에 따른 제한을 받게 되는데, 이러한 규정은 혈연진실주의의 관철을 제한하는 결과를 가져오지만, 가정의 평화를 보호하는 차원에서 마련된 것으로 이해되고 있다.

(2) 생부의 친생부인권

우리 민법에서는 생부에게도 원칙적으로 친생부인권이 인정되지 않는다. 2017년 민법일부개정에 의하여 일정한 경우에[14] 생부가 가정법원의 허가를 받아 인지에 갈음하는 출생신고를 할 수 있는 규정이 신설되었고(제855조의2), 이에 따라 가정법원의 인지허가심판이 확정되면 친생부인의 효력이 발생한다고 해석될 수 있는 여지가 생긴 것은 사실이다.[15] 그러나 생부의 인지허가청구는 자녀의 출

소를 제기할 수 있으나, 미성년자인 동안에는 기간의 진행이 정지된다(오스트리아민법 제153조).

11) 스위스민법 제256조 제1항 제2호. 다만 자녀는 미성년자인 동안에 어머니와 법률상의 부 사이의 혼인공동체가 해소된 경우(사망, 이혼 등으로 인한 혼인해소, 회복가능성이 없는 혼인관계의 파탄으로 인한 별거 등)에 한하여 친생부인권을 행사할 수 있다(이 규정은 자녀의 친생부인권 행사로 안정적인 가족관계가 위태롭게 되는 것을 방지하는 기능을 가진다. Hausheer/Geiser/Aebi-Müller, Das Familienrecht des Schweizerischen Zivilgesetzbuches, 2006, S. 261). 따라서 자녀가 성년이 된 후에 부모의 혼인공동체가 해소된 때에는 자녀는 친생부인권을 행사할 수 없다. 성년이 된 후 1년이 경과하면 자녀의 친생부인권은 소멸한다(스위스민법 제256c조 제2항).

12) ① 자녀와 부(또는 모. 프랑스민법에서는 모에 대해서도 친생부인의 소를 제기할 수 있다) 사이에 출생증명서에 상응하는 실질적인 친자관계(이른바 '신분점유. possession d'état)가 최소한 5년 이상 유지된 때에는 누구도 친생부인의 소를 제기할 수 없다(프랑스민법 제333조 제2항). ② 출생증명서에 상응하는 실질적인 친자관계를 유지한 기간이 5년 미만인 경우에는, 실질적인 친자관계(신분점유)가 종료한 때부터 5년 내에 자녀, 부, 모, 생부(생모)가 친생부인의 소를 제기할 수 있다(프랑스민법 제333조 제1항). ③ 출생증명서에는 친자관계로 기록되어 있으나 처음부터 실질적인 친자관계가 성립하지 않았던 경우에는 이해관계인은 누구나 10년간 친생부인의 소를 제기할 수 있다. 10년의 기간은 자녀가 그 신분을 향유하기 시작한 날(예컨대 출생기록부에 자녀로 기록된 때)부터 기산한다(프랑스민법 제334조, 제321조). 이 기간은 자녀에 대해서는 미성년인 동안에는 정지되므로, 자녀는 성년에 이른 후 10년간 친생부인의 소를 제기할 수 있다(프랑스민법 제321조). 한편, 신분점유의 성립이 인정되려면 다음과 같은 여러 가지 사실이 요구된다(프랑스민법 제311-1조 제2항). ⅰ) 부모라고 자칭하는 사람과 자녀가 서로를 자녀와 부모로 여길 것, ⅱ) 부모로서 자칭하는 사람이 자녀에 대한 양육책임을 이행할 것, ⅲ) 사회와 가족, 국가기관에 대해서도 친자관계로 보일 것, ⅳ) 자녀가 부모로서 자칭하는 사람의 성을 따를 것.

13) 벨기에민법에 의하면 자녀와 부(모의 남편) 사이에 실질적인 부자관계가 존재하는 경우에는(신분점유의 계속) 친생부인의 소를 제기할 수 없다(벨기에민법 제318조 제1항). 부는 자신이 자녀의 아버지가 아니라는 사실을 안 날부터 1년 내, 생부는 자신이 자녀의 아버지라는 사실을 안 날부터 1년 내에 친생부인의 소를 제기할 수 있으나, 실제에 있어서는 신분점유 상태가 계속되고 있어서 소가 각하되는 경우가 대부분이라고 한다(Pintens, Die Abstammung im belgischen Recht, in: Spickhoff/Schwab/Henrich/Gottwald(Hrsg.), Streit um die Abstammung, 2007, S. 133). 자녀는 12세에서 22세 사이에 친생부인의 소를 제기할 수 있으며, 그 후에는 모의 남편이 자신의 부가 아니라는 사실을 안 날부터 1년 내에 친생부인의 소를 제기할 수 있다(벨기에민법 제318조 제2항). 신분점유의 성립이 인정되기 위한 요건은 프랑스민법과 유사하다(벨기에민법 제331조, 제331ter조).

14) 자녀가 혼인관계종료 후 300일 내에 출생한 경우.

생신고가 이루어지기 전에만 할 수 있게 되어 있으므로, 출생신고 의무자인 모 또는 법률상의 부가 출생신고를 한 경우에는 생부는 인지허가청구를 할 수 없다. 가족관계등록법에 의하면 출생신고는 자녀의 출생 후 1개월 내에 하도록 되어 있고(가족관계등록법 제44조), 출생신고 의무자인 모 또는 법률상의 부가 이 규정에 따라 출생신고를 하는 경우 생부는 사실상 인지허가의 청구를 할 수 있는 기회를 가질 수 없게 된다. 제855조의2에 따른 생부의 인지허가청구권(그 본질에 있어서는 친생부인권과 다름이 없는 것으로 보인다)은 이와 같이 출생신고 전에만 행사될 수 권리이므로, 가족관계등록법에 따른 출생신고가 이루어지는 경우에는 사실상 행사될 수 없다는 한계가 있다. 이런 점들을 고려해 볼 때 우리 가족법상 생부에게 친생부인권이 인정되고 있다고 말하기는 어렵다고 생각된다.[16]

생부에게 친생부인권을 인정하지 않는 기본적인 이유는 자녀와 모, 법률상의 부로 구성된 가정의 평화를 위태롭게 하고, 자녀의 복리를 해칠 수 있다는 것이다. 그러나 예외적으로 생부가 친생부인의 소를 제기하고 자녀를 인지할 수 있도록 허용해도 가정의 평화를 해치지 않을 뿐 아니라, 자녀의 복리 실현에 오히려 도움이 되는 경우도 있을 수 있다. 예를 들어 갑(생부)과 을(모)이 교제하다가 병을 출산하였으나, 을은 병을 출산한 후 연락이 두절된 경우를 상정해 볼 수 있다. 갑이 병의 출생신고를 하려면 모인 을의 성명, 주민등록번호 등 인적 사항을 알아야 하는데, 실제로는 모의 주민등록번호 등을 알지 못하는 경우가 있다. 예전에는 이런 경우에 생부 갑이 병을 양육하고 있으면서도 출생신고를 하지 못하여 자녀의 복리가 심각하게 침해되는 사태가 발생하였다.[17] 이런 문제를 해결하기 위하여 2015년에 가족관계등록법이 개정되어,[18] 이제 위와 같은 경우에는 생부가 가정법원의 확인을 받아 출생신고를 하는 것이 가능하게 되었다(가족관계등록법 제57조 제2항 · 제3항).[19] 그러나 생부가 이러한 방식으로 출생신고를 할 수

15) 김주수 · 김상용, 친족상속법(2018), 315면.

16) 더구나 입법자는 인지허가심판의 확정에 의해서 친생부인의 효력이 발생한다는 인식조차 없었던 것으로 보인다. 자세한 내용은 김상용, "친생추정에 관한 2017년 개정민법 규정의 문제점", 법학논문집 제42집 제1호(2018), 178면 이하.

17) 한겨레신문, 2013년 11월 28일, "사라진 엄마…출생신고도 못하는 아기, 입대 앞둔 아빠는 이별의 편지를 썼다."; 현행 가족관계등록실무가 모의 인적 사항을 기재하지 않은 출생신고는 수리하지 않는 다는 태도를 취하고 있기 때문이다. 가족관계등록선례 제201106-2호: "생부가 혼인외의 자에 대하여 모를 불상으로 출생신고하는 것은 「가족관계의 등록 등에 관한 법률」 제29조 단서의 '법률상 기재하여야 할 사항으로서 특히 중요하다고 인정되는 사항을 기재하지 아니한 경우'에 해당하므로, 수리하여서는 아니된다."

18) 법률 제13285호. 2015. 5. 18, 2015. 11. 19. 시행.

19) 모의 성명 · 등록기준지 및 주민등록번호를 알 수 없는 경우에는 부의 등록기준지 또는 주소지를 관할하는 가정법원의 확인을 받아 부가 출생신고를 신고를 할 수 있다(가족관계등록법 제57조 제2항).

있는 경우는 자녀가 혼인외의 자인 때로 한정된다(즉 모인 을이 혼인하지 않은 상태에 있어야 한다). 그러므로 위의 예에서 모인 을이 병을 임신, 출산하였을 때 다른 남자 정과 혼인중인 상태였다면, 자녀 병은 정의 혼인중의 출생자의 신분을 가지게 되므로, 생부 갑은 위와 같은 방식으로 출생신고를 할 수 없다. 설령 생부 갑이 을과 정의 혼인관계를 알지 못하여 병이 혼인외의 자라고 믿고 가족관계등록법 제57조 제2항·제3항에 따라 출생신고를 하였다고 해도, 그 후 병이 정의 친생자의 추정을 받는 혼인중의 출생자라는 사실이 밝혀지면, 가족관계등록부상 병의 신분은 갑의 혼인외의 자에서 을과 정 사이에 출생한 혼인중의 자로 정정되어야 한다(가족관계등록법 제57조 제4항). 생부 갑이 출생신고를 하여(출생신고에 의해서 인지의 효과가 발생한다) 갑과 병 사이에서 법률상의 부자관계가 발생하고 갑이 병을 양육하고 있는데, 위의 규정에 따라 병의 법률상의 아버지가 정으로 정정된다면(이 경우 갑과 병의 부자관계는 소멸된다), 이는 반대로 갑과 병으로 이루어진 가정의 평화를 해치고 자녀의 복리를 해치는 결과가 된다. 이런 경우에는 적어도 생부에게 친생부인권을 인정함으로써 병과 정 사이의 법률상 부자관계를 소멸시키고, 다시 인지를 할 수 있는 길을 열어줄 필요가 있다고 생각된다.[20] 즉, 생부가 인지의 의사를 가지고 자녀를 양육함으로써 그 사이에 실질적인 친자관계가 발생한 경우에는, 생부에게 예외적으로 친생부인권을 인정함으로써 생부와 자녀로 구성된 가정을 보호하고 자녀의 복리를 실현하여야 할 것이다.[21]

한편 비교법적으로 고찰해 보면, 생부의 친생부인권과 관련하여 다양한 입법례가 있음을 알 수 있다. 생부에게 아예 친생부인권이 인정되지 않는 입법례가 있는가 하면(예를 들어 오스트리아, 네덜란드, 스위스, 스웨덴), 제한적으로 인정하는 입법례도 찾아볼 수 있다. 예를 들어 독일에서는 법률상의 부와 자녀 사이에 실질적인 친자관계가 존재하지 않는 경우에 한하여 생부가 친생부인권을 행사할 수 있다(독일민법 제1600조).[22] 프랑스민법[23]과 벨기에민법[24]도 이와 유사한 태도를

20) 이에 대해서는 자녀에게 친생부인권이 인정되는 경우 특별대리인을 선임하여 친생부인의 소를 제기할 수 있으므로, 굳이 생부에게 친생부인권을 인정할 필요가 없다는 견해가 있을 수 있다. 그러나 그런 방식으로 해결하는 경우에는 생부는 특별대리인의 선임 신청을 하여 특별대리인으로 선임된 후 다시 친생부인의 소를 제기하여야 한다는 번거로움이 따른다.

21) 윤진수 편집대표, 주해친족법(권재문 집필부분) 제1권(2015), 570면은 우리 사회의 단계에 비추어 볼 때 "과연 비혼 혈연부에게 친생부인권을 인정할 필요가 있을지는 의문"이라고 한다.

22) 법률상의 부가 자녀에 대하여 아버지로서의 책임(양육책임 등)을 사실상 이행한 경우에는 부자간에 실질적인 친자관계(sozial-familiäre Beziehung. 직역하면 사회·가족적 관계라고 할 수 있겠으나, 그 의미에 비추어 보면 '실질적인 친자관계'라고 번역해도 무리가 없다고 생각된다)가 존재하는 것으로 인정된다(독일민법 제1600조 제4항 1문). 법률상의 부가 자녀의 모와 혼인관계에 있거나 장기간 자녀와 가족공동생활을 한 경우에는 부자간에 실질적인 친자관계가 존재하는 것으로 추정된다(독일민법 제1600조 제4항 2문). 생부는 자신과 자녀 사이에 생물학적인 친자관계가 있음을 안 날부터 2년

취하고 있다.[25] 나아가 생부에게 제한 없는 친생부인권을 인정하는 입법례도 있는데(슬로베니아혼인가족법 제99조. 다만 법률상의 부가 자녀의 신분등록부에 기록된 날부터 1년이 경과하면 생부의 친생부인권은 소멸한다. 그리스민법도 이와 유사한 태도를 취하고 있다. 그리스민법 제1469조 제5호, 제1470조 제5호. 즉 자녀의 모가 임신시기에 남편과 별거 중이었으며, 생부로 추정되는 자가 자녀의 모와 그 무렵 지속적으로 성적교섭을 가진 경우에는, 생부로 추정되는 자는 자녀가 출생한 날부터 2년 내에 친생부인권을 행사할 수 있다), 이런 나라들에서는 생부의 친권부인권 행사에 있어서 법률상의 부와 자녀 사이에 실질적인 부자관계가 존재하는가의 여부는 고려되지 않는다. 한 걸음 더 나아가 생부가 기간의 제한 없이 친생부인권을 행사할 수 있도록 허용하는 입법례도 있다(노르웨이친자법 제6조).

3. 혈연진실주의와 '친생추정이 미치지 않는 자(子)'의 법리

(1) 문제의 소재

위에서 본 바와 같이 아내가 혼인 중에 임신, 출산한 자녀는 그 남편의 친생자로 추정되므로, 출생과 동시에 그 사이에 부자관계가 발생한다.[26] 설령 아내가 제3자와의 관계에서 자녀를 임신하여 출산하였다고 해도 이러한 친생추정의 효과에는 변함이 없다. 다만 이와 같이 혈연의 진실에 반하는 부자관계가 성립한 경우에는 원칙적으로 자녀의 모 또는 그 남편만이 친생부인의 소를 제기할 수 있고, 친생부인판결이 확정되면 자녀의 출생시로 소급하여 부자관계가 소멸하게 된다. 따라서 아내가 혼인 중에 임신, 출산한 자녀와 그 남편 사이에 혈연관계가 없다고 해서 처음부터 아예 부자관계가 발생하지 않는 것은 아니다. 그런데 이와

내에 친생부인권을 행사할 수 있는데, 법률상의 부와 자녀 사이에 실질적인 친자관계가 존속하는 중에도 이 기간의 진행은 정지되지 않는다(독일민법 제1600조 제1항 2문). 따라서 생부가 자신과 자녀 사이에 생물학적인 친자관계가 있음을 알게 되었으나, 법률상의 부와 자녀 사이에 실질적인 친자관계가 존재하고 있었고 이 관계가 2년 이상 지속된 때에는 생부는 친생부인권을 행사할 기회를 갖지 못한다.

23) 자녀와 생부 사이에 5년간 실질적인 부자관계(신분점유)가 존속한 경우에는 생부의 친생부인권은 소멸한다(프랑스민법 제333조 제2항). 각주 12 참조.

24) 생부는 자신과 자녀 사이에 부자관계가 있음을 안 날부터 1년 내에 친생부인권을 행사할 수 있으나, 자녀와 생부 사이에 실질적인 부자관계(신분점유)가 존속하는 동안에는 친생부인권을 행사할 수 없다. 각주 13 참조.

25) 국내에서도 이와 유사한 입장이 해석론으로 주장되고 있다. 정구태, 친생추정의 한계 및 친생부인의 소의 원고적격, 법학연구 제26권 제1호(2015), 131면. 이 논문에서는 '사회적 친자관계'라는 용어를 쓰고 있다; 권재문, 친생자관계의 결정기준(2011), 7면은 '사회적 친자관계'를 "혈연관계가 없는 사람들 사이에 부모와 자녀로서의 정서적 유대와 생활의 실태가 형성되어 있고 사회적으로도 친자관계로 인식되고 있는 상태"라고 정의한다.

26) 법원행정처, 「법원실무제요 가사 〔II〕」, (2010), 58면, 61면 이하, 66면; 윤진수 편집대표, 주해친족법(권재문 집필부분) 제1권(2015), 565면.

같이 혈연과 일치하지 않는 부자관계가 성립한 경우에 모 또는 그 남편만이 친생부인의 소를 제기할 수 있도록 제한하는 현행법에서는 불합리한 결과가 발생할 가능성을 배제할 수 없다. 자녀의 복리를 위하여 혈연과 일치하지 않는 부자관계를 소멸시킬 필요가 있는 경우에도 모 또는 그 남편이 친생부인의 소를 제기하지 않는다면, 현행 법규정상으로는 부자관계를 소멸시킬 방법이 없기 때문이다(예를 들어, 생부가 인지의 의사를 가지고 자녀를 양육하고 있는 경우에도 모 또는 그 남편이 친생부인의 소를 제기하지 않는다면, 생부는 자녀를 인지할 수 없으므로,[27] 자녀와의 관계에서 부자관계를 형성할 수 없다). 앞에서(Ⅱ. 2.) 자녀 또는 생부에게 제한적으로 친생부인권을 인정해야 할 필요성에 대해서 주장한 이유도 바로 이러한 문제의식에 근거한 것이다.

한편 하급심에서는 이미 1990년대 중반부터 친생추정을 받는 자녀에 대해서도 혈연(유전자형)이 배치되는 경우에 '친생추정이 미치지 않는 자'의 법리를 적용하는 판결이 나타나기 시작했다. '친생추정이 미치지 않는 자'의 경우에는 이해관계인은 누구나 친생자관계부존재확인의 소를 제기할 수 있고 제소기간에도 제한이 없다. 따라서 친생부인권자인 모나 그 남편이 친생부인의 소를 제기하지 않아도 생부(또는 자녀)와 같은 이해관계인은 친생자관계부존재확인의 소를 제기할 수 있으며, 판결이 확정되면 인지를 통하여 생부와 자녀 사이에 부자관계를 창설할 수 있다. 그러므로 위에서 본 예에서와 같이, 생부가 인지의 의사를 가지고 자녀를 양육하고 있으나 자녀의 모 또는 그 남편이 친생부인의 소를 제기하지 않는 경우에도, 생부는 스스로 친생자관계부존재확인의 소를 제기할 수 있고,[28] 판결이 확정되면 자녀를 인지하여 부자관계를 창설할 수 있다. 따라서 이러한 사안에 국한해 본다면 혈연(유전자형)이 배치되는 경우에 '친생추정이 미치지 않는 자'의 법리를 적용하여 문제를 해결하는 실무의 태도는 자녀의 복리에 부합한다는 점에서 일단 긍정적으로 평가할 수 있을 것이다. 그러나 사안에 따라서는 혈연(유전자형)이 배치되는 경우에 '친생추정이 미치지 않는 자'의 법리를 제한 없이 적용할 경우 또 다른 문제를 야기할 수 있다는 점에서 신중한 검토가 필요하다고 생각된다. 아래에서는 우선 '친생추정이 미치지 않는 자'의 법리가 대법원 판례에서 원래 어떠한 사안에 적용되어 왔는가에 대해서 간략히 서술하고, 최근 하급심 실무에서 혈연(유전자형)이 배치되는 경우에 이 법리가 어떻게 활용되고 있으며, 이로 인하여 또 어떤 문제점이 나타나고 있는가에 대해서 살펴본다. 이어서 아내가 혼인 중에 임신하여 출산한 자녀와 그 남편 사이에 혈연(유전자형)이 배치되는 경

27) 다만 제855조의2에 따른 예외가 있다.

28) 예를 들면, 대전가정법원 2017. 2. 16. 2016드단55628 판결.

우에 혈연진실주의, 자녀의 복리, 가정의 평화 등 다양한 법익을 조화시킬 수 있는 해결방안을 모색해 본다.

(2) '친생추정이 미치지 않는 자'에 관한 대법원 판례

아내가 혼인 중에 임신, 출산한 자녀는 남편의 자녀로 추정되며(제844조 제1항), 이를 번복하기 위하여서는 자녀의 모 또는 그 남편이 친생부인의 소를 제기하여(제846조, 제847조) 확정판결을 받는 것이 원칙이다. 판례는 친생자의 추정을 받는 자녀에 대해서 친생부인의 소가 아니라 친생자관계부존재확인의 소를 제기하는 것은 부적법하다고 본다.[29] 다만 이에 대한 예외로서 아내가 혼인 중에 자녀를 임신, 출산하여 형식적으로는 그 남편의 친생자라는 추정을 받는 경우에도, 사실상의 이혼 상태와 같이 동거의 결여로 인하여 객관적으로 아내가 남편의 자녀를 임신할 수 없는 상황에서 자녀를 출산한 경우에는 친생추정이 미치지 않는 것으로 해석하고 있다.[30] '친생추정이 미치지 않는 자(친생자의 추정이 미치지 않는 혼인중의 출생자)'에 대해서는 이해관계인(예컨대 자녀, 생부, 형제자매 등)은 누구나 친생자관계부존재확인의 소를 제기할 수 있으며, 소를 제기할 수 있는 기간에도 원칙적으로 제한이 없다.[31]

판례에 따르면 '친생추정이 미치지 않는 자의 법리'는 부부가 별거하여 객관적으로 아내가 남편의 자녀를 임신하는 것이 불가능한 상황에서 출산한 자녀에 대해서만 적용되는 것이므로, 이러한 사정없이 단지 아내가 낳은 자녀와 그 남편 사이에 혈연(유전자형)이 배치된다는 이유만으로는 '친생추정이 미치지 않는 자'의 법리를 적용할 수 없다. 따라서 이러한 경우에는 친생부인의 소를 제기하여야 하며, 친생자관계부존재확인의 소에 의하여 친생자관계의 부존재확인을 구하는 것은 부적법하다고 본다.[32]

---

29) 대법원 1992. 7. 24. 91므566 판결.

30) 대법원 1983. 7. 12. 82므59 전원합의체 판결.

31) 다만 "당사자의 일방이 사망한 때에는 그 사망을 안 날로부터 2년 내에 검사를 상대로 하여 소를 제기할 수 있다"(제865조 제2항)는 제한이 있을 뿐이다. 자세한 내용은 김주수·김상용, 친족상속법(2018), 337면 참조.

32) 대법원 2012. 10. 11. 2012므1892 판결: 피고(아들)의 모는 남편 A와의 혼인 중에 피고를 임신, 출산하였다. 피고의 모는 피고를 출산한 후 2년쯤 지난 시점에서 남편 A와 이혼하였다. 이혼 후 피고의 양육은 A가 맡았으며, A는 원고와 재혼한 후에도 계속해서 피고를 양육하였다. A는 원고와 약 50년간 혼인관계를 유지하다가 사망하였다. 원고는 A의 사망 후 피고를 상대로 친생자관계부존재확인의 소를 제기하였다(유전자검사 결과 피고(아들)와 A 사이에는 친생자관계가 성립할 수 없다는 결과가 나왔다). 1심(수원지방법원 2011. 8. 12. 2010드단17939 판결)과 항소심(수원지방법원 2012. 4. 10. 2011르2031 판결)은 친생자관계부존재확인청구를 인용하였으나, 대법원은 종래의 판례에 따라 각하하였다.

(3) 하급심의 동향

대법원 판례와 달리, 하급심에서는 부자간에 혈연(유전자형)이 일치하지 않는다는 이유로 '친생추정이 미치지 않는 자'의 법리를 적용한 판결이 적지 않게 발견된다.[33] 그러나 다른 한편으로는 대법원 판례에 따라 혈연(유전자형)이 배치된다는 사정만으로는 친생추정이 미치지 않는 것으로 볼 수 없다는 하급심 판결도 나오고 있다.

1) 혈연(유전자형)이 배치되는 경우에 '친생추정이 미치지 않는 자'의 법리를 적용한 사례

① 서울가정법원 2016. 9. 21. 2015르1490 판결: 피고(자녀)의 모는 원고(전 남편)와 혼인 중에 피고를 임신, 출산하였다. 원고는 피고를 자신의 친생자로 출생신고를 하고 16년간 양육해왔으나, 이혼을 계기로 친생자관계부존재확인의 소를 제기하였다(유전자검사에서 원고와 피고 사이에는 유전학적으로 부자관계에 있다고 볼 수 없다는 결과가 나왔다). 이 판결에서 법원은 혈연(유전자형)이 배치되는 경우에도 친생추정이 미치지 않는다는 법리를 전개하며 친생자관계가 존재하지 않음을 확인하였다.[34]("동서의 결여로 부의 자를 포태할 수 없는 것이 외관상 명백한 사정이 있는 경우에 그 추정이 미치지 않는다고 해석하면서도, 이와 달리 보다 더 과학성 및 객관성이 담보되는 유전자검사 등에 의하여 부의 자가 아니라는 점이 명백히 밝혀진 경우까지 그 추정이 미친다고 할 합리적인 이유가 없는 점 등을 종합하면, 부부 사이의 동서의 결여뿐만 아니라 유전자형 배치의 경우에도 친생자 추정의 효력은 미치지 않는다고 봄이 타당하다.")

② 창원지방법원 2015. 4. 10. 2014드단21841 판결: 피고 1(자녀)의 모는 피고 2(남편)와 혼인 중에 원고(생부)와의 혼외관계에서 피고 1을 임신, 출산하였다. 피고 1은 모와 피고 2 사이에서 출생한 자녀로 출생신고가 이루어졌으며, 이 판결이 선고될 때까지 모와 피고 2가 양육하고 있다. 원고는 자신이 피고 1의 생부라고 주장하면서 피고들 사이에 친생자관계가 존재하지 않음을 확인하는 소를 제기하였다(유전자검사 결과 원고와 피고 1 사이에 친생자관계가 성립하는 것으로 판명되었다). 이에 대해서 피고 2는 "피고 1은 혼인 중에 포태되어 자신의 친생자로 추정되므로, 친생부인에 의하여만 부자관계가 해소될 수 있어 피고들 사이의 친

33) 서울가정법원 2014. 5. 14. 2013드단306810 판결; 서울가정법원 2015. 7. 21. 2014드단310144 판결; 서울가정법원 2016. 9. 21. 2015르1490 판결 등.

34) 다만 이 사안에서는 모의 남편과 자녀 사이에 친생자관계는 존재하지 않지만 양친자관계가 성립한 것으로 보고, 파양사유가 없다는 이유로 모의 남편이 제기한 친생자관계부존재확인의 소를 각하하였다.

생자관계부존재확인을 구하는 원고의 청구는 부적법하다"고 주장하였다. 그러나 이 판결에서 법원은 부자간에 혈연(유전자형)이 배치되는 경우에 친생추정이 미치지 않는다는 법리를 전개하면서 친생자관계부존재확인청구를 인용하였다("유전자검사 결과 원고와 피고 1 사이에 친생자관계가 성립함은 앞서 본 바와 같아 피고 2의 피고 1에 대한 친생추정은 깨졌다 봄이 상당하므로 피고 1의 생부인 원고가 피고들 사이에 친생자관계부존재 확인을 구하는 이 사건 청구는 적법하고, 피고 2의 위 주장은 이유 없다.").

2) 혈연(유전자형)이 배치되는 경우에 '친생추정이 미치지 않는 자'의 법리를 배척한 사례

① 서울가정법원 2018. 6. 20. 2018드단2458 판결: 원고(자녀)의 모는 피고(전 남편)와 혼인 중에 원고를 출산하였으며, 피고가 원고를 모와 자신 사이에서 출생한 자녀로 출생신고를 하였다. 원고는 출생 후 45년이 지난 시점에서 부자간에 생물학적으로 친생자관계가 없다는 이유로 친생자관계부존재확인의 소를 제기하였다(2016년 11월경 실시한 유전자검사에서 원고와 피고 사이에 친생자관계가 성립하지 않는다는 결과가 나왔다). 그러나 이 판결에서 법원은 종래의 대법원 판례에 따라 "모가 당시 원고(자녀)를 포태할 수 없는 것이 외관상 명백한 사정이 있었다는 예외적인 사유에 대한 주장 및 입증이 없는 상태에서 유전자형 배치만으로 원고와 피고 사이의 친생추정이 번복된다고 할 수 없"다는 이유로 친생자관계부존재확인의 소를 각하하였다.

② 서울가정법원 2018. 6. 8. 2017드단329576 판결: 원고(모)는 피고 1(전 남편)과 혼인 중에 피고 2(자녀)를 출산하여, 피고 2는 가족관계등록부에 원고와 피고 1의 자녀로 기록되었다. 원고는 피고 2가 출생한 지 약 20년이 지난 시점에서 피고 1과 피고 2 사이에 유전자형이 배치된다는 이유로 친생자관계부존재확인의 소를 제기하였다(유전자검사에서 피고들 사이에 친생자관계가 성립하지 않는다는 결과가 나왔다). 이 판결에서도 법원은 "모(원고)가 당시 자녀를 포태할 수 없는 것이 외관상 명백한 사정이 있었다는 예외적인 사유에 대한 주장 및 입증이 없는 상태에서 유전자형 배치만으로 원고와 피고 사이의 친생추정이 번복된다고 할 수 없"다는 이유로 친생자관계부존재확인의 소를 각하하였다.

(4) 정 리

1) 혼인관계의 파탄 또는 해소를 전제로 혈연진실주의를 우선하는 경향

1990년대 이후 혼인관계가 파탄되거나 해소된 사안에서 부자간에 혈연(유전자

형)이 배치되는 경우에도 친생추정이 미치지 않는다는 법리를 적용하여 친생자관계부존재확인청구를 인용한 하급심 판결이 상당수 발견된다.[35] 이미 혼인관계가 파탄되거나 해소된 경우에는 가정의 평화라는 법익의 보호가 더 이상 문제되지 않으므로, 혈연진실주의를 우선하여 법률상의 부와 자녀 사이에 혈연(유전자형)이 배치되는 경우에도 친생추정이 미치지 않는 것으로 해석하고 친생자관계부존재확인청구를 인용하는 것으로 보인다.[36] 그러나 위에서 소개한 서울가정법원 2015르1490 판결에서와 같이 혼인관계는 이미 해소되었지만, 자녀의 복리(자녀의 지위 안정)라는 또 다른 법익의 보호가 문제되는 사안도 있을 수 있다.[37] 또한 자녀가 성년이 되어 많은 재산을 가진 생부를 상대로 인지청구를 할 목적으로 자신을 양육해준 법률상의 부에 대해서 친생자관계부존재확인청구를 하는 경우와 같이 신의칙에 반하여 일방적으로 부자관계를 소멸시키려는 사례도 있을 수 있다. 이렇게 본다면 혈연(유전자형)이 배치되는 경우에도 친생추정이 미치지 않는 것으로 보는 법리는 혼인관계가 파탄 또는 해소되었을 뿐만 아니라, 친생자관계부존재확인청구가 인용되더라도 자녀의 복리를 침해하지 않고 부자관계를 훼손하지 않는 경우에만 제한적으로 적용되어야 할 것으로 생각된다. 혼인관계가 파탄되거나 해소되었다고 해서 다른 법익에 대한 고려 없이 단지 혈연(유전자형)이 배치된다는 이유로 친생자관계부존재확인청구를 인용하는 것은 또 다른 법익의 침해 문제를 낳을 수 있기 때문이다.

한편 하급심에서 반드시 혼인관계가 파탄되거나 해소된 사안에서만 부자간에 혈연(유전자형)이 배치되는 경우에도 친생추정이 미치지 않는 것으로 보는 법리가 적용되는 것은 아니다. 위에서 본 창원지법 2014드단21841 판결에서와 같이 부

35) 서울가정법원 1995. 5. 30. 94드61789 판결 등.

36) 해석론으로는 김주수, 친생부인의 소와 친생자관계부존재확인의 소에 관한 일고찰, 법률연구 제3집(1983), 268면 참조.

37) 이 판결에서는 이러한 문제를 해결하기 위하여 친생자관계가 존재하지 않음을 확인하는 한편, 양친자관계의 성립을 긍정하고 파양사유가 없다는 이유로 친생자관계부존재확인의 소를 각하하였으나, 이론구성에 문제가 없는 것은 아니다. 이 사안에서 피고인 자녀는, 대법원 판례에 따르면 남편의 친생자로 추정되어 출생이라는 사실 그 자체로서 남편의 혼인중의 자의 신분을 가지므로, 그와 별도로 허위의 친생자출생신고에 의한 양친자관계의 성립여부를 따질 필요도 없다. 나아가 이 판결에서처럼 부자간에 혈연(유전자형)이 배치되는 경우에 친생추정이 미치지 않는다고 하면서, 입양의 실질적 요건이 갖추어져 있다면 출생신고에 의해서 '친생추정이 미치지 않는 자'와 그 모의 남편 사이에 양친자관계가 성립한다고 보는 것은 이론적으로 문제가 있다. '친생자의 추정이 미치지 않는 자'는 혼인중의 출생자의 신분을 갖는데(따라서 부부의 혼인중의 출생자로 출생신고를 하게 되며, 출생신고서와 가족관계등록부의 부(父)란에는 모의 남편이 기록된다), 현행법상 자신의 혼인중의 자를 입양하는 것은 가능하지 않기 때문이다(가족관계등록예규 제130호 참조). 따라서 이 판결과 같은 사안에서는 부자간에 혈연이 배치된다는 이유로 친생추정이 미치지 않는다고 전제하고, 다만 양친자관계의 성립을 인정할 수 있기 때문에 친생자관계부존재확인의 소를 각하한다는 법리를 전개하기보다는, 처음부터 대법원 판례에 따라 친생추정을 받는 것으로 해석하여 동일한 결론에 도달하는 편이 무리가 없었을 것으로 생각된다.

부의 혼인관계가 존속하고 있고 그 가정에서 자녀를 양육하고 있는 사안에서도 부자간에 혈연(유전자형)이 배치된다는 이유로 제3자(생부)가 제기한 친생자관계부존재확인청구를 인용한 사례도 있다. 부자간에 혈연(유전자형)이 배치되는 경우에도 친생추정이 미치지 않는 것으로 해석하는 법리가 하급심에서 별다른 제한 없이 적용될 경우, 더욱 혈연진실주의에 경도된 판결이 나올 가능성도 배제할 수 없다고 생각된다.

2) 청구인의 범위와 제소기간

부자간에 혈연(유전자형)이 배치되는 경우에도 친생추정이 미치지 않는다고 보는 하급심 판결에 따르면, 이해관계인은 누구나 부자간에 혈연(유전자형)이 배치된다는 이유로 친생자관계부존재확인의 소를 제기할 수 있으며, 소를 제기할 수 있는 기간에도 원칙적으로 제한을 받지 않는다. 따라서 친생부인소송과 비교해 볼 때 청구인의 범위가 크게 확대될 뿐만 아니라, 사실상 제척기간의 제한도 받지 않는 결과로 이어진다. 실제로 하급심 판결 중에는 생부(창원지법 2014드단21841 판결), 자녀(서울가정법원 2002드단53028), 오빠(서울가정법원 2014드단310144 판결), 법률상의 부(父)와 재혼한 처[38](서울가정법원 2018르31218; 수원지방법원 2011르2031 판결)와 같이 친생부인의 소를 제기할 수 없는 사람들이 친생자관계부존재확인의 소를 제기하여 인용된 사례가 있다. 또한 자녀의 출생 후 생물학적으로 부자관계가 없다는 사실을 안 날부터 10년 이상 지난 시점에서 친생자관계부존재확인의 소를 제기하는 경우도 적지 않게 볼 수 있다.[39](예를 들면, 서울가정법원 2018르31218 판결은 자녀의 출생 후 생물학적으로 부자관계가 없다는 사실을 안 날부터 약 20년이 경과한 후에 제기된 친생자관계부존재확인청구를 인용하였다: 또한 서울가정법원 2018르31287 판결도 부자간에 혈연관계가 없다는 사실을 안 날부터 약 18년이 경과한 후에 제기된 친생자관계부존재확인청구를 인용한 바 있다)

이와 같은 하급심의 태도는 사안에 따른 구체적 타당성을 구현하기 위한 시도로서 선해될 수 있는 여지가 있다고 본다. 그러나 이러한 하급심의 태도에 문제가 있다는 점도 함께 지적되어야 할 것이다. 자녀가 친생추정을 받는 경우에 부와 혈연(유전자형)이 배치된다면 친생부인소송에 의해서 부자관계를 소멸시키는 것이 원칙이다. 그런데 위에서 본 하급심의 태도에 따르면 부자간에 혈연(유전자형)이 배치되는 경우에도 친생추정이 미치지 않는 것으로 해석하여 친생자관계부

---

38) 법률상의 부(父)와 재혼한 처가 제기한 친생자관계부존재확인청구를 인용한 하급심판결은, 법률상의 부와 재혼한 처에게 친생부인의 소의 원고적격이 없다고 판단한 대법원판례(대법원 2014. 12. 11. 2013므4591 판결)와도 충돌된다.

39) 친생부인의 소는 그 사유가 있음을 안 날부터 2년 내에 제기하는 것이 원칙이다(제847조 제항).

존재확인청구를 인용할 수 있다. 이로부터 친생부인의 소를 제기할 수 없는 사람들이 친생자관계부존재확인소송을 통하여 사실상 친생부인의 소를 제기한 것과 동일한 효과를 얻는 결과가 발생한다. 또한 친생부인의 소를 제기하는 경우에 마주치게 되는 제척기간의 제한도 간단히 회피할 수 있다. 이와 같은 하급심 판결의 태도는 현행법상 친생추정제도와 친생부인제도의 입법취지를 상당부분 상실시키는 결과로 이어지고 있다고 해도 과언이 아니다.

외국의 입법례와 비교해 보면 위의 하급심 판결이 취하는 법리의 문제점이 보다 명확히 드러난다. 외국에도 아내가 혼인 중에 출산한 자녀는 그 남편의 친생자의 신분을 가지고, 출생과 더불어 그 사이에 부자관계가 발생하는 것으로 정하는 입법례가 많다.[40] 부자간에 혈연(유전자형)이 배치되는 경우에는 일정한 범위의 사람들이 친생부인의 소를 제기할 수 있으며, 판결이 확정되면 부자관계는 소급적으로 소멸한다. 그런데 외국의 입법례를 보아도 친생부인의 소를 제기할 수 사람은 보통 부, 모,[41] 자녀, 생부[42]로 한정되어 있으며, 소를 제기할 수 있는 기간에도 제한이 있음을 알 수 있다. 위에서 본 하급심 판결이 취하는 법리에 따르면 부자간에 혈연(유전자형)이 배치되는 경우 부, 모, 자녀, 생부는 물론 형제자매, 부와 재혼한 처 등 다양한 이해관계인이 기간의 제한 없이 친생자관계부존재확인의 소를 제기할 수 있다. 부자간에 혈연(유전자형)이 배치된다고 해서 이렇게 넓은 범위의 사람들에게 제척기간의 제한도 없이 부자관계의 존부를 다툴 수 있도록 허용하는 것은 비교법적으로 보아도 유례를 찾기 어렵다.[43] 우리 민법은 친생추정을 받는 자녀에 대해서는 원칙적으로 모와 모의 남편만이 친생부인의 소를 제기할 수 있도록 함으로써 외국의 입법례에 비하여 청구인의 범위를 오히려 제한하는 태도를 취하고 있다.[44] 그러나 위에서 본 하급심 판결이 취하는 법리에 따르면 우리나라는 그 어느 나라보다도 넓은 범위의 사람들에게 사실상 친생부인

---

40) 김상용, 친생추정에 관한 2017년 개정민법 규정의 문제점, 법학논문집, 제42집 제1호(2018), 183면 이하 참조.

41) 모에게 친생부인권을 인정하지 않는 입법례도 있다(예컨대, 오스트리아민법, 스위스민법 등)

42) 생부에게는 친생부인권을 제한적으로 인정하는 입법례가 많다. 위의 Ⅱ. 2. (2) 참조.

43) 예를 들어 수원지방법원 2011르2031 판결을 보면, 아내가 혼외관계에서 낳은 자녀를 그 남편이 자신의 혼인중의 자로 출생신고를 하고 계속 양육하였으며, 사망할 때까지 50년 이상 실질적인 부자관계를 유지하여 왔음을 알 수 있는데, 남편과 재혼한 처가 남편의 사망 후 그 자녀를 상대로 친생자관계부존재확인의 소를 제기하였다. 이와 같은 사안이 프랑스에서 있었다면, 출생증명서에 상응하는 사실상의 부자관계(신분점유)가 5년 이상 계속되었기 때문에 누구도 그 부자관계를 다툴 수 없다(프랑스민법 제333조 제2항). 독일민법에서도 남편과 재혼한 처에게는 원고적격이 없기 때문에 애초에 부자관계를 다투는 소를 제기할 수 없다. 생부에게는 제한된 범위에서 원고적격이 인정되지만, 위 판결에서와 같이 실질적인 부자관계가 발생, 유지된 사안에서는 친생부인의 소를 제기할 수 없다. 이러한 외국의 입법례에 비추어 보아도 위의 판결이 얼마나 혈연주의에 경도되어 있는가를 알 수 있다.

44) 이러한 입법태도의 문제점과 한계에 대해서는 위에서 이미 언급하였다.

권을 인정하는 것과 같은 결과에 도달하였다고 할 수 있다. 이와 같이 법규정과 하급심 판결이 괴리되는 현상이 발생하는 것은 법적 안정성의 측면에서 결코 바람직하다고 볼 수 없다. 이어서 이 문제에 대한 해결방안에 대해서 모색해 본다.

3) 대 안

하급심에서 부자간에 혈연(유전자형)이 배치되는 경우에 친생추정이 미치지 않는 것으로 보아서 친생자관계부존재확인청구를 인용하는 경향이 확산된 원인 중 하나는 민법상 친생부인의 소를 제기할 수 있는 원고의 범위가 모와 모의 남편으로 제한되어 있다는 점과 무관하지 않은 것으로 보인다. 친생추정을 받는 자녀의 경우에는 원칙적으로 모 또는 그 남편만이 친생부인의 소를 제기하여 부자관계를 소멸시킬 수 있게 되어있다 보니, 원고적격을 가진 두 사람이 소를 제기하지 않거나 제기할 수 없는 경우에는 객관적으로 보아서 혈연에 반하는 부자관계를 소멸시킬 필요가 있는 사안(예를 들어 자녀의 복리를 위해 혈연에 반하는 부자관계를 소멸시키고 생부가 인지를 할 필요가 있는 경우)에서조차도 아무런 조치를 취할 수 없는 상태가 발생하였기 때문이다. 이렇게 본다면 부자간에 혈연(유전자형)이 배치되는 경우에 친생추정이 미치지 않는 자의 법리를 적용한 하급심 판결은 친생부인권자의 범위를 상대적으로 좁게 규정하고 있는 현행법의 한계를 보완하려는 시도로 평가할 수도 있다. 그러나 위에서 본 바와 같이 실정법과 하급심 판결이 괴리되는 현상이 지속되는 것은 결코 바람직하지 않을 뿐만 아니라, 명확한 기준이 확립되어 있지 않은 상태에서 위와 같은 법리를 만연히 적용하다 보면 법관에 따라 각각 다른 결론의 판결이 나올 수도 있어서 법의 예측가능성을 떨어뜨리는 문제도 생길 수 있다. 이런 점들을 고려해 볼 때 이 문제는 궁극적으로 입법을 통해서 해결되어야 할 것으로 보인다.

하나의 대안으로, 현행법상 친생부인권자로 규정되어 있는 모와 모의 남편 이외에 자녀와 생부에게 제한적인 범위 내에서 친생부인권을 인정하는 방안을 생각해 볼 수 있을 것이다.[45] ⅰ) 부모의 혼인관계가 이미 파탄되거나 해소되어 가정의 평화가 더 이상 문제 되지 않는 경우,[46] ⅱ) 자녀의 복리를 위해서 필요한 경우,[47] ⅲ) 이미 성립되어 상당한 기간 존속되어 온 실질적인 부자관계를 훼손할 우려가 없는 경우[48]에 한정하여 자녀 또는 생부로 하여금 친생부인의 소를 제기

45) 위의 Ⅱ. 2. 내용 참조.

46) 이준영, 자신의 血統에 대한 子의 알 權利와 親生子關係, 가족법연구 제14호(2000), 이런 경우에 자녀에 대해서 친생부인권을 인정하는 것이 타당하다고 한다(106면). 반면에 생부에게 친생부인권을 인정하는 것은 정당하다고 볼 수 없다는 입장이다(110면).

47) 특히 자녀와 생부 사이에 이미 사실상의 양육과 공동생활을 통하여 실질적인 부자관계가 발생한 경우.

할 수 있도록 허용한다면,[49] 위와 같은 하급심 판결의 법리를 굳이 무리하게 적용하지 않더라도 부자간에 혈연(유전자형)이 배치되는 사안에 탄력 있게 대응하여 구체적 타당성을 구현할 수 있을 것으로 기대된다.

한편 부자간에 혈연(유전자형)이 배치되는 경우에 친생추정이 미치지 않는 것으로 해석하여 친생자관계부존재확인의 소를 제기할 수 있다고 보는 하급심 판결의 법리에 따르면 소를 제기할 수 있는 기간이 사실상 제한되지 않는다는 문제가 있는데, 자녀와 생부에게 친생부인권을 인정한다면 그에 상응하여 제척기간도 함께 규정되어야 할 것이다. 생부의 경우에는 현행법상 친생부인권자인 모, 모의 남편과 동일하게 그 사유 있음을 안 날(친생추정을 받는 자녀와 생부 사이에 생물학적인 부자관계가 있음을 안 날)부터 2년 내에 친생부인의 소를 제기할 수 있도록 하고,[50] 자녀의 경우에는 미성년자인 동안에 법정대리인이 친생부인의 소를 제기하지 않았다면 성년이 된 후 그 사유 있음을 안 날(부자간에 혈연관계가 없다는 사실을 안 날)부터 2년 내에 친생부인의 소를 제기할 수 있도록 기간을 제한할 필요가 있을 것이다.[51]

---

48) 법률상의 부와 자녀 사이에 양육과 공동생활을 통하여 실질적인 부자관계가 발생하였으나, 그 후 사실상 교류가 단절된 경우(예를 들어 자녀가 성년이 된 후 부자간에 교류가 단절되었고, 그 후 자녀가 부자간에 유전자형이 배치된다는 사실을 알게 된 경우)에는 자녀가 친생부인의 소를 제기할 수 있다고 볼 것인가? 법률상의 부가 미성년자녀에 대한 양육의 책임을 이행하여 실질적인 부자관계가 성립된 경우라면, 특별한 사정이 없는 한(예를 들어 부가 자녀에 대해서 범죄행위를 한 경우 등) 자녀가 성년이 된 후 단순히 교류가 단절되었다는 사정만으로는 친생부인의 소를 제기할 수 없다고 보아야 할 것이다.

49) i), ii), Ⅲ)의 요건을 모두 갖출 것을 요구하는 것은 아니다. 예를 들어 부모의 혼인관계가 유지되고 있다고 해도 자녀의 복리를 위하여 법률상의 부자관계를 소멸시킬 필요가 있다면(예컨대 법률상의 부가 자녀를 학대하는 경우) 자녀의 친생부인청구를 인용하여야 할 것이다. 반면에 부모의 혼인관계가 파탄되거나 해소된 경우라고 해도 자녀의 복리가 침해될 우려가 있다면 생부의 친생부인청구는 각하되어야 할 것이다.

50) 물론 생부가 그 사유 있음을 안 날부터 2년이 경과하기 전이라고 해도, i) 부모의 혼인관계가 원만하게 유지되고 있는 경우, ii) 친생부인판결에 의해서 부자관계를 소멸시키는 것이 자녀의 복리에 반하는 경우, iii) 이미 성립되어 있는 실질적인 부자관계를 훼손할 우려가 있는 경우 등에는 친생부인의 소를 제기할 수 없다고 규정하여야 할 것이다. 그러므로, 예를 들어, 생부가 그 사유 있음을 안 날부터 2년 내에 친생부인의 소를 제기하였으나, 그 기간에 자녀의 모와 그 남편 사이의 혼인관계가 원만하게 유지되고 있을 뿐 아니라, 자녀와 모의 남편 사이에 실질적인 부자관계가 발생하였다면, 그 소는 각하되어야 할 것이다. 만약 생부가 그 사유 있음을 안 날부터 2년이 경과한 후에 자녀와 법률상의 부 사이에 실질적인 부자관계가 소멸하였다면 생부의 친생부인청구는 인용될 수 있을 것인가. 독일민법은 이런 경우에도 생부의 친생부인권은 제척기간의 경과로 소멸되었으므로, 생부가 친생부인의 소를 제기하는 것은 허용되지 않는다는 입장을 취한다(독일민법 제1600b조 제1항 2문.). 프랑스민법의 태도 역시 이와 유사하다(출생증명서에 상응하는 신분점유가 5년 이상 계속된 경우에는 누구도 친생부인의 소를 제기할 수 없다. 프랑스민법 제333조 제2항).

51) 독일민법 제1600b조 제3항 참조. 물론 자녀가 친생부인의 소를 제기할 때에도 위의 각주 50에 열거되어 있는 제한을 받는 것으로 규정되어야 할 것이다.

4. 인공수정으로 출생한 자녀와 혈연진실주의

남편에게 불임의 원인이 있어서 부부가 제3자의 정자를 제공받기로 합의하고, 이에 따라 인공수정의 방법으로 자녀를 임신, 출산한 경우에도 그 자녀는 모의 남편의 친생자로 추정되어, 그 사이에 법률상의 친자관계가 발생한다. 그러나 이 경우에는 자녀와 모의 남편 사이에 혈연관계가 존재하지 않는 것이 명백하므로, 모의 남편이 친생부인권을 행사할 수 있는가의 문제가 제기될 수 있다(나중에 부부가 이혼하는 경우에 남편 또는 자녀의 모가 친생부인의 소를 제기하는 사례가 있다). 또한 이런 경우에는 부자간에 혈연(유전자형)이 배치되는 것이 명백하므로, 위(Ⅱ. 3. (3))에서 본 하급심 판결에서와 같이 친생추정이 미치지 않는 것으로 보아서 친생자관계부존재확인의 소를 제기할 수 있는가의 문제도 제기될 수 있다. 이에 관하여는 현행법에 명문의 규정이 없으나, 학설과 실무는 인공수정에 동의한 남편이 후에 변심하여 친생부인권을 행사하는 것은 신의칙에 반하는 행위로서 허용될 수 없다는 태도를 취하고 있다(서울고등법원 1986. 6. 9. 86르53 판결; 서울가정법원 2011. 6. 22. 2009드합13538 판결; 서울가정법원 2016. 9. 21. 2015르1490 판결 등; 그러나 이와 다른 태도를 취한 판결도 보인다. 예를 들어 수원지방법원 2016. 4. 20. 2015드단509211 판결은 "무정자증인 피고(전남편) 아닌 다른 남성의 정자를 이용한 인공수정으로 사건본인들을 출산하였다. 따라서 사건본인들은 남편의 친생자가 아님이 명백하다"는 이유로 친생부인청구를 인용하였다). 또한 부부의 협의에 따라 인공수정으로 출생한 자녀의 경우에는 단순히 부자간에 혈연(유전자형)이 배치된다는 사정만으로는 친생추정이 미치지 않는 것으로 볼 수 없으므로, 친생자관계부존재확인청구를 할 수 없다고 해석된다(다만 이에 대해서는 다른 태도를 취한 하급심 판결도 있다. 서울가정법원 2002. 11. 19. 2000드단53028 판결은, 남편이 생식불능인 경우 민법 제844조에 의한 친생추정의 범위에 들어가지 않는다는 이유로 친생자관계부존재확인청구를 인용하였다. 이 판결은 "민법상의 친생자관계의 존부는 자연적 혈연관계의 기초로 정해지는 것이고, 이는 당사자 사이의 의사와는 무관하게 결정되는 것이어서" 비록 부부가 장차 태어날 자녀에 대하여 "서로 친자로 인정하기로 합의하였다고 하더라도 그로 인하여 친생자 아닌 자가 친생자로 인정될 수 없는 것이다"라고 설시하여 혈연진실주의의 입장에서 판단하고 있다).

제3자의 정자를 제공받아 출생한 자녀의 경우에는 생부(정자제공자)로부터의 임의인지를 기대할 수 없을 뿐만 아니라, 생부를 찾아 인지청구를 하는 것도 사실상 불가능하므로, 친생부인청구를 인용하여 법률상의 부자관계를 소멸시킨다면, 자녀의 입장에서는 평생 법률상의 부 없이 살아가야 한다(양육비청구를 할 수도 없고, 상속의 기회도 박탈된다). 부부가 합의하여 제3자의 정자를 제공받아 자녀를 출산한 후에 혈연관계가 없다는 이유로 친생부인의 소(또는 친생자관계부존재확인의 소)를 제기하여 부자관계를 소멸시키는 것이 허용된다면, 이는 인공수정으로 출생한 자녀의 복리에 반하는 결과를 초래한다는 점에서 심각한 문제가 있다. 하급심 판결을 보면 이 문제에 대하여 법리가 명확하게 정리되어 있지 않음을 알 수 있는데, 이러한 실무의 혼선은 판결의 예측가능성을 떨어뜨리고 자녀의 복리에 반하는 결과로 이어질 수 있다. 궁극적으로는 인공수정으로 출생한 자녀의 법적 지위에 관하여 명문을 규정을 마련할 필요가 있다고 생각된다.[52)]

비교법적으로 고찰해 보아도 인공수정자에 관한 명문의 규정을 둔 입법례가 상당수 있음을 알 수 있다. 대부분의 나라에서는 부부의 협의로 제3자의 정자를 제공받아 자녀가 출생한 경우 자녀를 포함하여 누구도 친생부인권을 행사할 수 없다(오스트리아민법 제148조 제3항, 스위스민법 제256조 제3항, 벨기에민법 제318조 제4항, 프랑스민법 제311－20조 제2항, 그리스민법 제1471조 제2항 등). 따라서 이러한 나라들에서는 자녀도 생부를 상대로 인지청구를 할 수 없다. 유일한 예외는 독일인데, 독일에서는 제3자의 정자를 이용하여 자녀가 출생한 경우 모나 법률상의 부는 친생부인권을 행사할 수 없는 반면, 자녀에게는 친생부인권의 행사가 허용된다(독일민법 제1600조 제5항). 따라서 독일에서는 자녀가 친생부인권을 행사하여 법률상의 부자관계를 소멸시킨 후 정자제공자(생부)를 상대로 인지청구를 하는 것도 가능하다(다른 나라들과는 달리 독일에서는 정자제공자의 익명성이 보장되지 않는다).[53)]

52) 이른바 '대리모계약'으로 자녀가 출생한 경우에도 자녀를 출산한 대리모와 난자제공자 중에서 누가 자녀의 법률상의 모가 되는가의 문제가 제기된다. 혈연의 진실에 따른다면 난자제공자를 법률상의 모로 보아야 하겠지만, 대부분의 입법례는 자녀를 출산한 모를 법률상의 모로 규정한다(예를 들면 독일민법 제1591조, 오스트리아민법 제143조, 스위스민법 제252조 제1항, 네덜란드민법 제198조 등). 우리나라의 학설과 판례(대법원 1967. 10. 4. 67다1791 판결)도 법률상의 모자관계는 출산에 의하여 당연히 발생하는 것으로 본다. 최근에는 대리모가 출산한 자녀에 대해서 이러한 법리를 적용한 하급심 결정이 나오기도 하였다(서울가정법원 2018. 5. 9. 2018브15 결정).

53) Helms, Die Stellung des potenziellen biologischen Vaters im Abstammungsrecht, FamRZ 2010, 1/4; BGH FamRZ 2015, 642; Löhnig/Plettenberg, Künstliche Fortpflanzung im deutschen Recht, in: Dutta/Schwab/Henrich/Gottwald/Löhnig(Hrsg.), Künstliche Fortpflanzung und europäisches Familienrecht(2015), S. 16.

Ⅲ 자녀의 친생부모를 알 권리

1. 양자의 친생부모를 알 권리

(1) 입양특례법 개정 이전에 입양된 양자의 경우

우리 사회에서 자녀를 입양시키는 친생부모 중에는 입양 사실이 비밀로 남기를 원하는 경우가 적지 않다(자녀를 입양시키는 친생부모의 상당수가 미혼모라는 점에 비추어 보면 이러한 사정은 쉽게 이해될 수 있다). 이러한 친생부모의 의사를 존중한다면 친생부모의 익명성과 입양의 비밀을 보장해 주는 것이 타당하다고 볼 수 있다. 반면에 성년이 된 양자 중에는 자신의 친생부모가 누구인지 알고 싶어 하는 경우가 적지 않다. 친생부모의 익명성 보장(사생활 보호)과 양자의 친생부모를 알 권리가 충돌하는 경우에 이 두 가지 이익을 동시에 모두 충족시킬 수 있는 대안을 찾는다는 것은 사실상 불가능하다.

우리 가족법에 있어서 양자의 친생부모를 알 권리의 실현 가능성은 2011년 입양특례법 개정[54] 전후에 따라 큰 차이가 있다. 입양특례법이 개정 전의 「입양촉진 및 절차에 관한 특례법」과 구별되는 중요한 차이점은 입양신고제가 입양허가제로 바뀌었다는 것이다(제11조).[55] 법원에서 입양의 허가 여부를 심판하는 입양허가제가 도입되기 전에는 출생신고를 거치지 않고 입양될 아동을 기아로 처리하여 입양을 시키거나(국외입양의 경우) 양부모가 될 사람이 아동을 인도받아 자신의 친생자로 허위의 출생신고를 하는 것(국내입양의 경우)이 관행상 별 어려움 없이 이루어져왔다. 따라서 그 당시에는 부모(예를 들면 미혼모)가 있는 경우에도 출생신고를 하지 않은 상태에서 입양이 이루어지는 경우가 많았기 때문에 호적이나 가족관계등록부(2008년 이후)에 친생부모에 대한 기록이 남지 않았다. 다만 입양을 알선한 기관에 친생부모에 관한 기록이 남아 있는 경우가 있었을 뿐이다(물론 그 기록이 양자의 친생부모를 알 수 있을 정도로 충분하다는 보장은 없다). 따라서 입양허가제 도입 이전에 입양된 양자가 성년이 되어 자신의 친생부모를 찾고자 하는 경우에는 입양기관에 문의를 할 수밖에 없었는데, 입양기관에서는 친생부모의 사생활 보호 등을 이유로 입양과 관련된 정보를 쉽게 공개하지 않아서 갈등이 발생하는 경우가 적지 않았다.

입양특례법은 이러한 문제를 해결하기 위하여 하나의 기준을 제시하였다(제36

---

54) 법률 제11007호, 2011. 8. 4. 전부개정, 시행일 2012. 8. 5.

55) 2012년에 개정된 민법(법률 제11300호, 2012. 2. 10, 시행일 2013. 7. 1.)도 법원의 입양허가를 입양성립의 요건으로 규정하였다(제867조 제1항).

조). 우선 양자는 중앙입양원(입양특례법에 의해서 설립된 법인으로 양자 및 그 가족에 관한 정보를 통합적으로 수집, 관리하는 것 등을 주요 업무로 한다. 제26조) 또는 입양기관에 자신과 관련된 입양정보의 공개를 청구할 수 있다. 양자가 친생부모에 관한 정보의 공개를 청구한 경우에는 중앙입양원 또는 입양기관의 장은 친생부모의 동의를 받아 정보를 공개하여야 한다.[56] 따라서 친생부모가 자신에 대한 정보의 공개에 동의하지 않은 경우에는 중앙입양원의 장 등은 친생부모의 동일성을 확인할 수 있는 정보(입양 당시의 성명, 생년월일, 주소, 연락처 등. 입양특례법 시행령 제13조)를 양자에게 제공할 수 없다. 다만 친생부모의 동일성 확인과 관계가 없는 정보(예컨대 친생부모의 연령, 출신지역, 학력 등에 관한 정보 등)는 동의가 없어도 제공할 수 있다. 또한 양자의 치료를 위하여 필요한 경우와 같이 의료상 목적 등 특별한 사유가 있는 경우에는 친생부모의 동의 여부와 관계없이 입양정보를 공개할 수 있다.

친생부모의 정보공개에 관한 입양특례법 규정은 '친생부모의 익명성 보장(사생활 보호)'과 '양자의 친생부모를 알 권리'의 조화를 추구한 것으로 평가할 수 있으나, 친생부모가 동의하지 않는 경우에는 양자의 친생부모를 알 권리는 결국 실현될 수 없다는 한계가 있다.

(2) 입양특례법 개정 이후 입양된 양자의 경우

입양특례법에 의해서 입양된 양자는 민법상 친양자의 지위를 갖는다(제14조). 민법상 친양자 제도는 2005년 민법개정에 의하여 도입되어 2008년부터 시행되고 있는데, 양친의 친생자와 같은 신분을 가진다는 의미에서 친양자라고 한다. 따라서 친양자는 양친의 성과 본을 따르게 되고, 가족관계증명서나 기본증명서 등에도 양자라는 사실이 기록되지 않는다. 친양자 입양은 친양자입양관계증명서에 기록되는데, 친양자는 성년이 되면 친양자입양관계증명서의 교부를 신청할 수 있다.[57] 이에 따라 친양자로 입양된 사람은 만 19세가 되면 친양자입양관계증명서를 발급받을 수 있고, 거기에 기재되어 있는 친생부모의 성명, 주민등록번호 등을 확인할 수 있다. 이로써 입양특례법에 의하여 입양된 양자의 경우에는 친생부

56) 입양기록보유기관의 장은 친생부모의 동의 여부를 확인하기 위하여 필요한 경우에는 주민등록·가족관계등록·출입국 등 관련 전산망 또는 자료를 관장하는 관계기관의 장에게 친생부모의 소재지 등을 확인해 줄 것을 요청할 수 있다. 이 경우 입양기관의 장은 중앙입양원의 장을 통하여 요청하여야 한다(입양특례법 시행령 제15조 제5항).

57) 가족관계등록법은 입양가정의 사생활 보호를 위하여 친양자입양관계증명서의 교부를 청구할 수 있는 경우를 한정적으로 열거하고 있다(가족관계등록법 제14조 제2항). 1. 친양자가 성년이 되어 신청하는 경우 2. 혼인당사자가 민법 제809조의 친족관계를 파악하고자 하는 경우 3. 법원의 사실조회촉탁이 있거나 수사기관이 수사상 필요에 따라 문서로 신청하는 경우 4. 그 밖에 대법원규칙으로 정하는 경우.

모를 알 권리가 완전히 실현될 수 있게 되었다. 반면에 친생부모의 입장에서는 입양의 비밀, 친생부모의 익명성은 길어도 19년 동안만 보장된다. 입양특례법 개정 이후 미혼모 등 자신의 인적 사항을 밝히고 싶지 않은 친생모들이 입양을 기피하고 베이비박스 등에 영아를 두고 가는 사례가 증가했다는 주장은 이러한 배경에서 나온 것이다.

위에서 이미 언급했듯이, 친생부모의 익명성 보장과 자녀의 친생부모를 알 권리를 모두 완벽하게 만족시키는 대안을 모색하는 것은 사실상 불가능해 보이는데, 다른 나라에서는 이 문제에 대해서 어떻게 접근하고 있는가에 대해서 살펴본다.

2. 익명의 출산과 친생부모를 알 권리 – 외국의 입법례[58)]

(1) 독 일

1) 베이비박스와 익명의 출산

1999년부터 2010년까지 독일에서는 약 1,000명의 아동이 베이비박스에 맡겨지거나 병원에서 친생모의 익명하에 출생한 것으로 추산된다(이 중 익명의 출산으로 태어난 아동이 약 2/3, 베이비박스에 맡겨진 아동이 1/3 정도 된다고 한다.[59)] 정부 차원의 공식적인 통계는 존재하지 않는다). 베이비박스에 맡겨진 아동이나 산모가 병원에서 익명으로 출산한 아동에 대해서는 출생신고가 이루어지지 않는 사례가 있으며, 이러한 경우에는 기아로 처리되어 친생부모에 대한 기록이 남지 않는 것이 현실이다.[60)] 따라서 이러한 경우에는 자녀의 친생부모를 알 권리는 실현되기 어렵다. 이러한 방식으로 아동의 출생신고를 하지 않는 것이 법에 위반된다는 비판이 제기되고 있지만,[61)] 영아살해나 영아유기 등을 방지한다는 명분으로 설치된 베이비박스나 익명의 출산을 보장하는 병원에 대한 법적인 제재는 사실상 이루어지지 않고 있다. 그 동안 독일에서는 베이비박스와 익명의 출산을 합법화하려는 입법적 시도가 몇 차례 있었으나, 자녀의 친생부모를 알 권리를 침해한다는 이유로 번번이 좌절되었다고 한다.[62)]

---

58) 독일과 프랑스의 익명출산에 관하여는 필자의 논문, 베이비박스와 익명의 출산, 법학연구 제54권 제4호(2013), 318면 이하에서 소개한 바 있다.

59) Coutinho/Krell, Anonyme Geburt und Babyklappen in Deutschland - Fallzahlen, Angebote, Kontexte, Hrsg. Deutsches Jugendinstitut e.V. (2011), S. 11f.

60) Deutscher Ethikrat, Das Problem der anonymen Kindesabgabe - Stellungnahme(2009), S. 36ff; Ulrike Riedel, Rechtliche Fragen zu Babyklappen und anonymer Geburt, Krankenschwester(2006), 5ff.

61) 베이비박스가 현행 독일법에 위반된다는 점에 대해서 학계에서는 이론(異論)이 없다고 한다. Frank, Reformdiskussion um die Babyklappe, StAZ(2012), 290f.

2) 베이비박스와 익명의 출산을 대체하는 제도의 마련 – 신뢰출산(vertrauliche Geburt)

독일에서는 베이비박스와 익명출산의 문제를 해결하기 위하여 새로운 제도(신뢰출산)를 마련하였으며,[63] 2013년 6월에 의회에서 통과되어 2014년 5월 1일부터 시행되고 있다. 이에 따르면 임신한 여성이 원하는 경우에는 병원에서 익명(가명)으로 출산이 가능하다. 이 경우에는 자녀의 출생등록부에 친생모의 가명만이 기록되므로, 친생모의 익명성이 보장된다(따라서 자녀의 출생증명서를 보아서는 친생모를 알 수 없다). 친생모의 신상에 관한 정보(성명, 주소 등)는 별도의 봉투에 밀봉되어 국가기관(Das Bundesamt für Familie und zivilgesellschaftliche Aufgabe)[64]으로 이송되어 그곳에서 보존되며, 자녀는 16세가 되면 그 봉투에 담긴 친생모에 대한 인적 사항을 열람할 수 있다(봉투의 표면에는 친생모의 가명, 자녀의 출생 장소와 일시, 아기를 출산한 의료기관 등을 기록한다).[65] 그러나 친생모는 자녀가 15세가 되면(즉 자녀가 친생모에 관한 정보를 열람할 수 있게 되기 1년 전부터) 자신의 신상에 관한 정보의 열람을 반대한다는 의사를 표시할 수 있다.[66] 이런 경우에는 가정법원은 비밀(익명성) 유지에 관한 친생모의 이익이 자녀의 친생부모를 알 권리 보다 더 보호되어야 할 만한 특별한 사정이 있는가를 고려하여, 자녀에게 친생모에 관한 정보의 열람을 허용할 것인가의 여부를 결정한다.[67]

이 제도가 도입된 이후 2017년 상반기까지 345명의 자녀가 신뢰출산의 방식으로 태어났다고 한다.[68] 신뢰출산제도는 베이비박스와 익명의 출산을 대체할 목적으로 도입된 것이지만, 그 이후에도 베이비박스는 당국의 묵인 하에 존속하고 있다. 또한 산모가 아무런 신상정보도 남기지 않고 병원에서 자녀를 출산할 수 있는 익명의 출산도 계속해서 행하여지고 있다.[69]

---

62) Wiesner-Berg, Anonyme Kindesabgabe in Deutschland und der Schweiz(2009), S. 400ff. 참조.

63) Gesetz zum Ausbau der Hilfen für Schwangere und zur Regelung der vertraulichen Geburt vom 28. 8. 2013. BT-Drucks. 17/12814; BT-Drucks. 17/13062; BT-Drucks. 17/13391; BR-Drucks. 214/13.

64) 연방가족부의 산하기관으로 가족, 여성, 청소년, 노인 등의 보호와 지원업무를 담당하고 있다.

65) § 31 Abs. 1. Gesetz zur Vermeidung und Bewältigung von Schwangerschaftskonflikten (Schwangerschaftskonfliktgesetz - SchKG).

66) § 31 Abs. 2. SchKG.

67) § 32 SchKG.

68) ZEIT ONLINE 2017. 7. 12; 2016년 9월까지는 249명의 아기가 신뢰출산의 방식으로 태어났다. Bericht der Bundesregierung zu den Auswirkungen des Gesetzes zum Ausbau der Hilfen für Schwangere und zur Regelung der vertraulichen Geburt. BT-Drucks. 13/13100, S. 5.

69) WELT 2017. 4. 15. "Drei Jahre vertrauliche Geburt: Ist die Babyklappe noch nötig?"

(2) 프랑스

프랑스에서는 익명의 출산이 합법화되어 있어서(프랑스민법 제326조, 제341－1조) 친생모는 자신의 신상에 관한 어떠한 기록도 남기지 않고 아이를 남겨둔 채 병원을 떠날 수 있다(프랑스에서는 임신한 여성이 출산 전에 공공의료시설이나 개인병원에 입원하여 익명을 요구하는 경우, 입원비와 출산비는 전액 사회보조금으로 지출된다.[70] 이와 같은 경우에는 병원에서 산모 개인의 신상에 관하여 기록할 수 없다.[71] 이렇게 태어난 자녀는 친생모의 입양 승낙이 있는 경우 아동보호시설로 옮겨져 국가의 후견을 받게 되며, 2개월이 경과하면 입양절차를 밟게 된다.[72]). 익명의 출산이 이루어진 경우에도 아동에 대한 출생신고는 이루어지지만 친생모에 대해서는 어떠한 사항도 기록되지 않는다(프랑스민법 제57조 제1항. 다만 병원에서는 친생모에 대하여 익명성이 침해되지 않는 한도에서 본인, 생부의 신상과 익명으로 출산하게 된 제반사정 등에 관한 정보가 밀봉된 봉투를 아이에게 남길 것을 권유한다.[73]). 오늘날에도 프랑스에서는 매년 약 500에서 600명의 아동이 친생모의 익명하에 출생하는 것으로 보고되고 있으며, 이와 같이 익명출산으로 태어나 친생부모를 알지 못하고 살아가는 사람이 약 40만명에 이르는 것으로 추산되고 있다.[74](체코공화국,[75] 룩셈부르크에서도 프랑스와 같이 익명의 출산이 합법화되어 있다)

프랑스에서 모가 익명의 출산을 선택한 경우, 자녀의 입장에서는 나중에 자신

---

70) Art. L. 222-6 Ⅱ, Ⅴ C.a.s.f.(Code de l'action sociale et des familles). 또한 임신여성은 출산 전에 언제든지 출산을 돕기 위하여 지정된 시설에 입소하여 국가의 비용으로 필요한 의료서비스와 심리 상담을 받을 수 있다(Art. L. 222-6 Ⅱ, Ⅲ, Ⅴ C.a.s.f.).

71) Art. L. 222-6 Ⅰ, Ⅳ C.a.s.f. 다른 환자들과의 관계에서는 가명을 사용함으로써 익명성을 보장하도록 배려하며, 산모의 의사에 따라 전화연락과 방문도 금지하거나 산모가 동의한 특정인에 대해서만 허용할 수 있다.

72) Art. L. 224-4 Nr. 1(1°) C.a.s.f.

73) Art. L. 224-5 Ⅱ Nr. 4° C.a.s.f.; 2002년 법개정으로 친생모가 자신의 성명 등 인적 사항이 담긴 밀봉된 봉투를 남기는 것이 가능하게 되었으며(강제되는 것은 아니다), 이 봉투는 국가심의회(Conseil national)에 보관된다. 친생모가 익명성을 철회하는 경우 자녀는 봉투에 들어있는 친생모의 인적 사항을 열람할 수 있으며, 이로써 자녀의 친생부모를 알 권리가 실현될 수 있다(Art. L. 224-7 C.a.s.f.). 국가심의회는 자녀와 친생모 사이에서 연결하는 역할을 수행한다. 예컨대 자녀가 국가심의회에 친생모의 인적 사항을 열람하고 싶다는 신청을 하는 경우에는 국가심의회는 친생모에게 연락하여 익명성을 철회할 의사가 있는가의 여부를 타진할 수 있다(Art. L. 147-6 C.a.s.f.).

74) Frank, Die unterschiedliche Bedeutung der Blutverwandtschaften im deutschen und französischen Familienrecht, FamRZ 1992, 1365/1368f.; Frank/Helms, Rechtliche Aspekte der anonymen Kindesabgabe in Deutschland und Frankreich, FamRZ 2001, 1340/1343f.; Deutscher Ethikrat, Das Problem der anonymen Kindesabgabe - Stellungnahme(2009), S. 50ff.; http://de.wikipedia.org/wiki/Anonyme Geburt; 매년 600-700명이 익명출산으로 태어난다는 통계도 있다. Agnès Leclair, Dans le secret des mères qui accouchent sous X, Lefigaro, 2011. 9. 21.

75) Hrusakova, Anonyme und geheimgehaltene Mutterschaft in der Tschechischen Republik - Utopie oder Realität?, in: Perspektiven des Familienrechts, Festschrift für Dieter Schwab(2005), S. 1401ff.

의 친생부모를 찾을 수 있는 어떠한 정보도 받을 수 없으므로 자녀의 친생부모를 알 권리는 실현될 수 없다.[76](지금도 프랑스에서는 해마다 5월이 되면 익명의 출산으로 태어난 사람들이 모여서 '익명출산'을 폐지하라는 시위를 한다고 한다. 반면에 입양부모들은 '익명출산'을 지지하는 반대집회를 연다고 한다.[77])

(3) 정 리

현재 우리 사회의 여러 가지 사정을 종합하여 볼 때 미혼모 등 자신의 인적사항을 밝히고 싶지 않은 친생모의 익명성을 보장하여야 할 필요성은 부정하기 어렵다고 생각된다. 또한 개인주의와 자유주의가 발달하여 혼인외의 출산이 사회적으로 아무런 문제가 되지 않는 독일이나 프랑스와 같은 사회(2016년 현재 독일에서 혼인외의 자의 출생비율은 35.5%에 이르며, 프랑스에서는 이미 59.7%에 이르고 있다[78])에서도 익명의 출산에 대한 수요가 여전히 존재하는 것을 볼 때 우리 사회에서 익명의 출산을 보장할 필요성은 상대적으로 더 크다고 할 수 있을 것이다. 문제는 어떠한 방법으로 어느 범위에서 친생모의 익명성을 보장하여야 하는가이다. 베이비박스와 같이 부모가 아무런 정보를 남기지 않고 아기를 두고 가는 방식이나 프랑스의 익명출산과 같이 병원에서 아기를 출산하지만 역시 아무 정보를 남기지 않아도 되는 출산 방식(독일에서도 이런 방식의 익명출산이 사실상 행하여지고 있음은 위에서 본 바와 같다)에서는 자녀의 친생부모를 알 권리가 보호받지 못한다. 독일에서 최근에 도입한 신뢰출산은 친생모의 익명성과 자녀의 친생부모를 알 권리를 조화시키려는 시도라고 평가할 수 있으나, 이 역시 자녀의 친생부모를 알 권리를 완벽하게 실현시킬 수 없다는 한계를 안고 있다.

익명출산은 친생모의 사생활과 자기결정권을 존중한다는 측면도 있지만, 보다 본질적으로는 자녀의 생명과 건강을 보호한다는 성격이 더 강하다고 볼 수 있다. 그렇다면 자녀의 친생부모를 알 권리와 자녀의 생명권을 비교형량하여 어느 범위에서 자녀의 친생부모를 알 권리를 보장할 것인가의 한계를 정하는 것이 필요하다고 본다. 익명의 출산을 통하여 아동의 생명과 건강을 보호하는 것이 가능하다고 본다면, 그러한 목적을 실현하기 위하여 필요한 한도에서 자녀의 친생부모를 알 권리가 제한되는 것은 불가피한 선택일 수도 있다.

---

76) 2003년 2월 13일 유럽인권법원은 프랑스법의 익명출산규정이 유럽인권협약 제8조의 사생활 및 가족생활보호규정에 위반되지 않는다고 판단하였다. 자세한 내용은 안문희, 프랑스법의 익명출산제도, 중앙법학 제15집 제4호(2013), 215면 이하 참조.

77) Deutscher Ethikrat, Das Problem der anonymen Kindesabgabe - Stellungnahme(2009), S. 51.

78) OECD Family Database(http://www.oecd.org/els/family/database.htm), Share of births outside of marriage(Updated: 29-11-2018); euronews, "More and more babies born outside of marriage in the EU," 2018. 8. 10.

Ⅳ 맺 음 말

부모와 자녀의 관계는 일반적으로 출산 또는 입양에 의해서 발생한다. 부부의 혼인 중에 출산에 의해서 친자관계가 발생하는 경우에는 혈연에 의한 친자관계와 법률상의 친자관계가 일치하는 것이 일반적이며, 가족법도 이것을 원칙으로 정하고 있다. 그러나 출산에 의하여 성립된 법률상의 부자관계가 혈연과 일치하지 않는 경우도 있을 수 있는데, 이러한 경우를 대비하여 민법에는 친생부인제도가 마련되어 있다. 우리 민법에 따르면 원칙적으로 모와 모의 남편만이 친생부인의 소를 제기할 수 있는데, 이는 혈연진실주의뿐만 아니라 가정의 평화나 자녀의 복리와 같은 다른 법익도 함께 고려하여야 한다는 입법자의 의사가 반영된 결과라고 할 수 있다. 이와 같은 현행법의 태도는 그 기본 방향에 있어서는 타당한 것으로 평가할 수 있으나, 자녀와 생부에 대해서 어떤 경우에도 친생부인권을 인정하지 않는 경직된 규정체계로 말미암아 구체적인 사안에 따라서는 불합리한 결과를 야기할 수도 있다. 자녀와 생부에게 친생부인권을 인정하지 않는 현행법의 태도는 가정의 평화와 자녀의 복리(양육을 통하여 형성된 실질적인 부자관계의 보호, 자녀의 지위 안정)를 보호하려는 취지로 이해되므로, 자녀나 생부가 친생부인의 소를 제기해도 가정의 평화와 자녀의 복리가 침해되지 않는 사례에 있어서는 예외적으로 친생부인권을 인정해도 무방할 것으로 보인다.

최근에 하급심에서는 부자간에 혈연이 배치되는 경우에도 '친생추정이 미치지 않는 자'의 법리를 적용하는 사례가 증가하고 있는데, 이러한 해석론이 제한 없이 관철되는 경우에는 현행 친생추정제도와 친생부인제도의 존재이유가 상실될 우려가 있다는 점에서 신중한 접근이 필요하다. 부자간에 혈연(또는 유전자형)이 배치되는 경우에도 친생추정이 미치지 않는 것으로 본다면, 이해관계인은 누구나 기간의 제한 없이 친생자관계부존재확인의 소를 제기할 수 있게 된다. 따라서 현행 민법이 친생추정제도와 친생부인제도를 통하여 지키고자 하는 가정의 평화나 자녀의 복리와 같은 법익은 더 이상 보호될 수 없다. 나아가 부부가 협의하여 제3자의 정자를 제공받아 자녀를 출산한 경우에도 부자간에 혈연(유전자형)이 배치되므로 친생자관계부존재확인의 소를 제기할 수 있다는 해석이 가능하다. 물론 하급심에서도 이와 같이 불합리한 결론을 피하기 위하여 혈연(유전자형)이 배치되는 경우에 '친생추정이 미치지 않는 자'의 법리를 제한적으로 적용하고 있는 것으로 보이지만, 법리적용에 있어서 일관성이 결여되어 있다는 비판을 피하기는 어렵다고 생각된다. 혈연(유전자형)이 배치되는 경우에 '친생추정이 미치지 않는 자'

의 법리를 적용할 필요성은 주로 미성년자녀의 복리를 위하여 인정될 수 있다(예를 들어 모가 혼외관계에서 자녀를 출산한 후 소재불명이 된 경우에 생부로서는 자녀를 양육하고 있어도 출생신고를 할 방법이 없는데, 모의 남편과 자녀 사이에 혈연이 배치되므로 친생추정이 미치지 않는다는 이유로 친생자관계부존재확인의 소를 제기하여 판결이 확정되면 출생신고가 가능하다. 대전가정법원 2017. 2. 16. 2016드단55628 판결). 그러나 위에서 본 바와 같이 자녀와 생부에게 일정한 요건하에 친생부인권을 인정한다면 굳이 이런 사례에서 '친생추정이 미치지 않는 자'의 법리를 무리하게 적용해야 할 필요도 없어질 것이다.

가족법에 있어서 혈연의 문제는 자녀의 친생부모를 알 권리와도 관계가 있다. 자녀가 자신과 혈연으로 연결된 친생부모의 가정에서 성장하는 경우에는 '친생부모를 알 권리'는 자연스럽게 실현되어 문제가 되지 않는다. 그러나 어린 시절에 입양되어 양친의 가정에서 성장한 양자의 경우에 '친생부모를 알 권리'가 어느 수준에서 실현되어야 할 것인가는 법정책적으로 결정되어야 할 문제이다. 이 경우 자녀의 친생부모를 알 권리와 친생모의 익명성 보장(사생활 보호)이라는 대립하는 법익을 모두 만족시키는 대안을 찾는다는 것은 사실상 불가능하다. 우리 사회에서 개정 입양특례법 시행 이후에 입양된 양자의 경우에는 '친생부모를 알 권리'가 완전히 실현될 수 있게 되었지만, 입양의 비밀과 익명성의 유지를 원하는 친생모들이 입양을 기피하는 경향이 확산되고 있다는 비판도 동시에 제기되고 있다. 이러한 사회분위기에서 베이비박스에 영아를 두고 가는 사례도 계속 이어지고 있는데(서울에 설치되어 있는 베이비박스에 들어온 아동의 수는 지난 10년간 1,500여명에 이른다.[79]), 이러한 경우에는 친생부모에 대한 공식적인 정보가 남지 않아서 자녀의 친생부모를 알 권리는 사실상 실현되기 어렵다. 베이비박스를 철거하는 것이 현실적으로 가능하지 않다면, 익명의 출산을 제도화하는 방안에 대해서 진지하게 고민해 볼 시점에 이르렀다고 생각된다. 익명성의 보장을 원하는 임신여성에게 의료서비스와 상담을 제공하고, 친생모의 동일성을 확인할 수 있는 인적 사항을 기록하여 보관하되, 자녀가 성년이 되어 정보의 공개를 청구하는 경우에는 친생모의 동의를 얻어 정보를 공개하는 방안에 대해서도 논의해 볼 수 있을 것이다. 이러한 대안을 선택하는 경우에는 자녀의 친생부모를 알 권리가 충분히 실현되지 못한다는 비판을 받을 수 있다. 그러나 아무런 대안을 마련하지 못하고 있는 동안에도 베이비박스에는 계속해서 영아들이 들어오고 있으며, 이 아이들에게는 제한된 범위에서조차도 친생부모를 알 권리가 실현되지 못한다는 사실을 기억할 필

---

79) 시사저널, 베이비박스 보고서 "'버려진'게 아니라 '지켜진' 아기다", 2019. 1. 7. 베이비박스 보고서] "'버려진'게 아니라 '지켜진' 아기다"

요가 있다.

우리가족법에 있어서 혈연진실주의는 친자관계의 성립과 존속을 결정짓는 가장 기본적인 요소이지만, 유일한 가치라고는 할 수 없다. 혈연진실주의는 가정의 평화나 자녀의 복리와 같은 다른 법익에 의해서 제한될 수 있다. 우리민법의 친생추정제도와 친생부인제도 역시 이러한 전제에 입각해 있다. 우리가족법에 내재되어 있는 이러한 기본적인 가치관은 '자녀의 친생부모를 알 권리'가 어느 수준에서 실현되어야 할 것인가의 문제를 판단하는 데 있어서도 고려될 수 있을 것이다.

〈법철학연구 제22권 제1호(2019년 4월) 수록〉

제 2 장

친권과 후견에 관한 문제

1. 아동학대방지와 피해아동보호를 위한 친권법의 개정[1)]

I 들어가는 말

우리 사회에서 아동학대와 피해아동보호에 대한 문제의식이 사회적으로 표면화되기 시작한 것은 2000년대에 들어와서라고 할 수 있다.[2)] 그 이전에는 아동학대에 대한 사회적 의식조차 희박했고, 특히 부모에 의한 아동학대는 친권의 행사라는 명분에 가려 거의 문제시되지 않았다. 그러나 2000년대 이후 아동학대사례가 급증하는 추세를 보이고, 학대로 희생된 아동에 대한 언론보도가 이어지면서 아동학대와 피해아동보호는 우리 사회에서 하나의 중요한 이슈로 떠오르기 시작했다.[3)] 이러한 사회 현실에서 아동학대방지와 피해아동의 보호를 위해서 무엇이, 어떻게 개선되어야 할 것인가에 대한 논의가 본격적으로 시작되었으며, 이 논의 과정에서 법학분야도 제외될 수 없었다. 특히 아동학대행위자의 대부분이 부모(친권자)라는 사실과 친권의 남용에 의해서 아동의 복리가 명백하게 침해되는 상황에서도 아동의 보호를 위하여 적절하게 대응할 수 있는 법제도가 미비하다는 점이 지적되었고, 이러한 문제를 해결할 수 있는 구체적인 대안이 모색되기 시작하였다. 이러한 논의는 두 가지 결실로 이어졌는데, 하나는 「아동학대범죄의 처벌 등에 관한 특례법」(법률 제12341호. 2014. 1. 28. 제정. 2014. 9. 29. 시행. 이하 아동학대처벌법이라고 한다)상 피해아동보호명령 제도가 도입된 것이고, 다른 하나는 민법상 친권상실에 관한 규정이 개정되고, 친권의 일시 정지, 일부 제한 등의 제도가 도입된 것이다(법률 제12777호. 2014. 10. 15. 개정. 2015. 10. 16. 시행).

이 논문에서는 우선 아동학대처벌법상 피해아동보호명령이 제정된 경위와 그

---

1) 필자의 은사이신 Rainer Frank 교수님(독일 Freiburg 대학교 법과대학 명예교수)께서 2018년 7월 14일에 80세 생일을 맞이하셨다. 여전히 왕성한 학문적 활동을 하고 계신 Frank 교수님의 건강과 행복을 기원한다(Ich wünsche meinem verehrten Lehrer, Prof. Dr. Rainer Frank, zu seinem 80. Geburtstag alles Gute, viel Glück und weiterhin beste Gesundheit).

2) 2000년에 아동복지법이 개정되어 처음으로 아동학대예방센터가 설치되기 시작하였으며, 아동학대예방센터는 2006년에 아동보호전문기관으로 변경되었다.

3) 2012년에 아동학대방지와 관련된 법률안이 3건 발의된 것은 이러한 사회현상을 반영하는 것이다. 아동학대 방지 및 피해아동의 보호를 위한 법률안(남인순의원 대표발의), 아동학대범죄의 처벌 등에 관한 특례법안(안홍준의원 대표발의), 아동학대 방지 및 피해아동의 보호 · 지원 등에 관한 법률안(정우택의원 대표발의).

의미, 한계에 대해서 살펴보고,[4] 보완이 필요한 부분에 대해서 의견을 개진한다. 이어서 친권상실 등에 관한 개정민법 규정의 문제점을 검토하고, 개선의 방향을 제시한다.

Ⅱ 아동학대처벌법상 피해아동보호명령

1. 제정 경위

(1) 아동학대처벌법상 피해아동보호명령 제도는 '학대피해아동 보호를 위한 사법정책 연구모임(이하 '연구모임'이라고 한다)'에서 연구, 토론한 결과를 기초로 하여 마련되었다. '연구모임'은 '학대피해아동 보호를 위한 사법적 절차 및 제도 개선 방안'을 마련할 목적으로 구성된 비공식적인 모임으로, 각계의 전문가들이 자발적으로 참여하는 형식으로 이루어졌다. 이 연구모임은 2011년 7월부터 2012년에 7월에 걸쳐 약 1년간 8회에 걸쳐 회의를 개최하였으며, 가정법원 판사, 법학교수, 사회복지학 교수, 소아과 및 소아정신과 의사, 국회입법조사관, 변호사, 연구원, 아동보호전문기관 관계자 등이 참여하였다.[5] 이 연구모임에서 논의된 안을 기초로 「아동학대 방지 및 피해아동의 보호에 관한 법률안」이 마련되었는데(남인순 의원 대표발의[6]. 이하 '남인순 의원안'이라고 한다), 법안 제14조(보호조치)에 따르면 가정법원은 직권 또는 아동보호전문기관의 장의 요청에 따라, 피해아동과 아동학대행위자를 분리하는 명령(제1호), 친권행사의 정지명령 또는 후견직무의 정지명령(제2호), 친권자 또는 후견인의 의사표시를 갈음하는 결정(제8호) 등을 비롯하여 그밖에 아동의 보호를 위하여 필요하다고 인정하는 조치(제9호)를 취할 수 있게 되어 있었다(이 법안 제14조(보호조치)의 내용이 후에 아동학대범죄처벌 법 제47조의 피해아동보호명령으로 흡수된다).[7]

---

4) 아동학대처벌법상 피해아동보호명령에는 친권과 직접적인 관련이 없는 것으로 보이는 조치들도 있으나, 구체적인 사안과 관련하여 보면 친권행사의 정지, 제한 등과 연관되어 있는 경우가 많이 있다(예를 들어 아동학대처벌법 제47조 제1항 제1호에 의해서 아동학대행위자인 부모와 자녀를 격리시키는 명령을 한 경우에 친권자인 부모는 자녀의 인도를 청구할 수도 있다. 따라서 이런 경우에는 격리명령과 함께 친권행사의 정지 또는 제한 명령이 병과되어야 한다. 아동학대처벌법 제47조 제2항에 따라 피해아동보호명령은 병과될 수 있는데, 이는 위와 같은 상황에 대처하기 위한 것이다). 따라서 이 논문에서 아동학대처벌법상 피해아동보호명령과 관련된 부분에서는 필요한 한도에서 친권행사의 정지, 제한 이외의 다른 종류의 피해아동보호명령에 대해서도 언급한다.

5) 연구모임의 회의에 참석했던 분들은 30명이 넘는다. 그 중에서 특히 매 회의마다 빠짐없이 참석하여 좋은 의견을 제시해 주신 정승원 부장판사님과 박종택 부장판사님께 감사의 뜻을 표한다.

6) 2012. 11. 15. 발의.

7) 법안 제14조(보호조치) ① 가정법원은 아동의 보호를 위하여 직권 또는 제10조 및 제13조 제2

(2) 이 법안에 대하여 2013. 4. 22. 국회 보건복지위원회에서 공청회가 개최되었는데,[8] 보건복지부와 법무부는 이미 그 전에 법안 제14조(보호조치)에 대하여 분명히 반대하는 입장을 표명한 상태였다.

먼저 보건복지부의 주된 반대 논거는 "가정법원의 수가 너무 적어서 법안 제14조에 따른 보호조치를 감당할 수 없을 것"이라는 내용으로 요약된다. 이에 대해서 공청회에 진술인으로 참여했던 필자는 다음과 같은 취지로 반론을 제기하였다(요지). "2013년 현재 가정법원은 서울, 대전, 대구, 부산, 광주 등 5개시에 설치되어 있고, 가정법원이 없는 곳에서는 가정지원과 지방법원 가사부가 그 역할을 담담하고 있으므로 가정법원의 수가 부족하여 학대피해아동의 보호를 위한 임시보호조치 등을 즉각적으로 취할 수 없다는 것은 근거가 없는 비판임(법령에서 '가정법원'이라고 할 때는 일반적으로 가정지원과 지방법원 가사부 등을 포함하는 것으로 이해되고 있음. 가사소송법 부칙 ＜법률 제4300호, 1990.12.31.＞ 제5조 (관할에 관한 경과조치) ① 이 법 시행 당시 가정법원 및 가정법원지원이 설치되지 아니한 지역에 있어서의 가정법원의 권한에 속하는 사항은 가정법원 및 가정법원지원이 설치될 때까지 해당 지방법원 및 지방법원지원이 이를 관할한다). 현재도 가정법원은 「가정폭력범죄의 처벌 등에 관한 특례법」에 의한 가정보호사건을 처리하고 있고, 소년법에 따른 소년보호사건도 담당하고 있음. 또한 가정법원은 전국적으로 매년 8만건이 넘는 협의이혼 사건을 처리하고 있는데, 이러한 점에 비추어 볼 때 가정법원의 수가 부족하여 제대로 기능하지 못할 것이라는 비판은 설득력이 없음."

그 다음으로 법무부는 다음과 같은 이유를 들어 법안 제14조(보호조치)에 대하여 반대하였다. "보호조치 제도는 민·형사상 요소가 혼재된 독자적인 제도로서 민사·형사를 구별하고 있는 우리 법체계와 조화되지 아니하고, 운영상의 혼란이 가중될 우려가 있으므로 신중한 검토가 필요함." 이에 대하여 필자는 다음과 같은 요지의 반론을 제기하였다. "모든 나라(선진국)의 법체계는 기본적으로 민사와 형사를 구별하고 있음. 그러나 아동학대방지와 관련하여서는 민사와 형사의 엄격한 구분의 경계를 허물고 아동학대방지에 가장 효율적인 법체계를 발전시켜 운용하고 있음. 예를 들어 우리나라의 법체계와 가장 유사하다고 볼 수 있는 대륙법계의 대표적인 국가인 독일에서도 전문아동기관의 연락에 의하여 가정법원

항에 따른 보호조치 요청에 따라 결정으로 다음 각 호의 어느 하나에 해당하는 보호조치를 할 수 있다. 1. 피해아동과 아동학대행위자를 분리하는 명령 2. 친권행사의 정지명령 또는 후견직무의 정지명령 3. 아동이 거주하는 주택에서의 퇴거 및 출입금지명령 4. 아동에 대한 접근금지명령 5. 학대행위자에 대한 상담 또는 교육수강명령 6. 아동의 가정위탁보호조치 또는 아동복지시설 입소조치 7. 피해아동 또는 그 가족에 대한 상담 또는 교육수강명령 8. 친권자 또는 후견인의 의사표시를 갈음하는 결정 9. 그 밖에 아동의 보호를 위하여 필요하다고 인정하는 조치.

8) 「아동학대의 방지 및 피해아동의 보호 관련법」 제정 관련 공청회 자료집 참조.

이 직권으로 남인순 의원안 제14조에 열거되어 있는 각종 보호조치들을 취할 수 있게 되어있음. 민사와 형사를 구별하는 법체계에 얽매이지 않고 선진국에서 이와 같이 새로운 법체계를 발전시킨 이유는 이러한 체계가 아동학대의 방지를 위하여 가장 효율적이라는 정책적 판단에 의한 것임. 아동학대방지에 관한 입법 또는 개정 논의에 있어서 민사, 형사를 구별하는 법체계를 고수해야 한다고 주장하는 것은 구시대적 발상임."

한편 전문위원 검토보고서[9]는 법안 제14조(보호조치)의 취지를 긍정적으로 평가하였다. "아동학대사건은 피해자가 대부분 어린 아동이고, 학대행위자가 친권자 등 법정대리인인 경우가 많아 법정대리인의 보호조치 신청을 기대하기 어렵다는 점을 감안하여 아동학대 업무를 담당하는 아동보호전문기관의 장 또는 수사기관의 장의 요청에 따라 법원의 결정으로 피해자보호조치를 할 수 있도록 하려는 것으로 이해되며, 피해아동의 인권보호 측면에서 제정안의 취지는 타당한 것으로 생각됨."

(3) 위와 같은 반론에도 불구하고 보건복지부와 법무부는 종전의 반대 입장을 그대로 고수하였으며, 그 결과 남인순 의원안은 보건복지위원회에서 폐기되었다 (대안반영폐기. 2013. 6. 20.). 다만 법안 중 일부는 아동복지법 일부개정법률안에 반영되었고,[10] 그 외에 향후 법제사법위원회에서 「아동학대범죄의 처벌에 관한 특례법안」(안홍준 의원 대표발의)을 심의할 때 법안 제14조(보호조치)의 일부 내용을 고려하도록 요청하는 부대의견이 의결되었다.[11]

(4) 2013년 10월 24일 울주에서 또 한명의 아동이 가정 내에서의 학대로 사망하는 사건이 발생하였는데, 이 사건이 우리 사회에 던진 충격은 적지 않았다. 특히 안타까웠던 점은 사망 사건이 발생하기 2년 반 전(2011. 5. 13.)에 이미 유치원 교사가 지역아동보호전문기관에 학대신고를 하였음에도 불구하고 적절한 보호조치가 이루어지지 못하여 아동이 희생되었다는 사실이다. 이를 계기로 정치권에서도 아동학대에 대한 관심이 갑자기 고조되어 국회에 계류되어 있던 아동복지

9) 아동학대 방지 및 피해아동의 보호에 관한 법률안 검토보고서(수석전문위원 김대현, 입법조사관 김안나, 2013. 4.).

10) 예를 들어 아동복지법 제27조의2(아동학대 등의 통보), 제29조의2(아동학대행위자에 대한 상담·교육 등의 권고) 등.

11) 부대의견의 구체적 내용은 크게 두 가지로 나누어진다. 하나는 「아동학대범죄의 처벌에 관한 특례법안」 제20조(가정법원의 피해아동에 대한 보호명령)에서 아동보호전문기관의 장이 가정법원에 피해아동에 대한 보호명령을 청구할 수 있도록 한다는 것이며, 다른 하나는 다음과 같은 세 가지의 피해아동보호명령을 추가한다는 것이다. 가. 아동이 거주하는 주택에서의 퇴거 및 출입금지 명령, 나. 학대 행위자에 대한 상담 또는 교육수강 명령, 다. 피해아동과 아동학대 행위자를 분리하는 명령.

법 일부개정법률안과 「아동학대범죄의 처벌에 관한 특례법안」이 본격적으로 심의되기 시작하였다. 2013년 12월 23일 국회 법사위 법안심사 제1소위원회에서 「아동학대범죄의 처벌에 관한 특례법안」에 대한 간담회가 열렸는데, 필자는 진술인으로 참여하여 아동학대방지체계를 마련함에 있어서 기본적으로 갖추어야 할 중요한 사항과 「아동학대범죄의 처벌에 관한 특례법안」(이하 '특례법안'이라고 한다)에 대한 의견을 진술하였다. 특례법안에 대한 의견은 주로 피해아동보호명령에서 보완되어야 할 점에 집중되었는데(이는 주로 남인순 의원안 제14조의 보호조치에 관한 규정 중에서 누락된 부분을 추가로 반영할 필요가 있다는 주장으로 요약될 수 있다),[12] 구체적인 내용을 간단히 소개하면 다음과 같다.[13]

1) 특례법안에는 피해아동보호명령의 청구권자로서 피해아동, 법정대리인, 변호인이 한정적으로 열거되어 있는데(특례법안 제20조 제1항), 이러한 규정으로는 아동학대의 현실에 대응하기 어렵다. 예를 들어 울주아동학대사망 사건의 경우에 8살이었던 피해아동이 법원에 피해아동보호명령을 청구하는 것은 불가능하고, 학대를 방조하고 있었던 아버지(법정대리인)의 청구도 기대할 수 없다. 또한 피해아동의 보호를 위하여 신속한 조치가 요구되는 급박한 상황에서 피해아동이 변호사의 조력을 받는 경우는 찾아보기 어렵다. 이러한 문제를 해결하기 위해서는 아동보호전문기관의 장을 청구권자의 범위에 포함시키는 것이 필요하다.[14] 아동보호전문기관은 우리나라의 아동학대방지체계에 있어서 1차적으로 아동학대현장에 출동하여 조사와 사례판정 및 응급조치를 담당하게 되어 있다. 이와 같이 초기에 아동학대사건에 개입하게 되는 아동보호전문기관이 직접 가정법원에 보호명령을 청구할 수 있게 된다면, 법원이 피해아동의 보호를 위하여 필요한 조치를 신속하게 취할 수 있게 되어 아동학대의 예방과 2차 학대의 방지에 큰 도움이 될 수 있다.

2) 가정법원이 아동학대를 인지한 경우에는 청구가 없어도 직권으로 피해아동보호명령을 할 수 있어야 한다(특례법안 제20조에 의하면 가정법원은 피해아동, 법정대리인, 변호인의 청구가 없으면 피해아동보호명령을 할 수 없다). 민법에도 가정법원이 미성년자를 위하여 후견적 역할을 해야 하는 경우에 직권으로 개입하여 결정

---

12) 법제사법위원회 회의록(법안심사제1소위원회) 2013년 12월 23일 참조.

13) 자세한 내용은 김상용, 가족법연구 Ⅳ(2014), 71면 이하에 소개되어 있음.

14) 아동학대처벌법이 시행된 후 2016년 통계를 보면 피해아동보호명령 전체 청구건수 368건 중 아동보호전문기관의 장이 청구한 건수가 306건으로 전체의 83% 이상을 차지하고 있음을 알 수 있다(2016 전국아동학대현황보고서 154면). 이 통계로부터, 피해아동보호명령의 청구권자로서 아동보호전문기관의 장이 규정되지 않았다면, 피해아동보호명령은 거의 유명무실한 제도로 전락하였을 것이라는 사실을 알 수 있다.

할 수 있는 경우가 많이 있다(예를 들어 이혼 시 양육사항에 대한 결정(제837조 제3항, 제4항), 친권자 지정(제909조 제4항, 제5항), 후견인 변경(제940조) 등). 또한 가정법원에서 이혼재판을 하거나 소년재판을 할 때 부모에 의한 아동학대의 사실을 인지하게 되는 경우가 많이 있다고 하는데, 이런 경우에는 법원에서 직권으로 신속하게 적절한 조치(접근금지명령, 교육수강명령, 친권행사의 정지 등)를 취하는 것이 필요하다. 따라서 법원이 아동학대사건에 있어서 직권으로 보호명령을 하는 것은 현행법체계와도 모순되지 않으며, 효율적인 아동의 보호를 위해서도 필요하다(특례법안에 따르면 가정법원이 부모에 의한 아동학대를 인지한 경우에도 직권으로는 아무런 조치를 취할 수 없고, 피해아동 등의 청구권자가 피해아동보호명령을 청구할 때까지 기다릴 수밖에 없다).

3) 보건복지위원회 부대의견은 피해아동보호명령에 다음과 같은 명령을 추가할 것을 요청하고 있다(가. 아동이 거주하는 주택에서의 퇴거 및 출입금지명령, 나. 학대행위자에 대한 상담 또는 교육수강명령, 다. 피해아동과 아동학대행위자를 분리하는 명령). 특례법안의 피해아동명령에 이미 접근제한이 있으므로 ‘아동이 거주하는 주택에서의 퇴거 및 출입금지명령’이나 ‘피해아동과 아동학대행위자를 분리하는 명령’을 굳이 따로 두지 않아도 된다는 의견이 있을 수 있다. 그러나 학대현장에서 피해아동과 아동학대행위자를 격리하는 명령과 접근제한명령은 그 성격과 기능이 다르며, ‘아동이 거주하는 주택에서의 퇴거 및 출입금지명령’ 역시 마찬가지다. ‘아동이 거주하는 주택에서의 퇴거 및 출입금지명령’은 아동이 주택에서 계속 거주하는 것을 전제로 하여 학대행위자를 퇴거시키고 다시 들어올 수 없도록 하는 것이므로, 단순한 접근제한과는 구별된다. ‘학대행위자에 대한 상담 또는 교육수강명령’은 얼핏 보면 피해아동보호와 관계없는 것처럼 보이기도 하지만 조금 넓게 생각하면 피해아동의 보호와 밀접한 관련이 있음을 알 수 있다. 학대행위자가 상담이나 교육을 통하여 양육방식을 교정하게 되면, 재학대를 예방할 수 있게 되어 궁극적으로 피해아동을 보호하는 결과가 되기 때문이다. 이와 더불어 학대행위자에 대한 치료명령(의료기관에의 치료위탁)도 함께 규정하는 것이 바람직하다고 생각된다(예컨대, 학대행위자에게 정신질환이 있어서 정신과 치료를 요하는 경우). 법원에서 취할 수 있는 보호조치의 종류를 될 수 있는 대로 다양하게 규정하는 것은 선진국의 입법례에서도 볼 수 있는 현상이다(보호조치의 종류를 다양하게 규정함으로써 법원이 구체적인 상황에 따라 아동의 보호를 위해서 가장 필요하다고 판단하는 적절한 조치를 선택할 수 있도록 하기 위함이다).

4) 특례법안에는 피해아동보호명령의 종류로서 ‘친권자인 아동학대행위자의

피해아동에 대한 친권·양육권의 제한'이 규정되어 있는데(특례법안 제20조 제1항 제7호), 친권행사의 정지를 포함시킬 필요가 있다. 친권행사의 정지란 친권자가 친권을 보유하고 있으나 그 행사가 일시적으로 정지된다는 점에서 친권 자체를 박탈하는 친권상실과 구별되며, 친권상실과 비교하여 볼 때 법원에서도 비교적 부담 없이 취할 수 있는 조치라고 생각된다. 친권의 제한이란 친권자가 친권을 보유하고 있으나 그 중 일부(예컨대 거소지정권, 의료행위에 대한 동의권)의 행사를 정지시키는 것을 말한다. 법률전문가가 아니면 친권제한을 청구할 때 친권을 어느 범위에서 제한시켜야 할 것인가에 대해서 판단하는 데 어려움이 있을 수 있다. 이러한 기술적 어려움을 피하기 위하여 일시적으로 친권행사를 전부 정지시키는 효력을 갖는 친권행사의 정지가 실무상 더 많이 활용될 것으로 예상된다.

2. 아동학대처벌법상 피해아동보호명령 제도의 의의와 한계

특례법 제정을 위한 법사위 간담회에서 제시된 보완 의견 중에 피해아동보호명령에 반영된 내용은 다음과 같다. ⅰ) 피해아동보호명령의 청구권자로서 아동보호전문기관의 장이 규정되었으며, ⅱ) 가정법원이 직권으로 피해아동보호명령을 할 수 있게 되었다. ⅲ) '아동이 거주하는 주택에서의 퇴거명령'과 '피해아동과 아동학대행위자를 분리하는 명령'이 피해아동보호명령에 반영되었고(아동학대처벌법 제47조 제1항 제1호), ⅳ) 친권행사의 정지가 규정되었다(아동학대처벌법 제47조 제1항 제7호). 반면에 '학대행위자에 대한 상담 또는 교육수강명령'은 피해아동보호명령에 포함되지 못하였다.

(1) 의 의

1) 신속한 보호 조치의 실현

아동학대사건에 있어서는 신속하게 조사가 이루어지고, 이어서 사안에 맞는 적절한 보호조치가 이루어지는 것이 매우 중요하다. 신속한 보호조치가 이루어지지 않으면, 아동의 피해가 확대되거나 재학대에 따른 2차 피해가 발생할 수 있기 때문이다. 예를 들어 부모가 자녀를 심각하게 학대하여 일단 분리시킬 필요가 있을 때에는 아동보호전문기관은 아동을 학대행위자인 부모로부터 신속하게 격리하여 일시보호소나 의료기관 등에서 보호와 치료를 받을 수 있게 하여야 한다. 이 경우 아동의 보호에 빈틈이 생기지 않게 하려면 아동보호전문기관이 직접 가정법원에 청구하여 신속하게 부모의 친권행사를 일시적으로 정지시키는 등의 조치가 함께 이루어질 수 있어야 한다. 그렇지 않으면 부모가 친권에 기초하여 아동의 인도를 요구할 수 있고, 이런 경우 아동을 일시 보호하고 있는 아동보호전문기관은 이에 대처할 수 있는 수단이 없기 때문이다. 실제로 피해아동보호명령에 의해서 친권행사를 정지시킬 수 있는 규정이 도입되기 전에는 위와 같은 경우 아동보호전문기관이 친권자의 아동 인도 요구를 거절하지 못하여 그대로 돌려보낸 사례가 있었다(이러한 귀가조치는 결국 2차 학대로 이어졌으며, 그 아동은 사망하였다(자살로 추정됨). 중앙아동보호전문기관 수집사례). 피해아동보호명령 제도가 도입된 이후에는 이런 경우 아동보호전문기관이 학대행위자인 친권자와 아동을 격리시키는 조치를 취한 이후 가정법원에 친권행사의 정지를 청구할 수 있다. 가정법원이 신속하게 부모의 친권행사를 정지시키고,[15] 임시로 후견인의 임무를 수행할 사람을 선임하면,[16] 그 사람이 거소지정권을 행사하게 되므로, 아동이 일시보호소에서 거주하는 것도 법적으로 아무 문제가 없게 된다. 또한 아동이 의료기관에서 치료나 수술을 받아야 하는 경우에도 임시로 후견인의 임무를 수행하는 사람이 동의를 하면 되므로, 부모가 동의를 거부한다고 해도 문제가 되지 않는다.

피해아동보호명령이 아동의 보호를 위하여 기능할 수 있는 또 다른 예로서 아동이 치료를 받아야 하는 상황인데, 친권자가 치료에 대한 동의를 거부하고 있는 경우를 들 수 있다. 예전에는 이런 경우 신속하게 대처할 수 있는 적절한 수단을 찾지 못하여 아동의 복리가 침해되는 사례가 발생하였다.[17] 그러나 아동학대처벌법에 피해아동보호명령의 종류로 '친권자 또는 후견인의 의사표시를 갈음하는 결정'(아동학대처벌법 제47조 제1항 제9호)이 도입된 이후로는 가정법원이 직권 또는 아동보호전문기관의 장의 청구에 따라 의료행위에 대한 친권자의 동의를 갈음하는 결정을 할 수 있게 되었으며,[18] 이로써 친권자가 동의를 거부하더라도 신속하게 필요한 의료시술을 실시하여 아동의 생명과 건강을 구하는 것이 가능하게 되었다.

2) 아동학대방지와 피해아동보호에 있어서 민사적 해결 방안의 도입

남인순 의원안은 아동학대방지와 피해아동보호를 위하여 민사적 차원에서의 해결책을 모색하였다는 점에 특징이 있다.[19] 그 배경에는 모든 아동학대사례가

---

15) 피해아동보호명령은 임시조치로도 할 수 있다. 아동학대처벌법 제52조(피해아동에 대한 임시보호명령).

16) 아동학대처벌법 제47조 제4항 및 제52조 제3항에 의한 제23조의 준용.

17) 서울동부지법 2010. 10. 21. 2010카합2341 결정 등 참조. 이 결정에 대한 판례평석: 이민봉, 자녀에 대한 의료행위에 관한 친권남용 통제, 법조 제61권 제5호(2012. 5.), 233면 이하.

18) 이런 경우에 법원이 피해아동보호명령으로 친권의 일부(예컨대 의료행위에 대한 동의권, 거소지정권 등)를 제한하고, 임시로 후견인의 임무를 수행할 사람(친권이 제한된 범위에서만 후견인의 임무를 수행한다)을 선임하여 문제를 해결하는 것도 가능하다.

19) 그러나 남인순 의원안이 형사절차를 배제하는 법체계를 취하고 있었던 것은 아니다. 남인순 의원안 제6조는 학대현장에 아동보호전문기관 직원과 사법경찰관이 출동하도록 규정하고 있었다. 따라서 현장을 조사한 사법경찰관이 형사상 처벌사유가 있다고 판단할 경우에는 검사에게 송치하고 검사는

형사처벌의 대상이 되는 것은 아니며, 민사적인 구제 수단만으로도 해결이 가능한 사건이 많이 있다는 사실 인식이 자리 잡고 있었다.[20] 또한 형사처벌을 요하는 아동학대사건에 있어서도 민사적 보호조치가 병행되어야만 피해아동에 대한 보호가 적절하게 이루어질 수 있는 경우도 적지 않다(예를 들어 자녀를 학대한 부모에 대해서 형사절차가 개시되더라도 구속에 이르지 않는 경우에는 격리, 친권행사의 정지 등과 같은 조치가 필요할 수 있다).

아동학대처벌법 제47조의 피해아동보호명령과 제52조의 임시보호명령은 남인순 의원안 제14조의 보호조치와 제15조의 임시보호조치를 모태로 한 것인데, 이는 민사적 성격의 보호조치라고 할 수 있다. 아동학대처벌법(「아동학대범죄의 처벌 등에 관한 특례법」)이라는 법명만을 보면 이 법은 형사특별법의 성격을 갖는 것으로 보이지만, 그 구체적 내용을 보면 피해아동보호명령과 같이 민사적 성격을 가진 제도가 혼재되어 있음을 알 수 있다. 아동학대방지와 피해아동의 보호를 위하여 효율적인 법체계를 구축함에 있어서 필요하다면 하나의 법률에 형사법적 성격의 제도와 민사적 성격의 제도가 병존하는 것 자체가 문제라고 할 수는 없다. 아동학대처벌법이 2014년 9월 29일에 시행되어 약 4년에 가까운 세월이 흘렀으나, 형사법적 성격의 제도와 민사적 성격의 제도가 혼재되어 있는 체계로 인하여 실무상 혼란이 발생하였다는 문제 제기는 듣지 못하였으며, 아동학대처벌법의 성격에 비추어 피해아동보호명령이 이질적인 요소라는 주장도 더 이상 제기되지 않는다. 반대로 피해아동보호명령은 아동학대처벌법에 있어서 아동학대방지와 피해아동의 보호를 위하여 중요한 기능을 담당하는 제도로서 자리매김하고 있다.[21]

(2) 한계 – 예방적 조치의 미흡

아동학대사건에 있어서는 피해가 확대되기 전에 예방적 조치를 취하는 것이 중요하다. 예를 들어 부모가 계속해서 반복적으로 자녀에게 체벌을 가하고 있다면 자녀가 어느 날 부모의 폭력으로 인하여 중상을 입은 경우에 비로소 개입하

기소하여 형사처벌을 받게 하는 것이 얼마든지 가능한 법체계였다(당시 시행되고 있던 형법, 「가정폭력범죄의 처벌 등에 관한 특례법」, 아동복지법 등에도 아동학대를 처벌할 수 있는 근거규정은 충분히 있었다). 2013년 4월 22일 보건복지위원회 공청회 당시에도 남인순 의원안에 처벌 절차가 제외되어 있다고 주장하며 법안에 흠결이 있다는 취지로 발언하는 진술인들이 있었는데, 이는 우리나라 법체계에 대한 오해에서 비롯된 것이다. 그 당시에도 아동학대행위자에 대한 처벌절차나 근거법률이 없어서 처벌을 하지 못한 것이 아니었기 때문이다.

20) 2016년도 전체 아동학대사례 18,700건 중 고소·고발, 수사의뢰, 응급조치에 따른 수사개시 등 형사절차가 진행된 경우는 6,018건(전체의 32.2%)이다(2016 전국아동학대현황보고서 144면). 따라서 나머지 아동학대사례에 대해서는 피해아동보호명령과 같은 민사적 구제수단만으로도 적절한 대응이 가능한 것으로 추론할 수 있다.

21) 중앙아동보호전문기관과 지역아동보호전문기관 관계자들의 일치된 의견이다.

여 보호조치를 취하는 것이 아니라, 조기에 선제적으로 개입하여 예방적 조치를 취함으로써 아동학대를 예방하거나 피해를 최소화시킬 수 있어야 한다. 여기서 예방적 조치란 부모에게 양육에 관한 강의를 수강하게 하거나 상담을 받도록 하는 것(또는 예컨대, 정신질환이 있는 경우 의료기관에 치료위탁을 하는 것) 등을 의미한다. 이와 같은 교육과 상담 등을 통하여 부모가 양육태도와 교육방식을 교정한다면, 아동학대 예방에 있어서 큰 성과를 거두는 결과가 된다. 그런데, 문제는 아동학대행위자(부모)가 양육에 관한 교육이나 상담 등의 지원서비스를 거부하는 경우가 적지 않다는 것이다(중앙아동보호전문기관 수집사례를 보면 그런 경우가 적지 않음을 알 수 있다). 이런 경우에는 가정법원이 직권 또는 아동보호전문기관의 장의 청구에 따라 부모에게 상담 또는 교육수강명령 등의 조치를 취할 수 있어야 한다.[22] 그렇지 않으면 교육과 상담 등의 지원서비스를 통한 아동학대의 예방은 효과를 거두기 어렵다. 그러나 '학대행위자에 대한 상담 또는 교육수강명령'은 피해아동보호와 직접적인 관련이 없다는 이유로 끝내 피해아동보호명령에 포함되지 못하였다.

Ⅲ 친권상실 등에 관한 개정민법 규정의 문제점과 개선방향

위에서 본 바와 같이 아동학대처벌법이 제정, 시행된 후 약 1년의 시차를 두고 친권상실 등에 관한 민법규정이 개정되었다. 그 결과 친권상실선고에 관한 규정이 개정되고, 친권의 일시 정지(제924조), 일부 제한(제924조의2) 등의 제도가 신설되었다. 아래에서 이 규정들의 문제점을 살펴보고, 개선의 방향을 제시한다.

1. 친권 상실, 일시 정지, 일부 제한의 요건

(1) 친권 상실 및 일시 정지의 요건

제924조[23]는 "부 또는 모가 친권을 남용하여 자녀의 복리를 현저히 해치거나 해칠 우려가 있는 경우" 친권의 상실 또는 일시 정지를 선고할 수 있다고 규정한다. 개정 전 제924조는 "부 또는 모가 친권을 남용하거나 현저한 비행 기타 친권을 행사시킬 수 없는 중대한 사유"를 친권상실의 원인으로 규정하고 있었다. 개정 전과 후를 비교해 보면, 개정 전에는 '친권의 남용', '현저한 비행', '기타 친권

22) 같은 취지 현소혜, 「아동학대범죄의 처벌 등에 관한 특례법」의 문제점과 개선방안, 법학논총 제24권 제2호(2017. 8.). 407면.

23) 이하에서 민법 조문의 경우에는 특별히 법명을 표시하지 않는다.

을 행사시킬 수 없는 중대한 사유'가 각각 독립적인 친권상실의 원인이 되어 이 중 어느 하나에 해당하면 친권상실선고를 할 수 있었으나(물론 이러한 각각의 사유로 인하여 자녀의 복리가 침해되었을 때 친권상실의 사유가 되는 것으로 이해되었다), 개정민법 제924조에 따르면 '친권의 남용'과 그로 인한 '자녀의 복리침해'라는 두 가지 요건이 충족되는 경우에 한하여 친권의 상실(또는 일시 정지) 선고를 할 수 있다. 자녀의 복리가 침해되지 않는 경우에는 친권의 상실 또는 일시 정지의 선고를 할 필요가 없는 것이므로, 여기서 자녀의 복리침해라는 요건은 당연한 사리(事理)를 규정한 데 지나지 않는다(개정 전 제924조는 자녀의 복리침해를 명문으로 규정하지 않았지만, 친권남용, 현저한 비행, 기타 친권을 행사시킬 수 없는 중대한 사유로 인하여 자녀의 복리침해가 있어야 한다는 것은 당연한 전제로 여겨지고 있었다.[24])).

친권의 남용이란 친권 본래의 목적인 자녀의 복리실현에 현저히 반하는 방식으로 친권을 행사하는 것(적극적 남용. 예컨대 징계권 남용으로 인한 아동학대)은 물론, 의도적으로 친권을 행사하지 않아서 자녀의 복리를 해치는 것(소극적 남용. 예컨대 방임)까지 포괄하는 개념이다.

(2) 친권 일부 제한의 요건

1) 제924조의2는 "거소의 지정이나 징계, 그 밖의 신상에 관한 결정 등 특정한 사항에 관하여 친권자가 친권을 행사하는 것이 곤란하거나 부적당한 사유가 있어 자녀의 복리를 해치거나 해칠 우려가 있는 경우" 구체적인 범위를 정하여 친권의 일부 제한을 선고할 수 있다고 규정한다. 친권 일부 제한의 요건은 '친권을 행사하는 것이 곤란하거나 부적당한 사유'와 그로 인한 '자녀의 복리침해'로 정리될 수 있는데, '자녀의 복리침해'라는 요건은 위에서 본 친권 상실(또는 일시 정지)의 요건과 공통되지만, 또 다른 요건인 '친권을 행사하는 것이 곤란하거나 부적당한 사유'는 친권 상실(또는 일시 정지)의 요건인 '친권의 남용'과는 명확히 구별된다. '친권을 행사하는 것이 곤란하거나 부적당한 사유'가 구체적으로 무엇을 의미하는지는 법문상 분명하지 않다. 그러나 친권 상실(또는 일시 정지)의 요건과 비교하여 볼 때, 일단 '친권의 남용'에는 해당하지 않지만, 자녀의 복리를 위하여 친권자의 친권행사를 제한할 필요가 있는 경우라고 볼 수 있을 것이다.

---

24) 김주수 · 김상용, 친족 · 상속법, 법문사, 2013, 426면은 "민법상 친권은 자녀의 복리실현을 위하여 법률에 의해서 부모에게 인정된 실정법상의 의무인 동시에 권리이다. 따라서 부모는 자녀의 복리에 적합하게 친권을 행사할 의무를 부담하며, 이러한 의무에 위반하여 자녀의 복리를 위태롭게 할 때에는 아동의 보호의무를 지고 있는 국가가 개입하여 필요한 조치를 취해야만 한다"고 서술하고 있는데, 이 부분은 친권남용 등으로 인하여 자녀의 복리가 침해되었을 때 친권상실 등의 조치를 취할 수 있음을 전제로 한 설명으로 이해된다.

2) 입법과정에서의 논의를 보아도 '친권을 행사하는 것이 곤란하거나 부적당한 사유'가 구체적으로 무엇을 의미하는지는 명확하게 이해하기 어렵다. '친권 정지 제한 제도 도입을 위한 공청회' 자료집[25]에서는 '친권을 행사하는 것이 곤란하거나 부적당한 사유'가 구체적으로 무엇을 의미하는지에 대한 해설을 찾을 수가 없었다. 다만 친권의 일부 제한 제도와 관련된 설명에서 이 제도가 필요한 예로서 "부모가 취학 연령대의 자녀를 학교에 보내지 않고 집에서 교육할 것을 고집하고 있는 경우 또는 자녀의 치료 자체에는 동의하나, 그 치료행위에 반드시 수반되어야 하는 수혈에 반대하는 경우 등"을 들고 있는데,[26] 여기서 들고 있는 예는 전부 친권의 남용(소극적 남용)에 해당하는 것이며, 이와 구별되는 '친권을 행사하는 것이 곤란하거나 부적당한 사유'가 있다고 보기 어렵다.

친권상실 등에 관한 민법개정안의 기초가 된 논문[27]에서도 친권의 일부 제한 제도와 관련하여 그 요건인 '친권을 행사하는 것이 곤란하거나 부적당한 사유'가 구체적으로 무엇을 의미하는지에 대한 설명은 찾아볼 수 없고, 다만 이와 관련하여 "가령 치료 거부의 경우에는 많은 경우 자녀의 치료에 관하여는 부모의 친권을 정지시키고, 그에 관하여 대리인으로 하여금 결정하게 하며, 나머지 자녀의 양육은 여전히 부모가 할 수 있게 하는 것이 적절할 것이다"라는 설명이 있을 뿐이다. 그러나 여기서 예로 들고 있는 치료 거부도 결국 친권남용에 해당하는 사례이므로, '친권을 행사하는 것이 곤란하거나 부적당한 사유'가 구체적으로 무엇을 의미하는가에 대한 해답을 주지는 못한다.

그 외에 법무부 심의관실에서 작성한 친권제한·정지제도 입안보고(「민법」, 「가사소송법」, 「가족관계의 등록 등에 관한 법률」 일부 개정안 입안보고. 2013. 8.)에서도 개정안의 주요 내용으로 친권 일부 제한 제도의 도입과 관련하여 "부모가 자녀의 치료를 희망하나 수혈동의 등 특정사안에 대하여 부당한 친권을 행사하는 경우, 구체적 사안에 대해 친권 제한"이라는 문구가 발견된다.[28]

결국 입법과정에서의 논의를 보면 친권 일부 제한 제도는 주로 "부모가 자녀의 치료를 거부하는 경우"에 대응하기 위한 수단으로 설계되었음을 알 수 있는데, 의료행위에 대한 친권자의 동의거부가 친권의 남용(소극적 남용)에 해당한다는 데에는 이견이 없을 것이다[29](위의 법무부 보고서는 "부당한 친권을 행사하는 경

---

25) 법무부가 2013년 11월 27일 주최한 공청회 자료집.

26) 현소혜, 친권 정지·제한 제도 도입의 필요성, 법무부 공청회 자료집, 24면.

27) 윤진수·현소혜, 부모의 자녀 치료거부 문제 해결을 위한 입법론, 법조 제62권 제5호(2013. 5.), 73면.

28) 이와 관련된 법무무 보도자료에도 동일한 취지가 설명되어 있다. "친권의 일부제한 제도를 도입하려고 합니다. 부모가 개인적·종교적 신념 등으로 수혈동의 등 특정사안에 대하여 부당한 친권을 행사하는 경우, 구체적 사안에 대하여 친권을 제한할 수 있는 제도를 마련하였습니다."

우"라는 표현을 사용하여 치료거부의 본질이 친권의 부당한 행사, 즉 친권의 남용이라는 점을 스스로 인정하고 있다). 따라서 입법과정에서의 논의에 비추어 보면 '친권을 행사하는 것이 곤란하거나 부적당한 사유'란 결국 친권의 남용과 본질적으로 차이가 없는 개념으로 보이기도 한다. 그러나 '친권을 행사하는 것이 곤란하거나 부적당한 사유'를 친권의 남용과 동일한 개념으로 해석하는 것은 개정법체계와 맞지 않는다. '친권행사가 곤란하거나 부적당한 사유'가 실질에 있어서 친권의 남용과 중복되는 개념이라면 굳이 별도의 요건으로 규정해야 할 이유가 없기 때문이다(즉 친권 상실이나 일시 정지와 동일하게 '친권의 남용'을 친권 일부 제한의 요건으로 규정하면 될 것이며, 굳이 이와 다르게 '친권행사가 곤란하거나 부적당한 사유'라는 추상적인 표현을 쓸 필요가 없다). 또한 문리적으로 해석해도 '친권을 행사하는 것이 곤란하거나 부적당한 사유'를 '친권의 남용'과 같은 의미로 이해할 수는 없다고 본다.

결국 입법과정에서의 논의를 보아도 친권 일부 제한의 요건인 '친권을 행사하는 것이 곤란하거나 부적당한 사유'가 구체적으로 무엇을 의미하는가에 대한 해답은 찾을 수 없었다.

3) 개정민법이 시행된 이후에 '친권을 행사하는 것이 곤란하거나 부적당한 사유'에 관하여 해석론을 전개한 문헌을 보면, "외적 · 객관적인 상황만을 평가의 대상으로 하고 친권자의 귀책사유는 문제삼지 않는 것으로 해석해야 한다"는 견해,[30] "정신적 또는 신체적 장애 등으로 인하여 친권의 적절한 행사가 불가능하거나, 혹은 이와 유사한 사유가 있는 것"을 의미한다는 견해,[31] "객관적으로 볼 때 친권을 행사할 수 없는 사정이 있는 때라고 해석되므로, 친권자의 고의나 과실은 요구되지 않는다"[32]는 견해 등이 있다.

4) 사견으로는 개정민법의 체계에 비추어 볼 때 친권 일부 제한의 요건인 '친권행사가 곤란하거나 부적당한 사유'란 친권의 상실 또는 일시정지의 요건인 '친권의 남용'과는 구별되는 다른 개념으로 해석하는 것이 타당하다고 본다. '친권행사가 곤란하거나 부적당한 사유'가 실질에 있어서 친권의 남용과 중복되는 개념

29) 김천수, 의료행위에 대한 동의능력과 동의권자, 민사법학 제13 · 14권(1996. 4.), 279면 이하; 김민중, 의료계약의 당사자로서의 「환자」와 관련한 문제에 대한 검토, 의료법학 제10권 제2호(2009. 12.), 280면; 이민봉, 자녀에 대한 의료행위에 관한 친권남용 통제, 법조 제61권 제5호(2012. 5.), 255면.

30) 윤진수 편집대표, 주해친족법 제2권(집필자: 권재문), 2015, 1140면 이하.

31) 박주영, 개정 민법상 친권제한제도의 평가와 향후 과제, 성균관법학 제27권 제3호(2015. 9.), 141면.

32) 김주수 · 김상용, 친족 · 상속법(2016), 463면.

이라면 굳이 별도로 규정해야 할 합리적인 이유가 없기 때문이다(예를 들어 친권남용과 그로 인한 자녀의 복리침해를 친권 상실, 일시 정지뿐만 아니라 친권 일부 제한의 요건으로 함께 규정해도 문제가 될 것은 없다). 또한 문리적으로 해석하더라도 '친권행사가 곤란하거나 부적당한 사유'는 친권남용과는 명백히 구별된다. 친권의 남용이란 친권자가 자녀의 복리에 해로운 결과를 예측하면서도 적극적으로 친권을 행사하거나 소극적으로 친권을 행사하지 않는 것을 의미하는 반면, '친권행사가 곤란하거나 부적당한 사유'란 객관적으로 볼 때 친권을 행사할 수 없는 사정이 있는 때라고 해석되므로, 친권자의 고의나 과실은 요하지 않는다고 해석된다. 따라서 '친권행사가 곤란하거나 부적당한 사유'의 예로는 친권자의 소재불명, 장기간의 의식불명, 중병, 정신질환 등으로 인한 의사능력의 부족(예컨대 성년후견개시 심판을 받지 않았으나 의사능력이 현저히 부족한 경우) 등을 들 수 있을 것이며,[33] 이는 결국 개정 전 제924조가 친권상실의 사유로 규정하고 있었던 '기타 친권을 행사시킬 수 없는 중대한 사유'와 본질적으로 차이가 없는 것으로 보인다.

(3) 문제점과 개선방향

1) 위에서 본 바와 같이 개정 전 제924조는 '친권의 남용', '현저한 비행', '기타 친권을 행사시킬 수 없는 중대한 사유'를 각각 독립적인 친권상실의 원인으로 규정하고 있었다. 그러나 개정민법 제924조는 '현저한 비행', '기타 친권을 행사시킬 수 없는 중대한 사유'를 합리적인 이유 없이 삭제하여, 친권상실의 원인을 축소시키는 결과를 가져왔다.

친권상실의 원인 중에서 현저한 비행을 삭제한 것에 대해서는 찬성하는 의견도 있으나,[34] 이 점에 대해서는 신중한 검토가 필요하다고 생각된다. 예를 들어

---

33) 예를 들어 친권자가 불치의 정신질환으로 인하여 장기간 친권을 행사할 수 없는 상태에 있다면, '친권을 행사하는 것이 곤란하거나 부적당한 사유'가 있다고 볼 수 있을 것이다. 그러나 친권남용의 개념을 아무리 넓게 해석한다고 해도, 위와 같은 경우에 친권의 남용이 있다고 볼 수는 없다.

34) 윤진수 편집대표, 주해친족법 제2권(집필자: 권재문), 2015, 1127면; 윤진수, 친족상속법 강의(2018), 249면; 박주영, 개정 민법상 친권제한제도의 평가와 향후 과제, 성균관법학 제27권 제3호(2015. 9.), 140면. 이러한 견해는 친권상실의 사유에서 현저한 비행을 삭제한 근거로 부모가 '현저한 비행'을 했다고 해도, 이러한 행위가 반드시 자녀의 복리를 침해하는 것은 아니라는 점을 들고 있다. 그러나 부모가 비록 현저한 비행을 했더라도 그로 인하여 자녀의 복리가 침해되지 않거나 상대적으로 덜 침해되는 경우도 있을 수 있지만, 현저한 비행으로 인하여 자녀의 복리가 중대하게 침해되는 경우도 얼마든지 발생할 수 있다. 개정법의 입법자는 친권자의 현저한 비행으로 인하여 자녀의 복리가 침해되지 않는 경우(또는 상대적으로 덜 침해되는 경우)만을 상정한 것으로 보이는데, 그 반대의 경우도 있을 수 있다는 점을 간과하고 있다. 더구나 개정민법 제924조는 친권상실 또는 일시 정지의 요건으로 "자녀의 복리를 현저히 해치거나 해칠 우려가 있는 경우"를 새로 규정하였으므로, '현저한 비행'을 친권상실의 요건으로 존치시켰다고 해도, 자녀의 복리가 현저히 침해되지 않는 사안에서는 단지 친권자에게 현저한 비행이 있다는 이유만으로 친권상실이나 일시 정지를 선고할 가능성도 없다. 2011년에 개정된 일본민법은 친권상실 사유에서 현저한 비행을 삭제하였는데, 지난 민법개정 시 현저한 비행을

친권자인 부 또는 모가 살인이나 성범죄 등을 저질러 교도소에서 복역하고 있는 경우에는 자녀의 복리를 위하여 친권을 상실시킬 필요가 인정될 수 있을 것이다. 그러나 이러한 사례에 대해서는 개정된 제924조의 요건(친권의 남용으로 인한 자녀의 복리침해)을 적용하여 친권상실선고를 할 수 없다고 생각된다. 친권자인 부 또는 모가 제3자에 대하여 범죄를 행한 경우를 친권의 남용에 해당한다고 볼 수는 없기 때문이다. 개정 전 제924조에 따르면 이런 경우 '현저한 비행'에 해당하는 것으로 보아서 친권상실선고를 할 수 있었을 것이다. 결과적으로 개정법에 의하면 '현저한 비행'으로 인하여 자녀의 복리가 침해된 경우에는 친권의 상실이나 일시 정지를 선고할 수 없게 되었는데, 자녀의 복리 침해라는 동일한 결과가 발생하였음에도 그 원인이 무엇이냐에 따라 친권 상실(또는 일시 정지) 선고를 할 수 있는가의 여부가 갈린다는 것은 납득이 가지 않는다.

2) 친권상실의 원인 중에서 '기타 친권을 행사시킬 수 없는 중대한 사유'를 삭제한 것도 문제가 있다. 개정 전 제924조의 '기타 친권을 행사시킬 수 없는 중대한 사유'란 객관적인 사정에 비추어 볼 때 친권자에게 자녀의 적절한 보호와 양육을 기대할 수 없는 경우로서 친권자의 고의나 과실 유무는 묻지 않는 것으로 해석되어 왔다.[35] 예를 들면 친권자의 소재불명, 장기간의 의식불명, 중병, 정신질환 등으로 인한 의사능력의 부족(성년후견개시 심판을 받지 않았으나 의사능력이 현저히 부족한 경우) 등이 '기타 친권을 행사시킬 수 없는 중대한 사유'에 해당하는 것으로 이해되었다(결국 위에서 본 개정민법상 친권 일부 제한의 요건인 '친권행사가 곤란하거나 부적당한 사유'와 본질적으로 다르지 않다).[36] 그런데 친권상실의

삭제한 것은 결국 일본민법의 영향인 것으로 보인다. 친권 제한 정지 도입 개정위원회 제3차 회의자료(2013. 10. 23.)를 보면 일본민법 제834조가 개정민법 제924조의 모델이 되었음을 알 수 있다.「현행 민법 제924조는 친권상실 사유를 "친권을 남용하거나 현저한 비행 기타 친권을 행사시킬 수 없는 중대한 사유가 있는 때"로 규정하고 있으므로, 그 요건에 해당하는지 여부를 판단함에 있어서 그로 인해 자의 복리를 해할 우려가 있는지 여부보다는, 친권자의 비난가능성 내지 친권자의 유책성에 초점이 맞추어질 수밖에 없다. 그러나 친권상실 및 일시정지제도는 자의 최선의 이익을 실현하기 위한 제도이므로, 그 요건을 자의 관점에 맞추어 재정비할 필요가 있다. 이에 요건을 "친권을 남용하여 자의 이익을 현저히 해하거나 해할 우려가 있는 때"로 수정하였다. 문언을 축조함에 있어서는 2012. 4. 1. 부터 시행된 일본 개정민법 제834조 및 제834조의2를 참조하였으나, 우리나라에서는 "친권남용"에 대한 고유한 법개념이 형성되어 있는 점을 고려하여 현행민법 중 "친권을 남용"한다는 용어는 그대로 차용하였다.」

35) 김주수 · 김상용, 친족 · 상속법(2013), 428면.

36) 단독친권자에게 이러한 사유가 있으면 친권자가 없는 때에 해당하여 후견이 개시되어야 한다는 견해가 있다(김상용, 부모가 장기간 소재불명인 경우 미성년자녀에 대한 후견개시 여부에 대한 고찰, 중앙법학 제18집 제4호(2016. 12.). 이와 달리 최근 대법원은 이러한 경우에도 친권상실선고를 받지 않으면 후견이 개시될 수 없다는 입장을 밝힌 바 있다. 대법원 2017. 9. 26. 2017스561 결정; 원심 대구가정법원 2017. 5. 29. 2016브1037 결정). 그러나 위의 학설에 따르더라도 부모가 공동친권자인 경우에는 부모의 일방에게 소재불명 등 친권을 행사시킬 수 없는 사유가 있어도 후견이 개시될 수 없

원인 중에서 ‘기타 친권을 행사시킬 수 없는 중대한 사유’를 삭제한 결과, 이제는 위에서 열거한 사정(친권자의 소재불명 등)이 있는 경우에도 친권상실선고를 할 수 없게 되었다.[37] 다만 이와 같은 경우는 개정민법 제924조의2가 친권 일부 제한의 요건으로 규정하고 있는 ‘친권행사가 곤란하거나 부적당한 사유’에 해당되어 친권의 일부 제한이 가능할 것이다. 그러나 자녀의 복리에 비추어 볼 때 친권 전부를 상실시키는 것이 필요하다고 판단되는 때조차도 법률의 흠결에 의하여 친권상실선고를 할 수 없고, 친권의 일부 제한을 선고할 수밖에 없다는 것은 불합리하다.[38]

3) 친권의 남용이 있는 경우에는 친권의 상실이나 일시 정지를 선고해야 하며, 친권의 일부 제한을 선고할 수 없다는 것도 문제점으로 지적할 수 있다. 친권을 남용하는 사례도 매우 다양할 수 있으며, 굳이 친권의 전부를 상실시키거나 정지시키지 않고, 일부만을 제한해도 자녀의 보호라는 목적을 달성할 수 있는 사례도 있을 수 있다. 입법과정에서의 논의를 보아도 친권의 일시 정지 이외에 일부 제한 제도를 도입해야 하는 이유로서 일부 제한이 비례성의 원칙에 부합한다는 점이 강조되고 있음을 알 수 있다.[39] 이러한 입법취지에 비추어 보아도 친권 남용의 경우에는 친권의 일부 제한을 아예 선고할 수 없도록 처음부터 그 가능성을 배제할 합리적인 이유는 없을 것이다. 예를 들어 입법과정에서 일관되게 논의되었던 부모에 의한 치료 거부 사례는, 친권자가 의료행위에 대해서 동의를 해야 함에도 동의권의 행사를 거부하는 경우로서 친권의 남용(소극적 남용)에 해당

다. 이런 경우에 자녀의 복리를 위하여 필요하다면, 소재불명 등 친권을 행사할 수 없는 상태에 있는 부 또는 모에 대해서 친권상실선고를 할 수 있을 것이다.

37) 박주영, 개정 민법상 친권제한제도의 평가와 향후 과제, 성균관법학 제27권 제3호(2015. 9.), 141면.

38) 대구가정법원 2018. 4. 26. 2016느합10057, 2016느합10065 심판은 모에 대하여 친권상실선고를 청구한 사건에서 “친권 중 보호·교양권, 거소지정권, 징계권, 기타 양육과 관련된 권한을 제한하고, 법률행위대리권 및 재산관리권을 상실한다”는 결정을 하였는데, 이는 효과 면에서 보면 실질적으로 친권 전부를 상실시키는 것과 다르지 않다. 그런데 법원이 이러한 결정을 할 수밖에 없었던 이유는 청구의 상대방인 모에게 민법상 친권상실 사유(친권남용)가 없고, 단지 친권의 제한 사유만이 인정되었기 때문이다; 윤진수 편집대표, 주해친족법 제2권(집필자: 권재문), 2015, 1128면은 “친권 ‘남용’이라고 보기 어려운 사정으로 인해 자녀의 복리를 해칠 우려가 있으면 친권의 일시 정지라도 선고할 수 있도록 하는 해석론을 개발할 필요가 있을 것”이라고 서술하고 있다. 이 주장에 따르면, 예를 들어 부 또는 모가 장기간 행방불명인 경우에도 친권의 남용이 있는 것으로 보아서 친권의 일시 정지를 선고할 수 있어야 한다는 것인데, 이는 친권의 남용에 관한 해석론의 한계를 완전히 벗어나는 것이다.

39) “가령 치료 거부의 경우에는 많은 경우 자녀의 치료에 관하여는 부모의 친권을 정지시키고, 그에 관하여 대리인으로 하여금 결정하게 하며, 나머지 자녀의 양육은 여전히 부모가 할 수 있게 하는 것이 적절할 것이다. 이것이 가장 덜 제한적인 대안(the Least Restrictive Alternative)으로서, 비례성의 원칙에 부합하는 것으로 보인다.” 윤진수·현소혜, 부모의 자녀 치료거부 문제 해결을 위한 입법론, 법조 제62권 5호(2013. 5.), 73면.

하는데(각주 28참조), 이런 경우에는 친권 중에서 의료행위에 대한 동의권, 거소지정권 등 친권의 일부를 제한함으로써 자녀의 보호라는 목적을 달성할 수 있다. 이렇게 볼 때 친권남용의 경우에는 친권의 전부 상실 또는 정지만을 선고할 수 있을 뿐이며, 친권의 일부 제한을 선고할 수 없도록 한 것은, 다양한 사례에 대한 적절한 대응을 어렵게 하고 비례의 원칙에도 부합하지 않는다는 점에서, 역시 법률의 흠결이라고 할 수 있다.

4) 위에서 친권의 상실, 일시 정지, 일부 제한의 요건과 관련된 문제점을 살펴보았는데, 이제 이에 대한 하나의 개선안을 제시해 본다.

첫째, 친권의 상실, 일시 정지, 일부 제한의 요건을 굳이 나누지 말고, 통합하는 것이 바람직하다고 본다. 개정법에 의하면 친권의 상실과 일시 정지의 요건은 동일하고, 일부 제한의 요건만이 별도로 규정되어 있는데, 굳이 이렇게 나누어서 규정해야 할 합리적인 이유를 찾기 어렵다. 아마도 친권의 상실 및 일시 정지의 요건과 일부 제한의 요건을 나누어 규정한 이유는, 전자의 요건을 후자에 비하여 더 엄격하게 할 필요가 있다고 보았기 때문일 것으로 추측된다. 왜냐하면 친권의 상실 및 일시 정지의 요건에서는 "친권을 남용하여 자녀의 복리를 현저히 해치거나 해칠 우려가 있는 경우"라고 하여 '현저히'라는 수식어가 들어 있음에 반하여, 친권 일부 제한의 요건은 단지 "자녀의 복리를 해치거나 해칠 우려가 있는 경우"라고만 되어 있기 때문이다. 이러한 차이점을 고려해 볼 때 개정민법의 입법자는 친권의 상실 및 일시 정지가 일부 제한에 비하여 친권에 대한 보다 강한 수준의 개입이라는 인식을 가지고 있었던 것으로 보인다. 친권의 전부 상실이 일부 제한보다 친권에 대한 강한 조치라는 점은 분명하나, 일시 정지와 일부 제한과의 관계는 그렇게 쉽게 단정하기 어렵다. 일시 정지는 친권의 전부를 정지시키는 것인데 반하여, 일부 제한은 친권을 부분적으로 제한한다는 점에서 일시 정지가 더 강한 조치인 것처럼 보일 수도 있다. 그러나 이 관계를 정확하게 파악하기 위해서는 개정민법상 친권 일부 제한의 본질이 먼저 규명되어야 한다. 친권의 일부 제한에 대해서는 두 가지 해석이 가능한데, 하나는 친권의 일부가 정지된다고 보는 것이고, 다른 하나는 친권의 일부가 상실된다고 보는 것이다. 자세한 내용은 후술하겠으나, 결론부터 말한다면 개정민법상 친권의 일부 제한은 곧 친권의 일부 상실을 의미하는 것으로 해석된다. 따라서 친권 전부가 일시적으로 정지되는 것(최장 4년)과 친권의 일부가 상실되는 것(친권 일부 제한의 경우에는 실권회복의 선고를 받을 때까지 그 부분의 친권이 박탈된다. 따라서 친권 일부를 영구히 상실할 수도 있다) 중에서 어느 쪽이 친권에 대하여 더 강한 개입이 되는가에 대해서 판단해 볼 필요가 있다. 더구나 친권의 일부 제한 선고를 할 때 친권이 제한되는 범위를 확대하면 사실상 친권의 전부 제한(즉 전부 상실)과 같은 효과가 발생할 수 있다는 점도 염두에 두어야 할 것이다.[40] 이렇게 본다면 친권의 일시 정지와 일부 제한 중에서 어느 쪽이 친권에 대한 더 강한 조치인지는 쉽게 단정할 수 없다.[41] 따라서 친권의 상실 및 일시 정지가 친권의 일부 제한보다 강한 조치이기 때문에 전자를 하나의 요건으로 묶고, 후자를 별도의 요건으로 규정했다는 것은 설득력이 떨어진다고 생각되며, 친권의 상실 및 일시 정지, 일부 제한의 요건을 통합하여 하나로 규정해도 문제가 없을 것으로 보인다.[42]

둘째, 이와 같이 친권의 상실 및 일시 정지, 일부 제한에 대해서 하나의 공통된 요건을 규정하는 경우, 지난 민법개정에 의해서 삭제된 '현저한 비행', '기타 친권을 행사시킬 수 없는 중대한 사유'를 다시 회복시킬 필요가 있다고 생각된다.[43] 개정민법상 친권 상실 또는 일시 정지의 요건으로 규정되어 있는 '친권의 남용'만으로는 아동의 복리를 침해하는 다양한 사건(특히 아동학대사건)에 대해서 적절하게 대응하는 것이 불가능하기 때문이다. 예를 들어 부(父)가 자녀를 강간하거나 추행한 사건에 있어서 그 부의 친권을 상실시켜야 한다는 점에 대해서는 이견이 없을 것이다.[44] 그러나 부에 의한 자녀의 강간이나 추행이 친권의 남용에 해당한다고 보기는 어렵다. 친권은 자녀의 보호와 양육을 위하여 국가가 부모에

---

40) 대구가정법원 2018. 4. 26. 2016느합10057, 2016느합10065 심판의 주문은 "상대방(반심판청구인)의 사건본인에 대한 친권 중 보호·교양권, 거소지정권, 징계권, 기타 양육과 관련된 권한을 제한하고, 법률행위대리권 및 재산관리권을 상실한다"는 것으로 친권 중 신상보호에 관한 부분을 전부 제한하고, 대리권과 재산관리권을 상실시킴으로써 실질적으로 친권 전부를 상실시키는 것과 같은 효과를 거두고 있다.

41) 더구나 제924조로부터 친권 일부의 일시 정지도 가능하다고 해석하는 입장(친권 제한 정지 도입 개정위원회의 입장이다. 권재문, 친권의 제한·정지 제도 도입을 위한 검토사항, 공청회 자료집; 권재문, 친권의 제한·정지 제도 도입을 위한 검토사항, 가족법연구 제28권 1호(2014. 3.), 38면; 윤진수, 친족상속법 강의(2018), 253면)에서는 친권의 일시 정지가 일부 제한보다 친권에 대한 더 강한 개입이라고 단정할 수는 없을 것이다. 친권 일부의 일시 정지와 일부 제한(실질적으로 일부 상실)을 비교하면 후자가 친권에 대한 더 강한 개입이기 때문이다.

42) 독일민법 제1666조 제1항은 자녀의 복리가 위태롭게 되는 경우에 가정법원이 개입하기 위한 요건을 포괄적으로 규정하고("아동의 신체적, 정신적 복리 또는 재산이 위태로운 상태에 있고, 부모가 이러한 위험을 막을 의사나 능력이 없는 경우에는 가정법원은 아동의 복리를 지키기 위하여 필요한 조치를 취하여야 한다."), 사안에 따라 친권의 전부 상실, 일부 상실, 친권자의 의사표시를 갈음하는 결정 등 적절한 조치를 취할 수 있도록 하고 있다(제1666조 제3항).

43) 물론 아동복지법에는 여전히 '현저한 비행'과 '그 밖에 친권을 행사할 수 없는 중대한 사유'가 독립된 친권상실사유로 규정되어 있다(아동복지법 제18조). 그러나 아동복지법에 이러한 규정이 남아 있다고 해서 민법에 규정되어 있던 친권상실 사유를 대안 없이 삭제한 것이 합리화되거나 정당화될 수는 없다. 그런 방식의 논리를 전개한다면 민법에 친권상실선고에 관한 규정을 굳이 따로 둘 필요가 없다는 주장도 성립할 수 있기 때문이다. 친권상실 등에 관한 규정은 민법 이외에도 아동복지법, 아동·청소년의 성보호에 관한 법률, 가정폭력범죄의 처벌 등에 관한 특례법, 아동학대처벌법 등 여러 법률에 산재되어 있으나, 적어도 기본법인 민법에서 친권상실 등에 관하여 규정할 때에는 자기완결적인 구조를 갖출 필요가 있다고 본다.

44) 아동·청소년의 성보호에 관한 법률 제23조 참조.

게 부여한 권리이자 의무이며, 친권의 남용이란 친권 본래의 취지 및 목적을 벗어나 친권을 부당하게 행사하는 것을 말한다. 예를 들어 부모는 친권의 일부인 징계권을 행사할 수 있으나, 그것이 과도하여 친권 본래의 취지 및 목적을 벗어나 자녀의 복리를 해치는 경우에는 친권의 남용에 해당될 수 있다. 따라서 친권 남용에 해당하려면 일단 친권의 행사에 해당하는 행위(법률행위와 사실행위를 포함한다)가 있어야 하고, 그 행위가 친권 본래의 취지 및 목적을 벗어나 자녀의 복리를 해치는 것이어야 한다. 그런데 부모가 자녀를 강간하거나 추행하는 행위는 처음부터 친권의 행사와는 아무런 관련이 없기 때문에[45] 이 경우에는 친권의 행사가 있었다고 볼 수 없으며, 따라서 친권의 남용에 해당한다고 판단할 수도 없다.[46] 친권상실에 관한 법원 실무가 부에 의한 자녀의 강제추행, 강간 등의 사건에 있어서 일관되게 '친권을 행사시킬 수 없는 중대한 사유'가 있는 것으로 판단하여 친권상실선고를 해왔던 것도 이러한 해석론을 뒷받침한다.[47] 부모가 자녀를 강간하거나 추행하는 행위가 '현저한 비행'인가, 또는 '친권을 행사시킬 수 없는 중대한 사유'에 해당하는가에 대해서는 견해의 차이가 있을 수 있으나, 적어도

---

45) 예컨대 친권의 일부인 징계권의 행사로 성적이 떨어진 자녀를 심하게 체벌한 경우에는 친권의 남용에 해당할 수 있다(물론 체벌이 징계권의 정당한 행사인지에 대해서는 의문이 있다. 아동복지법 제5조 제2항 참조). 이 경우에는 일단 친권의 행사가 있었으나, 그 행위가 친권 본래의 취지와 목적을 벗어났기 때문이다. 그러나 어떤 경우를 상정하든 친권의 행사로서 자녀를 강간하거나 추행한다는 것은 있을 수 없다.

46) 자녀에 대한 추행, 강간 등의 성적 학대에 대해서는 '기타 친권을 행사시킬 수 없는 중대한 사유'에 해당한다고 보는 견해(최금숙, 아동학대와 친권상실에 관한 고찰, 법학논집 제8권 제1호(2003), 95면)가 있는가 하면, '현저한 비행'에 해당한다는 견해도 있다(윤진수 편집대표, 주해친족법 제2권(집필자: 권재문), 2015, 1128면). 반면에 친권의 남용에 대해서 "친권의 남용이란 친권을 부당하게 행사하는 것을 말한다. (중략) 징계권을 남용하여 자녀를 학대하는 것 등이다. 자녀를 성적으로 학대하는 것도 물론 이에 해당한다"는 견해도 있으나(윤진수, 친족상속법 강의(2018), 248면), 자녀에 대한 징계의 수단으로 자녀를 추행하거나 강간한다는 것은 있을 수 없으므로, 추행, 강간 등 성적 학대를 징계권의 남용으로 볼 수는 없다. 자녀에 대한 추행이나 강간을 친권의 남용으로 보는 입장은 친권을 자녀의 신체 및 정신에 대한 전적인 지배권으로 이해하고 있는 듯한데, 이는 전근대적인 관념이며 현대적 의미에서의 친권개념과는 거리가 멀다. 한편 윤진수 편집대표, 주해친족법 제2권(집필자: 권재문), 2015, 1128면은 성적 학대는 "현저한 비행에 해당하는 것으로 보아야 할 것"이라고 하면서도, 개정법이 "현저한 비행을 삭제한 것은 타당하다"(1127면)는 주장을 하고 있는데, 이러한 서술은 결국 '성적 학대는 현저한 비행에 해당하지만, 현저한 비행을 친권상실의 사유에서 삭제한 것은 타당하다'는 모순된 결론에 귀착된다. 결과적으로 이 견해에 따르면 성적 학대는 현저한 비행에 해당하지만, 현저한 비행은 개정민법상 친권상실의 사유가 아니므로, 친권상실선고를 할 수는 없다.

47) '현저한 비행 기타 친권을 행사시킬 수 없는 중대한 사유'에 해당한다고 본 심판도 있다(예컨대 서울가정법원 2015. 7. 20. 2014느합30218 심판 등). 그러나 대부분의 심판은 '친권을 행사시킬 수 없는 중대한 사유'가 있다고 보았다(예컨대, 서울가정법원 2014. 5. 26. 2014느합30022 심판: "친권자는 자를 보호하고 교양할 권리와 함께 이를 이행하여야 할 의무가 있다고 할 것인데, 상대방은 스스로 친권자임을 포기하고 친딸인 사건본인들에게 위와 같은 반인륜적인 범죄행위를 저질렀으므로, 상대방에게는 사건본인들에 대한 친권을 행사시킬 수 없는 중대한 사유가 있다고 봄이 상당하다."; 청주지방법원 2013. 2. 4. 2012느합8 심판; 서울가정법원 2012. 10. 8. 2012느합237 심판; 서울가정법원 2011. 6. 21. 2010느합259 심판; 서울가정법원 2010. 4. 20. 2010느합12 심판 등).

친권의 남용에 해당하지 않는다는 점은 분명해 보인다.

결국 개정민법과 같이 친권 상실 또는 일시 정지의 요건을 친권의 남용으로 한정하는 경우에는 자녀의 복리가 침해되는 다양한 사례에 대해서 대응하는 데 명백한 한계가 있을 수밖에 없으며, 이는 결국 법률의 흠결을 의미하는 것이다.[48] 지난 민법개정 시 친권 상실의 요건을 축소시킨 이유는 알려져 있지 않지만, 이로 인하여 발생한 법률의 흠결을 해소하려면 지난 민법개정에 의해서 삭제된 '현저한 비행', '기타 친권을 행사시킬 수 없는 중대한 사유'를 다시 회복시키는 것이 필요하다고 본다.

2. 친권의 일시 정지 및 일부 제한의 성질

(1) 친권의 일시 정지 및 일부 제한의 개념

1) 친권의 일시 정지란 친권자가 친권을 보유하고 있으나 그 행사를 일시적으로 정지시키는 것을 말한다. 따라서 친권의 일시 정지 보다는 친권행사의 일시 정지라는 표현이 더 정확하다고 볼 수 있다. 이런 이유에서 아동학대처벌법에서는 '친권행사의 정지'라는 용어를 사용하고 있다. 개정민법에서는 '친권의 일시 정지'라는 용어를 사용하고 있으나, 아동학대처벌법상의 친권행사의 정지와 개념상의 차이는 거의 없다.[49] 다만 친권 정지의 기간에서 약간의 차이를 보이는데, 아

48) 「아동 · 청소년의 성보호에 관한 법률」 제23조 제1항은 "아동 · 청소년대상 성범죄 사건을 수사하는 검사는 그 사건의 가해자가 피해아동 · 청소년의 친권자나 후견인인 경우에 법원에 「민법」 제924조의 친권상실선고 또는 같은 법 제940조의 후견인 변경 결정을 청구하여야 한다"고 규정하고 있다. 위에서 본 바와 같이 그 동안 가정법원은 가해자가 피해아동의 친권자인 경우에 일관되게 현저한 비행 또는 친권을 행사시킬 수 없는 중대한 사유가 있는 것으로 보아서 친권상실선고를 해왔다. 「아동 · 청소년의 성보호에 관한 법률」 제23조 제1항은 "「민법」 제924조의 친권상실선고"를 청구하여야 한다고 규정하고 있는데, 검사가 민법 제924조의 친권상실선고를 청구하는 경우에는 법원도 역시 같은 규정에 의거하여 재판을 하여야 할 것이다. 그런데 개정민법 제924조에서 '현저한 비행 또는 친권을 행사시킬 수 없는 중대한 사유'가 삭제된 후 친권상실선고 심판에 혼란이 발생하고 있다. 개정 전과 다름없이 현저한 비행 또는 친권을 행사시킬 수 없는 중대한 사유를 근거로 하여 친권상실선고를 한 심판(서울가정법원 2016. 4. 8. 2016느합1028 심판; 수원지방법원 2018. 1. 26. 2016느합26 심판)이 있는가 하면, 친권남용을 근거로 한 심판도 나오기 시작했다(부산가정법원 2016. 4. 26. 2016느합3 심판; 대구가정법원 2017. 8. 4. 2017느단731 심판). 나아가 "사건본인들을 위하여 적정하게 친권을 행사할 것으로 기대하기 어렵다"는 이유로 친권상실선고를 한 심판도 발견되는데(부산가정법원 2018. 8. 29. 2017느단4057 심판; 수원지방법원 평택지원 2018. 6. 1. 2017느단761 심판), 이 심판은 부에 의한 추행, 강간이 개정민법 제924조의 친권남용에 해당한다고 볼 수 없다는 판단에 근거한 것으로 추측된다. 가정법원은 그 동안 오랜 기간 부에 의한 추행, 강간 사건에 대하여는 현저한 비행 또는 친권을 행사시킬 수 없는 중대한 사유가 있는 것으로 보아서 친권상실선고를 해왔는데, 개정민법이 제924조에서 이 요건들을 삭제하였기 때문에 부득이하게 친권남용에 해당하는 것으로 보는 심판들이 나오고 있다. 제924조에서 '현저한 비행 기타 친권을 행사시킬 수 없는 중대한 사유'를 삭제한 것은 이와 같이 법원에 대해서 선택의 여지가 없는 무리한 해석을 강요하는 결과로 이어지고 있다. 이러한 문제를 해결하려면 민법 제924조에 '현저한 비행 또는 친권을 행사시킬 수 없는 중대한 사유'를 회복시켜야 할 것이다.

동학대처벌법상 피해아동보호명령에 의한 친권행사의 정지 기간은 1년을 초과할 수 없으며, 피해아동의 보호를 위하여 그 기간의 연장이 필요하다고 인정하는 경우에는 3개월 단위로 그 기간을 연장할 수 있다(그러나 기간을 연장하는 경우에도 친권행사의 정지 기간은 총 4년을 초과할 수 없다). 민법에 따른 친권의 일시 정지를 선고하는 경우 가정법원은 2년을 초과하지 않는 범위에서 그 기간을 정하여야 한다(이 기간은 2년의 범위 내에서 1회 연장할 수 있다. 따라서 민법에 의한 친권 일시 정지의 경우에도 그 기간은 총 4년을 초과하지 못한다).

2) 아동학대처벌법상 친권행사의 제한이란 친권자가 친권을 보유하고 있으나 그 중 일부(예컨대 거소지정권, 의료행위에 대한 동의권 등)의 행사를 정지시키는 것을 말한다. 친권행사의 정지는 친권의 전부를 정지시키는 것인데 반하여 친권행사의 제한은 친권의 일부를 정지시킨다는 점에서 차이가 있다. 친권행사를 제한할 수 있는 기간도 친권행사의 정지 기간과 같다. 즉 피해아동보호명령에 의한 친권행사의 제한 기간은 1년을 초과할 수 없으며, 피해아동의 보호를 위하여 그 기간의 연장이 필요하다고 인정하는 경우에는 3개월 단위로 그 기간을 연장할 수 있다(그러나 기간을 연장하는 경우에도 친권행사의 제한 기간은 총 4년을 초과할 수 없다).

이와 달리 민법상 친권의 일부 제한이 무엇을 의미하는지는 법문상 명확하지 않다. 아동학대처벌법에 따른 친권행사의 제한과 같은 의미로 이해된다면, 친권의 범위를 정하여 일정한 기간 동안 친권의 행사를 정지시킨다는 의미로 해석될 수 있을 것이다. 그러나 민법상 친권의 일부 제한을 이렇게 해석하는 데에는 무리가 따른다. 민법상 친권의 일부 제한에는 기간에 관한 규정이 없기 때문에 가정법원이 친권의 일부 제한을 선고할 때에는 친권이 제한되는 범위는 정할 수 있으나 그 기간을 정할 수는 없다. 친권의 일부 제한이 친권을 일시적으로 정지시킨다는 점에서는 친권의 일시 정지와 동일하고 단지 친권이 정지되는 범위를 정할 수 있다는 점에서만 차이가 있을 뿐이라면, 친권의 일부 제한에도 당연히 기간에 관한 규정이 있어야 할 것이다. 그러나 민법상 친권의 일부 제한에는 기간에 관한 규정이 없으므로, 이는 친권의 일시 정지와는 완전히 구별되는 다른 제도로 이해되어야 할 것이다. 이러한 차이의 결과, 친권 일부 제한의 선고를 받은 경우에는 친권 일시 정지의 선고를 받은 경우와는 달리, 일정한 기간이 경과

---

49) 다만 기간에 있어서 차이가 있을 뿐이다. 그러나 민법상 친권의 일시 정지에 친권 중 일부의 일시 정지가 포함될 수 있다고 보는 견해에 따르면(각주 51 참조), 민법상 친권의 일시 정지와 아동학대처벌법상 친권행사의 정지 사이에는 또 다른 차이점이 존재한다. 아동학대처벌법상 친권행사의 정지는 친권 전부의 행사가 정지되는 것을 의미하며, 친권의 일부에 한하여 행사가 정지되는 것은 친권행사의 제한에 해당하기 때문이다.

한다고 해서 당연히 그 부분에 대해서 다시 친권을 행사할 수 있게 되는 것이 아니다. 친권의 일부가 제한된 부 또는 모가 제한된 부분의 친권을 다시 행사하려면 제926조에 의해서 실권회복의 선고를 받아야 한다. 실권(失權)회복의 선고란 법원의 선고로 상실했던 친권의 전부 또는 일부를 다시 회복시키는 선고를 말한다. 따라서 친권 일부 제한의 선고를 받은 경우에 실권회복의 선고를 통해서만 제한된 범위의 친권을 다시 행사할 수 있게 된다는 것은 친권 일부 제한의 본질이 곧 친권의 일부 상실이라는 것을 의미한다. 제925조에 의하면 친권 중에서 법률행위의 대리권과 재산관리권만을 상실시킬 수 있게 되어 있는데, 이것 역시 친권의 일부 상실이라고 할 수 있다. 그런데 제925조에 의해서 법률행위의 대리권과 재산관리권을 상실한 경우에 이 부분의 친권을 회복하려면 제926조에 의해서 실권회복의 선고를 받아야만 한다. 제924조의2에 따라 친권 일부 제한 선고를 받은 경우에 대리권, 재산관리권 상실의 선고를 받은 경우와 동일하게 실권회복의 선고를 받아야만 그 부분의 친권을 회복할 수 있게 한 점을 보아도 친권 일부 제한의 본질이 친권의 일부 상실임을 알 수 있다.

3) 입법과정에서의 논의를 보아도 친권 일부 제한의 본질이 무엇인지에 대한 명확한 해답을 찾기는 어렵다. 예를 들어 친권상실 등에 관한 민법개정의 기초가 된 연구용역보고서에는 친권 제한과 관련하여 "친권을 제한하는 것은 그것이 불가피한 경우에 필요 최소한에 그쳐야 하는데, (중략) 가령 치료 거부의 경우에는 많은 경우 자녀의 치료에 관하여는 부모의 친권을 정지시키고, 그에 관하여 대리인으로 하여금 결정하게 하며, 나머지 자녀의 양육은 여전히 부모가 할 수 있게 하는 것이 적절한 것이다"라는 서술이 있다.[50] 이 부문의 서술을 보면 친권의 일부 제한은 친권을 일부 정지시키는 처분으로 이해된다. 또한 공청회 자료집에서도 친권 일부 제한이 친권의 상실과는 구별되는 제도임을 강조하는 부분이 발견된다. "현행법상의 친권상실 제도나 재산관리권·대리권 상실제도는 친권의 전부 또는 일부를 전면적으로 상실시키기 때문에 특정한 사안에 대해서만 친권을 제한할 필요가 있는 경우에 대처하기 어렵다. 또한 실권회복청구가 가능하기는 하지만 회복 여부는 법원의 재판을 거쳐야만 결정될 수 있기 때문에 친권의 회복 가능성 자체와 회복 시점에 대한 예견도 불가능하다. 이러한 문제를 해결하기 위하여 원안은 부모의 동의에 갈음하는 법원의 허가, 친권의 일부 제한, 그리고 친권의 일시정지라는 세 가지 제도를 신설하였다. 즉 필요한 경우에 최소한의 범위에서 친권을 제한할 수 있도록 하고, 친권을 전면적으로 제한하여야 하는 경우에도

50) 윤진수·현소혜, 부모의 자녀 치료 거부에 대한 입법 필요성에 관한 연구, 법무부 2012, 73면.

이에 대한 기한을 둠으로써 친권 회복에 대한 확실성을 부여하고자 한 것이다."[51] 여기서는 친권의 일부 제한에도 기한을 두어서 "친권 회복에 대한 확실성을 부여"한다고 서술되어 있으나, 공청회 자료집에 게재되어 있는 개정안 제924조의2(친권의 일부제한)에는 친권 제한의 기간에 관한 규정이 없다(즉 현행 제924조의2와 동일하다). 만약 위 공청회 자료집의 서술과 같이 친권의 일부 제한에 대해서도 기간에 관한 규정을 두었다면, 친권의 일부 제한은 그 본질에 있어서 친권의 일부 상실이 아니라 친권의 일부 정지라는 해석이 가능했을 것이다. 그러나 위 공청회 자료집의 서술과 달리 개정안 제924조의2에는 기간에 관한 규정이 처음부터 존재하지 않았기 때문에 위와 같은 주장(친권의 일부 제한이 친권의 일부 상실과 구별되는 제도로서 일정한 기간이 경과하면 당연히 친권이 회복되는 제도라는 주장)은 설득력이 없다.

한편 공청회 자료집을 보면 친권의 일부를 일시적으로 정지시키는 것도 가능하다는 내용이 나오는데("친권의 정지 내에 일부에 대한 정지도 포함되는 것으로 해석할 수 있으므로"),[52] 이러한 서술에 비추어 보면 친권의 일부 제한은 친권의 일부를 일시 정지시키는 제도로 설계된 것이 아님을 알 수 있다. 친권의 일시 정지에 관한 규정에 의해서 친권의 일부를 일시 정지시키는 것도 가능하다고 본다면, 이와 별도로 친권의 일부를 정지시키는 제도로서 친권의 일부 제한이라는 제도를 둘 필요가 없기 때문이다. 따라서 이 부분의 서술에 비추어 보면 친권의 일부 제한은 친권의 일시 정지와는 구별되는 다른 제도로 이해된다. 결과적으로 친권의 일시 정지에 친권의 일부를 일시적으로 정지시키는 것도 포함된다고 해석하는 입장에 따르면, 친권의 일부 제한은 친권의 일시 정지와는 구별되는 다른 제도, 즉

51) 권재문, 친권의 제한·정지 제도 도입을 위한 검토사항, 공청회 자료집; 권재문, 친권의 제한·정지 제도 도입을 위한 검토사항, 가족법연구 제28권 1호(2014. 3.), 35면.

52) 권재문, 친권의 제한·정지 제도 도입을 위한 검토사항, 공청회 자료집; 권재문, 친권의 제한·정지 제도 도입을 위한 검토사항, 가족법연구 제28권 1호(2014. 3.), 38면; 이외에도 친권의 일부 정지가 가능하다고 보는 견해로는 윤진수, 친족상속법 강의(2018), 253면 등이 있다. 그런데 제924조로부터 친권의 일부 정지도 가능하다고 해석하는 입장에서는, 동조로부터 친권의 일부 상실도 가능하다는 해석을 배제할 수 없을 것이다. 제924조는 친권 상실과 친권의 일시 정지에 관하여 동일한 내용을 규정하고 있기 때문이다(가정법원은 부 또는 모가 친권을 남용하여 자녀의 복리를 현저히 해치거나 해칠 우려가 있는 경우에는 자녀, 자녀의 친족, 검사 또는 지방자치단체의 장의 청구에 의하여 그 친권의 상실 또는 일시 정지를 선고할 수 있다). 그런데 제924조의 개정 전후를 막론하고 이제까지 친권의 상실은 당연히 친권의 전부 상실로 이해되었고, 이 규정으로부터 친권의 일부 상실이 가능하다는 해석은 하지 않았다. 이런 식으로 확대해석을 할 수 있는 근거가 없었기 때문이다. 그런데 동일한 내용의 규정으로부터 친권의 일시 정지의 경우에는 친권 일부의 일시 정지도 가능하다고 해석한다. 친권 상실과 일시 정지에 관한 규정은 동일한 내용으로 되어 있는데, 무슨 근거에 의해서 친권 상실의 경우에는 전부 상실만 가능하고 일시 정지의 경우에는 일부 정지도 가능하다고 해석하는지 그 근거를 제시하여야 할 것이다. 그리고 만약 친권 상실의 경우에도 일부 상실이 가능하다고 해석한다면, 친권 일부 상실과 일부 제한(실질적으로 일부 상실)은 또 어떻게 구별되는 것인지에 대해서도 명확한 설명이 필요하다고 본다.

친권의 일부 상실로 귀결될 것이다.

이상으로 입법과정에서의 논의를 살펴보았으나, 친권의 일부 제한이 제한된 범위에서의 친권행사의 정지를 의미하는 것인지, 아니면 친권의 일부 상실을 의미하는 것인지에 대한 명확한 해답을 찾을 수는 없었다. 따라서 친권의 일부 제한이 무엇을 의미하는지는 결국 개정법의 체계와 문언 등을 고려하여 해석하는 수밖에 없다고 생각된다. 그리고 이러한 방법에 따라 해석을 시도한 결과, 위의 2)에서 본 바와 같이 친권의 일부 제한은 그 본질에 있어서 친권의 일부 상실과 다르지 않다는 결론에 이르게 되었다.[53]

(2) 문제점과 개선방향

1) 위에서 본 바와 같이 아동학대처벌법상의 친권행사의 제한은 친권자가 친권을 보유하고 있으나, 그 중 일부에 대해서 친권의 행사를 정지시키는 것을 의미한다. 반면에 민법상 친권의 일부 제한은 본질적으로 친권의 일부 상실이라고 해석된다. 이와 같이 아동학대처벌법상의 친권행사의 제한과 민법상 친권의 일부 제한은 사실상 동일한 용어를 사용하고 있음에도 불구하고 그 성질은 본질적으로 다르다. 이로 인하여 두 제도의 해석 및 운용에 있어서 혼란이 우려되는데, 민법 개정 시 친권의 일부 제한 규정을 신설할 때 아동학대처벌법상 친권행사의 제한 규정을 고려하여 개념을 설정하였다면 이러한 해석상의 혼란을 피할 수 있었을 것이다.

2) 문리적으로 해석해도 친권의 일부 제한을 친권의 일부 상실과 같은 의미로 이해하기는 어렵다. 일반적으로 권리의 제한이란 권리를 보유하고 있으나 그 행사가 제한된다는 의미로 이해되며, 권리 자체의 상실과는 본질적으로 다르기 때문이다(예를 들어 소유권의 제한과 상실이 다름은 명백하다). 친권의 일부 제한 규정에 의해서 친권의 일부를 상실시킨다는 의도였다면 처음부터 분명하게 '친권의 일부 상실'이라는 용어를 선택했어야 할 것이다.

3) 친권의 일시 정지, 일부 제한 제도와 관련하여 개선방향을 제시하면 다음과 같다. 민법상 친권의 일시 정지는 아동학대처벌법상 친권행사의 정지와 같이 친권 전부에 대한 일시 정지로 이해하여 그대로 존치시키고, 친권의 일부 제한은

53) 개정위원회 회의에서 대리권·재산관리권의 상실과 친권의 일부 제한이 사실상 다르지 않기 때문에 통합하여 규정하자는 의견이 제시되었으나, 상실과 제한은 다르다는 이유로 받아들여지지 않았다고 한다(권재문, 친권의 제한·정지 제도 도입을 위한 검토사항, 가족법연구 제28권 1호(2014. 3.), 38면). 그러나 개정민법상 친권의 일부 제한이 친권의 일부 상실과 어떤 점에서 구별되는 것인지에 대한 설명은 보이지 않는다.

아동학대처벌법상의 친권행사의 제한에 맞추어 친권의 일부를 일시 정지시키는 제도로 재정립할 것을 제안한다. 이렇게 하는 경우 민법상 친권의 일부 제한에도 기간에 관한 규정을 두어야 할 것이다. 그리고 이와 별도로 친권의 일부 상실에 관한 규정을 신설하여, 법률행위의 대리권과 재산관리권 이외에 친권을 일부 상실시킬 필요가 있는 아동학대사례에 대비할 수 있도록 하면 좋을 것이다. 이와 같이 그 효과 면에서 명확하게 구별되는 여러 가지 제도(친권의 전부 상실, 일부 상실, 친권행사의 전부 정지, 친권행사의 제한=일부 정지)를 마련하게 되면 다양한 아동학대사례에 대응하여 그에 맞는 적절한 조치를 취할 수 있게 될 것이다. 또한 부모의 친권을 필요 이상으로 침해하지 않으면서도 아동을 보호하는 효과를 얻을 수 있을 것으로 기대된다.

3. 친권상실선고 등의 청구권자

(1) 청구권자의 범위

민법은 친권 상실, 일시 정지, 일부 제한의 선고를 청구할 수 있는 자로서 자녀, 자녀의 친족, 검사, 지방자치단체의 장을 열거하고 있다(제924조, 제924조의2). 개정 전과 차이가 나는 점은 자녀와 지방자치단체의 장이 새로 청구권자로 규정되었다는 것이다.

지방자치단체의 장은 이전부터 아동복지법상 친권상실선고의 청구권자로서 규정되어 있었다.[54] 그러나 그 동안 지방자치단체의 장이 친권상실선고를 청구한 사례는 거의 없는 것으로 알려져 있다. 이런 이유에서 아동복지법에서 지방자치단체의 장을 친권상실선고의 청구권자로 규정한 것은 사실상 무의미하다는 평가를 받아왔다. 민법개정에 의해서 이제 민법에도 지방자치단체의 장이 친권상실선고 등의 청구권자로 규정되었으나, 이제까지 지방자치단체가 아동학대사건에 대해서 보여 왔던 소극적인 태도에 비추어 볼 때 실질적인 의미를 찾기는 어렵다고 본다.

자녀를 친권상실선고 등의 청구권자로 새로 규정한 것에 대해서도 큰 의미를 부여하기는 어렵다. 민법개정에 의해서 자녀가 친권상실선고 등의 청구권자로 규정되기 전에, 이미 아동학대처벌법에 의하면 아동이 친권행사의 정지나 제한 등의 청구를 할 수 있었지만(아동학대처벌법 제47조 제1항), 실제로 아동이 이러한 청구를 한 사례는 거의 없었다.[55]

---

54) 아동복지법 제18조 제1항.

55) 아동학대처벌법은 2014년 9월 29일부터 시행되었고, 친권상실 등에 대한 개정민법은 2015년 10월 16일부터 시행되었는데, 2015년 한 해 동안 아동이 아동학대처벌법에 의한 피해아동보호명령 중

입법과정상의 논의에서도 자녀에게 친권상실선고 등의 청구권을 부여하는 것이 실질적으로 어떠한 의미를 갖는가에 대한 구체적인 언급은 거의 찾을 수 없었다.[56] 친권상실선고 등의 청구권자로 자녀를 추가한 것은 2011년에 개정된 일본민법의 영향을 받은 것으로 보이는데(일본은 2011년 민법개정 시 자녀를 친권상실, 친권정지심판 등의 청구권자로 규정하였다), 일본에서도 실제로 자녀가 친권상실 또는 정지심판을 청구하는 경우는 많지 않은 것으로 알려져 있다.[57]

(2) 문제점과 개선방향

1) 우리나라의 아동학대방지체계상 아동학대가 발생하면 1차적으로 아동보호전문기관의 직원과 사법경찰관리가 현장에 출동하여 아동학대사건을 조사하게 되며(아동학대처벌법 제11조), 아동의 보호를 위하여 필요한 조치를 취하게 된다.[58] 예를 들어 학대의 정도가 심각하여 피해아동의 치료가 필요한데도 친권자가 협조를 거부하는 상황이라면, 아동보호전문기관의 장은 가정법원에 제5호(피해아동을 의료기관으로의 치료위탁), 제7호(친권자인 아동학대행위자의 피해아동에 대한 친권 행사의 제한 또는 정지) 등의 피해아동보호명령을 청구할 수 있다.[59]

친권의 상실, 일시 정지나 일부 제한을 청구할 정도라면 자녀의 복리가 심각하게 침해되었거나 침해될 우려가 있는 경우라고 할 수 있는데, 우리 사회에서 이런 정도의 사건이 발생하면 공적인 아동학대방지체계가 개입하는 것이 일반적이다.[60] 따라서 현장에 출동하여 조사를 하는 아동보호전문기관의 직원(또는 사법경찰관리)이 상황을 판단하여 피해아동보호명령(또는 임시조치)으로 친권행사의 정지나 제한 등을 청구하게 되므로, 자녀가 스스로 이러한 청구를 해야 할 필요가

친권행사의 정지 또는 제한을 청구한 사례는 한 건도 없다(아동보호전문기관장의 청구건수: 47건, 변호사 6건, 피해아동의 법정대리인 1건). 2015 전국아동학대현황보고서 155면.

56) "자에게도 절차개시권한을 적극적으로 인정하는 것이 UN 아동권리협약에 부합한다"는 언급이 있는 정도이다. 친권제한·정지 도입 개정 위원회, 3차 회의 자료.

57) 자녀가 친권상실청구를 한 건수: 2015년 0건, 2016년 4건(인용 1건, 취하 3건), 2017년 12건(인용 0건, 각하 7건, 취하 5건). 자녀가 친권정지청구를 한 건수: 2015년 16건(인용 7건, 각하 1건, 취하 8건), 2016년 18건(인용 6건, 각하 2건, 취하 10건), 2017년 15건(인용 1건, 각하 2건, 취하 9건, 기타 3건). 일본최고재판소 자료. 親權制限事件及び兒童福祉法28條事件の概況(最高裁判所事務總局家庭局).

58) 아동학대처벌법 제12조의 응급조치, 제13조의 긴급임시조치, 제14조의 긴급임시조치의 청구, 제47조의 피해아동보호명령 등.

59) 이외에도 필요에 따라서는 피해아동보호명령 제2호(아동학대행위자가 피해아동 또는 가정구성원에게 접근하는 행위의 제한)를 함께 청구할 수도 있을 것이다.

60) 2013년 칠곡과 울주에서 벌어진 아동학대사망사건의 경우에도 아동이 학대로 사망하기 전에 지역아동보호전문기관에 신고가 되어, 아동보호전문기관이 조사까지 했던 사건들이다. 다만 그 당시에는 아동학대처벌법상 피해아동보호명령과 같은 제도가 마련되어 있지 않아서 아동보호전문기관이 아무런 적극적인 조치를 취하지 못하였고, 그런 상태가 지속되면서 아동들이 희생되었던 것이다.

있는 경우는 사실상 거의 없다고 해도 과언이 아니다(물론 예외적으로 공적인 아동학대방지체계가 초기에 개입하지 않아서 보호의 사각지대에 처한 아동이 스스로 친권행사의 정지 등을 청구할 가능성도 배제할 수는 없다. 그러나 교사 등이 신고를 하지 않아서 아동보호전문기관이 인지하지 못하고 있는 아동학대사례의 경우에도 피해아동이 직접 법원에 친권행사의 정지 등을 청구하는 것은 일반적으로 기대하기 어렵다. 오히려 이런 경우에도 아동이 법원에 친권행사의 정지 등을 청구하기보다는 아동보호전문기관에 신고를 할 가능성이 높고, 신고를 받은 아동보호전문기관이 조사결과에 따라 친권행사의 정지 등을 청구하는 것이 현실적이다). 이러한 사정에 비추어 볼 때 아동의 보호를 최우선으로 고려한다면 민법상 친권의 상실, 일시 정지, 일부 제한 선고 등의 청구권자로서 자녀보다는 오히려 아동복지시설의 장[61] 등 이해관계인을 규정하는 것이 더 효과적이었을 것으로 보인다(물론 그렇다고 해서 자녀를 청구권자에서 제외할 필요는 없다고 본다. 다만 아동학대방지와 아동의 보호라는 관점에서 본다면 자녀 이외에 아동복지시설의 장 등 이해관계인에게도 친권상실선고 등의 청구권을 인정하는 것[62]이 바람직하다는 취지이다).[63] 현행민법상으로도 재판상 파양(제906조 제1항), 미성년후견인 선임(제932조 제1항) 등에 있어서는 이해관계인이 청구권자로 규정되어 있는데, 이는 아동복지시설의 장 등 아동의 보호에 관계있는 사람에게 청구권을 인정함으로써 아동의 복리를 실현하려는 취지로 이해된다. 이와 같은 취지에서 친권상실선고 등의 청구권자의 범위를 이해관계인까지 확대한다고 해도 자녀의 보호에 도움이 될지언정 해가 되리라고는 생각되지 않는다.[64]

---

61) 아동복지시설에는 아동보호전문기관, 가정위탁지원센터 등이 포함된다. 아동복지법 제52조 제1항.

62) 2015년에는 아동이 직접 피해아동보호명령을 청구한 사건이 없고, 2016년에도 2건에 불과하다(친권행사의 정지나 제한을 청구한 사건은 아니고, 접근금지명령을 청구한 사건이다). 이에 대하여 아동보호전문기관의 장이 피해아동보호명령을 청구한 건수는 2015년 174건, 2016년 306건에 이른다. 2015 전국아동학대현황보고서, 155면; 2016 전국아동학대현황보고서, 154면.

63) 같은 취지 김유미, 현행 친권상실선고제도의 문제점과 대응책, 가족법연구 제11호(1997), 338면; 대만민법 제1090조는 사회복지기관과 이해관계인에게도 친권정지 청구권을 인정하고 있으며, 일본에서는 아동복지법에 의하여 아동상담소장도 친권상실, 정지 심판 등을 청구할 수 있다(일본아동복지법 제33조의7). 우리나라에서는 민법은 물론 아동복지법 등의 특별법에서도 아동보호전문기관의 장 등에게 친권상실선고의 청구권을 인정하지 않는다(다만 아동복지법 제18조 제2항에 따라 아동복지시설의 장 등에 대하여 시·도지사, 시장·군수·구청장 또는 검사에게 친권행사의 제한 또는 친권상실의 선고를 청구하도록 요청할 수 있는 부차적인 지위가 인정될 뿐이다. 아동학대처벌법 제9조도 같은 취지를 규정하고 있다). 비교법적으로 고찰해 보면 아동의 복리가 위태롭게 되는 경우에는 누구나 법원(또는 행정기관)에 그 사실을 통지할 수 있으며, 이에 따라 법원이 직권으로 친권상실 등의 조치를 취하는 것이 보편적인 입법례임을 알 수 있다. 예를 들면, 독일(독일민법 제1666조, 독일가사소송법 제24조), 스위스(스위스민법 제311조), 오스트리아(오스트리아민법 제176조) 등.

64) 친권상실선고 등의 청구권자의 범위를 확대하는 경우 남소의 위험을 우려하는 견해도 있는데, 이는 기우에 지나지 않는다. 아동복지시설의 장들도 시간과 비용이 발생할 뿐만 아니라 친권자와의 관계에서도 큰 부담이 발생하는 친권상실선고 등의 청구를 쉽게 생각하지 않는다.

2) 현행법상 미성년자녀에게는 어차피 소송능력이 인정되지 않으므로(민사소송법 제55조), 미성년자녀의 이름으로 친권상실선고를 청구하려면 우선 이해관계인 등이 법원에 특별대리인의 선임을 신청하여야 하며, 법원에서 선임한 특별대리인이 소송행위를 대리하여야 한다(민사소송법 제62조).[65] 자녀에게 친권상실선고 등의 청구권이 인정되었다고 해서 자녀가 단독으로 심판을 청구하고[66] 심판과정에서 다툴 수 있는 것이 아니다. 그러므로 아동의 보호를 위하여 친권의 상실이나 일시 정지, 일부 제한 선고 등을 청구할 필요가 있다면, 실제로 친권상실 등에 관한 심판에서 소송행위를 하게 될 이해관계인(특별대리인이 될 사람)의 이름으로 직접 청구하여 심판을 받으면 될 것이며, 굳이 자녀를 당사자로 해야 할 이유는 없다고 본다. 이러한 법체계상의 문제점을 고려해 보더라도, 친권상실선고 등의 청구권자에 이해관계인(민사소송법 제62조에 따라 이해관계인은 특별대리인의 선임을 신청할 수 있으며, 스스로 특별대리인으로 선임되는 것도 가능하다)을 추가하는 것이 바람직하다고 생각된다.

3) 입법과정에서의 논의를 보면 친권상실 이외에 친권의 일시 정지나 일부 제한 제도를 도입하는 이유로 "부모의 친권에 대한 과도한 침해를 막고, 친자관계 회복을 통한 원가정에서의 양육을 지원할 필요가 있다"는 점을 들고 있다.[67] 그런데 자녀를 친권상실선고 등의 청구권자로 규정하는 것이 과연 이러한 취지에 부합하는지는 의문이다. 자녀가 청구인이 되어 부모를 상대로 친권의 상실, 일시 정지, 일부 제한 선고 등을 청구하는 경우에는 사실상 자녀와 부모가 대립하는 당사자가 되어 다투는 구도가 성립할 수 있는데, 이는 결국 자녀와 부모의 관계를 더욱 악화시키고, 파탄에 이르게 할 가능성이 높다. 특히 친권의 일시 정지 선고를 받은 경우에는 일정한 기간이 경과하면 친권자가 다시 친권을 행사하게 되는데, 이는 부모와 자녀의 관계가 원만하게 유지되고 있는 상태를 전제로 하는 것이다. 그러나 자녀의 청구에 따라 법원에서 친권의 일시 정지가 선고된 경우에 부모와 자녀의 관계가 온전하게 유지될 수 있을지는 의문이다. 친권 일부 제한의

---

65) 반면에 일본 가사사건절차법(家事事件手続法)은 제한능력자에게도 소송능력을 인정한다(일본가사사건절차법 168조, 118조). 따라서 미성년자녀라 할지라도 의사능력이 있는 한, 단독으로 친권상실 등의 심판을 청구할 수 있다. 재판장은 자녀의 신청 또는 직권으로 변호사를 절차대리인으로 선임할 수 있다(일본가사사건절차법 23조). 이와 같이 일본에서는 미성년자도 의사능력이 있는 한 단독으로 친권상실 등의 심판을 청구할 수 있게 되어 있으므로, 민법에서 자녀를 청구권자로 규정해도 법체계상의 모순은 발생하지 않는다. 그러나 우리나라에서는 민사소송법에 의해서 미성년자녀가 단독으로 친권상실 등을 청구할 수 없게 되어 있는데, 민법에서는 자녀를 친권상실 등의 청구권자로 규정하고 있다는 것은 법체계상으로도 조화가 되지 않는다고 생각된다.

66) 다만 미성년자녀에 의한 친권상실선고 심판 청구 등은 무효이지만, 추후에 선임된 특별대리인의 추인이 있으면 소급하여 유효가 된다(민사소송법 제60조).

67) 현소혜, 친권 정지・제한 제도 도입의 필요성, 법무부 공청회 자료집, 21면 이하.

경우에도 같은 문제가 있다. 자녀가 부모를 상대로 친권의 일부 제한을 청구하여 친권 중 거소지정권 등이 제한(실질적인 의미에서 상실)된 경우에 친권의 나머지 부분은 친권자가 계속 행사하게 되는데, 자녀가 부모를 상대로 법원에 심판을 청구하여 법원에서 친권의 일부 제한을 선고하기까지의 과정에서 부모와 자녀의 관계가 훼손될 가능성을 배제할 수는 없을 것이다. 이러한 점들을 고려해 볼 때 민법에 자녀를 친권상실선고 등의 청구권자로 규정하였다고 해도, 이는 상징적인 의미를 갖는 데 그치는 것이 바람직하고, 실제 사건에서 자녀가 부모를 상대로 친권의 상실, 일시 정지, 일부 제한 등을 청구하는 것은 결코 권장할 만한 일이 못된다.[68] 자녀의 복리가 침해되는 상황에서 굳이 자녀가 스스로 친권상실선고 등을 청구하지 않아도 되게 하려면, 자녀의 보호를 위하여 신속한 조치를 취할 수 있는 위치에 있는 사람에게 청구권을 인정하는 것이 필요하다. 우리 사회의 아동학대방지체계에서 이러한 위치에 있는 대표적인 존재가 아동보호전문기관의 장 등을 포함한 아동복지시설의 장이라고 할 수 있다. 아동복지시설의 장 등 자녀의 보호와 관련이 있는 이해관계인에 대하여 친권상실선고 등의 청구권을 부여하여 아동의 복리가 침해되는 상황에서 신속하게 대처할 수 있게 함으로써, 자녀가 직접 법원에 친권상실선고 등을 청구해야만 하는 곤혹스러운 상황이 발생하지 않도록 할 필요가 있다.

아동학대가 발생한 경우에는 그 사회의 공적인 아동학대방지시스템이 신속하게 개입하여 아동의 보호를 위한 조치가 이루어지는 것이 원칙이다. 아동복지시설의 장 등 자녀의 보호와 관련이 있는 이해관계인에 대하여 친권상실선고 등의 청구권을 부여하는 것은 이러한 공적 시스템이 작동하기 위한 가장 기본적인 전제에 지나지 않는다. 친권상실 등에 관한 민법개정 과정에서 이러한 점이 보다 비중 있게 논의되었으면 좋았을 것이다.[69]

Ⅳ 맺 음 말

우리 사회에서 아동학대방지와 피해아동보호를 위한 대책을 논의할 때 부모의 친권과 관련된 문제를 빼놓을 수 없다. 아동학대행위자 중 약 80%가 부모인

68) 또한 자녀가 부모를 상대로 친권상실선고 등을 청구하는 사례가 실제로 발생한다면, 이는 공적인 아동학대방지시스템이 제대로 기능하지 못하는 현실을 반영하는 것으로서 결국 우리 사회의 후진성을 여과 없이 드러내는 현상이 될 것이다.

69) 공청회에 토론자로 참여한 경기성남 아동보호전문기관장은 아동보호전문기관의 장에게 친권상실선고 등의 청구권을 인정해 줄 것을 제안하였으나, 반영되지 못하였다.

현실에서 아동학대를 방지하고 피해아동을 보호하려면 친권에 대한 국가의 적절한 개입이 필수적으로 요청되기 때문이다. 아동학대처벌법에 규정되어 있는 피해아동명령에 친권행사의 정지, 제한, 친권자의 의사표시를 갈음하는 결정 등 친권에 관한 조치가 포함된 것도 이러한 맥락에서 이해될 수 있다.

아동학대처벌법이 제정된 후 친권에 관한 민법규정도 개정되어 친권의 일시정지, 일부 제한 규정이 신설되고 친권상실에 관한 규정이 개정되었다. 그런데 친권상실 등에 관한 개정민법 규정에는 해석론만으로는 극복하기 어려운 흠결이 있을 뿐만 아니라, 개념이 불확실한 용어가 있어서 이로 인한 해석상의 혼란이 발생하고 있다.

첫째, 개정민법 제924조는 '친권의 남용'과 그로 인한 '자녀의 복리침해'를 친권 상실(또는 일시 정지)의 요건으로 규정하고 있는데, 이에 따르면 친권의 남용이 없이 자녀의 복리가 침해되는 경우에는 친권상실선고를 할 수 없다. 개정 전 제924조는 친권의 남용 외에도 '현저한 비행', '기타 친권을 행사시킬 수 없는 중대한 사유'를 각각 독립된 친권상실사유로 규정하고 있어서 친권의 남용에는 해당하지 않지만 다른 사유로 자녀의 복리가 침해되는 다양한 사례에 대응하는 것이 가능하였다. 그런데 개정된 제924조는 합리적 이유 없이 '현저한 비행', '기타 친권을 행사시킬 수 없는 중대한 사유'를 삭제함으로써 친권의 남용에 해당하지 않는 다른 사유로 자녀의 복리가 침해되는 경우에는 친권상실선고를 할 수 없게 되었다. 둘째, 친권 일부 제한의 요건인 '친권을 행사하는 것이 곤란하거나 부적당한 사유'의 개념이 명확하지 않다. 입법과정에서의 논의를 보면 '친권을 행사하는 것이 곤란하거나 부적당한 사유'란 친권 상실(일시 정지)의 요건인 '친권의 남용'과 본질적으로 차이가 없는 개념으로 보이기도 한다. 친권을 일부 제한시켜야 하는 예로서 일관되게 친권의 소극적 남용에 해당하는 부모의 자녀 치료 거부 사례를 들고 있기 때문이다. 그러나 개정법의 체계에 비추어 볼 때 친권 일부 제한의 요건인 '친권행사가 곤란하거나 부적당한 사유'는 친권 상실(또는 일시정지)의 요건인 '친권의 남용'과는 구별되는 다른 개념으로 해석하는 것이 타당하다고 본다. '친권행사가 곤란하거나 부적당한 사유'가 실질에 있어서 친권의 남용과 중복되는 개념이라면 굳이 별도로 규정해야 할 이유가 없기 때문이다(즉 친권 상실이나 일시 정지와 동일하게 '친권의 남용'을 친권 일부 제한의 요건으로 규정하면 될 것이며, 굳이 이와 다르게 '친권행사가 곤란하거나 부적당한 사유'라는 추상적인 표현을 쓸 필요가 없다). 또한 문리적으로 해석하더라도 '친권행사가 곤란하거나 부적당한 사유'는 친권남용과는 명백히 구별된다. 친권의 남용이란 친권자가 자녀의 복리에 해로운 결과를 예측하면서도 적극적으로 친권을 행사하거나 소극적으로 친권을 행사하지 않는 것을 의미하는 반면, '친권행사가 곤란하거나 부적당한 사유'란 객관적으로 볼 때 친권을 행사할 수 없는 사정이 있는 때라고 풀이되기 때문이다(따라서 친권자의 고의나 과실은 요하지 않는다고 해석된다). 따라서 친권자의 소재불명, 장기간의 의식불명, 중병, 정신질환 등으로 인한 의사능력의 부족 등이 '친권행사가 곤란하거나 부적당한 사유'에 해당할 것으로 보이는데, 이런 사정이 있는 경우에 친권상실선고는 할 수 없고, 친권의 일부만을 제한할 수밖에 없다는 것도 개정법의 흠결이라고 할 수 있다. 셋째, 친권 일부 제한의 개념이 명확하지 않아서 해석상의 혼란이 발생하고 있다. 아동학대처벌법상 친권행사의 제한이란 친권자가 친권을 보유하고 있으나 그 중 일부(예컨대 거소지정권, 의료행위에 대한 동의권 등)의 행사를 정지시키는 것을 말한다. 친권행사의 정지는 친권의 전부를 정지시키는 것인데 반하여 친권행사의 제한은 친권의 일부를 정지시킨다는 점에서 차이가 있다. 그러나 민법상 친권의 일부 제한은 이와 같이 해석이 되지 않는다. 민법상 친권의 일부 제한에는 기간에 관한 규정이 없기 때문에 가정법원이 친권의 일부 제한을 선고할 때에는 친권이 제한되는 범위는 정할 수 있으나 그 기간을 정할 수는 없다. 친권의 일부 제한이 친권을 일시적으로 정지시킨다는 점에서는 친권의 일시 정지와 동일하고 단지 친권이 정지되는 범위를 정할 수 있다는 점에서만 차이가 있을 뿐이라면, 친권의 일부 제한에도 당연히 기간에 관한 규정이 있어야 할 것이다. 그러나 민법상 친권의 일부 제한에는 기간에 관한 규정이 없으므로, 이는 친권의 일시 정지와는 완전히 구별되는 다른 제도로 이해되어야 할 것이다. 이러한 차이의 결과, 친권 일부 제한의 선고를 받은 경우에는 친권 일시 정지의 선고를 받은 경우와는 달리, 일정한 기간이 경과한다고 해서 당연히 그 부분에 대해서 다시 친권을 행사할 수 있게 되는 것이 아니다. 친권의 일부가 제한된 부 또는 모가 제한된 부분의 친권을 다시 행사하려면 제926조에 의해서 실권회복의 선고를 받아야 한다. 실권회복의 선고란 법원의 선고로 상실했던 친권의 전부 또는 일부를 다시 회복시키는 선고를 말한다. 따라서 친권 일부 제한의 선고를 받은 경우에 실권회복의 선고를 통해서만 제한된 범위의 친권을 다시 행사할 수 있게 된다는 것은 친권 일부 제한의 본질이 곧 친권의 일부 상실이라는 것을 의미한다. 친권의 일부 제한 규정에 의해서 친권의 일부를 상실시킨다는 의도였다면 처음부터 분명하게 '친권의 일부 상실'이라는 용어를 선택했어야 할 것이다. 권리의 제한과 상실은 본질적으로 다르기 때문이다.

친권상실 등에 관한 개정민법 규정에는 위에서 본 바와 같이 해석론으로 극복하기 어려운 법률의 흠결이 존재한다. 또한 개정민법에서 사용하는 새로운 용어의 개념이 명확하지 않아서 해석상의 혼란이 발생하고 있다. 이러한 문제를 해결하기 위해서는 민법상 친권 상실, 일시 정지, 일부 제한에 관한 규정을 재개정하는 것이 필요하다고 생각되며, 이 경우 아동학대처벌법상 친권행사의 정지, 제한에 관한 규정과의 관계도 고려하면 좋을 것이다.

〈중앙법학 제20권 제3호(2018년 9월) 수록〉

2. 부모가 장기간 소재불명인 경우 미성년자녀에 대한 후견개시 여부에 대한 고찰

I 들어가는 말

부모에게 "소재불명 등 친권을 행사할 수 없는 중대한 사유(민법 제927조의2 제1항 제4호)"가 있는 경우에 친권상실선고를 거치지 않고도 미성년자녀를 위하여 곧바로 미성년후견인을 선임할 수 있는지, 아니면 먼저 친권상실선고를 한 후 가정법원이 직권으로 미성년후견인을 선임하여야 하는 것인지에 대해서는 민법상 분명하지 않다. 민법 제928조[1]는 미성년자에 대한 후견개시 사유로서 "미성년자에게 친권자가 없거나 친권자가 제924조, 제924조의2, 제925조 또는 제927조 제1항에 따라 친권의 전부 또는 일부를 행사할 수 없는 경우"를 들고 있는데, 법원 실무에서는 부모의 "소재불명 등 친권을 행사할 수 없는 중대한 사유"는 여기에 포함되지 않는 것으로 해석하는 것으로 보인다. 부모가 소재불명 등의 사유로 사실상 친권을 행사할 수 없는 경우라고 해도 생존해 있다면 형식적으로는 친권자가 존재한다고 볼 수 있으므로, 미성년자에게 친권자가 없는 경우에 해당하지 않는다고 해석하기 때문이다. 따라서 이러한 실무의 태도에 비추어 보면 부모에게 소재불명 등 친권을 행사할 수 없는 중대한 사유가 있다고 해도 바로 후견인을 선임할 수는 없으며, 제924조에 따라 먼저 친권상실선고(또는 친권의 일시 정지 선고)를 한 후 후견인을 선임하는 것이 타당한 것으로 보인다. 그러나 다른 한편 제927조의2 규정을 보면 이와 다른 해석이 가능함을 알 수 있다. 이 규정은 이혼 등으로 인하여 단독친권자로 정해진 부모의 일방이 친권상실선고를 받거나 친권의 일시 정지 또는 일부 제한의 선고 등을 받아서 친권을 행사할 수 없게 된 경우에 부모의 다른 일방(이혼 시 친권자로 지정되지 않은 부 또는 모)이 어떻게 친권자로 지정될 수 있는가에 관하여 정하고 있다(친권자 지정 청구가 없거나 친권자 지정이 자녀의 복리에 반하는 경우에는 후견인선임도 가능하다). 그런데 이 규정에 의하면 이혼 등으로 인하여 단독친권자로 정해진 부모의 일방에게 "소재불명 등

1) 이하에서 민법조문은 별도로 민법이라는 표시를 하지 않는다.

친권을 행사할 수 없는 중대한 사유가 있는 경우"에도 부모의 다른 일방은 자신을 친권자로 지정해 달라는 청구를 할 수 있으며, 법정기간 내에 이러한 청구가 없거나 법원이 청구를 기각한 때에는 미성년후견인의 선임이 가능하다(제927조의2 제1항 제4호). 이는 단독친권자가 된 부모의 일방에게 "소재불명 등 친권을 행사할 수 없는 중대한 사유가 있는 경우"에는 친권이 소멸한다는 것(따라서 친권자가 없다는 것)을 전제로 한 규정이다. 따라서 제927조의2 규정에 의하면 부모에게 "소재불명 등 친권을 행사할 수 없는 중대한 사유가 있는 경우"에는 친권이 소멸한 것으로 해석할 수 있으므로, 이러한 사정이 있는 경우 별도의 친권상실선고를 거치지 않고 바로 후견인선임청구를 할 수 있다는 해석이 가능하다.

물론 부모에게 "소재불명 등 친권을 행사할 수 없는 중대한 사유가 있는 경우"에 친권상실선고를 거쳐서 미성년후견인을 선임할 수 있다는 점에 대해서는 의문의 여지가 없다. 따라서 굳이 친권상실선고를 거치지 않고 곧바로 미성년후견인을 선임해야할 필요가 있는가에 대해서 의문이 들 수도 있다. 문제는 부모의 소재불명 등을 이유로 친권상실선고의 필요가 있는 때에도 일정한 자의 청구가 없으면 가정법원은 친권상실선고를 할 수 없다는 데 있다. 제924조에 의하면 친권상실선고의 청구권자로는 "자녀, 자녀의 친족, 검사 또는 지방자치단체의 장"이 규정되어 있는데, 검사나 지방자치단체의 장이 위와 같은 사유로 친권상실선고를 청구하는 경우는 거의 없다. 또한 부모가 소재불명인 경우에는 대개 자녀의 친족도 찾기 어려울 뿐만 아니라, 설령 찾을 수 있다고 해도 개인의 시간과 비용, 수고를 요하는 친권상실선고의 청구를 기피하는 경우가 대부분이다. 자녀도 친권상실선고의 청구권자에 포함되어 있으나, 미성년자녀가 당사자로서 부모를 상대로 친권상실선고를 청구하는 것은 자녀에게 큰 부담으로 작용할 수 있어서 이것 역시 기대하기 어렵다. 이런 사정으로 부모에게 "소재불명 등 친권을 행사할 수 없는 중대한 사유"가 있는 때에도 현실에 있어서는 친권상실선고가 청구되지 않는 경우가 대부분이다. 그 결과 형식적으로는 친권자가 존재하는 것으로 보이지만, 실질적으로는 친권자가 없는 상태가 발생하게 되는데, 이와 같은 친권의 공백상태가 지속되는 경우 미성년자녀의 복리는 침해되지 않을 수 없다. 이런 이유에서 부모에게 "소재불명 등 친권을 행사할 수 없는 중대한 사유"가 있는 때에는 친권이 소멸한 것으로 의제하여 친권상실선고를 거치지 않고도 곧바로 미성년후견인을 선임해야 할 필요성이 인정될 수 있다.

아래에서는 현실의 사례를 중심으로 부모에게 "소재불명 등 친권을 행사할 수 없는 중대한 사유"가 있는 경우에 친권상실선고를 거치지 않고 곧바로 미성년후견인의 선임청구를 하는 것이 현행법상 해석론으로서 성립할 수 있는가에 대해서 검토한 후, 이 문제에 대한 입법론적 해결방안에 대해서도 살펴보려고 한다.

Ⅱ 부모에게 "소재불명 등 친권을 행사할 수 없는 중대한 사유"가 발생하는 실제 사례 – 가정위탁의 경우

미성년자녀에게 형식적으로는 친권자가 있는 것으로 보이나,[2] 실제로는 소재가 불명할 뿐만 아니라 연락도 되지 않아서 친권자의 역할을 전혀 하지 못하는 경우가 있다. 우리 사회에서는 특히 가정위탁으로 보호를 받고 있는 아동에게 이러한 사례가 발생하는 경우가 종종 있다. 가정위탁이란 부모가 빈곤, 질병 등의 사유로 자녀를 직접 양육할 수 없는 사정이 있는 경우에 다른 가정에서 일정한 기간 동안 자녀를 보호, 양육하는 아동보호제도를 말한다.[3]

그런데 현실적으로는 부모가 자녀의 양육과 보호를 위탁가정에 맡긴 후에 소재가 불명해지거나 연락이 두절되어 자녀(위탁아동)가 성년에 이를 때까지 장기간 위탁가정에서 성장하는 사례가 발생하고 있다.[4] 이런 경우 위탁아동에게는 형식적으로는 친권자가 있는 것으로 보이나, 실질적으로는 친권자가 없는 친권의 공백상태가 발생하게 된다. 이와 같은 친권의 공백상태는 특히 친권자(법정대리인)의 동의나 대리가 필요한 상황에서 현실적인 문제가 된다. 예를 들어 위탁아동이 해외로 수학여행을 가기 위하여 여권을 발급받아야 하는데, 친권자의 동의를 받지 못하여 여권발급에 어려움을 겪는 사례가 있으며, 병원에서 수술을 받아야 하는 상황에서도 법정대리인으로서 동의를 할 수 있는 사람이 없어서 곤경에 처한 경우도 있다.[5]

---

2) 자녀의 가족관계등록부에 부모에 대한 기록이 있는 경우, 그 부모가 친권상실선고를 받거나 사망하지 않은 한, 일단 자녀의 친권자라고 추정된다. 따라서 부모에게 소재불명 등의 사유로 친권을 행사할 수 없는 중대한 사유가 있어도 가족관계등록부상으로는 일단 친권자가 존재하는 것으로 보인다. 그러나 민법은 친권상실선고나 사망 이외의 사유로도 친권이 소멸하는 경우를 예정하고 있어서(예컨대 이혼 시 부모 중 일방이 단독친권자로 정해진 경우, 다른 일방의 친권은 소멸한다. 제909조의2 참조), 가족관계등록부에 친권상실선고나 사망의 기록이 없어도 부모와 친권자가 일치하지 않는 경우가 생길 수 있다. 즉 가족관계등록부상의 부모는 친권상실선고나 사망 등의 사유가 없는 한, 일단 자녀의 친권자라고 추정되지만, 이러한 추정은 구체적인 사정에 따라 번복될 수 있다. 보다 자세한 내용은 아래 Ⅲ. 4. 부분의 서술 참조.

3) 허남순, 가정위탁보호의 활성화 방안에 관한 연구, 한국아동복지학 9호(2000), 264; 김상용, 가정위탁양육에 대한 민법상의 쟁점, 가족법연구 Ⅲ(2010), 70면 이하; 아동복지법 제3조 제6호 참조.

4) 2015년 현재 친족관계가 없는 일반가정에 위탁되어 있는 아동 중에서 위탁양육기간이 5년 이상인 경우는 527명이다. 보건복지부·중앙가정위탁지원센터, 2015 가정위탁보호 현황보고서(2016), 40면. 한편 2015년 현재 가정위탁으로 보호받고 있는 위탁아동의 수는 13,721명이며, 이중 친족관계가 없는 일반가정에 위탁되어 있는 아동의 수는 990명이다.

5) 친권자와 미성년후견인은 미성년자녀에 대한 의료행위에 대하여 동의권을 행사할 수 있다. 김천

한편 장기위탁의 경우에 위탁부모는 보통 5년 이상 위탁아동을 사실상 보호, 양육하게 되는데, 위탁아동의 보호와 양육에 필요한 어떠한 권한(법률행위의 대리권, 동의권)도 갖지 못한다는 문제가 있다. 이러한 상황에서 장기간 소재불명으로 자녀의 양육과 보호에 전혀 관여하지 않는 부모의 친권은 그대로 유지된다고 보는 실무의 태도는 결국 친권(또는 후견)의 공백상태를 야기할 수 있다는 점에서 시정될 필요가 있다. 이러한 문제를 해결하기 위하여 위탁아동을 장기간 보호, 양육하고 있는 위탁부모가 최근에 미성년후견인 선임청구를 한 사례가 있었으나, 가정법원에서는 후견개시의 사유가 없다는 이유로 기각하였다(친권자가 없는 경우가 아니라고 보았기 때문이다).[6] 이 심판의 논리에 따른다면 위탁아동의 부모에게 소재불명 등 친권을 행사할 수 없는 중대한 사유가 있는 경우에는 먼저 친권상실선고를 청구하는 것이 순리일 것이다. 그러나 위탁부모에게는 친권상실선고의 청구권이 없어서 그러한 방법을 선택할 수 없었다. 친권상실선고의 청구권자에 포함되어 있는 자녀의 친족도 찾을 길이 없었고, 그 외에 검사나 지방자치단체의 장에게 친권상실선고의 청구를 부탁하는 방법도 현실성이 없었다. 마지막으로 위탁아동이 친권상실선고를 청구하는 방법을 생각해 볼 수 있는데, 미성년자인 아동에게 심리적으로 큰 부담이 될 수 있다는 이유로 위탁부모가 강력히 반대하여 고려될 수 있는 여지가 없었다. 이와 같은 현실적인 이유에서 결국 위탁부모가 이해관계인으로서 미성년후견인 선임청구를 하게 된 것이다(제932조). 이 사례의 구체적인 사실관계를 간추려 보면 다음과 같다.

「위탁아동 갑은 아버지 을과 어머니 병(성명 등 인적사항 불상) 사이에서 혼인 외의 자로 출생하였으나, 출생 후 약 7개월이 되었을 무렵 거리에 유기되었으며,[7] 경찰에 의해서 영아원에 인도되어 그곳에서 보호를 받았다. 약 4개월 후 부모인 을과 병이 영아원에 찾아와 다시는 아이를 유기하지 않겠다는 각서를 쓰고 갑을 데려갔으나, 그 후 병은 가출하고 을은 약 두 달 후 다시 갑을 유기하였다. 갑은 만 4세가 되던 해 보육원으로 인도되어 그곳에서 살게 되었는데, 그 동안 부모는 한 번도 찾아오지 않았다. 갑이 만 5세가 되었을 무렵부터 정은 보육원에서 지내고 있던 갑을 후원하기 시작하였으며, 주말에는 집으로 데려와 함께 지내며 돌봐주었다. 정은 이와 같은 방식으로 약 2년여 동안 갑을 후원하다가 구청에 가정위탁을 신청하여 갑의 위탁부모로 지정되었으며, 그 후 지금까지 갑을 양육

秀, 환자의 친권자 · 후견인의 동의권, 민법학논총 2권(1995), 457면 이하; 김주수 · 김상용, 주석민법 친족(4), 2016, 163면.

6) 대구가정법원 심판 2016. 9. 27. 2016느단100177.

7) 자녀가 출생한 후 3개월 만에 父가 출생신고를 하였는데, 母는 불상으로 되어있다.

하고 있다. 정이 가정위탁을 신청하였을 때 구청 소속 복지담당공무원이 갑의 아버지 을을 찾아서 가정위탁 동의서를 받았으며, 정과 을 사이에 몇 차례에 걸쳐 전화통화가 이루어졌다. 당시 갑이 아버지를 만나고 싶어 하여 을에게 갑을 한번 만나줄 것을 요청하였으나, 을은 이를 거절하였고, 그 후 연락이 되지 않았다.

갑이 초등학교 6학년이 되었을 때 중국으로 단체여행을 가게 되어 여권이 필요하게 되었는데, 여권발급에는 법정대리인의 동의가 필요하여 갑의 아버지 을에게 연락을 시도하였으나, 끝내 연락이 되지 않았다. 결국 시청공무원의 도움으로 단수여권을 발급받아 겨우 여행을 다녀오기는 하였으나, 그 과정에서 갑과 정 모두 마음의 상처를 받았으며, 이를 계기로 정은 갑을 입양하겠다는 결심을 하게 되었다. 그러나 갑의 아버지인 을과 연락이 되지 않아서 입양을 포기할 수밖에 없었다.

현재 갑은 고등학교에 재학 중인데, 친부모의 얼굴조차 알지 못하지만, 위탁부모에 대해서 애착이 잘 형성되어 있어서 정서적으로 안정되어 있고, 학업성적도 우수한 편이다. 위탁부모인 정은 갑의 법정대리인이 아니므로, 갑을 대리하여 휴대폰을 개설해 줄 수도 없고, 갑의 명의로 예금통장을 만들 수도 없다. 또한 해외여행을 가려고 해도 단수여권밖에 발급받을 수가 없어서 경유지를 거치는 비행기는 탈 수가 없다. 만약 갑이 급히 수술을 받을 일이 생겨도 법정대리인으로서 동의권도 갖지 못한다.」[8)]

대구가정법원은 위탁부모 정의 미성년후견인 선임청구를 기각하는 심판을 하였는데, 주문과 이유는 다음과 같다.

「주문

이 사건 청구를 기각한다.

이유

청구인은 미성년자인 사건본인의 후견인으로 청구인을 선임할 것을 구하고 있다. 그러나 미성년자에 대한 후견이 개시되려면 친권자가 없거나, 민법 제924조, 제924조의2, 제925조 또는 제927조 제1항에 따라 친권의 전부 또는 일부를 행사할 수 없는 경우여야 하는 바, 이 사건은 위의 어느 경우에도 해당하지 않으므로, 이 사건 청구는 이유 없어 주문과 같이 심판한다.」

8) 이상의 사실관계는 소장과 진술서의 내용을 간추린 것이다.

이 심판은 위의 사례에서 갑의 가족관계등록부에 父[을]가 기록되어 있으며, 그 父가 친권상실선고 등을 받은 바도 없고 사망한 것도 아니므로, 후견이 개시될 수 있는 사유가 없다고 본 것이다. 이 심판의 논지에 따르면 위탁부모 정을 갑의 후견인으로 선임하기 위해서는 미성년후견인 선임청구를 할 것이 아니라 을을 상대로 친권상실선고를 청구하여야 한다(그러나 위와 같은 사례에서 친권상실선고를 청구하는 데에는 극복하기 어려운 현실적인 장애가 있다는 점은 이미 위에서 언급한 바와 같다).[9] 그러나 이 심판이 전제로 하고 있는 이러한 법리가 타당한 것인가, 또는 우리 민법상 다른 해석의 여지가 없는가에 대해서는 검토가 필요하다고 생각된다. 이와 관련하여 아래에서는 부모의 "소재불명 등 친권을 행사할 수 없는 중대한 사유"가 후견개시의 독립적인 사유로서 인정될 수 있는가의 여부에 대해서 살펴본다.

Ⅲ 부모의 소재불명 등 친권을 행사할 수 없는 중대한 사유가 있는 경우 후견개시 여부

1. 第928조(미성년자에 대한 후견의 개시)의 취지

第928조는 "미성년자에게 친권자가 없거나 第924조, 第924조의2, 第925조 또는 第927조 제1항에 따라 친권의 전부 또는 일부를 행사할 수 없는 경우에는 미성년후견인을 두어야 한다"고 규정하고 있다. 이 규정의 취지는 다음과 같이 해석된다: 미성년자에게 친권자가 없거나(친권자가 사망하거나 친권상실선고를 받은 경우 등) 친권의 전부 또는 일부를 행사할 수 없는 경우(친권의 일시 정지 또는 일부 제한 선고를 받은 경우, 법률행위의 대리권과 재산관리권을 사퇴한 경우, 법률행위의 대리권과 재산관리권의 상실선고를 받은 경우)에는 미성년자녀의 보호에 공백이 발생하고, 이는 필연적으로 자녀의 복리를 침해하는 결과로 이어지게 마련이므로, 이러한 사태를 방지하기 위해서 미성년후견인을 선임하여야 한다는 것이다.

위 규정은 미성년자녀에게 친권의 공백상태가 발생하여 미성년후견인을 선임해야 하는 사유로서, 친권자가 없는 경우를 비롯하여 친권자가 친권의 일시 정지 선고를 받은 경우(第924조), 친권의 일부 제한의 선고를 받은 경우(第924조의2),

9) 실제로 위탁부모가 미성년후견인의 선임을 청구한 사건에서 법원이 먼저 친권상실선고를 거치지 않고는 후견인 선임이 불가하다는 이유로 보정명령을 하자, 위탁아동을 청구인으로 내세우느니 차라리 포기하겠다고 하여 청구를 취하한 사례가 있었다(이 사건 역시 중앙가정위탁지원센터의 요청으로 한국가정법률상담소가 소송구조로 진행하였다).

법률행위의 대리권과 재산관리권의 상실 선고를 받은 경우(제925조), 법률행위의 대리권과 재산관리권을 사퇴한 경우(제927조 제1항)를 열거하고 있다. 친권자가 없는 경우의 전형적인 예로는 친권자가 친권상실선고를 받거나 사망한 경우를 들 수 있다. 그러나 우리 민법상 미성년자녀에게 친권자가 없는 경우는 이러한 사유가 있는 때에 한정되지 않는다. 부모에게 "소재불명 등 친권을 행사할 수 없는 중대한 사유가 있는 경우"에도 친권이 소멸한 것으로 의제되어 친권자가 없는 상태가 생길 수 있다(제927조의2 제1항 제4호).

2. 제927조의2 제1항 – 부모의 소재불명 등 친권을 행사할 수 없는 중대한 사유가 있는 경우를 친권소멸의 원인으로 규정

(1) 제927조의2는 2011년 민법일부개정에 의해서 신설되었는데,[10] 제909조 제4항부터 제6항까지의 규정에 따라 단독친권자가 된 父 또는 母[11]에게 소재불명 등 친권을 행사할 수 없는 중대한 사유가 있는 때에는 친권이 소멸한 것으로 의제하여 새로 친권자를 지정하거나 미성년후견인을 선임할 수 있도록 규정하고 있다.[12] 2011년 민법일부개정 전에는 부모의 소재불명 등 친권을 행사할 수 없는 중대한 사유가 있는 경우에 친권이 소멸하는 것으로 보는 규정이 없었으나, 학설과 판례는 그러한 경우에 친권이 소멸하는 것으로 해석하여 왔다(대판 1956. 8. 11. 4289민상289; 구 가족관계등록예규 제310호: 미성년자의 친권자가 모두 장기간 행방불명인 경우에는 친권자가 없는 때에 해당하여 후견이 개시되므로, 민법에 정해진 후견순위에 따라 후견인으로 될 사람이 친권자의 행방불명을 증명하는 서면(예: 무단전출로 직권말소된 주민등록표 등본 또는 이장, 통장, 반장 작성의 확인서 등)을 첨부하여 후견개시신고를 하여야 하며, 선순위 법정후견인이 후견개시 전에 행방불명된 경우에는 「민법」 제937조 제6호에 해당하는 사유가 있음을 증명하는 서면(위와 같은 서면 등)을 첨부하여 다음 순위 법정후견인이 후견개시신고를 하여야 한다; 이 예규는 법정후견제도를 폐지하는 개정민법이 2013. 7. 1. 시행됨에 따라 2013. 6. 7. 가족관계등록예규 제377호에 의하여 폐지되었다). 2011년 개정민법은 기존의 판례와 학설을 명문화하여 부모의 소재불명 등 사실상 친권을 행사할 수 없는 경우를 친권소멸의

10) 법률 제10645호, 공포일자 2011. 5. 19, 시행일 2013. 7. 1.

11) 제909조 제4항부터 제6항까지의 규정에 따라 부모의 일방이 단독친권자로 정해지는 경우는 다음과 같다. i) 혼인외의 자가 인지된 경우에 부모의 협의 또는 법원의 심판에 의하여 부모의 일방이 단독친권자로 지정될 수 있다(제909조 제4항, 제5항). ii) 부모가 이혼하는 경우나 혼인이 취소되는 경우에 부모의 협의나 법원의 심판에 의하여 부모의 일방이 단독친권자로 지정될 수 있다(제909조 제4항, 제5항). iii) 위와 같은 사유로 부모의 일방이 단독친권자로 지정된 후에 친권자변경청구에 의하여 다른 일방이 단독친권자가 될 수 있다(제909조 제6항).

12) 이 규정에 대한 자세한 해설은 김상용, 2011년 가족법의 개정 동향 – 친권·후견을 중심으로 –, 법조 2011. 12(통권 663호), 55면 이하 참조.

원인으로 규정한 것이다.[13)]

(2) 위의 사례에서와 같이 위탁아동이 혼인외의 자로 출생하였다면, 모자관계는 출산이라는 사실에 의해서 당연히 발생하는 것이므로, 출생신고의 여부와 관계없이 일단 母가 친권자가 될 것이다. 그 후에 父가 인지나 출생신고를 한 경우에는(이 경우의 출생신고는 가족관계등록법 제57조 제1항에 따라 인지의 효력이 있다)[14)] 부자관계가 발생하므로, 父도 친권자가 될 수 있는데, 이때에는 부모의 협의로 친권자를 정하여야 하고, 협의할 수 없거나 협의가 이루어지지 아니하는 경우에는 가정법원이 직권으로 또는 당사자의 청구에 따라 친권자를 정한다(제909조 제4항 본문). 만약 이와 같은 경우에 부모가 협의에 의하여 친권자를 정하지도 않고, 법원에 친권자의 지정을 청구하지도 않는다면(재판상 인지의 경우에는 가정법원이 직권으로 친권자를 지정하는 것이 가능하지만, 임의인지의 경우에는 당사자가 청구하지 않으면 가정법원이 직권으로 개입하여 친권자를 지정할 수 있는 여지가 없다), 일단 부모 쌍방이 공동친권자가 된다고 해석할 수밖에 없을 것이다.[15)]

위와 같은 법리에 비추어 위탁아동의 부모(을과 병)는 일단 공동친권자가 된 것으로 볼 수 있는데, 母는 자녀가 만 1세가 될 무렵에 가출하여 그 행방을 알 수 없고, 父도 그 후 연락이 두절되어 소재를 알 수 없는 상태에 있다면 "미성년자의 친권자가 모두 장기간 행방불명인 경우"에 해당한다고 보아서 후견개시의 사유가 있다고 해석하는 것이 종래의 판례와 자녀의 복리에 부합하는 해석론이라고 생각된다. 따라서 위탁부모가 이해관계인으로서 미성년후견인의 선임을 청구하는 경우, 가정법원은 미성년자녀의 복리를 고려하여 자녀의 보호와 양육에 가장 적합한 사람을 미성년후견인으로 선임하여야 할 것이다(제932조 제1항).

3. 협의나 심판에 의해서 위탁아동의 부모 중 일방이 친권자로 정해졌던 경우

(1) 당사자의 협의나 법원의 심판에 의하여 위탁아동의 부모 중 父가 단독친권자가 된 경우를 가정해 본다(제909조 제4항 본문). 즉 위의 사례에서 위탁아동의 父 을이 갑의 출생신고를 함으로써 인지의 효력이 발생하게 되었는데, 을과 병의 협의나 가정법원의 심판으로 을이 단독친권자로 정해진 경우를 가정해 보는 것이다. 이런 경우 단독친권자가 된 父 을이 소재불명 등의 사유로 친권을 행사할 수 없게 된 경우에는 친권이 소멸한 것으로 의제되어[16)] 다른 부모의 일방

13) 김주수 · 김상용, 주석민법 친족(3), 2016, 630면.
14) 이 사례에서는 갑의 아버지 을이 출생신고를 하였으므로, 인지의 효력이 발생하였다.
15) 김주수 · 김상용, 주석민법 친족(3), 2016, 458면.

(母), 미성년자녀, 미성년자녀의 친족은 그 사유를 안 날로부터 1개월, 그 사유가 발생한 날로부터 6개월 내에 부모의 다른 일방을 친권자로 지정해 줄 것을 청구할 수 있다(제927조의2 제1항에 의한 제909조의2 제1항의 준용). 위의 기간 내에 친권자 지정 청구가 없는 때에는 가정법원은 직권으로 또는 미성년자녀, 그 친족, 이해관계인, 검사, 지방자치단체의 장의 청구에 의하여 미성년후견인을 선임할 수 있다(제927조의2 제1항에 의한 제909조의2 제3항의 준용). 따라서 위의 사례에서 위탁아동 갑의 父 을이 협의나 심판에 의해서 단독친권자로 정해졌다고 가정해 본다면, 다른 부모의 일방(병), 자녀와 자녀의 친족은 을에게 "소재불명 등 친권을 행사할 수 없는 중대한 사유"가 발생한 것을 안 날로부터 1개월, 그 사유가 발생한 날로부터 6개월 내에 병을 친권자로 지정할 것을 청구할 수 있게 된다. 그런데 위탁아동의 친권자 을은 수년 전부터 소재불명인 상태가 계속되고 있어서 민법이 정한 친권자 지정 청구 기간이 이미 경과하였으므로, 위탁부모 정이 이해관계인으로서 미성년후견인의 선임을 청구할 수 있을 것이다. 그러므로 이런 경우(갑의 父 을이 제909조 제4항에 따라 단독친권자로 정해졌다고 가정한 경우)에는 위탁부모 정이 후견인선임청구를 하는 데 아무런 장애가 없으며, 가정법원은 위탁아동 갑의 복리실현에 가장 적합한 사람을 미성년후견인으로 선임하게 될 것이다(현실적으로 이 사례에서는 위탁부모 정 이외에는 후견인으로 고려할 수 있는 대안이 없다).

(2) 한편 위의 2. (2)에서 위탁아동 갑의 부모 을과 병이 공동친권자가 된 것으로 해석하고, 이를 전제로 하여 서술하였으나, 이와 다른 해석의 여지가 없는 것은 아니다. 우선 일단 을과 병의 공동친권이 성립하였다는 것을 전제로 하더라도 어머니 병은 갑이 만 1세가 될 무렵 가출하여 그 이후 소재불명인 상태가 계속되고 있으므로, 그 무렵에 이미 친권이 소멸되었다고 해석하는 것도 가능하다(갑의 父 을은 母 불상으로 출생신고를 하였으며, 그 결과 갑의 가족관계등록부에는 母에 대한 신상정보가 기록되어 있지 않다. 갑의 父 을이 출생신고를 할 무렵에는 을과 병이 동거를 하고 있었으므로, 병이 출생신고에 협조하지 않은 것으로 추정된다. 모자관계는 해산에 의해서 당연히 발생하는 것이므로, 母는 일단 친권자가 된다고 해석하더라도 母에게 사실상 친권을 행사할 수 없는 중대한 사유가 있는 때에는 친권이 소멸한다고 보아야 할 것이다).[17] 이러한 해석론에 따르면 갑의 부모 을과 병은 일단 공

16) 따라서 소재불명이었던 부 또는 모가 다시 돌아온 경우에도 당연히 다시 친권을 행사할 수 있는 것은 아니다. 이미 그 부 또는 모의 친권은 소멸하였기 때문이다. 이런 경우에는 가정법원에 청구하여 새로 친권자로 지정받아야만 다시 친권을 행사할 수 있다(제927조의2 제2항).

17) 대판 1956. 8. 11. 4289민상289; 구 가족관계등록예규 제310호. 이 예규는 공동친권자 또는 단독친권자가 소재불명인 경우에 친권의 소멸이 의제되어 법정후견이 개시된다는 내용이지만, 그 취지에

동친권자로 되었다가 그 후 병의 친권이 소멸함으로써 을이 단독친권자가 된 것으로 볼 수 있다. 엄격하게 본다면 을은 병과의 협의나 가정법원의 심판에 의해서 단독친권자로 정해진 것이 아니므로(즉 제909조 제4항에 의해서 단독친권자로 정해진 것이 아니므로), 제927조의2 규정이 적용될 수 없는 것이 아닌가라는 의문이 제기될 수도 있다.[18] 그러나 제909조의2 규정과 이를 준용하는 제927조의2 규정의 입법취지[19]를 고려해 보면 위탁아동 갑의 사례에 대해서도 이 규정들을 적용하는 것이 타당하다고 생각된다. 그 이유는 다음과 같다. 제927조의2는 ⅰ) 혼인외의 자가 인지된 경우에 부모의 협의나 가정법원의 심판에 의해서 부모의 일방이 단독친권자로 정해지고, ⅱ) 단독친권자로 정해진 부모의 일방에게 "소재불명 등 친권을 행사할 수 없는 중대한 사유가 있는 경우"에 적용될 수 있다. 여기서 중요한 것은 부모의 일방이 '협의나 심판에 의해서' 단독친권자가 되었다는 사실이 아니라, 단독친권자로 정해진 부모의 일방이 소재불명 등의 사유로 더 이상 친권을 행사할 수 없게 되었다는 점이다. 왜냐하면 제927조의2는 본질적으로 친권의 공백상태로부터 자녀를 보호하기 위한 규정인데, 단독친권자가 사실상 친권을 행사할 수 없는 상태가 지속되면 자녀의 복리가 위태롭게 될 수 있기 때문이다. 따라서 부모의 일방이 '협의나 심판에 의해서' 단독친권자로 정해졌는가, 또는 다른 이유로 단독친권자가 되었는가는 자녀의 복리라는 관점에서 볼 때 하등 중요하지 않다. 단독친권자로 되었던 부모의 일방이 소재불명 등의 이유로 친권을 행사할 수 없는 상태에 있다는 사실 그 자체가 중요할 뿐이다.

위탁아동 갑의 사례에 제927조의2가 적용될 수 있다면 친생부모에게 우선적으로 친권자가 될 수 있는 기회를 보장하여야 할 것이므로, 위탁아동 갑의 母인 병에게도 친권자 지정 청구권이 인정되어야 할 것이다. 그러나 법정기간 내에 친권자 지정 청구가 없는 경우에는 그 대안으로서 미성년후견인의 선임청구를 인정

비추어 볼 때 공동친권자 중 1인이 소재불명인 때에도 해당 친권자의 친권은 소멸된다고 해석되어야 할 것이다.

18) 제927조의2에 따르면 제909조 제4항부터 제6항까지의 규정에 따라 단독친권자로 정해진 부 또는 모에게 "소재불명 등 친권을 행사할 수 없는 중대한 사유가 있는 경우"에 제909조의2 제1항 및 제3항부터 제5항까지의 규정을 준용한다. 따라서 예컨대 혼인외의 자의 부모 중 일방이 협의나 가정법원의 심판에 의해서 단독친권자로 정해졌는데, 그에게 "소재불명 등 친권을 행사할 수 없는 중대한 사유가 있는 경우"에는 다른 일방, 자녀, 자녀의 친족은 그 사유를 안 날로부터 1개월, 그 사유가 발생한 날로부터 6개월 내에 부모의 다른 일방을 친권자로 지정할 것을 청구할 수 있고, 이 기간 내에 친권자 지정 청구가 없으면 가정법원은 이해관계인 등의 청구에 의하여 미성년후견인을 선임할 수 있다.

19) 제909조의2와 제927조의2 규정의 입법취지를 간단하게 정리하면 다음과 같다: 부모 중 일방이 이혼 등의 사유로 단독친권자가 되었다가 사망하거나 친권을 상실하는 경우에는 자녀의 보호와 양육에 공백상태가 발생하게 되므로, 가정법원이 개입하여 신속하게 자녀의 법정대리인을 정할 필요가 있다. 이런 경우에는 우선 부모의 다른 일방에게 친권자가 될 수 있는 기회를 부여하되, 그가 친권자로서 적합하지 않은 경우에는 미성년후견인을 선임함으로써 자녀의 보호에 공백이 발생하지 않도록 한다.

하여야 할 것이다. 이렇게 본다면, 위탁아동 갑의 부모 을과 병의 공동친권이 성립하였다가 그 후 병의 친권이 소멸하여 을이 단독친권자가 된 것으로 해석될 수도 있는 이 사례에서 제927조의2 규정을 적용하지 못할 이유는 전혀 없다고 생각된다.

(3) 위의 (2)에서는 위탁아동 갑의 부모가 일단 공동친권자가 되었다가 *母* 병의 친권이 먼저소멸하고, 이로써 父 을이 단독친권자가 되었다가 역시 소재불명을 이유로 친권이 소멸한 것으로 전제하고 해석론을 전개하였다.

위에서 본 바와 같이 대구가정법원은 위탁아동 갑에게 친권자가 있다고 전제하여 미성년후견인 선임청구를 기각하였는데, 위탁아동 갑의 부모 모두가 친권자라고 본 것인지, 父인 을만이 친권자라고 본 것인지는 분명하지 않다(법원 실무의 태도에 비추어 볼 때 후자일 가능성이 높다고 생각된다. 갑의 가족관계등록부에는 *母*는 불상으로 되어 있고, 父에 대한 기록만이 있기 때문이다). 따라서 위의 두 가지 전제에 대해서 모두 검토해 보기로 한다. 우선 첫 번째 전제에 대해서 검토해 본다(위탁아동 갑의 부모 쌍방이 여전히 공동친권자의 지위를 유지하고 있다는 전제). 위탁아동의 부모가 형식적으로 공동친권자의 지위를 유지하고 있는 경우이든, 협의나 심판에 의해서 그 중 일방만이 단독친권자가 된 경우이든, 소재불명 등의 사유로 사실상 친권을 행사할 수 없는 상태가 장기화된다면 자녀의 복리가 위태롭게 될 수 있다는 점은 명백하다. 즉 자녀의 복리라는 관점에서 볼 때에는 형식적으로 공동친권이 유지되고 있으나 사실상 친권이 행사되지 않는 경우와 단독친권인 상태에서 사실상 친권이 행사되지 않는 경우 사이에는 아무런 차이도 없다. 중요한 것은 친권자가 사실상 친권을 행사할 수 없는 상태에 있어서 자녀의 복리가 위태롭게 될 수 있다는 점이다. 따라서 두 가지 사안(즉, i) 위탁아동의 부모가 형식적으로 공동친권자의 지위를 유지하고 있으나 둘 다 소재불명 등의 사유로 친권을 행사할 수 없는 경우, ii) 협의나 심판에 의해서 단독친권자로 정해진 부모의 일방이 소재불명 등의 사유로 친권을 행사할 수 없는 경우)에 대해서 각각 다른 법리를 적용해야 할 정당한 이유는 찾기 어렵다. 그렇다면 협의나 심판으로 단독친권자로 정해진 父 또는 *母*가 소재불명 등의 사유로 친권을 행사할 수 없는 경우에 적용되는 규정(제927조의2 제1항에 의해서 준용되는 제909조의2 제1항 및 제3항)은 공동친권자인 부모 쌍방이 소재불명 등의 사유로 친권을 행사할 수 없는 경우에도 유추적용 내지 준용되어야 할 것이다. 다만 이 경우에는 부모의 다른 일방을 친권자로 지정할 수 있는 여지가 없으므로, 친권자 지정 청구 절차를 생략하고 바로 미성년후견인의 선임을 청구할 수 있다고 해석해야 할 것이다(즉, 제927조의2 제1항에 의해서 제909조의2 제3항만이 준용된다).

두 번째로 위탁아동 갑의 父인 을이 단독친권자로 남아 있으므로, 후견개시의 사유가 없다는 전제에 대해서 검토해 본다. 위에서 이미 언급한 바와 같이 위탁아동 갑이 혼인외의 자로 출생하였을 당시에는 母인 병이 단독친권자가 되었고, 그 후 父 을의 출생신고에 의해서 인지의 효력이 발생하여 공동친권이 성립하였다. 즉 위탁아동 갑의 父 을이 처음부터 단독친권자였던 것은 아니다. 그 후 병이 가출하여 소재불명인 상태가 지속됨으로써 병의 친권은 소멸한 것으로 의제되고, 그로 인하여 비로소 을이 단독친권자가 되었다고 보아야 한다. 을이 단독친권자가 된 경위는 비록 제909조의2 제1항이 예정하고 있는 것과 다르지만, 부모 쌍방이 공동친권자이었다가 그 중 일방이 단독친권자가 되었다는 점에서는 같다. 여기서 중요한 점은 단독친권자인 父 또는 母가 소재불명 등의 사유로 친권을 행사할 수 없게 되어 자녀의 복리가 위태롭게 될 수 있다는 사실일 뿐, 어떤 경위로 부모의 일방이 단독친권자가 되었는가는 본질적인 문제가 아니다. 따라서 대구가정법원이 위탁아동 갑의 父 을이 단독친권자라는 전제에서 이 사건을 판단하였다고 하더라도, 제927조의2 규정의 적용 가능성에 대해서 검토하지 않은 채 후견개시의 사유가 없다는 이유로 후견인선임청구를 바로 기각한 것에 대해서는 동의하기 어렵다.

4. 친권자의 존재 여부를 가족관계등록부에 부모가 기록되어 있는가에 따라 판단하는 법원 실무에 대한 비판

(1) 현재 법원의 실무는 가족관계등록부에 父 또는 母가 기록되어 있는가의 여부에 따라 친권자의 존재여부를 판단하는 것으로 보인다. 위에서 본 대구가정법원 심판은 위탁아동의 父에게 소재불명 등 친권을 행사할 수 없는 중대한 사유가 있는가의 여부에 대해서는 검토하지 않은 채 단지 가족관계등록부에 父가 기록되어 있다는 이유로 친권자가 있다고 판단하여 후견개시의 사유가 없다고 보았다. 반면에 부산가정법원 2016. 10. 5. 2016느단200267 심판은 기아로 발견된 위탁아동의 가족관계등록부에 부모에 대한 기록이 없다는 것을 근거로 친권자가 없는 것으로 판단하여 친권상실선고를 거치지 않은 상태에서 바로 미성년후견인을 선임하는 심판을 하였다.[20] 그러나 엄밀하게 보면 이 사건에 있어서도 처음부터 위탁아동에게 친권자가 없었다고 할 수는 없다. 모자관계는 출산이라는 사실에 의해서 당연히 발생하는 것이므로, 출산에 의해서 위탁아동과 생모 사이에는

20) 위탁아동을 4년간 보호, 양육한 위탁부모를 위탁아동의 후견인으로 선임한 사건인데(이 사건 역시 중앙가정위탁지원센터의 요청에 의해 한국가정법률상담소가 법률구조로 진행하였음), 위탁아동은 기아로 발견되었으며, 친생부모는 불상으로 되어있다.

법률상 친자관계가 발생하였고, 생모는 당연히 친권자가 되었다고 보아야 한다. 다만 그 후 생모가 자녀를 유기하고 소재불명인 상태가 계속되었으므로, 그로 인하여 친권이 소멸했다고 보아야 할 것이다. 현재 법원의 실무는 출생신고를 통하여 가족관계등록부에 父 또는 母가 기록되어 있으면, 소재불명 등 친권을 행사할 수 없는 사유의 유무와 관계없이 친권자가 있다고 보아서 친권상실선고를 거치지 않고는 후견인선임이 가능하지 않다고 보는 듯하다. 그러나 출생신고와 관계없이 혼인외의 자라고 해도 모자관계는 출산에 의해서 당연히 발생하는 것이며, 모자관계의 발생과 동시에 모는 자녀의 친권자가 된다. 따라서 출생과 동시에 모든 자녀에게는 적어도 법률상 母가 존재하며, 그에 따라 당연히 친권자가 있기 마련이다. 출생신고에 따른 가족관계등록부의 기록 여부는 법률상 모자관계의 발생이나 그로 인한 친권자의 존재에 아무런 영향도 미치지 않는다. 출생신고에 의해서 비로소 친자관계가 발생하거나 가족관계등록부에 부모로 기록됨으로써 친권자가 되는 것은 아니다(출생신고는 보고적 신고이다).

(2) 허위의 친생자출생신고에 대해서 입양의 효력을 인정하는 판례와 학설도 위와 같은 전제에서 성립한 것이다. 종래 우리 사회의 입양관행을 보면 미혼모가 출산을 한 경우에 출생신고를 거치지 않고 입양절차를 진행하였고, 양부모가 될 사람들은 아이를 인도받아 친생자로 출생신고를 하는 것이 일반적이었다.[21] 이러한 방식으로 입양이 성립한 경우에 대하여 판례와 학설은 허위의 친생자 출생신고에 의해서 친생자관계가 발생하지는 않지만 당사자간에 입양의 합의를 비롯하여 입양의 실질적 요건을 갖추었다면 입양의 효력을 인정하여 양친자관계가 성립한 것으로 보아왔다.[22] 입양의 실질적 요건 중에서 가장 중요한 것은 입양의 합의인데, 입양될 자녀의 생모가 입양의 승낙을 하면 법정대리인(친권자)으로서 입양의 승낙을 한 것으로 보아서 입양의 합의가 있는 것으로 인정하였다.[23] 이러한 판례의 태도는 출생신고 전이라도 생모가 자녀의 친권자로서 의사표시를 할 수 있다는 사실을 전제로 하는 것이다. 따라서 가족관계등록부에 父 또는 母가 기록되어 있는가의 여부에 따라 친권자의 존재여부를 판단하는 법원 실무의 태도는 종래의 판례와도 모순된다고 볼 수 있다.

---

21) 2012. 8. 5. 개정된 「입양특례법」이 시행되기 전까지는 이러한 방식의 입양이 보편적으로 행하여졌다. 그 이전에 「입양촉진 및 절차에 관한 특례법」이 시행되고 있던 당시의 자료를 보면, 이 법에 의해서 이루어진 국내입양의 경우 약 97% 이상이 입양신고 대신 허위의 친생자 출생신고를 한 것으로 보고되었다(국회의원 김춘진 2006년 국정감사자료).

22) 대판 1977. 7. 26. 77다492 전원합의체.

23) 대판 1998. 5. 26. 97므25.

(3) 가족관계등록부에 부모가 기록되어 있으면, 부모가 친권상실선고를 받거나 사망하지 않은 한 친권자가 있는 것으로 보아서 후견개시사유가 없다고 판단하는 실무의 태도는 현행법과도 모순된다. 제927조의2 제1항에 의하면 양부모 쌍방에게 "소재불명 등 친권을 행사할 수 없는 중대한 사유가 있는 경우"에는 양부모에 대한 친권상실선고를 거치지 않고 바로 후견인을 선임할 수 있다.[24] 이 경우에는 가족관계등록부에 양부모가 기록되어 있지만, 이미 친권이 소멸한 것으로 의제하여 친권상실선고를 거치지 않고 바로 후견인선임이 가능하도록 한 것이다. 현행법상 양부모 쌍방에게 소재불명 등 친권을 행사할 수 없는 중대한 사유가 있는 경우에는 친권의 소멸을 의제하여 친권상실선고를 거칠 필요 없이 바로 후견인선임이 가능한데, 친생부모 쌍방에게 이와 동일한 사유가 있는 경우에는 반드시 먼저 친권상실선고를 거친 후에 비로소 후견인을 선임할 수 있다는 법리를 정당화할 수 있는 근거는 어디에 있는가? 이 두 가지 경우를 구별하여 각각 다른 법리를 적용해야 할 이유는 없는 것으로 보인다.

(4) 위의 (2)에서 본 바와 같이 출생신고를 하지 않아서 가족관계등록부에 부모의 기록이 없다고 해서 반드시 친권자가 없는 것은 아니다. 반대로 위의 (3)에서 본 바와 같이, 가족관계등록부에 부모의 기록이 있고, 그 부모가 친권상실선고를 받거나 사망하지 않은 경우에는 일반적으로 친권자가 있는 것으로 추정되지만, 이는 구체적인 사정에 따라 번복될 수 있다. 그 대표적인 사례가 바로 부모에게 "소재불명 등 친권을 행사할 수 없는 중대한 사유가 있는 경우"이다(제927조의2).[25] 따라서 가족관계등록부상의 기록만을 보고 자녀에게 친권자가 있는가의 여부를 형식적으로 판단하는 실무의 관행은 우리 법체계와 맞지 않을 뿐만 아니라, 구체적인 사안에 있어서 자녀의 복리를 침해할 수도 있다는 점에서 시정되어야 할 것이다.

---

24) 이런 경우 친생부모에 의한 친권자 지정 청구는 가능하지 않다고 해석되므로, 곧바로 미성년후견인의 선임을 청구할 수 있다. 윤진수・현소혜, 2013년 개정민법해설, 193면; 김상용, 2011년 가족법의 개정 동향 - 친권・후견을 중심으로 -, 법조 2011. 12(통권 663호), 61면 이하). 친생부모 쌍방에게 "소재불명 등 친권을 행사할 수 없는 중대한 사유"가 있는 경우에도 이와 달리 보아야 할 이유가 없다.

25) 이외에도 민법은 친권상실선고를 받지 않아도 부모의 친권이 소멸한 것으로 보는 경우를 규정하고 있다. 예를 들어 이혼 시 부모의 일방이 단독친권자로 정해진 경우에 다른 일방의 친권은 소멸한다. 따라서 이혼 시 단독친권자로 정해진 부모의 일방이 사망하거나 친권상실선고를 받은 경우에도 다른 부모의 일방은 당연히 친권자가 되지 않으며, 법원에 청구하여 새로 친권자 지정을 받아야만 한다(제909조의2 제1항). 이혼 시 단독친권자로 정해진 父 또는 母는 유언으로 미성년후견인을 지정할 수도 있는데, 이것 또한 이혼 시 친권자로 정해지지 않은 父 또는 母의 친권이 소멸하였음을 전제로 하는 것이다. 이혼 시 친권자로 정해지지 않은 父 또는 母의 친권이 유지되고 있다면, 미성년후견인을 지정할 수 있는 여지가 없기 때문이다. 다만 단독친권자가 유언으로 미성년후견인을 지정한 경우에도 법원은 생존하는 父 또는 母의 청구에 의하여 후견을 종료시키고 생존친을 친권자로 지정할 수 있다(제931조).

Ⅳ 입법론적 해결방안

위에서 언급한 바와 같이 부모가 위탁가정에 자녀의 양육을 맡긴 후 연락이 두절되는 사례가 종종 있으며, 이런 경우에는 가정위탁보호가 장기화되는 경향이 나타난다. 형식적으로 친권자가 존재하는 것으로 보이지만, 실질적으로는 친권자가 없어서 자녀에게 피해가 발생하는 사례도 주로 이런 위탁가정에 집중되어 있다. 전국에 설치되어 있는 가정위탁지원센터에서 위탁부모의 고충사항을 접수하여 정리한 사례를 종합해 보면, 그 중 상당수가 위탁아동의 친권과 관련된 것임을 알 수 있다(2009년에 발간된 「가정위탁 법률지원 매뉴얼」 중 법률 사례 참조).

이와 같은 현실적 이유에서 중앙가정위탁지원센터는 이미 10여 년 전부터 위탁아동과 관련된 친권 문제를 해결하기 위하여 노력해왔다. 이미 2006년에 「가정위탁보호에 관한 특별법안」을 마련한 적이 있으며,[26] 이를 기초로 2012년에 다시 법안을 준비하여 국회에 제출하기도 하였다(가정위탁보호 지원법안).[27] 이 법안은 위탁아동의 친권 문제를 해결하기 위한 상세한 규정을 담고 있었으나(제16조－제18조),[28] 국회를 통과하지 못하고 19대 국회의 임기가 만료됨으로써 폐기

26) 이 법안은 보건복지부 · 중앙가정위탁지원센터, 가정위탁보호 법률안 마련을 위한 제안(자료집, 2006)에 수록되어 있다.

27) 가정위탁보호 지원법안(김춘진 의원 대표발의. 의안번호 1902683. 제안일자 2012. 11. 20).

28) 해당 규정은 다음과 같다(이 법안의 자세한 해설에 대해서는 김상용, 가정위탁보호 지원법안 해설, 가족법연구 Ⅳ, 2014, 193면 이하 참조).

제16조(친권행사의 정지 등) ① 가정법원은 부모가 다음 각 호의 어느 하나에 해당하는 경우에는 위탁부모, 가정위탁전문기관의 장 또는 검사의 청구에 따라 기간을 정하여 친권행사의 정지를 선고할 수 있다.

1. 소재불명 등의 사유로 사실상 친권행사를 할 수 없는 경우
2. 1년 이상 위탁아동과 면접교섭을 하지 않는 경우
3. 그 밖에 친권행사를 하지 아니하거나 친권을 남용하여 위탁아동의 복리가 위태롭게 되거나 위태롭게 될 우려가 있는 경우

② 제1항에 따라 가정법원이 친권행사의 정지를 선고하는 경우에는 직권으로 또는 위탁부모, 가정위탁전문기관의 장, 검사의 청구에 따라 위탁아동의 후견인을 선임하여야 한다.

③ 가정법원은 친권행사의 정지 기간 중에도 제1항 각 호의 사유가 소멸한 때에는 부모, 위탁부모, 가정위탁전문기관의 장 또는 검사의 청구에 따라 친권행사의 회복을 선고할 수 있다.

④ 가정법원은 위탁아동의 후견인이 임무수행을 게을리 한 때에는 위탁부모, 가정위탁전문기관의 장 또는 검사의 청구에 따라 후견인을 변경할 수 있다.

제17조(대리권, 관리권 행사의 정지) ① 가정법원은 위탁아동의 복리를 위하여 필요하다고 인정하는 때에는 위탁부모, 가정위탁전문기관의 장 또는 검사의 청구에 따라 기간을 정하여 법률행위의 대리권과 재산관리권 행사의 정지를 선고할 수 있다.

② 제16조 제2항과 제3항은 제1항의 경우에 준용한다.

제18조(임시처분) ① 위탁아동의 복리를 위하여 긴급한 필요가 있는 경우에는 가정법원은 직권으로 또는 위탁부모, 가정위탁전문기관의 장, 검사의 청구에 따라 제16조의 친권행사의 정지 청구 또는 후견인 변경의 청구가 있은 때부터 48시간 내에 부모의 친권행사 또는 후견인의 직무집행의 정지를 명

되고 말았다. 위탁아동의 친권과 관련된 문제의 입법적 해결은 가정위탁지원센터와 위탁가정의 오랜 숙원사업이라고 할 수 있는데, 결국 아무런 성과를 거두지 못한 채 오늘에 이르고 있다.

입법적 해결이 계속 지연되고 있는 상황에서 중앙가정위탁지원센터와 위탁부모들은 현행법의 틀 내에서 소송을 통하여 위탁아동의 친권 문제를 해결할 수 있는 방법을 모색하게 되었다. 마침 한국가정법률상담소에서 중앙가정위탁지원센터의 요청을 받아들여 법률구조를 결정함으로써 위탁아동의 친권 문제로 고통을 받고 있던 위탁부모들이 미성년후견인의 선임청구를 할 수 있게 되었다. 미성년후견인 선임청구는 전국적으로 여러 건이 동시에 진행되었는데,[29] 그 중 처음으로 심판을 한 대구가정법원은 위에서 본 이유로 청구를 기각하였다. 이 심판이 전제로 한 법리의 문제점에 대해서는 이미 위에서 자세히 살펴보았으나, 결국 이 문제가 입법적으로 해결되지 않으면, 해석론을 둘러싼 논쟁은 앞으로도 계속 이어질 가능성이 있다고 생각된다. 이러한 이유에서 여기서는 이 문제를 해결할 수 있는 하나의 입법적 대안을 제시하려고 한다. 가장 현실적이고 우리 민법체계와도 부합하는 대안은 다음과 같이 민법 제928조를 개정하는 것이라고 본다.[30]

하는 임시처분을 할 수 있다.

② 가정법원이 제1항에 따른 임시처분을 하는 경우에는 시·도지사, 시장·군수·구청장 또는 가정위탁전문기관의 장이 임시로 후견인의 임무를 대행할 것을 명할 수 있다.

③ 제1항과 제2항은 가정법원이 제17조의 법률행위의 대리권, 재산관리권 행사 정지의 임시처분을 하는 경우에 준용한다.

④ 제1항과 제3항에 따라 이루어진 임시처분은 집행력을 갖는다.

29) 위탁부모가 친권상실선고의 청구를 거치지 않고 미성년후견인 선임청구를 한 이유는 위에서 이미 설명한 바와 같다. 친권상실선고를 청구하려면 현실적으로 위탁아동을 청구인으로 할 수밖에 없는데, 위탁부모들은 어떠한 형식으로든 위탁아동이 재판에 관련되는 것을 원하지 않는 경우가 대부분이다.

30) 이외에 제924조(친권의 상실 또는 일시 정지의 선고)가 규정하는 친권상실 또는 일시 정지 선고의 청구권자에 위탁부모와 같은 이해관계인을 포함시키는 방안도 생각해 볼 수 있을 것이다(미성년후견인의 선임청구권자에는 이미 이해관계인이 포함되어 있다. 제932조). 현행 제924조에 따라 자녀(위탁아동)가 청구인이 되는 경우에도 어차피 위탁부모가 특별대리인(민사소송법 제62조, 민법 제921조. 법원실무제요 가사(Ⅱ), 321면은 이해상반행위가 소송행위인 경우에는 민사소송법 제62조에 따라 특별대리인을 선임하는 것이 바람직하다고 한다)으로 선임되어 소송을 수행할 수밖에 없다는 점을 고려하면, 차라리 위탁부모와 같은 이해관계인이 직접 친권상실선고를 청구할 수 있도록 하는 것이 낫다고 본다. 친권상실선고 청구권자의 범위를 확대하는 경우 남소의 위험을 우려하는 의견이 제기될 수 있으나, 개인의 시간, 비용과 수고를 들여가면서 굳이 불필요한 친권상실선고의 청구를 하는 경우를 상상하기 어려울 뿐만 아니라, 설령 그러한 경우가 있다고 해도 법원에서 충분히 걸러질 수 있을 것이다. 또한 위탁부모를 미성년후견인으로 선임하는 경우에 지방자치단체의 장 등을 미성년후견감독인으로 선임한다면(제940조의3), 해당 지자체 소속 복지담당 공무원을 통하여 실질적인 후견감독이 이루어질 수 있을 것이다. 한편 독일민법에 의하면 아동의 복리를 위태롭게 하는 정황이 있는 경우 누구나 직접 가정법원에 통지할 수 있으며, 가정법원은 직권으로 절차를 개시한다(독일가사소송법 제24조).

제928조(미성년자에 대한 후견의 개시) 미성년자에게 친권자가 없거나 친권자가 제924조, 제924조의2, 제925조 또는 제927조 제1항에 따라 친권의 전부 또는 일부를 행사할 수 없는 경우에는 미성년후견인을 두어야 한다.

제928조 개정시안(미성년자에 대한 후견의 개시) ① 미성년자에게 친권자가 없거나 친권자가 제924조, 제924조의2, 제925조 또는 제927조 제1항에 따라 친권의 전부 또는 일부를 행사할 수 없는 경우에는 미성년후견인을 두어야 한다.

② 친권자에게 소재불명 등 친권을 행사할 수 없는 중대한 사유가 있는 경우에도 제1항과 같다.

V 맺 음 말

당사자의 협의나 가정법원의 심판으로 단독친권자로 정해진 부모의 일방에게 소재불명 등 친권을 행사할 수 없는 중대한 사유가 있는 경우에는 친권이 소멸한 것으로 의제되어 새로 친권자를 지정하거나 미성년후견인을 선임하여야 한다(제927조의2 제1항). 미성년자녀에게 친권자가 없는 상태가 장기화되면 자녀의 복리가 위태롭게 될 수 있기 때문이다. 이러한 입법취지에 비추어 볼 때 이 규정은 "당사자의 협의나 가정법원의 심판으로 단독친권자로 정해진 부모의 일방에게 소재불명 등 친권을 행사할 수 없는 중대한 사유가 있는 경우"뿐만 아니라, 공동친권자인 부모의 쌍방에게 이러한 사유가 있는 경우에도 적용되어야 할 것이다. 나아가 "당사자의 협의나 가정법원의 심판"을 거치지 않고 이와 다른 경위로 단독친권자가 된 부모의 일방에게 위와 같은 사유가 있는 때에도 동일하게 적용되어야 마땅하다고 본다. 자녀의 복리라는 관점에서 볼 때, 단독친권자가 된 부모의 일방이 소재불명 등의 사유로 친권을 행사할 수 없는 상태에 있는가, 혹은 공동친권자였던 부모의 쌍방에게 이러한 사유가 있는가는 하등 중요하지 않다. 또한 어떤 경위로 부모의 일방이 단독친권자가 되었는가도 아무런 의미가 없다. 중요한 점은 친권자가 사실상 친권을 행사할 수 없는 상태가 장기화되면 자녀의 복리가 위태롭게 될 수 있다는 것이다. 따라서 위와 같은 사안에서는 모두 친권이 소멸한 것으로 의제하여 동일한 법리가 적용되어야 할 것이다. 이런 의미에서 부모에게 소재불명 등 친권을 행사할 수 없는 중대한 사유가 있는 경우도 제928조(미성년자에 대한 후견의 개시)가 규정하는 "미성년자에게 친권자가 없는 경우"에 해당한다고 해석하는 것이 합리적이라고 본다.[31)]

다른 한편 법개정을 통해서 이 문제를 해결하는 방안도 모색해 볼 수 있다.

현재로서는 제928조에 후견개시 사유로서 "친권자에게 소재불명 등 친권을 행사할 수 없는 중대한 사유가 있는 경우"를 추가하는 방안이 가장 현실적이고 우리 민법의 기존 체계와도 부합하는 것으로 생각된다.

〈중앙법학 제18권 제4호(2016년 12월) 수록〉

31) 부모에게 "소재불명 등 친권을 행사할 수 없는 중대한 사유가 있는 경우"에 후견인을 선임할 수 있게 하면 친권과 후견이 병존하는 상태가 발생하는 것이 아닌가라는 의문이 제기될 수 있으나, 이러한 사유가 있는 때에는 친권이 소멸한 것으로 의제되므로, 친권과 후견이 병존하는 상태가 발생할 여지가 없다.

3. 위탁아동의 친권과 후견

- 보호의 공백에 처한 아동들 -

I 들어가는 말

미성년자녀에게 형식적으로는 친권자가 있는 것으로 보이나, 실제로는 소재가 불명할 뿐만 아니라 연락도 되지 않아서 친권자의 역할을 전혀 하지 못하는 경우가 있다. 우리 사회에서는 특히 가정위탁으로 보호를 받고 있는 아동에게 이러한 사례가 발생하는 경우가 적지 않다. 가정위탁이란 부모가 빈곤, 질병 등의 사유로 자녀를 직접 양육할 수 없는 사정이 있는 경우에 다른 가정에서 '일정한 기간' 동안 자녀를 보호, 양육하는 아동보호제도를 말한다.[1] 그런데 현실적으로는 부모가 자녀의 양육과 보호를 위탁가정에 맡긴 후에 소재가 불명해지거나 연락이 두절되어 자녀(위탁아동)가 성년에 이를 때까지 '장기간' 위탁가정에서 성장하는 사례가 발생하고 있다.[2] 이런 경우 위탁아동에게는 형식적으로는 친권자가 있는 것으로 보이나, 실질적으로는 친권자가 없는 친권의 공백상태가 발생하게 된다. 이와 같은 친권의 공백상태는 특히 친권자(법정대리인)의 동의나 대리가 필요한 상황에서 현실적인 문제가 된다. 예를 들어 위탁아동이 해외로 수학여행을 가기 위하여 여권을 발급받아야 하는데, 친권자의 동의를 받지 못하여 여권발급에 어려움을 겪는 사례가 있으며, 병원에서 수술을 받아야 하는 상황에서도 법정대리

---

1) 허남순, 가정위탁보호의 활성화 방안에 관한 연구, 한국아동복지학 9호(2000), 264; 2009 가정위탁지원센터 통합업무매뉴얼, 3면; 김상용, 가정위탁양육에 대한 민법상의 쟁점, 법조 610호(2007), 94면 이하; 아동복지법 제3조 제6호 참조.

2) 2016년 기준으로 전체 위탁아동 12,907명 중 6년 이상 장기 위탁된 아동이 5,445명으로 전체의 42.2%를 차지하고 있다. 또한 가정위탁종결사유를 보면 만 18세 이상으로 종결된 경우(31.5%)와 보호연장종결(37.3%)이 차지하는 비율이 가장 높은 반면(아동복지법에 의하면 가정위탁보호는 아동이 18세에 이르면 원칙적으로 종료하는 것으로 되어 있다. 그러나 아동이 18세가 되어도 일정한 사유가 있으면 보호연장이 가능한데, 그 대표적인 사유는 대학진학이다. 따라서 보호연장이 결정되면 18세가 된 이후에도 일정한 기간 가정위탁보호가 연장될 수 있다), 친가정복귀로 인한 종결(16%)은 오히려 낮은 수준에 머물고 있음을 알 수 있다. 이러한 통계는 가정위탁이 본래의 취지와는 달리 우리 사회에서 장기적인 아동보호수단으로 자리를 잡아가고 있으며, 그 결과 아동이 성년에 이를 때까지 위탁가정에서 보호되는 경우가 많아지고 있음을 보여주고 있다. 중앙가정위탁지원센터, 2016 가정위탁보호 현황보고서(2017) 참조.

인으로서 동의를 할 수 있는 사람이 없어서 곤경에 처한 경우도 있다.[3] 2000년대 초에 우리 사회에서 가정위탁보호가 본격적으로 시작된 이후 오늘에 이르기까지 위탁가정에 어려움을 안겨준 큰 문제 중의 하나는 위탁아동의 친권과 후견에 관한 것이었다. 이 문제를 해결하기 위하여 그 동안 법안을 마련하여 국회에 제출하기도 하였고, 법원에 후견인 선임을 청구하기도 하였으나, 문제의 근본적인 해결은 여전히 요원한 숙제로 남아 있다. 아동의 복리를 위해서 진작 해결되었어야 할 과제가 아직까지 그대로 남아 있다는 것은 우리 사회가 아동복지에 있어서 여전히 후진국의 수준에 머물고 있음을 보여준다. 출산율의 저하를 걱정하는 우리 사회가 이미 태어나서 성장하고 있는 아동의 복지를 위해서는 얼마나 인색한 모습을 보여 왔는지 스스로 묻고 반성하여야 할 것이다.

Ⅱ 입법을 통한 해결의 시도

1. 가정위탁보호 지원법안의 발의

중앙가정위탁지원센터에서는 2011년부터 2012년에 걸쳐 김춘진 의원실과 협력하여 「가정위탁보호 지원법안」을 마련한 바 있다. 이 법안은 2012년 국회에 제출되었으나(김춘진 의원 대표발의), 2016년 19대 국회의 임기만료로 폐기되고 말았다.

이 법안에는 위탁아동의 친권과 후견 문제를 해결하기 위하여 다음과 같은 규정이 마련되어 있었다.

제16조(친권행사의 정지 등) ① 가정법원은 부모가 다음 각 호의 어느 하나에 해당하는 경우에는 위탁부모, 가정위탁전문기관의 장 또는 검사의 청구에 따라 기간을 정하여 친권행사의 정지를 선고할 수 있다.

1. 소재불명 등의 사유로 사실상 친권행사를 할 수 없는 경우
2. 1년 이상 위탁아동과 면접교섭을 하지 않는 경우
3. 그 밖에 친권행사를 하지 아니하거나 친권을 남용하여 위탁아동의 복리가

3) 이와 관련하여 위탁부모가 후견인 선임 청구를 한 사건의 소장 중 한 부분을 옮겨본다. “법정대리인이 없는 청구인(위탁부모)은 사건본인(위탁아동)을 위하여 통장조차 만들어줄 수 없다는 현실에 좌절해야만 했습니다. 청구인은 사건본인을 실제 양육하고 있음에도 사건본인의 주민등록번호를 확인할 수 있는 공적 서류조차 발급받지 못하고 있으며, 치료가 필요한 사건본인을 돌보면서도 그 진단서조차 발급받을 수 없는 상황입니다. 법정대리인의 부재로 보험가입이 불가하여 누구나 가는 수학여행조차 어렵사리 가야 했던 사건 본인의 성장과정을 지켜보며, 청구인은 수없이 많은 눈물을 흘려야 했습니다.”

위태롭게 되거나 위태롭게 될 우려가 있는 경우

② 제1항에 따라 가정법원이 친권행사의 정지를 선고하는 경우에는 직권으로 또는 위탁부모, 가정위탁전문기관의 장, 검사의 청구에 따라 위탁아동의 후견인을 선임하여야 한다.

③ 가정법원은 친권행사의 정지 기간 중에도 제1항 각 호의 사유가 소멸한 때에는 부모, 위탁부모, 가정위탁전문기관의 장 또는 검사의 청구에 따라 친권행사의 회복을 선고할 수 있다.

④ 가정법원은 위탁아동의 후견인이 임무수행을 게을리 하거나 임무수행을 할 수 없는 상태에 있는 때에는 위탁부모, 가정위탁전문기관의 장 또는 검사의 청구에 따라 후견인을 변경할 수 있다.

해설 [4]

① 위탁아동의 친권자가 소재불명이어서 자녀(위탁아동)에 필요한 친권을 행사할 수 없거나(의료시술에 동의할 수 없는 경우 등), 소재는 파악되지만 자녀에게 관심이 없어서 교류가 단절된 경우, 친권행사를 하지 않거나 남용하여 자녀의 복리를 위태롭게 하는 경우(위탁아동의 통장에서 수급비를 인출해 가는 경우) 등에는 부모의 친권을 그대로 유지하게 하는 것이 위탁아동의 복리를 침해하는 결과로 이어지게 된다. 그러므로 이런 경우에는 부모의 친권에 대하여 일정한 조치를 취하지 않을 수 없다. 현행법[5]에 의하면 부모의 친권을 상실시키는 방법이 있는데, 친권상실선고는 절차가 복잡하고 그 효과도 상당히 강하기 때문에 일반적으로 잘 이용되지 않는 경향이 있다.

'친권행사의 정지'란 부모가 친권을 보유하고 있기는 하지만, 이를 행사할 수 있는 권한은 인정되지 않는 상태를 의미한다. '친권행사의 정지'는 최근에 개정된 「입양특례법」에 새롭게 도입된 개념이다. 「입양특례법」 제22조 제2항에 따르면 부모가 입양기관에 입양의 알선을 의뢰하면서 자녀를 인도하는 경우, 그 때부터 부모(친권자)의 친권행사는 정지된다. 이 경우 입양기관의 장이 후견인이 되어 입양대상아동의 입양절차를 진행한다. 개정 「입양특례법」에 의하면 친생부모는 입양에 동의한 후에도 가정법원의 허가가 있기 전까지는 입양의 동의를 철회할 수 있는데(제12조 제5항), 입양의 동의를 철회하면 다시 친권을 행사할 수 있게 된다(제22조 제2항). 따라서 친생부모가 입양 결정을 후회하는 때에는 입양의 동의를

4) 법안에 대한 해설은 2012년 7월 20일 가정위탁보호 지원법 제정을 위한 입법 공청회에서 필자가 발표한 내용이며, 전체 해설은 법학논문집 제36집 제2호(2012. 8), 205면 이하에 〔입법 자료〕로 게재되어 있음.

5) 2012년 당시를 기준으로 한 것임.

철회함으로써 다시 친권을 행사할 수 있게 되고, 입양기관에 대하여 자녀의 인도를 청구할 수 있다.

② 가정법원이 친권행사의 정지를 선고할 때에는 후견인을 선임하여야 한다. 이 경우 시・도지사 또는 시장・군수・구청장이 위탁아동의 후견인이 될 수 있다는 규정을 시행령 등에 둘 수 있을 것이다. 이런 경우에는 시・도지사 또는 시장・군수・구청장이 위탁아동의 후견인이 되어 아동의 법정대리인이 되고(후견인으로서 아동의 보호와 양육에 대한 법률상의 책임을 지게 된다), 위탁부모는 사실상 위탁아동을 보호, 양육하게 된다(즉, 위탁부모는 후견인인 시・도지사 또는 시장・군수・구청장으로부터 위탁아동의 양육을 위임받은 것이 된다). 따라서 위탁아동이 여권발급을 신청하거나 은행에 통장발급을 신청하는 경우, 위탁아동의 수술에 동의를 요하는 경우 등에는 시・도지사 또는 시장・군수・구청장이 후견인의 자격으로서 동의를 하게 될 것이다. 위탁아동이 불법행위를 하여 타인에게 손해를 입힌 경우에도 후견인인 시・도지사 또는 시장・군수・구청장이 일차적으로 손해배상의 책임을 진다고 해석될 수 있을 것이다(이에 관한 명문의 규정을 두는 것도 가능하다고 생각된다). 다만, 사실상 양육을 책임지고 있는 위탁부모가 보호와 양육의 의무를 게을리 하여 위와 같은 결과가 발생한 때에는 자신의 손해배상책임을 면할 수 없을 것이다.

③ 가정법원이 친권행사의 정지를 선고할 때에는 반드시 그 기간(친권행사의 정지 기간)을 정하여야 하는데, 이 기간 중에도 부모가 친권을 다시 행사할 수 있는 상태를 회복한 때에는(즉 제1항에 따른 친권행사의 정지 사유가 소멸한 때) 부모, 위탁부모, 가정위탁전문기관의 장 또는 검사의 청구에 따라 친권행사의 회복을 선고할 수 있다.

④ 제4항은 후견인의 변경에 관한 규정이다. 예를 들어 위탁아동의 부모가 모두 사망하여 삼촌이 후견인이 되었는데,[6] 삼촌이 후견인의 역할을 제대로 하지 않거나 아예 후견인의 역할을 할 수 없는 상태에 있어서(의식불명, 중대한 질병, 소재불명 등) 위탁아동의 복리가 침해되거나 침해될 우려가 있는 경우에는 후견인을 변경할 수 있다. 이 경우에 법원은 위탁아동의 복리 실현에 가장 적합한 사람을 후견인으로 정할 수 있다.

제17조(대리권, 관리권 행사의 정지) ① 가정법원은 위탁아동의 복리를 위하여 필요하다고 인정하는 때에는 위탁부모, 가정위탁전문기관의 장 또는 검사의 청구에 따라 기간을 정하여 법률행위의 대리권과 재산관리권 행사의 정지를 선고할

6) 법정후견인제도가 시행되고 있었던 2012년 당시의 민법규정을 전제로 한 예임.

수 있다.

② 제16조 제2항과 제3항은 제1항의 경우에 준용한다.

해설

① 대리권, 관리권 행사의 정지는 친권의 일부정지를 의미한다. 예를 들어 위탁아동의 부모(친권자)가 자녀의 통장에서 수급비를 인출하여 소비한다거나 자녀의 명의로 휴대폰을 개설하여 사용하는 경우에 이러한 일이 다시 생기지 않도록 하기 위해서는 부모의 친권행사를 정지시키는 방법이 있다. 그러나 부모의 대리권과 재산관리권의 행사만을 정지시키는 것으로도 위와 같은 목적을 달성할 수 있으므로, 굳이 친권행사의 전면적 정지를 원하지 않는 경우에는 대리권, 관리권 행사의 정지를 청구할 수도 있다.

② 대리권, 관리권 행사를 정지시키는 경우에 법원은 그 부분에 대한 후견인을 선임하여야 한다. 예를 들어 위탁부모를 후견인으로 선임하는 경우에는 위탁부모는 위탁아동의 대리권, 관리권 분야에서 법정대리인이 되므로, 위탁아동의 통장에서 수급비를 인출할 수 있는 권한을 갖는다.

위탁아동의 부모(친권자)가 다시 대리권과 관리권을 행사할 수 있는 상태를 회복하면 법원은 부모, 위탁부모, 가정위탁전문기관의 장 또는 검사의 청구에 따라 대리권과 관리권 행사의 회복을 선고할 수 있다.

2. 민법상 친권규정의 개정 - 친권의 일시 정지와 일부 제한 제도의 도입

(1) 2014년 민법 일부 개정에 의하여 친권상실에 관한 규정이 개정되고, 친권의 일시 정지와 일부 제한 제도가 도입되었다(2015. 10. 16. 시행). 혹자는 「가정위탁보호 지원법안」에 규정되어 있었던 친권의 정지 제도가 민법에 도입되었으므로, 「가정위탁보호 지원법안」을 통하여 이루고자 했던 입법목적이 이미 달성되었다고 보기도 한다.[7] 그러나 이러한 생각은 피상적인 관찰에서 비롯된 오해에 지나지 않는다. 「가정위탁보호 지원법안」 제16조 이하의 규정이 갖는 의미는 단지 친권행사의 정지라는 제도를 도입하려고 했다는 데 그치지 않는다. 이것 못지않게 중요한 것은 친권행사의 정지를 청구할 수 있는 청구권자에 위탁부모와 가정위탁지원센터의 장이 포함되어 있었다는 점이다(가정법원이 직권으로 이러한 조치를 취할 수 있다는 점도 또한 중요하다[8]). 위탁아동의 친권과 후견 문제의 해결에

7) 이 문제에 대해서 필자와 의견을 교환했던 보건복지부의 한 공무원이 이러한 견해를 피력한 바 있다.

8) 가정법원이 이혼재판이나 소년재판을 하는 중에 아동의 복리가 침해되고 있는 상황을 인지하는

가장 큰 관심을 가지고 있으며, 또 절실한 필요를 느끼는 사람은 1차적으로 위탁아동을 직접 양육하고 있는 위탁부모이고, 2차적으로는 위탁부모로부터 이러한 문제의 해결을 요청받는 가정위탁지원센터의 장이다. 이들에게 청구권을 인정하지 않으면, 친권 행사의 정지와 후견인의 선임이 필요한 경우에도 실제로 청구를 하는 사람이 없어서 필요한 조치가 이루어지지 못하는 문제가 발생한다. 결국 제도는 마련되어 있으나, 실제로 필요한 경우에 활용되지 못하는 결과로 이어지는 것이다.

(2) 2013년 12월에 국회를 통과하여 2014년 9월 29일부터 시행되고 있는 「아동학대범죄의 처벌 등에 관한 특례법」 중 피해아동보호명령 제도(동법 제46조 이하)를 보면 이러한 점이 명확하게 드러난다. 이 법 제47조(가정법원의 피해아동에 대한 보호명령)에 의하면 "판사는 직권 또는 피해아동, 그 법정대리인, 변호사, 아동보호전문기관의 장의 청구에 따라" 결정으로 피해아동의 보호를 위하여 피해아동보호명령을 할 수 있다. 이에 따라 판사는 피해아동보호명령으로 "친권자인 아동학대행위자의 피해아동에 대한 친권 행사의 제한 또는 정지(제7호)"를 비롯하여 다양한 조치를 명할 수 있다. 여기서 아동보호전문기관이 장이 청구권자에 포함된 이유는 명확하다. 우리 법체계상 아동보호전문기관은 아동학대사례가 발생하는 경우 현장에 1차적으로 출동하여 조사를 하는 기관으로서 피해아동의 보호를 위하여 필요한 조치를 취하여야 하기 때문이다(예를 들어 학대행위자인 부모와 자녀를 격리시키는 조치를 취하는 경우, 부모가 친권자로서 자녀의 인도를 요구하면 아동보호전문기관의 장은 즉시 가정법원에 친권행사의 정지 또는 제한을 청구함으로써 자녀를 보호할 필요가 있다). 피해아동보호명령 제도를 도입하는 과정에서는 많은 반대가 있었으나(그 반대는 아동보호전문기관의 장이 직접 가정법원에 피해아동보호명령을 청구할 수 있다는 점에 집중되었다),[9] 아동학대 현장에서 활동하는 아동보호전문기관의 직원들은 이 제도의 도입 필요성을 강하게 주장하였다. 실제로 「아동학대범죄의 처벌 등에 관한 특례법」이 시행된 이후 현장에서 활동하는 지역아동보호전문기관의 직원들은 피해아동보호명령이 매우 유용한 제도라는 평가를 하고 있다.[10] 그러나 만약 피해아동보호명령의 청구권자에서 아동보호전문기관의 장이 제외되었다면(법안의 원안에는 빠져 있었다), 이 제도는 실제에 있어서 제대로 활용되지 못한 채 사문화되고 말았을 것이다. 청구권자로 열거되어 있는 그 외의

경우가 있는데, 이런 경우에 직권으로 필요한 조치를 취하는 것이 가능해지기 때문이다.

9) 보건복지부의 관련 공무원들이 가장 강하게 반대하였으며, 그 결과 법안의 원안에는 피해아동보호명령의 청구권자로서 아동보호전문기관의 장은 규정되어 있지 않았다.

10) 법원은 2015년 297건, 2016년 584건의 피해아동보호명령 결정을 하였다. 중앙아동보호전문기관, 2015 전국아동학대현황보고서(2016) 및 2016 전국아동학대현황보고서(2017) 통계.

사람(피해아동, 그 법정대리인, 변호사)이 법원에 피해아동보호명령을 청구한다는 것은 현실성이 없기 때문이다. 피해아동이 직접 법원에 청구한다는 것은 불가능에 가깝고(피해아동은 의사능력이 없는 유아인 경우도 많다), 아동학대행위자의 80% 이상이 부모인 현실에서 법정대리인(친권자, 후견인)을 청구권자로 규정한다고 해도 소기의 성과를 기대하기는 어렵다.[11] 나아가 피해아동이 스스로 변호사를 선임하여, 그 변호사가 피해아동보호명령을 청구한다는 것도 상상하기 어렵다.[12]

「아동학대범죄의 처벌 등에 관한 특례법」의 예에서 본 바와 같이, 누구에게 청구권이 주어지는가는 친권의 정지나 상실과 같은 제도 그 자체의 도입 못지않게 중요한 의미를 갖는다.

(3) 한편 2014년 민법 일부 개정에 의하여 친권상실에 관한 규정이 개정되고, 친권의 일시 정지와 일부 제한 제도가 도입되었다는 점은 위에서 이미 언급한 바와 같으나, 문제는 청구권자로서 누가 규정되었는가에 있다. 민법은 친권 상실, 일시 정지, 일부 제한의 선고를 청구할 수 있는 자로서 자녀, 자녀의 친족, 검사, 지방자치단체의 장을 열거하고 있다(민법[13] 제924조, 제925조). 위탁아동의 부모가 소재불명인 경우에 후견이 개시되기 위해서 친권의 상실이나 일시 정지, 일부 제한 등의 선고[14]를 받아야만 한다면(이것이 법원의 태도이다), 자녀, 자녀의 친족, 검사, 지방자치단체의 장 중에서 누군가가 법원에 친권상실선고 등을 청구하여야 한다. 그러나 부모가 소재불명인 경우에는 자녀의 친족도 찾기 어려운 경우가 대부분이고(설령 찾는다고 해도 적지 않은 비용과 시간을 감수해 가면서까지 친권상실선고를 청구할 의사가 없을 가능성이 높다), 검사나 지방자치단체의 장이 이러한 경우에 친권상실선고를 청구한 사례는 거의 없다. 그렇다면 결국 자녀가 자신의 부모를 상대로 친권상실선고를 청구하여야 한다는 결론으로 이어지는데,[15] 이것 또한 다음과 같은 점에서 문제가 있다. 우선 부모가 소재불명인 경우라고 해도 자녀가 부모를 상대로 하여 친권상실선고를 청구한다는 것은 자녀의 심리에 큰 부담을

11) 실제로 피해아동이 피해아동보호명령을 청구한 사례는 거의 없으며(2015년: 0건. 2016년: 4건), 법정대리인이 청구한 건수도 미미하다(2015년: 10건. 2016년: 14건). 중앙아동보호전문기관, 2015 전국아동학대현황보고서(2016) 및 2016 전국아동학대현황보고서(2017) 통계.

12) 다만 「아동학대범죄의 처벌 등에 관한 특례법」 제16조에 따라 준용되는 「성폭력범죄의 처벌 등에 관한 특례법」 제27조 제6항에 근거하여 검사는 피해아동에게 변호사가 없는 경우 국선변호사를 선정하여 형사 및 아동보호절차에서 피해아동의 권익을 보호할 수 있는데, 이에 따라 피해아동에게 국선변호사가 선정되면, 변호사가 법원에 피해아동보호명령을 청구할 수 있는 여지는 있다.

13) 이하에서 민법 조문에 대해서는 별도로 「민법」이라는 표시를 하지 않는다.

14) 이하에서는 서술의 편의상 친권상실선고를 예로 들어 설명한다.

15) 2014년 9월 29일에 「아동학대범죄의 처벌 등에 관한 특례법」이 시행된 이후 아동이 친권행사의 정지 등 피해아동보호명령을 청구한 사건은 단 4건에 불과하다(각주 11 참조). 이는 아동이 직접 법원에 대해서 친권상실선고 등을 청구하는 것이 사실상 거의 불가능함을 보여주는 것이다.

줄 수 있다. 친권상실선고란 간단히 말하면 부모로서의 자격을 상실시키는 것인데, 자녀가 법원에 대해서 부모의 자격을 박탈해 달라고 청구하는 것은 우리의 정서에 부합하지 않는 면이 있을 뿐 아니라, 자녀 본인에게도 심리적인 갈등의 원인이 될 수 있다. 특히 자녀가 청소년기에 있는 경우라면 자신의 이름으로 부모의 친권을 상실시켜 달라는 심판을 청구할 수밖에 없는 현실이 큰 부담으로 다가올 것이다.

현행법상 미성년자녀에게는 어차피 소송능력이 인정되지 않으므로(민사소송법 제55조), 미성년자녀의 이름으로 친권상실선고를 청구하려면 우선 이해관계인 등이 법원에 특별대리인의 선임을 신청하여야 하며, 법원에서 선임한 특별대리인이 소송행위를 대리하여야 한다(민사소송법 제62조). 자녀에게 친권상실선고의 청구권이 인정되었다고 해서 자녀가 직접 심판을 청구하고 심판과정에서 다툴 수 있는 것이 아니다. 친권상실선고의 심판에서 이와 같이 이해관계인이 특별대리인으로서 미성년자녀를 대리하는 구조에서 굳이 미성년자녀를 청구의 당사자로 내세울 필요는 없을 것이다. 아동의 보호를 위하여 불가피하게 부모의 친권을 상실시킬 필요가 있다면, 실제로 친권상실선고의 심판에서 소송행위를 하게 될 이해관계인(특별대리인이 될 사람)의 이름으로 직접 청구하여 심판을 받으면 될 것이며, 굳이 자녀의 이름을 내세워서 아동에게 정신적인 부담을 줄 이유는 없다고 본다. 이러한 문제점을 고려해 본다면, 친권상실선고의 청구권자에 이해관계인(민사소송법 제62조에 따라 이해관계인은 특별대리인의 선임을 신청할 수 있으며, 스스로 특별대리인으로 선임되는 것도 가능하다. 예컨대 위탁아동의 부모가 소재불명인 경우에 위탁부모가 특별대리인의 선임을 신청하여 스스로 특별대리인이 된 후 위탁아동의 이름으로 친권상실선고를 청구할 수 있다)과 아동복지시설의 장을 추가하는 것이 필요하다고 생각된다.

비교법적으로 고찰해 보면 아동의 복리가 위태롭게 되는 경우에는 누구나 법원(또는 행정기관)에 그 사실을 통지할 수 있으며, 이에 따라 법원이 직권으로 친권상실 등의 조치를 취하는 것이 보편적인 입법례임을 알 수 있다(독일,[16] 스위스,[17] 오스트리아[18] 등). 또한 이해관계인, 사회복지기관의 장 등에게 친권상실선고의 청구권을 인정하는 입법례도 있다(대만[19]).

---

16) 독일민법 제1666조, 독일가사소송법 제24조.
17) 스위스민법 제311조.
18) 오스트리아민법 제176조.
19) 대만민법 제1090조.

Ⅲ 재판을 통한 해결의 시도

1. 미성년후견인 선임 청구의 시도 – 절반의 성공

위탁아동의 친권과 후견 문제를 입법적으로 해결하려는 노력은 성과를 거두지 못했다. 그러나 그 사이에도 친권과 후견의 사각지대에서 보호받지 못하는 위탁아동의 문제는 계속되고 있었다. 중앙가정위탁지원센터는 이 문제를 해결하기 위하여 이번에는 법원에 미성년후견인[20] 선임 청구를 시도해 보기로 하였다. 그러나 법원에 후견인 선임 청구를 하려면 법률전문가의 도움이 필요하고, 이는 상당한 비용의 발생을 수반하는 것이다. 한국가정법률상담소와 법무법인 청신이 무료로 법률서비스를 지원하기로 결정함으로써 위탁아동을 위한 후견인 선임 청구가 비로소 가능하게 되었다. 2015년 하반기부터 전국에서 여러 건의 후견인 선임 청구가 동시에 진행되었는데, 사건의 유형은 크게 두 가지로 분류될 수 있다. 하나는 위탁아동이 기아로 발견되어 가족관계등록부에 친생부모에 대한 기록이 없는 경우이다. 위탁부모가 제932조에 따라 이해관계인으로서 후견인 선임을 청구한 사건에서 부산가정법원은 위탁아동의 가족관계등록부에 부모에 대한 기록이 없다는 것을 근거로 친권자가 없는 것으로 판단하여 친권상실선고를 거치지 않은 상태에서 바로 후견인을 선임하는 심판을 하였다(부산가정법원 2016. 10. 5. 2016느단200267 심판; 서울가정법원에서도 이와 유사한 사건에서 동일한 취지의 심판을 한 바 있다. 서울가정법원 2016. 12. 16. 2016느단50924 심판). 또 다른 유형은 위탁아동의 가족관계등록부에 친생부모에 대한 기록이 있는 경우이다. 친생부모가 자녀의 출생신고는 하였으나, 그 후 소재불명이 되어 자녀가 위탁가정에서 장기간 보호를 받고 있는 경우가 여기에 해당한다. 이러한 사안에서 법원은 친생부모가 소재불명이라는 사정만으로는 후견개시의 사유가 될 수 없다는 이유로 후견인 선임 청구를 기각하였다(대구가정법원 2016. 9. 27. 2016느단100177 심판). 문제가 되는 것은 두 번째 유형이므로, 아래에서는 이 사례에 집중하여 살펴보기로 한다.

20) 성년후견인과 구별되는 의미에서 미성년후견인이라고 한다. 이하에서는 서술의 편의상 '후견인'이라고 쓴다.

2. 가족관계등록부상의 부모가 소재불명인 사건

(1) 사실관계[21]

「위탁아동 갑은 아버지 을과 어머니 병(성명 등 인적사항 불상) 사이에서 혼인 외의 자로 출생하였으나,[22] 출생 후 약 7개월이 되었을 무렵 거리에 유기되었으며, 경찰에 의해서 영아원에 인도되어 그곳에서 보호를 받았다. 약 4개월 후 부모인 을과 병이 영아원에 찾아와 다시는 아이를 유기하지 않겠다는 각서를 쓰고 갑을 데려갔으나, 그 후 병은 가출하고 을은 약 두 달 후 다시 갑을 유기하였다. 갑은 만 4세가 되던 해 보육원으로 인도되어 그곳에서 살게 되었는데, 그 동안 부모는 한 번도 찾아오지 않았다. 갑이 만 5세가 되었을 무렵부터 정은 보육원에서 지내고 있던 갑을 후원하기 시작하였으며, 주말에는 집으로 데려와 함께 지내며 돌봐주었다. 정은 이와 같은 방식으로 약 2년여 동안 갑을 후원하다가 구청에 가정위탁보호를 신청하여 갑의 위탁부모로 지정되었으며, 그 후 지금까지 갑을 양육하고 있다. 정이 가정위탁보호를 신청하였을 때 구청 소속 복지담당공무원이 갑의 아버지 을을 찾아서 가정위탁 동의서를 받았으며, 정과 을 사이에 몇 차례에 걸쳐 전화통화가 이루어졌다. 당시 갑이 아버지를 만나고 싶어 하여 을에게 갑을 한번 만나줄 것을 요청하였으나, 을은 이를 거절하였고, 그 후 연락이 되지 않았다.

갑이 초등학교 6학년이 되었을 때 중국으로 단체여행을 가게 되어 여권이 필요하게 되었는데, 여권발급에는 법정대리인의 동의가 필요하여 갑의 아버지 을에게 연락을 시도하였으나, 끝내 연락이 되지 않았다. 결국 시청공무원의 도움으로 단수여권을 발급받아 겨우 여행을 다녀오기는 하였으나, 그 과정에서 갑과 정 모두 마음의 상처를 받았으며, 이를 계기로 정은 갑을 입양하겠다는 결심을 하게 되었다. 그러나 갑의 아버지인 을과 연락이 되지 않아서 입양을 포기할 수밖에 없었다.

현재 갑은 고등학교에 재학 중인데, 친부모의 얼굴조차 알지 못하지만, 위탁

---

21) 2016년 9월 26일에 이 사건에 대한 제1심 법원인 대구가정법원이 위탁부모의 후견인 선임 청구를 기각하는 심판을 한 것을 계기로 필자는 "부모가 장기간 소재불명인 경우 미성년자녀에 대한 후견개시 여부에 대한 고찰"이라는 제목으로 제1심 심판을 비판하는 논문을 발표한 바 있다(중앙법학 제18집 제4호). 그 후 이 사건에 대한 항고심과 재항고심이 모두 제1심 심판을 유지하는 결정을 함으로써 위탁부모의 후견인 선임 청구는 기각으로 확정되었다. 필자는 항고심이 취한 법리와 재항고심의 태도에 대해서 분석, 비판할 필요성을 느끼고, 위의 논문에 대한 후속 논문으로서 이 논문을 준비하게 되었다. 이런 이유에서 제1심 심판에 관한 서술에는 위 논문의 내용과 일부 중복되는 부분이 있음을 밝혀둔다.

22) 자녀가 출생한 후 3개월 만에 아버지가 출생신고를 하였는데, 모(母)는 불상으로 되어있다.

부모에 대해서 애착이 잘 형성되어 있어서 정서적으로 안정되어 있고, 학업성적도 우수한 편이다. 위탁부모인 정은 갑의 법정대리인이 아니므로, 갑을 대리하여 휴대폰을 개설해 줄 수도 없고, 갑의 명의로 예금통장을 만들 수도 없다. 또한 해외여행을 가려고 해도 단수여권밖에 발급받을 수가 없어서 경유지를 거치는 비행기는 탈 수가 없다. 만약 갑이 급히 수술을 받을 일이 생겨도 법정대리인으로서 동의권도 갖지 못한다.」

(2) 1심 심판(대구가정법원 2016. 9. 27. 2016느단100177 심판)의 쟁점과 비판

대구가정법원은 위탁부모의 미성년후견인 선임 청구를 기각하는 심판을 하였는데, 주문과 이유는 다음과 같다.

「주문
이 사건 청구를 기각한다.

이유
청구인은 미성년자인 사건본인의 후견인으로 청구인을 선임할 것을 구하고 있다. 그러나 미성년자에 대한 후견이 개시되려면 친권자가 없거나, 민법 제924조, 제924조의2, 제925조 또는 제927조 제1항에 따라 친권의 전부 또는 일부를 행사할 수 없는 경우여야 하는 바, 이 사건은 위의 어느 경우에도 해당하지 않으므로, 이 사건 청구는 이유 없어 주문과 같이 심판한다.」

위의 심판은 친권자의 소재불명을 친권자가 없는 경우에 해당하지 않는 것으로 보아서 후견개시의 사유가 없다고 판단한 것이다. 그러나 이러한 법원의 판단에 대해서는 다음과 같은 점에서 반박이 가능하다.

1) 부모의 소재불명으로 인한 친권의 소멸

① 먼저 부모의 소재불명으로 친권이 소멸하는 하나의 예를 들어 본다. 비혼모 A가 출산 후 출생신고를 하지 않은 상태에서 베이비박스에 아기 B를 두고 종적을 감추었다. 법률상 모자관계는 출산에 의해서 당연히 발생하는 것이므로, 출생신고를 하지 않은 것과 관계없이 A는 출산과 동시에 B의 법률상 모(母)의 신분을 가지게 되며, 이에 따라 B의 친권자가 된다(제909조 제1항: 부모는 미성년자인 자의 친권자가 된다). 그 후 B가 아동보호시설에서 보호되는 경우에는 「보호시설에 있는 미성년자의 후견 직무에 관한 법률」에 따라 그 보호시설의 장이 후견인이 되는데(동법 제3조 제1항),[23] 이는 B에게 더 이상 친권자가 없다는 사실을

전제로 하는 것이다. 우리 법체계상 미성년자녀에게 친권자가 있는 경우에는 후견이 개시될 수 없기 때문이다.[24] 그런데 A가 소재불명이기는 하지만 사망한 것도 아니고 친권상실선고를 받은 것도 아니라면 여전히 B의 친권자라고 볼 수 있는 것이 아닌가라는 의문이 제기될 수도 있다. 그러나 「보호시설에 있는 미성년자의 후견 직무에 관한 법률」은 이러한 경우 친권자가 없는 것으로 보아서 후견이 개시되는 것으로 규정하고 있다. 즉 이 법은 친권자의 소재불명을 친권자가 없는 경우에 해당한다고 보고, 이를 후견개시의 사유로 규정하고 있는 것이다. 혹자는 A가 B의 출생신고를 한 후 소재불명이 된 경우와 아예 출생신고를 하지 않고 소재불명인 된 경우를 나누어서 달리 보아야 한다고 주장할 수도 있을 것이다. 그러나 혼인외의 자로 출생한 경우라고 해도 법률상의 모자관계(친자관계)는 출산에 의해서 당연히 발생하는 것이며, 혼인외의 자의 어머니가 법률상 모(母)의 신분을 갖는 한, 친권자가 된다는 점에 대해서는 의문의 여지가 없다. 설령 혼인외의 자에 대해서 출생신고를 하지 않았다고 해도 이러한 결과는 조금도 달라지지 않는다. 따라서 A가 B의 출생신고를 한 경우와 하지 않은 경우를 구분하여 전자의 경우에는 친권자의 소재불명 상태가 아무리 오랜 기간 지속되어도 친권이 계속 존속하는 반면, 후자의 경우에는 친권이 소멸하여 친권자가 없는 상태가 된다는 논리는 성립할 수 없다. 출생신고에 따른 가족관계등록부의 기록 여부는 법률상 모자관계의 발생이나 그로 인한 친권자의 존재에 아무런 영향도 미치지 않는다. 출생신고에 의해서 비로소 친자관계가 발생하거나 가족관계등록부에 부모로 기록됨으로써 친권자가 되는 것은 아니기 때문이다(출생신고는 보고적 신고이다). 이 점은 혼동하지 않도록 주의하여야 할 것이다.

한편 「보호시설에 있는 미성년자의 후견 직무에 관한 법률」에 따르면 보호시설에 있는 고아가 아닌 미성년자(부모가 출생신고를 하여 자녀의 가족관계등록부에 부모에 관한 기록이 남아 있으나, 부모가 양육하지 못하여 보호시설에 있는 아동)에 대해서도 후견이 개시될 수 있는데,[25] 이것 역시 가족관계등록부에 부모의 기록이

---

23) B는 「보호시설에 있는 미성년자의 후견 직무에 관한 법률」 제3조가 규정하는 '미성년자인 고아'에 해당하므로, 국가나 지방자치단체가 설치·운영하는 보호시설에서 보호되는 경우에는 그 보호시설의 장이 후견인이 된다(동법 제3조 제1항). 반면에 B가 국가 또는 지방자치단체 외의 자가 설치·운영하는 보호시설에서 보호를 받는 경우에는 그 보호시설의 소재지를 관할하는 특별자치시장·시장·군수·구청장이 후견인을 지정한다(보호시설의 장이 지방자치단체의 장에게 후견인 지정 청구를 하여 후견인으로 지정되는 경우가 일반적이다).

24) 다만 예외적으로 친권의 행사가 정지, 제한되어 친권자가 친권의 전부 또는 일부를 행사할 수 없는 경우 등에도 후견이 개시될 수 있다(제928조 참조). 그러나 「보호시설에 있는 미성년자의 후견 직무에 관한 법률」에 따라 후견이 개시되는 경우에 친권자의 친권행사가 정지, 제한된다고 볼 수 있는 근거는 없다. 따라서 위 법률에 따라 후견이 개시되는 경우는 친권자가 없는 때에 해당한다고 볼 수밖에 없다.

25) 고아가 아닌 미성년자가 국가나 지방자치단체가 설치·운영하는 보호시설에 있는 경우에는 그

있는 아동의 경우에도 부모가 소재불명 등의 사유로 친권을 행사할 수 없는 때에는 후견이 개시될 수 있음을 보여주는 것이다.

② 위에서 본 바와 같이 부산가정법원[26]은 기아로 발견된 위탁아동의 가족관계등록부에 부모에 대한 기록이 없음을 근거로 친권자가 없는 것으로 판단하여 친권상실선고를 거치지 않은 상태에서 바로 미성년후견인을 선임하는 심판을 하였다.[27] 그러나 엄밀하게 보면 이 사건에 있어서도 처음부터 위탁아동에게 친권자가 없었다고 할 수는 없다. 모자관계는 출산이라는 사실에 의해서 당연히 발생하는 것이므로, 출산에 의해서 위탁아동과 생모 사이에는 법률상 모자관계가 발생하였고, 생모는 당연히 친권자가 되었다고 보아야 한다. 다만 그 후 생모가 자녀를 유기하고 소재불명인 상태가 계속되었으므로, 그로 인하여 친권이 소멸했다고 보아야 할 것이다.

2) 판례와 학설

기존의 판례와 학설[28]도 친권자의 소재불명을 친권의 소멸사유로 보아서 친권자가 없는 경우에 해당한다고 판단하여 후견개시의 사유로 인정하여 왔다. 대법원 1956. 8. 11. 4289민상289 판결은 "민법이 미성년자에 대한 보호기관으로 친권자 또는 후견인을 둔 법의(法意)가 현실생활에 있어 당해 기관으로 하여금 미성년자를 위한 보호행위를 하게 하기 위한 것이므로 친권자인 모가 비록 그 친권을 상실하지 않았다 할지라도 어떤 사유에 의하여 일시적으로 피신한 것이 아니고 미성년자를 유기하고 그 행방을 감추었으며 장시간 소식이 없어 그 귀래(歸來)를 기대하기 어려운 경우에는 친권자가 없는 때에 해당한다고 봄이 타당할 것이다"[29]라고 판단하였으며, 이러한 해석론은 가족관계등록예규에도 그대로 반영되었다.[30]

시설의 장이 법원의 허가를 받아 후견인이 될 수 있다. 반면에 고아가 아닌 미성년자가 국가 또는 지방자치단체 외의 자가 설치・운영하는 보호시설에 있는 경우 미성년자의 후견인으로 지정받으려는 사람은 먼저 보호시설 소재지 관할 특별자치시장・시장・군수・구청장 등으로부터 후견인 지정을 받은 후 법원의 허가를 받아 후견인이 될 수 있다. 「보호시설에 있는 미성년자의 후견 직무에 관한 법률」 제3조 제3항, 「보호시설에 있는 미성년자의 후견 직무에 관한 법률 시행령」 제3조 제2항.

26) 부산가정법원 2016. 10. 5. 2016느단200267 심판.

27) 위탁아동을 4년간 보호, 양육한 위탁부모를 위탁아동의 후견인으로 선임한 사건인데(이 사건 역시 중앙가정위탁지원센터의 요청에 의해 한국가정법률상담소가 법률구조로 진행하였음), 위탁아동은 기아로 발견되었으며, 친생부모는 불상으로 되어있다.

28) 김주수・김상용, 친족・상속법(2017), 488면; 박동섭, 친족상속법(2013), 387면; 신영호, 가족법 강의(2013), 238면; 윤진수, 친족상속법 강의(2016), 242면; 한봉희・백승흠, 가족법(2013), 342면; 윤진수 편집대표, 주해친족법(집필자: 현소혜), 2015, 1179면.

29) 문장 중 일부는 현대 문법에 맞추어 필자가 임의로 수정하였음(예컨대, "그 귀래(歸來)를 기(期)키 난(難)한 경우에는" → "그 귀래(歸來)를 기대하기 어려운 경우에는")

30) 구 가족관계등록예규 제310호: "미성년자의 친권자가 모두 장기간 행방불명인 경우에는 친권자

이러한 해석론은 법원행정처가 발간한 실무해설서 「가족관계등록실무」에서도 그대로 확인된다. 이 해설서는 미성년후견 개시 사유로서 친권자가 없는 경우에 관하여 "친권자가 없는 경우란 친권자의 사망·실종선고·장기부재·행방불명 등 사실상 친권을 행사할 수 없는 경우"와 부모의 친권상실선고 등과 같이 법률상 친권을 행사할 수 없는 경우를 말한다고 설명하고 있다.[31)]

나아가 2011년 개정민법(2013. 7. 1. 시행)은 위와 같은 판례와 학설을 명문화하여 부모의 "소재불명 등 친권을 행사할 수 없는 중대한 사유가 있는 경우"를 친권의 소멸원인으로 규정하기에 이르렀다.[32)]

3) 이상에서 본 바와 같이 기존의 판례, 학설은 물론 현행법(「민법」, 「보호시설에 있는 미성년자의 후견 직무에 관한 법률」)도 부모의 소재불명을 친권의 소멸사유로 인정하고 있다. 따라서 부모에게 "소재불명 등 친권을 행사할 수 없는 중대한 사유가 있는 경우"에는 친권자가 없는 것으로 보아서 미성년자를 위하여 후견인을 선임하는 것이 당연하다. 제1심 심판은 부모의 소재불명이 친권의 소멸사유라는 점을 간과한 나머지, 위탁아동의 부모가 장기간 소재불명이어서 사실상 친권을 행사할 수 없는 중대한 사유가 있음에도 불구하고, 친권자가 없는 경우에 해당하지 않는다고 보았다. 즉 제1심 심판은 이런 경우에도 여전히 위탁아동에게 친권자가 있는 것으로 보아서 후견개시의 사유가 없다고 판단한 것이다. 그러나 이러한 제1심 심판의 태도는 위에서 본 바와 같이 기존의 판례, 학설과 배치될 뿐만 아니라, 현행법체계와도 모순된다는 점에서 아무런 근거가 없는 것이라는 비판을 피할 수 없다.

(3) 항고심 결정(대구가정법원 2017. 5. 29. 2016브1037 결정)의 쟁점과 비판

제1심 심판에 대하여 청구인인 위탁부모가 항고하였는데, 항고심 법원은 이를

가 없는 때에 해당하여 후견이 개시되므로, 민법에 정해진 후견순위에 따라 후견인으로 될 사람이 친권자의 행방불명을 증명하는 서면(예: 무단전출로 직권말소된 주민등록표 등본 또는 이장, 통장, 반장 작성의 확인서 등)을 첨부하여 후견개시신고를 하여야 하며, 선순위 법정후견인이 후견개시 전에 행방불명된 경우에는 「민법」 제937조 제6호에 해당하는 사유가 있음을 증명하는 서면(위와 같은 서면 등)을 첨부하여 다음 순위 법정후견인이 후견개시신고를 하여야 한다." 이 예규는 2013. 6. 7. 가족관계등록예규 제377호에 의하여 폐지되었는데(시행일 2013. 7. 1.), 이는 법정후견제도를 폐지하는 개정민법이 2013. 7. 1. 시행됨에 따른 것이며 친권자의 소재불명이 친권자가 없는 때에 해당하여 후견개시의 사유가 된다는 해석론을 폐기한 것은 아니다. 구 가족관계등록예규 제310호를 폐지한 가족관계등록예규 제377호의 개정이유에는 "개정 민법(법률 제10429호, 2011. 3. 7. 공포, 2013. 7. 1. 시행)상 미성년자의 후견인 중 법정후견인이 폐지됨에 따라 관련 예규를 폐지함"이라고 되어 있다.

31) 법원행정처, 가족관계등록실무 〔II〕, 73면.

32) 김주수·김상용, 주석민법 친족(3), 2016, 630면; 윤진수 편집대표, 주해친족법(집필자: 현소혜), 2015, 1180면.

기각하였다.

항고심 법원이 밝힌 이유는 다음과 같다.

「민법 제927조의2 제1항 제4호는 친권자 아닌 부 또는 모가 친권자로 지정될 수 있는 것을 전제로 한 것이고, 미성년자의 부 또는 모가 사망 등의 사유로 없고, 다른 부 또는 모가 미성년자의 유일한 친권자인 경우까지 위 규정을 유추적용하면 후견과 친권이 충돌할 염려가 있으므로, 친권상실 등의 절차를 거치지 아니하고 바로 미성년후견을 개시할 수 없다. (중략) 따라서 사건본인의 친권자 ○○○이 있고, ○○○에 대한 친권상실 등의 절차를 거치지 아니한 이상 사건본인에 대한 후견을 개시할 수 없으므로, 청구인의 주장은 이유 없다.」

이러한 항고심의 판단에 대해서는 다음과 같은 점에서 반박이 가능하다.

1) 제927조의2 제1항 제4호는 "친권자 아닌 부 또는 모가 친권자로 지정될 수 있는 것을 전제로 한 것이고, 미성년자의 부 또는 모가 사망 등의 사유로 없고, 다른 부 또는 모가 미성년자의 유일한 친권자인 경우에는 적용될 수 없다"는 논리에 대한 비판

① 위 결정은 단독친권자가 소재불명인 경우에도 친권상실선고를 거치지 않으면 후견이 개시될 수 없다는 근거로서 두 가지 점을 제시하고 있다. 첫째, 제927조의2 제1항 제4호는 친권자 아닌 부 또는 모가 친권자로 지정될 수 있는 경우를 전제로 한 것이고, 미성년자의 부 또는 모가 사망 등의 사유로 없고, 다른 부 또는 모가 미성년자의 유일한 친권자인 경우에는 적용될 수 없다는 것이다.

이 점에 대해서 반론하기에 앞서 먼저 제927조의2 규정에 대해서 간단히 설명하고 넘어가기로 한다. 그런데 제927조의2 제1항 각 호의 어느 하나에 해당하는 사유가 있는 경우에는 제909조의2 제1항 및 제3항부터 제5항까지의 규정이 준용되므로, 제927조의2 규정을 이해하기 위해서는 먼저 제909조의2 규정의 취지와 내용을 파악할 필요가 있다. 제909조의2 규정은 2011년 민법개정에 의해서 신설되었는데, 그 취지와 내용은 다음과 같이 요약될 수 있다: 부모의 이혼 등[33]을 원인으로 하여 부모의 일방이 단독친권자가 된 경우에 다른 일방의 친권은

33) 제909조 제4항부터 제6항까지의 규정에 따라 부모의 일방이 단독친권자로 정해지는 경우는 다음과 같다. i) 혼인외의 자가 인지된 경우에 부모의 협의 또는 법원의 심판에 의하여 부모의 일방이 단독친권자로 지정될 수 있다(제909조 제4항, 제5항). ii) 부모가 이혼하는 경우나 혼인이 취소되는 경우에 부모의 협의나 법원의 심판에 의하여 부모의 일방이 단독친권자로 지정될 수 있다(제909조 제4항, 제5항). iii) 위와 같은 사유로 부모의 일방이 단독친권자로 지정된 후에 친권자변경청구에 의하여 다른 일방이 단독친권자가 될 수 있다(제909조 제6항). 이하에서는 부모의 이혼으로 그 중 일방이 친권자로 정하여진 경우를 예로 들어 서술한다.

소멸한다. 따라서 이혼 시 친권자로 정하여지지 않은 부모의 다른 일방은 더 이상 친권자가 아니다. 그러므로 이혼 시 친권자로 정하여진 부모의 일방이 사망한 경우에도 다른 일방이 자동으로 친권자가 되는 것은 아니다(즉 친권이 당연히 부활하지 않는다). 이혼 시 친권자로 정하여진 부모의 일방이 사망하면 일단 친권자가 없는 상태가 되므로, 미성년자녀를 위하여 후견이 개시되어야 할 것이지만, 제909조의2 규정은 우선 이혼 시 친권자로 정하여지지 않은 부모의 다른 일방이 새로 친권자로 지정될 수 있는 기회를 부여하고 있다. 만약 일정한 기간[34] 내에 친권자 지정 청구가 없거나, 친권자 지정 청구가 있었으나 기각된 경우에는 법원이 직권으로 또는 청구에 의하여 후견인을 선임한다(즉 후견이 개시된다).

이 규정이 제927조의2 제1항에 의해서 단독친권자의 "소재불명 등 친권을 행사할 수 없는 중대한 사유가 있는 경우(제927조 제1항 제4호)"에도 준용된다. 이에 따라 이혼 시 친권자로 정하여진 부모의 일방에게 "소재불명 등 친권을 행사할 수 없는 중대한 사유가 있는 경우"에는 친권자가 없는 상태가 되므로, 일정한 기간 내에 부모의 다른 일방을 친권자로 새로 지정해달라는 청구를 할 수 있으며, 친권자 지정 청구가 없거나 청구가 있었으나 기각된 경우에는 법원이 직권으로 또는 청구에 의하여 후견인을 선임하게 된다.

이제 위 항고심 결정이 제시하고 있는 첫 번째 근거에 대해서 살펴보기로 한다. 항고심 결정에 따르면 제927조의2 제1항 제4호는 단독친권자인 부모의 일방이 소재불명 등의 사유로 친권을 행사할 수 없는 중대한 사유가 있는 경우에 부모의 다른 일방이 생존해 있어서 친권자로 새로 지정될 수 있는 경우를 전제로 한 것이므로, 부모의 다른 일방이 이미 사망 등의 사유로 없는 때에는 적용될 수 없다고 한다. 이에 따르면, 예를 들어, 이혼 시 단독친권자로 정하여진 아버지 A가 자녀 C를 위탁가정에 맡기고 소재불명이 되었는데, C의 어머니 B가 있는 경우, 제927조의2 제1항에 따라 제909조의2 제1항 및 제3항부터 제5항까지의 규정이 준용되므로, 일정한 기간 내에 친권자 지정 청구가 없으면(예를 들어 어머니 B가 이미 재혼하여 다른 가정을 꾸리고 있어서 친권자 지정 청구를 하지 않는 경우) 위탁부모는 후견인 선임 청구를 할 수 있다. 반면에 이혼 시 단독친권자로 정하여진 아버지 A가 자녀 C를 위탁가정에 맡기고 소재불명이 되었는데, C의 어머니 B가 사망 등의 사유로 없는 경우에는 제909조의2 제1항 및 제3항부터 제5항까지의 규정이 준용되지 않으므로, 아무리 기간이 경과하더라도 위탁부모는 후견인 선임 청구를 할 수 없다.

---

34) 단독친권자로 정하여진 부모의 일방이 사망한 사실을 안 날로부터 1개월, 사망한 날로부터 6개월 내에 청구할 수 있으며, 청구권자는 생존하는 부 또는 모, 미성년자녀, 미성년자녀의 친족이다.

위에서 이미 본 바와 같이 단독친권자 A에게 소재불명 등 친권을 행사할 수 없는 중대한 사유가 있는 경우에는 친권이 소멸한 것으로 의제되어 새로 친권자를 지정하거나 후견인을 선임할 수 있게 되는 것인데, 부모의 다른 일방인 B의 생존 여부라는 우연한 사정에 따라 결과가 달라지는 것은 이해가 되지 않는다. 위와 같은 사례에서 단독친권자 A가 장기간 소재불명이고, 부모의 다른 일방인 B가 이혼 후 이미 사망하였다면, 친권자 지정 청구를 거치지 않고도 바로 후견인 선임이 가능하다고 해석하는 것이 타당하다. 항고심 결정에 따르면 이런 경우에는 A에 대한 친권상실선고를 거쳐야만 후견인을 선임할 수 있다는 것인데, 단독친권자 A의 소재불명이라는 동일한 사정하에서 부모의 다른 일방인 B의 생존 여부에 따라 각각 다른 절차를 거쳐야만 한다는 것은 설득력이 없다.

② 만약 위 결정의 논리대로 "민법 제927조의2 제1항 제4호는 친권자 아닌 부 또는 모가 친권자로 지정될 수 있는 것을 전제로 한 것"이어서 친권자 아닌 부모의 다른 일방이 이미 사망한 경우 등에는 적용될 수 없다고 가정하더라도, 이러한 논리가 곧 소재불명인 단독친권자에 대하여 친권상실선고를 하지 않으면 후견이 개시될 수 없다는 결론으로 이어지는 것은 아니다. 위에서 이미 언급한 바와 같이 친권자에게 제927조의2 제1항 제4호의 사유, 즉 소재불명 등 친권을 행사할 수 없는 중대한 사유가 있는 경우에는 친권의 소멸이 의제된다. 만약 이런 경우에 친권자가 아닌 부모의 다른 일방이 사망 등의 사유로 없다면, 제928조의 '미성년자에게 친권자가 없는 경우'에 해당하여 바로 후견이 개시된다고 해석할 수 있다. 따라서 소재불명 등의 사유로 친권을 행사할 수 없게 된 부나 모를 상대로 굳이 친권상실선고를 거치지 않아도 이해관계인 등이 후견인 선임 청구를 할 수 있다고 해석된다(제932조 제1항).

③ 위 항고심 결정은 위탁아동 갑의 유일한 친권자는 아버지 을이고, 어머니 병은 사망 등의 사유로 없다는 전제하에서 제927조의2 제1항이 처음부터 적용될 수 없다고 본다. 이에 의하면 갑에게는 출생 당시부터 어머니가 없었고, 처음부터 아버지 을이 유일한 친권자이었던 것으로 여겨진다. 그러나 이러한 판단에는 오류가 있다. 위탁아동 갑이 혼인외의 자로 출생하였을 때 갑과 어머니 병 사이에는 법률상의 모자관계가 성립하고, 그 결과 병이 단독친권자가 되었다. 그 후 아버지 을의 출생신고에 의해서 인지의 효력이 발생하여 을과 병의 공동친권이 성립하게 되었다. 즉 위탁아동 갑의 아버지 을이 처음부터 단독친권자가 되었던 것은 아니다. 그 후 병이 가출하여 소재불명인 상태가 지속됨으로써 병의 친권은 소멸한 것으로 의제되고, 그로 인하여 비로소 을이 단독친권자가 되었다고 보아야 한다. 그리고 그 후 을도 소재불명이 됨으로써 을의 친권도 소멸한 것으로 의

제되는 것이다.

을이 단독친권자가 된 경위는 비록 제909조의2 제1항 및 제927조의2 제1항이 예정하고 있는 것과 다르지만, 부모 쌍방이 공동친권자이었다가 그 중 일방이 단독친권자가 되었다는 점에서는 동일하다(그리고 그 단독친권자의 친권이 소멸하였다는 점도 같다). 여기서 중요한 점은 단독친권자인 부 또는 모가 소재불명 등의 사유로 친권을 행사할 수 없게 되어 자녀의 복리가 위태롭게 될 수 있다는 사실일 뿐, 어떤 경위로 부모의 일방이 단독친권자가 되었는가는 본질적인 문제가 아니다. 또한 "친권자 아닌 부 또는 모가 친권자로 지정될 수" 있는가에 따라서 위 규정의 적용 여부가 좌우되어서도 안 된다. 자녀의 복리라는 관점에서 볼 때 친권자 아닌 부 또는 모가 생존해 있으나 친권자가 될 의사가 없어서 친권자 지정 청구를 하지 않는 경우와 이미 사망하여 친권자 지정 청구를 할 수 없는 경우 사이에 본질적인 차이는 존재하지 않는다. 어느 경우이든 친권자 지정이 가능하지 않으므로, 신속하게 후견인을 선임함으로써 자녀의 보호에 공백이 생기지 않도록 하는 것이 중요할 뿐이다.

2) 단독친권자로 정해진 부 또는 모에게 "소재불명 등 친권을 행사할 수 없는 중대한 사유가 있는 경우"에 친권상실선고를 거치지 않고 후견인을 선임하면 친권과 후견이 충돌될 염려가 있다는 논리에 대한 비판

① 항고심 결정이 제시하는 또 다른 논거는 단독친권자로 정해진 부 또는 모에게 "소재불명 등 친권을 행사할 수 없는 중대한 사유가 있는 경우"에 친권상실선고를 거치지 않고 후견인을 선임하면 친권과 후견이 충돌될 염려가 있다는 것이다. 즉, 단독친권자 A가 소재불명으로 친권을 행사할 수 없게 되었고, 친권자가 아닌 부모의 다른 일방은 이미 사망한 경우에 A에 대한 친권상실선고를 거치지 않고 후견인을 선임하면, A의 친권과 후견인의 권한이 충돌한다는 것이다. 이 말은 단독친권자 A에게 "소재불명 등 친권을 행사할 수 없는 중대한 사유가 있는 경우"에도 A의 친권은 소멸하지 않고, 그대로 존속한다는 것을 전제로 하고 있다. 결국 쟁점은 다시 단독친권자 A에게 "소재불명 등 친권을 행사할 수 없는 중대한 사유가 있는 경우"에 친권이 소멸하는가, 또는 존속하는가의 문제로 귀결된다. 이 점에 대해서는 위에서 이미 충분히 설명하였지만, 조금 더 논증해 보기로 한다.

② 2011년 민법개정에 의하여 새로 도입된 제909조의2(2013. 7. 1. 시행)는 이혼 시 단독친권자로 정하여진 부 또는 모가 사망한 경우에 누가 어떻게 미성년자녀의 법정대리인이 되는가에 대해서 규율하고 있다. 이혼 시 단독친권자로 정해진 부 또는 모가 사망하면 친권이 소멸하여 자녀에게 친권자(법정대리인)가

없는 상태가 되므로, 일단 후견이 개시되어야 할 것이나, 친권자가 아닌 부나 모가 생존해 있다면, 일단 생존친에게 새로 친권자가 될 수 있는 기회를 부여하고, 생존친이 친권자가 될 수 없는 때에는 후견인을 선임하도록 하였다. 이혼 시 단독친권자로 정하여진 부 또는 모가 사망한 경우에 친권이 소멸한다는 점에 대해서는 의문의 여지가 없으며, 이로 인하여 발생하는 법정대리인의 공백상태를 신속히 해소하겠다는 취지로 마련된 규정이 제909조의2 조항이다. 그런데 이혼 시 단독친권자로 정하여진 부 또는 모의 친권은 그가 사망한 때에만 소멸하는 것은 아니다. 예를 들어, 단독친권자가 친권상실선고를 받은 경우에도 친권이 소멸하므로, 단독친권자가 사망한 경우와 마찬가지로 법정대리인의 공백상태가 발생한다. 이런 이유에서 제927조의2 제1항에 단독친권자의 사망 이외의 사유로 친권이 소멸하는 경우를 열거하고, 이에 대해서도 제909조의2 제1항 및 제3항부터 제5항까지의 규정을 준용하도록 한 것이다. 2011년 민법개정 당시 제927조의2 제1항은 단독친권자의 사망 이외의 친권소멸사유로서, 친권상실선고를 받은 경우(제1호), 대리권과 재산관리권의 상실선고를 받은 경우(제2호), 대리권과 재산관리권을 사퇴한 경우(제3호), 소재불명 등 친권을 행사할 수 없는 중대한 사유가 있는 경우(제4호) 등을 열거하고 있었다.[35)] 이상의 4가지 사유는 모두 친권소멸[36)]의 원인이 된다는 점에서 단독친권자가 사망한 경우와 공통점이 있으므로, 단독친권자가 사망한 경우에 적용되는 제909조의2 규정을 준용하도록 한 것이다. 여기에서 알 수 있는 것은 "소재불명 등 친권을 행사할 수 없는 중대한 사유" 역시 단독친권자의 사망, 친권상실과 대등하게 친권의 소멸원인으로 규정되었다는 점이다. 따라서 "소재불명이었던 부 또는 모가 발견되는 등 친권을 행사할 수 있게 된 경우"에도 당연히 다시 친권을 행사할 수 있게 되는 것이 아니라(만약 소재불명이었던 부 또는 모의 친권이 소멸하지 않고, 계속 존속하는 것으로 본다면 이런 경우 별도의 절차를 거치지 않고 다시 친권을 행사할 수 있을 것이다), 법원에 청구하여 '새로' 친권자로 지정받은 때에 비로소 친권을 행사할 수 있게 된다(제927조의2 제2항 제3호).

③ 제927조의2 제1항에 따라 양부모의 쌍방에게 "소재불명 등 친권을 행사할 수 없는 중대한 사유가 있는 경우(제4호)"에도 제909조의2 제1항 및 제3항부터 제5항까지의 규정이 준용된다. 다만 이 경우에는 친생부모가 친권자 지정 청구를 할 여지가 없으므로(양자의 친생부모는 자신을 친권자로 지정해 달라는 청구를 할 수 없다. 제909조 제1항에 따라 양자의 친권자는 양부모가 되며, 친생부모는 친권자가 될

35) 그 후 2014년 민법개정에 의해서 친권의 일시 정지와 일부 제한에 관한 규정이 추가되었음.

36) 대리권과 재산관리권의 상실선고를 받은 경우와 대리권과 재산관리권을 사퇴한 경우에는 친권의 일부가 소멸한다.

수 없기 때문이다), 친권자 지정 청구를 할 수 있는 기간의 도과를 기다릴 필요 없이 바로 후견인 선임을 청구할 수 있다.37) 항고심 결정의 논리에 따르면 양부모 쌍방에게 "소재불명 등 친권을 행사할 수 없는 중대한 사유가 있는 경우"에도 친권이 소멸한 것으로 볼 수 없으므로, 친권상실선고를 거치지 않고 후견인을 선임하면 친권과 후견이 충돌하는 상태가 발생할 것이다. 그러나 우리 민법체계상 그러한 해석의 여지는 존재하지 않는다. 항고심 결정은, 자녀의 가족관계등록부에 부모에 대한 기록이 남아 있는 경우 부모가 사망하거나 친권상실선고를 받지 않는 한, 친권자의 지위를 유지한다는 전제에 서있는 것으로 보인다(항고심 재판부는 위탁아동의 갑의 가족관계등록부에 아버지 을에 대한 기록이 있는 것을 보고 갑에게 친권자가 있다고 판단하였으며, 을이 소재불명이어서 친권을 행사할 수 없는 중대한 사유가 있는지의 여부에 대해서는 심리하지 않았다). 따라서 부모가 아무리 오랜 기간 소재불명인 상태에 있다고 하더라도 그러한 사정만으로 친권이 소멸하지 않는다고 보고, 이러한 상태에서 친권상실선고를 거치지 않고 후견인을 선임하면 친권과 후견이 충돌할 우려가 있다고 한다. 그러나 우리민법상 양부모 쌍방이 소재불명인 경우에는 별도로 친권상실선고를 받지 않더라도 친권이 소멸한 것으로 의제되어 당연히 후견이 개시된다는 점에 의문이 없다. 이 경우에도 자녀의 가족관계등록부에는 양부모가 계속해서 부모로 기록되어 있으나, 이와 관계없이 소재불명이라는 사유가 있으면 친권자가 없는 것으로 보아서 후견이 개시되는 것이다. 따라서 자녀의 가족관계등록부에 부모에 대한 기록이 있고, 거기에 사망이나 친권상실선고를 받은 사실이 기록되지 않는 한, 부모의 친권이 계속 존속한다고 보는 항고심 결정의 전제는 우리 민법체계와도 맞지 않는 것임을 알 수 있다.

위에서 본 바와 같이 현행법상 양부모 쌍방에게 소재불명 등 친권을 행사할 수 없는 중대한 사유가 있는 경우에는 친권의 소멸을 의제하여 친권상실선고를 거칠 필요 없이 바로 후견인 선임이 가능하다. 이와 마찬가지로 친생부모 쌍방에게 소재불명 등 친권을 행사할 수 없는 중대한 사유가 있는 경우에도 친권의 소멸을 의제하여 친권상실선고를 거칠 필요 없이 바로 후견인을 선임할 수 있다고 보아야 할 것이다. 이 두 가지 경우를 구별하여 각각 다른 법리를 적용해야 할 이유는 없다. 그렇다면 단독친권자에게 소재불명 등 친권을 행사할 수 없는 중대한 사유가 있는 경우는 어떠한가? 특히 항고심 결정이 전제하고 있는 것처럼 자녀의 유일한 친권자가 소재불명이고, 친권자가 아닌 다른 부모의 일방은 사망 등의 사유로 없는 경우에는 어떠한가? 이러한 경우는 부모 쌍방이 소재불명인 경우

37) 윤진수・현소혜, 2013년 개정민법해설, 법무부, 2013, 193면; 김상용, 2011년 가족법의 개정동향 - 친권・후견을 중심으로 -, 법조 663호(2011), 61면 이하.

와 무엇이 다른가? 위 세 가지 경우는 새로 친권자를 지정할 여지가 없다는 점에서 공통된다. 즉 바로 후견이 개시되어야 할 경우라는 점에서 같다. 법원은 이 점에 대해서 답변하여야 할 것이다.

④ 한편 「보호시설에 있는 미성년자의 후견 직무에 관한 법률」에 따르면 보호시설에 있는 '고아가 아닌 미성년자'에 대해서도 후견이 개시될 수 있으며, 이 경우 사전에 반드시 친권상실절차를 거쳐야 하는 것은 아니다.[38]

보호시설에 있는 '고아가 아닌 미성년자'에 대해서 후견인이 필요한 경우란 친권자인 부모가 사실상 친권을 행사할 수 없는 상태에 있는 때를 말하며, 그 대표적인 경우는 친권자의 소재불명일 것이다. '고아가 아닌 미성년자'란 가족관계등록부에 부모가 기록되어 있는 아동을 말한다. 이 규정에 따라 가족관계등록부에 부모가 기록되어 있으나, 자녀를 보호시설에 맡기고 소재불명이 되어 친권을 행사할 수 없는 경우에는 보호시설의 장이 법원의 허가 등 일정한 절차[39]를 거쳐 후견인이 될 수 있다. 즉 이러한 경우에는 후견이 개시되는데, 이는 부모의 친권이 소멸하였음을 전제로 하는 것이다. 이와 같이 가족관계등록부상의 부모가 자녀를 보호시설에 맡기고 소재불명이 된 경우에는 별도로 친권상실선고를 거치지 않아도 친권이 소멸한 것으로 의제되어 일정한 절차를 거치면 보호시설의 장이 후견인이 될 수 있다. 항고심 결정의 논리대로라면 이러한 경우에도 자녀의 가족관계등록부에 부모가 기록되어 있으므로, 친권상실선고를 거치지 않은 상태에서는 후견이 개시될 수 없어야 할 것이다. 그러나 「보호시설에 있는 미성년자의 후견 직무에 관한 법률」은 이와 같은 경우 친권상실선고를 거치지 않아도 법원의 허가 등 일정한 절차를 거쳐 후견이 개시될 수 있도록 허용하고 있다. 보호시설에 있는 '고아가 아닌 미성년자'에 대해서 후견의 개시여부를 결정할 때 법원의 허가를 받도록 하는 취지는 부모에게 소재불명 등의 사유가 있어서 친권을 행사할 수 없는 상태에 있는가의 여부를 검증하려는 데 있을 것이다(보호시설에

---

38) 고아가 아닌 미성년자가 국가나 지방자치단체가 설치·운영하는 보호시설에 있는 경우에는 그 시설의 장이 법원의 허가를 받아 후견인이 될 수 있다. 반면에 고아가 아닌 미성년자가 국가 또는 지방자치단체 외의 자가 설치·운영하는 보호시설에 있는 경우 미성년자의 후견인으로 지정받으려는 사람(일반적으로 그 보호시설의 장)은 먼저 보호시설 소재지 관할 특별자치시장·시장·군수·구청장 등으로부터 후견인 지정을 받은 후 법원의 허가를 받아 후견인이 될 수 있다. 「보호시설에 있는 미성년자의 후견 직무에 관한 법률」 제3조 제3항, 「보호시설에 있는 미성년자의 후견 직무에 관한 법률 시행령」 제3조 제2항.

39) 각주 38에 설명되어 있는 절차를 말한다. 조금 더 구체적으로 보면, 국가나 지방자치단체가 설치·운영하는 보호시설의 경우에는 그 시설의 장이 청구인으로서 미성년자 주소지(즉 보호시설 소재지)를 관할하는 가정법원에 미성년후견인 선임청구를 하여야 한다(라류 가사비송사건). 국가 또는 지방자치단체 외의 자가 설치·운영하는 보호시설의 경우에는 후견인이 되고자 하는 사람이 보호시설의 소재지를 관할하는 특별자치시장·시장·군수·구청장으로부터 후견인 지정을 받은 후 가정법원에 후견인 지정 허가를 청구하여야 한다.

있는 아동이라 할지라도 부모와 연락이 되어 친권행사에 문제가 없는 경우에는 후견을 개시할 필요가 없기 때문이다). 법원의 허가 절차를 통하여 불필요한 후견의 개시를 막을 수 있기 때문이다. 그렇다면 단독친권자인 부 또는 모에게 소재불명 등 친권을 행사할 수 없는 중대한 사유가 있는 경우에도 법원의 심판을 거쳐 후견의 개시여부를 결정한다면 부작용의 발생을 충분히 예방할 수 있으므로, 굳이 사전에 친권상실선고를 거치도록 강제할 이유는 없다. 가정위탁으로 보호받는 위탁아동은 보호시설에 있는 아동은 아니지만, 보호시설에 있는 아동에 준하여 보호될 필요가 있다. 아동복지법은 보호대상아동을 보호하는 방법으로서 시설보호와 더불어 가정위탁보호도 함께 규정하고 있다. 즉 가정위탁보호는 국가가 인정하는 보호대상아동을 보호하는 대안 중의 하나이며, 이러한 관점에서 볼 때 보호시설에 있는 아동에 비하여 위탁아동은 법적 보호를 덜 받아도 좋다는 식의 논리는 성립할 수 없기 때문이다.

⑤ 항고심 결정이 취하는 논리는 아래의 사례에서 보는 바와 같이 이해하기 어려운 불합리한 결과로 이어질 수 있다.

사례 >

A와 B는 혼인하지 않은 상태에서 자녀 C를 낳았는데, 어머니 B는 C를 출산한 후 가출하여 소재불명이 되었으며, 아버지 A가 C의 출생신고를 한 후 양육하였다(C의 가족관계등록부에 모 C는 불상으로 되어 있다). A는 C가 1세가 될 무렵 C를 민간이 설치·운영하는 X보호시설에 맡기고, 종적을 감추었다. A가 장기간 소재불명이 되자 X보호시설의 장 Y는 구청장으로부터 후견인 지정을 받은 후 가정법원의 허가를 받아 C의 후견인이 되었다. D는 X보호시설에 있는 C를 후원해오다가 구청에 가정위탁보호를 신청하여 위탁부모로 지정되었으며, 그 이후 C는 D의 가정에서 보살핌을 받으며 성장하고 있다. 한편 C가 보호시설을 떠나 가정위탁보호를 받게 됨에 따라 X보호시설의 장 Y는 더 이상 후견인으로서 임무를 수행할 수 없게 되었으므로, 가정법원은 후견인 지정 허가를 취소하였다.[40]

위의 사례에서 A가 C를 X보호시설에 맡기고 소재불명이 되자, X보호시설의 장 Y가 「보호시설에 있는 미성년자의 후견 직무에 관한 법률」 제3조 제3항에 따라 일정한 절차를 거쳐 C의 후견인이 되었는데, 이는 A의 친권이 소멸하였음을 전제로 하는 것이다(친권자가 있으면 후견이 개시될 수 없기 때문이다). 그 후 C가 가정위탁보호를 받게 되어 X보호시설을 퇴소하였으므로, X보호시설의 장 Y는 더

---

40) 「보호시설에 있는 미성년자의 후견 직무에 관한 법률」 제7조 참조.

이상 C의 후견인으로서 임무를 수행할 수 없게 되었으며, 가정법원의 후견인 지정 허가 취소에 따라 후견이 종료되었다. 「보호시설에 있는 미성년자의 후견 직무에 관한 법률」에 따라 보호시설의 장이 미성년자의 후견인이 되는 것은 해당 미성년자가 그 보호시설에 있는 것을 전제로 하기 때문이다. 이와 같이 가정법원의 후견인 지정 허가 취소에 의하여 X보호시설의 장 Y의 C에 대한 후견은 종료됨으로써 위탁아동 C에게는 더 이상 후견인이 없는 상태가 된다. 이 경우 위탁부모 D가 C의 후견인이 되고자 후견인 선임 청구를 한다면, 법원은 C에게 친권자 A가 있으므로, A의 친권을 상실시키는 절차를 거치지 않는 한 후견인 선임은 불가하다고 한다. 그런데 X보호시설의 장 Y가 가정법원의 허가를 받아 C의 후견인이 되었다는 것은 이미 C에게 친권자가 없는 상태를 전제로 하는 것이다. 우리법체계상 친권자가 있는 미성년자에게는 후견이 개시될 수 없기 때문이다. 법원이 취하는 해석론에 따르면 이런 경우 C에 대한 Y의 후견이 종료됨으로써 A의 친권이 다시 부활한다는 것이다. 따라서 C가 위탁가정에서 위탁부모 D의 보호를 받는 동안에는 A가 다시 C의 친권자가 되어 친권을 행사할 수 있다는 것이다. 그러므로 Y의 후견이 종료된 후 D의 후견인 선임 청구에 따라 D를 후견인으로 선임하면 A의 친권과 충돌하는 상태가 발생한다고 한다. 그런데 이러한 법원의 해석론은 우리민법 체계와도 맞지 않을 뿐 아니라 아무런 근거도 없는 것이다. 우리민법은 부모의 친권이 일단 소멸한 경우에는 자동부활을 허용하지 않는다. 제909조의2와 제927조의2는 이러한 민법의 태도가 구현된 것이다.[41] 제909조의2와 제927조의2는 국가기관(법원)의 검증을 거치지 않은 친권의 자동부활이 초래할 수 있는 폐해를 예방하기 위하여 오랜 논의 끝에 도입된 규정이다.[42] 그런데 법원이 이러한 민법의 법체계를 고려하지 않고 친권의 자동부활을 전제로 하여 해석론을 전개하고 있다는 것은 납득이 가지 않는다.

3) 친권상실의 절차를 거치지 않으면 후견개시를 할 수 없다는 논리에 대한 비판

결국 항고심 결정의 결론대로라면 이 사안에서는 위탁아동의 친생부모를 상대로 친권상실선고를 청구하여 심판이 확정되지 않는 한 후견이 개시될 수 없으

41) 부모가 이혼하여 그 일방이 단독친권자가 되면 다른 일방의 친권은 소멸하는데, 그 후 단독친권자가 된 부 또는 모가 사망한다고 해서 이혼 시 친권자로 정하여지지 않은 다른 일방의 친권이 부활하지는 않는다. 이혼 시 단독친권자로 정하여진 부모의 일방이 친권상실선고를 받은 경우에도 친권자가 아닌 부 또는 모의 친권이 자동으로 부활하여 친권자가 될 수는 없다. 이혼 시 단독친권자로 정하여진 부모의 일방이 소재불명으로 인하여 친권을 행사할 수 없게 되자, 친권자가 아닌 부 또는 모가 친권자 지정 청구를 하여 새로 친권자로 지정된 경우, 나중에 소재불명이었던 부모의 일방이 다시 나타난다고 해서 자동으로 친권이 부활하여 친권을 다시 행사할 수 있게 되는 것은 아니다.

42) 김상용, 「친권자동부활론」에 대한 비판적 고찰, 법학논문집 제32집 제2호(2008), 43면 이하.

므로, 후견인의 선임도 가능하지 않게 된다. 이와 같이 위탁아동의 친생부모를 상대로 친권상실선고를 청구할 수밖에 없다면, 결국 자녀가 청구인이 될 수밖에 없는 것이 현실인데, 이러한 결과가 초래하는 문제점에 대해서는 위의 Ⅱ.에서 이미 검토하였다.[43] 여기서는 다만 다음과 같은 점을 덧붙인다.

단독친권자에게 "소재불명 등 친권을 행사할 수 없는 중대한 사유가 있는 경우"에 친권이 소멸한다고 본다면, 새로 친권자로 지정될 수 있는 부모의 다른 일방이 없는 때에는 바로 '친권자가 없는 경우'에 해당하므로, 법원은 직권으로 또는 미성년자, 친족, 이해관계인, 검사, 지방자치단체의 장의 청구에 의하여 미성년후견인을 선임하여야 한다(제928조, 제932조). 항고심 결정에 따르면 제927조의 2 제1항은 "친권자 아닌 부 또는 모가 친권자로 지정될 수 있는 것을 전제로 한 것이고, 미성년자의 부 또는 모가 사망 등의 사유로 없고, 다른 부 또는 모가 미성년자의 유일한 친권자인 경우"에는 적용될 수 없다고 한다. 그러나 "소재불명 등 친권을 행사할 수 없는 중대한 사유가 있는 경우"를 친권소멸의 원인으로 인정한다면 위와 같은 경우는 바로 친권자가 없는 경우에 해당하여 후견이 개시되므로, 제928조와 제932조에 따라 법원이 직권으로 또는 청구에 의하여 미성년후견인을 선임하여야 한다. 스스로 미성년후견인으로 선임되기를 희망하는 위탁부모가 제932조의 이해관계인에 해당한다는 점에는 의문의 여지가 없으므로, 위탁부모는 후견인의 선임을 청구할 수 있다고 보아야 한다. 그러나 항고심은 이러한 점에 대해서 전혀 검토하지 않은 채 친권상실절차를 거치지 않으면 후견인을 선임할 수 없다는 판단을 하였다.

(4) 대법원 결정(대법원 2017. 9. 26. 2017스561 결정)

항고심 결정에 대하여 청구인인 위탁부모가 대법원에 재항고하였는데, 대법원은 이를 기각하였다. 주문과 이유는 다음과 같다.

「주문

재항고를 기각한다.

이유

43) 실제로 위탁부모가 미성년후견인의 선임을 청구한 사건에서 법원이 먼저 친권상실선고를 거치지 않고는 후견인선임이 불가하다는 이유로 보정명령을 하자, 위탁아동을 청구인으로 내세우느니 차라리 포기하겠다고 하여 청구를 취하한 사례가 있었다(이 사건 역시 중앙가정위탁지원센터의 요청으로 한국가정법률상담소가 소송구조로 진행하였다). 또한 이 논문에서 다루고 있는 사건에서도 위탁부모 정이 위탁아동 갑을 친권상실선고의 청구인으로 내세울 수는 없다는 의사를 분명하게 표명하여, 친권상실절차를 거치지 않고 후견인 선임 청구를 하였던 것이다.

이 사건 기록과 원심결정 및 재항고이유를 모두 살펴보았으나, 이 사건 재항고는 상고심절차에 관한 특례법 제7조, 제4조에 해당하여 이유 없으므로, 위 법 제5조에 의하여 재항고를 기각하기로 하여, 관여 대법관의 일치된 의견으로 주문과 같이 결정한다.

대법관 박상옥(재판장), 대법관 김용덕(주심), 대법관 김신, 대법관 박정화」

위에서 본 바와 같이 이 사건에 대해서는 깊이 있게 다루어져야 할 여러 가지 쟁점들이 있다. 만약 대법원이 이 논문에서 제시된 주장과 이론을 받아들일 수 없다면, 적어도 그 이유에 대해서 명확하고 납득할 만한 법리를 제시하였어야 한다고 생각한다.[44] 그것이 국민의 세금으로 운영되는 조직인 법원이 납세자인 국민에게 보여야 할 마땅한 의무이자 예의라고 믿는다. 그러나 대법원은 이러한 쟁점들에 대하여 아무런 답변도 하지 않은 채 재항고를 기각하였다. 이로써 대법원은 아동의 복리, 사회적 약자의 법익 보호에 대해서 아무런 관심을 가지고 있지 않음을 보여 주었다.

Ⅳ 맺 음 말

부모가 자녀의 양육과 보호를 위탁가정에 맡긴 후에 소재가 불명해지거나 연락이 두절되어 자녀(위탁아동)가 성년에 이를 때까지 장기간 위탁가정에서 성장하는 경우가 적지 않다. 이런 경우 위탁아동에게는 형식적으로는 친권자가 있는 것으로 보이나, 실질적으로는 친권자가 없는 친권의 공백상태가 발생한다. 이러한 상태를 그대로 방치할 경우 미성년자녀의 복리가 심각하게 훼손될 우려가 있다는 점에 대해서는 굳이 긴 설명이 필요하지 않을 것이다. 위탁아동의 복리를 고려한다면 이와 같은 경우에는 신속하게 후견인을 선임하여 법정대리인의 공백상태를 종식시키는 것이 최선의 대안이 될 것이다. 그런데 법원은 위와 같은 사안에서 위탁부모의 후견인 선임 청구를 기각하였다. 부모가 장기간 소재불명인 상태에 있어도 그와 관계없이 친권은 존속한다는 전제하에 친권상실선고를 거치지 않고 후견인을 선임하면 친권과 후견이 충돌한다는 것이 그 이유이다.

부모가 장기간 소재불명이어서 친권을 사실상 행사할 수 없는 경우에 그 부모의 친권은 소멸하는가 아니면 이러한 사정과 관계없이 존속하는가? 전자에 따르면 부모가 장기간 소재불명인 경우 별도로 친권상실선고를 거치지 않고도 미성

44) 재항고서 이유서에는 이 논문에서 제시된 주장과 이론이 담겨있다.

년자녀를 위하여 바로 후견인을 선임할 수 있으나, 후자의 입장을 취하는 경우에는 부모에 대하여 친권상실선고를 거쳐야만 후견인의 선임이 가능하다. 종래 우리 판례와 가족관계등록예규, 학설은 일치하여 부모의 소재불명을 친권의 소멸사유로 인정하여 왔으며, 이러한 해석론은 마침내 2011년 민법개정에 의하여 명문의 규정으로 반영되기에 이르렀다(민법 제927조의2 제1항 제4호). 그러나 법원은 이와 달리 소재불명 등 친권을 행사할 수 없는 중대한 사정이 있는 경우에도 부모의 친권은 소멸하지 않고 계속 존속한다는 전제하에서 친권상실선고를 거치지 않으면 후견인의 선임이 불가하다는 입장을 취하고 있다. 이러한 법원의 태도는 기존의 판례, 학설과 배치되는 것일 뿐만 아니라 현행법체계와도 조화될 수 없는 것이다.

부모가 소재불명이어서 친권을 행사할 수 없는 중대한 사유가 있는 경우에 친권상실선고를 거쳐서 후견인을 선임하는 것과 바로 후견인을 선임하는 것 사이에는 큰 차이가 존재한다. 위탁아동의 부모를 상대로 친권상실선고를 청구해야만 한다면, 자녀인 위탁아동이 청구인이 될 수밖에 없는 것이 우리 사회의 현실이다. 그러나 위탁아동이 청구인이 된다고 해도 친권상실절차에서 직접 소송행위를 할 수 있는 것은 아니므로(미성년자에게는 소송능력이 인정되지 않기 때문이다), 위탁아동의 이름으로 친권상실선고를 청구하려면 우선 이해관계인(예컨대 위탁부모) 등이 법원에 특별대리인의 선임을 신청하여야 한다. 이러한 절차를 거쳐 특별대리인이 선임되면, 그 때 비로소 위탁아동을 청구인으로 하여 법원에 친권상실선고를 청구할 수 있게 된다. 따라서 부모가 소재불명인 경우에 친권상실선고를 거치지 않으면 후견이 개시될 수 없다는 법원의 입장에 따르면, 특별대리인 선임절차와 친권상실절차 등 두 개의 재판절차를 거쳐야만 하므로, 절차가 복잡해질 뿐 아니라 후견인을 선임할 때까지 더 오랜 시간이 걸릴 수밖에 없다. 부모가 소재불명이어서 친권을 행사할 수 없는 상태가 지속되면, 자녀의 복리가 심각하게 침해될 우려가 있는데, 이러한 사정을 전혀 고려하지 않고 2중의 절차를 요구하는 법원의 태도는 자녀의 복리라는 관점에서 보아도 문제가 있다. 반면에 부모의 소재불명을 친권의 소멸원인으로 인정한다면, 친권상실선고를 거치지 않고도 바로 후견인 선임 청구를 할 수 있으므로(위탁부모도 이해관계인으로서 후견인 선임 청구를 할 수 있으므로, 굳이 위탁아동을 청구인으로 내세울 필요도 없다), 2중의 절차를 거칠 필요가 없을 뿐 아니라 후견인 선임까지 걸리는 시간도 단축할 수 있다. 또한 법원은 후견인 선임 절차에서 부모에게 소재불명 등 친권을 행사할 수 없는 중대한 사유가 있는가의 여부를 심리할 수 있고, 이러한 사정이 인정되는 경우에만 후견인 선임 심판을 할 것이므로, 부모의 친권이 부당하게 침해될 염려도 없다(소재불명이었던 부모가 돌아온 경우에는 법원에 새로 친권자 지정을 청구할 수 있으며, 청구가 인용되는 경우 다시 친권을 행사할 수 있게 된다). 법원이 부모의 소재불명 등 친권을 행사할 수 없는 중대한 사유가 있다고 인정하여 후견인을 선임한 경우에는 후견이 개시되고, 이로써 친권은 소멸한 것으로 의제되므로, 친권과 후견이 충돌할 가능성도 전혀 없다.

법원은 부모에게 소재불명 등 친권을 행사할 수 없는 중대한 사유가 있는 경우에도 친권은 계속 존속한다는 전제하에 친권상실선고를 거쳐야만 후견이 개시될 수 있다고 한다. 그러나 법원이 취하는 이러한 결론은 종래의 판례, 가족관계등록예규 및 학설과 배치되는 것일 뿐만 아니라 현행법체계와도 조화되지 않는 것이다. 만약 법원이 위와 같은 태도를 고수하려면, 적어도 그러한 결론을 뒷받침할 수 있는 근거는 상세하게 제시하여야 할 것이다(그 근거는 결국 종래의 판례, 학설 및 현행법체계를 비판하는 데서부터 출발하여야 할 것이다). 이 사건에 대한 대법원 결정에 나타난 단 세 줄짜리 이유만으로는 법원이 무슨 근거에서 그러한 결론에 이르게 되었는지 이해할 수 없다. 판결은 그 결론을 뒷받침하는 이론적 근거를 명확하게 제시하였을 때에만 설득력을 가질 수 있는 것이다. 아동의 복리는 세 줄짜리 결정문에 담을 수 있을 정도로 가볍지 않다.

〈중앙법학 제19권 제4호(2017년 12월) 수록〉

제 3 장

상속에 관한 문제

1. 사망으로 혼인이 해소된 경우 생존 배우자의 재산권 보호
   – 선취분과 사망 시 재산분할청구권을 중심으로 –
2. 변화하는 사회와 상속법 – 자녀의 유류분을 중심으로 –
3. 디지털 유산의 상속성 – 상속법의 관점에서 –

1. 사망으로 혼인이 해소된 경우 생존 배우자의 재산권 보호

- 선취분과 사망 시 재산분할청구권을 중심으로 -

I 들어가는 말

누가 "부부가 혼인 중에 공동의 협력으로 형성한 재산은 부부의 실질적인 공동재산인가?"라는 질문을 던졌을 때, "그렇다"라고 대답하면 정확한 답변이라고 보기 어렵다. 보다 정확한 답변이 되려면, "이혼의 성립을 전제로 해서는 그렇다"라고 대답해야 할 것이다. 우리 민법에 따르면 부부가 이혼을 하는 경우에는 혼인 중에 공동으로 형성한 재산을 실질적인 부부의 공동재산이라고 보아서 각자의 기여에 따른 분할(청산)을 할 수 있기 때문이다.

반면에 똑같이 혼인이 해소되는 경우라고 해도 그 원인이 이혼이 아니라 부부 일방의 사망인 때에는 재산분할청구가 허용되지 않는다. 이것은 우리 민법에 있어서 부부가 공동으로 형성한 재산은 이혼을 하는 경우에만 실질적인 부부의 공동재산으로 인정된다는 의미에 다름 아니다.[1] 따라서 부부 일방의 사망으로 혼인이 해소되는 경우에는 이혼 시와 같은 부부공동재산의 분할(청산)절차는 생략되고, 단지 법정상속분에 따라서 재산을 나누게 된다.

예를 들어 혼인기간이 40년인 부부 갑(남편)과 을(아내)이 이혼을 한다고 가정해 보면, 을이 전업주부였다고 해도 보통의 경우라면 남편 명의로 된 재산의 50% 정도를 분할 받을 수 있을 것으로 예상된다. 비록 남편 갑의 명의로 되어 있는 재산이라고 해도 부부 공동의 협력에 의해서 형성된 재산은 부부의 실질적인 공동재산이라고 보고, 그 중의 절반 가량에 대해서 아내 을의 지분을 인정하기 때문이다. 반면에 갑이 사망하여 혼인이 해소된 경우를 가정해 보면, 을의 상속분은 자녀의 수에 따라 줄어들게 되므로, 자녀가 3명인 경우를 예로 든다면, 3/9의 상속분을 갖는데 그친다. 여기서 을에게 돌아오는 3/9의 상속분은 갑 명의

---

1) 또한 혼인이 유지되고 있는 동안에는 어떤 특별한 사정(상대방 배우자가 장기간 부양의무를 이행하지 않는 경우 등)이 있는 경우에도 재산분할청구를 할 수 없다. 이것 역시 우리민법에 있어서 부부가 공동으로 형성한 재산은 이혼을 하는 경우에만 실질적인 부부의 공동재산으로 인정된다는 의미이다. 다른 말로 표현하면 혼인관계가 유지되는 동안에는 부부가 공동의 협력으로 형성한 재산이라고 해도 실질적인 부부의 공동재산으로 인정되지 않는다는 의미이다.

의 재산에 대해서 을이 실질적으로 가지는 잠재적인 공유지분(1/2)에도 미치지 못하는 것이다. 이처럼 사망으로 혼인이 해소되는 경우에는 이혼의 경우와는 달리 부부의 실질적인 공동재산에 대한 분할(청산)이 이루어지지 못하는데, 이는 "혼인 중에 공동의 협력으로 형성한 재산은 부부의 실질적인 공동재산이다"라는 명제와는 조화가 되지 않는다. 결과적으로 우리법체계에 있어서는 이혼을 성립을 전제로 하면 부부가 혼인 중에 공동의 협력으로 형성한 재산은 부부의 실질적인 공동재산으로 인정이 되는 반면, 사망으로 혼인이 해소되는 경우에는 동일한 재산이라고 해도 부부의 공동재산으로 인정받지 못한다는 모순에 빠지게 된다. 사망으로 혼인이 해소되는 경우에도 이혼 시와 마찬가지로 부부의 실질적인 공동재산을 분할(청산)할 수 있게 하고, 남은 재산을 법정상속분에 따라서 나눌 때 비로소 이러한 모순이 해소되었다고 말할 수 있을 것이다.

한편 이와 같이 사망으로 혼인이 해소되는 경우에도 실질적인 부부공동재산의 분할(청산)이 가능하게 된다면, 생존 배우자의 상속분이 사실상 증가하는 것과 같은 효과를 거둘 수 있다. 우리 사회에서 진행되고 있는 변화 중에서 상속과 관련하여 주목되는 두 가지 현상을 꼽는다면 평균수명의 연장과 노부모에 대한 부양의식의 약화를 들 수 있다. 평균수명의 연장으로 인하여 상속이 개시될 때 자녀들은 이미 장성하여 경제적으로 독립된 생활을 하고 있는 경우가 많은 것이 현실이다. 이와 같이 경제적으로 이미 독립한 자녀들은 굳이 상속재산을 받지 않아도 생활을 유지하는 데 큰 지장이 없는 반면, 생존 배우자의 입장에서 보면 사망한 배우자가 남긴 재산은 노후 생활을 위하여 반드시 필요한 재산인 경우가 많다. 게다가 자녀들의 노부모에 대한 부양의식이 급속도로 약화되고 있는 우리 사회의 현실을 고려해 본다면 생존 배우자에게 있어서 상속재산이 갖는 중요성은 더욱 크다고 할 수 있다. 이러한 상황에서 생존 배우자에게 보다 많은 상속재산이 돌아갈 수 있도록 배려하는 것은 사회정책적인 관점에서 보더라도 타당하다고 생각된다. 2000년대 중반부터 배우자 상속분을 증가시키려는 개정시도가 이어져 온 것은 이와 같은 배경에서 이해될 수 있다. 그러나 상속법에서 배우자 상속분을 증가시키려는 시도는 가시적인 성과를 거두지 못한 채 오늘에 이르고 있다.

아래에서는 우선 배우자 상속분에 관한 개정 시도의 경과를 살펴보고, 그에 대한 또 하나의 대안으로서 배우자의 사망으로 혼인이 해소되는 경우에도 이혼 시와 같이 재산분할을 거쳐 상속재산을 나누는 방법을 제시하려고 한다.

Ⅱ 2000년대 이후 배우자 상속분에 관한 개정 시도

1. 개정 시도의 배경

(1) 평균수명의 연장과 자녀의 상속권

1960년 민법시행 당시의 평균수명은 여자 53.7세, 남자 51.1세(평균 52.4세)에 지나지 않았으나, 2013년에는 여자 85.1세, 남자 78.5세(평균 81.9세)로 크게 증가하였다.[2] 평균수명의 연장은 피상속인의 사망으로 인한 상속개시의 시점을 상당히 늦추는 결과로 이어졌으며, 2014년을 기준으로 볼 때 상속개시 당시 피상속인의 연령이 70세 이상인 경우가 전체의 약 2/3(66%)를 차지하게 되었다(피상속인의 연령이 50세에서 69세 사이인 비율은 2014년에 전체의 24%였다).[3] 이는 30년 전인 1984년의 49%와 비교해 보아도 상당히 증가한 수치라고 할 수 있다. 피상속인의 연령이 높아지는 추세는 앞으로 더욱 가속화될 전망이다.[4]

이와 같이 피상속인의 평균 연령이 높아짐에 따라 부 또는 모의 사망으로 상속이 개시될 때 자녀의 연령도 상당히 높아지게 되었다. 즉 상속개시 당시 자녀의 연령이 이미 30~40대에 이른 경우가 전체 상속건수 중 상당한 비율을 차지하게 된 것이다. 이러한 경우 자녀들은 이미 직업에 필요한 교육을 이수한 후 경제력을 갖추고 독립하여 생계를 유지하고 있는 경우가 대부분이라고 할 수 있다. 따라서 전통적으로 상속제도의 중요한 기능[5]으로 인정되었던 피상속인 사후의

2) 연도별 평균수명 추이

	1960	1970	1980	1990	2001	2010	2011	2012	2013
계	52.4	61.9	65.7	71.3	76.5	80.8	81.2	81.4	81.9
남	51.1	58.7	61.8	67.3	72.8	77.2	77.7	78.0	78.5
여	53.7	65.6	70.0	75.5	80.0	84.1	84.5	84.6	85.1

통계청, 장래인구추계(2012. 11) 및 생명표(수록기간 1970-2013)

3) 통계청(kosis.nso.go.kr), 2014년 출생·사망통계결과(출생·사망통계 잠정집계), Ⅵ. 참고통계표, 7. 성·연령별 사망자수.

4) 2014년 현재 총인구 중 65세 이상 인구가 차지하는 비율은 12.7%(6,385,559명)이다. 우리 사회는 2000년에 65세 이상 인구비율이 7.2%에 이르러 '고령화사회'에 진입했으며, 2018년에는 이 비율이 14.5%가 되어 '고령사회'에 들어설 것으로 전망된다. 나아가 지금으로부터 11년 후인 2026년에는 65세 이상 인구의 비율이 20.8%가 되어 '초고령사회'에 도달할 것으로 예상된다. 통계청, 고령자통계(2014) 및 2005 인구주택총조사 전수집계결과(인구부문) 참조.

5) 상속제도의 존재이유는 전통적으로 다음과 같은 측면에서 설명되어 왔다. 첫째, 상속이 개시되면 피상속인의 배우자와 직계비속 등의 근친이 상속인으로서 상속재산을 승계하게 되는데(법정상속제도), 이와 같은 사람들을 법정상속인으로 규정하여 상속을 인정하는 이유는 피상속인의 사후에 유족의 부양을 보장하기 위한 것이다(사후 부양의 기능). 둘째, 상속재산은 피상속인 개인뿐만 아니라, 배우자나

부양의 필요성은 더 이상 존재하지 않는 경우가 보통이다. 또한 오늘날에는 부모가 재산을 형성하는 데 자녀가 기여하는 경우는 찾아보기 어려우므로, 상속의 근거를 상속재산의 형성에 따른 기여의 청산이라는 측면에서 구하는 관점에서 보아도 자녀의 상속권은 그 정당성을 찾기 어렵다.

(2) 평균수명의 연장과 배우자 상속분

평균수명의 연장으로 인하여 부부가 평생 함께 사는 기간은 과거에 비하여 훨씬 길어졌으며, 특히 노후에 부부만 따로 사는 경우가 늘어나고 있다. 2012년 현재 부모가 장성한 자녀와 동거하지 않고 따로 사는 경우는 전체의 67.8%에 이른다.[6] 이러한 사실은 부부가 평생 해로하는 경우 함께 사는 기간이 길어졌을 뿐만 아니라, 노후에 자녀에게 의존하기보다는 배우자에게 서로 의지하는 경향이 강해졌음을 보여주고 있다. 즉 부부관계가 과거보다 더 긴밀해졌음을 의미하는 것이다. 여자의 평균수명이 남자보다 약 7세가량 길다는 사실과 혼인 당시 남녀의 연령차(남편이 아내보다 연령이 높은 경우가 많다)에 비추어 볼 때, 부부가 평생 해로하다가 사별하는 경우에는 남편이 먼저 사망할 가능성이 상대적으로 높다. 실제로 2010년 이후의 통계를 보면 사별한 65세 이상의 부부 중 남편이 먼저 사망한 경우가 약 80%에 이른다는 사실을 알 수 있다.[7] 즉, 노후에 배우자의 사망으로 혼인이 해소된 경우에는 여자노인이 생존 배우자로서 남은 삶을 혼자 살아갈 가능성이 훨씬 높다. 여자노인들은 과거에 전업주부로서 가사와 육아에 종사한 경우가 많으므로, 자기 명의의 재산을 형성하지 못한 경우가 많고 연금을 받는 경우도 많지 않다.[8] 결국 이러한 여자노인들이 생계를 위하여 의지할 수 있는 것은 남편에게서 받은 상속재산과 자녀들의 부양뿐이다. 특히 자녀가 부양을 하지 않는 여자노인의 경우에는 거의 전적으로 상속재산에 의지하여 생계를 이어가게 되므로(노부모 부양은 자녀의 전적인 책임이라는 응답비율이 2002년에는 64.8%였던 반면에 2014년에는 31.2%로 급감하였다. 또한 60세 이후 자녀와 함께 살고 싶지 않다는 응답비율은 2002년 49.3%에서 2013년 71.4%로 증가하였다)[9], 상속재산이 가지

그 밖의 가족의 공동의 협력에 의하여 형성된 경우가 많을 것이라고 전제하고, 상속의 개시를 계기로 상속재산의 형성에 따른 기여를 청산할 필요가 있다는 것이다(잠재적 공유관계의 청산).

6) 통계청(kosis.nso.go.kr), 2013년 사회통계조사(복지), 현재 자녀와 동거여부-60세 이상 가구원.

7) 통계청(kosis.nso.go.kr), 2014년 인구주택총조사보고서 : 인구동향조사 5. 혼인상태별인구.

8) 2013년에 65세 이상 인구 중 연금을 받은 비율은 37.6%을 차지하였다(그 중 33.7%가 국민연금 수급자였다). 통계청, 고령자통계(2014).

9) 통계로 본 서울 가족구조 및 부양 변화, 2015년 4월. 이러한 경향은 통계청 조사에서도 유사하게 나타난다. 2014년 기준 통계를 보면 부모의 부양책임과 관련하여 부모 스스로 해결하거나(16.6%), 가족과 정부・사회가 공동으로 부담해야 한다는 견해(47.3%)와 비교해 볼 때 가족이 전적으로 부담해야 한다는 견해는 31.7%에 불과하다. 통계청(kosis.nso.go.kr), 사회조사 : 부모 부양에 대한 견해

는 중요성은 더욱 크다. 반면에 자녀들은 이미 장성하여 경제력을 갖추고 독립하여 생활하고 있으므로, 상속재산이 없더라도 살아가는 데 별 지장이 없는 경우가 대부분이다. 그렇다면 사회정책적인 측면에서 보아도 생존배우자의 상속분을 늘리는 것이 타당하다고 생각된다.

(3) 배우자 상속분에 관한 현행법 규정의 문제점

현행법규정에 의하면 자녀의 수에 비례하여 배우자의 상속분이 줄어들게 되어 있는데, 이러한 상속구조는 자녀가 많은 가정의 배우자에게 상속에서 불리한 결과를 가져오게 되어 불합리하다(자녀가 1인인 경우의 배우자 상속분: 3/5, 자녀 2인: 3/7, 자녀 3인: 3/9, 자녀 4인: 3/11, 자녀 5인: 3/13 등. 이와 같이 자녀의 수가 늘어남에 따라 배우자의 상속분이 줄어드는 법규정에 대해서는 "다산에 대한 징벌"이라는 비판이 가해질 수 있다). 또한 자녀가 1명인 경우를 제외하고는 배우자의 상속분이 1/2에 미치지 못하므로, 노후에 배우자의 사망으로 혼인이 해소된 경우에 생존배우자(많은 경우 처)의 생활을 보장하기에는 부족하다는 점도 지적할 수 있다.

2. 배우자 상속분 개정을 위한 시도

(1) 2006년 민법일부개정안

위와 같은 배경 하에서 배우자의 상속분을 늘리는 방향으로 상속법을 개정하려는 시도가 이어졌다. 2006년에 국회에 제출된 민법일부개정안은 배우자의 상속분을 상속재산의 1/2로 규정하고 있었다(개정안 제1009조 제2항: 피상속인의 배우자의 상속분은 상속재산의 5할로 한다. 다만 제831의3조에 따라 혼인 중 재산분할을 받은 경우에는 동순위의 공동상속인과 균분하여 상속한다[10]). 그러나 이러한 내용의 개정안에 대해서는 주로 두 가지 입장에서 비판이 제기되었다. 그 중 하나는 자녀

(2014년); 반면에 1998년에 실시된 조사에서는 자녀가 부모의 부양을 전적으로 책임져야 한다고 응답한 비율이 89%에 이르고 있었다. 통계청(kosis.nso.go.kr), 2012년 사회조사: 노인 자녀동거율.

10) 2006년 민법일부개정안은 혼인 중의 재산분할에 대해서도 규정하고 있었다. 개정안 제831조의3(혼인 중의 재산분할) ① 부부의 일방은 다음 각 호의 어느 하나에 해당하는 사유가 있는 경우에는 혼인 중에도 가정법원에 재산분할을 청구할 수 있다.

1. 부부 일방의 동의 또는 그 동의에 갈음하는 결정을 받지 아니하고 다른 일방이 제831조의2제1항 또는 제2항의 행위를 한 때
2. 다른 일방이 정당한 사유 없이 부양의무를 상당한 기간 동안 이행하지 아니한 때
3. 제839조의2에 따른 재산분할청구권의 행사가 현저히 곤란하게 될 우려가 있는 때
4. 부부가 정당한 이유 없이 2년 이상 별거하고 있는 때

② 제1항의 재산분할에 관하여는 성질에 반하지 아니하는 범위 안에서 제839조의2제2항의 규정을 준용한다.

③ 부부의 일방은 제1항 각 호의 어느 하나에 해당하는 사유가 있음을 안 날부터 6월 또는 그 사유가 있은 날부터 2년이 지난 때에는 제1항에 따른 재산분할을 청구하지 못한다.

가 1명인 경우에는 생존배우자의 상속분이 오히려 감소한다는 것이었다(자녀가 1명인 경우 배우자의 상속분은 현행법에 의하더라도 60%가 되는데, 2006년 개정안에 따르면 50%에 그친다).[11] 또 다른 비판은 혼인기간이 짧았던 경우(예컨대 노후에 재혼한 경우)에는 생존배우자의 상속분이 지나치게 크게 인정되는 결과 자녀들의 상속분이 부당하게 감소한다는 것이었다. 이로 인하여 부 또는 모가 노후에 재혼하려고 하는 경우에는 자녀들의 반대가 더 강해질 것이라는 우려도 제기되었다.[12] 결국 2006년 개정안은 이러한 비판을 극복하지 못한 채 17대 국회의 회기가 만료됨으로써 폐기되는 운명을 맞이하였다.

(2) 2014년의 개정 시도 – 배우자 선취분의 도입 시도

1) 법무부 민법(상속편) 개정특별분과위원회의 구성과 경과

2013년 10월에 법무부는 민법(상속편) 개정특별분과위원회를 구성하고 배우자 상속분 개정 작업에 착수하였다. 개정위원회가 구성되기 전부터 개정안의 기본적인 방향은 이미 설정되어 있었으므로, 개정안을 마련하는 작업은 신속하게 진행되었다. 그 결과 2014년 1월에는 개정안의 기본골격이 형성되었는데, 그 주된 내용은 피상속인이 혼인 중에 형성한 재산 중에서 생존 배우자의 실질적인 공유지분(선취분)을 우선 공제하고 나머지 재산을 공동상속인과 더불어 분배한다는 것이었다. 이러한 취지의 개정안은 국민 여론조사에서 상당히 높은 호응을 받았다(2014년 1월 28일 KBS 뉴스 보도: 성인 남녀 1000명을 상대로 한 여론조사에서 80%가 찬성 의견을 표명하였다). 그러나 이러한 방향으로 배우자의 상속분을 늘리는 개정안이 통과되면 이른바 '기업상속'에 방해가 될 것이라는 우려가 일부에서 제기되면서 개정안은 입법예고에도 이르지 못하였다.

여기서 당시에 마련한 배우자 상속분에 대한 개정시안을 소개하고, 이 개정시안에 대하여 제기된 비판에 대해서 검토해 보려고 한다.

2) 개정시안[13] 및 해설

제1008조의4(배우자의 선취분) ① 피상속인의 배우자는 혼인기간 동안 증가한 피상속인의 재산에서 혼인기간 동안 발생한 채무를 공제한 액수의 2분의 1을 다른 공동상속인에 우선하여 선취분으로 취득할 권리가 있다.

② 제1항에 따른 선취분의 취득이 현저하게 공정을 잃은 경우에는 공동상속

11) 법제사법위원회 민법 일부개정법률안 검토보고서(2007. 2) 참조.

12) 연합뉴스 2014년 1월 2일 보도 참조.

13) 최종정리일 2014년 2월 10일. 법무부 민법(상속편) 개정특별분과위원회의 회의 결과를 당시 위원장을 맡고 있던 필자가 정리한 것임.

인의 협의로 선취분을 감액할 수 있다. 선취분의 감액에 대하여 협의가 되지 아니하거나 협의할 수 없는 경우에는 가정법원은 공동상속인의 청구에 따라 피상속인과 배우자의 혼인기간, 별거한 기간 및 사유, 자녀의 연령, 재산형성의 경위, 배우자의 생활보장, 그 밖의 사정을 참작하여 감액할 액수를 정한다.

③ 제1항 및 제2항의 규정에 따른 청구는 제1013조 제2항의 규정에 의한 청구가 있을 경우 또는 제1014조에 규정하는 경우에 할 수 있다.

④ 유증은 상속개시 당시의 피상속인의 재산가액에서 선취분을 공제한 액을 넘을 수 없다.

⑤ 다른 공동상속인의 기여분은 상속개시 당시의 피상속인의 재산가액에서 선취분을 공제한 액을 넘을 수 없다.

⑥ 피상속인의 배우자가 상속을 포기한 경우에는 선취분을 취득할 수 없다.

해설

제1항: 피상속인이 혼인 중에 형성한 재산의 대부분은 일반적으로 생존 배우자의 협력에 의하여 이룩한 것이라고 할 수 있고, 따라서 실질적인 공유라고 볼 수 있다. 부부가 혼인기간 중에 재산형성에 기여한 정도는 일반적으로 동등하다고 보아서 원칙적으로 절반의 지분을 인정하는 것이 합리적이다(부부 쌍방이 혼인해소 후에도 각자 계속 생활하면서 재산을 필요로 하는 것을 전제로 하는 이혼 시 재산분할의 경우와는 달리 배우자 일방의 사망으로 인한 상속개시 시에는 부부 각자의 재산형성에 대한 기여도를 동등한 것으로 보아서 절반의 분할을 인정해도 불합리한 경우가 발생할 가능성이 상대적으로 낮다). 이러한 이유에서 생존 배우자는 혼인기간 동안 증가한 피상속인의 재산에서 혼인기간 동안 발생한 채무를 공제한 액수의 절반을 다른 공동상속인 보다 우선하여 취득할 수 있도록 하였다(혼인기간 동안 증가한 피상속인의 재산에서 혼인기간 동안 발생한 채무를 공제한 결과 남는 재산이 없거나 채무초과 상태가 되면 선취분을 받을 수 있는 여지가 없다. 결국 배우자의 선취분과 상속채무와의 관계에서는 상속채무에 대해서 우선변제가 되어 상속채권자가 생존 배우자 보다 보호를 받는 결과가 된다. 이것은 선취분 제도의 도입으로 인하여 거래의 안정이 흔들리는 것을 막으려는 취지이다).

선취분은 생존 배우자가 피상속인의 재산 중에서 자신의 실질적인 공유지분을 받는다는 성격을 가지는 것이므로, 선취분에 대해서 증여세나 상속세를 부과하는 것은 타당하지 않다.

또한 기여분 권리자와 마찬가지로 생존 배우자가 선취분을 받는다고 해서 상속채무에 대한 분담율이 증가하는 것은 아니다. 생존배우자는 다른 공동상속인과 더불어 각자의 법정상속분에 따라 채무를 승계하게 된다.

공동상속인이 협의로 상속재산을 분할하는 경우에는 선취분의 비율에 관계없이 자유롭게 분할비율을 정할 수 있다(이런 경우는 사실상 선취분의 포기로 볼 수 있다).

선취분 산정의 기초가 되는 재산은 혼인기간 동안 증가한 피상속인의 재산에서 혼인기간 동안 발생한 채무를 공제한 액수이다. 혼인기간 동안(혼인성립 시부터 사망으로 인한 혼인해소 시까지) 증가한 재산이란 혼인기간 동안 재산의 증감과정을 거쳐 혼인이 종료할 때(즉 상속이 개시될 때) 남은 재산으로서 혼인성립 당시의 재산가액을 초과하는 부분을 의미한다. 상속개시 당시에 현존하는 재산만이 대상이 되므로, 피상속인이 생전에 다른 공동상속인에게 증여한 재산(특별수익)은 선취분 산정의 기초가 되는 재산에 산입되지 않는다.

혼인기간 동안 발생한 채무란 피상속인이 혼인 중에 부담한 채무로서 상속개시 시까지(사망으로 인한 혼인해소 시까지) 변제되지 않아서 남아 있는 채무를 의미한다.

상속개시 전에 피상속인이 재산을 임의로 처분한 경우에도 사해행위취소의 대상이 되지 않는다(피상속인이 생전에 재산을 함부로 처분하는 경우에는 현행법상으로는 이혼청구를 하면서 재산분할청구를 할 수밖에 없을 것이다).

피상속인이 혼인기간 중에 상속이나 증여에 의해서 취득한 재산도 혼인기간 동안 증가한 재산에 포함된다(그 결과 현저하게 공정에 반하는 문제가 생기는 때에는 제2항에 의해서 해결할 수 있다).

상속인의 입장에서는 혼인기간 동안 증가한 피상속인의 재산에서 혼인기간 동안 발생한 채무를 공제하고 남은 액수의 2분의 1을 생존 배우자가 선취분으로 취득할 때의 재산상태를 고려하여 단순승인, 한정승인 또는 포기를 선택하게 될 것이다(선취분을 공제하면 상속재산이 채무초과인 상태가 되는 경우도 예상할 수 있으므로, 이를 정확하게 예측하지 못하고 단순승인을 하게 되면 상속인이 피해를 보는 사태가 발생할 수도 있다. 그러나 이와 같은 경우에는 상속인은 민법 제1019조 제3항에 따른 특별한정승인을 함으로써 보호를 받을 수 있을 것으로 생각된다).

선취분의 성질은 형성권으로 볼 수 있고, 행사상으로나 귀속상으로 일신전속권이므로, 상속되지 않고(선취분은 생존 배우자의 보호에 주된 목적이 있으므로, 굳이 상속을 인정할 필요가 없다) 채권자대위권의 목적이 될 수 없다고 보아야 할 것이다.

제2항: 생존 배우자에게 상속재산에 대해서 일정한 비율의 선취분을 인정하는 것은 일반적인 경험칙에 비추어 볼 때 배우자가 다른 공동상속인에 비하여 피상속인의 재산형성에 기여한 부분이 크다고 보기 때문이다. 따라서 이러한 전제가

인정되기 어려운 경우(예컨대, 피상속인이 생존하는 동안 배우자가 피상속인을 악의로 유기한 경우, 또는 피상속인과 배우자가 이혼의 의사로써 장기간 별거한 경우 등)에는 생존 배우자의 선취분을 적절하게 감액할 수 있는 방법을 마련할 필요가 있다.

이외에도 공동상속인인 자녀가 미성년자여서 앞으로 양육과 교육 등에 많은 비용이 들어갈 것으로 예상되는 경우도 선취분의 감액 사유가 될 수 있을 것이다.

또한 피상속인이 사업을 하여 혼인기간 중에 거액의 재산이 증가한 경우나 상속(또는 증여)에 의해서 재산이 증가한 경우 등에는 선취분을 절반으로 인정하는 것이 재산형성에 대한 배우자의 기여도에 비추어 과다할 수 있으므로, 선취분의 감액사유가 될 수 있다.

혼인기간 동안 배우자가 피상속인의 수입으로 피상속인보다 더 많은 재산을 취득하여 보유하고 있는 경우에는 선취분의 감액사유가 될 수 있다. 이 경우 배우자는 이미 재산형성에 대한 기여 이상의 재산을 취득했기 때문이다.

상속재산이 거액이어서 법정상속분만으로도 배우자의 생활이 충분히 보장될 뿐만 아니라, 혼인 중의 재산형성에 대한 기여도 이미 반영된 것으로 인정되는 경우에는 선취분을 감액할 수 있다. 배우자의 선취분을 인정하는 근본적인 취지는 피상속인 사후 배우자의 생활안정을 도모하고 재산형성의 기여에 대하여 보상을 하는 것인데, 법정상속분만으로도 이러한 취지가 달성될 수 있는 경우에는 별도로 선취분을 인정할 필요가 없을 것이다(예컨대 상속재산이 900억이고, 세 명의 자녀가 있는 경우에 배우자의 법정상속분은 300억이 되는데, 이런 경우에는 별도의 선취분을 인정할 필요가 없다고 생각된다. 만일 배우자가 상속재산의 형성에 특별한 기여를 하였다면, 별도로 기여분을 주장할 수 있을 것이다).

감액의 비율은 우선 당사자(공동상속인)가 협의하여 정하고, 협의가 되지 않거나 협의할 수 없는 때에는 당사자의 청구에 의하여 가정법원에서 정하는 것으로 하였다.

선취분의 감액이란 선취분을 전혀 인정하지 않는 경우를 포함하는 개념으로 이해된다.

제3항: 선취분의 청구 또는 선취분 감액청구는 상속재산분할청구를 하는 경우 또는 인지된 혼인외의 자 등이 가액지급청구를 하는 경우에 할 수 있는 것으로 하였다(제1008조의2 제4항 참조).

제4항, 제5항: 선취분은 피상속인의 재산형성에 대한 생존 배우자의 기여를 인정하여 피상속인의 재산에서 생존 배우자의 실질적인 공유지분을 우선적으로 귀속시킨다는 의미가 있으므로, 피상속인의 유증이나 다른 공동상속인의 기여분

보다 우선하는 것이 타당하다.

제4항에 따라 유증이 상속개시 당시의 피상속인의 재산가액에서 선취분을 공제한 액을 초과한 경우에 그 유증이 당연히 무효가 되는 것은 아니지만, 배우자는 선취분을 침해하는 유증을 받은 자에 대해서 회복청구를 할 수 있다(개정시안 제1008조의5 참조).

공동상속인의 협의로 기여분을 정한 경우에 그 기여분이 "상속개시 당시의 피상속인의 재산가액에서 선취분을 공제한 액"을 넘은 경우에는 그 한도에서 생존 배우자가 선취분을 포기한 것으로 볼 수 있을 것이다.

기여분 산정의 기초가 되는 재산은 선취분을 공제하지 않은 상속개시 당시의 피상속인의 재산가액이다. 예를 들어, 상속재산 14억이 전부 혼인 중에 형성된 재산이고 감액사유가 없어서 선취분이 절반으로 인정된다고 가정할 때, 상속재산의 20%가 기여분으로 정해진다면, 기여분의 액수는 2억8천만원이 된다(만일 상속재산에서 선취분을 공제하고 남은 재산을 기여분 산정의 기초재산으로 한다면, 위의 경우 기여분의 액수는 1억 4천만원이 될 것이다).

피상속인의 배우자가 선취분과 기여분을 동시에 청구할 수 있는가의 문제가 제기될 수 있는데, 선취분을 받는다고 해서 기여분을 받지 못하게 할 이유는 없으므로, 긍정하여야 할 것이다. 선취분은 배우자로서 부부공동재산의 형성에 '일반적인(통상적인) 기여(예컨대, 가사노동에 의한 기여)'를 한 경우에도 받을 수 있는 것이지만, 기여분은 특별한 기여가 있는 경우에 받을 수 있는 것이므로, 양자는 성격이 다르다. 따라서 배우자가 피상속인의 재산형성, 유지에 특별한 기여가 있는 경우에는 선취분 이외에 별도로 기여분을 청구할 수 있을 것이다. 경우에 따라서는 배우자의 기여분이 상속재산의 100%가 될 수도 있는데,[14] 이런 경우에 배우자는 굳이 선취분을 주장하지 않고 바로 기여분을 청구할 수 있다.

제6항: 상속을 포기한 배우자는 선취분에 대한 권리도 없는 것으로 하였다. 따라서 선취분은 '상속을 전제로 하여 재산형성에 대한 배우자의 기여(또는 부부재산관계)를 청산하는 성격'을 갖는 제도로 정리할 수 있을 것이다. 이는 종래의 기여분 또는 재산분할청구와는 구별되는 새로운 제도이다.

선취분은 혼인기간 동안 증가한 피상속인의 재산에서 채무를 공제하고 남은 재산이 있는 경우에만 인정될 수 있다(제1항 참조). 따라서 선취분이 인정될 수 있는 경우라면(예컨대 혼인 중에 증가한 피상속인의 재산이 5억이고, 혼인중에 발생한 채무가 2억인 경우) 상속재산이 채무초과라는 이유로 생존 배우자가 상속포기를

---

14) 이선미, 하급심 심판례 분석을 통해 본 배우자의 기여분 제도 운영 실태, 가정법원 50주년 기념 논문집(2013), 511면에는 배우자의 기여분이 100%로 인정된 하급심 심판례 4건이 소개되어 있다.

하는 경우는 상대적으로 적을 것으로 예상된다(다만 혼인기간 중에 증가한 재산은 적극재산이 더 많으나, 혼인 전의 채무를 포함하면 상속재산이 채무초과인 경우도 상정할 수 있을 것이다). 그러나 생존 배우자가 특별수익자인 경우(피상속인 생전에 다액의 생전증여를 받은 경우)에는 상속포기를 하는 것이 더 유리하다는 판단 하에 상속포기를 할 수 있을 것이다.

제1008조의5(배우자의 선취분 침해에 대한 회복청구권) ① 피상속인의 배우자는 선취분을 침해한 상속인 또는 유증 받은 자를 상대로 선취분의 회복을 청구할 수 있다.

② 제1항의 선취분 회복청구권은 그 침해를 안 날로부터 1년, 선취분의 침해행위가 있은 날로부터 10년을 경과하면 시효로 인하여 소멸한다.

해설

생존 배우자의 선취분이 침해된 경우(예컨대, 공동상속인이 선취분을 무시하고 상속등기를 한 경우, 유증을 받은 자가 선취분을 침해하는 등기를 한 경우 등)에 선취분의 회복을 청구할 수 있는 근거 규정을 두는 것이 필요하다.

제1항: 선취분의 회복청구는 선취분을 침해한 공동상속인 또는 유증 받은 자에 대해서만 할 수 있으며, 그 외의 제3자를 상대로 할 때에는 상속회복청구를 하여야 할 것이다. 예를 들어 상속인 갑(배우자), 을, 병이 있는데, 병이 유일한 상속재산인 부동산에 대해서 갑의 선취분을 무시하고 법정상속분에 따라 등기를 마친 경우에 갑은 을, 병을 상대로 선취분 회복청구를 할 수 있을 것이다. 만약 병이 자신의 명의로 단독등기를 하였다면, 갑은 선취분의 침해를 원인으로 하는 선취분 회복청구와 상속권의 침해를 원인으로 하는 상속회복청구를 할 수 있을 것이다. 위의 예에서 병이 자신의 명의로 단독등기를 한 후 제3자 A에게 상속부동산을 양도하였다면, 갑은 우선 A를 상대로 상속회복청구(등기말소청구)를 하여 병의 법정상속분(2/7)을 넘는 부분에 대해서 등기명의(5/7)를 회복한 후 을과 병을 상대로 선취분 청구와 상속재산분할청구를 할 수 있을 것이다. 선취분으로 인하여 병의 상속분이 감소하는 결과 실제로 2/7에 달하지 못하는 경우가 있을 수 있는데(예컨대 2/14), 이런 때에는 갑은 회복한 상속재산으로부터 자신의 선취분과 법정상속분을 합친 가액(예컨대 10/14)에 미치지 못하는 지분만을 받을 수 있다(을도 자신의 법정상속분(예컨대 2/14)에 미달하는 액수만을 받을 수 있다). 이런 경우에는 갑과 을은 병에 대하여 그의 법정상속분(선취분을 공제한 후 남은 상속재산에 대한 법정상속분을 의미한다. 예컨대 2/14)을 초과하는 부분에 대해서 각각 가

액의 지급을 청구할 수 있을 것이다.

제2항: 선취분 회복청구권은 그 침해를 안 날로부터 1년, 선취분의 침해행위가 있은 날로부터 10년 내에 행사하지 않으면 시효로 인하여 소멸하는 것으로 하였다(소멸시효). 예컨대 피상속인의 전 재산에 해당하는 부동산을 유증 받은 자가 소유권이전등기를 한 경우에 피상속인의 배우자는 선취분 반환청구와 유류분 반환청구를 할 수 있는데, 이 두 가지 청구권의 소멸시효는 동일하다. 반면에 공동상속인 중 1인이 배우자의 선취분과 법정상속분을 침해한 경우에는 배우자는 선취분 회복청구와 상속회복청구를 동시에 할 수 있는데, 선취분 회복청구는 침해를 안 날로부터 1년 내에 행사해야 하는 반면, 상속회복청구는 침해를 안 날로부터 3년 내에 행사하면 되므로 권리행사 기간에 차이가 있다. 그러나 상속회복청구권을 행사할 수 있는 기간은 제척기간인 반면, 선취분 회복청구를 할 수 있는 기간은 소멸시효이므로 선취분 회복청구를 할 수 있는 기간이 다소 단기로 규정되어 있다고 해도 크게 불리하지는 않을 것으로 생각된다.

제1113조(유류분의 산정) ① 유류분은 피상속인의 상속개시 시에 있어서 가진 재산 중 선취분을 공제한 가액에 증여재산의 가액을 가산하고 채무의 전액을 공제하여 이를 산정한다.

② 현행과 동일

해설

상속개시 당시의 피상속인의 재산가액에서 선취분을 공제한 후 남은 재산을 유류분 산정의 기초로 하였다. 유류분 산정의 기초가 되는 재산가액이 감소하게 되므로(상속재산이 모두 혼인 중에 형성되었을 경우에는 1/2이 감소됨), 결과적으로 유류분의 액수도 줄어들게 된다. 선취분이 유증에 우선하는 결과, 유증을 받은 자는 유증가액에 미달되는 재산을 받는 경우가 생길 수 있는데, 유류분반환청구까지 받게 되면 실질적으로 유증을 받은 자는 아무 재산도 받지 못하는 경우가 생길 수 있다. 상속개시 당시의 피상속인의 재산가액에서 선취분을 공제한 후 남은 재산을 유류분 산정의 기초로 하는 경우, 유류분의 액수를 감액하는 효과가 생겨서 유증을 받은 자와 유류분권리자의 이익을 조화시킬 수 있을 것으로 기대된다.

상속재산 14억이 전부 혼인 중에 형성된 재산이라고 가정하고, 상속인으로는 배우자 갑, 자녀 을, 병이 있는 경우에 피상속인 A가 전 재산을 B에게 유증하였다면, 배우자의 선취분 7억(감액사유가 없는 경우)을 넘는 유증에 대해서는 유류분반환청구가 가능하다. 갑의 유류분은 1억 5천(14억－7억×3/14), 을과 병의 유류분은 각각 1억이 된다(14억－7억×1/7). 결과적으로 갑은 상속재산에서 8억 5천만원을 받을 수 있게 된다(만일 선취분 제도가 없다면 배우자는 유류분 반환청구를 하여 3억을 받을 수 있다). 이와 달리 유류분을 산정할 때 상속재산의 가액에서 선취분을 공제하지 않는다면, 갑의 유류분은 3억, 을과 병의 유류분은 각각 2억이 되므로, 갑, 을, 병이 모두 B를 상대로 유류분반환청구를 하는 경우 피상속인 A의 유증은 의미가 없게 될 것이다.

(3) 개정시안에 대한 비판과 검토

위에서 소개한 개정시안에 대해서는 여러 가지 비판이 제기되었는데, 그 중 몇 가지를 정리해 보면 다음과 같다.

첫째, 선취분이 유증에 우선하도록 되어 있어서 피상속인의 유언의 자유 내지 재산권을 침해한다.[15]

둘째, 상속재산의 형성에 대해서 생존 배우자가 기여한 바가 있다면 현행법상 기여분 규정에 의해서 인정받을 수 있으므로, 이와 별도로 선취분과 같은 규정을 둘 필요가 없다.[16]

셋째, 상속재산의 절반을 선취분으로 인정하는 경우 배우자의 상속분이 과도하게 커지는 결과가 되고, 이는 결국 자녀에게 기업을 상속시키는 데 방해가 된다.[17]

넷째, 선취분이 도입되는 경우에는 상속재산분할 과정에서 공동상속인 사이에 분쟁이 발생할 가능성이 높아질 것이다.[18]

이어서 이러한 비판에 대해서 차례로 검토한다.

1) "선취분이 유증에 우선하도록 되어 있어서 피상속인의 유언의 자유 내지 재산권을 침해한다"는 비판에 대한 검토

① 혼인 중에 부부가 공동의 협력으로 형성한 재산은 부부의 실질적인 공동(공유)재산이라고 볼 수 있다. 이혼 시 재산분할청구가 인정되는 이유는 분할의 대상이 되는 재산이 비록 형식적으로는 상대방 배우자의 명의로 되어 있다고 해도 실질적으로는 부부의 공동(공유)재산이라고 보기 때문이다. 따라서 재산분할청구를 한 부부의 일방은 상대방으로부터 재산을 증여받는 것이 아니라, 원래 자신

---

15) 한국경제신문 사설 2014. 1. 17.

16) 김서현, 동아쟁론, 동아일보 2014. 2. 1.

17) 최성경, 배우자 상속분 입법론에 관한 소고, 법학논총 제38권 2호(2014. 6), 141면 이하.

18) 정구태, 2014년 법무부 민법개정위원회의 상속법 개정시안에 대한 비판적 단상, 강원법학 제41권(2014. 2), 1004면 이하.

에게 속해있던 잠재적인 공유지분을 이전받는 것과 같다(이런 이유에서 재산분할로 취득한 재산에 대해서는 증여세를 부과하지 못한다). 그런데 현행법상 사망으로 혼인이 해소되는 경우에는 이혼 시와는 달리 피상속인에게 속해있던 부부의 실질적인 공동재산에 대해서 분할(청산)이 인정되지 않는다. 이러한 불균형과 모순을 해결하기 위한 방안으로 선취분이 고안된 것이다. 선취분이란 피상속인에게 속해있던 부부의 실질적인 공동재산 중에서 사망으로 인한 혼인의 해소를 계기로 생존 배우자가 우선적으로 분할 받아야 할 몫(지분)을 의미한다. 따라서 선취분은 원래 배우자의 몫을 배우자에게 돌려주는 것으로 이해되어야 하며, 배우자의 선취분까지 타인에게 준다는 유언(유증)은 거꾸로 배우자의 재산권을 침해하는 결과가 된다.

② 1990년대에 92세의 남편이 혼인기간 동안 모은 재산의 대부분을 대학에 기부하자, 78세의 아내가 이혼청구와 동시에 재산분할청구를 한 사건이 있었다. 이 사건에서 법원은 대학에 기부한 재산(부동산)의 3분의 1을 아내에게 분할하라고 판결하였다. 법원은 남편의 재산권을 침해하려는 아내의 손을 들어준 것인가? 아니다. 오히려 그 반대다. 남편이 실질적인 부부의 공동재산을 일방적으로 기부하여 아내의 재산권을 침해하려하자 아내의 재산권을 지켜준 것이다. 유언으로 재산을 기부한다고 해서 달라질 것은 없다. 재산형성에 대한 배우자의 기여(실질적인 공유지분)를 무시한 유언(유증)은 배우자의 재산권을 침해하는 결과가 된다.

이 판결(대법원 2000. 9. 5. 선고 99므1886 판결)의 내용을 자세히 소개하면 다음과 같다.

㉠ 사실관계

피고(남편)는 한국전쟁 당시(42세) 북한에 가족들을 남겨둔 채 혼자 월남하였다가 전쟁이 끝나고 월북이 불가능해지자 북한에 있는 가족들과 재결합하는 것을 단념하고, 중매로 원고(아내, 29세)를 만나 1957년경부터 동거생활을 시작하였으며(원고의 남편은 한국전쟁 당시 사망하였고, 원고는 전남편과의 사이에서 태어난 아들 1명을 혼자 키우고 있었다), 그 후 원고와 피고는 1959년 1월 16일 아들을 낳고 1969년 2월 12일 혼인신고를 마쳤다. 피고는 원고와 혼인한 이후 사채업을 시작하였는데, 계산이 분명하고 신용을 잘 지켰기 때문에 점차 그 규모가 커지게 되었고 많은 돈을 모을 수 있었다. 한편 원고도 가사에 종사하면서 생활비를 아껴 피고와는 따로 일수놀이를 하거나 계에 가입하는 등의 방법으로 재산을 증식해 오다가 1980년경부터 그만 두었다. 원・피고는 위와 같은 방법으로 모은 돈으로 1983년경부터 1996년경까지 여러 개의 부동산을 매수하여 모두 피고의 명의로 소유권보존등기 또는 소유권이전등기를 마쳤다. 평소 피고는 독선적이고 봉건적인 권위의식에 사로잡혀 있어서 혼인 초부터 원고를 천대하면서 복종을 강요하였고, 원고의 행동이 조금만 마음에 들지 않아도 심하게 잔소리를 하면서 일일이 간섭하였으며, 원고가 피고의 말에 이유라도 달거나 변명을 하면 불호령을 내리는 등 원고를 억압해 왔고, 원고가 전남편과의 사이에서 낳은 아들을 위하여 돈을 빼돌릴지 모른다고 의심하여 경제권도 자신이 쥐고 원고에게는 생활에 필요한 만큼의 돈만 지급하였다. 또한 피고는 의처증 증세가 있어서 원고의 바깥출입은 물론 친정 식구들과의 만남조차 엄격히 통제하였으며, 1992년 3월경 원고가 마음의 안식을 얻고자 천주교 성당에 다녔는데, 피고는 원고가 성당의 신부와 불륜관계에 있는 것이 아닌가 의심하면서 이것조차 하지 못하게 금지하였다. 그럼에도 원고는 통신교리를 이용하여 1993년 3월경 영세를 받았고, 뒤늦게 이 사실을 알게 된 피고는 노발대발하여 같은 해 8월경부터 서로 다른 방을 사용하다가 1994년 8월경 원고에게 대전에 있는 아들(원고와 피고 사이에서 태어난 아들) 집에 가서 살라고 강요하며 원고를 내쫓은 후 생활비를 주지 않았다. 이에 원고는 1995년경 피고의 위와 같은 가부장적인 사고방식과 의처증 증세로 말미암아 혼인이 파탄에 이르게 되었다고 주장하면서 피고를 상대로 서울가정법원에 이혼 및 위자료, 재산분할 청구소송을 제기하였지만, 1996년 2월 29일 선고된 1심판결에서는 그 당시 원·피고 사이에 형성된 갈등은 피고의 권위적인 태도와 구속에 시달린 원고가 이를 벗어나 자유롭게 지내고 싶어하는 반면, 피고는 종전과 다름없는 태도로 이를 제압하려고 하는 과정에서 야기된 일시적인 것일 뿐, 원·피고 사이의 혼인관계는 원·피고의 나이, 혼인기간, 생활양식 등을 고려할 때 파탄상태에까지 이르게 되었다고 보기는 어렵다는 이유로 원고의 청구를 기각하였고, 이에 원고가 항소하여 항소심 계류 중인 1996년 11월 4일 원·피고는 다시 재결합하기로 하되, 피고는 원고가 별거하면서 생활비 등으로 빌려 쓴 금 20,000,000원을 원고 대신 갚아 주는 것으로 재판상 화해가 성립되었다. 피고는 위 화해 조항에 따라 1996년 12월 22일 원고에게 2천만원을 지급하였고, 이에 원고가 같은 달 29일경 피고와 동거하기 위하여 집으로 들어갔지만 오히려 피고가 반성문을 써 오라며 집 밖으로 다시 내쫓았다. 그 후 원·피고는 감정대립을 해소되지 못한 채 계속하여 별거하였다. 한편 피고는, 원고가 재차 이혼 소장을 준비하고 있다는 소식을 듣고 자신이 사망하면 결국 전 재산이 원고와 아들에게 상속되고 더구나 원고의 상속분이 3/5 정도 되는 것을 알고는 그럴 바에는 자신이 번 돈을 사회에 환원시키는 것이 낫다는 생각에서 그 동안 모은 재산 중 피고가 여생을 보내기에 충분한 현금 10억원 정도를 남겨둔 채 나머지 부동산 등 모든 재산을 원고 및 아들과 상의 없이 1997년 5월 19일 A대학교에 장학기금으로 기부하였다. 이에 원고는 1997년 5월 20일 위 각 부동산에 관하여 처분금지가처분신청을 하여 같은 달 21일자로 등기부에 가처분결정이 등재되었다. 한편 이 사건 부동산 중 3, 4, 8번 부동산을 제외한 나머지에 대하여 1997년 7월 2일 또는 7월 7일자로 A학교법인 명의로 증여를 원인으로 한 소유권이전등기가 경료되었고, 위 3, 4, 8번 부동산에 대하여는 1997년 11월 28일자로 A대학교의 교직원인 을 명의로 증여를 원인으로 한 소유권이전등기가 경료되었다.

원고는 피고를 상대로 이혼청구를 하면서 위자료와 재산분할을 청구하였다.

ⓛ 제1심(서울가정법원 1998. 9. 10. 선고 97드48672 판결)

제1심은 원고의 이혼청구를 기각하였는데, 그 이유는 다음과 같다: 원・피고는 이미 40여 년간을 부부로서 생활해 왔고 피고는 이미 나이가 90살이 넘었으며, 원고도 나이가 70살이 넘었다는 점, 특히 피고가 원고와의 이혼을 원하지 않고 있을 뿐만 아니라 장학기금으로 기부한 재산을 제외하고서도 원・피고의 여생을 위하여 충분하다고 보여지는 정도의 재산을 남겨두고 있는 점 등에 비추어 원・피고 사이의 혼인관계가 피고에게 책임있는 사유로 파탄에 이르렀다거나 원・피고가 혼인을 계속하기 어려운 중대한 사유가 있다고 할 수 없다.

ⓒ 원심(서울고법 1999. 8. 25. 선고 98르3832 판결)

원심은 원고와 피고의 혼인관계가 피고의 주된 책임으로 파탄되었음을 인정하고 원고의 이혼청구를 인용하였다. 원심판결의 주요 내용은 다음과 같다: 인정사실에 의하면, 원・피고의 혼인관계는 이를 계속할 수 없을 정도로 파탄되었다 할 것인 바, 위 혼인관계가 파탄된 데 대하여는 40여 년간 부부로서 생활해 오다가 인생의 황혼기에 접어들어 더 이상 참지 못하고 이 사건 이혼소송을 제기한 원고 측에도 약간의 책임이 없다고는 보기 어렵지만, 보다 더 큰 책임은 평생을 봉건적이고 권위적인 방식으로 가정을 이끌어 온 피고가 1996년경 이미 한차례의 이혼소동이 있었음에도 부부 사이의 문제를 대화와 설득으로 슬기롭게 해결하지 아니한 채 계속하여 억압적으로 원고에게 자신의 생활방식을 강요하고, 원고를 집 밖으로 내몬 이후 생활비도 지급하지 아니한 채 그 갈등을 확대・증폭시키며, 더구나 처인 원고와 자식과의 의논 절차도 없이 일방적으로 상당한 재산을 장학기금으로 기부(<u>더구나 피고가 기부한 재산이 피고만의 고유재산이라고 보기 어렵고, 설사 피고의 고유재산이라 하더라도 그 취득, 유지, 보존에 원고의 기여도도 뒤에서 보는 바와 같이 상당 부분 있음</u>[19])한 피고에게 있다 할 것이다.

나아가 이와 같이 원・피고 사이의 혼인관계가 파탄에 이르게 됨으로써 원고가 심한 정신적 고통을 받았을 것임은 경험칙상 명백하므로, 피고는 원고에게 혼인생활의 파탄으로 인한 위자료를 지급할 의무가 있다 할 것인 바, 쌍방의 나이,

19) 밑줄은 필자가 임의로 친 것임. 이하의 밑줄도 동일함.

직업, 재산정도, 신분관계, 혼인생활의 과정과 그 파탄경위, 혼인생활의 계속기간 등 이 사건 변론에 나타난 제반사정을 참작하면 그 액수는 금 50,000,000원으로 정함이 상당하다.

원심은 이어서 재산분할에 관하여 다음과 같이 판단하였다: 피고 명의의 각 부동산은 원래 원·피고가 혼인한 이후 원·피고의 공동 노력에 의해 취득한 재산으로서 재산분할의 대상이 된다. 한편 이 사건 부동산에 A학교법인 등의 명의로 소유권이전등기가 경료되어 있지만, 이는 이미 원고가 마쳐 둔 처분금지가처분등기에 의해 원고에 대한 관계에서는 그 소유권이전등기의 효력을 주장할 수 없는 것이어서 이 사건 부동산을 재산분할의 대상으로 보는 데는 아무런 지장이 없다. 나아가 원고가 그 소지하고 있는 10억원 역시 위와 같은 이유로 재산분할의 대상이 된다. 위 재산 중 현금 재산은 그 자체를 직접 분할함이 적절하고, 나머지 부동산 재산은 이를 금전으로 청산하는 것은 불합리하여 이를 원고에게 그 기여분에 상당하는 지분을 이전하는 방식으로 처리함이 적당하다. 피고가 현재 보유하고 있는 순자산액은 현금 10억원 및 이 사건 부동산이 되는데, 원고의 기여도는 위 순자산액의 약 1/3 정도로 보는 것이 적절하고, 이에 따라 위 재산을 분할하면 위 현금 재산 중 금 3억원과 이 사건 부동산 중 1/3지분을 원고에게 귀속시키는 것이 상당하다.

㉣ 대법원(대법원 2000. 9. 5. 선고 99므1886 판결)

대법원은 원심의 태도를 유지하여 원고와 피고의 혼인관계는 피고의 주된 책임으로 파탄되었음을 인정하고 피고의 상고를 기각하였다.

③ 위 사건에서 아내는 남편이 대학에 증여한 부동산에 대해서도 재산분할을 청구하였고, 법원은 아내의 손을 들어주었다. 그 이유는 남편이 대학에 증여한 부동산이 비록 명의는 남편의 것으로 되어있지만, 실질적으로는 부부의 공동(공유)재산이라고 보았기 때문이다. 따라서 남편이 자신의 명의로 되어 있는 부동산을 일방적으로 대학에 증여하는 행위는 실질적인 아내의 공유지분까지 증여하는 것이 되어 아내의 재산권을 침해하는 결과가 된다(2007년 12월 21일에 신설된 민법 제839조의3(재산분할청구권 보전을 위한 사해행위취소권)에 따르면 아내는 위와 같은 경우 사해행위취소의 소를 제기할 수도 있을 것이다). 이 경우에 남편이 생전 증여가 아니라 유언(유증)에 의해서 대학에 부동산을 기부했다고 해도 달라질 것은 없다. 남편은 그 부동산에 포함되어 있는 아내의 실질적인 공유지분까지도 유증한 것이 되어, 아내는 유증의 목적물인 부동산을 재산분할의 대상으로 삼을 수 있을 것이다. 이상에서 본 바와 같이 우리 법규정과 판례에 비추어 볼 때 혼인해소 시의 재산분할청구권과 피상속인의 유언(유증) 중에서는 전자가 우선한다고

볼 수밖에 없다. 이러한 법리는 선취분의 경우에도 그대로 적용되어야 한다. 선취분은 혼인 중에 부부가 공동으로 형성한 실질적인 공동(공유)재산에 대한 생존 배우자의 잠재적인 공유지분으로서 본질에 있어서 이혼 시 재산분할청구권과 다르지 않기 때문이다. 이렇게 볼 때 선취분이 피상속인의 재산권 또는 유언의 자유를 침해한다는 주장은 우리 법체계와 법리에 대한 오해에서 비롯된 것임을 알 수 있다.

2) "상속재산의 형성에 대해서 생존 배우자가 기여한 바가 있다면 현행법상 기여분 규정에 의해서 인정받을 수 있으므로, 이와 별도로 선취분과 같은 규정을 둘 필요가 없다"는 비판에 대한 검토

이러한 비판은 현행법상 기여분 규정(민법 제1008조의2)에 대한 오해에서 비롯된 것이라고 볼 수밖에 없다. 제1008조의2(기여분) 규정에 의하면 "공동상속인 중에 상당한 기간 동거 · 간호 그 밖의 방법으로 피상속인을 특별히 부양하거나 피상속인의 재산의 유지 또는 증가에 특별히 기여한 자"에 대해서 기여분이 인정된다. 즉, 기여분 권리자로 인정되려면 피상속인을 "특별히 부양"하거나 "피상속인의 재산의 유지 또는 증가에 특별히 기여"해야만 한다. 아내가 가사와 육아에 종사하면서 배우자로서의 일반적인 의무, 즉 제826조에 따른 동거 · 부양 · 협조의 의무를 이행하였다면 이는 특별한 부양 또는 특별한 기여로서 인정될 수 있을 것인가? 제1008조의2(기여분) 규정이 이러한 배우자로서의 통상적인 기여를 염두에 두고 제정되지 않았다는 사실은 "특별히"라는 용어를 반복해서 사용하고 있는 점만 보더라도 쉽게 알 수 있다. 따라서 제1008조의2(기여분) 규정의 입법취지와 문언에 비추어 볼 때 부부간의 통상적인 의무를 이행했다는 사실만으로는 기여분의 요건을 충족시키지 어렵다고 보아야 한다.[20] 이에 반해서 선취분은 배우자에게 일반적으로 요구되는 동거 · 부양 · 협조의 의무를 성실하게 이행하였다는 사실만으로도 인정될 수 있다. 따라서 생존 배우자가 전업주부로서 가사와 육아에 종사했던 경우에도 당연히 인정될 수 있다(이는 이혼 시 재산분할에 있어서 가사노동의 가치가 인정되는 것과 같다). 이와 같이 기여분과 선취분은 입법취지도 다를 뿐 아니라, 인정 요건에 있어서도 큰 차이가 있다. 실제에 있어서 배우자는 혼인기간 동안 제826조에 따른 일반적인 동거 · 부양 · 협조의 의무를 이행하는 경우가 대부분이고, 제1008조의2가 규정하는 특별한 기여의 요건을 충족시키는 경우는 많지 않다. 따라서 기여분 제도를 이용하여 생존 배우자의 상속분을 실제

20) 배우자의 기여분을 인정한 하급심 심판문에는 "청구인은 배우자 사이에 통상 기대되는 수준 이상으로 피상속인을 특별히 부양하였다"라고 명시되어 있는 경우가 많다. 이선미, 하급심 심판례 분석을 통해 본 배우자의 기여분 제도 운영 실태, 가정법원 50주년 기념 논문집(2013), 500면.

로 증가시키는 효과를 거둘 수 있다는 주장은 현실성이 결여되어 있어서 찬성할 수 없다.

3) "상속재산의 절반을 선취분으로 인정하는 경우 배우자의 상속분이 과도하게 커지는 결과가 되고, 이는 결국 자녀에게 기업을 상속시키는 데 방해가 된다"는 비판에 대한 검토

이 주장은 선취분에 대한 오해에서 비롯된 것이다. 선취분은 상속재산의 1/2로 고정되어 있는 것이 아니라 구체적인 사정(피상속인과 배우자의 혼인기간, 별거한 기간 및 사유, 자녀의 연령, 재산형성의 경위, 배우자의 생활보장, 그 밖의 사정)을 고려하여 감액이 가능하게 되어 있다. 따라서 피상속인이 사업을 하여 혼인기간 중에 거액의 재산이 증가한 경우나 상속(또는 증여)에 의해서 재산이 증가한 경우 등에는 선취분을 절반으로 인정하는 것이 재산형성에 대한 배우자의 기여도에 비추어 과다할 수 있으므로, 선취분의 감액사유가 될 수 있다. 또한 선취분을 도입하려는 중요한 이유 중의 하나는 피상속인의 사망 이후 생존 배우자의 생활안정을 도모하려는 데 있으므로, 법정상속분만으로도 이미 이러한 목적을 달성할 수 있는 경우에는 별도로 선취분을 인정할 필요가 없다. 예를 들어, 상속재산이 450억이고 자녀가 셋이 있어서 현행법에 의하더라도 배우자의 상속분이 150억에 이른다면 선취분은 별도로 인정될 필요가 없을 것이다. 이른바 '기업상속'에 있어서는 상속재산의 가액이 대규모에 이를 것으로 생각되는데, 이런 경우에는 현행법에 의하더라도 배우자의 법정상속분이 상당한 액수에 달할 것이므로, 선취분 제도의 입법취지에 비추어 볼 때 법정상속분 이외에 별도의 선취분이 인정될 여지가 없을 것으로 예상된다(물론 생존 배우자가 상속재산의 형성이나 유지에 특별한 기여를 하였다면 별도로 기여분을 주장할 수 있을 것이다).

4) "선취분이 도입되면 상속재산분할 과정에서 공동상속인 사이에 분쟁이 발생할 가능성이 높아질 것"이라는 비판에 대한 검토

사법연감 통계에 따르면 우리 사회에서 상속재산분할청구 사건은 점차 증가하는 추세를 보이고 있다(2009년: 385건, 2010년: 435건, 2011년: 527건, 2012년: 594건, 2013년: 606건). 그런데 우리 사회에서 매년 발생하는 상속개시 건수에 비추어 보면(2009년부터 2013년까지 매년 상속개시 건수는 약 25만여건에 이른다[21]), 상속재산분할청구 사건은 상대적으로 적은 편이라고 말할 수도 있다. 선취분 제도가 도입되었을 때 상속재산분할청구 사건의 수가 얼마나 증가할 것인가를 예상

---

21) 이 중 피상속인의 연령이 50세 이상인 경우가 약 90%(약 22만여건)에 이른다. 통계청(kosis.nso.go.kr), 2014년 출생・사망통계결과(출생・사망통계 잠정집계), Ⅵ. 참고통계표, 7. 성・연령별 사망자수.

하기는 어렵다. 상속분쟁이 급증할 것이라고 주장하는 사람들도 이에 대해 구체적인 근거를 제시하지 못하고, 단지 막연한 추측에 기대어 말하고 있을 뿐이다.

그런데 사망으로 혼인이 해소되는 경우에도 이혼 시와 같이 부부재산관계를 청산할 수 있는 제도를 도입한 나라들의 경험에 비추어 보면, 선취분 제도를 도입한다고 해서 상속분쟁이 급증할 것이라는 주장은 설득력이 떨어지는 것으로 보인다. 예를 들어, 대만은 1985년에 법을 개정하여 사망으로 혼인이 해소되는 경우에도 이혼 시와 마찬가지로 부부재산관계를 청산할 수 있는 제도를 도입하였으나(대만민법 제1030조의1), 그 후 이와 관련한 상속분쟁은 거의 없었다고 한다.[22)] 그 외에 이와 유사한 제도를 가지고 있는 유럽의 여러 나라[23)]에서도 상속분쟁이 급증하여 법원이 감당할 수 없을 정도라는 비판은 들리지 않는다.[24)]

상속분쟁은 공동상속인 내부에 잠재해 있는 재산에 대한 갈등이 상속을 계기로 해서 표출되는 것이므로, 상속제도의 변화에 직접적인 영향을 받는다고 보기는 어렵다(이것은 마치 이혼법의 변화에 의해서 직접 이혼율이 영향을 받지 않는 것과 유사하다. 외국에서 파탄주의 이혼법이 본격적으로 도입된 이후에 이혼율이 급격이 상승했다는 증거는 없다[25)]). 부부재산관계의 청산을 생략하고, 법정상속분에 따라서 상속이 이루어지는 현재의 법상태에서도 당사자들 사이에 상속재산분할협의가 되

22) 黃詩淳, 대만의 고령화 사회와 가족법의 변화, 가족법연구 제29권 1호(2015년), 54-55면 참조. “1985년 제도 시행 이래 지금까지 배우자의 사망 시 부부재산의 청산에 대하여 다툰 민사사건(즉 가족간의 분쟁)은 최고법원의 수준에서 1개의 판결(2012년도 臺上字 제941호)밖에 없다. 또한 고등법원 수준의 관련 판결은 지난 30년간 6건밖에 없었다. 따라서 사망 시 부부재산의 청산은 가족 간의 분쟁을 늘리는 일은 없다고 할 수 있다.”

23) 스위스(스위스민법 제215조. Hausheer/Aebi-Müller, Familienerbrecht und Testierfreiheit in Schweden und anderen skandinavischen Ländern, in: Henrich/Schwab(Hrsg.), Familienerbrecht und Testierfreiheit im europäischen Vergleich(2001), S. 216), 스웨덴(스웨덴혼인법 제11장. Boström, Familienerbrecht und Testierfreiheit in Schweden und anderen skandinavischen Ländern, in: Henrich/Schwab(Hrsg.), Familienerbrecht und Testierfreiheit im europäischen Vergleich(2001), S. 251f.), 그리스(그리스민법 제1397조, 1400조-1402조. Androulidakis-Dimitriadis, Familienerbrecht und Testierfreiheit im griechischen Recht, in: Henrich/Schwab(Hrsg.), Familienerbrecht und Testierfreiheit im europäischen Vergleich(2001), S. 118f.), 스페인(스페인민법 제1344조 이하. Bergmann/Ferid, Internationales Ehe-und Kindschaftsrecht, unter: Spainien, S. 71), 덴마크(혼인의 효력에 관한 법률 제16조, Bergmann/Ferid, Internationales Ehe-und Kindschaftsrecht, unter: Dänemark, S. 65), 프랑스(프랑스민법 제1441조 이하. Ferrand, Familiene-rbrecht und Testierfreiheit: Das französische Recht, in: Henrich/Schwab(Hrsg.), Familienerbrecht und Testierfreiheit im europäischen Vergleich(2001), S. 99f.), 핀란드(핀란드혼인법 제35조. Bergmann/Ferid, Internationales Ehe-und Kindschaftsrecht, unter: Finnland, S. 28f), 노르웨이(노르웨이혼인법 제58조. Bergmann/Ferid, Internationales Ehe-und Kindschaftsrecht, unter: Norwegen S. 46) 등.

24) Henrich, Familienerbrecht und Testierfreiheit im europäischen Vergleich, in: Henrich/Schwab(Hrsg.), Familienerbrecht und Testierfreiheit im europäischen Vergleich(2001), S. 374.

25) 김상용, 이혼율 증가의 사회적 원인에 대한 법사회학적 고찰, 가족법연구 Ⅰ(2002), 35면.

지 않아서 분쟁이 생기는 경우는 끊임없이 발생한다. 요컨대 문제는 상속인들의 태도에 달려 있다고 할 수 있다. 생존배우자와 그 외의 공동상속인들이 상속재산을 분할하는 과정에서 합리적인 태도를 보인다면, 어느 방식에 의하더라도 큰 문제없이 재산을 분할할 수 있을 것으로 생각된다. 예를 들어 생존 배우자가 어머니이고 다른 공동상속인이 자녀인 경우에 정상적인 가족관계가 유지되고 있다면, 상속재산을 분할하는 과정에서 복잡한 문제는 발생하지 않을 것으로 기대된다. 반면에 생존 배우자와 다른 공동상속인 사이에 친자관계가 없는 경우와 같이 상속재산을 둘러싼 다툼이 예상될 수 있는 때에는 현행법에 의해서 상속재산을 분할하는 경우에도 분쟁이 발생할 수 있다. 이렇게 본다면 생존 배우자와 다른 공동상속인간의 분쟁이나 절차의 복잡함을 우려하여 선취분 제도의 도입을 반대한다는 주장은 설득력이 떨어진다고 생각된다.[26)]

Ⅲ 사망으로 인한 혼인해소 시에도 재산분할청구를 인정하는 방안

1. 혼인해소의 사유(이혼 또는 사망)에 따른 불균형의 해소[27)]

1990년 민법개정에 의하여 이혼 시 재산분할제도가 도입되었다(민법 제839조의2). 재산분할제도는 부부가 혼인 중에 취득한 재산을 부부의 실질적인 공동재산(공유재산)으로 본다는 전제에서 출발한다.[28)] 배우자가 소득활동을 하지 않고, 가사와 육아를 담당한 전업주부인 경우에도 상대방 배우자의 재산취득(혹은 유지, 증가)에 기여한 것으로 평가하며, 따라서 상대방 배우자의 재산에 대해서 실질적인(또는 잠재적인) 공유지분을 갖는 것으로 본다.[29)] 그러므로 이혼 시 재산분할은 무상의 증여와는 성질을 달리하며, 원래 부부 각자에게 속해있던 것을 혼인의 해

26) 서울가정법원에서 상속재산분할사건을 담당하고 있는 배인구 부장판사는 선취분 제도를 도입하면 상속관련 분쟁이 증가할 것으로 예상되지만, 그럼에도 불구하고 선취분 제도의 도입에 원칙적으로 찬성한다는 의견을 표명하였다. 배인구, 고령화 사회와 배우자 상속분에 관한 단상, 가족법 연구 제29권 1호(2015), 197면.

27) 이 부분은 김상용, 자녀의 유류분과 배우자 상속분에 관한 입법론적 고찰, 민사법학 특별호(제36호), 우리 민법학은 지금 어디에 서 있는가?(2007), 685면 이하에서 일부 발췌하였음.

28) 대결 1993. 5. 11, 93스6, "재산분할제도는 부부가 혼인중에 취득한 실질적인 공동재산을 청산・분배하는 것을 주된 목적으로 한다"; 헌재결 1997. 10. 30, 96헌바14, "경험칙상 혼인중 형성되는 재산의 상당부분은 부부 쌍방의 협력에 의하여 이루어지는 것이 틀림없음에도 소유명의는 어느 일방에 귀속되어 있는 경우가 많은데, 재산분할제도는 바로 위와 같은 경우 부부의 실질적 공유재산을 청산한다는 데에 그 본질이 있다."

29) 헌재결 1997. 10. 30, 96헌바14: "재산분할의 본질은 실질적인 부부공동재산의 청산에 있으므로 재산분할에 의하여 분할되는 재산은 사실상 재산취득자의 소유에 지나지 아니하고, 재산분할에 의한 자산이전은 공유물의 분할 내지 잠재화되어 있던 지분권의 현재화에 지나지 않는다."

소를 계기로 하여 각자에게 귀속시킨다는 의미를 갖는다.

이혼으로 혼인이 해소될 때 각자의 몫을 각자에게 귀속시킴으로써 부부 사이의 실질적인 공유관계가 청산될 수 있는 것과는 달리, 사망으로 인한 혼인해소의 경우에는 이와 같은 부부재산관계의 청산이 일어나지 않는다. 배우자가 사망하여 혼인이 해소된 경우에는 생존배우자는 직계비속 등의 공동상속인과 더불어 피상속인인 배우자의 재산을 상속할 뿐이며, 배우자의 재산에 대하여 실질적인 공유지분에 따른 분배, 청산을 주장할 수 없다. 이런 경우 상속재산에는 사망한 배우자(피상속인)의 재산뿐만 아니라, 생존 배우자의 실질적인 공유지분도 포함되어 있다고 볼 수 있는데, 경우에 따라서 생존 배우자는 피상속인의 재산에 대하여 자신이 갖는 실질적인 공유지분보다 더 적은 몫을 상속분으로 받을 수도 있다. 예를 들어 혼인기간이 40년인 갑(아내)과 을(남편) 부부가 이혼하는 경우에는 갑이 전업주부라고 해도 대략 50% 정도의 재산분할을 받는 것이 가능한 반면,[30] 을이 사망하여 상속이 개시되는 경우에는 자녀의 수에 따라 갑이 받을 수 있는 재산은 줄어들게 된다. 만약 3명의 자녀가 있다면 갑의 상속분은 3/9(⅓)이 되어 이혼으로 인하여 재산분할을 받는 경우 보다 불리하게 되는 불합리한 결과를 감수해야만 한다. 반면에 자녀들은 배우자 갑의 실질적인 공유지분(5/10－3/9＝3/18. 16.7%. 즉 상속재산 중 약 17%는 갑의 실질적인 공유지분임에도 자녀에게 귀속한다)에 대해서도 상속분을 가지게 되어 실질적으로 갑에게 속한 재산을 상속재산으로 받게 되는 불합리한 결과에 이르게 된다. 이러한 문제를 해소하려면 사망으로 인하여 혼인이 해소되는 경우에도 생전에 이혼으로 혼인이 해소되는 경우와 마찬가지로 부부재산관계의 청산절차를 거치도록 할 필요가 있다. 즉 피상속인이 남긴 재산에서 생존 배우자의 실질적인 공유지분을 먼저 공제하여 생존 배우자에게 귀속시킨 다음에 남은 재산(순 상속재산)을 생존 배우자와 자녀(다른 공동상속인)의 상속분에 따라 나누는 것이다(위의 예에서 을의 재산 중 1/2을 우선 갑에게 귀속시키고 나머지 1/2을 을과 3명의 자녀가 법정상속분에 따라 상속하는 것이다. 이렇게 하는 경우 을이 받는 재산은 4/6(⅔)가 된다(1/2＋1/6(1/2×3/9)).

오늘날 직계비속이 상속재산의 형성에 기여하는 경우가 거의 없다는 사실을 감안해 볼 때, 직계비속이 상속인으로서 받는 상속분은 형식적으로는 물론 실질적으로도 피상속인의 재산이라고 볼 수 있다[31](게다가 생존 배우자의 실질적인 공유지분이 상속재산과 분리되지 않는 결과, 실질적으로는 생존 배우자에게 속하는 재산

30) 배인구, 고령화 사회와 배우자 상속분에 관한 단상, 가족법 연구 제29권 1호(2015), 194면.

31) 배우자와 달리 자녀는 대개의 경우 피상속인인 부 또는 모의 재산에 대해서 실질적인(또는 잠재적인) 공유지분을 가진다고 볼 수 없다. 부모의 재산형성에 대해서 실질적으로 기여한 바가 없기 때문이다.

도 상속재산에 포함되어 직계비속에게 상속될 수 있다). 반면에 생존 배우자는 실질적인 피상속인의 재산으로부터는 거의 상속을 받지 못하고, 자신의 실질적인 공유지분에 상당하는 부분을 상속분으로 받거나(자녀가 1인 경우), 경우에 따라서는 자기의 실질적인 공유지분에도 미치지 못하는 부분을 상속분으로 받게 된다(자녀가 2인 이상인 경우). 배우자가 상속재산의 일부를 구성하는 실질적인 자기의 공유지분을 제외하고 실질적인 피상속인의 재산(순 상속재산)으로부터 상속을 받을 수 있을 때, 비로소 배우자와 다른 공동상속인 사이의 형평이 실현된다고 말할 수 있을 것이다.

부부재산관계의 청산이라는 면에서 볼 때 생전에 이혼으로 혼인이 해소되는 경우와 사망으로 인하여 혼인이 해소되는 경우 사이에 차이가 생기는 것은 합리적인 이유에 의해서 설명되기 어렵다.[32] 부부가 혼인 중에 형성한 재산을 형식적인 소유명의에 관계없이 실질적인 부부의 공동(공유)재산으로 보는 데 동의한다면,[33] 이혼으로 혼인이 해소되는 경우뿐만 아니라 사망으로 인하여 혼인이 해소될 때에도 부부사이의 실질적인 공유관계를 청산하여 원래 각자에게 속한 것을 각자에게 귀속시키는 것이 논리적으로 일관된다고 할 수 있다.

2. 사망으로 인한 혼인해소 시에도 재산분할청구를 인정하는 경우 예상되는 문제점

(1) 분할청구의 상대방과 관련된 문제

1) 공동상속인을 상대로 한 재산분할청구

이혼으로 혼인이 해소되는 경우와 사망으로 인하여 혼인이 해소되는 경우에 부부재산관계의 청산과 관련하여 차이가 나는 점은 분할청구의 상대방이 달라진다는 것이다. 이혼의 경우에는 상대방 배우자에 대하여 분할을 청구하는 데 반하여, 사망으로 인한 혼인해소 시에는 생존 배우자는 일종의 상속채권자로서 다른 공동상속인(생존 배우자를 제외한 공동상속인, 예를 들면 직계비속)에 대하여 분할을 청구하여야 한다. 여기서 생존 배우자와 다른 공동상속인 사이의 분쟁이 우려될 수 있고, 나아가 입증, 분할비율과 관련하여 복잡한 문제가 생길 수 있다는 비판이 제기될 수 있다. 그러나 절차의 복잡함을 우려하여 사망으로 인한 혼인해소 시에 부부재산관계의 청산을 생략해야 한다는 주장은 설득력을 떨어지는 것으로 보인다. 이미 대법원은 사실혼 해소를 원인으로 한 재산분할심판청구 사건에서

32) Strätz, Gesetzliches Erbrecht und Pflichtteilsrecht, FamRZ 1998, 1558.

33) 우리 대법원과 헌법재판소는 일관되게 이러한 태도를 견지하고 있다. 예컨대, 대결 1993. 5. 11, 93스6; 헌재결 1997. 10. 30, 96헌바14.

상대방이 사망한 경우에 그의 상속인(자녀)에 의한 소송수계를 허용한 바 있다(대법원 2009.2.9, 2008스105 결정). 이로써 사망한 배우자의 상속인이 심판의 상대방으로서의 지위를 이어받아 재산분할청구의 상대방이 되었는데, 결과적으로 생존배우자가 사망한 배우자의 상속인을 상대로 재산분할청구를 한 것과 같은 상태가 된 것이다.[34] 만약 이 사건에서 사망한 배우자의 상속인이 재산분할청구의 상대방이 되는 경우에 재산분할의 비율이나 액수를 산정하는 데 어려움이 예상된다는 이유로 소송수계를 허용하지 않았다면, 이는 결국 절차상의 편의를 위하여 생존한 사실혼 배우자의 정당한 권리(재산분할청구권)를 희생시키는 결과가 되었을 것이다. 사망으로 인하여 혼인이 해소된 경우에 절차의 복잡함을 우려하여 부부재산관계의 청산을 생략하자는 주장도 이것과 본질적으로 다르지 않다. 이는 결국 절차상의 편의를 위하여 생존 배우자의 권리(재산분할청구권)를 희생시켜도 무방하다는 논리인 것이다.

이어서 이해를 돕기 위하여 재산분할심판청구 사건에서 상대방이 사망한 경우에 그의 상속인에 의한 소송수계를 허용한 대법원 결정을 소개한다.

2) 대법원 2009.2.9. 자 2008스105 결정

① 사실관계

갑(남)은 1969년 9월 30일 A와 혼인하여 그 사이에서 병, 정을 낳았으나, 1994년 6월 10일 이혼하였다. 그 후 갑은 을과 동거하며 사실혼 부부로 생활하여 왔다. 갑은 2007년 3월 12일 배드민턴을 치다가 갑자기 의식을 잃고 쓰러져 X병원으로 이송되었는데, 2007년 4월 16일 갑의 두 아들 병과 정이 찾아와 갑을 Y병원으로 옮겼다. 그러나 갑은 의식을 회복하지 못하고 2007년 5월 10일 사망하였다. 갑의 사실혼 배우자 을은 병과 정이 갑을 Y병원으로 옮긴 직후인 2007년 4월 18일에 사실혼관계의 해소를 주장하면서 갑을 상대로 서울가정법원에 재산분할심판청구를 하였고, 갑이 2007년 5월 10일 사망하자 2007년 6월 8일 병과 정(갑의 법정상속인)에 의한 소송수계를 허가해 달라는 취지의 소송수계신청을 하였다.

② 원심(서울고등법원 2008. 9. 30. 자 2008브7 결정)

원심은 이에 대하여 다음과 같이 판단하였다: 사실혼관계의 당사자 중 일방인 망인이 갑자기 의식불명 상태에 빠지고 그 의식불명 기간에 다른 일방인 청구인이 사실혼관계를 해소하는 의사표시를 하였으나, 망인이 그러한 의사표시를 수령하지 못한 상태에서 끝내 의식을 회복하지 못한 채 사망한 경우, 그 사실혼관계

34) 서울가정법원, 2010. 7. 13, 2009느합289 심판도 또한 "이혼 확정 후 어느 일방이 사망하였더라도 다른 일방은 사망한 자의 상속인들을 상대로 재산분할을 청구할 수 있다"고 판단한 바 있다.

는 청구인의 의사표시에 의해서 해소된 것이 아니라 망인의 사망으로 종료된 것으로 보아야 할 것이므로, 청구인에게는 재산분할청구권이 인정된다고 할 수 없다. 사실혼관계가 일방 당사자의 사망으로 인하여 종료된 경우 생존한 상대방에게 상속권도 인정되지 아니하고 재산분할청구권도 인정되지 아니하는 것은 사실혼 보호라는 관점에서 문제가 있으나, 이는 사실혼 배우자를 상속인에 포함시키지 않는 우리의 법제에 기인한 것으로서 입법론은 별론으로 하고 해석론으로서는 어쩔 수 없다고 할 것이다.

③ 대법원(대법원 2009.2.9. 자 2008스105 결정)

대법원은 원심과 다른 법리를 전개하고, 이에 기초하여 원심판결을 파기, 환송하였다. 대법원 결정의 내용을 정리해 보면 다음과 같다: 사실혼관계는 당사자의 일방적 의사에 의하여 언제든지 해소될 수 있는 것이며, 상대방이 그 의사표시를 수령할 것을 요건으로 하지 않는다. 따라서 사실혼 부부의 일방(갑)이 의식불명 상태에 있는 경우에도 다른 일방(을)은 사실혼을 일방적 의사에 의하여 파기할 수 있고, 이로써 사실혼은 해소된다고 보아야 한다. 그리고 사실혼의 해소에 의하여 사실혼 부부관계에 있었던 일방(을)은 상대방(갑)에 대하여 재산분할청구권을 가지게 되고, 반면에 상대방(갑)은 재산분할의무를 부담하게 되는데, 이 사건에서는 상대방(갑)이 사망하였으므로, 그의 상속인(병, 정)에게 재산분할의무가 승계된다. 그러므로 재산분할심판청구 이후 상대방인 갑이 사망한 이 사건에서는 그의 상속인(병, 정)에 의한 수계를 허용함이 상당하다.

④ 검토

위의 대법원 결정은 재산분할심판청구 사건에서 심판의 계속 중에 상대방이 사망하자 그의 상속인에 의한 소송수계를 허용하였는데, 이는 실질적으로 생존 배우자가 사망한 배우자의 상속인을 상대로 재산분할청구를 한 것과 같은 결과로 이어졌다. 이러한 결과에 대해서는 생존 배우자와 사망한 배우자의 상속인이 재산분할심판절차에서 대립하는 구도가 형성됨으로써 분쟁이 격화되고 절차가 복잡해진다는 비판이 나올 수 있을 것이다. 그러나 이러한 비판은 생존 배우자의 정당한 권리(재산분할청구권)를 외면한 채 절차적 편의만을 중요시한다는 점에서 본말이 전도된 것이라고 하지 않을 수 없다.

(2) 상속의 승인, 포기와 관련된 문제점

상속이 개시되면 상속인은 상속개시 있음을 안 날로부터 3개월 내에 상속재산의 상태(채무초과인가의 여부 등)를 조사한 후 승인(한정승인, 단순승인) 또는 포기의 의사표시를 하게 된다. 그런데 상속이 개시되었을 때 위에서 본 바와 같이 우선 재산분할절차를 거칠 수 있게 하면 상속재산 중에서 생존 배우자의 실질적인 공유지분을 공제한 후 남은 상속재산이 얼마가 되는가를 조사하여 승인 또는 포기를 해야 할 것이다. 생존 배우자의 실질적인 공유지분을 공제하면 상속재산이 채무초과인 상태가 되는 경우도 예상할 수 있으므로, 이를 정확하게 예측하지 못하고 단순승인을 하게 되면 상속인이 피해를 보는 사태가 발생할 수도 있다. 그러나 이와 같은 위험이 있은 경우에는 상속인은 한정승인(또는 특별한정승인)을 함으로써 보호를 받을 수 있을 것으로 생각된다.

(3) 상속채권자와의 관계에서 발생할 수 있는 문제점

사망으로 인하여 혼인이 해소된 경우에도 재산분할청구를 할 수 있는 제도가 도입되어 혼인 중에 취득한 재산의 일부(배우자의 실질적인 공유지분)를 생존 배우자에게 우선적으로 귀속시킬 경우, 피상속인의 일반 채권자에 대한 공동담보가 감소되는 결과가 되어 상속채권자에게 피해를 줄 수 있다는 비판이 제기될 수 있다. 그러나 이에 대해서는 다음과 같은 반론이 가능하다. 현재와 같이 상속재산 중에서 생존 배우자의 실질적인 공유지분을 공제하는 절차를 거치지 않는 경우에는 상속채권자가 실질적으로는 생존 배우자에게 속한 재산으로부터도 변제를 받게 되어 부당하다. 또한 생존 배우자의 입장에서는 상속재산 중에서 자신의 실질적인 공유지분을 취득하지 못하게 되어 이혼의 경우와 비교해 볼 때 균형이 맞지 않는다.

또한 판례의 태도에 비추어 보아도 사망으로 인한 혼인해소 시에 피상속인이 남긴 재산 중에서 배우자의 실질적인 공유지분을 생존 배우자에게 우선적으로 귀속시키는 것은 상속채권자에 대해서 사해행위가 된다고 볼 수 없다. 협의이혼을 하면서 채무초과 상태인 부부의 일방이 다른 일방에게 재산분할의 명목으로 재산을 양도한 경우에도 재산분할로서 상당한 범위(즉 상대방 배우자의 실질적인 공유지분에 상당하는 범위)를 초과하지 않는 한 채권자에 대한 관계에서 사해행위가 되지 않는다고 보는 것이 판례의 태도인데,[35] 이러한 법리는 사망으로 인한 혼인

35) 대법원 2000. 9. 29, 2000다25569 판결: "이혼에 따른 재산분할은 혼인 중 쌍방의 협력으로 형성된 공동재산의 청산이라는 성격에 상대방에 대한 부양적 성격이 가미된 제도임에 비추어, 이미 채무초과 상태에 있는 채무자가 이혼을 하면서 배우자에게 재산분할로 일정한 재산을 양도함으로써 결과적으로 일반 채권자에 대한 공동담보를 감소시키는 결과로 되어도, 그 재산분할이 민법 제839조의2 제2항의 규정 취지에 따른 상당한 정도를 벗어나는 과대한 것이라고 인정할 만한 특별한 사정이 없는 한, 사해행위로서 취소되어야 할 것은 아니다. 다만 상당한 정도를 벗어나는 초과부분에 대하여는 적법한 재산분할이라고 할 수 없기 때문에 이는 사해행위에 해당하여 취소의 대상으로 될 수 있을 것이나, 이 경우에도 취소되는 범위는 그 상당한 정도를 초과하는 부분에 한정하여야 하고, 위와 같이 상당한 정도를 벗어나는 과대한 재산분할이라고 볼 만한 특별한 사정이 있다는 점에 관한 입증책임은 채권자에게 있다고 보아야 할 것이다."

해소 시의 재산분할에 대해서도 동일하게 적용되어야 할 것이기 때문이다. 사망으로 인하여 혼인이 해소된 경우에 생존 배우자가 재산분할청구를 하게 된다면, 일반 상속채권자의 입장에서는 공동담보가 감소되는 결과로 되어 피해를 입는다고 생각할 수 있지만, 생존 배우자가 재산분할로서 취득한 재산은 본래 배우자에게 속한 실질적인 공유지분을 이전받은 것에 지나지 않으므로 사해행위가 되지 않는다.

Ⅳ 대안의 제시

위(Ⅲ.)에서 서술한 내용을 바탕으로 하여 개정시안을 제시해 보면 다음과 같다.

第833조의2(혼인해소 시의 재산분할) ① 혼인이 해소되는 경우에 부부의 일방은 다른 일방에 대하여 재산분할을 청구할 수 있다.

② 사망으로 혼인이 해소되는 경우에는 생존 배우자는 공동상속인 또는 포괄적 수증자에 대하여 재산분할을 청구할 수 있다.

③ 제1항 및 제2항의 재산분할에 대하여 협의가 되지 않거나 협의할 수 없는 때에는 가정법원은 당사자의 청구에 의하여 부부 쌍방의 협력으로 이룩한 재산의 액수 기타 사정을 참작하여 분할의 액수와 방법을 정한다.

④ 제1항 및 제2항의 재산분할청구권은 혼인이 해소된 날부터 2년이 경과한 때에는 소멸한다.

해설

부부가 혼인 중에 공동의 노력으로 형성한 재산은 부부의 실질적인 공동재산이라는 전제하에 이혼으로 혼인이 해소되는 경우뿐 아니라 사망으로 인하여 혼인이 해소되는 경우에도 재산분할청구를 인정함으로써 두 경우의 불균형을 해소하려는 취지의 규정이다.

배우자 일방의 사망으로 인하여 혼인이 해소된 경우에는 생존 배우자는 다른 공동상속인 또는 포괄적 수증자를 상대로 재산분할청구를 할 수 있다. 만약 사망한 배우자가 특정적 유증을 하여 생존 배우자의 재산분할청구권을 침해하였다면 (예를 들어 상속재산의 대부분을 차지하는 아파트를 유증한 경우), 생존 배우자는 개정시안 제833조의4 규정에 따라 사해행위취소권을 행사할 수 있을 것이다.

우리 판례는 이혼 시 재산분할에 의해서 일반 채권자에 대한 공동담보가 감소되는 결과로 되어도 재산분할청구 제도의 취지에 비추어 상당한 범위를 초과하지 않는 한 사해행위가 되지 않는다는 입장을 취하고 있는데, 이는 재산분할청구권이 일반채권과 같은 수준에서 보호되는 권리라는 의미로 해석된다. 이러한 법리는 사망으로 인한 혼인해소 시의 재산분할청구권에 대해서도 동일하게 적용되어야 할 것이다. 따라서 사망으로 인한 혼인해소 시에 사망한 배우자의 재산이 채무초과 상태에 있다고 해도 생존 배우자는 재산분할청구를 할 수 있다(이 점에서 선취분과 차이가 있다. 선취분과 상속채권의 관계에서는 상속채권이 우선하는 것으로 되어 있기 때문이다).

한편 우리법체계상 일반 채권자가 유증을 받은 자에 비하여 우선적으로 보호된다는 점에 비추어 보면(민법 제1034조 제1항, 제1036조),[36] 사망으로 인한 혼인해소 시의 재산분할청구권과 유증받은 자의 권리 중에서는 재산분할청구권이 우선한다고 보는 것이 타당할 것으로 보인다(재산분할은 재산형성의 기여에 따른 실질적인 공유지분의 이전이라는 성질을 가지는 반면 유증은 무상으로 타인의 재산을 수여받는다는 성질을 갖는 것이므로, 양자의 법적 성질에 비추어 보아도 배우자의 재산분할청구권이 유증받은 자의 권리보다 우선하는 것이 타당하다).

사망으로 인하여 혼인이 해소된 경우에는 생존 배우자만이 재산분할청구를 할 수 있으며, 다른 공동상속인에게는 재산분할청구권이 인정되지 않는다. 예를 들어, 부부 A와 B 중 A가 사망하였는데, 이혼으로 혼인이 해소된 경우라면 A가 B에 대하여 재산분할청구를 할 수 있었던 경우라고 해도(반면에 B는 혼인 중에 자기의 명의로 이미 많은 재산을 취득하여 보유하고 있어서 이혼으로 혼인이 해소되었더라도 A에 대하여 재산분할청구를 할 여지가 없는 경우), A의 다른 공동상속인은 B를 상대로 하여 재산분할청구를 할 수 없다(다만 이 경우에는 B도 다른 공동상속인을 상대로 재산분할청구를 할 수 없을 뿐이다). 재산분할에 있어서 엄격하게 형평성을 실현하겠다는 의지를 관철시키고자 한다면, 이 경우에 다른 공동상속인이 B에 대해서 재산분할청구를 할 수 있도록 규정하는 것도 가능하다.[37] 그러나 이 문제는

---

36) 한정승인을 한 후 청산절차에서 일반채권자에게 우선 변제하고 남은 상속재산이 있는 경우에 한하여 유증받은 자에게 변제한다는 취지의 규정이다. 자세한 내용은 김주수 · 김상용, 친족 · 상속법(제11판), 707면 이하 참조.

37) 이러한 입법례로는 스위스민법을 들 수 있다. 스위스민법에 의하면 부부재산관계의 청산과 관련하여 배우자의 사망으로 인하여 혼인이 해소되는 경우와 이혼으로 혼인이 해소되는 경우 사이에 아무런 차이가 없다. 따라서 생존배우자가 혼인 중에 취득한 재산의 가액이 피상속인이 혼인 중에 취득한 재산가액보다 큰 경우에는 생존배우자가 그 차액의 1/2을 우선 피상속인의 재산에 더해야 하며, 이렇게 하여 합산된 재산이 상속재산이 된다. 즉 이런 경우에는 상속인이 생존배우자에 대하여 부부재산관계의 청산에 관한 청구권을 갖는다. "부부의 일방 또는 그 상속인은 다른 일방이 혼인 중에 취득한 재산의 절반에 대하여 분할청구권을 갖는다"는 스위스민법 제215조 제1항 규정은 생존배우자가

정책적 판단에 맡기는 것이 바람직하다고 본다.

생존 배우자가 상속을 포기한 경우에도 재산분할청구를 하는 데는 지장이 없다(이 점에서 선취분과 다르다. 상속을 포기한 배우자는 선취분 청구도 할 수 없게 되어 있기 때문이다). 사망으로 인한 혼인해소 시의 재산분할은 사망한 배우자가 남긴 재산 중에서 생존 배우자의 실질적인 공유지분을 이전하는 성질을 가지는 것으로서 본질 면에서 상속과는 구별되는 제도이기 때문이다. 따라서 상속재산 중 소극재산(채무)이 적극재산을 초과하는 경우에도 생존 배우자는 재산분할청구제도의 취지에 비추어 상당한 범위를 초과하지 않는 범위 내에서 재산분할청구를 할 수 있다.[38]

재산분할의 결과 생존 배우자가 사망한 배우자의 재산으로부터 받는 재산의 비율이 높아진다고 해도 상속채무에 대한 분담율이 증가하는 것은 아니다. 생존 배우자는 다른 공동상속인과 더불어 각자의 법정상속분에 따라 채무를 승계할 뿐이다(재산분할의 결과로 받은 재산은 상속분과 관계가 없기 때문이다).

사망으로 인한 혼인해소 시 재산분할로 취득한 재산에 대해서 증여세나 상속세를 부과할 수 없는 것은 이혼 시 재산분할의 경우와 다르지 않다. 재산분할은 실질적인 공유지분의 이전이라는 성질을 가지는 것으로서 무상의 재산 수여와는 본질적으로 다르기 때문이다.

제833조의3(재산분할청구권 보전을 위한 사해행위취소권) ① 부부의 일방이 다른 일방의 재산분할청구권 행사를 해함을 알면서도 재산권을 목적으로 하는 법률행위를 한 때에는 다른 일방은 제406조 제1항을 준용하여 그 취소 및 원상회복을 가정법원에 청구할 수 있다.

② 사망으로 혼인이 해소된 경우에 공동상속인이 생존 배우자의 재산분할청구권 행사를 해함을 알면서도 재산권을 목적으로 하는 법률행위를 한 때에도 제

혼인 중에 취득한 재산가액이 피상속인의 그것보다 더 큰 경우를 고려한 것이라고 볼 수 있다. Henrich, Familienerbrecht und Testierfreiheit im europäischen Vergleich, in: Henrich/ Schwab (Herg.), Familienerbrecht und Testierfreiheit im europäischen Vergleich(2001), S. 375; 반면에 스웨덴에서는 배우자의 사망으로 인하여 혼인이 해소되는 경우에 생존배우자는 일방적인 의사표시에 의하여 부부재산관계의 청산을 거절할 수 있다(스웨덴혼인법 제12장 제2조). 이런 경우 생존배우자는 피상속인의 재산에 대하여 분할청구권을 갖지 않는다. 또한 상속인(예컨대 피상속인의 직계비속)도 생존배우자를 상대로 하여 분할청구권을 행사할 수 없다. Boström, Familienerbrecht und Testierfreiheit in Schweden und anderen skandinavischen Ländern, in: Henrich/Schwab(Herg.), Familienerbrecht und Testierfreiheit im europäischen Vergleich(2001), S. 252; 또한 그리스에서도 사망으로 혼인이 해소된 경우에 생존 배우자는 부부재산관계의 청산을 청구할 수 있는 권리가 있으나, 사망한 배우자의 상속인에게는 이러한 권리가 인정되지 않는다(그리스민법 제1401조. Androulidakis-Dimitriadis, Familienerbrecht und Testierfreiheit im griechischen Recht, in: Henrich/Schwab(Herg.), Familienerbrecht und Testierfreiheit im europäischen Vergleich(2001), S. 119).

38) 대법원 2013. 6. 30, 2010므4071, 2010므4088 전원합의체 판결 참조.

1항과 같다.

③ 제1항 및 제2항의 소는 제406조 제2항의 기간 내에 제기하여야 한다.

제833조의4(사실혼관계에 대한 준용) 제833조의2 규정 및 제833조의3 규정은 사실혼관계에 있는 부부에 대해서 준용한다.

해설

우리 판례에 따르면 사실혼관계가 부부 일방의 사망으로 해소된 경우에는 생존 배우자는 재산분할청구권을 갖지 못한다(대법원 2006. 3. 24, 2005두15595 판결). 법률혼에 있어서도 부부 일방의 사망으로 혼인이 해소된 경우에 생존 배우자는 재산분할청구권을 갖지 못하고, 단지 상속권만을 가질 수 있을 뿐인데, 사망으로 인한 사실혼 해소의 경우에 생존 배우자에게 재산분할청구권을 인정한다면, 이는 법률혼의 배우자 보다 사실혼의 배우자를 더욱 강하게 보호하는 결과가 되어 부당하다는 것이 그 이유이다.

반면에 사실혼 부부의 일방(갑)이 의식불명에 빠진 상태에서 다른 일방(을)이 사실혼 해소를 주장하며 재산분할심판청구를 한 이후, 의식불명 상태에 있던 사실혼 부부의 일방(갑)이 사망한 경우에는 재산분할이 허용된다(대법원 2009. 2. 9, 2008스105 결정). 이 경우에는 사실혼관계가 일방의 사망으로 인하여 해소된 것이 아니라 사실혼을 해소시키겠다는 의사에 따라 해소되었기 때문이다. 따라서 생전의 사실혼 해소로 인하여 사실혼관계에 있었던 일방(을)은 상대방(갑)에 대하여 재산분할청구권을 가지게 된다(이 사건에서는 재산분할청구심판 이후 상대방(갑)이 사망하였으므로, 그의 상속인(병, 정)에게 재산분할의무가 승계되었다. 대법원은 갑의 상속인(병, 정)에 의한 소송수계를 허용하였다).

위에서 본 2009년의 대법원 결정과 2006년의 대법원 판결을 비교해 볼 때, 사실혼의 해소와 관련하여 현재 대법원이 취하는 법리는, 결코 의도한 것은 아니라고 할지라도, 결과적으로는 사실혼 배우자의 생명이 위독한 상황에서 다른 일방 배우자에게 사실혼을 해소하고 재산분할심판청구를 하도록 강요하는 것이 되고 있다. 이러한 법상태는 바람직하다고 볼 수 없으므로, 궁극적으로는 사실혼이 일방의 사망에 의하여 해소된 경우에도 생존 사실혼 배우자를 보호할 수 있는 해결책이 마련되어야 할 것이다.

개정시안 제833조의2에 따르면 부부 일방의 사망으로 인하여 혼인(법률혼)이 해소된 경우에도 생존 배우자는 다른 공동상속인을 상대로 재산분할청구를 할 수 있는데, 이 규정이 사실혼관계에 준용되면 사실혼관계에 있던 생존 배우자도 사망한 배우자의 상속인을 상대로 재산분할청구를 할 수 있게 될 것이다. 이로써 사실혼관계가 생전에 해소된 경우와 일방 배우자의 사망으로 인하여 해소된 경우 사이의 불균형과 모순이 해소될 수 있을 것으로 기대된다.

第839조의2 삭제

第839조의3 삭제

第843조(준용규정) 재판상 이혼에 따른 손해배상책임에 관하여는 第806조를 준용하고, 재판상 이혼에 따른 자녀의 양육책임 등에 관하여는 第837조를 준용하며, 재판상 이혼에 따른 면접교섭권에 관하여는 第837조의2를 준용한다.

V 맺 음 말

1990년 민법개정으로 재산분할청구제도가 도입되면서 부부가 이혼을 하는 경우에는 상대방 배우자에 대하여 재산분할청구를 할 수 있게 되었다. 이혼 시에 재산분할청구가 인정되는 되는 가장 기본적인 이유는 혼인 중에 공동의 노력으로 형성한 재산을 부부의 실질적인 공동재산이라고 보기 때문이다.

부부가 혼인 중에 공동으로 형성한 재산이 부부의 실질적인 공동재산이라면 이혼으로 혼인이 해소되는 경우뿐 아니라 부부 일방의 사망으로 혼인이 해소되는 경우에도 동일한 방법으로 분할(청산)을 인정하는 것이 형평에도 맞고 논리적으로도 일관성이 있다고 생각된다. 그러나 우리민법은 똑같이 혼인이 해소되는 경우라고 해도 그 원인이 이혼이 아니라 부부 일방의 사망인 때에는 재산분할청구를 허용하지 않는다는 태도를 취하고 있다. 부부 일방의 사망으로 혼인이 해소되는 경우에는 이혼 시와 같은 부부공동재산의 분할(청산)절차는 생략되고, 단지 법정상속분에 따라서 재산을 나눌 뿐이다.

결과적으로 우리 민법에서는 이혼의 성립을 전제로 하면 부부가 혼인 중에 공동의 협력으로 형성한 재산은 부부의 실질적인 공동재산으로 인정이 되는 반면, 사망으로 혼인이 해소되는 경우에는 동일한 재산이라고 해도 부부의 공동재산으로 인정받지 못한다는 불균형과 모순이 생긴다. 사망으로 혼인이 해소되는 경우에도 이혼 시와 마찬가지로 부부의 실질적인 공동재산을 분할(청산)할 수 있게 하고, 남은 재산을 법정상속분에 따라서 나눌 때 비로소 이러한 모순이 해소되었다고 말할 수 있을 것이다.

이러한 모순을 해소할 수 있는 대안으로 이 논문에서는 선취분 제도를 도입하는 방안과 사망으로 혼인이 해소되는 경우에도 이혼 시와 같이 재산분할을 거쳐 상속재산을 나누는 방법을 제시하였다. 이 두 가지 대안은 세부적인 면에서는 약간의 차이가 있으나, 사망한 배우자가 남긴 재산 중에서 생존 배우자의 실질적인 공유지분을 공제하고 남은 재산을 상속분에 따라 분배한다는 점에서는 본질적으로 다르지 않다. 이러한 대안 중 어느 하나가 도입된다면 생존 배우자의 실질적인 상속분이 증가하는 효과를 기대할 수 있을 것이다.

한편 사회정책적인 관점에서 보더라도 배우자 상속분을 증가시키는 방향으로 법을 개정하자는 주장은 충분히 공감대를 형성할 수 있을 것으로 보인다. 우리 사회에서 진행되고 있는 변화 중에서 특히 상속과 관련하여 주목되는 두 가지 현상을 꼽는다면 평균수명의 연장과 노부모에 대한 부양의식의 약화를 들 수 있다. 평균수명의 연장은 상속의 개시시기를 늦추는 결과로 이어졌으며, 이제 부모의 사망으로 상속이 개시될 때 자녀들은 이미 30대, 40대에 이른 경우가 대부분이다. 이러한 연령대에 있는 자녀들은 이미 경제적으로 독립된 생활을 하고 있는 경우가 많아서 굳이 상속재산을 받지 않아도 현재의 생활을 유지하는 데 큰 지장이 없다. 반면에 생존 배우자의 입장에서 보면 사망한 배우자가 남긴 재산은 노후 생활의 유지를 위하여 반드시 필요한 기반인 경우가 대부분이다. 게다가 자녀들의 노부모에 대한 부양의식이 급속도로 약화되고 있는 우리 사회의 현실을 고려해 본다면 생존 배우자에게 있어서 상속재산이 갖는 중요성은 더욱 크다고 할 수 있다. 이와 같이 변화하는 사회 현실에서 생존 배우자에게 보다 많은 상속재산이 돌아갈 수 있도록 배려하는 것은 더 이상 외면할 수 없는 우리 시대의 과제가 되었다고 생각한다.

〈중앙법학 제17권 제2호(2015년 6월) 수록〉

2. 변화하는 사회와 상속법
- 자녀의 유류분을 중심으로 -

I 들어가는 말

우리 사회의 변화 중에서 특히 상속법과 관련하여 주목할 만한 현상을 꼽는다면 평균수명의 연장과 노부모에 대한 부양의식의 약화를 들 수 있을 것이다. 2010년 이후 우리 사회의 평균수명이 80세를 넘어서게 되면서 상속이 개시될 때 자녀의 연령이 이미 30대, 40대 이상인 경우가 상당수를 차지하게 되었다. 이러한 연령대에 이른 자녀들은 이미 경제적으로 독립하여 생활하고 있고, 부모에 대하여 부양청구권을 갖지 않는 경우가 대부분이다. 이러한 상황에서 전통적으로 상속제도의 중요한 존재 이유로 설명되어 왔던 피상속인 사망 후 자녀에 대한 부양 기능은 설득력을 잃어가고 있다.

상속법과 관련된 우리 사회의 변화 – 평균수명의 연장 및 노부모에 대한 부양의식의 약화로 표출되고 있는 가족 간의 유대관계의 약화 – 는 자녀의 유류분에 대해서 다시 한 번 생각해 볼 수 있는 계기를 제공하고 있다.

유류분은 피상속인의 유언의 자유를 제한하는 대표적인 제도이지만, 주로 다음과 같은 두 가지 이유에서 정당화되어왔다. 첫째, 피상속인 사망 후 상속재산으로 상속인(특히 미성년자녀)을 부양할 필요가 있다는 점이다. 이를 위하여 피상속인이 생전에 부양해왔던 일정한 범위의 상속인에게는 피상속인의 의사와 관계없이 부양에 필요한 상속재산이 남겨질 수 있도록 제도로 보장되어야 한다. 둘째, 피상속인과 가까운 친족관계에 있던 상속인에게는 일정한 비율의 상속재산이 보장되어야 한다는 것이다. 피상속인과 배우자, 직계비속 등은 생전에 가족공동체에서 친밀한 유대관계를 형성하는 것이 일반적이라고 할 수 있는데, 이러한 관계 자체로부터 유류분이 인정될 수 있다고 한다.

그런데 이와 같은 유류분 제도의 존재 이유에 비추어 보면, 오늘날 자녀의 유류분에 대해서는 몇 가지 의문을 제기할 수 있다. 우선 위에서 본 바와 같이 평균수명의 연장으로 인하여 부모의 사망으로 상속이 개시될 때 자녀는 이미 경제적으로 독립된 생활을 하고 있는 경우가 많아졌는데, 이런 경우에는 피상속인 사후 상속재산으로 자녀를 부양해야 할 필요성은 더 이상 존재하지 않는다. 따라서 피상속인의 사망 후 자녀들의 부양을 위하여 유류분이 인정되어야 한다는 논거는 많은 경우에 있어서 더 이상 타당하지 않게 되었다. 다음으로 현대사회에서 가족 간의 유대관계가 점차 약화되는 현상이 나타나면서, 가족관계 그 자체로부터 유류분 제도의 정당성을 구하는 논거에 대해서도 의문이 제기되고 있다. 자녀에게 유류분이 인정되는 이유가 부모와 자녀 사이의 친자관계(혈연관계)에 상응하는 유대관계가 존재하였음을 전제로 하는 것이라면, 이러한 전제가 충족되지 않는 경우에는 자녀의 유류분을 부정할 수 있는 가능성이 열려 있어야 할 것이다. 그러나 부모와 자녀 사이에 최소한의 유대관계가 존재하지 않았던 경우(부모와 자녀의 관계가 심각하게 파탄된 경우)라고 해도 자녀는 그와 관계없이 유류분을 보장받는 것이 원칙이다(설령 자녀가 오랜 기간 부모를 방임하거나 정신적, 신체적으로 학대해 왔다고 해도, 상속결격 사유에 이르지 않는다면 유류분을 받을 수 있다). 이와 같이 부모와 자녀 사이에 마땅히 존재해야 할 최소한의 유대관계가 있었는가를 고려하지 않고 예외 없이(상속결격의 경우를 제외하면) 자녀에게 유류분을 인정하는 것은 가족 간의 유대관계가 약화되고 있는 우리 사회의 현실과 맞지 않는다는 비판을 받을 수 있다.

아래에서는 자녀의 유류분과 관련된 우리 사회의 변화를 살펴보고, 이어서 외국의 입법례를 참고하여 유류분제도의 개정 방향에 대해서 고찰해 보려고 한다.

Ⅱ 자녀의 유류분과 관련된 우리 사회의 변화

1. 평균수명의 연장

1960년 민법시행 당시의 평균수명은 여자 53.7세, 남자 51.1세(평균 52.4세)에 지나지 않았으나, 2013년에는 여자 85.1세, 남자 78.5세(평균 81.9세)로 크게 증가하였다.[1] 평균수명의 연장은 피상속인의 사망으로 인한 상속개시의 시점을 상

1) 연도별 평균수명 추이

	1960	1970	1980	1990	2001	2010	2011	2012	2013
계	52.4	61.9	65.7	71.3	76.5	80.8	81.2	81.4	81.9
남	51.1	58.7	61.8	67.3	72.8	77.2	77.7	78.0	78.5
여	53.7	65.6	70.0	75.5	80.0	84.1	84.5	84.6	85.1

통계청, 장래인구추계(2012. 11) 및 생명표(수록기간 1970-2013)

당히 늦추는 결과로 이어졌으며, 2014년을 기준으로 볼 때 상속개시 당시 피상속인의 연령이 70세 이상인 경우가 전체의 약 2/3(66%)를 차지하게 되었다(피상속인의 연령이 50세에서 69세 사이인 비율은 2014년에 전체의 24%였다).[2] 이는 30년 전인 1984년의 49%와 비교해 보아도 상당히 증가한 수치라고 할 수 있다. 피상속인의 연령이 높아지는 추세는 앞으로 더욱 가속화될 전망이다.[3]

이와 같이 피상속인의 평균 연령이 높아짐에 따라 부 또는 모의 사망으로 상속이 개시될 때 자녀의 연령도 상당히 높아지게 되었다. 즉 상속개시 당시 자녀의 연령이 이미 30대, 40대에 이른 경우가 전체 상속건수 중 상당한 비율을 차지하게 된 것이다. 이러한 경우 자녀들은 이미 직업에 필요한 교육을 이수한 후 경제력을 갖추고 독립하여 생계를 유지하고 있는 경우가 대부분이라고 할 수 있다. 따라서 전통적으로 상속제도의 중요한 기능[4]으로 인정되었던 피상속인 사망 후 부양의 필요성은 더 이상 존재하지 않는 경우가 보통이다. 또한 오늘날에는 부모가 재산을 형성하는 데 자녀가 기여하는 경우는 찾아보기 어려우므로, 상속의 근거를 상속재산의 형성에 대한 기여의 청산이라는 측면에서 구하는 관점에서 보아도 자녀의 상속권은 그 정당성을 찾기 어렵다. 우리시대에 자녀의 상속권에 대해서 가해질 수 있는 위와 같은 비판은 자녀의 유류분에 대해서도 그대로 적용될 수 있다. 유류분은 상속권에 근거하여 법정상속분의 일정한 비율을 보장하는 제도로서, 그 존재이유 역시 피상속인의 사망 후 상속인의 부양 필요성, 상속재산의 형성에 대한 기여의 청산 등에서 찾을 수 있기 때문이다.[5]

---

2) 통계청(kosis.nso.go.kr), 2014년 출생·사망통계결과(출생·사망통계 잠정집계), Ⅵ. 참고통계표, 7. 성·연령별 사망자수.

3) 2014년 현재 총인구 중 65세 이상 인구가 차지하는 비율은 12.7%(6,385,559명)이다. 우리 사회는 2000년에 65세 이상 인구비율이 7.2%에 이르러 '고령화사회'에 진입했으며, 2018년에는 이 비율이 14.5%가 되어 '고령사회'에 들어설 것으로 전망된다. 나아가 지금으로부터 11년 후인 2026년에는 65세 이상 인구의 비율이 20.8%가 되어 '초고령사회'에 도달할 것으로 예상된다. 통계청, 고령자통계(2014) 및 2005 인구주택총조사 전수집계결과(인구부문) 참조.

4) 상속제도의 존재이유는 전통적으로 다음과 같은 측면에서 설명되어 왔다. 첫째, 상속이 개시되면 피상속인의 배우자와 직계비속 등의 근친이 상속인으로서 상속재산을 승계하게 되는데(법정상속제도), 이와 같은 사람들을 법정상속인으로 규정하여 상속을 인정하는 이유는 피상속인의 사후에 유족의 부양을 보장하기 위한 것이다(사후 부양의 기능). 둘째, 상속재산은 피상속인 개인뿐만 아니라, 배우자나 그 밖의 가족의 공동의 협력에 의하여 형성된 경우가 많을 것이라고 전제하고, 상속의 개시를 계기로 상속재산의 형성에 따른 기여를 청산할 필요가 있다는 것이다(잠재적 공유관계의 청산). 김주수·김상용, 친족·상속법(2015), 557면 이하; 상속제도의 헌법적 근거에 대해서는 윤진수, 상속제도의 헌법적 근거, 민법논고 Ⅴ(2005), 1면 이하 참조.

5) 유류분제도의 기능에 관하여는 김형석, 유류분의 반환과 부당이득, 민사판례연구 제29권(2007), 153면 이하 참조.

2. 부모와 자녀 간의 유대관계 약화

평균수명의 연장으로 인하여 부부가 평생 함께 사는 기간은 과거에 비하여 훨씬 길어졌으며, 특히 노후에 부부만 따로 사는 경우가 늘어나고 있다. 2012년 현재 부모가 장성한 자녀와 동거하지 않고 따로 사는 경우는 전체의 67.8%에 이른다.[6] 이러한 사실은 부부가 평생 해로하는 경우 함께 사는 기간이 길어졌을 뿐만 아니라, 노후에 자녀에게 의존하기보다는 배우자에게 서로 의지하는 경향이 강해졌음을 보여주고 있다. 즉 부부관계가 과거보다 더 긴밀해졌음을 의미하는 것이다. 여자의 평균수명이 남자보다 약 7세 가량 길다는 사실과 혼인 당시 남녀의 연령차(남편이 아내보다 연령이 높은 경우가 많다)에 비추어 볼 때, 부부가 평생 해로하다가 사별하는 경우에는 남편이 먼저 사망할 가능성이 상대적으로 높다. 실제로 2010년 이후의 통계를 보면 사별한 65세 이상의 부부 중 남편이 먼저 사망한 경우가 약 80%에 이른다는 사실을 알 수 있다.[7] 즉, 노후에 배우자의 사망으로 혼인이 해소된 경우에는 여자노인이 생존 배우자로서 남은 삶을 혼자 살아갈 가능성이 훨씬 높다. 여자노인들은 과거에 전업주부로서 가사와 육아에 종사한 경우가 많으므로, 자기 명의의 재산을 형성하지 못한 경우가 많고 연금을 받는 경우도 많지 않다.[8] 결국 이러한 여자노인들이 생계를 위하여 의지할 수 있는 것은 남편에게서 받은 상속재산과 자녀들의 부양뿐이다. 특히 자녀가 부양을 하지 않는 여자노인의 경우에는 거의 전적으로 상속재산에 의지하여 생계를 이어가게 되므로(노부모 부양은 자녀의 전적인 책임이라는 응답비율이 2002년에는 64.8%였던 반면에 2014년에는 31.2%로 급감하였다. 또한 60세 이후 자녀와 함께 살고 싶지 않다는 응답비율은 2002년 49.3%에서 2013년 71.4%로 증가하였다)[9], 상속재산이 가지는 중요성은 더욱 크다. 반면에 자녀들은 이미 장성하여 경제력을 갖추고 독립하여 생활하고 있으므로, 상속재산이 없더라도 살아가는 데 별 지장이 없는 경우가 대부분이다. 이러한 사회현실에 비추어 볼 때 부부의 일방이 다른 일방에게 자신의 전 재산을 증여하거나 유증하고 사망하였다면, 자녀들의 유류분반환청구를 허

6) 통계청(kosis.nso.go.kr), 2013년 사회통계조사(복지), 현재 자녀와 동거여부-60세 이상 가구원.

7) 통계청(kosis.nso.go.kr), 2014년 인구주택총조사보고서 : 인구동향조사 5. 혼인상태별인구.

8) 2013년에 65세 이상 인구 중 연금을 받은 비율은 37.6%을 차지하였다(그 중 33.7%가 국민연금 수급자였다). 통계청, 고령자통계(2014).

9) 통계로 본 서울 가족구조 및 부양 변화, 2015년 4월. 이러한 경향은 통계청 조사에서도 유사하게 나타난다. 2014년 기준 통계를 보면 부모의 부양책임과 관련하여 부모 스스로 해결하거나(16.6%), 가족과 정부 · 사회가 공동으로 부담해야 한다는 견해(47.3%)와 비교해 볼 때 가족이 전적으로 부담해야 한다는 견해는 31.7%에 불과하다. 통계청(kosis.nso.go.kr), 사회조사 : 부모 부양에 대한 견해(2014년); 반면에 1998년에 실시된 조사에서는 자녀가 부모의 부양을 전적으로 책임져야 한다고 응답한 비율이 89%에 이르고 있었다. 통계청(kosis.nso.go.kr), 2012년 사회조사 : 노인 자녀 동거율.

용하지 않는 것이 바람직하다고 생각된다. 예를 들어 남편이 자신의 전 재산과 다름없는 주택(주택과 대지)을 아내에게 증여(또는 유증)하였다면, 이미 성년에 이르러 경제적으로 독립한 자녀들의 유류분반환청구권은 인정하지 않는 것이 합리적이라고 본다.10) 그러나 현행법에 따르면 이런 경우에도 자녀는 법정상속분의 절반에 대해서 유류분반환청구를 할 수 있다. 자녀들이 유류분반환청구를 하는 경우 생존배우자는 증여(또는 유증) 받은 주택을 매각처분하여 자녀들에게 유류분에 따른 가액을 지급할 수밖에 없는데, 이는 경제적인 면에서 생존배우자의 생활수준을 급격히 저하시키는 문제가 있을 뿐 아니라, 정서적인 면에서도 불안정을 초래할 가능성이 매우 높다는 점에서 찬성하기 어려운 결과라고 할 수 있다. 따라서 이와 같은 경우에는 자녀의 유류분을 배제하거나 또는 적어도 감축할 수 있는 규정을 두어서 생존배우자의 생활 안정을 도모할 필요가 있다고 생각된다.

Ⅲ 자녀의 유류분 제도에 대한 검토 및 개정방향

1. 자녀의 유류분 제도에 대한 검토

유언자유의 원칙에 따라 피상속인은 법정상속과 다르게 자유로이 자신의 재산을 처분할 수 있다. 유언에 의하여 법정상속인이 상속에서 배제될 수도 있고, 상속인의 범위에 속하지 않은 사람이 유증을 받을 수도 있다. 피상속인은 유언에 의해서 사망 이후의 재산관계까지 자유롭게 정할 수 있는데, 이는 상속법에서도 사적자치의 원칙이 관철되는 현상으로 이해된다. 유언자유의 원칙은 유류분에 의해서 상당한 제한을 받게 되는데, 당사자의 의사에 따른 재산의 자유로운 처분을 제한하는 데에는 이를 정당화할 수 있는 이유가 필요할 것이다. 전통적으로 유류분 제도를 정당화하는 근거로는 다음과 같은 이유가 제시되어왔다.

첫째, 배우자나 직계비속 등 일정한 범위의 상속인(유류분권리자)이 피상속인의 의사와 관계없이 일정한 비율의 상속재산을 받을 수 있도록 하는 이유는 피상속인 사후 유족의 부양을 보장하기 위한 것이다.11) 이러한 설명은 전통적으로 유류분 제도를 정당화하는 가장 보편적인 근거로서 제시되어왔으나, 상속재산으로 부양을 받을 필요가 있는가와 관계없이 일정한 범위의 근친을 당연히 유류분권리자로 정하는 법규정을 설명하기에는 부족하다는 비판을 받고 있다.12) 특히

---

10) 대판 2011. 12. 8, 2010다66644. 이 판결의 자세한 내용은 아래 Ⅲ. 3. 라. (2) 참조.
11) Leipold, Wandlungen in den Grundlagen des Erbrechts, AcP 180(1980), 160/189.

오늘날 평균수명의 연장으로 인하여 상속이 개시될 때 상속인인 자녀의 상당수가 이미 경제적으로 독립하여 생활하고 있다는 점에 비추어 보면, 상속재산으로 자녀를 부양할 필요성에 근거하여 유류분의 정당성을 이끌어내기는 어렵게 되었다.

둘째, 상속재산은 피상속인 개인뿐만 아니라, 배우자나 그 밖의 가족의 공동의 협력에 의하여 형성된 경우가 많을 것이라고 전제하고, 피상속인이 그 의사에 따라 상속재산의 형성에 기여한 가족구성원을 상속에서 배제한 경우에도 이들에게 일정한 비율의 상속재산을 보장함으로써 재산형성의 기여에 따른 청산을 할 필요가 있다는 것이다.[13] 산업사회 이전의 가족은 생산공동체로서의 성격을 갖는 경우가 많아서 자녀들이 상속재산(특히 家産의 성격을 갖는 아버지의 재산)의 형성에 기여하는 것이 일반적이었다. 그러나 산업화된 사회에서 가족은 생산공동체로서의 기능을 상실하고, 그 대신 자녀양육, 소비와 휴식을 위한 공동체의 성격을 띠게 되었는데. 이와 같이 변화된 가족구조에서 자녀가 부모의 재산형성에 기여하는 경우는 상대적으로 드물게 되었다. 따라서 상속재산의 형성에 따른 기여의 청산이라는 관점에서 유류분제도의 취지를 설명하는 것은 적어도 자녀의 유류분을 정당화하는 논거로서는 미흡하다.

셋째, 가족 간의 유대관계 그 자체에서 유류분 제도의 정당성을 구할 수 있다는 입장이 있다. 피상속인과 배우자, 자녀, 부모 등은 가족공동체에서 생활하면서 상호 간에 친밀한 유대관계를 형성하였을 것으로 일반적으로 추정되는데, 이러한 가족 간의 유대관계에 기초하여 유류분이 인정될 수 있다는 것이다.[14] 이 설명에 의하면 유류분은 가족구성원 사이에 일반적으로 존재하는 최소한의 유대관계를 전제로 하여 인정될 수 있는 것이다. 이러한 설명이 논리적으로 일관성을 유지하려면, 반대로 피상속인과 유류분권리자 사이에 최소한의 유대관계가 존재하지 않았던 경우에는 유류분을 부정할 수 있는 가능성이 열려 있어야 할 것이다.

그런데 민법상 유류분은 피상속인과 유류분권리자 사이에 최소한의 유대관계가 존재하지 않았던 경우에도 인정된다(예컨대, 자녀의 무관심과 학대로 부모와 자녀 사이가 완전히 파탄된 경우). 따라서 가족구성원 간에 보편적으로 존재하는 유대관계로부터 유류분 제도의 정당성을 이끌어내는 입장에서도 민법상 유류분 제도의 근거를 충분히 설명하기는 어렵다(피상속인과 유류분권리자 사이에 최소한의

12) MüKoBGB/Lange BGB § 2303 Rn. 7.

13) Rauscher, Reformfragen des gesetzlichen Erb-und Pflichtteilsrechts, Band II/2: Reformvorschläge Pflichtteilsrecht(1993), S. 101.

14) Papantoniou, Die soziale Funktion des Erbrechts, AcP 173(1973), 385/396f.; Otte, Das Pflichtteilsrecht - Verfassungsrechtsprechung und Rechtspolitik,, AcP 202(2002), 317, 351-355; Lipp, Finanzielle Solidarität zwischen Verwandten im Privat- und im Sozialrecht, NJW 2001, 2201/2206; Hass, Ist das Pflichtteilsrecht verfassungswidrig?, ZEV 2000, 249/252.

유대관계가 존재하지 않는 경우에도 피상속인의 최종 의사에 반하여 유류분권리자에게 일정한 비율의 상속재산을 남기도록 강제하기 때문이다).

위에서 제시한 유류분 제도의 존재 이유를 바탕으로 하여, 먼저 유류분을 부양의 필요와 연계시키는 방안(부양의 필요에 따라 유류분을 인정하는 방안)에 대해서 검토하고, 이어서 가족구성원 간에 일반적으로 존재하는 최소한의 유대관계가 존재하지 않는 경우에 유류분을 상실(또는 감축)시키는 방안에 대해서 살펴본다.

2. 유류분을 부양의 필요와 연계시키는 방안

가. 문제의 제기

위에서 본 바와 같이 전통적으로 유류분 제도의 존재 이유를 설명해왔던 가장 중요한 논거 중의 하나는 피상속인의 사후 남겨진 가족, 특히 배우자와 미성년자녀를 상속재산으로 부양할 필요가 있다는 것이었다(유류분 제도의 부양적 기능). 그러나 평균수명의 연장으로 인구구조가 변화하고 고령화 사회에 접어든 시대에 이러한 설명만으로 유류분 제도의 존재 이유를 설명하는 것은 어렵게 되었다. 유류분 제도의 고유한 기능으로 여겨졌던 유족에 대한 부양은 배우자의 유류분을 설명하는 데 있어서는 여전히 타당하나, 자녀의 유류분이 인정되어야 할 이유로는 설득력을 잃어가고 있다. 피상속인의 사망으로 상속이 개시될 때 자녀가 미성년자인 경우보다 이미 성년에 이르러 직업에 필요한 교육을 마치고 경제적으로 독립된 생활을 유지하고 있는 경우가 더 많아졌기 때문이다.

자녀에게 유류분을 인정하는 이유가 피상속인 사후 상속재산으로 부양을 보장하려는 데 있다면, 피상속인 생전에 그로부터 부양을 받고 있던 자녀(피상속인에 대해서 부양청구권을 가지고 있던 자녀)에 대해서만 유류분을 인정하면 족하다는 주장이 나올 수 있다.[15] 이에 따르면 미성년자녀, 질병, 장애 등의 이유로 부양의 필요성이 있는 자녀에게는 유류분이 인정되어야 하지만, 성년자로서 이미 독립하여 스스로 생활할 수 있는 기반을 갖춘 자녀에 대해서는 유류분을 감축하거나 또는 아예 인정하지 않아도 무방하다고 한다(즉 부양의 필요성과 관계없이 언제나 동일한 비율의 유류분을 보장하는 경직된 규정에서 탈피하여 부양의 필요성에 따라 피상속인이 자녀의 유류분을 감축할 수 있는 여지를 열어 둘 필요가 있다는 주장이다).

15) MüKoBGB/Frank, § 2303 Rn. 4; Bamberger/Roth/J. Mayer, Kommentar zum BGB, 2003, § 2333 Rn. 2; Leipold, JZ 1990, 697/703(Anmerkung zu BGH, Urteil v. 6. 12. 1989); 변동열, 유류분 제도, 민사판례연구 제25권(2003), 803면.

나. 외국의 입법례

유럽에서는 이미 오래 전부터 유류분을 부양의 필요성과 연계시키는 방안이 주장되어 왔다. 예를 들면 1875년 예나에서 열린 독일법률가대회에서 이미 유류분을 부양의 필요성에 따라 감축할 수 있도록 하자는 주장이 제기된 바 있다.[16)] 유류분을 구체적인 부양의 필요에 따라 정할 수 있도록 하자는 주장은 오늘날까지도 계속 이어지고 있으나,[17)] 실제로 이를 입법에 반영한 나라는 상대적으로 적은 편이다. 예를 들면, 에스토니아는 상속이 개시될 당시에 근로능력이 없는 자에 대해서만 유류분을 인정한다(에스토니아상속법 제104조).[18)] 폴란드민법에 따르면 미성년자녀와 근로능력이 없는 자의 유류분은 법정상속분의 2/3에 이르지만, 그 이외의 경우에는 유류분은 법정상속분의 1/2이다(폴란드민법 제991조 제1항). 체코에서는 성년자녀의 유류분은 법정상속분의 1/2이지만, 미성년자녀에게는 법정상속분 전부가 유류분으로 인정된다(체코민법 제479조). 러시아민법에서는 미성년자녀와 장애로 인하여 근로능력이 없는 자녀에 대해서만 유류분이 인정된다(러시아민법 제1149조). 즉 스스로 부양할 능력이 없고, 피상속인으로부터 부양을 받고 있었거나 피상속인에 대해서 부양청구권을 가지고 있었던 자녀만이 법정상속분의 1/2에 이르는 유류분을 받을 수 있다. 여기서 유류분을 부양의 필요와 연계시킨 입법례로 소개한 나라들은 동유럽에 속한다는 공통점이 있는데, 이로부터 위와 같은 입법 경향이 구 사회주의체제와 연관이 있다고 추론하는 것은 정확하지 않다. 예를 들어, 루마니아의 상속법은 사회주의체제에서도 프랑스상속법에서 계수한 것이 많았고, 헝가리상속법은 독일과 오스트리아상속법을 많이 참고하였다. 그러므로 이 두 나라의 상속법 모두 부양의 필요에 따라 유류분을 인정하는 제도를 가지고 있지 않았으며, 이러한 법상태는 현재까지도 그대로 유지되고 있다. 이러한 점에 비추어 볼 때, 동구의 여러 나라들이 유류분을 부양의 필요와 연계시키는 규정을 둔 것이 반드시 구체제와 관련이 있는 것은 아니다.[19)]

---

16) Rüdebusch, Vorschlag für eine Reform der Pflichtteilsentziehungsgründe(§§ 2333 ff. BGB) und der Pflichtteilsbeschränkung in guter Absicht(§ 2338 BGB) unter Berücksichtigung rechtsgeschichtlicher Aspekte(2004), S. 25

17) Frank, Dei Verfassungsrechtliche Gewährleistung des Pflichtteilsrecht, Öffenliches Recht im offenen Staat, FS für Rainer Wahl(2011), S. 309ff.

18) 여기서 "근로능력이 없는 자"의 정의와 관련하여 에스토니아 법원은 연령, 질병, 장애 등의 사유로 스스로 생활비를 벌 수 없을 뿐 아니라 다른 재산도 없는 경우를 의미한다고 해석하고 있다(2005년 2월 22일 에스토니아 국가법원 전원합의체판결). Süß, Erbrecht in Europa(2. Aufl. 2007), S. 576.

19) Frank, Dei Verfassungsrechtliche Gewährleistung des Pflichtteilsrecht, Öffenliches Recht im offenen Staat, FS für Rainer Wahl(2011), S. 314.

한편 서유럽 국가 중에서도 직접적으로 유류분에 관한 규정은 아니지만, 부양의 필요에 따라 상속재산으로부터 부양을 받을 권리를 인정하는 입법례가 있다. 예를 들면 오스트리아민법은 피상속인의 유언에 의하여 상속에서 배제되고 유류분마저도 박탈당한 자에게도 생계유지를 위하여 필요한 범위에서는 상속재산으로부터 부양을 받을 권리가 인정되며, 이러한 부양청구권은 어떤 경우에도 박탈될 수 없다(오스트리아민법 제795조). 또한 덴마크상속법에 따르면 피상속인의 자녀는 만 21세에 이르기 전까지 적절한 부양과 교육에 필요한 비용의 지급을 상속재산으로부터 청구할 수 있는데, 이 청구권은 유언에 의하여 제한할 수 없을 뿐 아니라 상속에 기인한 다른 어떤 청구권보다 우선한다(선취권이라고 한다. 덴마크상속법 제27조). 노르웨이상속법에도 이와 유사한 규정이 있는데, 상속개시 당시에 아직 교육과정을 마치지 못한 자녀는 상속재산으로부터 생활과 교육에 필요한 비용을 우선적으로 받을 수 있는 권리가 있다(노르웨이상속법 제36조). 이외에 핀란드(핀란드상속법 제8장 제1조), 네덜란드(네덜란드민법 상속편 제35조)도 이와 유사한 규정을 두고 있다.

이외에 영미법계 국가에서는 원칙적으로 자녀에게 유류분이 아예 인정되지 않는다. 다만 영국의 1975년 상속법[20]에 의하면, 법원은 청구에 의하여 상속재산으로써 피상속인의 가까운 친족을 부양하라는 명령을 할 수 있다. 그러나 상속개시 당시 이미 성년에 이른 자녀를 위하여 법원이 상속재산으로써 부양을 명하는 경우는 매우 드물다. 실제로 법원이 상속재산으로써 부양을 명하는 사안을 보면, 자녀가 미성년자이거나, 교육을 받고 있는 경우 또는 장애가 있는 경우이다.[21] 법원이 상속재산으로써 자녀의 부양을 명하는 경우에 구체적인 실현 방식은 법원의 재량에 맡겨져 있다(정기적 지급, 일시금 지급, 특정 상속재산의 양도 등).[22]

3. 가족 간의 유대관계가 결여되어 있는 경우에 유류분을 감축(또는 박탈)하는 방안

가. 문제의 제기

피상속인 사후 상속재산으로 유족의 부양을 보장하는 것은 전통적으로 유류분 제도의 가장 중요한 기능으로 여겨져 왔으나, 상속이 개시될 때 자녀들이 이미 경제적으로 독립된 기반을 갖추고 있는 경우가 많은 현대사회에서는 점차 그

20) Inheritance (Provisions for Family and Dependants) Act 1975.

21) Trulsen, Pflichtteilsrecht und englische family provision im Vergleich(2004), S. 94f.

22) Lowe/Douglas, Bromley's Family Law, 10. Aufl. 2007, S. 1105ff; 한편 미국에서는 배우자에게만 유류분이 인정되며, 자녀는 유류분권을 갖지 못한다(루이지애나와 푸에르토리코만이 예외적으로 자녀에 대한 유류분을 인정한다). Hay, US-Amerikanisches Recht, 4. Aufl. 2008. Rn. 545, 546.

효용을 잃어가고 있다. 이러한 상황에서 가족 간의 유대관계 그 자체로부터 유류분 제도의 존재 이유를 도출하는 입장은 더욱 입지가 강화되고 있는 것으로 보인다. 그런데, 한편 이러한 관점에서 보면 가족구성원 사이에 보편적으로 존재해야 할 최소한의 유대관계가 결여되어 있었던 경우에는 굳이 유류분을 인정해야 할 이유가 없어진다. 유류분 제도를 둔 나라들이 일반적으로 유류분을 상실(또는 감축)시킬 수 있는 가능성에 대해서도 규정하고 있는 이유는 이러한 배경에서 이해될 수 있다(유럽 대부분의 나라들은 유언자의 의사에 따라 유류분을 상실 또는 감축시킬 수 있는 규정을 두고 있다). 나아가 이미 유류분의 상실(또는 감축)에 관한 규정을 두고 있는 나라들에서 특히 자녀의 유류분과 관련하여 그 사유를 확대하자는 논의가 활발하게 진행되고 있다는 사실은 주목할 만하다.[23]

나. 외국의 입법례

자녀의 유류분 상실(또는 감축) 사유에 관한 외국의 입법례를 보면, 적극적으로 부모에 대해 패륜행위를 한 경우와 부모가 도움을 필요로 하는 상태에 있을 때 이를 거부하고 방임한 경우로 나누어 볼 수 있다. 예를 들어 독일민법 제2333조 제1항에 따르면 피상속인은 다음과 같은 사유가 있는 경우에 유언으로 자녀(직계비속)의 유류분을 상실시킬 수 있다.[24] i) 자녀(직계비속)가 피상속인, 그의 배우자, 피상속인의 직계비속 또는 피상속인과 이와 유사하게 가까운 관계에 있던 사람(계부모, 계자녀, 위탁아동 등)의 생명을 빼앗으려 한 경우(살해의 의도가 외부에서 인식할 수 있는 행위로 나타나면 족하다고 한다),[25] ii) 직계비속이 위에 열거된 사람에 대해서 범죄(1년 이상의 자유형에 처해질 수 있는 범죄행위) 또는 중대한 비행(특히 부모와 자녀의 관계를 무시하고 부모에게 모욕적인 행위를 한 경우)을 저지른 경우,[26] iii) 직계비속이 피상속인에 대한 법률상의 부양의무를 악의적으로 위반한 경우,[27] iv) 직계비속이 고의의 범죄로 인하여 1년 이상의 집행유예 없는 자유형의 확정판결을 받았으며, 그 이유로 피상속인의 입장에서는 직계비속이 상속재산을 받는 것을 받아들일 수 없는 경우. 직계비속이 이와 유사하게 중대한 고의의 범죄로 인하여 정신병원이나 중독치료소에 수용되도록 선고하는 판

---

23) Münchkomm/Frank, § 2333, Rn. 1; Herzog, Refom der Pflichtteilsentziehung? - Ein Vorschlag, FF 2003, 19.

24) 그리고 제2333조 제2항에 의해서 이 규정은 부모와 배우자에게 준용된다.

25) BeckOK BGB/J. Mayer BGB § 2333 Rn. 10.

26) Krug/Krug, Pflichtteilsprozess(2014), S. 551.

27) 자녀가 부모에 대하여 가족 간의 유대관계에 기초한 의무의 이행을 스스로 저버렸다면, 부모의 사망 후 가족 간의 유대관계에 근거한 유류분도 주장할 수 없도록 하는 것이 형평에 맞는다는 취지이다. Herzog, Refom der Pflichtteilsentziehung? - Ein Vorschlag, FF 2003, 20.

결이 확정된 경우.[28)]

한편 오스트리아민법에 따르면 피상속인과 유류분권리자 사이에 일반적인 가족관계에서 형성되는 유대관계가 존재한 적이 없는 경우에는 피상속인의 유언에 의하여 유류분이 절반으로 감축될 수 있다(오스트리아민법 제773a조 제1항. 이 규정이 1989년 오스트리아민법개정으로 신설될 때에는 "피상속인과 자녀 사이"로 규정되어 있었으나 2004년 개정에 의해서 "피상속인과 유류분권리자 사이"로 범위가 확대되었다). 그러나 피상속인이 유류분권리자와의 교류를 이유 없이 거부한 경우(예컨대 유류분권리자가 자녀인 경우에 피상속인이 이유 없이 면접교섭을 거부한 때)에는 유류분을 감축할 수 없다(오스트리아민법 제773a조 제2항). 피상속인과 유류분권리자 사이에 유대관계가 존재하지 않았다는 사실에 대한 입증책임은 다른 상속인(유류분반환의무자)[29)]에게 있다(오스트리아민법 제773a조 제2항에 의한 제771조의 준용). 또한 오스트리아민법은 피상속인이 곤경에 처해 있을 때 방임한 자녀에 대해서 유류분을 박탈할 수 있다고 규정하고 있는데(오스트리아민법 제768조 2호), 이것 역시 유류분이 인정되기 위해서는 피상속인과 유류분권리자(자녀) 사이에 최소한의 유대관계가 존재해야 함을 전제로 한 규정으로 이해된다.

스위스민법은 상속인이 피상속인 또는 그의 친족에 대하여 부담하는 가족법상의 의무를 심각하게 위반한 경우를 유류분의 박탈사유로 규정하고 있다(스위스민법 제477조 제2호). 스위스민법 제272조는 부모와 자녀 사이에 서로 돕고, 배려하고, 존중할 의무를 명문으로 규정하고 있는데, 상속인이 이와 같은 의무를 심각하게 위반한 경우에는 피상속인은 유언으로 유류분을 상실시킬 수 있다.

체코민법에 의하면 피상속인은 다음과 같은 사유가 있는 경우에 유언으로 직계비속의 유류분을 상실시킬 수 있다(체코민법 제469a조). i) 피상속인이 질병, 노령 기타 곤경에 처해 있을 때 직계비속이 조력을 거부한 경우, ii) 피상속인에 대하여 직계비속으로서 당연히 가져야 할 관심을 장기간 보이지 않은 경우, iii) 고의에 의한 범죄행위로 인하여 1년 이상의 자유형에 처해지는 유죄판결을 받은 경우, iv) 공서양속에 반하는 생활방식을 장기간 고수한 경우.

---

28) 독일민법상 유류분 상실제도에 관하여는, 김세준, 유류분제한의 필요성과 그 요건, 가족법연구 제28권 3호(2014), 347면 이하; 최준규, 독일의 유류분 제도, 가족법연구 제22권 제1호(2008), 290면 이하 참조.

29) 오스트리아에서는 유언이나 상속계약에 의해서 상속인을 지정하는 것이 가능하며, 이들도 법정 상속인과 함께 상속인의 개념에 포함된다.

다. 우리나라에서의 관련 논의

(1) 상속권 상실 선고 제도의 도입 논의

2011년 법무부 가족법개정특별분과위원회(위원장 윤진수 교수)에서 유류분 상실(또는 상속권 상실)에 관한 규정을 신설할 것인가에 대해서 논의된 바 있다. 그러나 당시 개정위원회가 구성된 목적은 입양법 개정안을 마련하는 데 있었기 때문에 유류분 상실(상속권 상실)에 관한 논의가 본격적으로 이루어지지는 못하였다(결과적으로 개정안 제출에는 이르지 못하였다).

당시 개정위원회 위원장이었던 윤진수 교수는 "유언에 의한 상속인의 지정을 인정하지 않고 법정상속주의를 채택하고 있는 우리나라에서는 유류분의 박탈만으로는 상속인이 될 자의 상속권까지 박탈되는 것은 아니기 때문에 유류분의 박탈만으로는 부족하고 상속권까지 박탈시켜야 한다"는 전제하에 상속권 상실에 관한 개정시안을 제시하였다.[30] 그 개정시안의 구체적 내용은 다음과 같다.

제1004조의2(상속권 상실선고)

① 다음 각 호의 어느 하나에 해당하는 사유가 있는 경우에는 피상속인은 가정법원에 상속인이 될 자의 상속권 상실선고를 청구할 수 있다.

1. 상속인이 될 자가 피상속인 또는 그 배우자나 직계혈족에 대하여 학대, 유기 그 밖의 심히 부당한 대우를 한 때.

2. 상속인이 될 자가 피상속인에 대한 친족 사이의 의무를 중대하게 위반한 때.

3. 상속인이 될 자가 고의로 중대한 범죄를 저질러 피상속인이 심한 정신적 고통을 입은 때.

② 피상속인은 공정증서에 의하여 유언집행자에게 제1항의 상속권 상실의 선고를 청구할 것을 유언할 수 있다.

③ 상속 개시 후에 상속권 상실의 선고가 확정된 때에는 상속이 개시된 때에

---

30) 피상속인의 유언으로 상속에서 배제된 상속인이 유류분반환청구를 할 수 없도록 상속권 자체를 박탈하는 제도를 도입한 대표적인 입법례로는 일본민법을 들 수 있다. 제892조(추정상속인의 폐제) 유류분을 가지는 추정상속인(상속이 개시된 경우에 상속인으로 될 자를 말한다. 이하 같다)이 피상속인을 학대하거나 또는 그에게 중대한 모욕을 가한 때 또는 추정상속인에게 그 밖의 현저한 비행이 있는 때에는 피상속인은 그 추정상속인의 폐제(廢除)를 가정재판소에 청구할 수 있다. 제893조(유언에 의한 추정상속인의 폐제) 피상속인이 유언으로 추정상속인을 폐제하는 의사를 표시한 때에는 유언집행자는 그 유언의 효력이 생긴 후 지체 없이 그 추정상속인의 폐제를 가정재판소에 청구하지 않으면 안 된다. 이 경우에 그 추정상속인의 폐제는 피상속인의 사망 시에 소급하여 그 효력이 생긴다. 이외에 추정상속인 폐제의 취소(일본민법 제894조), 추정상속인 폐제에 관한 심판확정 전의 유산의 관리(일본민법 제895조) 등의 규정이 있다.

소급하여 효력이 생긴다.

제1004조의3(상속재산의 관리)

③ 제1004조의2 제1항의 청구가 있은 후 그 선고가 확정되기 전에 상속이 개시되거나 제2항에 의한 청구가 있는 때에는 가정법원은 제777조의 규정에 의한 피상속인의 친족이나 이해관계인 또는 검사의 청구에 의하여 상속재산관리인을 선임하거나 그 밖의 상속재산의 관리에 관하여 필요한 처분을 명할 수 있다.

④ 법원이 상속재산관리인을 선임한 경우에는 제24조 내지 제26조의 규정을 준용한다.

제1004조의4(용서)

피상속인이 상속인이 될 자를 용서한 때에는 상속권 상실의 선고를 청구하지 못하고, 상속권 상실의 선고는 효력을 상실한다.

제1001조(대습상속)

제1000조 제1호와 제3호의 규정에 의하여 상속인이 될 직계비속 또는 형제자매가 상속개시 전에 사망하거나 제1004조, 제1004조의2의 규정에 의하여 상속인이 되지 못한 때에는 그 직계비속이 상속인이 될 자의 순위에 갈음하여 상속인이 된다.

제1003조(배우자의 상속순위)

② 제1001조의 경우에 상속개시 전에 사망하거나 제1004조, 제1004조의2의 규정에 의하여 상속인이 되지 못한 자의 배우자는 제1001조의 규정에 의한 상속인과 동순위로 공동상속인이 되고, 그 상속인이 없는 때에는 단독상속인이 된다.

이 개정시안에 대해서는 피상속인이 생전에 상속인이 될 자(많은 경우 자녀)를 상대로 상속권상실 선고를 청구하여 법원에서 대립하는 당사자로 다투는 경우에 부작용이 생길 수 있다는 의견과 피상속인 사후 상속인들 사이에서 다투는 것보다 피상속인이 생전에 스스로 해결하는 것이 오히려 편리하고 피상속인의 의사에도 부합할 수 있다는 의견이 대립하였다. 이외에도 피상속인과 상속인(많은 경우 부모와 자녀)이 생전에 법원에서 상속권을 놓고 다툴 수 있도록 허용하는 것이 일반적인 국민의 법감정에 부합할 것인가 등에 대한 논의가 있었다.

(2) 상속결격 사유의 확대

앞에서 본 바와 같이, 피상속인과 상속인 사이에 최소한의 유대관계가 존재하지 않는 경우에는 피상속인이 유언으로 그 상속인을 상속에서 배제하고, 유류분 반환청구도 할 수 없도록 유류분까지 박탈하는 방안을 생각해 볼 수 있다. 이외에도 피상속인과 상속인의 관계가 심각하게 파탄된 경우를 아예 상속결격사유로 규정함으로써 피상속인이 별도의 의사를 표시하지 않아도 해당 상속인을 상속에서 궁극적으로 제외하는 것도 가능하다. 천안함 사태와 세월호 사태 이후 자녀에 대하여 양육의무를 전혀 이행하지 않았던 부모가 갑자기 나타나 상속인으로서 보상금을 수령한 일이 있었다. 이를 계기로 자녀에 대한 양육의무를 이행하지 않은 부모(또는 부모에 대한 부양의무 등을 이행하지 않은 자녀)가 상속권을 주장할 수 없도록 하는 방안에 대해서 논의가 있었으나, 구체적인 성과를 거두지는 못하였다. 이 문제와 관련하여서는 오스트리아민법의 상속결격사유가 참고가 될 수 있을 것으로 보인다.

오스트리아민법 제540조는 부모와 자녀 사이에서 발생하는 의무를 심각하게 해태한 경우를 상속결격사유로 규정하고 있다. 이에 따라 상속인이 피상속인에 대하여 친자관계에서 발생하는 가족법상의 의무를 이행하지 않은 경우에는 상속결격의 제재를 받을 수 있다(의무의 위반은 고의에 의한 것이어야 하고 심각한 수준이어야 한다). 주로 문제가 되는 사안은 부모가 미성년자녀에 대하여 양육의무를 이행하지 않은 경우, 재산관리권, 법정대리권을 적절하게 행사하지 않은 경우, 자녀를 학대한 경우 등이다. 물론 자녀가 부모에 대하여 부양의무를 이행하지 않은 경우도 결격사유에 해당한다. 그러나 부모와 자녀 사이에 단지 교류가 없었던 경우나 애정이 결여되어 있었던 경우는 여기에 해당하지 않는다고 한다.[31)]

위의 결격사유는 1989년에 오스트리아상속법이 개정될 때 새롭게 규정되었다. 그 전에는 부모와 자녀 사이에 발생하는 가족법상의 의무를 위반한 경우는 보다 구체적인 요건 하에 유류분의 상실 사유로 규정되어 있었을 뿐이다(제768조 제2호: "자녀가 피상속인이 곤경에 처해있을 때 방임한 경우[32)]). 친자관계 사이에서 발생하는 의무를 중대하게 위반한 경우를 상속결격사유로 규정한 것은 기존의 유류분 상실사유의 범위를 확대하고 일반화하였다는 의미가 있을 뿐 아니라, 피상속인이 유언을 하지 않아도 결격사유가 있는 상속인을 당연히 상속에서 배제할 수 있게 되었다는 점에서 그 의의를 찾을 수 있다. 상속결격의 효과는 피상속인의 의사와 관계없이 당연히 발생하므로, 피상속인이 유언능력이 없는 경우(또는 유언을 하지 않은 경우)에도 결격사유만 증명되면 상속에서 배제할 수 있기 때문

---

31) OGH NZ 1997, 243; Ferrari-Likar · Peer(Hrsg.), Erbrecht(2007), S. 288.

32) 이외에 제769조에 의해서 제768조가 부모에게 준용됨으로써 "부모가 자녀에 대하여 양육의무를 저버리고 방임한 경우"도 유류분 상실 사유가 될 수 있다. Adensamer, Erbrechtsänderungsgesetz 1989. ÖA(Der Österreichische Amtsvormund) 1991, 6/7.

이다. 이 점은 특히 피상속인이 미성년자여서 유언능력이 없었던 경우(또는 유언능력이 있었다고 해도 유언을 할 기회를 갖지 못한 경우)에 중요한 의미가 있다. 실제로 이 규정에 의해서 상속결격자가 되는 사람들은 대부분 친자관계에서 발생하는 의무를 이행하지 않았던 부모라고 한다.[33)]

라. 유류분의 제한에 관한 판례(해석론)

우리 민법에는 유류분의 상실(또는 감축)에 관한 규정이 없으므로, 상속결격사유에 해당하지 않는 한 유류분권리자는 민법이 규정하는 비율에 따른 유류분의 반환청구를 할 수 있는 것이 원칙이다. 그러나 구체적인 사례에서 상속인의 유류분반환청구가 신의칙이나 형평에 반하는 경우가 있을 수 있는데, 이런 때에도 예외 없이 유류분반환청구를 전부 인용한다면, 이는 오히려 구체적 타당성에 반하는 결과가 될 수 있다. 유류분에 관한 판례(대법원 판례와 하급심) 중에는 상속결격사유에 해당하지 않는 상속인의 유류분반환청구를 기각하거나 사실상 제한한 것이 있는데, 이는 민법상 유류분 규정이 갖는 경직성을 완화하고 구체적 타당성을 실현하기 위한 해석론이라고 볼 수 있을 것이다. 아래에서 관련된 판례를 간단히 소개하고, 해설을 덧붙인다.

(1) 신의칙을 원용하여 유류분반환청구를 기각한 판결[34)]

하급심 중에서 신의성실의 원칙을 원용하여 유류분반환청구를 기각한 사건을 간단히 소개하면 다음과 같다.

사실관계: 원고들과 피고는 같은 부모에게서 태어난 형제자매이다. 피고는 아버지와 일본에서 거주하다가 1945년 말경 귀국하여 함께 농사를 지으며 모은 돈으로 당시 논이었던 부동산을 매수하였다(나중에 아버지가 사망하였을 때 이 부동산이 상속재산이 된다). 당시 원고 1은 아직 태어나지 않았고, 원고 2는 3세 정도였다. 1981. 1. 25. 아버지가 사망하자 위의 부동산은 법정상속분에 따라 상속되었으며, 1981. 4. 20. 어머니는 이 부동산에 관한 자신의 상속지분(20분의 6)을 피고에게 증여하였다. 1984년경부터 어머니는 자식들의 얼굴도 몰라볼 정도의 심한 노인성치매증상이 나타나고 고혈압과 심장병이 있어 1991. 12. 5. 사망할 때까지 8년간 피고가 모시고 살면서 어머니에게 명찰을 달아 주고 어머니가 외출할 때는 거의 같이 모시고 다녔다. 또한 피고는 어머니를 매일 병원에 모시고 가서 치

33) Adensamer, Erbrechtsänderungsgesetz 1989. ÖA(Der Österreichische Amtsvormund) 1991, 6/7.

34) 부산지법 동부지원 1993. 6. 17, 92가합4498 제1민사부판결 : 확정.

료를 받게 하는 등 병간호를 하였으나, 피고의 동생인 원고들은 어머니가 발병한 이후 사망할 때까지 8년 동안 한 번도 어머니를 찾아오지 않았다. 어머니가 사망하자 원고들은 어머니가 10년 전에 피고에게 상속재산인 부동산에 관한 20분의 6지분을 증여한 행위(피고는 어머니가 사망하기 5년 전인 1986년에 어머니로부터 증여받은 부동산의 공유지분을 10,950,0000원에 제3자에게 매도하였다)가 자신들의 유류분을 침해한다고 주장하면서 피고를 상대로 유류분반환청구를 하였다(사망 당시 어머니에게는 아무 재산이 남아 있지 않았다).

법원의 판단(요약): 모든 법률관계의 당사자는 상대방의 이익을 배려하여 형평에 어긋나거나 신뢰를 저버리는 내용 또는 방법으로 권리를 행사하여서는 안 된다는 민법상 신의성실의 원칙의 적용을 받는다. 원고들은 피고와의 많은 나이 차이로 인하여 이 사건 부동산을 형성하고 관리하는 데 기여한 바가 없다. 또한 어머니가 8년간이나 투병생활을 하는 동안 부모를 부양하여야 할 자식으로서의 의무를 저버리고 병간호에 정신적으로나, 물질적으로 아무런 도움을 주지 않았으며, 오로지 피고에게만 모든 것을 부담시켰다. 어머니가 사망하자 피고가 이미 10년 전에 증여받은 어머니의 재산(8년간의 투병생활로 거의 소비되었을 가능성이 크다)에 관하여 분배를 요구하면서 어머니의 증여행위로 원고들의 유류분이 침해되었다는 이유로 유류분반환청구권을 행사하는 것인데, 이는 신의성실의 원칙에 위반되어 허용될 수 없다.

해설

위 판결에서 법원은 먼저 원고들이 상속재산의 형성에 기여한 바가 없다는 점을 지적하고 있다(반면에 피고는 아버지와 함께 농사를 지어 상속재산인 부동산을 매수하는 데 기여한 부분이 있다). 유류분 제도를 정당화하는 근거의 하나로서 상속재산의 형성에 대한 기여의 청산을 들 수 있는데, 이 사건에서 원고들은 상속재산의 형성과 유지에 기여한 바가 전혀 없으므로, 유류분반환청구권을 인정해야 할 근거가 약하다고 볼 수 있다. 그러나 유류분에 관한 민법규정과 우리 사회의 현실을 고려해 볼 때, 이러한 사유만으로 자녀의 유류분반환청구를 기각하기는 어렵다고 생각된다(이런 사유만으로 유류분반환청구를 기각할 수 있다면, 자녀들의 유류분반환청구는 대부분 기각될 것이다). 나아가 법원은 어머니가 8년간 투병생활을 하는 동안 원고들이 한 번도 찾아오지 않고, 정신적·물질적으로 아무런 지원을 하지 않았다는 점을 지적하고 있다. 유류분 제도를 정당화하는 또 하나의 근거는 피상속인과 유류분권리자 사이의 유대관계에서 구할 수 있는데, 이 사건에서는 어머니와 자녀인 원고들 사이에 친자관계에 상응하는 최소한의 유대관계가 존재하고 있었다고 보기 어렵다. 법원은 이러한 사정을 종합적으로 고려하여 원고들의 유류분반환청구를 신의칙에 반하는 권리행사라고 판단한 것이다. 유류분제도의 존재이유와 신의성실의 원칙에 근거하여 이와 같은 해석론을 전개하는 것은 충분히 설득력이 있다고 생각된다.[35)]

(2) 배우자에 대한 증여를 특별수익에서 제외한 판결[36)]

최근에 대법원은 배우자에 대한 생전증여에 부부재산관계의 청산, 부양 등의 요소가 포함되어 있을 수 있다고 보고, 이러한 한도에서는 특별수익에 해당하지 않는다고 판단하였다. 배우자에 대한 생전증여나 유증이 특별수익에 포함되지 않는 경우에는 자녀들이 이에 대해서 유류분반환청구를 할 수 없으므로, 이러한 대법원의 판단은 실질적으로 자녀들의 유류분반환청구를 제한하는 결과로 이어진다. 아래에서 이 판결의 사실관계와 법리에 대해서 보다 자세히 살펴본다.

사실관계: 피상속인이 2006. 8. 25. 사망하여 처(피고)와 두 딸(원고), 아들이 공동상속인이 되었다. 피상속인은 1999년에 부동산을 처에게 증여하고 소유권이전등기를 경료하여 주었으며(처인 피고는 2005년에서 2006년 사이에 남편으로부터 증여받은 부동산을 매각처분하였으며, 그 매매대금은 876,472,000원이다), 사망으로 상속이 개시될 당시에는 아무런 재산도 남아있지 않았다.

피상속인의 딸인 원고들은 피상속인이 생전에 처인 피고에게 부동산을 증여함으로써 원고들의 유류분이 침해되었다는 이유로 유류분반환청구를 하였다(위의 부동산은 상속개시 전에 이미 처분되었으므로, 가액반환의 방법으로 유류분을 반환하여야 한다고 주장하였다).

제1심과 원심의 판단: 제1심[37)]은 "공동상속인 중에 피상속인으로부터 재산의 생전증여에 의하여 특별수익을 한 자가 있는 경우에는 민법 제1114조의 규정은 그 적용이 배제되고, 따라서 그 증여는 상속개시 1년 이전의 것인지 여부, 당사자 쌍방이 손해를 가할 것을 알고서 하였는지 여부에 관계없이 유류분 산정을 위한 기초재산에 산입된다고 할 것인바, 공동상속인인 피고가 증여받은 재산은 상속의 기초재산에 포함된다"고 설시하고, 원고들의 유류분반환청구를 받아들여 피고에게 가액반환(원고들에게 각 97,385,777원)의 의무가 있다고 판단하였다. 이에 대해서 피고는 항소하였다.

---

35) 같은 취지, 정구태, 유류분제도의 법적 구조에 관한 연구(2009), 47면.
36) 대판 2011. 12. 8, 2010다66644.
37) 의정부지방법원 2009. 6. 11, 2008가합280 판결.

원심[38]은 먼저 피고가 피상속인으로부터 위의 부동산을 증여받은 것이 특별수익에 해당하는지의 여부와 관련하여 다음과 같이 판단하였다. "어떠한 생전 증여가 특별수익에 해당하는지는 피상속인의 생전의 자산, 수입, 생활수준, 가정상황 등을 참작하고 공동상속인들 사이의 형평을 고려하여 당해 생전 증여가 장차 상속인으로 될 자에게 돌아갈 상속재산 중의 그의 몫의 일부를 미리 주는 것이라고 볼 수 있는지에 의하여 결정하여야 하는바, 이러한 법리에 따르면 이 사건 부동산 이외에는 아무런 재산이 없던 망인이 이를 모두 피고에게 증여한 것은 통상의 부양을 위한 것이라고는 볼 수 없고 상속재산을 미리 준 것으로 보아야 하므로 민법 제1008조 소정의 특별수익에 해당한다." 이어서 원심은 처인 피고의 특별수익이 유류분반환의 대상이 되는가에 대하여 다음과 같이 판단하였다. "공동상속인 중에 피상속인으로부터 재산의 생전증여에 의하여 특별수익을 한 자가 있는 경우에는 민법 제1114조의 규정은 그 적용이 배제되고, 따라서 그 증여는 상속개시 1년 이전의 것인지 여부, 당사자 쌍방이 손해를 가할 것을 알고서 하였는지 여부에 관계없이 유류분 산정을 위한 기초재산에 산입된다. 이는 공동상속인 중에 피상속인으로부터 재산의 증여 또는 유증을 받은 특별수익자가 있는 경우에 공동상속인들 사이의 공평을 기하기 위하여 그 수증재산을 상속분의 선급으로 다루어 구체적인 상속분을 산정함에 있어 이를 참작하도록 하려는 데 그 취지가 있다. 그러므로 공동상속인인 피고가 증여받은 이 사건 각 부동산은 유류분 산정을 위한 기초재산에 포함된다." 원심은 이와 같은 이유에서 제1심의 판단을 그대로 유지하였다.

대법원의 판단: 대법원은 피상속인의 처에 대한 생전증여에는 실질적인 부부공동재산의 청산, 피상속인 사후 처에 대한 부양의 요소 등이 포함되어 있어서, 그 한도에서는 특별수익에 해당하지 않으므로, 처인 피고에게 반환의무가 없다고 판단하였다(파기환송). 이에 관한 구체적인 설시는 다음과 같다(판결문의 일부를 발췌한 것임).

"어떠한 생전 증여가 특별수익에 해당하는지는 피상속인의 생전의 자산, 수입, 생활수준, 가정상황 등을 참작하고 공동상속인들 사이의 형평을 고려하여 당해 생전 증여가 장차 상속인으로 될 자에게 돌아갈 상속재산 중 그의 몫의 일부를 미리 주는 것이라고 볼 수 있는지에 의하여 결정하여야 하는데, 생전 증여를 받은 상속인이 배우자로서 일생 동안 피상속인의 반려가 되어 그와 함께 가정공동체를 형성하고 이를 토대로 서로 헌신하며 가족의 경제적 기반인 재산을 획

38) 서울고등법원 2010. 7. 21, 2010나12489 판결.

득·유지하고 자녀들에 대한 양육과 지원을 계속해 온 경우, 그 생전증여에는 위와 같은 배우자의 기여나 노력에 대한 보상 내지 평가, 실질적 공동재산의 청산, 배우자의 여생에 대한 부양의무의 이행 등의 의미도 함께 담겨 있다고 봄이 상당하므로 그러한 한도 내에서는 위 생전증여를 특별수익에서 제외하더라도 자녀인 공동상속인들과의 관계에서 공평을 해친다고 말할 수 없다.

피고는 피상속인과 사이에 딸인 원고들과 아들을 두고 피상속인의 사망 시까지 43년 4개월 남짓 혼인생활을 유지해 온 사실, 원고들이 주장하는 피상속인의 피고에 대한 이 사건 각 부동산의 증여는 피상속인의 사망 7년 전에 이루어진 사실 등을 알 수 있는데, 이러한 사정을 앞서 본 법리에 비추어 보면, 피상속인이 이 사건 각 부동산을 피고에게 생전 증여한 데에는 피고가 피상속인의 처로서 평생을 함께 하면서 재산의 형성·유지과정에서 기울인 노력과 기여에 대한 보상 내지 평가, 청산, 부양의무의 이행 등의 취지가 포함되어 있다고 볼 여지가 충분하고, 이를 반드시 공동상속인 중 1인에 지나지 않는 피고에 대한 상속분의 선급이라고 볼 것만은 아니다.

따라서 원심으로서는 피고와 피상속인 사이의 혼인생활의 내용, 피상속인의 재산 형성·유지에 피고가 기여한 정도, 피고의 생활유지에 필요한 물적 기반 등의 제반 요소를 심리한 후, 이러한 요소가 이 사건 생전증여에 포함된 정도나 비율을 평가함으로써 증여재산의 전부 또는 일부가 특별수익에서 제외되는지 여부를 판단하였어야 함에도, 단순히 이 사건 부동산 외에는 아무런 재산이 없던 피상속인이 이를 모두 피고에게 증여하였다는 사정만으로 증여재산 전부를 특별수익에 해당한다고 판단하였으니, 이러한 원심판결에는 배우자의 특별수익에 관한 법리를 오해하여 판결에 영향을 미친 잘못이 있다."

해설

민법 제1008조는 "공동상속인 중에 피상속인으로부터 재산의 증여 또는 유증을 받은 자가 있는 경우에 그 수증재산이 자기의 상속분에 달하지 못한 때에는 그 부족한 부분의 한도에서 상속분이 있다"고 규정하고 있다. 예를 들어 피상속인 갑의 사망으로 자녀 A·B·C가 공동상속인이 되었는데, A가 갑으로부터 생전에 6,000만원의 재산을 증여받았고, 상속개시 당시에 남은 재산이 1억 8,000만원이었다면, A는 2,000만원의 한도에서 상속분이 있다. 상속개시 당시 남은 재산 1억 8,000만원을 법정상속분에 따라 나누면 A·B·C는 각각 6,000만원을 상속하게 되겠지만, A는 피상속인 갑으로부터 생전에 6,000만원을 증여받았으므로(특별수익), 자기의 상속분(8,000만원)에 부족한 한도(2,000만원)에서 상속분을 갖는 것이다. 따라서 상속개시 당시 남은 재산 1억 8,000만원에 대해서 A(특별수익자)는 2,000만원, B와 C는 각각 8,000만원의 상속분을 갖는다. 여기서 피상속인으로부터 생전증여를 받은 A를 특별수익자, 생전증여 6,000만원을 특별수익이라고 한다. 이 규정은 피상속인의 증여(또는 유증)를 상속분의 선급(상속재산을 미리 준 것)으로 보고, 증여(또는 유증)를 받은 상속인은 상속이 개시되었을 때 상속분을 미리 선급 받은 만큼 적게 받도록 함으로써 다른 공동상속인과의 공평을 실현하려는 취지에서 마련된 것이다. 여기서 피상속인의 생전증여가 행하여진 시기는 문제가 되지 않는다. 따라서 피상속인이 상속개시 전 1년간에 행한 증여뿐만 아니라(제1114조 참조) 그 이전에 행한 증여도 원칙적으로 특별수익으로서 상속이 개시되면 상속분의 산정에서 고려된다. 한편 피상속인의 생전증여(또는 유증)가 모두 당연히 특별수익에 해당하는 것은 아니다. 판례는 "어떠한 생전 증여가 특별수익에 해당하는지는 피상속인의 생전의 자산, 수입, 생활수준, 가정상황 등을 참작하고 공동상속인들 사이의 형평을 고려하여 당해 생전증여가 장차 상속인으로 될 자에게 돌아갈 상속재산 중 그의 몫의 일부를 미리 주는 것이라고 볼 수 있는지에 의하여 결정하여야" 한다는 해석론을 전개하고 있다.[39] 따라서 이러한 기준에 따라 어떠한 생전증여(또는 유증)가 특별수익에 해당하지 않는 것으로 판단된다면, 그러한 증여(또는 유증)는 상속이 개시되었을 때 상속분의 산정에서 고려되지 않는다. 즉 이런 경우에는 생전증여(또는 유증)를 받은 상속인은 상속이 개시되어도 상속분에서 수증재산의 가액을 공제한 만큼 적게 받는 것이 아니다. 위의 예에서 A가 받은 생전증여가 특별수익에 해당하지 않는다고 판단된다면(예컨대 A가 상속재산의 형성, 유지에 기여한 바가 있어서 그 정도의 생전증여를 받았다고 해도 공동상속인간의 형평에 반하지 않는다고 판단된 경우), 상속분의 산정에서 고려되지 않으며, 그 결과 A · B · C는 남은 상속재산을 법정상속분에 따라 6,000만원씩 상속하게 된다.

한편 피상속인의 생전증여(또는 유증)가 유류분을 침해하는 경우에는 유류분 반환청구의 대상이 될 수 있는데, 어떠한 증여가 반환의 대상이 되는가(즉 유류분 산정의 기초재산에 산입되는가)에 대해서는 민법 제1114조가 규정하고 있다. 유류분 산정의 기초재산에 산입되는 증여는 상속개시 전의 1년간에 행한 것에 한하며, 다만 당사자 쌍방이 유류분권리자에게 손해를 가할 것을 알고 증여를 한 때에는 1년 전에 한 것도 산입된다. 이와 같이 유류분의 산정에 있어서는 피상속인이 생전에 행한 모든 증여가 산입되는 것이 아니며, 원칙적으로 상속개시 전 1년간이라는 기간의 제한이 있다. 그런데 특별수익자의 상속분에 관한 민법 제1008

39) 대판 1998. 12. 8, 97므513.

조 규정이 제1118조에 의해서 유류분에 준용되는 결과, 피상속인이 공동상속인에게 행한 증여(특별수익)는 상속개시 1년 이전의 것인지 여부에 관계없이 원칙적으로 모두 유류분 산정의 기초재산에 산입된다.[40] 그 결과 상속인이 피상속인으로부터 증여받은 재산은 증여의 시기와 관계없이 원칙적으로 모두 유류분반환청구의 대상이 될 수 있다. 다만 피상속인의 공동상속인에 대한 생전증여(또는 유증)가 위에서 본 판례의 기준에 따라 특별수익에 해당하지 않는 것으로 판단되는 경우(즉 상속분의 선급으로 볼 수 없는 경우)에는 그 한도에서 예외적으로 유류분반환청구의 대상에서 제외될 수 있을 뿐이다.

대상판결의 사안을 보면 피상속인은 사망하기 7년 전에 처에게 증여를 하였는데, 이는 공동상속인 중 1인에 대한 증여로서 원칙적으로 특별수익에 해당한다. 따라서 민법 제1118조에 의해서 제1008조가 준용되는 결과, 증여가 이루어진 시기와 관계없이 유류분 산정의 기초재산에 산입될 수 있으며, 이는 곧 유류분반환청구의 대상이 된다는 것을 의미한다. 그러나 대법원은 피상속인의 피고(처)에 대한 증여에는 실질적인 부부공동재산의 청산, 배우자에 대한 부양의무의 이행 등의 취지가 포함되어 있으므로, 이러한 한도에서는 상속분의 선급(특별수익)으로 보기 어렵다고 판단하였다. 따라서 피고가 피상속인으로부터 증여받은 재산 중에서 특별수익에 해당하지 않는 한도에서는(예컨대, 피고인 처가 실질적인 부부공동재산의 청산으로서 받은 것으로 인정되는 재산) 유류분반환청구의 대상이 되지 않는다. 피상속인과 피고의 혼인기간이 43년에 이른다는 점 등을 고려해 볼 때 이들 부부가 생전(예컨대 피상속인이 처에게 생전증여를 할 무렵)에 이혼을 하고 재산분할을 하였다고 가정해 본다면, 특별한 사정이 없는 한 피고인 처는 남편 명의의 재산에서 적어도 절반 정도의 분할을 받을 수 있었을 것으로 생각된다. 처가 재산분할로 취득하는 재산은 실질적인 부부공유재산의 청산으로서 자신의 실질적인 공유지분을 이전받는 것으로 이해되므로(여기에 부양적 요소가 가미된다),[41] 이러한 한도에서는 특별수익에 포함되지 않는다고 보아야 할 것이다. 따라서 이 사건에서 피고인 처가 피상속인(남편)으로부터 증여받은 재산 중 적어도 절반 이상은 특별수익에 해당하지 않으며, 그러한 한도에서는 유류분반환청구의 대상이 되지 않는다고 볼 수 있다. 대상판결의 이러한 해석론에 따르는 경우 자녀들의 유류분반환청구권은 실질적으로 제한을 받게 된다. 그러나 이러한 해석론은 부부재산관계의 본질, 부부간의 부양의무에 대한 정확한 이해에 바탕을 둔 것으로서 논리적

---

40) 대판 1996. 2. 9, 95다17885; 헌재결 2010. 4. 29, 2007헌바144 전원재판부.

41) 헌재결 1997. 10. 30, 96헌바14: "재산분할의 본질은 실질적인 부부공동재산의 청산에 있으므로 재산분할에 의하여 분할되는 재산은 사실상 재산취득자의 소유에 지나지 아니하고, 재산분할에 의한 자산이전은 공유물의 분할 내지 잠재화되어 있던 지분권의 현재화에 지나지 않는다."

으로 문제가 없으며, 따라서 실질적으로 자녀들의 유류분반환청구권을 제한하는 결과로 이어진다고 해도 이를 부당하다고 할 수는 없다.[42)]

4. 정리 및 검토

(1) 유류분 상실(또는 감축)에 관한 규정을 신설하는 방안

상속이 개시될 때 자녀가 이미 경제적으로 독립된 기반을 가지고 있는 경우가 많아진 현대사회에서 유류분의 부양적 기능은 점차 그 효용을 잃어가고 있다. 이러한 배경에서 외국에서는 자녀의 유류분을 부양의 필요와 연계하여 감축할 수 있도록 하자는 주장이 오래 전부터 제기되어왔다. 유류분을 법정상속분의 일정한 비율로 고정하는 것은 법률관계를 명확하게 하는 장점이 있는 반면 구체적인 타당성에 반하는 결과를 야기할 수 있다는 것이 그 주된 논거이다.

한편 유류분의 부양적 기능이 약화되면서 피상속인과 유류분권리자 사이에 존재하는 가족 관계 그 자체로부터 유류분 제도의 정당성을 구하는 입장이 부각되고 있다. 그런데 이 입장에서도 유류분이 인정되기 위해서는 피상속인과 유류분권리자 사이에 친족관계가 있었다는 것만으로는 부족하고, 그 친족관계에 상응하는 최소한의 유대관계가 전제되어야 한다고 한다. 따라서 가족 간에 보편적으로 존재하는 최소한의 유대관계가 결여되어 있고, 그와 같이 관계가 파탄에 이르게 된 책임이 유류분권리자에게 있는 경우에는 그의 유류분을 상실시키는 것이 타당하다고 본다. 유류분 제도를 두고 있는 나라에서 유류분 상실(또는 감축)에 관한 규정을 함께 두고 있는 경우가 많은 것은 이러한 배경에서 이해될 수 있다.

우리의 입장에서 이러한 논의를 어느 정도 수용할 수 있을 것인가에 대해서는 간단히 결론을 내리기 어렵다. 다만 개인적으로는 유류분권리자인 자녀가 상속재산으로 부양을 받을 필요가 없는 경우나 피상속인과의 관계가 심각하게 파탄되어 있는 경우에 피상속인이 유언으로 이들을 상속에서 제외하였다면, 유류분반환에 관한 소송에서 법원이 이러한 사정을 종합적으로 고려하여 유류분을 적절하게 감축할 수 있도록 하는 방안에 대해서 검토가 이루어질 필요가 있다고 본다.[43)]

---

42) 우리 민법상 상속인으로서의 배우자의 지위가 열악하다는 비판이 있는데, 이 판결로써 일정 부분 보완될 것으로 기대된다는 의견도 있다. 민유숙, 2011년 친족·상속법 중요판례, 인권과 정의 2012년 3월호(424호), 57면 이하.

43) 2015년 8월 7일 민사판례연구회 하계심포지엄에서 이 글을 발표할 당시 지정토론자였던 이정민 부장판사는 "유류분 상실 제도가 도입되기 전이라도 유류분 권리자의 귀책사유로 피상속인과의 관계가 파탄된 경우 등 유류분 제도의 취지에 반하는 유류분 청구는 권리남용이나 신의칙에 반한다고 보아 배척할 수는 없는 것인가"라는 의견을 제시하였다. 그 날 토론에서 귀중한 의견을 주신 이정민 부장판사님께 감사드린다.

위에서 본 판례에서처럼 해석론을 통하여 개별적인 사안에 따라 자녀들의 유류분반환청구를 기각하거나 실제로 제한하는 것도 가능하겠지만, 구체적으로 어떤 경우에 유류분이 상실 또는 감축될 수 있는 것인지에 대한 예측가능성이 떨어진다는 단점이 있다. 구체적인 사안에 따라 자녀들의 유류분을 상실 또는 감축할 필요가 있다는 점에 대해서 공감대가 형성된다면, 입법을 통하여 이 문제를 해결하는 것이 보다 바람직한 방향이 될 것이다.

예컨대, 민법 제1112조에 제2항을 신설하여 다음과 같이 규정하는 방안을 생각해 볼 수 있다.

제1112조(유류분의 권리자와 유류분) ① 상속인의 유류분은 다음 각 호에 의한다.

1. 피상속인의 직계비속은 그 법정상속분의 2분의 1
2. 피상속인의 배우자는 그 법정상속분의 2분의 1
3. 피상속인의 직계존속은 그 법정상속분의 3분의 1
4. 삭제[44]

② 법원은 당사자의 청구에 의하여 피상속인과 유류분권리자의 관계, 상속재산의 형성·유지에 대한 유류분권리자와 반환의무자의 기여도, 유류분권리자와 반환의무자의 연령 및 부양 필요성, 그 밖의 사정을 참작하여 제1항 제2호에 따른 피상속인의 직계비속의 유류분을 감축할 수 있다.

이와 같은 규정이 신설된다면 유류분과 기여분의 관계에서 발생하는 문제도 해결이 가능할 것이다. 현행법에 의하면 기여분은 유류분반환의 대상이 되지 않으므로, 공동상속인 중의 1인에 대하여 기여분이 크게 인정됨으로써 다른 공동상속인의 유류분이 침해되더라도 기여분은 반환청구의 대상이 되지 않는다. 반면에 상속재산의 형성·유지에 기여한 상속인이 실질적인 기여의 청산으로서 다액의 증여나 유증을 받아서 다른 공동상속인의 유류분이 침해되면, 이는 유류분반환청구의 대상이 된다. 상속재산의 형성·유지에 기여한 상속인이 실질적인 기여에

---

44) 유류분제도의 존재이유에 비추어 볼 때 피상속인의 형제자매는 유류분권리자의 범위에 포함시키지 않는 것이 타당하다고 본다. 비교법적으로 보아도 형제자매를 유류분권리자로 규정하는 나라는 찾아보기 어렵다. 예컨대 일본민법은 직계존속과 자녀, 배우자에 대해서만 유류분을 인정하고 있으며(일본민법 제1028조), 독일은 부모와 직계비속, 배우자에 한하여 유류분이 인정된다(독일민법 제2303조). 스위스는 1984년 법개정을 통하여 형제자매의 유류분을 삭제하였으며, 현재는 부모와 배우자, 직계비속에 대해서만 유류분이 인정되고 있다(스위스민법 제471조). 덴마크는 배우자와 직계비속에 대해서만 유류분을 인정한다(덴마크상속법 제4장 제25조). 미국의 대부분의 주에서는 배우자에 대하여 상속재산의 일정비율(일종의 유류분)을 남기도록 하고 있는 반면 자녀에 대해서는 일정한 재산을 남길 것을 강제하지 않는다(루이지애나와 푸에르토리코만이 예외적으로 자녀에 대한 유류분을 인정한다).

대한 보상, 청산의 차원에서 받은 증여나 유증은 민법 제1008조의2가 규정하는 기여분에 해당하지 않으므로, 유류분반환청구의 대상이 되기 때문이다. 만약 위와 같이 유류분반환청구를 감축할 수 있는 규정이 신설된다면, 실질적인 기여의 청산 또는 보상의 차원에서 증여나 유증을 받은 기여상속인에 대한 유류분반환청구를 적절하게 감축시킴으로써 기여상속인과 다른 공동상속인 사이의 실질적인 형평을 도모할 수 있을 것이다.

(2) 상속결격사유를 확대하는 방안

유류분 상실 제도는 피상속인의 의사를 전제로 하는 것이므로, 피상속인이 생전에 유언으로 특정한 상속인의 유류분을 상실시키겠다는 의사를 표시해야만 한다. 따라서 피상속인에게 유언능력이 없는 경우(또는 유언능력이 있었다고 해도 유언을 할 기회가 없었던 경우)에는 이 제도를 이용하는 것이 불가능하다. 그 결과 피상속인과 상속인 사이에 최소한의 유대관계가 남아있지 않았던 경우에도 상속결격사유에 해당하지 않는 한, 상속인은 법정상속분에 따라 상속재산을 받게 되는 불합리한 결과가 생길 수 있다. 이러한 경우를 대비하여 상속결격사유를 확대하는 방안에 대해서 구체적으로 논의를 시작할 필요가 있다고 생각된다. 위에서 본 바와 같이 상속인이 피상속인에 대하여 친자관계에서 발생하는 가족법상의 의무를 이행하지 않은 경우를 상속결격사유로 규정한 오스트리아민법의 태도는 참고가 될 수 있을 것이다. 이와 아울러 오스트리아민법은 상속인이 피상속인에 대하여 고의로 1년 이상의 자유형에 처해질 수 있는 범죄행위를 한 경우를 상속결격사유로 규정하고 있는데(오스트리아민법 제540조), 현재 우리민법의 상속결격 규정이 너무 엄격하다는 점에 비추어 보면 이와 같이 결격사유의 범위를 확대하는 방안도 고려해 볼만 하다고 생각한다. 이와 같이 결격사유의 범위를 넓히면 피상속인의 의사와 관계없이 결격이 되는 경우가 생길 수 있다는 우려가 제기될 수 있으나, 피상속인이 용서할 수 있는 규정을 두면 이러한 문제는 해결할 수 있을 것이다.

Ⅳ 맺음말

상속이 개시될 때 자녀가 이미 경제적으로 독립된 기반을 가지고 있는 경우가 많아진 현대사회에서 유류분의 부양적 기능은 점차 그 효용을 잃어가고 있다. 이에 따라 피상속인과 유류분권리자 사이에 존재하는 가족관계 그 자체로부터 유류분 제도의 정당성을 구하는 입장이 상대적으로 부각되고 있다. 그런데 이 입장에서도 유류분이 인정되기 위해서는 피상속인과 유류분권리자 사이에 가족관계(혈연관계)가 있다는 것만으로는 부족하고, 그 가족관계에 상응하는 최소한의 유대관계가 전제되어야 한다고 한다. 따라서 가족 간에 보편적으로 존재하는 최소한의 유대관계가 결여되어 있고, 그와 같이 관계가 파탄에 이르게 된 책임이 유류분권리자에게 있는 경우에는 유류분을 상실시키는 것이 타당하다고 본다. 이러한 이유에서 유류분 제도를 도입한 대부분의 나라들은 유류분 상실(또는 감축)에 관한 규정을 함께 두고 있는 경우가 많다.

우리의 입장에서 이러한 논의를 얼마나 수용할 수 있을 것인지는 간단히 결론을 내리기 어렵다. 다만 우리 사회에서도 이제 자녀의 유류분에 대하여 문제를 제기하고 개정방향을 논의할 필요는 있다고 생각된다. 예를 들어, 피상속인이 유언으로 자녀를 상속에서 제외한 경우에는 그 자녀의 부양 필요성, 피상속인과의 관계 등을 고려하여 법원이 유류분을 감축할 수 있도록 하는 방안에 대해서 논의해 볼 수 있을 것이다. 구체적인 사정을 고려하여 자녀의 유류분을 적절하게 감축할 수 있도록 함으로써 피상속인의 유언의 자유와 자녀의 유류분이 조화를 이루는 지점을 찾을 수 있을 것으로 기대된다.

유류분 상실(또는 감축) 제도는 피상속인의 유언을 전제로 하는 것이므로, 피상속인이 유언능력이 없는 경우(또는 유언을 할 기회가 없었던 경우)에는 이 제도를 이용할 수 없다는 한계가 있다. 그 결과 피상속인과의 사이에 최소한의 유대관계가 없었던 상속인이 법정상속분에 따른 상속재산을 받는 경우가 생길 수 있다. 이런 경우를 대비하여 상속결격사유를 확대하는 방안에 대해서 논의해 볼 수 있다고 생각한다. 부모와 자녀의 관계에서 발생하는 가족법상의 의무를 심각하게 해태한 경우를 상속결격사유로 규정한 오스트리아민법의 태도는 참고가 될 수 있을 것이다.

자녀의 유류분에 관하여 입법을 할 때는 두 가지 규율방식을 생각해 볼 수 있다. 하나는 현행법과 같이 유류분을 일정한 비율로 고정시키는 방법이다. 이렇게 하는 경우 법률관계가 명확해진다는 장점이 있는 반면 규정의 경직성으로 인하여 구체적인 관계를 반영하지 못한다는 한계에 봉착하게 된다. 또 다른 방법은 유류분을 일정한 비율로 규정하되 구체적인 사정을 고려하여 감축할 수 있도록 하는 것이다. 이 방법에 의하면 실질적인 관계에 맞는 재산의 청산 및 분배가 가능하게 되어 구체적 타당성을 실현할 수 있다는 장점이 있으나, 절차가 복잡해지고 법적 안정성이 떨어진다는 비판을 받을 수 있다. 앞으로 자녀의 유류분에 대한 개정 논의는 궁극적으로 위의 두 가지 방식 중 어느 쪽을 선택할 것인가의 문제로 귀결될 가능성이 높아 보인다.

상속법과 관련된 우리 사회의 변화를 고려해 볼 때 자녀들의 유류분반환청구를 제한해야 할 합리적인 이유가 인정되는 사례는 앞으로 계속 발생할 것으로 예상된다. 이러한 경우에 법원이 여러 가지 사정(피상속인과 유류분권리자의 유대관계, 상속재산의 형성·유지에 대한 유류분권리자와 반환의무자의 기여도, 유류분권리자와 반환의무자의 연령 및 부양 필요성, 공동상속인간의 형평 등)을 종합적으로 고려하여 자녀의 유류분을 감축할 수 있는 규정이 마련된다면, 생존배우자의 생활 기반을 유지하고 공동상속인간의 형평을 실현하는 데 유용한 수단으로 활용될 수 있을 것으로 기대된다.

〈민사판례연구 제38권(2016년) 수록〉

3. 디지털 유산의 상속성 - 상속법의 관점에서 -

I 들어가는 말

사망한 사람이 생전에 작성하고 수집한 온라인 기록과 자료를 유가족이 열람하거나 복사할 수 있는 권리가 있는가? 이 질문에 대한 답을 찾기 위해서는 우선 디지털 유산[1]이 상속의 대상이 되는가에 대해서 알아볼 필요가 있다. 디지털 유산의 상속성에 대해서는 국내에서도 몇 년 전부터 논의가 있었으나, 최근에 세월호 참사 이후 유가족들이 정보통신서비스 제공자에 대해서 희생자들이 남긴 온라인 기록과 자료(구체적으로는 희생자들이 개인 블로그, 미니홈피 등에 남긴 자료, 이메일로 주고받은 메일 등)의 열람, 복사 등을 요구하면서 현실적인 이슈로 제기되었다.

디지털 유산의 상속에 관하여는 여러 가지 관점에서 의견이 개진된 바 있으나, 이 논문에서는 주로 상속법의 관점에서 접근하여 하나의 해석론을 모색해 보려고 한다. 디지털 유산의 문제를 해결하는 방법으로는 입법론[2]과 해석론이 있을 수 있으나, 현행 상속법체계와 조화되는 해석을 통하여 문제의 상당 부분을 해결할 수 있다고 보기 때문이다(물론 문제의 명확한 해결을 위해서 궁극적으로는 명문의 규정을 마련하는 것이 필요하다고 본다. 이 논문에서도 필요하다고 생각되는 범위에서 보충적으로 입법론을 제시할 예정이다).

아래에서는 디지털 유산의 상속성과 관련하여, 특히 피상속인이 블로그, 미니홈피, 이메일 등에 남긴 기록과 자료, 메일(전자우편) 등이 상속인에게 승계될 수 있는가의 문제에 대해서 집중적으로 살펴보려고 한다.

---

1) 디지털 유산을 간단하게 정의하면, 사망한 사람이 남긴 디지털 형태(전자적 방식)의 모든 기록과 자료라고 할 수 있다. 디지털 유산은 그 소재에 따라서 피상속인의 개인 컴퓨터나 USB 등 저장매체에 보관되어 있는 자료와 온라인상에 존재하는 자료로 나누어 볼 수 있다. 보다 상세한 내용에 대해서는 최경진, 디지털遺産의 *法的 考察*, 경희법학 제46권 제3호(2011), 256면 이하 참조.

2) 「정보통신망 이용촉진 및 정보보호 등에 관한 법률 일부개정안」이 의원입법 형식으로 국회에 제출된 바 있다. 법안의 자세한 내용에 대해서는 윤주희, 디지털유품의 상속성에 관한 민사법적 고찰, 인하대학교 법학연구 제14집 제1호(2011), 190면 이하; 유충호, 잊힐 권리의 실현방안에 관한 연구(중앙대학교 대학원 박사학위논문, 2015), 221면 이하 참조.

Ⅱ 상속법상 포괄승계·당연승계의 원칙

1. 재산에 관한 포괄적 권리의무의 승계

우리 민법은 상속편인 제1005조에서 당연승계·포괄승계의 원칙을 규정하고 있다. 이 규정은 우리 상속법의 근간을 이루는 것으로서 상속법체계 내에서 매우 중요한 위치를 차지한다. 당연승계·포괄승계의 원칙에 따라 상속인은 상속이 개시된 때(즉 피상속인이 사망한 때)로부터 피상속인의 재산에 관한 포괄적 권리의무를 승계한다(그러나 피상속인의 일신에 전속한 것은 상속에서 제외된다). '재산에 관한 포괄적 권리의무'란 폭넓은 개념으로 이해되고 있다.[3] 즉, 물권, 채권, 채무 등 현실적인 권리의무에 한정되지 않고, 계약상의 지위까지도 포함하는 개념이다. 예를 들어 피상속인이 주택을 임차하여 거주하다가 사망하였다면, 그의 상속인은 임차인의 지위를 승계하므로, 임대인과의 사이에서 임대차계약관계가 존속하게 된다. 따라서 상속인은 피상속인이 임차한 주택에 들어가서 거주할 수 있으며(물론 차임지급의무도 부담한다), 임대인은 이를 거절할 수 없다. 왜냐하면 상속인은 원래 임대차계약을 체결했던 피상속인의 계약상 지위를 그대로 승계한 사람이기 때문이다.

또한 상속인은 피상속인의 계약상 지위에 부수하는 권리와 의무도 승계한다(예컨대 취소권, 해지권, 해제권 등의 형성권과 매도인의 담보의무 등). 이외에 상속인은 저작권, 특허권 등의 무체재산권도 상속한다.

2. 예외: 피상속인의 일신에 전속한 권리의무

당연승계·포괄승계의 원칙에 따라 상속인은 상속이 개시된 때부터 피상속인의 재산에 관한 포괄적 권리의무를 승계하지만, 피상속인의 일신에 전속한 것은 상속에서 제외된다. 일신전속적인 권리의무는 피상속인의 인격과 직접적으로 관련되어 있어서 그 속성상 타인에게 승계될 수 없으며, 피상속인의 사망과 동시에 소멸하는 것을 운명으로 한다. 일신전속적인 권리의무는 그 고유한 특성에 따라(즉, 상속성이 부정될 수밖에 없는 이유에 따라) 다음과 같은 두 가지 유형으로 나누어 볼 수 있다.

첫째, 일정한 신분관계, 신뢰, 능력, 자질 등을 전제로 하여 인정되는 권리의무와 계약상의 지위는 상속되지 않는다. 예를 들어 친권, 후견인의 지위, 대리권

---

3) 자세한 내용은 김주수·김상용, 친족·상속법(2014), 602면 이하 참조.

(민법 제127조 제1호) 등은 각각 친권자, 후견인, 대리인의 사망과 동시에 소멸하며, 상속인에게 승계되지 않는 일신전속적인 권리의무이다. 이러한 권리의무는 일정한 신분(신뢰)관계, 능력, 자질 등을 전제로 하여 인정되는 것이므로, 당사자가 사망하는 경우에 자동으로 상속인에게 승계된다면 그 제도의 취지를 살릴 수 없기 때문이다(예를 들어, 가정법원이 미성년자의 보호에 적당하다고 인정하는 사람을 미성년후견인으로 선임하였는데, 그가 사망한 경우에 그의 상속인이 미성년후견인의 지위를 상속한다면 미성년자의 보호를 기대할 수 없다. 미성년후견인의 상속인이 후견인의 임무를 수행할 수 있는 자질과 능력을 갖추고 있다는 보장이 없기 때문이다). 위와 같은 속성을 지닌 권리의무는 설령 그 내용이 재산과 관련된 것이라고 해도 상속되지 않는다. 예를 들어, 부양청구권이나 부양의무는 재산적 급부를 내용으로 하는 것이지만 일정한 신분관계를 전제로 하는 것이므로 상속되지 않는다.

계약상의 지위에 대해서도 위와 같은 법리가 그대로 적용된다. 계약에 있어서 계약당사자의 능력과 자질, 신뢰관계 등이 중요한 요소가 되는 경우에는 계약당사자의 지위는 승계되지 않는다(즉, 계약당사자가 변경되면 계약의 목적을 달성할 수 없는 경우에는 그 계약상의 지위는 일신전속적인 성질을 갖는 것으로서 상속되지 않는다). 예를 들어, 근로계약에 있어서 근로자의 지위는 상속되지 않는다. 상속인이 피상속인과 같은 근로능력을 갖추고 있다고 볼 수 없기 때문이다. 이러한 계약상의 지위는 설령 재산과 관계가 있다고 해도 일신전속적인 것으로서 피상속인의 사망과 동시에 소멸한다.[4)]

둘째, 피상속인의 일반적인 인격권(명예권, 성명권, 초상권 등)도 상속되지 않으며, 사망과 동시에 소멸한다.[5)] 물론 피상속인(사자)의 인격권이 제3자에 의해서 위법하게 침해되는 경우에는 일정한 범위의 상속인이 유족으로서 금지청구를 할 수 있을 것이나, 이것은 상속인이 피상속인의 인격권을 승계하였기 때문이 아니다. 사자의 인격권은 사망 후에도 보호가 필요한 범위 내에서는 일정한 기간 존속하는 것으로 보는데, 사자 본인이 인격권의 침해에 대해서 대응하는 것이 불가능하기 때문에 그의 가까운 친족이 사자를 대신해서 침해의 금지를 구할 수 있도록 인정하고 있는 것뿐이다.[6)]

---

4) 이렇게 볼 때 어떠한 권리의무나 계약상의 지위가 상속되는가의 여부는 그 권리의무 또는 계약상의 지위가 재산적인 것인가 또는 비재산적인 것인가라는 단순한 기준에 의해서 도식적으로 결정할 수 없고, 권리의무 또는 계약의 성질 등을 구체적으로 고려하여 판단하여야 함을 알 수 있다.

5) 독일에서는 피상속인의 인격권이 재산적 가치를 갖는 경우에는 예외적으로 상속될 수 있다고 본다. 예컨대, 연예인의 초상권, 성명권 등이 여기에 해당될 수 있다. BGH, NJW 2000, 2195. 말레네 디트리히(Marlene Dietrich)의 외동딸이 자신이 상속한 어머니의 초상권, 성명권 등의 침해에 대해서 손해배상청구를 하여 인용된 사례이다. 국내에서도 인격권을 재산적 측면에서 파악한 이른바 퍼블리시티권의 상속을 인정한 하급심 판결이 있다(서울동부지법 2006. 12. 21, 2006가합6780 판결).

6) 사자의 인격권에 관하여는 김재형, 인격권에 대한 입법제안, 민사법학 제57호(2011), 79면 이하

Ⅲ 디지털 유산(디지털 기록과 자료)은 당연승계·포괄승계의 원칙에 의해서 상속되는가?

1. 개인 기록물과 자료의 상속성

(1) 당연승계・포괄승계의 원칙에 의해서 상속개시 당시(피상속인의 사망 시)에 피상속인에게 속해있던 권리와 의무는 일신전속적인 것을 제외하고는 빠짐없이 상속인에게 승계된다. 예를 들어 피상속인의 일기장,[7] 사진첩, 편지 등은 그 내용에 관계없이 모두 상속재산으로서 상속인에게 승계된다. 보다 정확히 말하면 일기장, 사진첩, 편지와 같은 물건에 대한 소유권이 상속되는 것이다. 이러한 물건에 대한 소유권이 상속되는 경우에 그 물건에 어떠한 내용이 담겨있는가는 고려되지 않는다. 일기장이나 사진첩, 편지 등에 담긴 내용이 피상속인의 사생활과 관계가 있는 것이고, 평소에 공개되지 않았던 것이라고 해도 이러한 사정이 일기장이나 사진첩, 편지의 상속을 저해하는 사유가 되지 않는다(안네의 일기는 그의 사후 가족 중의 유일한 생존자였던 안네의 아버지 오토 프랑크가 아우슈비츠에서 살아 돌아온 후, 일기를 보관하고 있던 지인으로부터 넘겨받아 출판한 것이다).

이러한 개인적인 기록물과 자료는 피상속인의 사생활과 깊은 관련이 있으므로 일종의 인격권으로 볼 수 있는 것이 아닌가, 따라서 일신전속권으로서 상속에서 제외되어야 하는 것이 아닌가라는 의문이 제기될 수 있다. 그러나 피상속인의 사생활에 관한 정보가 담겨 있는 개인적인 기록물과 자료라고 해서 상속에서 제외되는 일신전속권이라고 볼 수 있는 근거는 없다. 그 이유는 다음과 같다.

(2) 피상속인의 사망 후 그의 권리의무는 두 가지 유형으로 분류되어 각각 다른 길을 가게 된다. 대부분의 권리의무는 상속인에게 승계되며, 예외적으로 상속되지 않는 일신전속적인 권리의무는 피상속인의 사망과 동시에 소멸한다. 이 두 가지 이외에 다른 가능성은 존재하지 않는다. 피상속인의 일기장, 사진첩, 편지와 같은 개인적인 기록물과 자료가 그 일신전속적인 성격으로 인하여 상속되지 않는다고 가정한다면, 이러한 물건에 대한 소유권은 피상속인의 사망과 동시에 소멸하는 운명을 피할 수 없다. 그러나 개인의 일기장, 사진첩, 편지 등과 같은 물건

참조; 이에 대해서 사자의 인격권을 부정하고, 그 대신 사자의 명예가 침해된 경우에는 유족의 인격권이 침해된 것으로 보아서 유족 자신이 불법행위에 기인한 청구를 할 수 있다고 보는 견해가 있다(소위 간접보호설). 장재옥, 사후의 인격과 유족의 인격보호, 중앙대학교 법학논문집 제24집 제1호(2000), 156면 이하. 다만 어느 견해에 의하든 일반적 인격권이 상속되지 않는 일신전속권이라는 점에는 차이가 없다.

7) BVerfG, NJW 1990, 563; BGH GuR 1955, 201/203.

에 대한 소유권이 그 소유자의 사망과 동시에 소멸한다는 것은 합리적으로 설명이 되지 않는다. 개인의 사생활에 관한 기록이 담긴 일기장, 사진첩, 편지라고 해도 그 소유자의 사망과 동시에 소유권이 소멸하지 않는다면, 이에 대한 소유권은 상속인에게 승계될 수밖에 없다.[8]

이러한 점에 비추어 볼 때 피상속인의 사생활에 관한 기록물과 자료는 피상속인의 인격과 관련된 것으로서 일신전속적인 것이며, 따라서 상속인에게 승계될 수 없는 것이 아닌가라는 의문은 일신전속성이라는 개념에 대한 오해에서 비롯된 것임을 알 수 있다. 어떤 물건(일기장, 사진첩, 편지 등)이 피상속인의 사생활에 관한 내용을 담고 있다고 해도 그 물건의 소유권이 상속인에게 승계되는 데에는 아무런 장애가 되지 않는다.[9] 다만, 상속인이 피상속인의 일기장, 사진첩, 편지 등의 내용을 살펴보고, 피상속인의 내밀한 사생활에 관한 사실을 여과 없이 외부에 공표함으로써 사자의 명예를 침해한다면 피상속인의 유족은 이에 대해서 금지청구를 할 수 있을 것이다.[10]

---

8) 독일민법 제2373조는 상속분 양도의 경우에도 피상속인의 일기장, 편지, 사진 등은 함께 양도되지 않는 것으로 본다(즉 이러한 상속재산은 상속인에게 남아야 한다고 본다). 이것은 피상속인의 일기장, 편지, 사진 등이 상속재산에 속한다는 것을 전제로 한 규정이다. BeckOK BGB/J. Mayer BGB § 2373 Rn. 1-2.

9) 인격권이 일신전속권이라고 해서 인격과 관련된 기록, 자료 등도 당연히 일신전속권이 되는 것은 아니다. 예를 들어 A에게 혼인외의 자 B가 있는데, A는 이 사실을 비밀로 유지하고 있다. 이 사실을 우연히 알게 된 C가 A와 B의 관계를 SNS 상에 유포하여 A의 명예와 사생활의 비밀을 침해하였다면, 이는 A의 인격권을 침해하였다고 볼 수 있을 것이다. 이러한 A의 명예권, 사생활을 보호받을 권리(인격권)는 A의 인격 그 자체와 불가분의 관계로 결부되어 있으므로, A가 사망하여 그의 인격이 소멸하는 경우에는 함께 소멸하는 일신전속권이라고 할 수 있다(다만 A의 사후에는 사자의 인격권 보호의 문제로 다루어질 수 있을 뿐이다). 반면에 A가 쓴 일기 중에 혼인외의 자 B에 관한 부분이 있다고 해서 그 일기(일기장에 대한 소유권)가 일신전속권의 성질을 가지게 되는 것은 아니다. 또한 A와 B가 함께 찍은 사진, 동영상 등 디지털 형태의 자료가 A의 컴퓨터나 USB 등에 저장되어 있는 경우에 그 컴퓨터나 USB 등이 일신전속권으로서 상속에서 제외된다고 볼 수도 없다. 나아가 A의 컴퓨터나 USB 등에 저장되어 있는 사진과 동영상 등의 자료가 A의 인격과 관련된 정보라는 이유로 일신전속권이 될 수도 없다.

10) 금지청구권을 행사할 수 있는 유족의 범위에 관해서는 「저작권법」과 「언론중재 및 피해구제 등에 관한 법률」의 해당 규정을 참고할 수 있을 것이다. 저작권법 제128조는 사자의 배우자와 일정한 범위의 혈족에게 침해의 정지청구권을 인정한다. 저작권법 제128조(저작자의 사망 후 인격적 이익의 보호) 저작자가 사망한 후에 그 유족(사망한 저작자의 배우자·자·부모·손·조부모 또는 형제자매를 말한다)이나 유언집행자는 당해 저작물에 대하여 제14조제2항의 규정을 위반하거나 위반할 우려가 있는 자에 대하여는 제123조의 규정에 따른 청구를 할 수 있으며, 고의 또는 과실로 저작인격권을 침해하거나 제14조제2항의 규정을 위반한 자에 대하여는 제127조의 규정에 따른 명예회복 등의 청구를 할 수 있다; 또한 「언론중재 및 피해구제 등에 관한 법률」 제5조의2(사망자의 인격권 보호) 제2항은 "사망한 사람의 인격권을 침해하였거나 침해할 우려가 있는 경우에는 이에 따른 구제절차를 유족이 수행한다"고 규정하고 있는데, 여기서 유족이란 배우자, 직계비속, 직계존속 및 형제자매를 말한다(제3항: "제2항의 유족은 다른 법률에 특별한 규정이 없으면 사망한 사람의 배우자와 직계비속으로 한정하되, 배우자와 직계비속이 모두 없는 경우에는 직계존속이, 직계존속도 없는 경우에는 형제자매가 그 유족이 되며, 같은 순위의 유족이 2명 이상 있는 경우에는 각자가 단독으로 청구권을 행사한다).

(3) 한편 피상속인이 남긴 개인 기록물과 자료를 그 내용에 따라 일신전속적인 것과 그렇지 않은 것(상속되는 것)으로 구별하는 것은 기술상으로도 불가능하다. 예를 들어 피상속인이 남긴 노트 중에 회계장부와 일기장이 있다고 가정해 보자. 회계장부는 상속재산을 파악하는 데 있어서도 필요한 자료이므로, 당연히 상속의 대상이 된다는 데 이론(異論)이 없을 것이다. 그런데 피상속인이 남긴 일기장에는 그 동안 밝혀지지 않은 사생활의 비밀이 포함되어 있어서 상속에서 제외되어야 한다면, 누가 어떠한 기준으로 이러한 분류작업을 할 것이며, 누가 상속인을 그러한 자료에서 차단하는 임무를 수행할 것인가? 이러한 일은 이론적인 면에서나 기술적인 면에서 거의 불가능하다고 보아도 과언이 아닐 것이다.[11] 결국 피상속인이 남긴 개인 기록물과 자료에 대한 소유권은 그 내용과 관계없이 당연승계·포괄승계의 원칙에 따라 전부 상속인에게 승계된다는 결론에 이르게 된다.

2. 디지털 기록과 자료의 상속성

그런데 피상속인의 일기, 사진, 편지 등이 종이로 남아 있지 않고, 피상속인의 개인 컴퓨터나 USB 등에 디지털 형태로 저장되어 있다면 상속에 있어서 어떤 차이가 있을 수 있는가? 피상속인의 컴퓨터와 USB, CD 등의 저장매체가 상속재산으로서 상속인에게 승계된다는 점에는 의문의 여지가 없고, 그 안에 저장된 자료도 당연히 함께 상속인에게 승계된다.[12] 피상속인의 컴퓨터나 USB 등에 저장되어 있는 자료 중에는 재산과 관련된 것도 있을 수 있고, 피상속인의 내밀한 사생활에 관한 것도 있을 수 있지만, 그 내용에 관계없이 모두 상속인에게 일괄적으로 승계된다는 점에는 의문의 여지가 없다. 여기서 결국 피상속인이 남긴 기록과 자료가 어떤 형태로 저장, 보존되어 있는가(종이에 기록되어 있는가 또는 디지털 형태로 저장되어 있는가)는 상속에 있어서 문제가 되지 않는다는 사실을 알 수 있다.

그렇다면 피상속인이 남긴 일기, 사진, 편지(이메일) 등이 피상속인의 컴퓨터나 USB 등의 저장매체가 아니라 블로그, 미니홈피, 메일함 등에 보존되어 경우

---

11) 다만 이에 대한 예외로서 피상속인이 유언으로 유언집행자에게 특정한 기록물의 파쇄 임무를 맡긴 경우를 생각해 볼 수 있을 것이다. 그러나 이러한 구체적 유언이 없었던 일반적인 경우에는 피상속인의 일기장, 사진첩, 편지 등의 소유권은 일괄적으로 상속인에게 승계될 수밖에 없다.

12) Hoeren, Der Tod und das Internet - Rechtliche Fragen zur Verwendung von E-Mail- und WWW-Accounts nach dem Tode des Inhabers, NJW 2005, 2114/2114; Martini, Der digitale Nachlass und die Herausforderung postmortalen Persönlichkeitsschutzes im Internet, JZ 2012, 1145/1147; Herzog, Bewertungen der Rechtslage aus erbrechtlicher Sicht, in: DAV, Stellungnahme Nr. 34/2013, S. 48.

에는 상속에 있어서 어떤 차이가 있을 수 있는가? 이 경우에는 피상속인이 남긴 기록물과 자료가 정보통신서비스 제공자의 서버에 남아 있으므로, 피상속인의 개인 컴퓨터나 USB 등에 저장되어 있는 경우와는 달리 상속의 대상이 되지 않는다는 의견도 나올 수 있다(정보통신서비스 제공자의 서버는 피상속인의 소유가 아니므로, 상속인이 서버의 소유권을 승계하는 방식으로 그 안에 저장되어 있는 피상속인의 디지털 자료를 승계할 수는 없기 때문이다). 이 문제에 대한 답을 구하기 위해서는 우선 피상속인과 정보통신서비스 제공자와의 계약관계가 상속되는가(즉 피상속인의 정보통신서비스 이용 계약상의 지위가 상속되는가)에 대해서 살펴볼 필요가 있다. 피상속인의 정보통신서비스 이용계약상의 지위가 상속된다면, 피상속인의 계약상의 지위를 승계한 상속인은 정보통신서비스 제공자에 대하여 피상속인이 가지고 있던 모든 권리(예컨대, 계정의 통지 청구, 기록물과 자료의 열람, 복사권 등)를 행사할 수 있게 되기 때문이다. 이어서 이 문제에 대해서 자세히 살펴본다.

3. 온라인상의 기록과 자료의 상속성

(1) 위의 Ⅱ.에서 본 바와 같이 당연승계·포괄승계의 원칙에 따라 계약상의 지위도 원칙적으로 상속인에게 승계된다. 다만 예외적으로 계약상의 지위가 일신전속적인 성질을 가진 경우에는 상속되지 않는다. 계약상의 지위가 상속되는가의 여부, 즉 일신전속적인 성질을 가지는가의 여부는 그 계약이 성립할 때 계약당사자의 능력, 자질 또는 당사자 간의 신뢰관계 등이 중요한 요소로 고려되는가에 따라 결정된다. 예를 들어, 근로계약의 체결에 있어서는 당사자인 근로자의 능력과 자질이 결정적인 요소로 고려되므로, 근로자의 지위는 승계될 수 없다. 또한 위임계약에 있어서는 당사자 간의 신뢰관계가 중요한 요소로 고려되므로, 수임인의 지위는 상속되지 않는다. 이외에 예술품을 완성하여 인도하는 도급계약에 있어서 예술가의 계약상 지위도 마찬가지의 이유에서 상속되지 않는다.

(2) 그렇다면 일반인이 정보통신서비스 제공자와 체결한 정보통신서비스 이용계약상의 지위는 일신전속적인 성질을 가진다고 볼 수 있는가? 개인이 정보통신서비스 제공자와 정보통신서비스 이용계약을 체결할 때 정보통신서비스 제공자는 계약상대방의 능력이나 자질 등을 고려하지 않는다. 또한 상대방이 신뢰할 만한 사람인가를 따져 보지도 않는다. 단지 일정한 정보를 입력하고 정보통신서비스 제공자가 제시하는 약관에 동의하기만 하면 간단하게 계약이 성립한다. 이와 같이 계약상대방의 인격에 대한 고려 없이 획일적으로 성립하는 계약관계는 일신전속적인 성질을 가지는 것으로 볼 수 없다. 따라서 정보통신서비스 제공자와 이용

자 사이의 계약관계는 그 성질상 상속이 되는 것으로 보아야 할 것이다.[13] 이에 따라 정보통신서비스 이용자가 사망하는 경우에 그 계약상의 지위를 승계하는 상속인은 정보통신서비스 제공자에 대하여 원래의 계약당사자인 피상속인과 동일한 권리를 행사할 수 있다(이는 정보통신서비스 제공자와 이용자 사이의 계약에 기인한 권리, 즉 일종의 채권이라고 볼 수 있을 것이다). 그러므로 정보통신서비스 이용자가 사망한 경우 그의 상속인은 정보통신서비스 제공자를 상대로 계정정보(아이디, 비밀번호 등)를 요청할 수 있다고 해석된다.[14] 정보통신서비스 이용자 본인이 계정을 기억하지 못하는 경우에 정보통신서비스 제공자를 상대로 이러한 정보를 요청할 수 있는 것과 마찬가지로 그의 상속인도 계약상의 지위를 승계한 사람으로서 동일한 권리를 가진다. 그리고 정보통신서비스 제공자는 상속인의 이러한 요청에 대해서 계약당사자(본인)가 아니라는 이유로 정보의 제공을 거절할 수 없다. 왜냐하면 상속인은 정보통신서비스 이용자(피상속인)의 계약상 지위를 그대로 승계한 사람이기 때문이다(즉 상속인은 제3자가 아니다[15]). 상속인이 정보통신서비스 제공자로부터 계정을 통지받으면, 피상속인의 블로그, 미니홈피, 이메일 등에 접속하여 피상속인이 남긴 기록, 사진, 메일 등을 열람, 복사할 수 있게 된다.

이것은 마치 임차인이 사망한 경우에 그의 상속인이 임차주택에 들어가기 위하여 임대인에게 열쇠를 인도하라고 요청할 수 있는 권리가 있는 것과 같다(이 경우 상속인이 임대인으로부터 인도받은 열쇠는 정보통신서비스 제공자로부터 제공받은 계정에 해당한다). 이 경우 임대인은 임차인의 상속인에게 원래의 계약당사자가 아니라는 이유로 열쇠의 인도를 거절할 수 없다(피상속인의 아파트 우편함이 열쇠

---

13) Hoeren, Der Tod und das Internet - Rechtliche Fragen zur Verwendung von E-Mail- und WWW-Accounts nach dem Tode des Inhabers, NJW 2005, 2113/2114; Martini, Der digitale Nachlass und die Herausforderung postmortalen Persönlichkeitsschutzes im Internet, JZ 2012, 1145/1147; Herzog, Bewertungen der Rechtslage aus erbrechtlicher Sicht, in: DAV, Stellungnahme Nr. 34/2013, S. 51: MüKoBGB/Leipold BGB § 1922 Rn. 28. 이외에 피상속인의 도메인도 당연히 상속되고, 그에 따라 홈페이지의 자료와 기록도 상속된다고 보아야 할 것이다.

14) 상속인이 피상속인의 계정(아이디와 비밀번호)을 알고 있었던 경우에는 그대로 피상속인의 블로그, 미니홈피, 이메일 등에 접속하여 사용할 수 있다. 이것은 마치 피상속인이 거주하던 임차주택의 열쇠를 상속인이 가지고 있었던 경우에 그 열쇠를 이용하여 임차주택의 문을 열고 들어갈 수 있는 것과 같다.

15) 계약의 효력이 미치는 범위는 계약당사자 및 그 포괄적 승계인에 한정되는 것이 원칙이다. 따라서 일반적으로 상속인은 제3자에 해당하지 않는다. 민법 제110조를 예로 들어 본다. 민법 제110조에 의하면 사기에 의해서 의사표시를 한 사람은 그 의사표시를 취소할 수 있으나, 그 취소는 선의의 제3자에게 대항할 수 없다. 이와 관련하여 구체적인 예를 들어 본다. A가 B의 사기에 의하여 부동산을 헐값에 매도하는 의사표시를 하였고, 그 매매계약에 기하여 B가 소유권이전등기를 마친 후에 사망하였다. B의 사망으로 그 부동산이 B의 자녀 C에게 상속된 경우, C가 선의라고 해도 A는 C에 대해서 취소권을 행사할 수 있고, C는 A에 대하여 자신이 선의의 제3자에 해당한다고 주장할 수 없다. C는 사기자 B의 계약상의 지위를 그대로 승계한 사람이므로(즉 제3자에 해당하지 않으므로), A의 취소권 행사를 감수하지 않을 수 없다.

로 잠겨있다면 임차인은 그 안에 있는 우편물을 보기 위하여 임대인에게 우편함의 열쇠도 인도하라고 요청할 수 있다). 왜냐하면 임차인의 상속인은 임차인의 계약상 지위를 승계한 사람이기 때문이다. 또한 임대인은 임차주택이 임차인의 사적인 공간임을 들어 상속인의 출입을 허가할 수 없다고 주장할 수도 없다. 상속인은 임차주택의 문을 열고 들어가 그 안에 있는 물건들을 조사할 수 있고, 가지고 나올 수도 있다. 설령 피상속인이 생전에 자신이 거주하던 임차주택을 타인에게 공개한 적이 없고, 그 안에 피상속인의 사생활에 관한 기록과 자료가 보관되어 있다고 해도 달라지는 것은 아무것도 없다. 상속인은 피상속인의 임대차 계약상의 지위와 그 안에 있는 재산을 포괄적으로 승계한 사람이기 때문이다.[16)]

(3) 피상속인이 남긴 온라인상의 기록과 자료에 대해서도 이와 동일한 법리가 적용된다. 즉, 피상속인이 블로그, 미니홈피, 이메일에 남긴 기록, 자료, 메일 등은 비록 정보통신서비스 제공자의 서버에 저장되어 있다고 해도 오프라인상의 기록물, 자료, 편지(예컨대 임차주택 안에 있는 기록물과 자료, 임차주택의 우편함에 있는 편지)와 마찬가지로 그 내용에 관계없이 전부 상속인에게 승계된다.[17)] 상속인은 피상속인의 정보통신서비스 이용계약상의 지위와 정보통신서비스 제공자의 서버에 저장되어 있는 기록, 자료, 메일 등을 포괄적으로 승계한 사람이기 때문이다.

이에 대해서 피상속인의 블로그, 미니홈피, 이메일에 저장되어 있는 기록, 자료, 메일 중 재산적인 것은 상속되나 개인의 사생활에 관한 것(일기, 사적인 편지 등)은 상속되지 않는다는 주장이 제기될 수 있으나,[18)] 위에서 본 바와 같이 사생

---

16) 이것은 피상속인이 은행 금고에 일기장, 편지, 사진첩과 같은 개인 기록물을 보관하고 있었던 경우와 다르지 않다. 은행 내에 있는 금고에 보관되어 있는 개인 기록물이라고 해서 상속의 대상에서 제외되는 것은 아니다. 다만 상속인은 은행의 협조를 받아 금고에 보관되어 있던 피상속인의 개인 기록물을 인도받을 수 있다는 차이가 있을 뿐이다. 금고 안에는 개인 기록물 외에 보석이나 유가증권 등도 보관되어 있을 수 있는데, 이러한 것들은 모두 상속재산으로서 일괄적으로 상속인에게 승계되며, 개인 기록물에 피상속인의 사생활에 관한 내용이 있다고 해서 상속에서 제외될 수는 없다. 또한 은행 직원이 금고 안에 있는 물건을 재산적인 것과 비재산적인 것으로 분류하여 상속인에게 인도할 것인가의 여부를 결정할 수도 없다. 메일함이나 블로그, 미니홈피 등에 있는 자료나 기록 중에는 금전으로 환가될 수 있는 것도 있을 수 있고, 개인의 내밀한 사생활에 관한 것도 있겠지만, 이러한 구분과 관계없이 당연승계·포괄승계의 원칙에 따라 전부 상속인에게 승계된다.

17) 이러한 기록과 자료는 상속재산으로서 상속인에게 속한다고 보아야 할 것이다. 디지털 정보에 대해서 재산권적 성격을 인정하여야 한다는 견해로는 다음과 같은 것이 있다. 김기중, 사자(死者)의 디지털 유품의 법률적 한계 및 개선방안, 한국인터넷자율정책기구 세미나 자료집(2010), 23면 이하; 배대헌, 거래대상으로서 디지털 정보와 '물건'개념 확대에 관한 검토, 상사판례연구 제14집(2003), 301면 이하; 최경진; 민법상 정보의 지위, 산업재산권 제15집(2004). 1면 이하; 또한 이러한 기록과 자료 중에는 저작권법에 의한 저작재산권으로 인정되어 상속인에게 승계되는 것도 있을 수 있다. 이규호, 저작권법(2010), 83면 이하.

18) Hoeren, Der Tod und das Internet - Rechtliche Fragen zur Verwendung von E-Mail- und WWW-Accounts nach dem Tode des Inhabers, NJW 2005, 2113/2114.

활에 관한 기록과 자료, 메일의 상속성을 부정할 수 있는 근거는 없다. 또한 위와 같은 주장을 받아들인다고 할 때, 누가 피상속인의 블로그, 미니홈피, 이메일에 저장되어 있는 기록, 자료, 메일 중에서 재산적인 것과 사생활에 관한 것을 분류하는 작업을 수행할 것인가?(나아가 이러한 작업을 수행하는 자는 재산에 관한 기록, 자료, 메일은 상속인에게 인도하고, 사생활에 관한 것은 직권으로 삭제하는 작업까지 하여야 할 것이다) 정보통신서비스 제공자에게 그러한 권한도 의무도 없음은 명백하다.

(4) 나아가 상속인은 피상속인이 이용하던 블로그, 미니홈피, 이메일 등을 계속해서 이용, 관리할 수 있고, 해지할 수도 있다.[19] 상속인이 피상속인의 계약상 지위를 승계하는 결과, 정보통신서비스 제공자와 피상속인 간에 존재했던 계약관계가 상속인과의 사이에서 그대로 존속하기 때문이다(이것은 마치 임차인의 사망 후에 그의 상속인이 임차인의 계약상 지위를 상속한 결과, 임대인과의 사이에서 임대차계약관계가 존속하는 것과 같다. 이에 따라 상속인은 피상속인이 임차한 주택을 사용할 수 있고, 경우에 따라서는 임대차계약을 해지할 수도 있다).

그러나 피상속인이 이용하던 블로그, 미니홈피, 이메일 등을 상속인이 계속해서 이용, 관리하는 것에 대해서는 반대의견이 있을 수도 있다. 특히 상속인이 피상속인의 이메일을 계속 사용하는 경우 피상속인의 사망을 알지 못하는 상대방은 상속인을 피상속인으로 믿고 메일을 주고받을 수도 있는데, 여기서 예상하지 못한 피해 사례가 발생할 가능성도 배제할 수 없다(예컨대 상속인이 피상속인을 가장하여 금전의 대여를 부탁하는 경우 등). 또한 상속인이 피상속인의 이메일을 굳이 계속해서 사용해야 할 적당한 이유도 찾기 어렵다.

이러한 점을 고려하여 다음과 같은 대안을 입법론으로 제시해 본다. 일단 피상속인의 이메일 이용계약상의 지위가 상속인에게 승계되는 것을 인정하되, 정보통신서비스 제공자 측에서 일정한 기간(예컨대 3개월)을 유예기간으로 제공하여 상속인으로 하여금 그 기간 내에 피상속인의 이메일 데이터를 백업받을 수 있도록 하는 방안이다. 그리고 이 기간이 경과하면 정보통신서비스 제공자가 이메일 이용계약을 일방적으로 해지할 수 있도록 하는 것이다.

블로그, 미니홈피 등에 대해서도 이와 유사한 입법론을 제시할 수 있을 것이다. 즉 일단 정보통신서비스 이용계약상의 지위를 승계한 상속인이 데이터 백업

---

19) Herzog, Der digitale Nachlass - ein bisher kaum gesehenes und häufig missvertandenes Problem, NJW 2013, 3745/3750. 이에 따르면 상속인은 정보통신서비스 제공자와 피상속인 간에 존재했던 계약관계를 종료시키고 정보통신서비스 제공자의 서버에 저장되어 있는 자료의 반환을 청구할 수도 있다. 반면에 정보통신서비스 제공자는 피상속인이 남긴 자료를 일방적으로 소멸시킬 수 없다. 왜냐하면 피상속인이 사망한 후에도 상속인과의 사이에서 계약관계가 존속하고 있기 때문이다.

을 받을 수 있는 유예기간을 제공하고, 그 기간이 경과한 후에는 정보통신서비스 제공자 측에서 이용계약을 해지할 수 있도록 하는 것이다. 나아가 정보통신서비스 이용계약상의 지위를 승계한 상속인이 정보통신서비스 제공자에 대해서 피상속인의 계정정보를 요청하는 경우에 정보통신서비스 제공자는 위의 유예기간 동안에 한정하여 사용할 수 있는 임시계정을 제공함으로써 개인정보침해의 우려도 피할 수 있을 것으로 생각된다(또한 그 기간의 경과에 의해서 정보통신서비스 이용계약관계가 확실하게 종료하는 효과도 부수적으로 거둘 수 있을 것이다).

(5) 블로그, 미니홈피의 상속성은 인정하면서도 이메일에 대해서는 상속성을 부정하는 견해도 있다.[20] 또한 이메일의 상속성을 원칙적으로 긍정하면서도 재산과 관련된 메일(예컨대 사업상의 메일, 온라인 계약에 관한 메일 등)과 사생활에 관한 메일을 구별하여 전자는 상속이 되지만, 후자는 상속에서 제외된다고 보는 견해도 있다.[21] 피상속인의 사생활 보호를 생각한다면, 피상속인이 생전에 주고받은 사적인 메일(또는 사후에 피상속인에 대하여 발송된 메일)을 상속인이 자유롭게 볼 수 있도록 허용해서는 안 된다는 것이 그 이유이다.

이메일의 상속성에 대해서는 경우를 나누어서 검토해 볼 수 있다. 첫째, 피상속인이 주고받은 메일이 피상속인의 개인 컴퓨터나 USB 등에 저장되어 있는 경우이다. 위에서 이미 본 바와 같이 이런 경우에는 피상속인의 개인 컴퓨터나 USB 등의 저장매체가 상속인에게 승계되면서 그 안에 저장되어 있는 메일도 함께 상속된다. 피상속인의 개인 컴퓨터나 USB 등에 저장되어 있는 메일은 그 내용에 관계없이 일괄적으로 상속되며, 재산에 관한 내용의 메일과 사생활에 관한 메일을 구별하여 앞의 것만이 상속된다고 볼 수는 없다. 둘째, 피상속인이 주고받은 메일이 정보통신서비스 제공자의 서버에 저장되어 있는 경우이다. 이런 경우에도 본질적으로 달라지는 것은 없다. 이미 위에서 본 바와 같이 상속인은 피상속인의 이메일 이용계약상의 지위를 승계하므로, 피상속인의 이메일에 접속하여 메일함에 들어 있는 메일을 보는 데 아무런 장애가 없다(상속인이 피상속인의 이메일 계정을 알지 못하는 경우에는 정보통신서비스 제공자에게 문의할 수 있다). 다만, 이와 같이 상속인이 피상속인의 메일을 자유로이 열람할 수 있게 된다면, 피상속인의 사생활이 침해될 수 있다는 우려가 나올 수 있다. 또한 피상속인에게

20) Mayen, Verfassungsrechtliche Rahmenbedingungen, in: DAV, Stellungnahme Nr. 34/2013, S. 75.

21) Hoeren, Der Tod und das Internet - Rechtliche Fragen zur Verwendung von E-Mail- und WWW-Accounts nach dem Tode des Inhabers, NJW 2005, 2114/2114; Martini, Der digitale Nachlass und die Herausforderung postmortalen Persönlichkeitsschutzes im Internet, JZ 2012, 1145/1152.

이메일을 보냈던 사람들의 사생활(통신비밀)이 침해된다는 문제도 제기될 수 있다.[22] 이메일 이용계약의 상속성을 부정하는 측에서 우려하는 것도 주로 이 부분이다.[23]

이 문제도 역시 오프라인상으로 수신하는 우편물(우체국 서비스를 통하여 수신하는 우편물)과 동일한 기준을 가지고 접근해야 할 것이다.[24] 예를 들어, 피상속인이 임차주택에 거주하면서 수신한 편지들을 책상 서랍에 보관하다가 사망한 경우를 생각해 본다. 위에서 본 바와 같이 피상속인의 임대차 계약상의 지위를 승계한 상속인은 임대인에게 열쇠의 인도를 요구할 수 있고, 임차주택에 출입하여 피상속인의 물건을 자유로이 살펴볼 수 있다. 피상속인 보관하고 있던 편지뭉치도 여기서 제외될 수 없으며, 그 편지들 중 재산에 관한 내용을 담고 있는 편지와 사생활에 관한 편지를 분류하여 후자는 상속이 되지 않으니 상속인이 볼 수 없다는 이론구성도 가능하지 않다. 여기서 피상속인이 사용하던 임차주택은 정보통신서비스 제공자의 서버에, 편지는 이메일에 비유될 수 있다. 피상속인이 임차주택에 보관하고 있던 편지는 상속의 대상이 되어 상속인이 자유로이 볼 수 있는 반면에 정보통신서비스 제공자의 서버에 남아 있는 이메일은 상속에서 제외되어 상속인이 열람할 수 없다고 한다면, 이메일과 편지를 다르게 취급하는 결과가 되는데(즉 일반 우편을 통하여 수신한 편지보다 이메일을 더 강하게 보호하는 결과가 된다), 이러한 구별을 정당화할 수 있는 합리적인 이유를 찾기 어렵다.

한편, 피상속인이 수신한 우편물이 상속인에게 승계되는 근거는 민법규정에서도 찾을 수 있다. 민법 제531조에 의하면 "격지자간의 계약은 승낙의 통지를 발송한 때에 성립"하는데, 청약자가 청약을 한 후 사망한 경우에도 승낙자가 승낙의 통지를 발송한 때 계약이 성립한다는 점에는 의문의 여지가 없다. 민법 제111조 제2항은 "의사표시자가 그 통지를 발송한 후 사망하거나 제한능력자가 되어도 의사표시의 효력에 영향을 미치지 아니한다"고 규정하고 있어서 청약자가 청약의 통지를 발송한 후 사망하더라도 청약의 효력에는 영향이 없고, 상대방이 승낙의 통지를 발송하면 청약자의 상속인과의 사이에서 계약이 성립하기 때문이다(즉, 이런 경우에는 청약자의 지위가 상속되어 청약자의 상속인과 승낙자 사이에서 계약이 성

22) 이메일의 상속을 인정해도 「정보통신망 이용촉진 및 정보보호 등에 관한 법률」, 「통신비밀보호법」상의 비밀보호규정과 충돌하지 않는다는 견해로는 김기중, 사자(死者)의 디지털 유품의 법률적 한계 및 개선방안, 한국인터넷자율정책기구 세미나 자료집(2010), 27면 이하; 최경진, 디지털遺産의 法的 考察, 경희법학 제46권 제3호(2011), 270면 이하 참조.

23) Mayen, Verfassungsrechtliche Rahmenbedingungen, in: DAV, Stellungnahme Nr. 34/2013, S. 67ff.

24) Zuck, Verfassungsrechtliche Rahmenbedingungen, in: DAV, Stellungnahme Nr. 34/2013, S. 87. 이에 따르면 이메일도 피상속인이 생전에 수령하여 보관하고 있던 편지와 동일하게 다루어져야 한다.

립하는 것이다. 물론 계약의 성질에 따라 청약자의 지위가 상속되지 않는 경우도 있을 수 있다). 따라서 승낙의 통지를 우편으로 발송하였다면, 그 우편물을 수신할 권리가 있는 사람은 다름 아닌 청약자의 상속인이다. 즉 상속인이 피상속인에게 발송된 우편물을 수신할 권리가 있는 것이다(같은 이유에서 승낙의 통지를 이메일로 발송하였다면, 그 메일을 수신할 권리가 있는 사람은 청약자의 상속인이다).

피상속인 사후에 피상속인에 대해서 발송된 우편물을 상속인이 수신할 권리가 있다면, 피상속인이 생전에 수신한 우편물에 대해서 상속인이 이를 승계, 열람할 수 있는 권리를 부정할 이유는 없다. 편지에 의해서 계약이 성립한 경우에 그 계약상의 지위를 승계한 상속인에게 피상속인의 편지를 살펴 볼 권리를 부정할 수는 없기 때문이다.[25)]

이에 대해서 혹자는 계약의 성립에 관한 편지와 같이 재산적 성격이 있는 우편물은 상속의 대상이 되지만, 그렇지 않은 편지(예컨대 연서)는 사생활에 관한 내용을 담고 있어서 상속의 대상이 되지 않는다고 주장하기도 한다.[26)] 그러나 이러한 주장은 논리적으로도 맞지 않고, 실제상으로도 가능하지 않다. 위에서 본 바와 같이 피상속인의 우편물은 상속재산에 속하는 물건으로서 그 내용과 관계없이 포괄승계·당연승계의 원칙에 따라 상속인에게 승계된다. 또한 피상속인의 사생활에 관한 편지가 상속에서 제외되어야 한다면, 누군가(임대인, 우체국 또는 피상속인이 지정한 유언집행자)가 피상속인의 편지를 일일이 검열하여 재산적인 것과 비재산적인 것으로 분류하는 작업을 해야 할 텐데, 이러한 작업이 가능하지 않다는 점에 대해서 이의를 제기할 사람은 없을 것이다.[27)]

위에서 우체국 서비스를 통하여 수령하는 우편물(오프라인상의 우편물)에 관한 법리는 이메일에 대해서도 동일하게 적용되어야 할 것이다. 즉 상속인은 피상속인의 이메일 이용계약상의 지위를 승계하여 정보통신서비스 제공자의 서버에 저장되어 있는 이메일을 열람할 수 있고, 피상속인 사후에 피상속인에게 발송된 메

25) 이와 같은 이유에서, 어떤 사람이 우체국과 사서함 이용계약을 체결하고(사서함 이용은 무료임) 사서함을 통해서 우편물을 수령하다가 사망하였다면, 상속인은 그 계약상의 지위를 승계하여 사서함에 있는 우편물을 수령할 수 있다고 보아야 할 것이다. 우편물을 수령한 상속인은 사서함에 보관되어 있던 피상속인의 우편물을 자유롭게 개봉하여 볼 수 있다.

26) Hoeren, Der Tod und das Internet - Rechtliche Fragen zur Verwendung von E-Mail- und WWW-Accounts nach dem Tode des Inhabers, NJW 2005, 2113/2114. 이 주장은 이메일에 관한 것이다.

27) 우체국에서 우편물의 내용을 사전에 검열하여 재산적인 성격을 띤 우편물과 그렇지 않을 것으로 분류하여 전자는 상속인에게 교부하고, 후자는 발송인에게 회송조치를 취한다는 것은 실제상 가능하지 않을 뿐 아니라 우편법의 규정을 정면으로 위반하는 것이기도 하다. 우편법 제51조(서신의 비밀 침해의 죄) ① 우편관서 및 서신송달업자가 취급 중인 서신의 비밀을 침해한 자는 3년 이하의 징역 또는 3천만원 이하의 벌금에 처한다. ② 우편업무 및 서신송달업무에 종사하는 자가 제1항의 행위를 하였을 경우에는 5년 이하의 징역 또는 5천만원 이하의 벌금에 처한다.

일도 수신할 수 있다.[28] 이 경우 이메일을 재산에 관한 것과 피상속인의 사생활에 관한 것으로 분류하여 앞의 것에 대해서만 열람을 허용하는 것은 위에서 우편물의 예에서 본 것과 같은 이유에서 타당하지 않다.

Ⅳ 정보통신서비스 제공자의 운영원칙은 상속법과 조화되는가?

1. 온라인 유산에 대한 국내 주요 정보통신서비스 제공자의 대응원칙

피상속인이 남긴 온라인 유산(보다 구체적으로는 피상속인의 계정과 블로그, 미니홈피, 이메일에 남긴 기록, 자료, 메일)의 상속성과 관련하여 국내의 주요 정보통신서비스 제공자들은 약관에 명확한 규정을 두지 않고, 내부 운영원칙으로 해결한다는 입장을 취하고 있는 것으로 보인다.[29]

먼저 NHN은 계정(아이디와 비밀번호)을 상속이 불가능한 일신전속권으로 보고, 본인 이외의 제3자에 대해서는 제공할 수 없다는 태도를 취하고 있다(상속인도 제3자에 포함되는 것으로 본다). 이에 따라 정보통신서비스 이용자가 사망한 경우에 상속인이 계정정보를 요청해도 제공하지 않는다. 그리고 피상속인이 블로그, 미니홈피, 이메일 등에 남긴 기록, 자료, 메일도 원칙적으로 상속인에게 제공하지 않는다. 다만 공개된 게시물에 대해서는 예외를 인정하여 가족의 요청이 있는 경우 데이터 백업을 제공한다(사전에 이용자의 사망, 가족관계의 확인절차를 거친다).

다음커뮤니케이션도 NHN과 마찬가지로 이용자의 계정이 일신전속권이라는 전제하에 본인 이외에는 누구에 대해서도 계정정보를 제공하지 않는다는 원칙을 가지고 있다. 따라서 상속인이 피상속인의 계정정보를 요청해도 제공하지 않는다. 또한 피상속인의 메일은 물론이고 블로그, 미니홈피에 남긴 기록, 자료도 상속인에게 제공하지 않는다.

SK커뮤니케이션즈도 이와 유사한 원칙을 가지고 있다. 즉 이용자의 계정은 일신전속권이라는 전제하에 제3자에게 제공할 수 없다는 입장이다(제3자에는 배우자 및 직계가족도 포함된다고 본다). 이에 따라 상속인이 피상속인의 계정정보를 요청해도 제공하지 않는다(따라서 상속인이 피상속인의 블로그, 미니홈피를 관리, 운영하는 것은 원칙적으로 허용되지 않는다). 그리고 피상속인이 블로그, 미니홈피 등

---

28) Dopatka, Digitaler Nachlass - Der Umgang mit elektronischen Daten nach dem Tod, NJW-aktuell 2010, Nr 49, S. 14.

29) 이하에 소개하는 국내 주요 정보통신서비스 제공자의 운영원칙은 황용석/유정석/김용국, 사망자의 디지털 유산(개인정보, 계정, 게시물 등) 처리방안 연구, 한국인터넷자율정책기구(2011), 99면 이하를 참고하여 정리한 것이다.

에 남긴 기록과 자료도 상속인에게 제공하지 않는다.

2. 상속법체계와의 조화 여부

위의 Ⅲ. 3.에서 본 바와 같이 상속법상 당연승계·포괄승계의 원칙에 따라 피상속인의 계약상 지위도 원칙적으로 상속인에게 승계된다. 다만, 예외적으로 계약상의 지위가 일신전속적인 성질을 가진 경우에는 상속되지 않는다. 계약상의 지위가 일신전속적인 것인가, 즉 상속되는가의 여부는 그 계약이 성립할 때 계약당사자의 능력, 자질 또는 당사자 간의 신뢰관계 등이 중요한 요소로 고려되는가에 따라 결정된다. 이러한 구별 기준에 비추어 볼 때 정보통신서비스 이용자의 계약상 지위는 일신전속적인 성질을 가진다고 보기 어렵다. 그 이유는 위에서 설명하였지만 다시 한번 간단히 요약해 보면 다음과 같다. 정보통신서비스 이용 계약을 체결할 때 정보통신서비스 제공자는 계약상대방의 능력, 자질, 신뢰도 등을 고려하지 않는다. 계약상대방의 입장에서는 정보통신서비스 제공자가 제시하는 약관에 동의하고 일정한 정보만 입력하면 간단하게 계약을 성립시킬 수 있다. 이와 같이 계약상대방의 인격에 대한 고려 없이 획일적으로 성립하는 계약관계는 일신전속적인 성질을 갖는 것으로 보기 어렵다. 따라서 계약상대방인 이용자가 사망하는 경우에는 그 계약상의 지위는 상속인에게 승계된다는 결론에 이르게 된다.

이와 같이 정보통신서비스 이용계약상의 지위가 상속된다면, 정보통신서비스 이용자가 사망한 경우 그의 상속인은 정보통신서비스 제공자에 대하여 원래의 계약관계(즉 정보통신서비스 제공자와 피상속인과의 계약관계)에 기인한 권리를 행사할 수 있다. 정보통신서비스 이용자의 상속인은 그의 계약상 지위를 그대로 승계한 사람이므로(즉 상속인은 제3자가 아니다), 원래의 계약당사자였던 피상속인이 정보통신서비스 제공자에 대해서 가졌던 것과 동일한 권리의무를 가지기 때문이다. 따라서 정보통신서비스 제공자는 상속인의 요청에 따라 피상속인의 계정정보(아이디, 비밀번호)를 제공해야 할 것이다. 계정을 제공받은 상속인은 피상속인의 블로그, 미니홈피, 이메일 등에 접속하여 피상속인이 남긴 기록과 자료, 메일을 열람, 복사할 수 있다.[30] 나아가 블로그, 미니홈피를 계속하여 관리, 운영할 수도 있고, 해지할 수도 있다고 해석된다(이 문제에 대한 보충적 입법론에 대해서는 Ⅲ. 3. (4) 부분을 참조).

다만 피상속인이 생전에 유언으로 이와 다른 의사를 표시한 경우에는 그 의사를 우선하여야 할 것이다(우리 상속법체계상 유언이 법정상속에 우선하기 때문이

30) 이렇게 본다면 피상속인의 블로그, 미니홈피, 이메일 등에 저장되어 있는 기록, 자료, 메일이 구체적으로 어떤 재산권적 성격을 가지는가는 실제에 있어서는 중요한 문제는 아니다.

다). 현행법상으로도 피상속인은 생전에 유언으로 자신의 디지털 유산에 대한 처리방식을 결정할 수 있다고 해석되는데, 이 경우 유언집행자는 정보통신서비스 제공자에 대하여 유언에 따른 디지털 유산의 처리를 요구할 수 있을 것이다(예컨대, 피상속인의 계정 및 이와 관련된 디지털 유산을 모두 삭제한다거나 또는 피상속인이 지정한 특정인에게 데이터 백업을 인도하는 것 등).

즉, 정보통신서비스 이용자의 계약상 지위 및 그 계약에 기초한 블로그, 미니홈피, 이메일은 상속인에게 승계되는 것을 원칙으로 하되,[31] 피상속인(이용자 본인)이 이와 다른 의사를 표시한 때에는 그 의사에 따라 처리하는 것이 우리의 상속법체계와 조화되는 해석이라고 생각된다.

이러한 관점에서 본다면 위에서 소개한 국내 주요 정보통신서비스 제공자의 운영원칙은 우리 상속법체계와 조화되지 않는다는 평가를 받을 수 있다. 우리 상속법체계와 조화를 이루기 위해서는 이용자의 계약상 지위 및 그 계약에 근거한 블로그, 미니홈피, 이메일 등의 상속을 원칙적으로 인정하고, 이용자 본인이 유언으로 이와 다른 의사를 표시한 경우에는 그에 따라 사무를 처리하는 운영원칙(또는 약관)을 마련하여야 할 것이다.

정보통신서비스 제공자 입장에서 자체적으로 이러한 내용의 약관을 마련하여 사무를 처리하기를 기대하기는 현실적으로 어렵다고 생각된다(「정보통신망 이용촉진 및 정보보호 등에 관한 법률」등 다른 법률과의 관계가 명확하지 않다는 이유로 부담을 느낄 수 있을 것이다). 그렇다면 결국 위에서 제시한 해석론을 바탕으로 하여 명문의 규정을 마련하는 것이 궁극적인 해결책이 될 수 있을 것으로 보인다.[32]

V 결론 – 온라인 유산과 오프라인 유산은 동일하게 취급되어야 한다

우리민법은 상속편인 제1005조에서 당연승계·포괄승계의 원칙을 규정하고 있다. 이 원칙에 따라 상속인은 상속이 개시된 때(즉 피상속인이 사망한 때)로부터

31) 상속인이 상속을 포기한 경우에는 어떻게 되는가라는 의문이 제기될 수 있는데, 제사용 재산(민법 제1008조의3)의 경우에 준하여 상속인이 상속을 포기한 경우에도 디지털 유산은 상속할 수 있다고 해석할 수 있을 것이다.

32) 정보통신서비스 이용자의 계약상 지위 및 그 계약에 근거한 블로그, 미니홈피, 이메일 등은 상속인에게 승계되는 것을 원칙으로 하되, 피상속인(이용자 본인)이 유언으로 이와 다른 의사를 표시한 때에는 그 의사에 따라 처리한다는 취지의 규정을 특별법에 두는 방식이다. 이와 아울러 디지털 유산(온라인 유산)에 대해서만 적용될 수 있는 별도의 유언방식을 마련하는 방안도 검토해 볼 수 있을 것이다.

피상속인의 재산에 관한 포괄적 권리의무를 승계한다. 여기서 '재산에 관한 포괄적 권리의무'란 물권, 채권, 채무 등의 현실적인 권리의무에 한정되지 않고, 계약상의 지위까지도 포함하는 넓은 개념으로 이해되고 있다.

당연승계·포괄승계의 원칙의 따라 상속개시 당시 피상속인에게 속해 있던 권리의무는 일신전속적인 것을 제외하고는 빠짐없이 상속인에게 승계된다. 피상속인의 일기장, 사진첩, 편지 등과 같이 재산적 가치가 별로 없고 피상속인의 사생활에 관한 내용을 담고 있는 자료라고 해도 상속에서 제외되지는 않는다. 피상속인의 사생활에 관한 정보가 담겨 있는 개인적인 기록물과 자료라고 해서 상속에서 제외되는 일신전속권이라고 볼 수 있는 근거는 없기 때문이다.

이러한 법리는 디지털 자료에 대해서도 동일하게 적용되어야 한다. 피상속인의 일기, 사진, 편지 등이 종이의 형태로 남아있지 않고, 피상속인의 개인 컴퓨터나 USB 등의 저장매체에 디지털 형태로 저장되어 있는 경우를 생각해 보면 이 점은 스스로 분명해 진다. 피상속인의 컴퓨터나 USB 등의 저장매체가 상속재산으로서 상속인에게 승계된다는 점은 의문의 여지가 없고, 그 안에 저장되어 있는 디지털 자료도 당연히 함께 상속인에게 승계된다. 피상속인의 컴퓨터나 USB 등에 저장되어 있는 자료 중에는 재산과 관련된 것도 있을 수 있고 개인의 내밀한 사생활에 관한 것도 있을 수 있지만 그 내용에 관계없이 모두 상속인에게 일괄적으로 승계된다.

피상속인이 남긴 디지털 자료가 피상속인의 개인 컴퓨터나 USB 등의 저장매체가 아니라 블로그, 미니홈피, 이메일 등에 보존되어 있는 경우에도 상속의 관점에서 볼 때 본질적으로 달라지는 것은 없다. 다만 이 경우에는 피상속인이 남긴 디지털 자료가 정보통신서비스 제공자의 서버에 남아 있으므로, 상속의 구체적인 실현방법에 있어서 차이가 생길 뿐이다. 즉 정보통신서비스 제공자의 서버는 피상속인의 소유가 아니므로, 상속인은 서버의 소유권을 승계하는 방식으로 그 안에 저장되어 있는 피상속인의 디지털 자료를 승계할 수는 없다. 그러나 상속인은 피상속인의 정보통신서비스 이용계약상의 지위를 승계하므로, 정보통신서비스 제공자에 대하여 원래의 계약관계(즉 정보통신서비스 제공자와 피상속인과의 계약관계)에 기인한 권리를 행사할 수 있다. 정보통신서비스 이용자의 상속인은 그의 계약상 지위를 그대로 승계한 사람이므로, 원래의 계약당사자였던 피상속인이 정보통신서비스 제공자에 대해서 가졌던 것과 동일한 권리의무를 가지기 때문이다. 따라서 상속인은 정보통신서비스 제공자에 대하여 피상속인의 계정정보(아이디와 비밀번호)를 요청할 수 있는 권리가 있다. 계정을 제공받은 상속인은 피상속인의 블로그, 미니홈피, 이메일 등에 접속하여 피상속인이 남긴 디지털 기록과 자료를 열람, 복사 또는 삭제할 수 있다.

다만 피상속인이 생전에 유언으로 이와 다른 의사를 표시한 경우에는(예컨대, 이용자 본인이 사망하는 경우 모든 기록과 자료, 메일을 삭제하라는 의사를 표시한 경우) 그 의사를 우선하여야 할 것이다. 즉 정보통신서비스 이용자의 계약상 지위 및 그 계약에 기초한 블로그, 미니홈피, 이메일 등은 상속인에게 승계되는 것을 원칙으로 하되, 피상속인(이용자 본인)이 유언으로 이와 다른 의사를 표시한 때에는 그 의사에 따라 처리하는 것이 우리의 상속법체계와 조화되는 해석이라고 생각된다.

〈법학논문집 제39집 제1호(2015년 4월) 수록〉

제 4 장

가족관계등록법에 관한 문제

1. 가족관계등록법의 문제점과 개정방향
2. 2016년 가족관계등록법 개정의 의의와 한계
   – 등록사항별 증명서 제도의 개정을 중심으로 –

1. 가족관계등록법의 문제점과 개정방향

I 들어가는 말

1. 가족관계등록부는 개인의 신분 상태(혼인 여부 등)를 밝히고, 친족·상속 등과 관련된 권리의무관계를 증명하기 위한 기초자료가 되는 것이다. 따라서 국가가 가족관계등록제도를 마련한 목적과 취지를 생각한다면 가족관계등록부는 개인의 신분사항 및 친족관계 등을 빠짐없이 기록하고 관리하는 것이 필요하다고 할 수 있다. 그러나 국가가 이와 같은 목적을 가지고 개인의 신분 및 친족에 관한 정보를 수집하고 관리한다는 것과 실제로 어떠한 사항의 증명이 필요한 경우에 개인의 신분에 관한 정보를 어느 범위에서 공시할 것인가는 분명히 구별되어야 한다. 예를 들어 어떤 사람이 직장에서 배우자 수당을 받기 위하여 현재의 부부관계를 증명할 필요가 있다면, 그에 관한 정보만이 공시되어 있는 증명서를 제출하는 것으로 충분하고 그 개인의 신분 및 친족에 관한 사항을 전부 공시한 증명서를 제출할 필요는 없다.

개인의 신분관계를 증명서를 통하여 공시하는 경우에는 항상 개인의 사생활 보호를 함께 고려해야 하며, 요구되는 사항의 증명에 필요한 최소한의 정보만을 공시하는 것이 원칙이 되어야 한다. 이렇게 해도 필요한 신분관계의 증명이라는 목적은 충분히 달성할 수 있으므로, 국가가 개인의 신분 및 친족관계에 관한 정보를 수집, 관리하고 증명이 필요한 경우에 이에 관한 증명서를 발급하여 신분관계를 공시한다는 신분등록제도 본래의 취지는 전혀 훼손되지 않는다. 위에서 본 예에서 배우자 수당을 신청하기 위하여 부부관계를 증명할 필요가 있는 경우에는 현재의 혼인상태와 배우자만을 증명서에 공시하는 것으로 충분하다. 이런 경우에 과거의 혼인이나 이혼, 전배우자에 관한 정보를 포함시키는 것은 '증명을 위하여 필요한 신분관계를 공시'하는 가족관계등록제도 본래의 목적을 벗어나는 것일 뿐만 아니라 당사자의 의사에 반하여 개인의 사생활을 침해하는 결과가 된다. 또한 국가가 이와 같이 필요한 범위를 넘어서 개인의 정보를 공시하는 경우에 국가의 입장에서 보아도 이익이 될 것은 없다(불필요한 신분관계정보의 공시로 개인의 안정이 흔들리고 불행하게 된다면 그것을 통해서 국가가 얻을 것은 무엇인가?). 그렇다면 국민의 실제 생활관계에 있어서 구체적으로 신분관계의 증명이 필요한 경우에 국가는 그 목적에 맞는 최소한의 범위에서 개인의 신분에 관한 정보를 공시하는 것을 원칙으로 삼아야 한다.

2. 친생부모(예컨대, 미혼모)가 자녀를 양육할 수 없는 사정이 있어서 입양을 시키기로 결정한 경우에도 사전에 출생신고는 하여야 하고, 출생신고에 의해서 친생부모의 가족관계증명서에 자녀가 기록된다. 자녀가 입양되면(미혼모가 낳은 자녀는 일반적으로 「입양특례법」에 의해서 입양되고, 이 경우 입양된 자녀는 친양자의 지위를 가진다. 따라서 여기서는 미혼모의 자녀가 친양자 입양이 된 것을 전제로 서술한다), 친생부모의 가족관계증명서에 더 이상 자녀의 기록은 남지 않지만, 자녀가 입양되기 전까지는 계속해서 가족관계증명서에 자녀의 기록이 현출된다. 또한 자녀가 입양된 경우에도 만약 후에 파양이 되면 친생부모와 자녀의 친족관계가 부활하므로, 다시 친생부모의 가족관계증명서에 자녀가 기록된다. 또한 출생신고에 의하여 자녀의 가족관계등록부가 작성되고, 여기에 친생부모에 관한 기록이 남게 되는데, 이는 입양된 자녀가 성년이 되어서 친생부모에 관한 기록(성명, 주민등록번호 등)을 볼 수 있는 근거자료가 된다. 즉, 현행 「가족관계의 등록 등에 관한 법률」(이하 '가족관계등록법'이라고 한다)에 의하면 친양자로 입양된 자녀는 성년이 되면 친양자입양관계증명서의 교부를 청구할 수 있는데, 친양자입양관계증명서에는 친생부모의 인적사항이 기록되어 있으므로, 자신의 친생부모가 누구인지 알 수 있게 된다. 이런 경우에 친양자로 입양된 자녀가 자신의 친생부모를 찾아서 방문할 가능성도 배제할 수 없다. 현행법에 따라 출생신고를 하고 입양을 시키는 경우에 발생할 수 있는 이러한 가능성을 안다면, 어느 친생부모(미혼모)도 선뜻 출생신고를 한 후 자녀를 입양시키려고 하지 않을 것이다.

현행법은 입양된 자녀의 '친생부모를 알 권리'를 보장하고 있지만, 이러한 법상태를 유지하는 경우 친생부모는 자신의 인적사항이 노출되는 상황을 우려한 나머지 출생신고를 기피하고 베이비박스 등에 자녀를 유기하거나 불법적으로 입양시키는 방법을 선택할 수도 있다. 이런 경우에는 자녀의 친생부모에 대한 정보가 아무 것도 남지 않아서 '친생부모를 알 권리'는 전혀 실현될 수 없게 된다. 결국 이 문제를 해결하기 위해서는 '친생부모의 사생활 보호'(또는 익명성의 보장)와 '자녀의 친생부모를 알 권리'를 조화시킬 수 있는 방향으로 가족관계등록법을 개정할 필요가 있다고 생각된다.

3. 위에서 제기한 문제의식을 바탕으로 하여 이 논문에서는 크게 두 가지 쟁점에 대하여 검토하고 대안을 제시하려고 한다. 첫째, 가족관계등록법에 의하여

발급되는 각종 신분증명서가 증명의 목적을 넘어서 개인의 불필요한 정보까지 공시하는 문제를 지적하고, 신분관계 증명의 목적에 따라 필요한 최소한의 정보만을 공시하는 증명서가 발급될 수 있도록 대안을 제시한다. 둘째, 현행 가족관계등록법에 의하면 친생모가 자녀를 출산하여 입양을 시키는 경우에 친생모의 신분에 관한 정보는 결국 자녀에게 공개되지 않을 수 없는데, 이러한 법규정이 초래할 수 있는 문제점을 지적하고, '친생모의 익명성 보장 요구'와 '자녀의 친생부모를 알 권리'를 조화시킬 수 있는 하나의 대안을 제시한다.

Ⅱ 현행 가족관계등록법의 문제점

1. 가족관계증명서의 문제점

(1) 가족관계증명서에는 다음의 기록사항이 공시된다(가족관계등록법 제15조 제1항 1호).

가. 본인의 등록기준지 · 성명 · 성별 · 본 · 출생연월일 및 주민등록번호
나. 부모, 배우자, 자녀의 성명 · 성별 · 본 · 출생연월일 및 주민등록번호

가족관계증명서는 본인을 기준으로 하여 부모(친양자의 경우에는 양부모가 부모로 기재된다), 양부모,[1] 배우자, 자녀(친생자와 양자를 구별하지 않고 모두 자녀로 기재된다) 등을 나타내는 증명서이다.

가족관계증명서는 원칙적으로 증명서 교부 당시의 유효한 사항만을 모아서 발급하므로, 발급 당시의 상태만이 나타나며, 과거의 사항은 표시되지 않는다(가족관계의 등록 등에 관한 규칙(이하 '등록규칙'이라 한다) 제21조 제7항. 다만 사망 등의 경우는 예외이다. 제21조 제6항). 즉 본인이 이혼하여 현재 배우자가 없는 경우에는 배우자에 관한 사항은 표시되지 않으므로, 전배우자에 대한 사항은 나타나지 않는다. 따라서 개인의 이혼이나 파양에 관한 사항을 확인하려면 가족관계증명서가 아니라, 혼인관계증명서나 입양관계증명서를 발급받아야 한다. 가족관계증명서에 발급 당시의 상태만이 표시되도록 한 것은 개인의 사생활보호를 위한 조치로서 긍정적인 것으로 평가할 수 있다. 그러나 구체적인 증명의 목적과 관계

1) 일반양자의 경우에는 원래 친생부모와 양부모가 모두 기재되었으나, 2009년 12월 29일의 법개정에 의하여 2010년 6월 30일부터는 양부모가 부모로 기재된다(가족관계등록법 제15조 제1항). 다만, 단독입양한 양부가 친생모와 혼인관계에 있는 때에는 양부와 친생모를, 단독입양한 양모가 친생부와 혼인관계에 있는 때에는 양모와 친생부를 각각 부모로 기록한다.

없는 개인의 정보가 포함된다는 점에서 문제가 있다.

(2) 가족관계증명서는 주로 부모자녀관계(이하 '친자관계'[2]라고 한다)를 증명하는 데 이용될 것이다. 부부관계는 혼인관계증명서에 의해서 증명할 수 있으므로, 굳이 배우자 이외의 정보가 포함되어 있는 가족관계증명서를 제출할 필요는 없다(형제자매관계는 가족관계증명서에 표시되지 않는데, 형제자매관계를 증명할 필요가 있는 경우에는 부모의 가족관계증명서를 발급받아 제출하여야 한다). 그런데 가족관계증명서에는 모든 자녀가 일괄적으로 기록되는 것이 원칙이므로, 전혼관계에서 출생한 자녀나 혼인 전에 출생한 자녀도 혼인 중에 출생한 자녀들과 함께 표시된다는 문제가 있다.[3]

예를 들어, 재혼한 여성 갑이 보육수당을 신청할 목적으로 혼인 중에 출생한 자녀 을과의 친자관계를 증명하기 위해서 직장에 가족관계증명서를 제출하는 경우를 상정해 본다. 갑에게 전혼 중에 출생한 자녀 병이 있다면 가족관계증명서에 병도 함께 표시되므로, 갑의 이혼과 재혼 사실이 직장에 알려질 수 있다(을과 병이 姓이 다를 가능성이 높기 때문이다). 반면에 갑이 전혼 중에 출생한 자녀 병과의 친자관계를 증명하기 위하여 가족관계증명서를 제출하는 경우에는 재혼관계에서 출생한 을도 같이 표시되어 역시 갑의 이혼과 재혼 사실이 알려질 수 있다.

이와 같은 문제를 해결할 목적으로 2009년에 가족관계등록법이 일부 개정되어[4] 혼인외의 자녀나 전혼 중의 자녀를 제외하고 작성한 일부사항증명서를 발급받는 것이 가능하게 되었지만,[5] 실생활에서 거의 활용되지 못하고 있는 것이 현실이다. 왜냐하면 증명서에 일부사항에 관한 증명이라는 것이 표시되므로, 증명서를 제출받는 측에서 일부사항증명서를 불완전한 것으로 인식하여 전부증명을 요구하는 경우가 많기 때문이다(또한 위에서 본 예에서 갑이 전혼 중에 출생한 자녀 병과의 친자관계를 증명할 필요가 있는 경우에는 일부사항증명서를 제출할 수가 없다. 일부사항증명서에는 혼인외의 자녀와 전혼 중의 자녀가 일괄적으로 제외되므로, 을은 현출되지 않기 때문이다. 따라서 갑이 전혼 중에 출생한 병과의 친자관계를 증명하려면

2) 친자관계란 친생친자관계와 양친자관계를 모두 포괄하는 개념이다.

3) 한국가정법률상담소 상담사례: "30여 년 전 사실혼관계에서 아이를 출산한 직후 헤어지면서 상대방이 아이를 데려갔고, 이후 아이 소식을 들은 바 없다. 다른 사람과 결혼하여 아이를 낳았고 큰 아이의 결혼을 앞두고 있다. 그런데 최근 가족관계증명서에 전혼자녀가 기재된 것을 보고 놀라 상담 후 일부사항증명서를 떼 보았으나 거기에는 일부사항증명 표기가 되어 있어 소용없었다. 내가 아이를 출산했던 사실은 남편과 아이들 모두 모르는 일인데, 이제 와 알게 되면 나는 살 수 없을 것 같다."

4) 2009년 12월 29일에 개정된 가족관계등록법은 각종 증명서의 기록사항 중 일부사항을 증명하는 증명서를 발급할 수 있다는 규정을 추가하였다(가족관계등록법 제15조 제2항. 이 규정은 2011년 12월 30일부터 시행되고 있다).

5) 가족관계증명서의 일부사항증명서는 혼인 외 또는 전혼 중의 자녀, 사망한 자녀를 제외하고 작성한다(가족관계등록규칙 제21조의2 제1항 제1호).

전부증명을 제출할 수밖에 없으며, 이 경우 을도 함께 나타나므로 갑의 사생활 보호라는 목적은 달성될 수 없다). 결국 일부사항증명제도는 국민의 실제생활에 뿌리를 내리는 데 실패하였고, 제도의 도입 목적이었던 국민의 사생활 보호에도 기여하지 못하였다.

(3) 친자관계를 증명할 필요가 있는 경우에는 부 또는 모와 해당 자녀의 친자관계를 개별적으로 증명하는 것으로 충분한 경우가 대부분이며, 부모와 모든 자녀의 친자관계를 일괄적으로 증명해야 하는 것은 아니다. 위에서 본 예에서, 직장에 다니는 어머니 갑이 자녀 을의 보육수당을 신청하기 위하여 갑과 을 사이의 친자관계를 증명할 필요가 있다면 갑과 을이 친자관계임을 증명해 주는 서류로 충분하며, 그 외의 가족관계까지 포함된 증명서를 제출하는 것은 불필요하다. 이와 같이 친자관계를 개별적으로 증명해 주는 신분증명서를 발급한다면 지금과 같이 배우자, 부모, 자녀가 일괄적으로 표시되는 가족관계증명서를 제출해야 할 필요가 있는 경우는 대폭 감소할 것이다(상속관계의 증명이 필요한 경우 등 예외적인 경우로 한정될 것이다). 이를 다른 각도에서 보면, 개별적인 친자관계를 증명하기 위하여 그 이상의 정보가 포함된 가족관계증명서를 제출함으로써 발생하는 불필요한 개인정보의 침해를 방지할 수 있다는 의미이다.

(4) 현재의 가족관계증명서는 어차피 명칭에 맞는 내용을 담고 있지 못한 것이 현실이다. 민법(제779조)이 규정하고 있는 가족의 범위와 일치하지 않으며, 임의로 본인을 중심으로 하여 부모와 배우자, 자녀를 표시하고 있을 뿐이다. 형제자매도 포함시키지 않은 증명서에 과연 '가족'관계증명서라는 명칭을 붙이는 것이 타당한가도 의문이다. 이와 같이 부정확한 명칭의 사용은 일반국민으로 하여금 가족관계증명서에 포함되어 있지 않으면 가족이 아닌가, 가족으로 인정을 받지 못하는 것이 아닌가라는 불필요한 우려와 오해를 자아내고 있다. 또한 계부모와 계자녀도 동거하며 생계를 같이 하는 경우에는 민법상 가족으로 인정되는데, 가족관계증명서는 친생부모(또는 양부모)와 그 자녀만을 '가족'으로 표시함으로써 이러한 관계가 가족의 전형인 것처럼 보이게 할 뿐만 아니라, 다른 형태의 가족을 차별하는 결과를 낳고 있다.

현재의 가족관계증명서를 그 실체에 맞게 정확하게 표현하면, 부부 및 친자관계증명서라고 할 수 있다. 가족관계증명서에는 본인을 중심으로 하여 부모와 자녀가 표시되는데, 이는 결국 친자관계의 증명에 관한 것이며, 본인의 배우자가 표시되는 것은 부부관계를 증명하는 것이기 때문이다. 따라서 민법상 가족의 범위를 반영하지도 못하면서 굳이 가족관계증명서라는 실체에 부합하지 않는 명칭을 사용하기 보다는 '부부 및 친자관계증명서'라는 명칭을 사용하는 방안도 고려해 볼 수 있다.[6] 다른 한편, '가족'이라는 용어를 쉽게 포기할 수 없다고 생각하는 국민정서를 감안한다면(현행 가족관계등록법이 제정될 당시에 '가족'이라는 용어를 전면에 내세운 것은 이러한 정서를 의식했기 때문이다), 가족관계증명서라는 명칭을 계속 사용하는 것도 가능하겠지만, 이 경우에도 가족관계증명서의 종류를 이원화하여 특정한 친자관계만을 표시할 수 있는 증명서와 배우자, 부모, 자녀가 일괄적으로 현출되는 증명서로 나누어서 발급하는 시스템을 도입하여야 할 것이다.[7]

[서식례 1] 가족관계증명서 예시[8]

- **특정등록사항란** : 본인, 부모(양부모 원칙), 배우자, 자녀(양자 포함)의 현재 유효한 성명(사망, 국적상실 등의 경우 성명 옆에 사유 표기), 출생연월일, 주민등록번호, 성별, 본 기록
- **일반등록사항란** : 누락된 가족 추가 기록・연결, 착오 기록된 가족 말소

[별지 제1호 서식]

가 족 관 계 증 명 서

등록기준지	서울특별시 마포구 마포대로 174

구분	성명	출생연월일	주민등록번호	성별	본
본인	김본인(金本人)	1968년 01월 01일	680101-2234567	여	金海

가족사항

구분	성명	출생연월일	주민등록번호	성별	본
부	김양부(金養父)	1940년 04월 01일	400401-1333333	남	金海
모	이양모(李養母) 사망	1942년 04월 02일	420402-2222222	여	全州
배우자	박남편(朴男便)	1965년 02월 02일	650202-1345678	남	密陽

6) 외국의 경우를 보더라도 가족관계를 증명하는 신분증명서는 존재하지 않는 것이 보통이다(독일도 2007년 신분등록법 개정을 통하여 가족부(Familienbuch)를 폐지하였다).

7) 배우자, 부모, 자녀가 일괄적으로 현출되는 가족관계증명서는 상속관계를 증명하는 데 편리하다는 이점이 있으나, 이러한 점을 인정하여 가족관계증명서를 존속시키더라도 개인의 의사에 반하여 불필요한 정보가 공시되지 않도록 신청인이 선택한 가족관계만이 선별적으로 공시되는 증명서의 발급제도를 도입할 필요가 있다.

8) 여기서 예시로 든 각종 증명서 견본은 서울가정법원과 서부지방법원에서 가족관계등록업무를 담당했던 김성미 사무관이 제공한 것이다.

자녀	정이군(鄭二君)	1990년 11월 20일	901120-1234566	남	全州
자녀	박일순(金一順) 국적상실	1993년 01월 01일	930101-2777777	여	密陽
자녀	박순희(金順喜)	1995년 11월 11일	951111-2888888	여	密陽
자녀	박상준(金上樽)	1999년 05월 08일	990508-1111111	남	密陽

구분	상세내용
정정	【직권정정서작성일】 ○년○월○일 【정정일】 ○년○월○일 【정정내용】 특정등록사항란에 누락된 자녀(또는 부모) ○○○기록 【처리관서】 ○○○
정정	【정정일】 ○년○월○일 【정정사유】 대법원 가족관계등록예규 제324호 【정정내용】 특정등록사항란의 부(또는 모) ○○○ 출생연월일, 주민등록번호, 성별, 본 추가기록 【처리관서】 ○○○
정정	【직권정정허가일】 ○년○월○일 【허가법원】 ○○법원 【정정일】 ○년○월○일 【정정내용】 특정등록사항란의 착오 기록된 자녀(부모 또는 배우자) ○○○ 말소 【처리관서】 ○○○

위 가족관계증명서는 가족관계등록부의 기록사항과 틀림없음을 증명합니다.

년 월 일

○○시(읍·면)장 ○ ○ ○ 직인

2. 기본증명서의 문제점

기본증명서에는 다음의 기록사항이 공시된다(가족관계등록법 제15조 제1항 2호).

가. 본인의 등록기준지·성명·성별·본·출생연월일 및 주민등록번호
나. 본인의 출생, 사망, 국적상실·취득 및 회복 등에 관한 사항

기본증명서는 개인의 출생과 사망 등에 관한 기본적인 사실을 증명하는 것을 목적으로 한다. 외국에서 출생증명서와 사망증명서로 나누어져 있는 기능을 기본증명서라는 하나의 증명서로 통합한 것이라고 이해할 수도 있으나, '기본'적인 사

항이라고 보기에는 너무 많은 개인정보를 담고 있다는 비판이 제기된다(더구나 이러한 정보 중 상당수는 개인의 사생활 보호와 밀접한 관련이 있는 것이다. 예컨대, 기아발견, 인지, 친권, 미성년후견, 국적, 성·본 창설 및 변경, 개명, 가족관계등록창설, 성전환 등). 예를 들어, 과거에 미성년자일 때 부모가 이혼하여 친권자로 모가 지정되었다는 사실이나 혼인외의 자로 출생하여 생부로부터 인지되었다는 사실 등이 기본증명서에 나타나는데, 취업을 위하여 기본증명서를 제출하는 경우를 생각해보면 이러한 개인정보의 공시는 불필요할 뿐만 아니라 개인의 사생활을 과도하게 침해하는 것이라고 하지 않을 수 없다.

기본증명서에는 증명서 발급 당시의 유효한 사항만이 아니라, 과거의 변동사항도 함께 표시된다. 따라서 개명을 한 경우에는 현재의 이름뿐만 아니라 개명 전에 사용하던 이름이 표시되고, 성과 본을 변경한 때에도 종전의 성과 본이 표시된다. 성전환자의 경우에도 전환된 현재의 성(性)과 함께 종전의 성이 함께 표시된다. 이처럼 기본증명서에는 본인의 의사와 관계없이 개인의 과거 변동사항이 모두 표시되므로(이러한 사항의 대부분은 민감한 개인정보에 해당한다), 개인의 사생활 보호 차원에서 문제가 있다는 비판을 받고 있다. 가족관계증명서에서 본 바와 같이 이러한 문제점을 완화하기 위하여 일부사항증명제도가 도입되었으나(이에 따라, 예컨대 개명을 한 경우에는 기본증명서에 그 사실을 기재하지 않고 현재의 이름만이 기재된 증명서를 발급하는 것이 가능하게 되었다.[9]), 앞에서 지적한 바와 같이 기본증명서에 있어서도 일부사항증명서는 실제로 거의 활용되지 못하고 있는 것이 현실이다.

가족관계증명서의 경우와 같이 기본증명서도 이원화하여 증명의 필요가 있는 사항만이 선택적으로 현출된 증명서의 발급을 원칙으로 하고, 모든 등록사항이 현출된 전부증명서의 발급 및 제출은 불가피한 경우로 한정하도록 법을 개정할 필요가 있다.

[서식례 2] 기본증명서 예시

- **특정등록사항란** : 본인의 성명, 출생연월일, 주민등록번호, 성별, 본
- **가족관계등록부사항란** : 등록기준지 변경(경정 포함), 등록부 작성(재작성 포함) 및 폐쇄 관련된 사항
- **일반등록사항란** : 출생 이후 사망 전까지의 다양한 신분사항 기록

---

9) 기본증명서의 일부사항증명서는 기아발견, 인지, 친권·후견 종료, 실종선고취소, 국적취득, 성·본 창설 및 변경, 개명, 가족관계등록창설 등을 제외하고 작성한다(가족관계등록규칙 제21조의2 제1항 제2호). 예를 들어 개명 사실을 증명하려면 전부증명을 발급받아야 하는데, 여기에는 개명뿐만 아니라 인지, 친권 등 다른 사항이 다수 포함되어 있어서 불필요한 개인정보가 노출된다는 문제가 있다.

[별지 제5호 서식]

기 본 증 명 서

등록기준지	서울특별시 마포구 마포대로 174

구분	상 세 내 용
작성	[가족관계등록부 작성일] 2008년 01월 01일 [작성사유] 가족관계의 등록 등에 관한 법률 부칙 제3조제1항
변경	[등록기준지변경신고일] 2008년 01월 03일 [전등록기준지] 서울특별시 관악구 봉천동 100번지의 3 [신고인] ○○○ [처리관서] 서울특별시 마포구

구분	**성명**	**출생연월일**	**주민등록번호**	**성별**	**본**
본인	**류본인(柳本人)**	**1965년 01월 01일**	**650101-1234567**	**남**	**金海**

일반등록사항

구분	상세내용
출생	【출생장소】 ○시○동○번지 【신고일】 ○년○월○일 【신고인】 모 【처리관서】 ○○○
인지	【신고일】 ○년○월○일 【인지자】 부○○○ 【인지자의주민등록번호】 ○○○○○○-○○○○○○○ 【처리관서】 ○○○
기타	【정정일】 ○년○월○일 【정정내용】 부의 인지로 인하여 성○을○으로, 본○○을○○으로 변경
기타	【부모의혼인신고일】 ○년○월○일 【처리관서】 ○○○
친권	~~【친권자지정협의일】 ○년 ○월 ○일~~ ~~【친권자지정효력발생일】 ○년○월○일~~ ~~【친권자부】 ○○○~~ ~~【친권자부의주민등록번호】 ○○○○○○-○○○○○○○~~ ~~【신고일】 ○년 ○월 ○일~~ ~~【신고인】 부모~~ ~~【처리관서】 ○○○~~
친권	【종료사유】 ○년 ○월 ○일 성년 【직권기록서작성일】 ○년 ○월 ○일 【직권기록일】 ○년 ○월 ○일 【처리관서】 ○○○

정정	【정정허가일】 ○년 ○월 ○일 【허가법원】 ○○법원 【신청인】 ○○○ 【정정일】 ○년 ○월 ○일 【정정내용】 특정등록사항란의 성 유(柳)를 류(柳)로 정정 【처리관서】 ○○○
정정	【정정허가일】 ○년○월○일 【허가법원】 ○○법원 【신청인】 ○○○ 【정정일】 ○년○월○일 【정정내용】 예규 제385호에 따라 특정등록사항란의 성별 기록 "여"를 "남"으로 정정 【처리관서】 ○○○
개명	【개명허가일】 ○년○월○일 【허가법원】 ○○법원 【신고일】 ○년 ○월 ○일 【신고인】 ○○○ 【개명전이름】 ○○(한자) 【개명후이름】 ○○(한자) 【처리관서】 ○○○
정정	【경정결정일】 ○년○월○일 【결정법원】 ○○법원 【신청인】 ○○○ 【정정일】 ○년○월○일 【정정내용】 ○년 ○월 ○일자 개명사유 중 ○○(한자)을 ○○(한자)로 정정 【처리관서】 ○○○
정정	【직권정정서작성일】 ○년○월○일 【정정일】 ○년○월○일 【정정내용】 주민등록번호를 정정 【정정전 주민등록번호】 ○○○○○○－○○○○○○○ 【정정후 주민등록번호】 ○○○○○○－○○○○○○○ 【통보일】 ○년○월○일 【통보자】 ○○○ 【처리관서】 서울특별시 마포구

위 기본증명서는 가족관계등록부의 기록사항과 틀림없음을 증명합니다.

년 월 일

○○시(읍·면)장 ○ ○ ○ **직인**

3. 혼인관계증명서의 문제점

혼인관계증명서에는 다음의 기록사항이 공시된다(가족관계등록법 제15조 제1항 3호).

가. 본인의 등록기준지 · 성명 · 성별 · 본 · 출생연월일 및 주민등록번호
나. 배우자의 성명 · 성별 · 본 · 출생연월일 및 주민등록번호
다. 혼인 및 이혼에 관한 사항

혼인관계증명서에는 본인의 혼인 및 이혼에 관한 사항과 배우자가 표시된다. 과거의 이혼사실과 전배우자까지 함께 표시되므로, 역시 본인의 의사와 관계없이 개인의 사생활이 드러난다는 문제점을 지적할 수 있다. 예를 들어, 혼인사실을 증명하여 배우자 수당을 지급받고자 하는 경우에 혼인관계증명서를 제출할 수 있는데, 본인의 과거 이혼사실까지 함께 표시하는 증명서를 제출할 필요는 없을 것이다. 물론 이런 경우에 가족관계증명서를 제출하여 배우자관계를 증명할 수도 있겠지만, 가족관계증명서에는 배우자 이외의 가족관계가 나타나게 되므로, 역시 사생활의 보호라는 관점에서 볼 때 문제가 있을 수 있다. 예를 들어, 재혼한 여자가 가족관계증명서를 제출하는 경우 배우자란에는 현재의 남편만이 표시되지만, 여자 본인이 전혼관계에서 낳은 자녀가 함께 표시됨으로써 현재의 남편과 본인의 자녀가 성 · 본(姓本)이 다른 경우 이혼과 재혼 사실이 드러나게 된다(이 경우에 일부증명에 의해서 전혼 중에 낳은 자녀가 표시되지 않는 것이 가능하게 되었다는 점과 이러한 일부증명제도의 효과가 미미하다는 점은 위에서 언급하였다). 또한 혼인관계증명서의 일부사항증명서를 제출하는 것도 가능하지만,[10] 실제 생활에 있어서 거의 활용되고 있지 못한 점은 다른 증명서의 경우와 다르지 않다.

혼인관계증명서도 이원화하여 현재의 혼인상태 및 그 외의 선택사항만을 표시하는 증명서의 발급을 원칙으로 하고, 전부증명서의 발급 및 제출은 반드시 필요한 경우로 한정할 수 있도록 법을 개정할 필요가 있다.

[서식례 3] 혼인관계증명서 예시

- **특정등록사항란 :** 본인, 배우자의 현재 유효한 성명(사망, 국적상실 등의 경우 성명 옆에 사유 표기), 출생연월일, 주민등록번호, 성별, 본 기록
- **일반등록사항란 :** 혼인(무효 · 취소 포함) · 이혼, 배우자 개명(성명 정정 포함) 기록

---

10) 혼인관계증명서의 일부사항증명서는 혼인취소, 이혼을 제외하고 작성한다(가족관계등록규칙 제21조의2 제1항 제3호).

[별지 제2호 서식]

혼 인 관 계 증 명 서

등록기준지	서울특별시 마포구 마포대로 174

구분	성명	출생연월일	주민등록번호	성별	본
본인	김본인(金本人)	1965년 01월 01일	650101-1234567	남	金海

혼인사항

배우자	박여인(朴女人)	1968년 02월 02일	680202-2345678	여	密陽

구분	상 세 내 용
혼인	~~【신고일】 ○년○월○일~~ ~~【배우자】 김여인~~ ~~【배우자의주민등록번호】 ○○○○○○－○○○○○○○~~ ~~【처리관서】 ○○○~~
정정	【혼인무효판결확정일】 ○년○월○일 【판결법원】 ○○법원 【배우자】 김여인 【배우자의주민등록번호】 ○○○○○○－○○○○○○○ 【신청인】 ○○○ 【정정일】 ○년○월○일 【정정내용】 ○년○월○일자 혼인사유를 말소 【처리관서】 ○○○
혼인	【혼인일】 ○년○월○일 【배우자】 박크리스틴 【배우자의국적】 필리핀 【배우자의출생연월일】 ○년○월○일 【증서작성자】 ○국○시장 【증서등본제출일】 ○년○월○일 【증서등본제출자】 ○○○ 【신고관서】 ○○○ 【송부일】 ○년○월○일 【송부자】 주○국대한민국대사 【처리관서】 ○○○
정정	【정정허가일】 ○년○월○일 【허가법원】 ○○법원 【신청인】 ○○○ 【정정일】 ○년○월○일 【정정내용】 ○년 ○월 ○일자 혼인사유 중 배우자의 성명 “레에스비크리스틴”을 “박크리스틴”으로 정정 【처리관서】 ○○○

이혼	【이혼판결확정일】 ○년○월○일 【판결법원】 ○○법원 【배우자】 박크리스틴 【배우자의출생연월일】 ○년○월○일 【신고일】 ○년○월○일 【신고인】 ○○○ 【신고관서】 ○○○ 【송부일】 ○년○월○일 【송부자】 주○국대한민국대사 【처리관서】 ○○○
혼인	【신고일】 ○년○월○일 【배우자】 박야인 【배우자의주민등록번호】 ○○○○○○－○○○○○○○ 【처리관서】 ○○○
기타	【배우자의개명일】 ○년○월○일 【개명전이름】 야인(○○) 【개명후이름】 여인(○○) 【배우자】 ○○○ 【처리관서】 ○○○

위 혼인관계증명서는 가족관계등록부의 기록사항과 틀림없음을 증명합니다.

년 월 일

○○시(읍・면)장 ○ ○ ○ 직인

4. 입양관계증명서 및 친양자입양관계증명서의 문제점

(1) 입양관계증명서

입양관계증명서에는 다음의 기록사항이 공시된다(가족관계등록법 제15조 제1항 4호).

가. 본인의 등록기준지・성명・성별・본・출생연월일 및 주민등록번호
나. 친생부모・양부모・양자의 성명・성별・본・출생연월일 및 주민등록번호
다. 입양 및 파양에 관한 사항

입양관계증명서는 양친자관계, 친생친자관계 및 입양과 관련된 사항(입양・파양・입양의 무효와 취소 등)의 증명을 목적으로 한다. 여기서 증명의 대상이 되는 입양은 민법에 의한 입양 중 일반입양[11]이다. 가족관계등록법이 개정되어(2010년

11) 친양자 입양과 구별되는 개념으로서 기존 민법상의 입양을 일반입양이라고 하며, 입양이 성립한 후에도 종전의 친족관계가 존속한다. 반면에 친양자 입양이 성립한 경우에는 입양 전의 친족관계

6월 30일부터 시행) 일반양자의 경우에도 가족관계증명서에 친생부모가 기재되지 않고 양부모가 부모로 기재되므로, 일반양자의 친생부모를 확인하기 위해서는 입양관계증명서를 보아야 한다. 입양관계증명서에도 현재 유효한 사항만이 아니라 과거의 변동사항(입양 취소, 파양 등)까지도 전부 기록되므로, 다른 증명서와 마찬가지로 불필요한 개인정보 노출의 문제가 생길 수 있다. 이런 문제를 해결하기 위하여 일부사항증명서의 발급이 가능하게 되었으나,[12] 그 효과가 미미하다는 점은 다른 증명서의 경우와 같다.

입양관계증명서도 이원화하여 현재의 상태 및 선택사항만을 표시하는 증명서의 발급을 원칙으로 하고, 전부증명서의 발급과 제출은 반드시 필요한 경우로 한정할 수 있도록 법이 개정될 필요가 있다.

[서식례 4] 입양관계증명서 예시

• **특정등록사항란(원칙) :** 본인, 친생부모, 양부모, 양자의 현재 유효한 성명(사망, 국적상실 등의 경우 성명 옆에 사유 표기), 출생연월일, 주민등록번호, 성별, 본 기록

• **일반등록사항란 :** 입양(무효·취소 포함)·파양 기록

[별지 제3호 서식]

입 양 관 계 증 명 서

등록기준지	서울특별시 마포구 마포대로 174

구분	성명	출생연월일	주민등록번호	성별	본
본인	김본인(金本人)	1965년 01월 01일	650101-1234567	남	金海

입양사항

구분	성명	출생연월일	주민등록번호	성별	본
친생부	김일남(金一男)	1941년 02월 01일	410201-1555555	남	金海
친생모	이일녀(李一女)	1938년 03월 01일	380301-2333333	여	全州
양부	김양부(金養父)	1940년 04월 01일	400401-1333333	남	金海
양모	양모(李養母) 사망	1942년 04월 02일	420402-2222222	여	全州
양자	정이군(鄭二君)	1973년 11월 20일	731120-1234566	남	全州
양자	김상준(金上樽)	1999년 05월 08일	990508-1111111	남	金海

는 소멸한다.

12) 입양관계증명서의 일부사항증명서는 입양 취소, 파양 등을 제외하고 작성한다(가족관계등록규칙 제21조의2 제1항 제4호).

구분	상세내용
입양	【신고일】 ○년○월○일 【양부】 김양부 【양부의출생연월일】 ○년○월○일 【양모】 이양모 【양모의출생연월일】 ○년○월○일
파양	~~【협의파양신고일】 ○년○월○일~~ ~~【양부】 김양부~~ ~~【양부의출생연월일】 ○년○월○일~~ ~~【양모】 이양모~~ ~~【양모의출생연월일】 ○년○월○일~~
정정	【파양무효판결확정일】 ○년○월○일 【판결법원】 ○○법원 【양부】 김양부 【양부의출생연월일】 ○년○월○일 【양모】 이양모 【양모의출생연월일】 ○년○월○일 【신청인】 ○○○ 【정정일】 ○년○월○일 【정정내용】 ○년○월○일자 파양사유 말소 【처리관서】 ○○○
입양	【입양일】 ○년○월○일 【양자】 레드먼주니어페리알랜 【양자의국적】 미합중국 【양자의출생연월일】 ○년○월○일 【증서작성자】 ○국○시장 【증서등본제출일】 ○년○월○일 【증서등본제출자】 ○○○ 【신고관서】 ○○○ 【송부일】 ○년○월○일 【송부자】 주○국대한민국대사 【처리관서】 ○○○
입양 취소	【입양취소판결확정일】 ○년○월○일 【판결법원】 ○○법원 【양자】 레드먼주니어페리알랜 【양자의국적】 미합중국 【양자의출생연월일】 ○년○월○일 【신고일】 ○년○월○일 【신고인】 ○○○ 【처리관서】 ○○○

입양	【신고일】 ○년○월○일 【양자】 정이군 【양자의주민등록번호】 ○○○○○○－○○○○○○○ 【처리관서】 ○○○
입양	【입양허가심판확정일】 ○년○월○일 【심판법원】 ○○법원 【양자】 김상준 【양자의주민등록번호】 ○○○○○○－○○○○○○○ 【입양승낙자】 부○○○ 모○○○ 【신고일】 ○년○월○일 【신고인】 ○○○ 【처리관서】 ○○○

위 입양관계증명서는 가족관계등록부의 기록사항과 틀림없음을 증명합니다.

년 월 일

○○시(읍・면)장 ○ ○ ○ 직인

(2) 친양자입양관계증명서

① 친양자입양관계증명서에는 다음의 기록사항이 공시된다(가족관계등록법 제15조 제1항 5호).

가. 본인의 등록기준지・성명・성별・본・출생연월일 및 주민등록번호
나. 친생부모・양부모 또는 친양자의 성명・성별・본・출생연월일 및 주민등록번호
다. 입양 및 파양에 관한 사항

친양자입양관계증명서는 2005년 민법개정에 의하여 새로 도입되어 2008년 1월 1일부터 시행되고 있는 친양자의 입양과 파양 등에 관한 사항의 증명을 목적으로 한다. 친양자는 양부모의 친생자(혼인중의 출생자)와 같은 신분을 가지게 되므로, 친생자와 같이 양부모의 성과 본을 따르고 가족관계증명서에도 부모란에는 양부모만이 부모로서 기재된다. 따라서 외부에서 제3자가 친양자의 성명이나 가족관계증명서를 보아도 친양자 입양 사실을 알 수 없다. 따라서 친양자의 친생부모를 확인하기 위해서는 친양자입양관계증명서를 보아야 한다.

② 친양자 입양의 경우에는 입양가정의 사생활 보호가 특히 중요한 과제가 되므로, 친양자입양관계증명서는 다른 종류의 증명서와는 달리 발급이 더욱 제한되지 않을 수 없다. 이런 취지에서 가족관계등록법은 친양자입양관계증명서의 교

부를 청구할 수 있는 경우를 한정적으로 열거하고 있다. 즉, i) 친양자가 성년이 되어 신청하는 경우, ii) 혼인당사자가 민법 제809조의 친족관계를 파악하고자 하는 경우, iii) 법원의 사실조회촉탁이 있거나 수사기관이 수사상 필요에 따라 문서로 신청하는 경우(이상 가족관계등록법 제14조 제2항), iv) 민법 제908조의4와 제908조의5에 따라 입양취소 또는 파양을 할 경우, v) 친양자의 복리를 위하여 필요함을 구체적으로 소명하여 신청하는 경우, vi) 그 밖의 대법원예규(가족관계등록예규 제12호 제3항)가 정하는 정당한 이유가 있는 경우(이상 가족관계등록규칙 제23조 제3항).

그런데 이 중 친양자가 성년이 되면 친양자입양관계증명서의 교부를 신청할 수 있다는 규정(가족관계등록법 제14조 제2항 제1호)에 대해서는 비판이 제기될 수 있다. 이 규정에 따르면 친양자로 입양된 사람은 성년에 이르면 누구나 친양자입양관계증명서를 볼 수 있게 되어 자신의 친생부모가 누구인지 알 수 있게 된다. 친양자입양관계증명서에는 친생부모의 성명, 주민등록번호 등의 정보가 현출되므로, 친양자로 입양된 사람이 자신의 친생부모를 찾아내어 방문할 가능성도 배제할 수 없다. 이러한 규정을 통하여 친양자로 입양된 사람의 '친생부모를 알 권리'는 충족될 수 있겠으나, 친생부모(대부분의 경우 미혼모)의 사생활은 보호되지 못한다. 즉, 친생부모의 입장에서는 자녀의 출생 시로부터 19년 동안만 사생활의 비밀이 보장되는 것이다. 친생부모가 자녀를 입양시킨 후 혼인하여 가정을 이루고 있는 경우에 약 20년 전에 친양자로 입양된 자녀가 출현한다면 가정이 파탄될 가능성도 배제할 수 없다. 현행법 규정을 따르는 경우에 발생할 수 있는 이와 같은 가능성을 인식한다면 어떤 친생부모도 선뜻 친양자로 입양시키는 결정을 하지 못할 것이다. 또한 친양자 입양을 한 양부모가 양자에게 입양의 사실을 알리지 않고 양육하는 경우도 있을 수 있는데, 양자가 19세에 이르면 친양자입양관계증명서를 교부받아 입양 사실을 알 수 있게 된다는 점에 대해서 불안해 할 수도 있다.

③ 출생신고에 의해서 친생부모에 관한 정보가 가족관계등록부에 기록되는 것과는 별도로 입양을 알선하는 입양기관이나 중앙입양원에서도 친생부모에 관한 정보를 기록, 관리한다. 개정 입양특례법(2012년 8월 5일 시행)은 입양기관이나 중앙입양원이 보유하고 있는 입양관련정보를 공개하는 방법에 대해서 규정하고 있는데(제36조), 그 핵심적인 내용은 친생부모의 동의를 받아 정보를 공개한다는 것이다(이 규정은 '양자의 친생부모를 알 권리'와 '친생부모의 사생활 보호'라는 두 가지 법익을 절충하여 마련한 것이다). 가족관계등록부에 기록되어 있는 친생부모에 관한 정보도 이와 같은 방법으로 보존, 공시하는 것이 가능하다고 본다. 즉, 친생부모의 동의가 있는 경우에 한하여 친양자입양관계증명서에 친생부모에 관한 정보

가 현출되도록 하고, 그렇지 않은 경우에는(즉, 친생부모가 자신의 신분정보가 노출되는 것을 원하지 않는 경우에는) 친양자입양관계증명서에 친생부모에 관한 정보가 나타나지 않도록 하는 것이다.

④ 이 외에 혼인당사자가 민법 제809조의 친족관계를 파악하고자 하는 경우에 친양자입양관계증명서의 교부를 신청할 수 있다는 규정(가족관계등록법 제14조 제2항 제2호)에 대해서도 비판이 제기될 수 있다. 이 규정이 근친간의 혼인을 방지할 목적으로 둔 것이라면, 여기서 말하는 혼인당사자란 혼인을 예정하고 있는 약혼자를 의미한다고 보아야 할 것이다. 그런데 어떤 사람(갑)이 다른 사람(을)과 혼인할 예정이라는 사실은 객관적으로 증명하는 것이 불가능하므로, 사실상 혼인당사자라는 신분으로 친양자입양관계증명서의 교부를 신청하는 것은 가능하지 않다고 보아야 할 것이다. 이렇게 본다면 이 규정의 실질적인 의미를 찾기는 어렵다고 생각된다.

2007년 개정 전의 독일신분등록법에 의하면 출생증명서와 구별되는 혈통증명서가 발급될 수 있었는데, 양자의 경우에는(독일은 우리의 친양자에 해당하는 완전양자제도만을 두고 있다) 혈통증명서에 친생부모와 양부모가 다 같이 기록되었다. 양자가 혼인하는 경우에는 반드시 혈통증명서를 제출하도록 되어 있었는데, 이는 근친간의 혼인을 방지하기 위한 취지라고 이해되었다. 따라서 독일에서는 양자가 늦어도 혼인할 무렵에는 자신의 입양사실을 알게 될 수밖에 없었다(양부모가 사전에 입양사실을 알리지 않았다면 혼인하기 전에 입양사실을 알게 된 양자는 그로 인하여 큰 충격을 받을 수도 있었다). 독일의 혈통증명서 제도는 2007년에 독일신분등록법이 개정되면서(2009년 1월 1일부터 시행) 폐지되었다. 유럽에서 혈연의식이 가장 강한 것으로 평가받고 있는 독일이 혈통증명서를 폐지하는 이유는 다음과 같이 정리될 수 있다. 독일에서는 지난 수십 년 간 혼인할 때 혈통증명서를 제출하도록 요구해 왔지만, 이를 통하여 근친혼을 막은 사례는 단 한 건도 없었다.[13] 또한 유럽 전체에서 혈통증명서를 발급하는 나라는 독일 이외에는 한 나라도 없다.

[서식례 5] 친양자입양관계증명서 예시

- **특정등록사항란 :** 친양자(본인), 양부모, 친생부모(친족관계 종료)의 현재 유효한 성명(사망, 국적상실 등의 경우 성명 옆에 사유 표기), 출생연월일, 주민등록번호, 성별, 본 기록
- **일반등록사항란 :** 민법상 친양자 입양 및 입양특례법에 따른 입양(취소 포함)·파양 기록

13) BT-Drucks. 16/1831, S. 36.

[별지 제4호 서식]

친 양 자 입 양 관 계 증 명 서

등록기준지	서울특별시 마포구 마포대로 174

구분	성명	출생연월일	주민등록번호	성별	본
본인	김본인(金本人)	1965년 01월 01일	650101-1234567	남	金海

친양자입양사항

구분	성명	출생연월일	주민등록번호	성별	본
친양자	김순희(金順喜)	1995년 11월 11일	951111-2888888	여	金海

구분	상세내용
친양자 입양	【친양자입양재판확정일】 ○년○월○일 【심판법원】 ○○법원 【친양자】 ○○○ 【친양자의국적】 ○○ 【친양자의출생연월일】 ○년○월○일 【신고일】 ○년○월○일 【신고인】 ○○○ 【처리관서】 ○○○
친양자 파양	【친양자파양재판확정일】 ○년○월○일 【판결법원】 ○○법원 【친양자】 ○○○ 【친양자의 국적】 ○○ 【친양자의출생연월일】 ○년○월○일 【신고일】 ○년○월○일 【신고인】 ○○○ 【처리관서】 ○○○
친양자 입양	【친양자입양재판확정일】 ○년○월○일 【심판법원】 ○○법원 【친양자】 ○○○ 【친양자의주민등록번호】 ○○○○○○－○○○○○○○ 【신고일】 ○년○월○일 【신고인】 ○○○ 【처리관서】 ○○○

위 입양관계증명서는 가족관계등록부의 기록사항과 틀림없음을 증명합니다.

년 월 일

○○시(읍·면)장 ○ ○ ○ 직인

Ⅲ 외국의 입법례 – 독일[14)]

1. 독일 신분등록 제도 개관

(1) 역사적 고찰[15)]

1871년에 독일제국이 성립되기 전까지 독일에는 국가가 관리하는 신분등록제도가 존재하지 않았다. 신분등록부의 기록과 보관은 혼인이나 이혼과 마찬가지로 교회의 업무에 속하였다. 가톨릭교도는 신부 앞에서, 개신교도는 목사 앞에서, 그리고 유대교 신자는 랍비 앞에서 혼인의식을 거행하였다. 교회에서 유효하게 성립한 혼인은 국가에 대해서도 유효한 것으로 인정되었다. 국가의 대리인(신분등록 공무원) 앞에서 혼인하는 제도는 존재하지 않았다.

1871년 전까지 국가는 교회에 대해서 신분등록부의 기능을 하는 '교회부'의 기록과 보관을 명하는 것으로 만족했다. 교회부는 그 작성 사유에 따라 세례부, 혼인부, 사망부로 분류되었다. 구체적으로 교회부가 어떻게 작성되는가는 교회에 맡겨져 있었다.

국가와 교회의 분리는 프랑스혁명 사상에 의한 것이다. 프랑스에서는 1792년에 교회혼이 민사혼(民事婚. 민법의 규정에 의해서 이루어지는 혼인)으로 대체되었으며, 이후 이러한 변화는 전 유럽으로 전파되었다. 독일에서는 1875년 신분등록법이 제정되면서 국가와 교회의 분리가 완성되었다.

1875년의 독일신분등록법은 교회부의 분류방식을 답습하여 출생, 혼인, 사망에 따른 등록부를 작성하였으며, 그 명칭은 출생부, 혼인부, 사망부라고 하였다(2007년에 개정된 신분등록법[16)]은 출생등록부, 혼인등록부, 사망등록부라는 명칭을 사용하고 있다).

1875년의 독일신분등록법은 그 후 1937년과 2007년에 대폭 개정되었지만, 출생, 혼인, 사망을 사유로 하여 세 가지 종류의 등록부를 작성하는 기본체제는 변함없이 유지되고 있다. 세 가지 종류의 등록부(출생등록부, 혼인등록부, 사망등록부)는 그 사유가 발생한 곳에서 작성된다. 즉, 출생등록부는 자녀가 출생한 곳에서, 혼인등록부는 혼인이 성립한 곳에서, 사망등록부는 망인이 사망한 곳에서 각각 작성되어 보존된다. 어떤 사람이 A시에서 출생하여, 후에 B시에서 혼인하고, C시에서 사

---

14) 독일신분등록 제도 개관에 관한 부분은 Rainer Frank 교수(독일 Freiburg 대학 명예교수)의 자문을 받아 작성하였음.

15) Bornhofen, Das Gesetz zur Reform des Personenstandsrechts, StAZ, 2008, 33ff; BT-Drucks. 16/1831, S. 29.

16) Personenstandsgesetz vom 19. Februar 2007 (BGBl. I S. 122). 2009년 1월 1일 시행.

망하였다면, 세 가지 종류의 신분등록부는 각각 다른 도시에서 작성, 보존된다.

각각의 신분등록부에 기록된 정보의 연계는 당해 신분등록청 사이의 통지에 의해서 이루어진다. 예를 들어, 사망등록부에 사망을 기록하는 신분등록청(망인의 사망 장소를 관할하는 신분등록청)은 망인의 출생기록을 관리하는 신분등록청에 사망 사실을 통지해야 하며, 이에 근거하여 망인의 출생등록부의 참조란에 그의 사망 사실이 기록된다(독일신분등록법 제5조 제4항, 동법 시행령 제60조). 이러한 방식을 통하여 출생등록부를 보면 본인이 그 사이에 사망하였다는 사실을 알 수 있게 되는 것이다.

(2) 신분등록청

신분등록부의 기록은 신분등록공무원만이 할 수 있다. 신분등록부를 작성, 보관하는 신분등록청은 모든 지방자치단체에 있는 것이 원칙이다. 물론 규모가 작은 지자체의 경우에는 여러 개가 합쳐져 하나의 신분등록구역으로 되기도 하고, 규모가 큰 지자체의 경우에는 여러 개의 신분등록구역으로 분할되기도 한다. 원래 신분등록공무원이라는 직업이 있는 것은 아니다. 그러나 신분등록공무원은 사용자인 지자체에 의해서 공식적으로 신분등록공무원으로 임명되어야 한다. 신분등록공무원으로 임명되기 위해서는 그에 필요한 교육과정을 성공적으로 이수해야만 한다. 교육과정은 국가나 신분등록공무원 단체에서 제공한다. 신분등록공무원은 신분등록법, 가족법, 국적법, 국제사법 등 업무와 관련된 법분야의 변화와 발전에 대한 정보를 습득하고 정기적으로 보수교육을 받아야 할 법적인 의무가 있다. 심지어 독일의 상당수 주(州)에서는 신분등록공무원이 3년 이상 보수교육을 받지 않는 경우에 그 임명을 취소할 수 있도록 규정하고 있다(신분등록공무원으로 임명한 것을 취소한다는 의미이다. 따라서 공무원의 신분은 유지하며, 신분등록사무가 아닌 다른 업무에 종사하게 된다).

대부분의 신분등록공무원은 근무하는 지자체에서 다른 업무에도 종사하는 것이 일반적이다. 다만 규모가 큰 지자체의 경우에는 신분등록사무에만 종사하는 공무원이 있다. 현재 독일에는 약 4만 명의 공무원이 신분등록사무에 종사하는 것으로 추산된다.

신분등록공무원의 직무행위는 법관의 통제를 받는다. 독일신분등록법 제49조 제1항에 따르면 신분등록공무원이 직무수행을 거부하는 경우 법원은 당사자 또는 감독청(어느 기관이 감독청이 되는가는 주마다 시행령으로 정한다)의 청구에 의하여 그 직무를 행할 것을 명할 수 있다. 어떤 행위가 신분등록공무원의 직무범위에 속하는 것인지 명확하지 않은 경우에는 신분등록공무원이 스스로 법원의 판단을 구할 수도 있다(독일신분등록법 제49조 제2항).

(3) 출생등록부

독일신분등록법 제18조에 따라 자녀가 출생하면 신고의무자[17]는 1주일 내에 출생지를 관할하는 신분등록청에 출생신고를 하여야 한다. 자녀가 의료기관에서 출생한 경우에는 그 의료기관(일반적으로 법인)도 출생신고의 의무가 있다(독일신분등록법 제20조).[18] 출생신고 의무를 위반한 경우에는 과태료에 처해질 수 있다(독일신분등록법 제70조. 과태료는 5유로에서 1000유로 사이에서 당해 행정청의 재량에 따라 정해진다).

출생등록부에는 다음과 같은 사항이 기록된다(독일신분등록법 제21조 제1항).

1. 자녀의 성명
2. 출생장소 및 출생일시, 분
3. 자녀의 성(性)
4. 부모의 성명. 이외에 부모의 일방이 원하는 경우에는 부모가 속한 종교단체가 기록될 수 있다(종교단체가 공법상 법인인 경우로 한정된다).

개정 이전과는 달리 2007년 독일신분등록법에 의하면 부모의 직업, 주소, 학위(특히 박사학위) 등은 더 이상 기록되지 않는다.[19] 왜냐하면 이러한 정보는 개인의 신분과 관련하여 의미가 없기 때문이다(기록정보 감축의 원칙). 이 원칙은 다른 신분등록부(혼인등록부, 사망등록부)에도 똑같이 적용된다.[20] 부모의 종교도 자녀의 신분과 관련하여 의미가 없지만, 출생등록부의 기록사항에서 부모의 종교를 제외하는 것이 타당하다는 실무의 요구는 교회의 저항에 부딪혀 관철되지 못하였다. 물론 부모의 종교는 당사자가 원하는 경우에만 기록된다. 또한 부모가 속해

17) 독일신분등록법 제19조에 따라 친권자인 부모 및 출산 현장에 있었던 사람, 출산 사실을 알게 된 사람이 출생신고를 하여야 한다. 출산 현장에 있었던 사람이나 자녀의 출산 사실을 알게 된 사람은 친권자인 부모가 출생신고를 할 수 없는 경우(예컨대 친권자인 어머니가 건강상의 이유로 신고를 할 수 없는 경우)에만 신고의무가 있다.

18) 제19조에 규정되어 있는 사람과 제20조에 규정되어 있는 의료기관 등(병원, 교도소 그 밖의 시설 등)은 동순위로 신고의무자가 된다. 즉, 자녀가 의료기관 등에서 출생한 경우에도 제19조에 규정되어 있는 사람은 출생신고를 할 수 있다. 그러나 의료기관 등이 제19조에 규정되어 있는 사람에게 신고의무를 미루고 출생신고를 거부하는 것은 허용되지 않는다. 다만 제19조에 규정되어 있는 사람들과 합의한 경우에는(즉 제19조에 규정되어 있는 사람들이 출생신고를 하는 것으로 합의한 경우) 의료기관 등은 출생신고의무에서 벗어날 수 있다. 따라서 제20조에 의한 의료기관 등과 제19조에 의한 사람이 각각 출생신고를 하는 경우도 있을 수 있는데, 이 경우 신분등록공무원은 먼저 접수된 출생신고를 수리하게 된다(독일신분등록법 제20조. Gaaz/Bornhofen, Personenstandsgesetz, § 20 Rn. 10).

19) Gaaz, Die Reform des Personenstandsrechts -Vision und Wirklichkeit, StAZ 2008, 202.

20) 2007년 독일신분등록법 개정의 중요한 목표 중의 하나는 반드시 필요한 신분정보만을 기록함으로써 불필요한 개인정보를 수집하지 않는다는 것이다. BT-Drucks. 16/1831, S. 32.

있는 종교단체가 공법상 법인인 경우에만 자녀의 출생등록부에 기록될 수 있다. 이외에도 독일신분등록법 제21조 제3항은 자녀의 출생등록부 참조란에 다음과 같은 사항을 기록하도록 규정하고 있다: 부모가 독일국적이 아닌 경우에는 그 국적, 자녀가 혼인중의 자인 경우에는 부모의 혼인에 관한 기록, 자녀가 혼인외의 자인 경우에는 부모의 출생에 관한 기록 등.

개정된 독일신분등록법이 '참조란'을 둔 목적에 대해서는 동법 제5조 제3항이 다음과 같이 설명하고 있다: 참조란을 통해서 본인, 그 배우자(同性으로서 혼인과 유사한 관계에 있는 파트너를 포함한다.[21]), 부모와 자녀에 대한 다양한 기록이 연계되어 나타난다. 여러 신분등록부에 기록되어 있는 정보의 연계는 해당 신분등록공무원의 통지에 의해서 이루어진다. 예를 들어보면 다음과 같다. 자녀의 출생지를 관할하는 신분등록청은 그 부모의 출생기록을 관리하는 신분등록청에 자녀의 출생을 통지한다(독일신분등록법 제68조, 제73조 제8호). 자녀의 출생을 통지받은 신분등록청은 부와 모의 출생등록부 참조란에 자녀의 출생을 기록한다. 이러한 방식을 통하여 나중에 출생등록부를 보면 거기에 등록되어 있는 자녀가 후에 스스로 부 또는 모가 되었는지를 할 수 있게 된다.

독일신분등록법 제21조 제1항에 따라서 출생등록부에 기록되는 정보(자녀의 성명, 출생 장소와 일시, 자녀의 성별 등)가 후에 변경된 경우에는 출생등록부에 그 변경된 내용이 기록되어야 한다(독일신분등록법 제27조). 이에 대해서는 다음과 같은 예를 들 수 있다: 자녀의 이름이나 성(姓)이 변경된 경우에는(예컨대, 입양 또는 성명의 변경에 의해서) 그 사실이 출생등록부에 기록되어야 한다. 친생부인판결이 확정되거나 인지가 된 경우도 마찬가지이다. 자녀가 입양된 경우에는 출생등록부에 친생부모에 이어서 양부모가 기록된다. 후에 기록을 삭제하는 것, 예컨대 입양 후에 자녀의 출생등록부에서 친생부모의 기록을 삭제하는 것 또는 성전환자(性轉換者)의 경우에 성전환 이전의 성을 삭제하는 것은 허용되지 않는다. 그러나 제출용으로 일반적으로 발급되는 출생증명서에 입양된 자녀의 친생부모가 표시되어야 하는가는 이와 완전히 다른 문제이다(기록과 공시의 분리). 독일신분등록법 제59조에 따라 입양된 자녀의 출생증명서에는 법률상의 부모, 즉 양부모만이 부모로 표시될 뿐, 친생부모는 나타나지 않는다. 또한 성전환자의 경우에도 출생증명서에는 현재 현재의 성(性)만 표시될 뿐 이전의 성은 나타나지 않는다(독일신분등록법에 따르면 제출용으로 발급되는 신분증명서에는 교부 당시의 유효한 사항만이 표시되며, 과거의 변동사항은 현출되지 않는다. 독일신분등록법 제56조 제2항).

---

21) 보통 생활동반자(Lebenspartnerinnen 또는 Lebenspartner)라고 한다. Gesetz über die Eingetragene Lebenspartnerschaft (Lebenspartnerschaftsgesetz - LPartG) vom 16. Februar 2001 (BGBl. I S. 266).

(4) 혼인등록부

독일민법 제1310조 및 제1311조에 의하면 혼인하려는 당사자가 동시에 직접 신분등록공무원 앞에 출석한 경우에만 혼인이 성립할 수 있다. 독일신분등록법 제11조에 의하면 혼인당사자는 혼인식을 거행할 신분등록청 및 혼인식을 담당할 신분등록공무원을 선택할 수 있다. 즉 혼인식은 혼인당사자 일방의 주소지에서 행하여져야 하는 것은 아니다. 일반적으로 혼인식은 신분등록청에서 행하여진다. 그러나 신분등록청의 관할지역 내에 있는 다른 장소(예컨대 호텔)에서 혼인식을 할 수도 있다(이 경우에는 신분등록공무원이 그 장소로 가야한다). 다만 독일신분등록법 제14조 제2항에 따르면 혼인은 "그 의미에 부합하는 가치 있는 형식"으로 거행되어야 한다. 혼인당사자가 특별한 방식의 결혼식을 원하는 경우가 있기 때문에(예컨대, 기구를 타고 하늘에서 결혼식을 하려고 하는 경우, 동물원 또는 요트에서의 결혼식 등) 위의 규정은 실제로 의미가 있는 것으로 증명되고 있다.[22]

2007년 개정 독일신분등록법이 시행되기 전까지(2007년 개정 독일신분등록법은 2009년 1월 1일부터 시행되었다) 독일에서는 사전에(즉 신분등록공무원 앞에서 혼인식을 하기 전에) 교회에서 결혼식을 하는 것이 금지되어 있었다. 사제나 목사는 혼인당사자가 사전에 신분등록공무원 앞에서 혼인식을 하고 온 경우에만 교회에서 혼인식을 거행하도록 허락할 수 있었다. 이와 같이 법률상 혼인이 성립하기 전에 교회에서의 혼인을 금지하였던 이유는 19세기에 교회혼이 민사혼으로 대체된 것에서 연유한다(법적으로 효력이 인정되는 민사혼이 성립된 후에 관습에 따라 교회에서 혼례를 행하는 것은 허용되지만, 법률혼이 성립하기 전에 교회에서 혼인식을 거행하는 것은 허용하지 않는다는 취지이다). 이와 같은 금지는 헌법적으로 보장된 종교의 자유에 반하는 것이었지만, 교회는 이에 순종하였다. 2007년 독일신분등록법 개정에 의해서 이와 같은 금지 규정이 삭제될 때 별다른 정치적 토론은 이루어지지 않았다.

혼인등록을 하는 신분등록청은 그 혼인에 장애사유가 없는가를 심사하여야 한다(독일신분등록법 제13조 제1항). 이것은 특히 외국법이 문제가 되는 경우(예컨대, 외국에서 성립한 이혼의 인정)에는 종종 어려운 과제가 된다.

독일신분등록법 제15조에 따라 혼인등록부에는 다음과 같은 사항이 기록된다.

1. 혼인성립의 날짜와 장소

2. 배우자의 성명, 출생장소와 출생일. 일방 배우자가 원하는 경우에는 그가 속한 종교단체(그 종교단체가 공법상 법인인 경우에 한정된다)

---

22) Bornhofen, Das Gesetz zur Reform des Personenstandsrechts, StAZ 2007, 38.

3. 혼인 후 부부가 공동의 가족성을 사용하는 경우에는 그 성(姓)

혼인등록부의 참조란에 기록되어야 할 사항(독일신분등록법 제15조 제2항)은 다양한 신분정보를 연결시키는 기능을 한다(독일신분등록법 제5조 제3항). 예를 들어, 혼인등록부의 참조란에는 배우자의 출생등록부에 기재된 정보가 기록되어 그 배우자의 자녀에 대한 사항이 표시된다(배우자의 출생일과 출생장소는 혼인등록부의 등록란에 기록되므로, 참조란에는 기록되지 않는다. 어떤 사람의 출생등록부에는 그 자녀가 출생한 경우에 그 출생에 관한 정보가 기록되므로, 배우자의 출생등록부의 기록을 혼인등록부의 참조란에 기재하면 거기에서 그 자녀의 출생에 관한 정보를 알 수 있다).

독일에서 2001년에 제정된 「생활동반자관계에 관한 법률」[23]은 동성(同性)간에 혼인과 유사한 관계를 맺을 수 있는 가능성을 규정하고 있다. 생활동반자관계는 법률상 혼인은 아니지만, 혼인과 유사하며 양자 간의 차이는 근소하다. 2001년의 「생활동반자관계에 관한 법률」은 생활동반자관계의 성립이 어느 행정청의 관할에 속하는가에 대한 규정을 두지 않았다. 「생활동반자관계에 관한 법률」의 구체적인 이행은 각 주에 맡겨져 있었다. 2007년 독일신분등록법은 혼인등록부를 모방하여 처음으로 생활동반자관계등록부에 관한 규정을 도입하였다(독일신분등록법 제3조, 제17조).[24] 2007년 신분등록법이 개정된 이후 엄격히 말하면 이제 독일에는 3종이 아니라 4종의 신분등록부가 존재하는 것이다(독일신분등록법 제3조).

(5) 사망등록부

사람이 사망한 경우에는 신고의무자는 사망 다음날부터 3일 내에(공휴일 제외) 사망 장소를 관할하는 신분등록청에 신고하여야 한다(독일신분등록법 제28조). 예를 들어, 수요일에 사망하였다면 다음 주 월요일까지 신고하여야 한다. 출생의 경우와 마찬가지로 사망의 경우에도 신고의무자가 법으로 규정되어 있다(사망자와 동거하던 사람, 사망현장에 있었던 사람, 망인이 사망한 의료기관에게 신고의무가 부여되어 있다. 독일신분등록법 제29조, 제30조).[25]

---

23) Gesetz über die Eingetragene Lebenspartnerschaft von 16. Februar 2001(BGBl. I S. 266). 2001년 8월 1일 시행.

24) Gaaz, Die Reform des Personenstandsrechts -Vision und Wirklichkeit, StAZ 2008, 203.

25) 독일신분등록법 제29조는 사망신고의무자(개인)에 대해서 규정하고 있는데, 1순위는 사망자와 동거하던 사람, 2순위는 사망이 발생한 가옥의 소유자(또는 임대인), 3순위는 사망현장에 있었거나 사망사실을 알게 된 사람이다. 또한 독일신분등록법 제30조는 망인이 사망한 의료기관, 양로원에 대해서도 신고의무를 부과하고 있다. 제29조에 규정되어 있는 사람과 제30조에 규정되어 있는 의료기관 등은 동순위로 신고의무자가 된다. 즉, 망인이 의료기관 등에서 사망한 경우에도 제29조에 규정되어 있는 사람은 사망신고를 할 수 있다. 그러나 의료기관 등이 제29조에 규정되어 있는 사람에게 신고의무를 미루고 사망신고를 거부하는 것은 허용되지 않는다. 다만 제29조에 규정되어 있는 사람들과 합의한 경우에는(즉 제29조에 규정되어 있는 사람들이 사망신고를 하는 것으로 합의한 경우) 의료기관 등은 사망

독일신분등록법 제31조 제1항에 따라 사망등록부에는 다음과 같은 사항이 기록된다.

1. 사망자의 성명, 출생장소와 출생일. 신고자가 원하는 경우 사망자가 속한 종교단체(종교단체가 공법상 법인인 경우에 한정된다)
2. 사망자의 최후 주소와 혼인상태(미혼, 혼인 중, 이혼 등)
3. 사망장소 및 사망일시, 분

출생등록부 및 혼인등록부와의 연결을 위하여 사망등록부의 참조란에는 사망자의 출생기록과 혼인기록 및 생활동반자관계에 관한 기록을 표시한다(독일신분등록법 제31조 제2항).

(6) 가족부(Familienbuch)의 폐지

독일에 소위 '가족부'가 도입된 것은 1958년이다. 가족부의 목적은 혼인의 경과와 자녀의 출생에 관한 정보를 제공하는 데 있었다. 출생, 혼인, 사망을 계기로 하여 작성되는 등록부(출생등록부 등)가 작성지에서 계속 보존, 관리되었던 것과는 달리 가족부는 가족의 주소지를 따라 이송된다는 특징이 있었다. 가족부는 2007년에 독일신분등록법이 개정되면서 폐지되었다. 가족부가 폐지된 이유는 세 가지로 나누어 설명할 수 있다. 첫째, 가족이 이사할 때마다 가족부도 새로운 주소지를 관할하는 신분등록청으로 우송되었는데, 이는 많은 비용과 행정력의 낭비를 초래하였다.[26] 둘째, 가족부는 실제로 거의 사용되지 않았다. 가족구성원의 신분에 관한 정보는 1차적으로 출생등록부와 혼인등록부에 기록되었고, 가족부는 이러한 정보를 다시 2차적으로 기록하는 데 그쳤기 때문이다.[27] 2007년에 독일신분등록법이 개정되면서 혼인에 의하여 성립한 가족의 변화는 각종 신분등록부의 횡적인 연계(참조란의 기록)를 통해서 어렵지 않게 확인할 수 있게 되었다. 또한 2007년 독일신분등록법 개정에 의해서 2013년 12월 31일까지 신분등록시스템의 전산화가 완료되어 시간과 행정력을 거의 소모하지 않고도 다른 신분등록부에 기록된 정보에 대해서 문의하는 것이 가능하게 되었다. 이런 상황에서 가족부

신고의무에서 벗어날 수 있다. 따라서 제30조에 의한 의료기관 등과 제29조에 의한 사람이 각각 사망신고를 하는 경우도 있을 수 있는데, 이 경우 신분등록공무원은 먼저 접수된 사망신고를 수리하게 된다(독일신분등록법 제30조 제1항에 의한 제20조의 준용. Gaaz/Bornhofen, Personenstandsgesetz, § 20 Rn. 10 참조).

26) Schmitz, Die Reform des Personenstandswesens, StAZ 2008, 194.

27) 가족부는 혼인성립 직후 혼인을 담당한 신분등록공무원에 의해서 작성되었다(구 독일신분등록법 제12조 제1항). 가족부에는 다음의 사항이 기록되었다(구 독일신분등록법 제12조 제2항): 부부의 성명, 직업, 출생장소, 출생일, 혼인성립의 장소와 날짜, 당사자가 동의하는 경우 종교 및 부모의 성명과 주소. 가족부가 작성된 이후에 새로 추가되는 사항은 담당 신분등록공무원이 직권으로 기록하였다. 추가로 기록되는 사항은 자녀의 출산, 입양, 친생부인판결의 확정 등이었다.

를 더 이상 유지할 이유는 없었다. 셋째, 가족부는 국민의 거센 저항에 부딪혔는데, 그 이유는 가족부가 혼인에 의해서 성립한 가족에 대해서만 작성되었기 때문이다. 부모가 혼인하지 않은 상태에서 동거하면서 자녀를 낳아 양육하는 경우에는 가족부가 작성되지 않았다. 오늘날 독일사회에서 혼인외의 자가 출생하는 비율이 40%에 육박한다는 사실에 비추어 볼 때(혼인외의 자도 부모가 함께 살면서 양육하는 경우가 많다) 더 이상 현실을 반영하지 못하는 가족부는 폐지되어야 한다는 여론이 높았다.

(7) 신분등록시스템의 전산화[28]

1875년에 독일에서 신분등록법이 제정되어 국가에 의한 신분등록제도가 도입된 이래 신분등록정보는 묶여진 부책(簿册)에 기록되었다. 신분등록부는 당대뿐만 아니라 그 다음 세대에서도 이용될 수 있기 때문에 장기간 보존하는 것이 필수적이었다. 이러한 목적을 충족시키기 위하여 그 동안 신분등록부는 특정한 종이와 필기구를 사용하여 기록, 작성되었다. 2007년 독일신분등록법 개정의 핵심과제 중 하나는 신분등록시스템의 전산화였다. 이제 종이로 묶여진 종래의 신분등록부는 더 이상 작성되지 않는다(독일신분등록법 제3조 제2항).

신분등록시스템의 전산화는 시민의 편의를 증진시키는 효과를 가져왔다. 하나의 예를 들어보면 다음과 같다: 자녀의 출생지에서 거주하지 않는 어머니가 자녀의 취학을 위하여 출생증명서를 필요로 하는 경우, 전산화 완료 전에는 멀리 떨어진 자녀의 출생지의 신분등록청에 출생증명서의 발급을 요청해야만 했다. 그러나 오늘날에는 어머니의 주소지에서 자녀의 출생증명서를 발급받을 수 있다. 왜냐하면 다른 신분등록청에서 자녀의 출생지를 관할하는 신분등록청으로부터 관련정보를 전송받는 것이 가능해졌기 때문이다.[29]

(8) 신분등록부의 사용[30]

신분등록부의 기록에 접근할 수 있는 사람의 범위에 대해서는 독일신분등록법 제61조에서 제66조가 규정하고 있다. 신분등록부의 사용(신분등록부의 정보를 받는 것,[31] 신분등록부의 열람,[32] 신분증명서의 발급[33])은 본인, 배우자(생활동반자

28) Meireis, Elektronische Führung der Personenstandsregister durch die Standesämter, StAZ 2008, 204ff.

29) Schmitz, Die Reform des Personenstandswesens, StAZ 2008, 195에 소개된 예.

30) 독일 신분등록부의 사용에 관한 연구로는 안경희, 독일 신분등록법상 신분대장의 이용, 한양법학 제23권 제3집(통권 제39집. 2012. 8)이 있음.

31) 신분등록부에 기록되어 있는 개별적인 정보를 특정하여 받을 수도 있고(예컨대 출생의 시간과 분, 부모에 관한 정보, 생존 배우자에 대한 정보 등), 모든 정보를 받는 것도 가능하다. 이러한 정보는 구술로 또는 서면으로 받을 수 있다(Gaaz/Bornhofen, Personenstandsgesetz, § 61 Rn. 5).

포함), 직계존속(부모, 조부모 등), 직계비속(자녀, 손자녀)에게 허용된다(독일신분등록법 제62조 제1항 1문). 형제자매의 경우에는 출생등록부, 사망등록부의 사용에 대해서 정당한 이익이 있다는 것을 소명한 경우[34]에 한하여 사용이 가능하다(독일신분등록법 제62조 제1항 2문).

배우자나 직계존비속, 형제자매가 아닌 경우에도 신분등록부의 사용에 대해서 법적인 이익을 소명한 사람(예컨대 상속관계를 파악해야 하는 경우)은 신분증명서를 발급받을 수 있다.

관계인이 모두 사망한 후 30년이 경과한 경우에는 그 관계인의 신분등록부를 사용하는 것은 현저히 용이해진다(독일신분등록법 제62조 제3항). 여기서 관계인이란 출생등록부에서는 부모와 자녀, 혼인등록부에서는 부부(생활동반자관계등록부에서는 생활동반자)를 말한다. 이에 따라 부모와 자녀가 모두 사망한 후 30년이 경과한 후에는(예컨대, 부모가 모두 사망한 경우에는 그 자녀가 사망한 때로부터 30년이 경과하여야 한다) 배우자나 직계존비속, 형제자매가 아니라도 출생등록부의 사용에 대해서 정당한 이익이 있음을 소명하면 타인의 출생등록부의 기록을 열람하거나 발급받는 것이 가능하다. 혼인등록부의 경우에는 부부가 모두 사망한 때로부터 30년이 경과하여야 한다(사망등록부의 경우에는 관계인이 없으므로, 사망자 본인이 사망한 때로부터 30년이 경과하여야 한다). 이와 같이 사자(死者)의 신분등록부에 대한 접근을 용이하게 하는 규정은 2007년 독일신분등록법 개정에 의해서 도입되었는데, 특히 계보학 연구자들 사이에서 환영을 받고 있다.

독일신분등록법은 양자와 성전환자의 보호를 위해서 제3자의 신분등록부 열람을 엄격하게 제한하는 규정을 두고 있다(독일신분등록법 제63조). 입양기록이 표시되는 신분등록부의 등본은 양부모, 양부모의 부모, 양자의 법정대리인, 양자 본인(16세에 이른 경우)만이 발급받을 수 있다(양자의 직계비속은 제외된다). 양자의 친생부모와 입양 전의 친족은 양자의 입양기록을 볼 수 없으므로, 양부모가 누구인지 알 수 없을 뿐 아니라, 양자를 찾을 수도 없다[35](이는 양자가 양부모의 가정

---

32) 열람은 신분등록부의 특정 정보(필요한 경우 복수의 정보)를 보는 것으로서 필요 이상의 정보 열람을 방지하기 위하여 감독 하에서만 허용된다(Gaaz/Bornhofen, Personenstandsgesetz, § 61 Rn. 6).

33) 실제 생활에서 가장 많이 이용되는 것으로 출생증명서, 혼인증명서, 사망증명서, 생활동반자관계증명서로 구분된다(뒷부분의 각종 신분증명서 양식 참조).

34) 독일신분등록법에 있어서 신분등록부를 사용할 '법적인 이익'과 '정당한 이익'은 구별된다. 신분등록부를 사용할 '법적인 이익'은 권리를 주장하거나 방어하는 데 있어서 타인의 신분에 관한 정보가 필요한 경우에만 인정된다(Gaaz/Bornhofen, Personenstandsgesetz, § 62 Rn. 7). 이에 대하여 신분등록부를 사용할 '정당한 이익'은 이성적으로 판단해 볼 때 신분등록부의 사용을 정당화할 수 있는 경제적, 정서적인 이유를 제시하면 인정될 수 있다(예컨대, 형제자매를 찾는 것이 목적인 경우. Gaaz/Bornhofen, Personenstandsgesetz, § 62 Rn. 9). '소명'한다는 것은 사용의 이익을 증명해야 한다는 의미가 아니라, 단지 개연성이 있으면 충분하다는 뜻으로 해석된다.

35) 독일민법 제1759조(입양정보의 공개, 추적의 금지) 참조. 그러나 양부모의 동의가 있으면 친생

에서 안정적으로 성장할 수 있도록 배려하는 규정이다. 친생부모가 양자를 찾아와 수시로 접촉을 시도한다면 양육의 안정성이 유지되기 어렵다). 성전환자의 경우에는 본인만이 신분등록부의 정보를 사용할 수 있다. 즉, 본인만이 신분증명서를 발급받을 수 있고, 신분등록부의 정보를 받거나 신분등록부를 열람할 수 있다.

이외에 관청과 법원의 신분등록부 사용에 관한 특별규정이 있다(독일신분등록법 제65조). 관청과 법원은 그 소관 업무를 수행하기 위하여 필요한 한도에서 신분등록부를 사용하는 것이 허용된다.

(9) 신분증명서의 발급

독일신분등록법 제62조에 따라 신분등록부를 열람하거나 신분등록부에 기록된 개별 정보를 받을 수 있는 사람은 출생증명서(독일신분등록법 제59조), 혼인증명서(독일신분등록법 제57조), 생활동반자관계증명서(독일신분등록법 제58조), 사망증명서(독일신분등록법 제60조) 등의 발급을 청구할 수 있다.[36] 실제 생활에서 신분관계를 증명할 필요가 있는 경우에는 위와 같은 신분증명서를 발급받아 제출하는 것이 일반적이다. 각각의 증명서의 내용은 법률에 명확하게 규정되어 있으며, 과거의 변동사항은 표시되지 않고 현재의 상태만을 나타낸다(독일신분등록법 제56조 제2항). 예컨대, 성명이 변경된 경우에는 과거의 성명은 표시되지 않으며, 변경된 성명, 즉 현재 사용하는 성명만이 표시된다.[37]

출생증명서에는 다음과 같은 사항이 표시된다(독일신분등록법 제59조 제1항).

1. 자녀의 성명
2. 자녀의 성(性)[38]
3. 출생장소와 출생일
4. 부모의 성명
5. 자녀와 부모가 속한 종교단체(출생등록부에 기록되어 있는 경우에 한정된다)

부모도 양자의 출생등록부의 등본을 발급받을 수 있다(BayObLG, FamRZ 1996, 1436).

36) 이와 같은 일반적인 신분증명서 이외에 신분등록청이 발급하는 증명서로는 신분등록부의 등본이 있다(독일신분등록법 제55조 제1항). 신분등록부의 등본에는 신분등록부의 기록이 그대로 표시되므로, 과거의 변동사항까지도 나타난다. 그러나 신분등록부의 참조란의 기록은 표시되지 않는 것이 원칙이다(독일신분등록법 시행령 제48조 제3항).

37) 또한 성전환자의 경우에도 현재의 성(性)만이 표시되고, 양자의 경우에도 현재의 부모, 즉 양부모만이 부모로 나타난다. 혼인증명서에도 현재의 혼인상태만이 표시되고 과거의 이혼 등은 나타나지 않는다.

38) 2013년 독일신분등록법의 개정에 의하여 자녀가 여성 또는 남성에 속하지 않는 경우에는(intersexuell. 즉 양성의 특징을 다 가지고 있는 경우) 자녀의 성을 표시하지 않고 출생등록부를 작성하는 것이 가능하게 되었다(독일신분등록법 제22조 제3항. 2013년 11월 1일 시행). Sieberichs, Das unbestimmte Geschlecht, FamRZ 2013, 1180ff.

위의 사항 중 청구인이 원하는 경우에는 2. 4, 5는 제외할 수 있다(독일신분등록법 제59조 제2항). 즉 이 경우에는 출생증명서에 자녀의 성명과 출생장소, 출생일만이 표시된다.[39] 나아가 청구인이 원하는 사항만을 표시하여 출생증명서를 발급하는 것도 가능하다(이 경우 1, 3은 반드시 표시되어야 하고, 그 외에 표시되어야 할 사항을 청구인이 선택할 수 있다. 예컨대, 1, 3, 5만을 표시해 달라고 청구하는 경우에는 그에 따른 출생증명서가 발급된다[40]). 어떤 사항(예컨대 자녀의 性)이 출생증명서에서 제외되는 경우에는 발급되는 증명서상에 그 항목 자체가 표시되지 않는다(독일신분등록법 시행령 제48조 제2항). 기아로 발견된 경우에는 부모를 알 수 없으므로, 출생증명서에 부모가 표시되지 않으며, 발급된 출생증명서상에 부모란 자체가 삭제된다.[41]

혼인증명서에는 다음과 같은 사항이 표시된다(독일신분등록법 제57조 제1항).
1. 부부의 성명
2. 부부의 출생장소와 출생일
3. 혼인성립의 장소와 날짜
4. 부부가 속한 종교단체(혼인등록부에 기록되어 있는 경우에 한정된다)

사망증명서에는 다음과 같은 사항이 표시된다(독일신분등록법 제60조).
1. 사망자의 성명, 출생장소와 출생일, 사망자가 속한 종교단체(사망등록부에 기록되어 있는 경우에 한정된다)
2. 최후의 주소와 혼인상태
3. 사망 장소와 사망시

---

39) 이와 같이 제한된 정보만을 담고 있는 출생증명서는 자녀의 출생사실만을 증명하는 기능을 한다. BT-Drucks. 16/1831, S. 52.

40) Gaaz/Bornhofen, Personenstandsgesetz, § 59 Rn. 14; 당사자의 청구에 따라 자녀의 性(독일신분등록법 제59조 제1항 제2호)이 신분증명서에서 제외될 수 있도록 한 이유는 성전환자의 사생활 보호와 관련이 있다. 독일의 성전환자법(Gesetz über die Änderung der Vornamen und die Feststellung der Geschlechtszugehörigkeit in besonderen Fällen. Transsexuellengesetz - TSG vom 10. 9. 1980) 제1조에 따르면 일정한 요건이 충족되는 경우(다른 성으로의 귀속감을 느끼는 경우 등)에는 성전환수술을 받지 않고도 법원의 심판을 거쳐 이름을 변경할 수 있는데(예컨대 남자이름에서 여자이름으로), 이는 다른 性으로 살아가는 것을 미리 체험해 볼 수 있다는 의미가 있다. 이런 경우에는 아직 성전환이 이루어지지 않았으므로, 출생등록부에는 출생시의 성(예컨대 남자)으로 기록되어 있고, 따라서 출생증명서에도 남성으로 표시되지만, 외견상으로는 여자처럼 보이고 이름의 변경을 통하여 사회적으로도 여자 이름을 사용하는 상태가 발생한다. 즉, 모르는 사람이 외부에서 그 사람의 외모와 이름을 보면 여자로 생각하게 된다. 이런 경우에 출생증명서를 제출하였을 때 성이 남성으로 표시되어 있으면 당사자의 사생활이 보호될 수 없으므로, 출생증명서에서 성을 제외할 수 있도록 한 것이다. BT-Drucks. 16/1831, S. 52; Spickhoff/Spickhoff, Medizinrecht(1. Aufl., 2011), TSG § 1, Rn. 1-12.

41) Kay-Uwe Rhein, Personenstandsgesetz, 1. Aufl. 2012, § 59 Rn. 9; 기아로 발견된 경우에도 추정 출생일과 출생시를 출생등록부에 기록하며, 기아로 발견되었다는 사실을 기록하지 않는다. 독일신분등록법 제24조.

(10) 독일 신분증명서 견본[42)]

[서식례 6-a] Geburtsurkunde eines Kindes verheirateter Eltern

Geburtsurkunde

Standesamt	Mitte in Frankfurt am Main
Registernummer	G 62/2013

Kind

Geburtsname	Schmittinger
Vorname(n)	Christian Tim
Geschlecht	männlich
Geburtstag	06.11.2013
Geburtsort	Frankfurt am Main

Mutter

Familienname	Schmittinger
Geburtsname	Thiele
Vorname(n)	Claudia Gertrud

Vater

Familienname	Schmittinger
Geburtsname	
Vorname(n)	Franz

Ort, Tag	Frankfurt am Main, 08.11.2013
Urkundsperson	X (Broos, Standesbeamter)

Siegel

42) 독일의 신분등록법 관련 전문출판사인 「Verlag für Standesamtswesen」이 R. Frank 교수에게 제공한 견본임.

[서식례 6-b] 출생증명서(혼인중의 자)

출생증명서

신분등록청	Mitte in Frankfurt am Main
등록번호	G 62/2013

자녀

출생시 성(姓)	Schmittinger
이름	Christian Tim
성(性)	männlich
생일	06.11.2013
출생지	Frankfurt am Main

어머니

성(姓)	Schmittinger
출생시 姓	Thiele
이름	Claudia Gertrud

아버지

성(姓)	Schmittinger
출생시 姓	
이름	Franz

장소, 날짜	Frankfurt am Main, 08.11.2013	
증서작성자	X (Broos, Standesbeamter)	날인

[서식례 7-a] Geburtsurkunde eines Kindes einer ledigen Mutter

Geburtsurkunde

Standesamt	Mitte in Frankfurt am Main
Registernummer	G 143/2013

Kind

Geburtsname	Lingen
Vorname(n)	Hanna Lena Marie
Geschlecht	weiblich
Geburtstag	14.11.2013
Geburtsort	Frankfurt am Main

Mutter

Familienname	Lingen
Geburtsname	
Vorname(n)	Angela Isolde
Religion	römisch-katholisch

Vater

Familienname	
Geburtsname	
Vorname(n)	

Ort, Tag	Frankfurt am Main, 18.11.2013
Urkundsperson	X (Broos, Standesbeamter)

Siegel

[서식례 7-b] 출생증명서(혼인외의 자)

출생증명서

신분등록청	Mitte in Frankfurt am Main
등록번호	G 143/2013

자녀

출생시 성(姓)	Lingen
이름	Hanna Lena Marie
성(性)	weiblich
생일	14.11.2013
출생지	Frankfurt am Main

어머니

성(姓)	Lingen
출생시姓	
이름	Angela Isolde
종교	römisch-katholisch

아버지

성(姓)	
출생시姓	
이름	

장소, 날짜	Frankfurt am Main, 18.11.2013
증서작성자	X (Broos, Standesbeamter) 날인

[서식례 8-a] Eheurkunde

Eheurkunde

Standesamt	Mitte in Frankfurt am Main
Registernummer	E 55/2013

Eheschließung

Ort, Tag	Frankfurt am Main, 02.12.2013

Ehemann

Familienname	Brune
Geburtsname	
Vorname(n)	Walter
Geburtstag	21.04.1960
Geburtsort	Gießen
Familienname nach Eheschließung	Brune
Geburtsname nach Eheschließung	
Vorname(n) nach Eheschließung	Walter

Ehefrau

Familienname	Weyer
Geburtsname	
Vorname(n)	Birgit
Geburtstag	09.12.1974
Geburtsort	Münster
Familienname nach Eheschließung	Weyer-Brune
Geburtsname nach Eheschließung	Weyer
Vorname(n) nach Eheschließung	Birgit

Ort, Tag	Frankfurt am Main, 03.12.2013
Urkundsperson	X (Broos, Standesbeamter)

Siegel

[서식례 8-b] 혼인증명서

	혼인증명서
신분등록청	Mitte in Frankfurt am Main
등록번호	E 55/2013
	혼인성립
장소, 날짜	Frankfurt am Main, 02.12.2013
	남편
①성(姓)	Brune
②출생시 성(姓)	
이름	Walter
생일	21.04.1960
출생지	Gießen
③혼인성립 후 姓	Brune
④혼인성립 후 출생시 姓	
혼인성립 후 이름	Walter
	아내
①성(姓)	Weyer
②출생시姓	
이름	Birgit
생일	09.12.1974
출생지	Münster
③혼인성립 후 姓	Weyer-Brune
④혼인성립 후 출생시 姓	Weyer
혼인성립 후 이름	Birgit
장소, 날짜	Frankfurt am Main, 03.12.2013
증서작성자	X (Broos, Standesbeamter) 날인

① 성(姓)과 ② 출생 시 성(姓)은 혼인성립 전에 사용하던 성을 기록한다.

③ 혼인성립 후 성(姓)과 ④ 혼인성립 후 출생 시 성(姓)은 혼인증명서 발급 당시의 성(姓)을 기록한다.

위의 견본에서 혼인 전 남편의 성(姓)은 Brune이고 아내의 성(姓)은 Weyer인데, 혼인성립 시 부부의 공동성으로 남편의 성(姓) Brune을 선택한 경우이다. 아내는 부부의 공동성으로 선택한 Brune의 뒤에 자신의 성(姓) Weyer를 붙여서(독일민법 제1355조 제4항) Brune-Weyer가 성(姓)이 되었다.

아내는 혼인을 하면서 출생 시 성(Weyer)과는 다른 성(Brune-Weyer)을 가지게 되었는데, 이런 경우에는 추가로 '혼인성립 후 출생 시 성'(Weyer)을 기록한다(독일신분등록법 시행령 제23조). 반면에 남편 Brune은 혼인 후에도 출생 시 성을 그대로 사용하므로 추가로 혼인성립 후 출생 시 성을 기록하지 않은 것이다.

독일에서 출생 시 성이란 출생과 더불어 취득한 성으로 일반적으로 이해된다. 그러나 현행 독일법에 의하면 출생 시 성도 변경이 가능하다(예컨대, 자녀가 입양된 경우 등. 독일민법 제1757조 제1항). 혼인으로 인하여 부부의 공동성을 가지게 된다고 해서 출생 시 성이 변경되지는 않는다(VG Oldenbur, StAZ 2008, 82).

결국 독일에서 출생 시 성이란 출생증명서에 기록되어 있는 성(Familienname)을 의미한다.[43] 위의 견본에서 ② 출생 시 성이 공란으로 되어있는 이유는 ① 성(Familienname)과 일치하기 때문에 반복하여 기록하지 않는 것이다.

43) Scholz/Kleffmann/Motzer, Praxishandbuch Familienrecht. 26. Aufl. 2014, Teil Namensrecht Rn. 24.

[서식례 9-a] Sterbeurkunde

Sterbeurkunde

Standesamt	Mitte in Frankfurt am Main
Registernummer	S 30/2013

Verstorbene Person

Familienname	Laschinger
Geburtsname	
Vorname(n)	Anton
Zeitpunkt des Todes	03.11.2013, 13:50 Uhr
Sterbeort	Frankfurt am Main
Letzter Wohnsitz	Frankfurt am Main
Geburtstag	11.10.1939
Geburtsort	Kassel
Familienstand	verheiratet

Ehefrau

Familienname	Laschinger
Geburtsname	Schwarz
Vorname(n)	Gertrud

Ort, Tag	Frankfurt am Main, 05.11.2013
Urkundsperson	X (Broos, Standesbeamter)

Siegel

[서식례 9-b] 사망증명서

	사망증명서
신분등록청	Mitte in Frankfurt am Main
등록번호	S 30/2013
	사망자
성(姓)	Laschinger
출생시성(姓)	
이름	Anton
사망시	03.11.2013, 13:50 Uhr
사망 장소	Frankfurt am Main
최후 주소	Frankfurt am Main
생일	11.10.1939
출생지	Kassel
혼인상태	사망시 혼인 중
	아내
성(姓)	Laschinger
출생시姓	Schwarz
이름	Gertrud
장소, 날짜	Frankfurt am Main, 05.11.2013
증서작성자	X (Broos, Standesbeamter)

날인

2. 친생부모의 익명성 보장을 위한 제도

(1) 「임신여성 지원확대 및 신뢰출산에 관한 개정법률」에 의한 익명성 보장[44)]

독일은 「임신여성 지원확대 및 신뢰출산에 관한 개정법률」[45)](이하 '신뢰출산에 관한 개정법률'이라고 한다)에 의해서 친생부모의 신청이 있는 경우 자녀의 출생등록부에 친생부모의 신상에 관한 기록이 남지 않도록 하는 제도를 도입하였다. 이 법률의 주요 내용은 다음과 같다.[46)]

① 독일에서는 이미 전부터 「임신으로 곤경에 처한 여성의 지원에 관한 법률」(이하 '임신여성지원법'이라고 한다)[47)]에 의해서 임신여성들의 익명성을 보장하면서 임신, 출산 등에 관한 상담서비스를 제공해왔다. 그러나 이와 같은 상담서비스가 제공된다는 사실이 널리 홍보되어 있지 않아서 그 동안 곤경에 처한 임신여성들이 이러한 상담서비스를 쉽게 이용하지 못하였다는 반성이 제기되었다. 이에 따라 '신뢰출산에 관한 개정법률'에 의해서 임신여성의 익명성을 보장하는 상담서비스를 적극적으로 홍보하는 규정이 도입되었다(예컨대 전국적으로 어디서나 24시간 연결될 수 있는 긴급전화를 설치하고 이를 홍보하는 것. '임신여성지원법' 제1조 제4항, 제5항).

임신여성이 긴급전화를 하면 가장 가까운 곳에 있는 상담소(임신으로 곤경에 처한 여성의 지원을 위한 상담소. 그 설치근거는 '임신여성지원법' 제3조와 제8조에 규정되어 있다)를 연결하여 익명으로 상담을 받을 수 있는 기회를 제공한다(임신여성이 상담소를 방문하여 전문상담원으로부터 상담을 받는 것이 일반적이다. 출산이 임박하여 전화를 한 경우에는 직접 의료기관으로 연결할 수도 있다). 상담은 특정한 결론을 염두에 두고 이루어져서는 안 되며, 임신여성의 자기결정을 돕는 과정이 되어야 한다('임신여성지원법' 제2조 제4항).

일반적으로 상담은 다음과 같은 세 단계로 진행된다. 우선 출산 후 친생모가 직접 자녀를 양육할 수 있는 가능성에 대해서 상담을 한다(예컨대, 자녀를 직접 양

---

44) 이 부분은 김상용, 베이비박스와 익명의 출산 – 가족관계등록법의 개정과 관련하여 –, 법학연구 제54권 제4호(통권 제78호. 2013. 11)에 자료로 게재한 바 있다.

45) Gesetz zum Ausbau der Hilfen für Schwangere und zur Regelung der vertraulichen Geburt vom 28. 8. 2013(2014년 5월 1일 시행). 여기서 신뢰출산이란 임신여성이 출산과 관련하여 법률에 의하여 제공되는 각종 상담과 지원을 신뢰하면서 출산을 하게 된다는 의미로 풀이된다. '신뢰출산에 관한 개정법률'에 의해서 개정되는 법률은 '임신으로 곤경에 처한 여성의 지원에 관한 법률', '신분등록법', '민법' '가사사건 및 비송사건의 절차에 관한 법률' 등이다.

46) BT-Drucks. 17/12814; BT-Drucks. 17/13062; BR-Drucks. 214/13.

47) Gesetz zur Vermeidung und Bewältigung von Schwangerschaftskonflikten (Schwangerschaftskonfliktgesetz) vom 27. Juli 1992.

육하는 경우에 받을 수 있는 지원 등에 대해서 정보를 제공한다). 다음으로 친생모가 직접 자녀를 양육할 수 없을 것으로 보이는 경우에는 입양에 대해서 상담을 하게 되는데, 이 때 우선 친생모의 인적 사항을 밝히면서 입양시키는 방법에 대해서 상담을 하게 된다(즉 출생신고를 한 후 입양절차를 밟게 되는데, 출생신고에 의해서 자녀의 출생등록부에 친생모에 대한 기록이 남게 된다. 따라서 입양관계자와 양부모는 입양될 아동의 친생모가 누구인지 알 수 있다. 입양된 자녀는 16세가 되면 친생모에 관한 기록을 볼 수 있다(독일신분등록법 제63조). 따라서 이 경우에는 친생모의 익명성이 보장되지 않는 반면, 자녀의 친생부모를 알 권리는 완전히 실현된다). 임신여성이 자신의 인적 사항을 공개하지 않으려는 경우에는(즉 출생신고서에 친생모의 인적 사항이 기록되지 않게 하면서 입양을 시키려고 하는 경우) 마지막으로 '신뢰출산'에 대하여 상담을 하게 된다('신뢰출산'에 관한 상담은 다음과 같은 내용으로 이루어진다. '임신여성지원법' 제25조 제2항: '신뢰출산'의 과정 및 법적 효과, 아동의 권리, 자신의 친생부모를 아는 것의 의미와 이것이 아동의 발달에 미치는 영향, 생부의 권리, 입양절차, 자녀를 돌려받을 수 있는 수 있는 방법과 기간, 친생모의 인적 사항이 담긴 봉투를 국가기관(Das Bundesamt für Familie und zivilgesellschaftliche Aufgabe)에 보관시켜야 하며, 자녀는 16세에 이르면 봉투에 담긴 친생모의 인적 사항을 열람할 권리가 있다는 점. 친생모가 반대의 의사를 표시하는 경우에는 자녀가 친생모의 인적 사항을 열람할 권리가 제한될 수 있다는 점).

② 임신여성이 '신뢰출산'을 선택한 때에는 다음과 같은 절차를 거치게 된다. 우선 임신여성은 '신뢰출산'의 과정에서 사용하게 될 자신의 가명(姓과 이름)과 태어날 아기의 이름(姓은 정하지 않는다. 姓은 출생 후 출생신고를 할 때 담당 행정청에서 정한다. 독일신분등록법 제21조 제2항의a)을 정한다(남자이름과 여자이름을 각각 하나씩 또는 복수로 정한다. '임신여성지원법' 제26조 제2항, 제3항). 상담소에서는 이와 별도로 임신여성의 인적 사항(성명, 생년월일, 주소 등)을 기록하고 그 여성의 신분증명서와 비교, 검토한 다음 봉투에 넣고 밀봉한다('임신여성지원법' 제26조 제1항. 봉투의 표면에는 다음의 사항이 표시된다: '신뢰출산'을 선택한 친생모의 인적 사항에 관한 정보가 들어있다는 사실. 친생모의 가명, 자녀의 출생장소와 출생일, 아기를 출산한 의료기관의 명칭과 주소(또는 출산을 도운 조산원(助産員)의 이름과 주소), 상담소의 주소). 그 다음에 상담소에서는 임신여성을 의료기관이나 조산원(집에서 출산하기를 원하는 경우)에게 연결시킨다(의료기관과 조산원은 임신여성이 스스로 선택할 수 있다. '임신여성지원법' 제26조 제4항. 상담소에서 의료기관이나 조산원에게 임신여성을 연결시킬 때에도 가명으로 한다. 이외에 상담소는 임신여성의 가명과 출산예정일, 출산예정 의료기관 등을 그 지역의 아동청에 통지한다. '임신여성지원법' 제26조 제5항). 이로써 임신여성은 전문적인 의료서비스를 받으면서 출산을 할 수 있게 된

다. 모든 진료기록은 임신여성의 가명하에 이루어지므로, 익명성이 보장되는 동시에 필요한 경우에는 후에 진료기록을 찾아보는 것도 가능하다. 아기가 출생하면 의료기관의 장(집에서 출생한 경우에는 출산을 도운 조산원)은 출생 후 지체 없이 아기의 출생일과 출생장소를 상담소에 통지한다('임신여성지원법' 제26조 제6항. 상담소는 친생모의 인적 사항이 들어있는 봉투의 표면에 아기의 출생장소, 출생일을 기록한다). 아기가 출생한 의료기관 등(아기가 집에서 출생한 경우에는 조산원)은 자신이 보관하고 있는 기록(산모의 가명, 친생모가 선택한 아기의 이름, 출생일, 출생장소, 아기의 성별)을 가지고 신분등록공무원에게 출생신고를 하고, 아기가 '신뢰출산'으로 태어났음을 알린다. 담당 행정청이 아기의 성(姓)과 이름을 정하면(독일신분등록법 제21조 제2항의a. 담당 행정청은 자녀의 복리에 반하지 않는 한 친생모가 선택한 이름을 아기의 이름으로 정한다), 신분등록공무원은 출생증명서를 작성하며, 이것은 입양절차에서 아기의 신분증명서로 사용된다. 신분등록공무원은 신뢰출산으로 태어난 아기의 출생신고를 받은 경우 이를 즉시 가정법원에 통지하여야 한다(가사소송 및 비송사건절차법 제168조의a 제1항).[48] 신분등록공무원은 출생증명서에 기록된 자녀의 성명과 친생모의 가명을 국가기관(Das Bundesamt für Familie und zivilgesellschaftliche Aufgabe)에 통지한다('임신여성지원법' 제26조 제7항).

상담소는 아기의 출산사실을 알게 되면 지체 없이 친생모의 인적 사항이 담긴 봉투를 국가기관(Das Bundesamt für Familie und zivilgesellschaftliche Aufgabe)으로 보내서 그곳에서 보관하게 한다. 국가기관은 봉투의 표면에 신분등록공무원으로부터 통지받은 아기의 성명을 기록한다('임신여성지원법' 제27조).

③ '신뢰출산'으로 아기를 출산한 친생모의 친권은 정지된다(독일민법 1674조의a). 친권이 정지되면 친생모는 친권 그 자체를 상실하지는 않지만, 친권을 행사할 수 없게 된다(독일민법 제1675조). 이 경우 자녀를 위하여 후견이 개시된다(독일민법 제1773조). 친권이 정지된 친생모가 친권을 다시 행사하려면 가정법원의 심판을 받아야 하며, 그 요건은 친생모가 가정법원에 대해서 자녀의 출생등록에 필요한 인적 사항(친생모의 성명, 주소 등)을 제출하는 것이다(즉 친생모가 익명성을 포기하는 것). 그러나 친생모의 친권행사가 자녀의 복리를 위태롭게 할 우려가 있는 때에는 가정법원은 친생모의 청구를 기각할 수 있다(독일민법 제1666조. 제1666조의a).

④ '신뢰출산'으로 태어난 자녀를 입양시키는 데 친생모의 승낙은 필요하지 않다. 독일민법에 의하면 부모가 소재불명인 때에는 법원은 부모의 승낙이 없어

---

48) 가정법원이 신뢰출산으로 태어난 아기를 위하여 필요한 보호조치(예컨대 후견인 선임. 대개의 경우 아동청을 후견인으로 선임한다)를 취할 수 있도록 하기 위한 것이다.

도 입양심판을 할 수 있는데, '신뢰출산'을 선택한 친생모는 소재가 불명한 것으로 간주되기 때문이다(독일민법 제1747조 제4항). 그러나 친생모가 가정법원에 대해서 자녀의 출생등록에 필요한 인적 사항(친생모의 성명, 주소 등)을 제출하면(즉 친생모가 익명성을 포기하면) 더 이상 소재가 불명한 것으로 간주되지 않는다(즉 이 경우에는 입양의사를 철회한 것으로 본다).

⑤ 임신여성이 '신뢰출산'을 선택하여 아기를 출산한 경우에도 그 후에 결정을 번복하고 직접 아기를 양육할 수 있다. 법원에 의한 입양심판이 확정되기 전까지(보통 1년 정도 걸린다고 한다[49]) 친생모는 아기를 돌려받아 직접 아기를 양육할 수 있다. 다만 그 전제로서 친생모는 자녀의 출생등록에 필요한 자신의 인적 사항(성명, 주소 등)을 밝혀야 하고, 친생모가 아기를 직접 양육하는 것이 자녀의 복리를 위태롭게 하지 않아야 한다.

⑥ '신뢰출산'으로 태어난 아동은 16세가 되면 국가기관(Das Bundesamt für Familie und zivilgesellschaftliche Aufgabe)에서 보관하는 친생모의 인적 사항의 열람 또는 복사를 요구할 수 있다('임신여성지원법' 제31조 제1항). 반면에 친생모는 '신뢰출산'으로 태어난 자녀가 15세가 되면 상담소에 대해서 신뢰출산 당시에 사용했던 가명으로 자신의 인적 사항에 대한 열람을 반대한다는 의사를 표시할 수 있다(이 때 친생모는 자녀의 출생일과 출생장소를 말해야 한다). 상담소는 친생모를 도울 수 있는 지원서비스를 제시하고, 자녀가 친생모의 인적 사항을 열람하기 위하여 법원에 청구할 수 있음을 알린다('임신여성지원법' 제31조 제2항). 친생모가 자신의 인적 사항의 열람에 반대하는 의사를 유지하는 경우에는 법원의 재판절차에서 친생모의 권리를 주장해 줄 사람(친생모가 개인적으로 신뢰하는 사람) 또는 기관(예컨대, 법률사무소)을 지명하여 상담소에 알려야 한다(이렇게 지명된 사람은 재판절차에서 본인의 이름으로 친생모의 권리를 주장하게 되며(Verfahrensstandschafter: 제3자의 소송담당), 친생모의 동의 없이 그의 인적 사항을 공개해서는 안 된다). 상담소는 친생모가 자신의 인적 사항의 열람을 반대한다는 의사를 친생모의 인적 사항을 보관하는 국가기관에 통지하여야 한다('임신여성지원법' 제31조 제3항). 이러한 통지를 받은 국가기관은 열람의 허가여부에 대한 법원의 재판이 확정될 때까지 자녀에게 친생모의 인적 사항에 대한 열람을 허용해서는 안 된다('임신여성지원법' 제31조 제4항).

---

49) 독일에서는 아동청이 입양을 알선하며(입양알선에 관한 법률 제2조), 양부모로서 적합한 지원자에게 아기를 인도하여 입양심판이 확정될 때까지 그 가정에서 적응기간을 보내도록 한다(입양알선에 관한 법률 제8조). 입양을 원하는 예비 양부모가 1년 정도 아기를 양육하는 경우에는 아기가 예비 양부모에 대하여 애착을 형성하게 되므로, 아기를 이들로부터 분리하여 친생모에게 돌려보내는 것이 자녀의 복리를 침해할 수 있다는 비판이 있다. BT-Drucks. 13/13391, S. 3.

국가기관이 자녀에게 친생모의 인적 사항의 열람을 허용하지 않는 경우에는 가정법원은 자녀의 청구에 의하여 열람의 허용여부에 대하여 결정한다('임신여성지원법' 제32조 제1항). 가정법원은 친생모의 익명성 유지에 대한 이익이 자녀의 친생부모를 알 이익보다 더 보호할 가치가 있는가의 여부에 대해서 심리한다(이 때 가정법원은 친생모의 인적 사항이 자녀에게 공개됨으로써 친생모의 건강, 생명, 자유 그 밖에 이와 유사한 보호가치 있는 이익이 위태롭게 될 우려가 있는가에 대해서 심리하여 결정한다). 친생모의 인적 사항의 열람에 대한 청구가 기각된 경우, 자녀는 재판이 확정된 후 3년이 경과하면 다시 가정법원에 청구를 할 수 있다('임신여성지원법' 제32조 제5항).

(2) 신분등록부 기록의 차단

① 독일신분등록법에 의하면 친생모가 출산 사실을 비밀로 하고 싶은 경우에는 출생기록의 차단을 신청할 수 있다(독일신분등록법 제64조). 기록이 차단되면 해당 정보는 신분증명서등을 통하여 공시되지 않는다(출생증명서에 현출되지 않을 뿐 아니라 해당 정보의 열람도 금지된다). 기록차단의 기간은 3년이며, 이 기간은 갱신될 수 있다. 당사자가 사망하는 경우에는 기록차단의 효력은 소멸한다.

신분등록부 기록의 차단에 관한 독일신분등록법 제64조는 친생부모의 익명성 보장만을 목적으로 한 규정은 아니다. 이 규정은 개인의 특정한 신분정보가 공개되면 당사자에게 위험이 발생할 우려가 있는 경우에 해당 정보의 공개를 금지함으로써 개인의 생명, 건강, 자유 등 중요한 이익을 보호하려는 보다 넓은 취지에서 도입된 것이다.[50] 이어서 신분등록부의 기록 차단 제도 일반에 대하여 살펴본다.

② 신분증명서의 발급, 신분등록부 기록의 제공 또는 신분등록부 기록의 열람에 의해서 어떤 사람의 생명, 건강, 자유, 그 밖에 이와 유사한 보호가치 있는 이익이 위태롭게 될 가능성이 있다는 사실이 신분등록청에 알려져 있는 경우에는[51]

50) BT-Drucks. 16/1831, S. 52; BT-Drucks. 16/3309, S. 21.

51) 신분등록청이 직권으로 이러한 사실을 조사해야 할 의무는 없다. 기록의 차단을 신청하는 사람이 특정한 신분정보가 공시되는 경우에 자신의 생명, 건강 등의 법익이 위태롭게 될 수 있다는 점을 신분등록청에 대해서 주장, 증명하여야 한다. 신청인이 주장과 증명에 성공하여 신분등록청이 그러한 사정을 인정한 경우에는 신분등록부에 기록 차단의 표시를 한다. 기록 차단의 신청을 하기 전에 위해의 위협을 받는 사람이 가해할 가능성이 있는 사람의 추적을 피하기 위하여 개명(改名)을 하는 경우가 종종 있다. 예를 들어, 남편이 아내와 자녀에게 위해를 가할 우려가 있는 경우에 아내가 남편의 추적을 피하기 위하여 자신과 자녀의 이름을 변경하는 것이다. 이런 경우에 남편이 신분등록부 정보의 제공을 통하여 개명 사실을 알게 된다면, 남편의 추적을 피하기 위하여 이름을 변경한 것이 아무 소용이 없게 된다. Gaaz/Bornhofen, Personenstandsgesetz, § 64 Rn. 5; Kay-Uwe Rhein, Personenstandsgesetz, § 64 Rn. 5.

그 사람의 신청에 따라 3년의 기간 동안 해당 기록이 공시되지 않도록 기록 차단의 표시를 기재한다. 신분등록부의 기록을 계속해서 차단해야 할 필요가 있는 경우에는 그 기간은 갱신될 수 있다.[52] 기록 차단의 효력은 당사자의 사망으로 소멸한다.

신분등록부의 기록이 차단되면 당사자의 동의가 없는 한 신분증명서의 발급, 신분등록부 기록의 제공 또는 신분등록부 기록의 열람은 허용되지 않는다.[53] 다만 현존하는 입증곤란을 제거하기 위하여 필요한 경우나 그 밖에 제3자의 중대한 이익을 위하여 불가피한 경우에는 당사자의 동의가 없어도 법원의 명령을 통하여 신분증명서의 발급, 신분등록부 기록의 제공 또는 신분등록부 기록의 열람이 보장된다(독일신분등록법 제64조 제1항).[54]

Ⅳ 대안(법안의 제시)

1. 가족관계등록법의 개정방향

(1) 신분증명서의 이원화 – 일반증명서과 상세증명서

현행법에 따른 증명서(가족관계증명서 등 5종의 증명서)의 존속을 전제로 하여, 일반증명서와 상세증명서의 2종으로 나누어 발급하는 대안을 제시한다.

① 우선 기본증명서, 혼인관계증명서, 입양관계증명서, 친양자입양관계증명서, 가족관계증명서의 일반증명서에 대해서 설명한다.

㉠ 기본증명서의 일반증명서에는 본인의 등록기준지 · 성명 · 성별 · 본 · 출생연월일 및 주민등록번호가 필수적으로 표시되고, 여기에 추가로 신청인이 선택한 사항[55]이 현출된다. 예컨대 미성년자 갑의 친권자 을이 갑의 전학이나 통장개설

52) 위해의 위협을 받는 당사자가 연장신청을 하고, 신분등록청이 위험한 상태가 계속되고 있음을 인정해야 한다. 위해의 원인이 소멸하면 기록 차단의 기간이 만료하기 전에도 차단의 효력이 소멸한다(예컨대, 위해를 가할 가능성이 높은 사람이 사망한 경우). Gaaz/Bornhofen, Personenstandsgesetz, § 64 Rn. 7.

53) 예를 들어, 남편이 위해를 가할 가능성이 있어서 아내가 본인과 자녀의 신분 기록의 차단을 신청하여 받아들여진 경우, 이들과 동거하고 있는 조부가 사회보장급여의 신청을 위해서 손자녀의 출생증명서를 제출해야 한다면, 기록 차단을 신청한 친권자인 어머니의 동의를 받아 출생증명서를 발급받을 수 있다. Gaaz/Bornhofen, Personenstandsgesetz, § 64 Rn. 8.

54) 차단된 신분기록의 사용 여부는 법원이 결정한다. 법원은 신분기록 차단의 근거가 된 위험의 정도와 급박한 입증의 필요성을 비교 형량하여 차단된 신분기록의 사용 여부를 결정한다. Kay-Uwe Rhein, Personenstandsgesetz, § 64 Rn. 2.

55) 독일의 출생증명서에는 자녀의 성명, 자녀의 성(性), 출생장소와 출생일, 부모의 성명, 자녀와 부모가 속한 종교단체(출생등록부에 기록되어 있는 경우에 한정된다) 등 기본적인 사항만이 나타나지만, 이 중에서도 세 가지(자녀의 性 , 부모의 성명, 자녀와 부모가 속한 종교단체) 사항은 신청인의

등을 위하여 친권자임을 증명할 필요가 있는 경우에는 기본증명서에 의해서 공시될 수 있는 사항 중 친권을 선택하여 신청하면 되고, 이 경우 기본증명서의 일반증명서에는 본인의 등록기준지·성명·성별·본·출생연월일 및 주민등록번호 외에 친권에 관한 사항이 표시된다. 갑이 혼인외의 자로 출생하여 인지된 경우라고 해도 인지에 관한 사항은 현출되지 않으므로, 갑의 사생활에 관한 불필요한 정보가 노출되지 않으며, 증명의 목적에 따라 필요한 최소한의 정보만이 공시된다는 장점이 있다.

㉡ 혼인증명서의 일반증명서에는 본인의 등록기준지·성명·성별·본·출생연월일·주민등록번호 및 배우자의 성명·성별·본·출생연월일·주민등록번호가 기본적으로 표시된다(배우자가 없는 경우에는 해당 사항 없음으로 나타난다). 이외에 혼인(무효·취소 포함)·이혼 등의 기록 중에서 신청인이 추가로 선택한 사항이 현출된다. 예컨대 본인 갑이 직장에서 배우자 수당을 신청하기 위하여 현재 배우자 을과의 혼인관계를 증명하고자 하는 경우에는 혼인증명서의 일반증명서를 그대로 제출하면 되고, 이외에 더 이상 추가로 선택할 사항은 없다. 반면에 갑이 전배우자 병과 이혼한 사실 및 이혼성립일을 증명할 필요가 있다면 추가로 이혼에 관한 사항을 선택할 수 있으며, 이 경우에는 갑의 등록기준지·성명·성별·본·출생연월일·주민등록번호 및 배우자의 성명·성별·본·출생연월일·주민등록번호에 더하여 갑의 이혼(병과의 이혼)에 관한 사항이 표시된다.

㉢ 입양관계증명서의 일반증명서에는 본인의 등록기준지·성명·성별·본·출생연월일 및 주민등록번호, 친생부모·양부모(본인이 양자가 된 경우) 또는 양자(본인이 입양을 하여 양부모가 된 경우)의 성명·성별·본·출생연월일 및 주민등록번호가 기본적으로 표시되고, 입양 및 파양에 관한 사항 중에서 신청인이 선택한 사항이 현출된다. 예컨대 양자 갑이 양부 을에게 입양된 경우에 입양성립일을 증명할 필요가 있다면, 입양관계증명서의 일반증명서를 신청할 때 해당 입양에 관한 사항을 선택할 수 있으며, 이 경우에는 갑과 을의 등록기준지·성명·성별·본·출생연월일·주민등록번호 외에 입양에 관한 사항(입양신고일 등의 기록이 표시되어 있음)이 현출된다. 설령 갑이 그 전에 병에게 입양되었다가 파양된 기록이 있더라도 이러한 사항은 표시되지 않으므로, 갑의 사생활에 관한 정보가 불필요하게 노출되지 않는다(위의 경우에는 갑과 을 사이에 입양이 성립한 날짜를 증명하는 것이 목적이므로, 갑이 이전에 병에게 입양되었다가 파양된 기록은 의미가 없다).

선택에 따라 제외될 수 있다(독일신분등록법 제59조 제1항). 또한 각종 신분등록부에서 필요한 사항만을 특정하여 정보를 제공받는 것도 가능하다(독일신분등록법 제61조).

㉣ 친양자입양관계증명서의 일반증명서에는 본인의 등록기준지·성명·성별·본·출생연월일·주민등록번호와 양부모(본인이 친양자가 된 경우) 또는 친양자(본인이 친양자 입양을 한 경우)의 성명·성별·본·출생연월일·주민등록번호가 기본적으로 표시되고, 이외에 친생부모·입양 및 파양에 관한 사항 중에서 신청인이 선택한 사항이 표시된다. 예컨대, 친양자 갑과 양모 을 사이에 친양자 입양이 성립한 날짜(친양자입양재판확정일)를 증명할 필요가 있다면 위의 기본 사항 외에 입양에 관한 사항을 선택하여 증명서를 발급받으면 된다(이런 경우에 친양자 갑의 친생부모에 관한 정보를 증명서에 공시하는 것은 불필요할 뿐만 아니라, 필요 이상의 정보를 노출시키는 결과가 되므로, 친생부모에 관한 정보는 선택 사항으로 분류하였다.[56] 따라서 친양자의 친생부모를 증명할 필요가 있는 때에는 친생부모에 관한 사항을 추가로 선택하여 증명서를 발급받으면 된다).

㉤ 가족관계증명서의 일반증명서에는 본인의 등록기준지·성명·성별·본·출생연월일·주민등록번호가 기본적으로 표시되고, 이외에 신청인의 선택에 따라 배우자, 부모 및 자녀에 관한 사항이 표시된다. 예를 들어, 갑은 을과 이혼한 후 병과 재혼하였는데, 양육수당을 신청하기 위하여 전혼 중에 출생한 자녀 정과의 친자관계를 증명할 필요가 있다면, 자녀 정을 선택하여 가족관계증명서의 발급을 신청할 수 있다. 이 경우 가족관계증명서에는 본인 갑과 자녀 정만이 현출되는데, 갑과 정 사이의 친자관계를 증명하는 데에는 부족함이 없다. 현행법에 의하면 이와 같은 경우에 갑은 가족관계증명서의 전부증명을 제출할 수밖에 없는데, 갑의 배우자 병과 전혼 중에 태어난 자녀 정의 성과 본이 다른 경우에는 재혼가정임이 바로 드러나게 된다. 양육수당을 신청하기 위하여 갑과 정의 친자관계만을 증명하면 족한 경우에 이와 무관한 가족관계를 공시하는 것은 신분증명제도의 취지와 맞지 않을 뿐 아니라 당사자들의 의사에도 반하는 것이다.

② 기본증명서, 혼인관계증명서, 입양관계증명서, 친양자입양관계증명서, 가족관계증명서의 상세증명서는 현행법상 전부증명서와 동일하다. 혼인관계증명서, 기본증명서, 입양관계증명서, 친양자입양관계증명서의 경우에는 현재 유효한 사항뿐만 아니라 과거의 변동사항도 모두 표시되고, 가족관계증명서의 경우에는 본인, 부모, 배우자, 자녀에 관한 사항이 모두 공시된다. 상세증명서에는 개인의 민감한 정보까지 모두 공시되므로, 발급을 신청할 수 있는 사람의 범위를 축소하는 것이 바람직하다. 따라서 현행법상 증명서의 교부를 청구할 수 있는 사람 중에서 형제자매는 삭제하는 것이 타당하다고 본다(즉, 원칙적으로 본인, 배우자, 직계혈족

56) 입양관계증명서의 일반증명서에는 친생부모에 관한 사항이 포함되는 것으로 하였는데, 일반양자의 경우에는 친생부모와의 친족관계가 존속하므로, 친양자 입양과는 달리 취급하는 것이 합리적이라고 보았다.

만이 상세증명서의 교부를 청구할 수 있는 것으로 한다).[57]

③ 위와 같이 증명서의 종류를 일반증명서와 상세증명서로 구분하여 발급하게 될 경우에 일반증명서가 그야말로 '일반적으로' 사회에서 통용되게 하기 위해서는 가족관계등록법에 '상세증명서는 특정한 목적과 이익이 증명되는 경우가 아니면 제출을 요구할 수 없다'는 취지의 규정이 마련되어야 할 것이다. 그리고 이를 위반한 경우의 벌칙에 관한 규정도 함께 마련될 필요가 있다.

④ 외국과 비교해서 각종 신분증명서(특히 가족관계증명서와 기본증명서)의 제출이 더욱 빈번하게 요구되는 우리 사회의 현실에 비추어 볼 때, 각각의 증명서에 의해서 공시되는 신분정보는 증명에 필요한 한도를 넘지 않도록 한층 더 엄격하게 통제할 필요가 있다.

예를 들어서 우리 사회와 독일의 경우를 비교해 본다. 가족관계가 다양화되어 혼인외의 관계에서 태어나는 자녀의 비율이 이미 30%를 넘는 독일과 같은 사회에서도[58] 생부에 의한 인지는 일반적인 출생증명서에 현출되지 않는다. 또한 성전환의 문제에 대해서 우리 사회보다 훨씬 관용적인 태도를 보이는 사회라고 할 수 있지만, 성전환자의 신분정보 공개에 대해서는 매우 엄격한 입장을 취하고 있다.[59] 우리 사회에서 혼인외의 자녀나 성전환자는 소수자의 위치에 있으며, 사회적으로도 여전히 부정적인 편견에서 자유롭지 못한 것이 현실이다. 이들의 신분정보가 여과 없이 노출될 때 돌아오게 될 피해와 불이익의 정도는 독일사회와 비교해 볼 때 더 클 것이 분명하다. 그런데 우리 사회에서 빈번하게 발급, 제출되는 기본증명서에는 인지, 성전환 등의 민감한 신분정보가 아무런 제한 없이 현출되고 있다. 기본증명서를 통해서 증명하고자 하는 사항은 대부분의 경우 본인

---

57) 형제자매가 상세증명서의 교부를 청구하는 경우는 상속관계를 증명해야 할 필요가 있는 때와 같이 예외적인 경우로 한정될 것이다. 그런데, 가족관계등록규칙에 따라 "채권·채무의 상속과 관련하여 상속인의 범위를 확인하기 위해서 등록사항별 증명서의 교부가 필요한 사람"은 증명서의 교부를 신청할 수 있으므로(가족관계등록규칙 제19조 제2항 제2호) 사실상 형제자매를 상세증명서의 교부청구권자로 규정하지 않더라도 필요한 경우에는 상세증명서를 발급받는 데 문제가 없다. 또한 가족관계등록예규에도 본인 등의 위임 없이 증명서의 교부를 청구할 수 있는 경우가 규정되어 있는데(가족관계등록예규 제390호 제2조 제5항), 예를 들면 "소송, 비송, 민사집행·보전의 각 절차에서 필요한 경우로서 이를 소명하는 자료를 첨부한 때"가 여기에 해당한다(등록사항별 증명서의 발급 등에 관한 사무처리지침. 가족관계등록예규 제390호). 독일신분등록법도 형제자매의 경우에는 출생등록부, 사망등록부의 사용에 대해서 정당한 이익이 있다는 것을 소명한 경우에 한하여 신분증명서를 발급받을 수 있도록 규정하고 있다(독일신분등록법 제62조 제1항 2문).

58) 오늘날 독일에서 혼인외의 자의 출생비율은 34%에 이른다. Bundesministerium für Familie, Senioren, Frauen und Jugend, Familienreport 2012 - Leistungen, Wirkungen, Trends - (2013), S. 22f.

59) 성전환자의 경우에는 본인만이 신분등록부의 정보를 사용할 수 있다. 즉, 본인만이 신분증명서를 발급받을 수 있고, 신분등록부의 정보를 받거나 신분등록부를 열람할 수 있다. 독일신분등록법 제63조 제2항 참조.

의 성명, 출생연월일, 주민등록번호 등과 같이 기본적인 사항이며, 인지나 성전환 등은 증명의 목적과 무관한 경우가 대부분이다. 이와 같이 증명의 목적과 관계가 없는 신분정보를 공개하는 것은 개인의 사생활을 침해할 뿐 아니라, 실무상으로도 불필요하다.

개인의 사생활을 보호할 필요성은 신분과 가족관계에 따른 편견이 서구사회보다 더 강한 우리 사회에서 더 크다고 할 수 있다. 특히 사회적 소수자에 대한 부정적 인식이 여전히 남아 있는 우리 사회에서는 그와 관련된 개인 정보가 공개되지 않도록 최대한의 안전장치를 마련할 필요가 있다. 가족관계등록법의 개정과 관련하여 가장 중요한 과제 중의 하나는 개인의 사생활보호를 위하여 외국보다 더 철저한 대책을 마련하는 것이다.

(2) 친생부모의 신청에 의한 출생기록의 차단

① 자녀의 입양을 의뢰한 친생부모의 신청이 있는 경우에는 가족관계등록부의 출생기록이 차단되어 각종 신분증명서에 공시되지 않도록 하는 제도의 도입을 제안한다. 즉, 친생부모가 입양특례법에 따라 입양에 동의하여 자녀를 보장시설 또는 입양기관에 보호의뢰하고, 시 · 읍 · 면의 장에게[60] 가족관계등록부의 출생기록을 차단하여 줄 것을 신청한 때에는 해당 기록이 가족관계증명서 등에 현출되지 않도록 하는 것이다. 가족관계등록공무원이 해당 가족관계등록부에 '출생기록의 차단'을 기재하면 기록차단의 효력이 발생하며, 입양여부와 관계없이 친생부모의 가족관계증명서에는 입양이 의뢰된 자녀의 기록이 현출되지 않는다. 그 자녀의 가족관계증명서에도 친생부모의 인적사항이 표시되지 않으며, 후에 친양자입양이 된 경우에도 친양자입양관계증명서에 친생부모에 관한 사항은 현출되지 않는다.

② 친생부모가 입양의사를 철회한 경우에는(입양특례법 제12조 제5항) 시 · 읍 · 면의 장에게 출생기록 차단의 취소를 청구하여야 한다. 기록차단이 취소되면 친생부모의 가족관계증명서에 그 자녀의 기록이 현출된다.

③ 입양특례법에 따라 자녀가 입양된 후에도 친생부모는 언제든지 시 · 읍 · 면의 장에게 출생기록의 차단의 취소를 청구할 수 있다. 이 경우 친생부모의 가

60) 친생부모가 입양특례법에 따라 입양에 동의하여 자녀를 보장시설 또는 입양기관에 보호의뢰하였다는 사실만 증명하면, 신청을 받은 시 · 읍 · 면의 장은 출생기록을 차단하여야 한다. 이와 달리 출생기록 차단의 요건으로 가정법원의 허가를 받도록 하는 방안도 생각해 볼 수 있다. 가정법원의 허가를 요건으로 하는 경우에는 친생부모가 절차상의 어려움, 허가의 불확실성 등을 우려하여 제도의 이용 자체를 기피하는 경향이 생길 수도 있을 것이다. 또한 입양을 의뢰한 부모는 입양허가에 더하여 출생기록 차단의 허가까지 받아야 하는 이중의 부담을 안게 된다. 독일신분등록법도 법원의 허가를 기록 차단의 요건으로 규정하지 않는다.

족관계증명서에는 입양된 자녀가 나타나지 않지만(친양자 입양에 의하여 친자관계가 소멸되었기 때문이다), 그 자녀의 친양자입양관계증명서에는 친생부모에 관한 인적사항이 표시된다.

④ 출생기록이 차단되어 있는 상태에서도 친생부모의 동의가 있는 때에는 해당 기록이 표시된 증명서(예컨대 친양자입양관계증명서)의 발급이 가능하다. 또한 친생부모의 동의가 없어도 자녀의 생명 등 중요한 법익이 위태롭게 될 가능성이 있는 때에는 법원의 허가를 받아 친생부모의 신분정보가 공시된 증명서의 발급 또는 열람이 가능하다. 예를 들어, 양자의 유전적 질환을 치료하기 위하여 친생모를 찾아야 할 사정이 있는 경우에 양부모나 양자 본인은 친생모에 대한 기록이 차단되어 있는 때에도 법원의 허가를 받아 그 기록을 열람하거나 증명서를 교부받을 수 있다(법원은 허가심판을 할 때 친생모의 의견을 듣고 참고하여야 할 것이다. 예를 들어, 친생모가 입양된 자녀를 위해서 골수기증은 할 수 있지만, 자신의 인적 사항이 공개되는 것은 피하고 싶다고 진술한다면 그 의견을 존중할 수 있을 것이다).

⑤ 친생부모의 신청에 의해서 출생기록에 대한 접근을 차단할 수 있는 제도를 도입한다는 것은 친생부모의 동의가 있는 때에만 관련 정보의 공개를 허용한다는 것과 같은 의미이다. 이렇게 할 경우 출생신고를 거쳐 입양을 하더라도 친생부모의 익명성이나 입양의 비밀이 유지될 수 있다(아동이 끝내 입양이 되지 않는 경우에도 친생부모의 익명성이 보장될 수 있다). 또한 친생부모에 관한 기록은 당사자의 동의가 없는 한 공개되지 않으나 보존은 되어 있으므로, 그 기록이 반드시 필요한 때에는 법원의 허가를 얻어 정보를 구하는 것이 가능해 진다. 이러한 제도가 도입될 경우 '자녀의 친생부모를 알 권리'는 충분히 실현되지 못한다. 그러나 우리 사회의 실정을 고려해 본다면 이 정도 수준에서 타협하는 것도 하나의 대안이 될 수 있다고 생각한다.

2. 법 안

제14조(증명서의 교부 등) ① 본인 또는 배우자, 직계혈족, 형제자매(이하 이 조에서는 "본인 등"이라 한다)는 제15조에 규정된 등록부 등의 기록사항에 관하여 발급할 수 있는 증명서의 교부를 청구할 수 있고, 본인 등의 대리인이 청구하는 경우에는 본인 등의 위임을 받아야 한다. 다만, 다음 각 호의 어느 하나에 해당하는 경우에는 본인 등이 아닌 경우에도 교부를 신청할 수 있다.

1. 국가 또는 지방자치단체가 직무상 필요에 따라 문서로 신청하는 경우
2. 소송·비송·민사집행의 각 절차에서 필요한 경우

3. 다른 법령에서 본인 등에 관한 증명서를 제출하도록 요구하는 경우

4. 그 밖에 대법원규칙으로 정하는 정당한 이해관계가 있는 사람이 신청하는 경우

② 형제자매가 상세증명서의 교부를 청구하는 경우에는 정당한 이해관계를 소명하여야 한다.

③ 제15조 제1항 제5호의 친양자입양관계증명서는 다음 각 호의 어느 하나에 해당하는 경우에 한하여 교부를 청구할 수 있다.

1. 친양자가 성년이 되어 신청하는 경우

2. 법원의 사실조회촉탁이 있거나 수사기관이 수사상 필요에 따라 문서로 신청하는 경우

3. 그 밖에 대법원규칙으로 정하는 경우

④ 제1항, 제2항 및 제3항에 따라 증명서의 교부를 청구하는 사람은 수수료를 납부하여야 하며, 증명서의 송부를 신청하는 경우에는 우송료를 따로 납부하여야 한다.

⑤ 시·읍·면의 장은 제1항, 제2항 및 제3항의 청구가 등록부에 기록된 사람에 대한 사생활의 비밀을 침해하는 등 부당한 목적에 의한 것이 분명하다고 인정되는 때에는 증명서의 교부를 거부할 수 있다.

⑥ 제15조에 규정된 등록부 등의 기록사항에 관하여 발급하는 증명서의 제출을 요구하는 자는 사용목적에 필요한 최소한의 등록사항이 기록된 일반증명서를 요구하여야 하며, 상세증명서를 요구하는 경우에는 그 이유를 서면으로 설명하여야 한다. 제출받은 증명서를 사용목적 외의 용도로 사용하여서는 아니 된다.

⑦ 제1항부터 제6항까지의 규정은 폐쇄등록부에 관한 증명서 교부의 경우에도 준용한다.

⑧ 본인 또는 배우자, 부모, 자녀는 대법원규칙으로 정하는 바에 따라 등록부 등의 기록사항의 전부 또는 일부에 대하여 전자적 방법에 의한 열람을 청구할 수 있다. 다만, 친양자입양관계증명서의 기록사항에 대하여는 친양자가 성년이 된 이후에만 청구할 수 있다.

제15조(증명서의 종류) ① 등록부 등의 기록사항에 관하여 발급할 수 있는 증명서의 종류는 다음 각 호와 같다.

1. 가족관계증명서

2. 기본증명서

3. 혼인관계증명서

4. 입양관계증명서
5. 친양자입양관계증명서

② 제1항의 각호에 따른 증명서는 일반증명서와 상세증명서로 나누어 발급한다.

제15조의2(증명서별 기록사항) ① 가족관계증명서의 종류와 기록사항은 다음 각 호와 같다.

1. 일반증명서
   가. 본인의 등록기준지 · 성명 · 성별 · 본 · 출생연월일 및 주민등록번호
   나. 상세증명서의 기록사항 중 신청인이 선택한 사항
2. 상세증명서
   가. 본인의 등록기준지 · 성명 · 성별 · 본 · 출생연월일 및 주민등록번호
   나. 부모의 성명 · 성별 · 본 · 출생연월일 및 주민등록번호(입양의 경우 양부모를 부모로 기록한다. 다만, 단독입양한 양부가 친생모와 혼인관계에 있는 때에는 양부와 친생모를, 단독입양한 양모가 친생부와 혼인관계에 있는 때에는 양모와 친생부를 각각 부모로 기록한다)
   다. 배우자, 자녀의 성명 · 성별 · 본 · 출생연월일 및 주민등록번호

② 기본증명서의 종류와 기록사항은 다음 각 호와 같다.

1. 일반증명서
   가. 본인의 등록기준지 · 성명 · 성별 · 본 · 출생연월일 및 주민등록번호
   나. 상세증명서의 기록사항 중 신청인이 선택한 사항
2. 상세증명서
   가. 본인의 등록기준지 · 성명 · 성별 · 본 · 출생연월일 및 주민등록번호
   나. 본인의 출생, 사망, 국적상실 · 취득 및 회복 등에 관한 사항

③ 혼인관계증명서의 종류와 기록사항은 다음 각 호와 같다.

1. 일반증명서
   가. 본인의 등록기준지 · 성명 · 성별 · 본 · 출생연월일 및 주민등록번호
   나. 배우자의 성명 · 성별 · 본 · 출생연월일 및 주민등록번호
   다. 그 밖에 상세증명서의 기록사항 중 신청인이 선택한 사항
2. 상세증명서
   가. 본인의 등록기준지 · 성명 · 성별 · 본 · 출생연월일 및 주민등록번호
   나. 배우자의 성명 · 성별 · 본 · 출생연월일 및 주민등록번호
   다. 혼인 및 이혼에 관한 사항

④ 입양관계증명서의 종류와 기록사항은 다음 각 호와 같다.

1. 일반증명서
   가. 본인의 등록기준지 · 성명 · 성별 · 본 · 출생연월일 및 주민등록번호
   나. 친생부모 · 양부모 또는 양자의 성명 · 성별 · 본 · 출생연월일 및 주민등록번호
   다. 그 밖에 상세증명서의 기록사항 중 신청인이 선택한 사항
2. 상세증명서
   가. 본인의 등록기준지 · 성명 · 성별 · 본 · 출생연월일 및 주민등록번호
   나. 친생부모 · 양부모 또는 양자의 성명 · 성별 · 본 · 출생연월일 및 주민등록번호
   다. 입양 및 파양에 관한 사항

⑤ 친양자입양관계증명서의 종류와 기록사항은 다음 각 호와 같다.

1. 일반증명서
   가. 본인의 등록기준지 · 성명 · 성별 · 본 · 출생연월일 및 주민등록번호
   나. 양부모 또는 친양자의 성명 · 성별 · 본 · 출생연월일 및 주민등록번호
   다. 그 밖에 상세증명서의 기록사항 중 신청인이 선택한 사항
2. 상세증명서
   가. 본인의 등록기준지 · 성명 · 성별 · 본 · 출생연월일 및 주민등록번호
   나. 친생부모 · 양부모 또는 친양자의 성명 · 성별 · 본 · 출생연월일 및 주민등록번호
   다. 입양 및 파양에 관한 사항

⑥ 외국인의 기록사항에 관하여는 성명 · 성별 · 출생연월일 · 국적 및 외국인등록번호를 기재하여 증명서를 발급하여야 한다.

⑦ 가족관계에 관한 그 밖의 증명서 및 가족관계 기록사항에 관하여 필요한 사항은 대법원규칙으로 정한다.

제15조의3(출생에 관한 기록사항의 차단) ① 친생부모 또는 그의 법정대리인이 입양특례법에 따라 입양에 동의하여 자녀를 보장시설 또는 입양기관에 보호의뢰한 경우에는 시 · 읍 · 면의 장에게 출생에 관한 등록부의 기록사항을 차단하여 줄 것을 신청할 수 있다.

② 제1항에 따라 출생에 관한 기록사항이 차단된 경우에는 제15조에 규정된 증명서에서 친생부모와 그 자녀의 관계를 알 수 있는 기록사항은 공시하지 아니한다.

③ 출생에 관한 기록사항이 차단된 경우에도 친생부모의 동의가 있는 때에는

해당 기록사항이 공시된 증명서를 발급할 수 있다.

④ 가정법원은 자녀의 생명, 건강, 그 밖의 중요한 이익을 위하여 필요하다고 인정하는 경우에는 직권으로 또는 이해관계인의 신청에 따라 친생부모에 관한 기록사항이 공시된 증명서의 발급을 명할 수 있다.

⑤ 친생부모는 언제든지 시·읍·면의 장에게 출생에 관한 기록사항의 차단을 취소하여 줄 것을 청구할 수 있다.

⑥ 친생부모가 입양특례법 제12조 제5항에 따라 입양의사를 철회한 경우에는 시·읍·면의 장에게 출생에 관한 기록사항의 차단을 취소하여 줄 것을 청구하여야 한다.

⑦ 친생부모가 사망한 때에는 출생에 관한 기록사항 차단의 효력은 소멸한다.

제117조(벌칙) 다음 각 호의 어느 하나에 해당하는 사람은 3년 이하의 징역 또는 1천만원 이하의 벌금에 처한다.

1. 제11조 제6항을 위반한 사람
2. 제13조 제2항을 위반한 사람
3. 제14조 제1항·제2항·제3항·제8항, 제14조의2 및 제14조의3을 위반하여 거짓이나 그 밖의 부정한 방법으로 다른 사람의 등록부등의 기록사항을 열람하거나 증명서를 교부받은 사람
4. 제14조 제6항을 위반하여 사용목적에 필요한 최소한의 등록사항 이외의 사항이 기록된 증명서를 요구하거나 제출받은 증명서를 사용목적 외의 용도로 사용한 사람
5. 제42조를 위반하여 거짓이나 그 밖의 부정한 방법으로 다른 사람의 신고서류를 열람하거나 신고서류에 기재되어 있는 사항에 관한 증명서를 교부받은 사람
6. 이 법에 따른 등록사무처리의 권한에 관한 승인절차 없이 전산정보처리조직에 가족관계 등록정보를 입력·변경하여 정보처리를 하거나 기술적 수단을 이용하여 가족관계 등록정보를 알아낸 사람

〈법학논문집 제38집 제2호(2014년 8월) 수록〉

2. 2016년 가족관계등록법 개정의 의의와 한계

– 등록사항별 증명서 제도의 개정을 중심으로 –

Ⅰ 들어가는 말

2018년은 「가족관계의 등록 등에 관한 법률」이 시행된 지 10년이 되는 해이다. 호주제 폐지를 주요 내용으로 하는 민법개정안이 2005년 3월 2일에 국회를 통과하면서[1] 호주를 중심으로 하는 호적법과 호적제도 역시 폐지의 수순을 밟게 되었다. 다만 기존의 호적제도를 대체하는 새로운 신분등록제도를 마련하는 것은 상당한 시간을 요하는 작업이었으므로, 2005년 개정민법 중 호주제 폐지에 관한 부분은 2008년 1월 1일부터 시행되는 것으로 정하여져 있었다.[2] 호적제도를 대체할 새로운 신분등록제도에 관한 논의는 호주제를 폐지하는 민법개정안이 국회를 통과하기 전부터 진행되고 있었으며,[3] 이를 바탕으로 하여 민법개정안 통과 이후에 세 가지 법률안이 국회에 제출되었다.[4]

당시에 새로운 신분등록제도에 의해서 실현되어야 할 과제로 인식된 것은 크게 두 가지로 정리될 수 있다. 첫째, 기존의 호적제도에 따른 폐해를 완전히 해소할 수 있어야 하고, 둘째, 신분등록제도 고유의 기능을 수행하는 데 있어서 미비한 점이 있어서는 안 된다는 것이었다.

기존의 호적제도에 따른 폐해로는 다음과 같은 문제점들이 지적되고 있었다. ⅰ) 호주를 중심으로 하여 부계혈통 위주로 편제하게 되어 있어서 양성평등의 원칙을 심각하게 침해한다. ⅱ) 개인의 신분사항 및 가족관계와 관련하여 증명의 목적과 무관한 정보까지 일괄적으로 공시하여 개인의 사생활이 침해된다. ⅲ) 호주와 가(家)를 중심으로 한 호적제도는 입적, 복적 등을 비롯하여 수많은 복잡한

---

1) 2005년 3월 31일 공포(법률 제7427호).

2) 이외에 개정법 중 가족의 범위, 자녀의 성(姓)과 본(本), 친양자에 관한 규정이 2008년 1월 1일부터 시행되었다(2005년 개정민법 부칙 제1조).

3) 예를 들면 법무부는 2003년에 이미 신분등록제도개선위원회를 구성하여 호주제 폐지 이후의 새로운 대안 마련에 착수하였다. 또한 호주제 폐지 운동에 참여한 시민사회단체는 '개인별 신분등록제 실현을 위한 공동연대'를 구성하여 새로운 신분등록제도에 대한 논의를 진행하였다.

4) '출생・혼인・사망 등의 신고 및 증명에 관한 법률안'(노회찬 의원 대표발의), '신분관계의 등록 및 증명에 관한 법률안'(이경숙 의원 대표발의), '국적 및 가족관계의 등록에 관한 법률안'(법무부안).

절차를 발생시킴으로써 호적사무를 번거롭게 만든다.

위와 같은 점에 비추어 새로운 신분등록제도에 주어진 과제는 다음과 같이 정리될 수 있었다. i) 우선 양성평등의 원칙에 합치되어야 하며, ii) 증명의 목적과 관계없는 개인의 신분과 가족관계에 관한 정보가 노출되지 않도록 함으로써 개인의 사생활을 보호할 수 있는 제도적 장치가 마련되어야 한다. iii) 가족관계등록사무를 합리화하고, 개인의 신분과 가족관계에 관한 기록사항을 필요한 목적에 따라 증명하는 데 필요한 시스템을 갖추어야 한다.

이와 같은 논의를 바탕으로 하여 기존의 호적법을 대체하는 「가족관계의 등록 등에 관한 법률」(이하 '가족관계등록법'이라고 한다)이 2007년 4월에 마침내 국회를 통과하여 2008년 1월 1일부터 시행에 들어갔다.[5] 새로 제정된 가족관계등록법은 여러 가지 장점에도 불구하고 기존의 호적법과 호적제도에 따른 폐해를 완전히 해소하는 수준에는 이르지 못했다. 호주와 가(家) 중심의 호적제도와 결별하고 개인별로 가족관계등록부를 작성하는 제도가 도입됨으로써 양성평등의 원칙에 위배되는 요소는 자연스럽게 제거되었고, 입적, 복적 등의 복잡한 절차도 더 이상 거칠 필요가 없게 되어 가족관계등록사무의 합리화가 이루어진 것은 획기적인 성과로 평가되어야 할 것이다. 반면에 "증명의 목적에 따라 필요한 최소한의 정보가 현출된 증명서를 발급함으로써 개인의 사생활 침해를 방지해야 한다"는 관점에서 보면 새로운 가족관계등록법에는 미흡한 점이 적지 않았다. 2008년에 가족관계등록법이 시행된 직후부터 개정 논의가 시작되어 그 이후에도 계속 이어진 이유는 바로 여기에 있다. 장기간 이어진 개정 논의는 결국 2016년 가족관계등록법의 개정으로 일단락되었다.[6]

아래에서는 개인의 사생활 보호라는 관점에서 2016년 가족관계등록법 개정의 배경을 살펴보고, 개정법의 성과와 한계에 대해서 짚어보려고 한다. 그리고 그 한계를 극복하기 위하여 앞으로 실현되어야 할 과제에 대해서도 언급하고자 한다.

Ⅱ 2016년 가족관계등록법 개정의 배경 – 2008년 시행 당시 가족관계등록법의 문제점

2007년에 제정되어 2008년부터 시행에 들어간 가족관계등록법은 증명의 목적

5) 2007년 5월 17일 공포(법률 제8435호). 가족관계등록법은 주로 법무부안과 이경숙의원안(대법원안)을 바탕으로 하여 제정되었다. 가족관계등록법 제정 과정에 대한 자세한 내용은 정현수, 가족관계등록법의 문제점과 과제, 가족법연구 제22권 3호(2008), 272면 이하 참조.

6) 2016년 5월 29일 공포(법률 제14169호. 2016년 11월 30일 시행).

에 따라 가족관계증명서, 기본증명서, 혼인관계증명서, 입양관계증명서, 친양자입양관계증명서 등 5종의 등록사항별 증명서(이하 '증명서'라고 한다)를 발급할 수 있도록 규정하고 있었다. 그런데 이들 증명서는 구체적인 증명의 목적과 무관한 과도한 신분정보를 일괄적으로 공시하여 신분등록제도 본연의 기능 – 증명의 목적에 따라 필요한 최소한의 신분정보를 공시함으로써 증명의 필요를 충족시키면서도 개인의 사생활 침해는 최소화 한다 – 을 제대로 수행하지 못한다는 비판을 받았다.[7] 이러한 문제점은 시민의 실제생활에서 많이 이용되는 가족관계증명서, 기본증명서, 혼인관계증명서 등 3종의 증명서에서 특히 현저하게 드러났다.

1. 가족관계증명서의 문제점

가족관계증명서에는 본인과 부모, 배우자, 자녀가 일괄적으로 현출되었는데, 자녀로는 현재의 혼인관계에서 출생한 자녀뿐만 아니라 전혼 중의 자녀와 혼인외의 자녀도 같이 기재되었다. 따라서, 재혼한 여성의 경우에는 성(姓)과 본(本)이 다른 자녀가 동시에 현출되어(전 남편과 현재의 남편의 성과 본이 다른 경우) 재혼하였다는 사실이 간접적으로 드러나게 되었다.[8] 그런데 가족관계증명서는 배우자와의 관계나 특정 자녀와의 관계를 증명할 목적으로 제출하는 것이 일반적이므로, 구체적인 사안에서 굳이 관계를 증명할 필요가 없는 자녀까지 현출시킬 필요는 없다(예를 들어 직장에 다니는 어머니 A가 고등학교에 다니는 자녀 B의 학비지원을 신청하기 위하여 A와 B 사이의 친자관계를 증명할 필요가 있다면 A와 B가 친자관계임을 증명해 주는 증명서를 제출하면 되고, 그 외에 전혼 중에 출생한 자녀 C가 함께 현출된 증명서를 제출할 필요는 전혀 없다). 이런 경우 증명의 필요와 무관한 자녀를 자동적으로 예외 없이 공시하는 것은 증명서의 교부를 신청한 본인의 의사에 반하여 개인의 불필요한 정보를 노출시킴으로써 사생활을 침해한다는 문제가 있다. 더구나 구 호적법에 따라 발급되었던 호적등·초본에도 재혼한 여성의 경우에는 전혼 중에 낳은 자녀나 혼인외의 자는 기재되지 않았는데, 새로 시행된 가족관계등록법에 따라 발급되는 가족관계증명서에 이러한 민감한 개인 정보가 여과 없이 드러남에 따라 당사자들은 매우 곤혹스러운 상황에 처하게 되었다.[9]

7) 김주수·김상용, 친족·상속법, 2008, 48면 이하; 정현수, 가족관계등록법의 문제점과 과제, 가족법연구 제22권 3호(2008), 281면 이하; 김상용, 가족관계등록법의 문제점, 법률신문 2008년 10월 20일.

8) 또한 양자(일반양자)의 경우 부모로서 친생부모와 양부모가 동시에 기재되어 양자가 가족관계증명서를 제출하는 경우 입양사실이 외부에 드러나게 되었는데, 이것 또한 가족관계증명서에 의한 일반적인 증명의 목적과는 관계없는 불필요한 정보의 노출이라는 비판을 받았다. 입양사실과 친생부모를 증명하는 것이 목적이라면 입양관계증명서를 제출하는 것으로써 그 목적을 충분히 달성할 수 있기 때문이다.

9) 「2008 가족관계등록법 개정을 위한 공청회」 자료집(2008년 10월 1일)에는 개인정보의 과도한

새로 도입된 가족관계증명서가 초래한 이와 같은 결과는 가족관계등록법의 시행 직후에 개정논의를 촉발시키는 중요한 원인이 되었다.

2. 기본증명서의 문제점

기본증명서는 개인의 출생, 사망 등 기본적인 사항의 증명을 목적으로 발급하는 것인데, 2008년 가족관계등록법 시행 당시 발급되었던 기본증명서는 기본적인 사항이라고 볼 수 없는 과다한 개인정보를 여과 없이 일괄적으로 공시하여 문제가 되었다. 더구나 이러한 개인정보 중 상당수는 개인의 사생활 보호와 밀접한 관련이 있는 것이어서 당사자가 겪는 고통은 매우 심각했다. 예를 들어, 기아로 발견되었다는 사실, 혼인외의 자로 출생하여 생부로부터 인지된 사실, 미성년자였을 때 부모가 이혼하여 부 또는 모가 친권자로 지정된 사실 등의 민감한 개인정보가 기본증명서에 일괄적으로 현출되었으며,[10] 이 중 어느 사항도 제외할 수 없었다. 기본증명서는 가족관계증명서와 더불어 우리 사회에서 가장 빈번하게 사용되는 증명서로서 취업(또는 입학) 시에 제출을 요구받는 경우가 적지 않다. 그런데 과거에 미성년자일 때 부모가 이혼하여 부 또는 모가 친권자로 지정되었다는 사실 등은 취업과 관련하여 아무런 의미가 없는 개인정보로서 취업을 목적으로 제출하는 증명서에 공시되어야 할 필요가 전혀 없다. 이러한 민감한 개인정보의 공개는 그 자체가 개인의 사생활을 침해하는 것일 뿐 아니라, 실제 생활에서 있어서 당사자에게 차별과 불이익을 초래할 가능성도 배제할 수 없다는 점에서 심각한 문제가 있었다.

3. 혼인관계증명서의 문제점

2008년 시행 당시의 가족관계등록법에 따르면 혼인관계증명서에는 현재의 혼인관계와 배우자에 관한 사항뿐만 아니라 과거의 이혼, 전배우자, 혼인취소, 혼인무효 등의 기록이 예외 없이 일괄적으로 공시되었다. 혼인관계증명서는 일반적으로 현재의 혼인상태와 배우자를 증명하는 목적으로 제출하게 되는데, 이러한 증명의 목적과는 아무런 관계가 없는 과거의 혼인관계까지 공시하는 것은 불필요할 뿐만 아니라 개인의 사생활을 침해한다는 문제가 있었다(예를 들어 A가 직장에서 배우자 수당을 신청하기 위하여 혼인관계증명서를 제출하는 경우에는 현재의 배우자 B와의 혼인관계가 현출되어 있는 증명서를 제출하는 것으로 충분하며, 과거의 이혼사실

노출로 인한 다양한 피해사례들이 소개되어 있다.

10) 그 외에도 친권·후견, 국적, 성·본 창설 및 변경, 개명, 가족관계등록창설, 성별 전환 등이 기본증명서에 일괄적으로 공시되었다.

과 전배우자 C까지 공시되어 있는 증명서를 제출할 필요는 없다).

4. 입양관계증명서 및 친양자입양관계증명서의 문제점

입양관계증명서는 양친자관계, 친생친자관계 및 입양과 관련된 사항(입양, 파양, 입양의 무효와 취소 등)의 증명을 목적으로 한다. 여기서 증명의 대상이 되는 입양은 민법에 의한 입양 중 일반입양이다. 입양관계증명서에도 현재 유효한 입양관계에 관한 사항(양부모, 양자, 입양성립일 등)만 현출되는 것이 아니라 과거의 입양 및 파양, 입양취소의 사실까지 일괄적으로 기재되었으므로, 위에서 본 다른 종류의 증명서와 마찬가지로 불필요한 개인정보 노출의 문제가 있었다.

친양자입양관계증명서가 증명의 대상으로 하는 사항은 민법에 의한 입양 중 친양자입양이다.[11] 친양자입양관계증명서에는 친양자, 양부모, 친생부모, 현재의 친양자입양에 관한 사항(친양자 입양 재판 확정일 등)뿐만 아니라 과거의 친양자 입양과 파양, 친양자 입양의 취소 등의 기록사항이 일괄적으로 현출되었다. 다른 종류의 증명서와 마찬가지로 목적에 따라 필요한 사항만이 현출되는 것이 아니라, 친양자입양에 관한 현재와 과거의 모든 기록사항이 일괄적으로 공시되었으므로, 불필요한 개인정보가 공개된다는 점이 지적되었다.

5. 일부사항증명서 제도의 도입과 한계

(1) 위에서 본 바와 같이 2008년 시행 당시의 가족관계등록법은 5종의 정형화된 증명서를 발급하였는데, 각 증명서에는 개인의 다양한 신분정보가 일괄적으로 현출되어 과도한 개인정보 공개로 인한 사생활 침해의 문제가 발생하였다. 가족관계등록법이 시행된 후 얼마 지나지 않아서 개정의 요구가 강하게 제기된 것은 바로 이러한 이유에서였다.[12]

이러한 배경에서 2009년에 가족관계등록법이 일부 개정되어[13] 각종 증명서의 기록사항 중 일부사항을 증명하는 증명서(일부사항증명서)를 발급할 수 있게 되었

11) 민법상 친양자 입양은 2005년 개정민법에 의하여 도입되어 2008년 1월 1일부터 시행되었다. 그 후 2011년 「입양촉진 및 절차에 관한 특례법」이 「입양특례법」으로 전부 개정되면서(2011년 8월 4일 공포. 법률 제11007호. 2012년 8월 5일 시행) 이법에 의하여 입양되는 아동은 친양자의 지위를 가지게 되었다. 따라서 입양특례법에 의해서 입양된 양자의 경우에도 양친자관계나 친생자관계를 확인하려면 친양자입양관계증명서를 보아야 한다.

12) 이미 2008년에 3건의 가족관계등록법 개정안이 의원입법 형식으로 발의되었다(이정희 의원 대표발의안, 홍정욱 의원 대표발의안, 주광덕 의원 대표발의안).

13) 2009년 12월 29일 공포(법률 제9832호. 2011년 12월 30일 시행). 2009년에 국회를 통과한 가족관계등록법 개정안은 각주 12에 소개한 3개의 개정안을 바탕으로 하여 법사위가 대안으로 제출한 것이다.

다.[14]

일부사항증명서는 과거의 신분관계나 정정이력사항 등 개인의 사생활 침해 요소가 있는 기록사항을 제외하고 작성하였으므로, 사생활의 보호라는 관점에서 보면 진일보한 것이라고 평가할 수 있었다. 예를 들어 가족관계증명서의 일부사항증명서는 혼인외의 자녀, 전혼중의 자녀, 사망한 자녀를 제외하고 작성하도록 되어 있었다.[15]

(2) 그러나 일부사항증명서 제도는 도입 당시에 기대했던 효과를 거두지 못했다. 일부사항증명서의 발급이 가능하다는 사실이 제대로 알려지지 않아서 실제 생활에서 거의 이용되지 않았을 뿐 아니라,[16] 드물게 일부사항증명서를 발급받아 제출한 경우에도 증명서에 기재되어 있는 '일부사항의 증명'[17]이라는 점을 문제 삼아 이른바 '전부사항증명서'의 제출을 다시 요구하는 경우가 많았기 때문이다. 일부사항증명서 제도의 도입 취지를 잘 알지 못했던 일반인들은 일부사항증명서를 필수적인 정보가 제외된 불완전한 증명서로 오해하였으며, 이는 일부사항증명서가 사회에서 외면을 받게 된 중요한 요인으로 작용하였다.

일부사항증명서 제도로는 과도한 신분정보의 노출로 인한 개인의 사생활 침해 문제를 해결할 수 없다는 사실이 명확하게 인식되면서 다시 가족관계등록법의 개정 논의가 촉발되었다.[18]

---

14) 2009년 개정 가족관계등록법 제15조 제2항은 "제1항 각 호의 증명서의 기록사항 중 일부사항을 증명하는 증명서를 발급할 수 있다. 이 경우 그 증명서의 기록사항에 관하여 필요한 사항은 대법원규칙으로 정한다"고 규정하고 있었으며, 이에 따라 신설된 가족관계등록규칙 제21조의2는 일부사항증명서의 작성방법에 대하여 규정하였다.

15) 이외에 기본증명서의 일부사항증명서는 기아발견, 인지, 친권·후견, 실종선고취소, 국적취득, 성·본 창설 및 변경, 개명, 가족관계등록창설 등을 제외하고 작성하였다. 혼인관계증명서의 일부사항증명서는 이혼과 혼인취소 등의 기록사항을 제외하고 작성하였으며, 입양관계증명서의 일부사항증명서에는 파양, 입양취소 등이 제외되었다. 친양자입양관계증명서의 일부사항증명서도 친양자 파양, 친양자 입양 취소 등의 기록사항을 제외하고 작성하였다. 구 가족관계등록규칙(제2372호, 2011. 12. 12. 일부개정, 2011. 12. 26. 시행) 제21조의2 제1항.

16) 일부사항증명서의 이용률은 전체의 1.5%에 지나지 않았다. 법무부 보도자료(2016. 5. 19.) 참조. 일부사항증명서가 실제 생활에서 거의 이용되지 못한 중요한 이유 중 하나는 일부사항증명서가 전부사항증명서와 대등한 형식의 증명서로 본법에 규정되지 않았다는 점에 있는 것으로 보인다. 2009년 개정 가족관계등록법 제15조(증명서의 종류와 기록사항)는 제1항으로 이른바 '전부사항증명서'에 대하여 상세히 규정하고, 제2항에서는 일부사항증명서를 발급할 수 있다는 취지만 규정하였을 뿐 그 자세한 내용은 대법원규칙에 위임하였다. 이러한 규정 형식은 일반인과 담당 공무원으로 하여금 전부사항증명서가 통상적인 증명서이고, 일부사항증명서는 예외적인 것이며 전부사항증명서에 비하여 증명력이 떨어지는 증명서라는 인식을 가지게 하였다고 생각된다. 그 결과 신청인이 증명서의 교부를 신청하면서 특별한 의사표시를 하지 않는 한, 전부사항증명서를 발급하는 것이 일반화되었다. 송효진·박복순, 가족관계의 등록 등에 관한 법률 시행 5년 – 평가 및 개선방안 –, 한국여성정책연구원(2013), 73면.

17) 예컨대 가족관계증명서의 일부사항증명서 하단에는 "위 증명서는 가족관계등록부의 가족관계 기록사항 중 일부사항에 대한 증명서이므로, 기록사항 전부에 대하여는 그 전부가 반영된 가족관계증명서를 발급받으시기 바랍니다"라고 기재되어 있었다.

Ⅲ 2016년 가족관계등록법의 개정

1. 개정 과정에서의 논의

(1) 2014년에 법무부에서 구성한 가족관계등록법 개정위원회에서는 일부사항증명서 제도의 한계를 극복하기 위하여 처음에 다음과 같은 개선안을 제시하였다(이하 초안[19]이라고 한다): ⅰ) 가족관계등록법에 따른 5종의 증명서를 일반증명서와 상세증명서로 이원화한다. ⅱ) 일반증명서에는 본인의 동일성을 확인할 수 있는 정보(본인의 등록기준지 · 성명 · 성별 · 출생연월일 및 주민등록번호) 외에 상세증명서의 기록사항 중 신청인이 선택한 사항이 현출된다. ⅲ) 상세증명서에는 과거의 변동사항을 포함하여 모든 기록사항이 현출된다(즉 상세증명서는 당시에 통상적으로 발급되었던 전부사항증명서와 동일하다).

이러한 기본 원칙에 따라 각 증명서 별로 일반증명서와 상세증명서에는 다음과 같은 사항이 현출되는 것으로 예정되었다. ⅰ) 가족관계증명서의 일반증명서에는 본인의 등록기준지 · 성명 · 성별 · 출생연월일 · 주민등록번호 이외에 신청인의 선택에 따라 배우자, 부모 및 자녀에 관한 사항(예를 들어 본인과 자녀 A 또는 본인과 어머니 B 등)이 현출된다. 예를 들어, 갑은 을과 이혼한 후 병과 재혼하였는데, 양육수당을 신청하기 위하여 전혼 중에 출생한 자녀 정과의 친자관계를 증명할 필요가 있다면, 자녀 정을 선택하여 가족관계증명서의 발급을 신청할 수 있다(이 경우 일반증명서에는 본인 갑과 자녀 정만이 현출된다). ⅱ) 기본증명서의 일반증명서에도 본인의 등록기준지 · 성명 · 성별 · 출생연월일 및 주민등록번호 외에 신청인이 선택한 상세증명서의 기록사항이 현출된다(예를 들어 현재의 친권에 관한 사항). 예컨대 미성년자 갑의 친권자 을이 갑의 전학이나 통장개설 등을 위하여 친권자임을 증명할 필요가 있는 경우에는 상세증명서의 기록사항 중 현재의 친권을 선택하여 신청하면 되고, 이 경우 일반증명서에는 본인(여기서는 갑)의 등록기준지 · 성명 · 성별 · 출생연월일 및 주민등록번호 외에 현재의 친권에 관한 사항이 표시된다. 상세증명서의 기록사항 중 특별히 증명을 요하는 사항이 없다면(예를 들어 본인의 출생연월일 등만을 증명하면 족한 경우) 일반증명서의 교부를 신청하면서 추가로 상세증명서의 기록사항을 선택할 필요는 없다. 따라서 취업이

---

18) 2013년 8월 21일에 국가인권회에서 '가족관계등록제도 개선방안 모색 토론회'를 개최하였으며, 2014년에 법무부에서 가족관계등록법 개정위원회를 구성하여 구체적인 개정안 마련에 착수하였다.

19) 초안의 배경에 대하여는 김상용, 가족관계등록법의 문제점과 개정방향, 법학논문집 제38집 제2호(2014) 참조.

나 입학 시에 기본증명서의 일반증명서를 제출할 때에는 추가로 선택할 사항은 없게 된다. iii) 혼인관계증명서의 일반증명서에도 본인의 등록기준지 · 성명 · 성별 · 출생연월일 및 주민등록번호와 배우자의 성명 · 성별 · 출생연월일 및 주민등록번호 외에 상세증명서의 기록사항 중 신청인이 선택한 사항(예를 들어 전 배우자 B와의 이혼에 관한 사항)이 현출된다. 예컨대 본인 갑이 직장에서 배우자 수당을 신청하기 위하여 현재 배우자 을과의 혼인관계를 증명하고자 하는 경우에는 혼인관계증명서의 일반증명서를 그대로 제출하면 되고, 이외에 더 이상 추가로 선택할 사항은 없다.[20)]

(2) 개정위원회의 초안은 법원행정처와 협의하는 과정에서 법원행정처의 의견을 일부 반영하여 다음과 같이 수정되었다. i) 일반증명서와 상세증명서로 이원화된 발급 시스템을 도입하되, 일반증명서에는 법 규정에 따라 소정의 기록사항이 현출되며, 일반증명서에 현출될 기록사항을 신청인이 임의로 선택할 수 없다. ii) 상세증명서의 기록사항 중 신청인이 선택한 사항을 증명할 수 있는 특정증명서를 별도로 발급하되, 그 범위, 내용, 발급 시기 등 구체적인 사항은 대법원규칙에 위임한다.

2. 개정법에 따른 증명서 제도

위에서 본 수정안을 골자로 하는 가족관계등록법 개정안이 2016년 5월 19일 국회를 통과하여 2016년 11월 30일부터 시행에 들어갔다.[21)]

아래에서 2016년 개정 가족관계등록법이 개인의 사생활 보호를 위하여 도입한 새로운 증명서 제도에 대해서 설명하고, 그 의의와 한계를 짚어본다.

(1) 가족관계증명서

1) 개정법에 따른 일반증명서와 상세증명서

개정법에 따르면 가족관계증명서는 일반증명서와 상세증명서로 나누어 발급한다. 일반증명서에는 본인, 부모(양자의 경우 양부모를 부모로 기록한다. 다만, 단독

---

20) 이외에 입양관계증명서의 일반증명서에는 본인의 등록기준지 · 성명 · 성별 · 출생연월일 및 주민등록번호, 친생부모 · 양부모(본인이 양자가 된 경우) 또는 양자(본인이 입양을 하여 양부모가 된 경우)의 성명 · 성별 · 출생연월일 및 주민등록번호가 기본적으로 표시되고, 입양 및 파양 · 입양취소 등에 관한 사항 중에서 신청인이 선택한 사항이 현출된다. 친양자입양관계증명서의 일반증명서에는 본인의 등록기준지 · 성명 · 성별 · 출생연월일 · 주민등록번호와 양부모(본인이 친양자가 된 경우) 또는 친양자(본인이 친양자 입양을 한 경우)의 성명 · 성별 · 출생연월일 · 주민등록번호가 기본적으로 표시되고, 이외에 친생부모 · 입양 및 파양 등에 관한 사항 중에서 신청인이 선택한 사항이 표시된다.

21) 2016년 5월 29일 공포(법률 제14169호).

입양한 양부가 친생모와 혼인관계에 있는 때에는 양부와 친생모를, 단독입양한 양모가 친생부와 혼인관계에 있는 때에는 양모와 친생부를 각각 부모로 기록한다), 배우자 및 현 배우자와의 혼인관계에서 출생한 자녀(입양한 자녀 포함)가 기재된다.[22] 따라서 전혼중의 자녀 등(혼인외의 자녀, 사망한 자녀)은 일반증명서에 나타나지 않으며, 정정이력사항도 제외된다.[23]

상세증명서에는 본인, 부모, 배우자 및 현 배우자와의 혼인관계에서 출생한 자녀 이외에 전혼중의 자녀, 혼인외의 자녀, 사망한 자녀가 현출된다. 즉 상세증명서에는 이전의 전부사항증명서와 마찬가지로 모든 자녀와 정정이력사항이 기재되는 것이다.

예를 들어 A와 B가 혼인하였는데, B에게 혼인외의 자 C가 있다면 B의 가족관계증명서 일반증명서에는 C는 현출되지 않는다(C가 나오는 가족관계증명서를 발급받으려면 상세증명서의 교부를 신청해야 한다). 그러나 A가 C를 입양한다면(일반입양이든 친양자 입양이든 관계없이), C는 B의 가족관계증명서 일반증명서에 자녀로 기재된다(물론 A의 가족관계증명서에도 C가 자녀로 기재되며, 양자라는 표시는 나타나지 않는다).

2) 개정법의 한계

① 가족관계증명서의 일반증명서에는 본인을 중심으로 하여 부모, 배우자, 현 배우자와의 관계에서 출생한 자녀가 일괄적으로 현출된다. 이러한 일반증명서는 우리 사회에서 종래 일반적인 관념으로 자리 잡고 있던 하나의 정형화된 가족모델을 전제로 한 것이다. 즉 혼인중의 자녀로 태어나, 혼인하여 자녀를 둔 경우를 하나의 전형적인, 완전한 가족으로 상정한 것이다. 따라서 가족관계증명서가 전형적인 가족으로 상정하고 있는 부모, 배우자, 자녀 중 어느 사항이 현출되지 않으면 '정상적인 가족관계'를 이루지 못한 사람으로 인식될 우려가 있다(예를 들어 기아로 발견되어 아동보호시설에서 성장하여 아직 혼인하지 않은 사람이 취업을 위해 가족관계증명서의 일반증명서를 제출하는 경우에는 본인 이외에는 어떤 가족도 현출되지 않는다. 또한 혼인외의 자로 태어나 인지되지 않은 경우에는 아버지는 아예 현출되지 않으므로, 혼인외의 자라는 사실이 드러나게 된다).

가족관계증명서에 의해서 증명하려는 사항은 보통 본인의 전반적인 가족관계가 아니라, 본인을 중심으로 한 특정한 가족 간의 관계이다(본인과 어머니, 본인과 배우자, 본인과 자녀 B 등). 예를 들어 아버지 A가 친권자로서 자녀 B의 통장을 개설하기 위하여 가족관계증명서의 일반증명서를 제출하는 경우에는 A와 B의 친

22) 가족관계등록법 제15조 제2항 제1호 다목은 '생존한 현재의 혼인 중의 자녀'라고 규정하고 있다.
23) 가족관계등록예규 제498호(일반증명서의 작성 및 등록부의 정정방법에 관한 업무처리지침) 제2조.

자관계만 증명하면 되므로, 증명서에 A와 B만 현출되면 충분하다. 이런 경우 A의 부모, 배우자, B 이외의 다른 자녀를 가족관계증명서에 동시에 현출시키는 것은 증명의 목적에 비추어 아무런 의미가 없다. 그렇다면 개정법이 가족관계증명서의 일반증명서에 일률적으로 '기본적인' 가족관계가 현출되도록 한 이유는 어디에 있는가? 가족관계증명서는 그것이 일반증명서라고 해도 '기본적인' 가족관계를 공시해야 한다는 일종의 고정관념 또는 '정상가족 이데올로기'가 그 배경에 자리잡고 있다는 점은 부인할 수 없을 것이다. 다양하게 변화하고 있는 우리 사회 가족의 모습과 가족관계증명서의 실제 기능을 생각한다면, 개정위원회 초안에서 제시된 일반증명서의 모델과 같이 증명의 필요에 따라 신청인이 선택한 가족 간의 관계만을 현출시키는 것이 보다 진일보한 증명서 형식이라고 본다.[24)]

② 개정법이 가족관계증명서를 일반증명서와 상세증명서로 나누어 발급하고, 일반증명서에 전혼중의 자녀와 혼인외의 자녀가 현출되지 않도록 하는 이유는 개인의 사생활 보호를 위한 것이다. 그러나 현재와 같은 방식으로는 개인의 불필요한 신분정보의 노출을 완전히 막을 수 없다. 예를 들어 재혼한 여성 갑이 전혼중에 출생한 자녀 을과의 친자관계를 증명할 목적으로 증명서를 발급받으려고 한다면, 현재로서는 상세증명서를 발급받는 것 이외에는 방법이 없다. 그런데 상세증명서에는 자녀로서 을 이외에도 현재의 혼인관계에서 출생한 병도 현출되므로, 을과 병이 성(姓)과 본(本)이 다른 경우에는 갑의 의사와 관계없이 재혼 사실이 외부에 드러나게 된다(이런 경우 병이 현출되는 것은 증명의 목적이라는 관점에서 볼 때 전혀 필요하지 않다). 이와 같이 일반증명서와 상세증명서로 이원화된 증명서 제도만으로는 해결할 수 없는 사각지대가 여전히 존재하기 때문에 개정법은 특정증명서의 발급에 관한 근거 규정을 두었다(가족관계등록법 제15조 제4항. 특정증명서는 상세증명서의 기재사항 중 신청인이 선택한 사항만을 기재하여 발급한다). 가족

24) 독일신분등록법의 출생증명서가 이러한 방식을 취하고 있다. 즉 신청인의 선택에 따라 일정한 사항을 증명서에서 제외할 수도 있고, 신청인이 원하는 사항만을 기재한 증명서의 발급도 가능하다. 출생증명서에는, 1. 자녀의 성명 2. 자녀의 성(性) 3. 출생장소와 출생일 4. 부모의 성명 5. 자녀와 부모가 속한 종교단체(출생등록부에 기록되어 있는 경우에 한정된다) 등이 기재될 수 있는데, 위의 사항 중 신청인이 원하는 경우에는 2, 4, 5는 제외할 수 있다(독일신분등록법 제59조 제2항. Berkl, Peersonenstandsrecht, Rn. 1115). 즉 이 경우에는 출생증명서에 자녀의 성명과 출생장소, 출생일만이 표시된다. 나아가 청구인이 원하는 사항만을 표시하여 출생증명서를 발급하는 것도 가능하다(이 경우 1, 3은 반드시 표시되어야 하고, 그 외에 표시되어야 할 사항을 청구인이 선택할 수 있다. 예컨대, 1, 3, 5만을 표시해 달라고 청구하는 경우에는 그에 따른 출생증명서가 발급된다(Gaaz/Bornhofen, Personenstandsgesetz, § 59 Rn. 14). 독일에서는 2007년 신분등록법 개정에 의해서 신분등록시스템의 전산화 작업이 시작되었으며, 2013년 12월 31일까지 전산화가 완료되었다. 우리보다 신분등록시스템의 전산화가 늦게 이루어진 독일에서도 이와 같이 신청인의 선택에 따라 증명이 필요한 사항만을 기재한 증명서를 발급하는 시스템이 갖추어져 있다는 사실은 우리에게도 시사하는 바가 크다고 생각된다.

관계증명서의 특정증명서 발급이 시행된다면, 위의 경우 갑은 본인 외에 자녀 을만을 선택하여 증명서의 교부를 신청할 수 있고, 이로써 필요한 증명의 목적을 달성할 수 있을 뿐만 아니라 불필요한 개인정보의 노출도 피할 수 있을 것으로 기대해 볼 수 있다. 그러나 2016년 개정 가족관계등록법에 의하더라도 이와 같은 사항을 선택하여 기재한 특정증명서를 발급할 수 있는가는 여전히 불투명하다. 개정법이 특정증명서의 종류(예컨대 가족관계증명서의 특정증명서를 발급할 것인가)와 기재 가능한 선택사항(예컨대 부모와 특정 자녀 사이의 친자관계 기재), 시행시기 등을 모두 대법원규칙에 위임하였기 때문이다.[25] 가족관계증명서의 특정증명서 발급이 시행되지 않는 한, 개정 가족관계등록법은 – 일반증명서와 상세증명서로 이원화된 증명서 제도의 도입으로 어느 정도의 성과를 거두었다고 해도 – 절반의 성공밖에 거둘 수 없을 것이다.

③ 위의 ①에서 본 바와 같이 가족관계증명서의 일반증명서가 신청인이 선택한 가족 간의 관계만을 현출시킨다면(개정위원회 초안), 이와 별도로 개정법이 규정하고 있는 특정증명서를 발급할 필요는 없다. 그러나 개정법과 같이 가족관계증명서의 일반증명서에 본인을 중심으로 하여 부모, 배우자, 현 배우자와의 관계에서 출생한 혼인중의 자녀 등이 일률적으로 현출되고, 상세증명서에는 추가적으로 전혼중의 자녀, 혼인외의 자녀 등이 현출되는 증명방식에서는 특정증명서의 발급이 반드시 필요하다. 물론 특정증명서는 부모와 혼인외의 자녀 또는 전혼중의 자녀와의 관계만을 증명하기 위한 용도로 사용되는 것은 아니다. 예를 들어 본인을 중심으로 하여 부모, 배우자, 혼인중의 자녀가 있다고 할 때 자녀 중 1인과의 관계를 증명할 목적으로 특정증명서를 발급받을 수도 있다(예를 들어 자녀 중 1인의 고등학교 학비지원을 신청할 목적으로 특정증명서를 제출할 수 있다). 가족

25) 가족관계등록법 제15조 제4항은 이와 관련하여 다음과 같은 취지로 규정하고 있다. "가족관계증명서, 기본증명서, 혼인관계증명서, 입양관계증명서, 친양자입양관계증명서 중 대법원규칙으로 정하는 증명서에 대해서는 해당 증명서의 상세증명서 기재사항 중 신청인이 대법원규칙으로 정하는 바에 따라 선택한 사항을 증명한 특정증명서를 발급한다. 특정증명서에 관한 부분은 개정법 공포 후 5년의 범위에서 대법원규칙으로 정하는 날부터 시행한다." 가족관계등록법 개정위원회에서 특정증명서 제도의 도입에 대해서 논의할 때 법원행정처는 이러한 형식의 증명서를 도입하는 것에 대해서 유보적인 입장을 취한 바 있다. 신청인이 선택한 사항만을 기재한 특정증명서를 발급할 경우 증명서의 공시기능이 저하된다는 것이 그 이유였다. 5종의 증명서 중 어느 증명서에 대하여 특정증명서를 발급할 것인지, 상세증명서의 기재사항 중 신청인이 어떠한 사항을 선택할 수 있을 것인지, 언제부터 특정증명서 발급 서비스를 시행할 것인지 등 중요한 사항이 전부 대법원규칙에 위임되어 있는 것은 이러한 대법원의 태도와 무관하지 않다. 법제사법위원회 검토보고서(작성자: 전문위원 강남일)도 이 점과 관련하여 다음과 같은 의견을 피력하고 있다. "특정증명서의 경우 각 증명서의 개별 증명사항을 선택하는데 따른 시스템 구비 등에 소요될 시간을 고려하여 다른 증명서 제도(공포 후 6개월)와 달리 시행일을 5년의 범위 내에서 대법원규칙으로 정하도록 하고 있는데, 시스템 구비 등에 5년까지 소요될지 의문이며, 개인정보 보호를 강화하고자 하는 개정안의 취지 등을 고려할 때 최대한 빠르게 시행될 수 있도록 방안을 강구할 필요가 있음."

관계증명서의 특정증명서가 보편적으로 발급되고 사용된다면, 일반증명서를 발급받아 제출해야 할 경우는 실제로 거의 없을 것으로 예상된다. 궁극적으로는 가족관계증명서의 일반증명서 제도가 유명무실화되는 결과로 이어질 가능성도 배제할 수 없다. 보수성이 강한 대법원에서 이러한 결과의 발생을 우려한다면 가족관계증명서에 대해서는 매우 제한된 범위에서 특정증명서를 발급하거나, 또는 아예 발급하지 않을 가능성도 배제할 수 없다고 본다. 앞으로 이 문제에 대해서 대법원이 어떠한 태도를 취할지 귀추가 주목된다.

가 족 관 계 증 명 서 (일반)

등록기준지	서울특별시 영등포구 은행로 1234

구분	성 명	출생연월일	주민등록번호	성별	본
본인	김본인(金本人)	1975년 01월 01일	750101－0000000	여	金海

가족사항

구분	성 명	출생연월일	주민등록번호	성별	본
부	김양부(金養父)	1953년 01월 01일	530101－0000000	남	金海
모	이미옥(李美玉)	1954년 01월 01일	540101－0000000	여	全州
배우자	박길동(朴吉童)	1978년 01월 01일	780101－0000000	남	密陽
자녀	박은지(朴恩知)	2009년 01월 01일	090101－0000000	여	密陽
자녀	박돌석(박乭石)	2012년 01월 01일	120101－0000000	남	密陽

위 가족관계증명서(일반)는 가족관계등록부의 기록사항과 틀림없음을 증명합니다.

년 월 일

○○시(읍·면)장 ○ ○ ○ **직인**

※ 위 증명서는 「가족관계의 등록 등에 관한 법률」 제15조제2항에 따른 등록사항을 현출한 일반증명서입니다.

가 족 관 계 증 명 서 (상세)

등록기준지	서울특별시 영등포구 은행로 1234

구분	성 명	출생연월일	주민등록번호	성별	본
본인	김본인(金本人)	1975년 01월 01일	750101－0000000	여	金海

가족사항

구분	성 명	출생연월일	주민등록번호	성별	본
부	김양부(金養父)	1953년 01월 01일	530101－0000000	남	金海
모	이미옥(李美玉)	1954년 01월 01일	540101－0000000	여	全州
배우자	박길동(朴吉童)	1978년 01월 01일	780101－0000000	남	密陽
자녀	최원일(崔元一)	1998년 01월 01일	980101－0000000	남	慶州
자녀	이시중(李時中)	2006년 01월 01일	060101－0000000	남	全州
자녀	박은지(朴恩知)	2009년 01월 01일	090101－0000000	여	密陽
자녀	박돌석(박乭石)	2012년 01월 01일	120101－0000000	남	密陽
자녀	박양자(朴養子) 사망	2014년 01월 01일	140101－0000000	여	密陽

위 가족관계증명서(상세)는 가족관계등록부의 기록사항과 틀림없음을 증명합니다.

년 월 일

○○시(읍 · 면)장 ○ ○ ○ 직인

※ 위 증명서는 「가족관계의 등록 등에 관한 법률」 제15조제3항에 따른 등록사항을 현출한 상세증명서입니다.

(2) 기본증명서

1) 개정법에 따른 일반증명서와 상세증명서

개정법에 따라 기본증명서도 일반증명서와 상세증명서로 나누어 발급하게 되었다. 일반증명서에는 본인의 등록기준지 · 성명 · 성별 · 본 · 출생연월일 · 주민등록번호와 본인의 출생, 사망, 국적상실 등에 관한 사항이 기재된다. 상세증명서에는 이외에 기아발견, 인지(종전의 성·본 유지, 종전의 성과 본 계속사용허가), 친권·후견, 실종선고취소(부재선고취소), 국적취득(귀화, 국적회복, 수반국적취득, 국적판정, 국적선택), 성·본 창설 및 변경, 개명, 가족관계등록창설 및 정정이력사항이 기재된다.[26)]

2) 개정법의 한계

① 가족관계증명서에서와 마찬가지로 기본증명서를 일반증명서와 상세증명서로 나누어 발급하는 것만으로는 개인의 불필요한 신분정보의 노출을 완전히 막을 수 없다. 예를 들어 개명 사실을 증명하려면 상세증명서를 제출하지 않을 수 없는데, 상세증명서에는 본인이 증명을 필요로 하는 사항인 '개명' 이외에도 위에서 본 다양한 개인정보가 함께 현출된다. 이런 경우에 부모의 이혼으로 인한 친권자 지정 등 개명과는 무관한 정보가 함께 현출되어 있는 상세증명서를 제출하는 것은 본인의 의사에 반할 뿐만 아니라 증명의 목적에 비추어 보아도 아무런 의미가 없다. 이런 문제를 해결하기 위하여 신청인이 선택한 사항만을 증명하는 특정증명서의 발급이 요청된다는 점과 특정증명서의 발급시기와 종류 등이 대법원규칙에 위임되어 있다는 점(가족관계등록법 제15조 제4항, 2016년 개정 가족관계등록법 부칙)은 위에서 이미 언급한 바와 같다.

대법원규칙(가족관계등록규칙)은 우선 기본증명서에 대해서만 특정증명서의 발급에 관한 규정을 두었는데(제21조의2 특정증명서의 작성방법), 이에 의하면 기본증명서의 특정증명서에는 일반증명서에 기재되는 본인의 등록기준지·성명·성별·본·출생연월일 및 주민등록번호 이외에 신청인이 선택한 현재의 친권·후견에 관한 사항이 기재된다(가족관계등록예규 제492호 제2조: 신청인은 상세증명서의 기재사항 중 현재의 친권·후견에 관한 사항을 선택할 수 있다). 따라서 친권·후견에 관한 사항(예컨대 미성년자 A의 어머니 B가 A의 친권자라는 사실)을 증명하려는 경우에는 상세증명서 대신 특정증명서를 제출함으로써 증명의 목적도 달성하고, 상세증명서에 기재되는 그 외의 개인정보의 노출도 피할 수 있게 되었다. 그러나 상세증명서에 기재되는 사항 중에서 현재의 친권·후견에 관한 사항 이외에 다른 사항의 증명(예컨대 개명)을 목적으로 하는 경우에는 특정증명서를 발급받을 수 없으므로, 상세증명서를 제출할 수밖에 없다는 한계가 있다.

② 이외에 기본증명서의 한계로는 다음과 같은 점을 추가로 지적할 수 있다. 첫째, 기본증명서의 일반증명서에는 아래에 예시한 견본에 나타난 바와 같이 본

---

26) 가족관계등록예규 제498호(일반증명서의 작성 및 등록부의 정정방법에 관한 업무처리지침) 제4조.

인의 출생에 관한 사항(출생장소, 신고일, 신고인)이 일반등록사항란에 기재되는데, 기아로 발견된 사람의 경우에는 이러한 사항이 현출되지 않아서 기아로 발견되었다는 사실이 간접적으로 공시되는 결과가 된다. 기본증명서의 일반증명서에 필수적으로 기재되는 출생에 관한 사항은 대개의 경우 증명의 목적과 무관한, 불필요한 정보에 지나지 않는다(예를 들어 회사의 입장에서 볼 때 입사지원자의 출생장소, 출생신고일, 출생신고를 한 사람 등을 알아야 할 합리적인 이유가 있는가?). 그러므로 이러한 사항을 일반증명서에 일률적으로 기재하기보다는 증명의 필요가 있는 경우 신청인의 선택에 따라 현출될 수 있도록 하는 것이 바람직하다고 본다(즉 특정증명서의 기재사항으로 포함시키는 것이 타당하다). 둘째, 비단 기본증명서에 국한된 문제는 아니지만, 일반증명서에 필수적으로 기재되는 사항으로서 본(본관)이 열거되어 있는데, 이 점에 대해서도 재고해 볼 필요가 있다. 동성동본금혼제 폐지 이후 본관은 법률상으로 더 이상 아무런 의미도 갖지 못한다. 그렇다면 신분관계의 증명과 관련하여 법적으로 아무 의미가 없는 본관을 굳이 필수적인 기본정보로 공시한다는 것은 잘 이해가 되지 않는다. 또한 기아로 발견된 사람의 경우에는 성·본의 창설을 거쳐 가족관계등록부에 기록되는데, 이때 창설되는 성·본은 우리 역사상 본래 있었던 것이 아니고 대개 법원에서 새롭게 만들어지는 것이다(예컨대 한양 김씨, 안양 박씨 등). 이런 경우 일반증명서에 의한 본관의 노출은 본인이 기아로 발견되었다는 사실을 추단케 하는 정보가 되는데, 이는 가족관계등록법에 의한 신분증명의 목적과도 맞지 않을 뿐 아니라, 개인의 사생활을 불필요하게 노출시킨다는 문제가 있다. 따라서 기본증명서는 물론이고 그 외의 다른 4종의 증명서에 있어서도 일반증명서와 상세증명서의 구별 없이 본(본관)은 현출되지 않도록 하고, 만약 증명의 필요가 있는 경우가 생긴다면 특정증명서에 기재될 수 있도록 하면 족할 것이다.

기 본 증 명 서 (일반)

등록기준지	서울특별시 영등포구 은행로 1234

구분	상 세 내 용
작성	[가족관계등록부작성일] 2008년 01월 01일 [작성사유] 가족관계의 등록 등에 관한 법률 부칙 제3조제1항

구분	성명	출생연월일	주민등록번호	성별	본
본인	류본인(柳本人)	2006년 01월 01일	060101－0000000	남	文化

일반등록사항

구분	상 세 내 용
출생	[출생장소] 서울특별시 마포구 망원동 100번지의 1234 [신고일] 2006년 01월 20일 [신고인] 부

위 기본증명서(일반)는 가족관계등록부의 기록사항과 틀림없음을 증명합니다.

년 월 일

○○시(읍·면)장 ○ ○ ○ **직인**

※ 위 증명서는 「가족관계의 등록 등에 관한 법률」 제15조제2항에 따른 등록사항을 현출한 일반증명서입니다.

기 본 증 명 서 (상세)

등록기준지	서울특별시 영등포구 은행로 1234

구분	상 세 내 용
작성	[가족관계등록부작성일] 2008년 01월 01일 [작성사유] 가족관계의 등록 등에 관한 법률 부칙 제3조제1항
정정	[도로명주소기록일] 2011년 12월 10일 [경정전] 서울특별시 영등포구 여의도동 1번지의 1234 [경정후] 서울특별시 영등포구 은행로 1234 [경정사유] 도로명주소법 제20조

구분	성명	출생연월일	주민등록번호	성별	본
본인	류본인(柳本人)	2006년 01월 01일	060101－0000000	남	文化

일반등록사항

구분	상 세 내 용
출생	[출생장소] 서울특별시 마포구 망원동 100번지의 1234 [신고일] 2006년 01월 20일 [신고인] 부
친권	~~[친권자지정협의일] 2007년 01월 20일~~ ~~[친권자] 모~~ ~~[모의본적] 서울특별시 마포구 망원동 1번지의 1234 호주 전친부의 자~~ ~~[신고일] 2007년 02월 20일~~ ~~[신고인] 부모~~
친권	[친권자사망일] 2007년 12월 10일 [친권자] 모 [직권기재서작성일] 2007년 12월 20일 [친권자지정기재직권말소일] 2007년 12월 20일
친권	[친권상실선고심판확정일] 2010년 01월 02일 [심판법원] 서울남부지방법원 [친권상실된자] 부 류부친 [신고일] 2010년 01월 20일 [신고인] 류친족 [처리관서] 서울특별시 영등포구

후견	[법정후견인의취임일] 2010년 01월 02일 [법정후견인] 류친족 [법정후견인의주민등록번호] 800101 − 2345678 [신고일] 2010년 01월 20일 [신고인] 류친족 [처리관서] 서울특별시 영등포구

위 기본증명서(상세)는 가족관계등록부의 기록사항과 틀림없음을 증명합니다.

년 월 일

○○시(읍·면)장 ○ ○ ○ **직인**

※ 위 증명서는 「가족관계의 등록 등에 관한 법률」 제15조제3항에 따른 등록사항을 현출한 상세증명서입니다.

기 본 증 명 서 (특정 - 친권·후견)

등록기준지	서울특별시 영등포구 은행로 1234

구분	상 세 내 용
작성	[가족관계등록부작성일] 2008년 01월 01일 [작성사유] 가족관계의 등록 등에 관한 법률 부칙 제3조제1항

구분	성명	출생연월일	주민등록번호	성별	본
본인	류본인(柳本人)	2006년 01월 01일	060101-0000000	남	文化

일반등록사항

구분	상 세 내 용
후견	[법정후견인의 취임일] 2010년 01월 02일 [법정후견인] 류친족 [법정후견인의 주민등록번호] 800101-2345678 [신고일] 2010년 01월 20일 [신고인] 류친족 [처리관서] 서울특별시 영등포구

위 기본증명서(특정-친권·후견)는 가족관계등록부의 기록사항과 틀림없음을 증명합니다.

년 월 일

○○시(읍·면)장 ○ ○ ○ 직인

※ 위 증명서는 「가족관계의 등록 등에 관한 법률」 제15조제4항에 따라 친권·후견에 관한 사항을 현출한 특정증명서입니다.

(3) 혼인관계증명서

1) 개정법에 따른 일반증명서와 상세증명서

2016년 개정 가족관계등록법에 따라 혼인관계증명서도 일반증명서와 상세증명서로 나누어 발급하게 되었다. 일반증명서에는 ⅰ) 본인의 등록기준지·성명·성별·본·출생연월일 및 주민등록번호, ⅱ) 배우자의 성명·성별·본·출생연월일 및 주민등록번호, ⅲ) 현재의 혼인에 관한 사항이 기재된다. 상세증명서에는 이외에 ⅰ) 혼인이 취소된 경우 '혼인' 및 '혼인취소', ⅱ) '혼인' 및 '이혼',

iii) 배우자의 사망 후 생존배우자가 재혼한 경우 그 재혼 이전의 '혼인'에 관한 사항 및 정정이력사항이 기재된다.

2) 개정의 의의

혼인관계증명서는 주로 현재 혼인상태에 있는 배우자와의 관계를 증명하기 위하여 사용될 것이므로, 대부분의 경우 일반증명서를 제출함으로써 증명의 목적을 달성할 수 있을 것으로 보인다. 따라서 상세증명서의 제출을 필요로 하는 경우는 실제에 있어서 거의 없을 것으로 생각되며, 상세증명서에 기재되는 정보의 일부를 선택하여 발급하는 특정증명서의 필요성도 상대적으로 적을 것으로 보인다. 이렇게 본다면, 혼인관계증명서에 있어서는 일반증명서와 상세증명서로 이원화된 증명서 발급 시스템만으로도 개정의 목적 – 증명에 필요한 최소한의 사항을 증명서에 기재함으로써 불필요한 개인정보의 노출을 피하고 사생활을 보호한다 – 은 상당 부분 달성할 수 있을 것으로 기대된다.

혼인관계증명서의 일반증명서에는 과거의 이혼 사실 등이 현출되지 않으므로, 과거의 이혼 사실을 감추고 혼인하는 것을 막을 수 없게 된다는 우려도 있고, 이러한 이유로 공시기능이 미흡하다는 주장이 일부 제기되기도 한다. 그러나 혼인을 하려는 당사자라고 해도 상대방의 혼인관계증명서를 직접 발급받을 수는 없으며(이 점에 있어서는 개정 전과 후에 아무런 차이도 없다),[27] 상대방이 발급받은 혼인관계증명서를 확인하는 것 이외에는 방법이 없다. 따라서 혼인하려는 상대방의 과거 혼인 여부 등을 확인하고자 한다면 상대방에게 일반증명서가 아닌 상세증명서를 보여 달라고 요청하면 된다.[28] 결국 일반증명서에 현재의 혼인상태만이 기재되기 때문에 과거의 이혼 사실을 감추고 혼인하는 것을 막을 수 없게 되었다는 주장은 아무런 근거가 없으며, 새로운 제도에 대한 오해에서 비롯된 것에 지나지 않는다.

---

27) 각종 증명서의 발급은 원칙적으로 본인 또는 배우자, 직계혈족만이 신청할 수 있다(가족관계등록법 제14조 제1항)

28) 건전가정의례준칙은 제7조(약혼) 제2항에서 "약혼 당사자는 건강진단서와 가족관계등록법에 따른 증명서의 일부 또는 전부(당사자의 합의에 따라 필요한 경우에만 첨부한다)를 교환한다"는 취지를 정하고 있다.

혼 인 관 계 증 명 서 (일반)

등록기준지	서울특별시 영등포구 은행로 1234

구분	성 명	출생연월일	주민등록번호	성별	본
본인	김본인(金本人)	1975년 01월 01일	750101－0000000	여	金海

혼인사항

구분	성 명	출생연월일	주민등록번호	성별	본
배우자	박돌석(朴乭石)	1978년 01월 01일	780101－0000000	남	密陽

구분	상 세 내 용
혼인	[신고일] 2009년 03월 20일 [배우자] 박돌석 [배우자의 주민등록번호] 780101－1345678 [처리관서] 서울특별시 영등포구

위 혼인관계증명서(일반)는 가족관계등록부의 기록사항과 틀림없음을 증명합니다.

년 월 일

○○시(읍・면)장 ○ ○ ○ **직인**

※ 위 증명서는 「가족관계의 등록 등에 관한 법률」 제15조제2항에 따른 등록사항을 현출한 일반증명서입니다.

혼 인 관 계 증 명 서 (상세)

등록기준지	서울특별시 영등포구 은행로 1234

구분	성 명	출생연월일	주민등록번호	성별	본
본인	김본인(金本人)	1975년 01월 01일	750101－0000000	여	金海

혼인사항

구분	성 명	출생연월일	주민등록번호	성별	본
배우자	박돌석(朴乭石)	1978년 01월 01일	780101－0000000	남	密陽

구분	상 세 내 용
혼인	[신고일] 2000년 01월 20일 [배우자] 전남일
이혼	[협의이혼신고일] 2007년 02월 20일 [배우자] 전남일
혼인	[신고일] 2009년 03월 20일 [배우자] 박돌석 [배우자의주민등록번호] 780101－1345678 [처리관서] 서울특별시 영등포구

위 혼인관계증명서(상세)는 가족관계등록부의 기록사항과 틀림없음을 증명합니다.

년 월 일

○○시(읍·면)장 ○ ○ ○ 직인

※ 위 증명서는 「가족관계의 등록 등에 관한 법률」 제15조제3항에 따른 등록사항을 현출한 상세증명서입니다.

(4) 입양관계증명서와 친양자입양관계증명서

1) 개정법에 따른 일반증명서와 상세증명서

개정법에 따라 입양관계증명서도 일반증명서와 상세증명서로 나누어 발급하게 되었다. 일반증명서에는 i) 본인의 등록기준지·성명·성별·본·출생연월일 및 주민등록번호, ii) 친생부모·양부모 또는 양자의 성명·성별·본·출생연월일 및 주민등록번호, iii) 현재의 입양에 관한 사항이 기재된다. 상세증명서에는 이외에 i) 입양이 취소된 경우 '입양' 및 '입양취소', ii) 파양한 경우 '입양' 및 '파양', iii) 양자가 친양자로 입양된 경우 '입양' 및 '입양종료' 및 정정이력사항이 기재된다.

친양자입양관계증명서도 본질적으로 이와 다르지 않다. 일반증명서에는 i) 본인의 등록기준지·성명·성별·본·출생연월일 및 주민등록번호, ii) 친생부모·양부모 또는 양자의 성명·성별·본·출생연월일 및 주민등록번호, iii) 현재의 친양자입양에 관한 사항이 기재된다. 상세증명서에는 이외에 i) 친양자입양이 취소된 경우 '친양자입양' 및 '친양자입양취소', ii) 친양자가 파양한 경우 '친양자입양' 및 '친양자파양' 및 정정이력사항이 기재된다.[29)]

2) 개정의 의의

입양관계증명서나 친양자입양관계증명서도 주로 현재의 양친자관계를 증명하기 위한 목적으로 사용될 것이므로, 대개 일반증명서를 제출함으로써 증명의 목적을 달성할 수 있을 것으로 예상된다. 따라서 상세증명서의 제출을 필요로 하는 경우는 실제 생활에 있어서 많지 않을 것으로 생각되며,[30)] 상세증명서에 기재되는 정보의 일부를 선택하여 발급하는 특정증명서의 필요성도 상대적으로 적을 것으로 보인다. 이렇게 본다면, 혼인관계증명서에서와 마찬가지로 입양관계증명서와 친양자입양관계증명서에 있어서도 일반증명서와 상세증명서로 이원화된 증명서 발급 시스템만으로도 개정의 목적은 상당 부분 달성할 수 있을 것으로 기대된다.

3. 2016년 가족관계등록법 개정의 한계

(1) 2016년 개정 가족관계등록법은 5종의 신분증명서를 일반증명서와 상세증명서로 나누고, 일반증명서에는 기본적인 등록사항만이 현출되도록 하여, 개인의 사생활에 관한 정보가 불필요하게 노출되는 것을 방지하고자 하였다. 그러나 일반증명서가 실생활에서 말 그대로 '일반적'으로 통용되지 않는다면 이러한 개정법의 취지는 실현될 수 없을 것이다. 이를 위하여 개정법은 "등록부등의 기록사항에 관하여 발급하는 증명서를 제출할 것을 요구하는 자는 사용목적에 필요한 최소한의 등록사항이 기록된 일반증명서 또는 특정증명서를 요구하여야 하며, 상세

29) 입양관계증명서와 친양자입양관계증명서의 일반증명서와 상세증명서의 견본은 따로 게재하지 않았다. 이 증명서의 견본은 가족관계등록예규 제491호(등록사항별 증명서의 서식에 관한 예규)에서 찾아볼 수 있다.

30) 예외적으로 상속관계의 확정을 위하여 상세증명서의 발급 필요성이 인정될 수 있을 것이다.

증명서를 요구하는 경우에는 그 이유를 설명하여야 한다"는 규정을 두었다(가족관계등록법 제14조 제5항). 이 규정은 일반증명서와 특정증명서, 상세증명서의 관계에서 일반증명서와 특정증명서의 발급과 제출이 원칙이며, 상세증명서는 일반증명서나 특정증명서에 의해서 증명의 목적을 충족시킬 수 없는 경우에 한하여 '예외적으로' 사용되는 증명서라는 점을 선언하였다는 점에서 큰 의미가 있다. 그러나 이 규정에 위반하여 상세증명서를 요구하는 경우에도 이를 제재할 수 없는 벌칙 규정은 도입되지 않아서 그 취지가 어느 정도 실현될 수 있을지는 확실하지 않다.[31]

(2) 한편 일반증명서와 상세증명서로 이원화된 증명서 발급 시스템만으로는 개인의 불필요한 정보의 노출을 막을 수 없는 보호의 사각지대가 여전히 존재한다. 개정법이 특정증명서의 발급에 관한 근거 규정을 둔 이유도 일반증명서와 상세증명서로 이원화된 증명서 발급 시스템의 한계를 인식하였기 때문이다. 특히 가족관계증명서와 기본증명서에 있어서는 신청인이 선택한 사항만을 증명하는 특정증명서가 발급되지 않는다면, 개인의 사생활 보호라는 개정법의 취지는 상당히 퇴색될 것이다. 결국 앞으로 우리 사회에서 신분증명서의 제출이 요구되는 경우, 특정증명서로써 증명의 목적을 달성할 수 있는 경우에는 우선 특정증명서를 제출하고, 그것으로 부족한 때에는 다음 순서로 일반증명서를 제출하며, 마지막 순서로 상세증명서를 제출하는 것이 원칙으로 확립되어야 할 것이며,[32] 이러한 원칙이 명문으로 규정될 필요가 있다고 본다.

Ⅳ 맺음말

가족관계등록부는 개인의 신분과 가족관계를 밝히고, 친족·상속 등과 관련된 권리의무관계를 증명하기 위한 기초자료가 되는 것이다. 따라서 국가가 가족관계등록제도를 마련한 목적과 취지를 생각한다면 가족관계등록부는 개인의 신분사항 및 가족관계 등을 빠짐없이 기록하고 관리하는 것이 필요하다고 할 수 있다. 그러나 국가가 이와 같은 목적을 가지고 개인의 신분 및 가족관계에 관한 정보를 수집하고 관리한다는 것과 실제로 어떠한 사항의 증명이 필요한 경우에 개인의

31) 개정위원회에서는 원래 벌칙 규정을 마련하였으나, 법원행정처와 협의하는 과정에서 삭제되어 국회에 제출된 개정안에는 포함되지 못하였다.

32) 예를 들어 상속관계를 증명하기 위해서는 상세증명서를 제출해야 할 필요가 있는 경우가 많을 것이다.

신분에 관한 정보를 어느 범위에서 공시할 것인가는 명확하게 구별되어야 한다.

개인의 신분 및 가족관계를 증명서를 통하여 공시하는 경우에는 항상 개인의 사생활 보호를 함께 고려해야 하며, 요구되는 사항의 증명에 필요한 최소한의 정보만을 공시하는 것이 원칙이 되어야 한다. 이렇게 해도 필요한 신분과 가족관계의 증명이라는 목적은 충분히 달성할 수 있으므로, 국가가 개인의 신분 및 가족관계에 관한 정보를 수집, 관리하고 증명이 필요한 경우에 이에 관한 증명서를 발급하여 신분관계를 공시한다는 신분등록제도 본래의 취지는 전혀 훼손되지 않는다.

그런데 2008년 시행 당시의 가족관계등록법은 이러한 취지에 부합하지 못하였으며, 구체적인 사안에 있어서 증명이 필요한 범위를 넘어서 불필요한 개인의 신분정보를 노출시키는 문제가 있었다.

이러한 문제의 해결을 위하여 가족관계등록법 개정에 대한 논의가 계속해서 이어져 왔으며, 그 결실로 탄생한 것이 2016년에 개정된 가족관계등록법이다. 그렇다면 2016년의 가족관계등록법 개정에 의해서 개인의 사생활 보호 문제는 완전히 해결되었다고 말할 수 있는가?

개정법에 의해서 5종의 증명서가 일반증명서와 상세증명서로 이원화되고, 일반증명서에는 기본적인 신분정보만이 현출되도록 한 것은 개인의 사생활 보호라는 관점에서 큰 성과라고 볼 수 있다. 또한 이와 같이 기본적인 정보만을 담은 증명서에 '일반증명서'라는 명칭을 붙임으로써 실제생활관계에서도 특별한 사정이 없는 한, 일반증명서가 그야말로 '일반적으로' 통용되는 경향이 자리 잡기 시작한 것도 획기적인 변화라고 할 수 있다. 그러나 일반증명서와 상세증명서로 이원화된 증명서 발급 제도만으로는 여전히 보호되지 않는 사각지대가 존재한다는 점도 지적하지 않을 수 없다. 특히 우리 사회에서 가장 많이 사용되는 가족관계증명서와 기본증명서에 있어서는 일반증명서와 상세증명서로 이원화된 증명서 발급 시스템만으로는 개인의 과도한 신분정보의 노출을 막을 수 없다. 가족관계증명서의 일반증명서에는 전혼 중에 출생한 자녀, 혼인외의 자녀 등이 현출되지 않으므로, 이러한 자녀와의 친자관계를 증명하려면 상세증명서를 제출할 수밖에 없는 것이 현실이다. 그러나 상세증명서에는 현 배우자와의 혼인관계에서 출생한 자녀도 함께 기재되므로, 특히 여성의 경우에는 성(姓)과 본(本)이 다른 자녀들이 함께 현출됨으로써 재혼의 사실이 드러나게 된다. 기본증명서의 경우에도 이와 유사한 문제가 있다. 예를 들어, 과거의 개명 사실을 증명하려면 상세증명서를 제출할 수밖에 없는데, 상세증명서에는 개명 이외에 부모의 이혼으로 인한 친권자 지정, 혼인외의 자의 인지 등 개인의 민감한 정보가 일괄적으로 현출되므로, 증명의 목적과 무관한 정보의 과도한 노출로 인하여 개인의 사생활이 침해되지 않을 수 없다. 이러한 문제를 해결하려면 5종의 증명서 중에서 특히 가족관계증명서와 기본증명서에 대해서는 신청인이 선택한 사항만을 기재한 특정증명서가 조속한 시일 내에 발급될 수 있도록 해야 할 것이다. 지금은 기본증명서에 대해서만 현재의 친권·후견을 증명하는 특정증명서의 발급이 가능하게 되어 있는데, 다른 등록사항에 대해서도 신청인의 선택에 따라 특정증명서를 발급할 수 있도록 범위를 확대할 필요가 있다. 가족관계등록제도의 존재이유와 본연의 기능에 비추어 볼 때 특정증명서의 발급을 미룰 이유는 없다. 필자는 2006년에 '신분등록제도의 개선방안 – 독일의 신분등록제도를 참고하여 –'라는 제목의 논문[33]에서 다음과 같은 말로 결론을 마무리한 바 있다. "개인의 신분과 가족관계에 따른 차별이 거의 없는 서구사회에서도 개인의 신분과 가족에 관한 기록은 사생활 보호의 차원에서 엄격히 관리되고 있다. 또한 사회적 소수자에 대한 차별이 거의 존재하지 않음에도 불구하고, 양자, 성전환자 등에 관한 기록사항은 더욱 철저히 관리되고 있다. 개인의 사생활을 보호할 필요성은 신분과 가족관계에 따른 편견이 서구사회와 비교할 수 없을 정도로 강한 우리 사회에서 더욱 크다고 할 수 있다. 특히 사회적 소수자에 대한 편견과 부정적 인식이 매우 강하게 남아 있는 우리 사회에서는 그와 관련된 개인의 정보가 공개되지 않도록 최대한의 안전장치를 마련할 필요가 있다. 새로운 신분등록법에 주어진 가장 중요한 과제 중의 하나는 개인의 사생활 보호를 위하여 외국보다 더 철저한 대책을 마련하는 것이다."

그 때로부터 12년의 세월이 흘렀지만 위 글에서 제기한 문제의식은 오늘날의 우리 사회에서도 여전히 유효하다.

2016년 가족관계등록법 개정은 개인의 사생활 보호라는 관점에서 볼 때 호적제도에서부터 이어져 내려온 우리 신분등록제도의 역사상 하나의 전환점이 되었다고 평가할 수 있을 것이다. 그러나 특정증명서 제도가 보편적으로 도입되어 정착되지 않는 한 2016년 가족관계등록법 개정은 여전히 미완으로 남을 수밖에 없다.

대법원이 조속한 시일 내에 특정증명서를 발급할 수 있는 시스템을 마련하여 발급 서비스를 개시할 것을 촉구한다.

〈중앙법학 제20권 제1호(2018년 3월) 수록〉

33) 김상용, 가족법연구 Ⅱ, 2006, 법문사, 280면 이하. 이 논문은 독일 Freiburg 대학의 라이너 프랑크(Rainer Frank) 교수와 공동으로 집필하였다.

저자 약력

연세대학교 법과대학 졸업
동대학원 석사 및 박사과정 수료
포스코제철장학회 해외유학장학생 제7기로 독일유학
법학박사(Freiburg 대학)
부산대학교 법과대학 교수
법무부 가족법개정위원회 위원(2003~2006, 2010~2011)
법무부 신분등록제도개선위원회 위원
법무부 남북주민 사이의 가족관계 및 상속에 관한 특례법 제정위원
법무부 민법(상속편)개정위원회 위원장
여성가족부 정책평가위원
중앙입양원이사 역임
중앙아동보호전문기관 자문위원
중앙가정위탁지원센터 전문위원
현재 중앙대학교 법학전문대학원 교수

››› 주요 저서

친족 · 상속법(공저)
가족법연구I(2002)
가족법연구II(2006)
가족법연구III(2010)
가족법연구IV(2014)
註釋大韓民國親族法(공저, 일본加除出版)
주석민법(공저, 친족편 I, II, III, IV, 상속편 I, II)
민법총칙(공저)

家族法研究 V

2019년 12월 20일 초판 인쇄
2019년 12월 24일 초판 1쇄 발행

저 자 김 상 용
발행인 배 효 선

발행처 도서출판 法 文 社

주 소 10881 경기도 파주시 회동길 37-29
등 록 1957년 12월 12일/제2-76호(윤)
전 화 (031)955-6500~6 FAX (031)955-6525
E-mail (영업) bms@bobmunsa.co.kr
(편집) edit66@bobmunsa.co.kr
홈페이지 http://www.bobmunsa.co.kr
조 판 법 문 사 전 산 실

정가 28,000원 ISBN 978-89-18-91063-5